- Gaemez 1155
- Salaha 1155
- Mariazell
- St. Pankraz 13. Jh.
- Wilantswart 1155
- Alland
- Arnstein um 1170
- Dörfl 9. Jh.
- Nöstach 9. Jh.
- St. Martin 13. Jh.
- St. Johannes 13. Jh.
- Vestenberg um 1160
- Altenmarkt um 1200
- He...richesnaite ...1155
- Sulzbach 10. Jh.
- Parochia Potinstain 1155

Entwurf: Thomas Aigner
Ausführung: Erwin Schefstoss

Übersicht der Besitzungen 12./13. Jh.

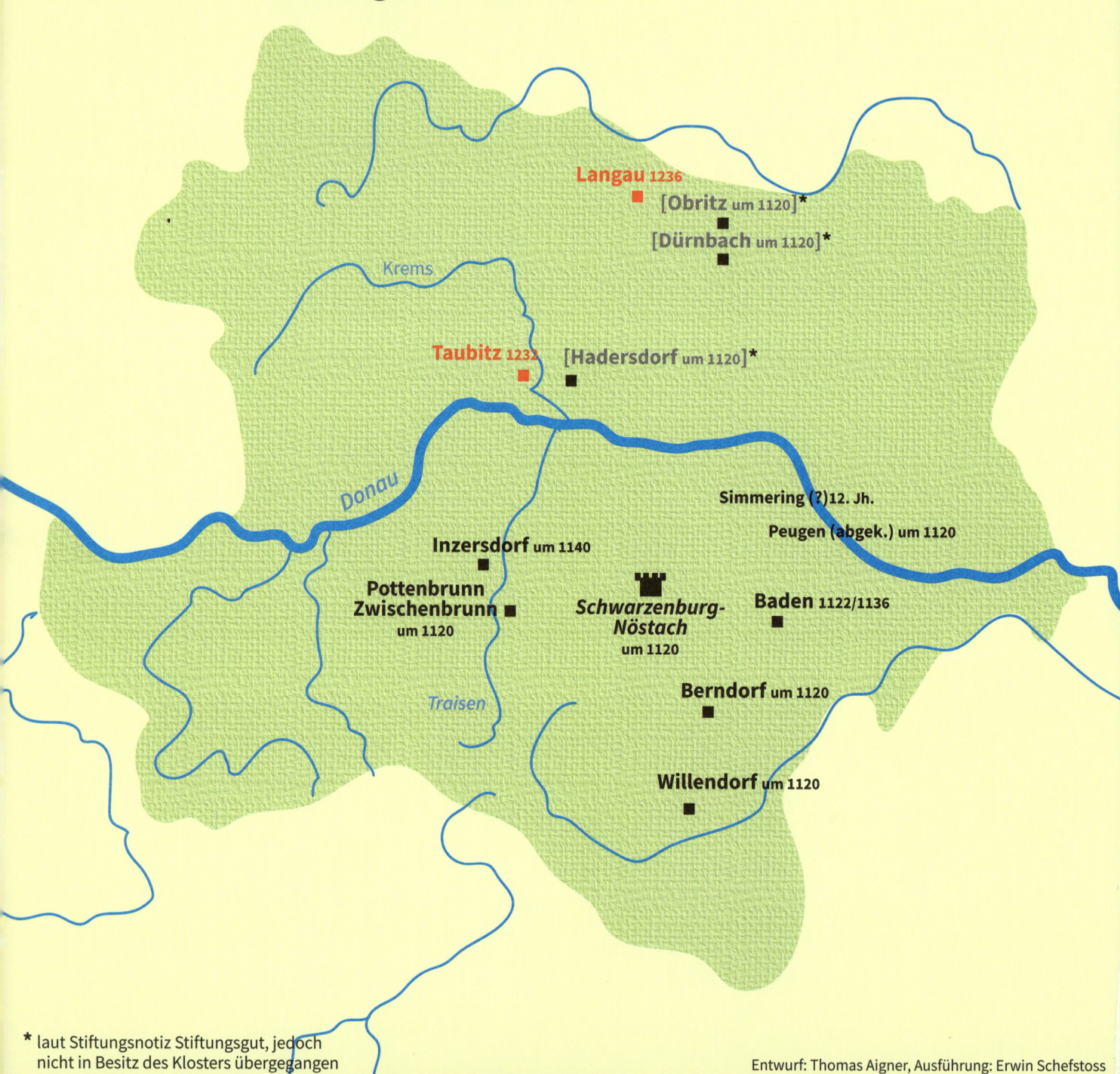

- Langau 1236
- [Obritz um 1120]*
- [Dürnbach um 1120]*
- Krems
- Taubitz 1231
- [Hadersdorf um 1120]*
- Donau
- Simmering (?) 12. Jh.
- Peugen (abgek.) um 1120
- Inzersdorf um 1140
- Pottenbrunn Zwischenbrunn um 1120
- Schwarzenburg-Nöstach um 1120
- Baden 1122/1136
- Berndorf um 1120
- Traisen
- Willendorf um 1120

* laut Stiftungsnotiz Stiftungsgut, jedoch nicht in Besitz des Klosters übergegangen

Entwurf: Thomas Aigner, Ausführung: Erwin Schefstoss

In dankbarer Erinnerung

an

Rudolf Maurer

(1954–2020)

THOMAS AIGNER (HG.)

HOFFEN AUF DIE EWIGKEIT

GRÜNDUNG UND ENTFALTUNG DES BENEDIKTINERKLOSTERS (KLEIN) MARIAZELL IN ÖSTERREICH IM 12. UND 13. JH.

M.CellA
Beiträge zu Geschichte, Kunst und Kultur
des ehem. Benediktinerstiftes Mariazell
in Österreich 5

KRAL VERLAG

Verleger: Kral-Verlag, Kral GmbH
J.-F.-Kennedy-Platz 2
2560 Berndorf
Tel: +43 (0)660 4357604
Fax: +43 (0)2672 822 36-4
E-Mail: office@kral-verlag.at

Für den Inhalt verantwortlich: Alle Autorinnen und Autoren.

Umschlag- und grafische Innengestaltung: deleatur.com

Umschlag vorne: Hl. Gallus, hinten: Nonne, aus einem Codex aus Mariazell in Österreich, frühes 13. Jh., heute Stiftsbibliothek Lilienfeld CLi 134 fol. 102r bzw. 10r.

ISBN 978-3-99024-862-1

Mit freundlicher Unterstützung von:

Wichtiger Hinweis: Um die Bildlegenden möglichst schlank zu halten, befinden sich die Nachweise zu den Abbildungen zusammengefasst auf S. 499-500.

Copyright © 2020 by Kral-Verlag, Kral GmbH

Alle Rechte vorbehalten, insbesondere das Recht der mechanischen, elektronischen oder fotografischen Vervielfältigung, der Einspeicherung und Verarbeitung in elektronischen Systemen, des Nachdrucks in Zeitschriften oder Zeitungen, des öffentlichen Vortrags, der Verfilmung oder Dramatisierung, der Übertragung durch Rundfunk, Fernsehen oder Video, auch einzelner Text- und Bildteile.
Printed in EU
Besuchen Sie uns im Internet: www.kral-verlag.at oder auf www.facebook.com/Kralverlag Berndorf

Der vorliegende Buchinhalt wurde sorgfältig erwogen und geprüft und beruht auf gründlicher Recherche. Dennoch kann vonseiten des Verlags keine Garantie übernommen werden.

INHALTSVERZEICHNIS

VORWORT 7

I. EINLEITUNG 11

1. Studieren und neu interpretieren:
Zur Quellenlage
von Thomas Aigner 13

2. Aufgraben und neue Erkenntnisse gewinnen:
Zur Archäologie
von Marina Kaltenegger 31

3. Umschreiben und neu erzählen:
Zur Ausgangslage
von Karl Brunner 33

II. ANFÄNGE 43

1. Bistum, Klöster und Reformen
an der Wende vom 11. zum 12. Jh.
von P. Udo Fischer 45

2. Früher Adel in der Region: Haderiche,
Stiefern-Gaaden-Arnsteiner und Wichard von
Vestenberg
von Roman Zehetmayer 53

3. Vom ältesten Mariazell: Klostergründung,
Legendenbildung und frühe Besiedlung im
oberen Triestingtal
von Erwin Kupfer 68

4. Die Schwarzenburg und Nöstach
von Gerhard Reichhalter 77

5. Gründungsakt vs. Gründungsprozess:
Die Badener Ausstattung des Klosters
von Rudolf Maurer 81

6. Die Anfänge der mittelalterlichen Besiedlung
von Hans Krawarik 91

III. ENTFALTUNG 111

1. Von der Cella zum Kloster: Entstehung und
Entfaltung ersten klösterlichen Lebens im 12. Jh.
von Thomas Aigner 113

2. Der Gründungskonvent von Mariazell –
Verwirrungen und Irrungen
von P. Udo Fischer 129

3. Ein Kloster wird gebaut –
Norm und Praxis im 12. Jh.
von Barbara Schedl 136

4. Der erste Kirchenbau und seine
Erweiterungen
von Marina Kaltenegger 153

5. Liturgie und Musikpflege der ersten Mönche
von Eugen Novak 179

6. Kloster und Pfarre(n)
von Johann Weißensteiner 191

7. Patrozinien und was sie uns verraten
von Christina Eggeling 200

8. Materielle Hinterlassenschaften
des 12. und 13. Jahrhunderts
von Iris Winkelbauer 207

IV. AUSBAU 233

1. Vom kleinen Kloster zur großen Abtei: Ausbau und Erweiterung im 13. Jh.
von Thomas Aigner 235

2. Araburg, Kaumberg und Mariazell – Kloster und Adel als dynamische Elemente mittelalterlicher Herrschaft
von Erwin Kupfer 242

3. Der Ausbau zur großen Abtei – Norm und Praxis im 13. Jh.
von Barbara Schedl 257

4. Heilsversprechen und marianische Selbstvergewisserung. Anmerkungen zur Inschrift am Westportal der ehemaligen Klosterkirche von Mariazell in Österreich
von Andreas Zajic 275

5. Entwicklung von Kirche und Kloster im 13. Jahrhundert: Bauhistorischer Befund
von Gábor Tarcsay und Michaela Zorko 293

6. Bibliothek und Schriftlichkeit im 13. Jahrhundert
von Eugen Novak 345

7. Buchmalerei in Handschriften aus Mariazell – Die Entwicklung bis ca. 1300
von Martin Roland 353

8. Burgen und Herrschaftssitze der Umgebung
von Gerhard Reichhalter 391

V. ANHANG 423

1. Die wichtigsten Urkunden in deutscher Übersetzung
von Rudolf Maurer 425

2. Necrologium – Älteste Schicht
von Thomas Aigner 436

3. Verzeichnis Handschriften und Fragmente nach Sachgebieten
von Eugen Novak 457

ABKÜRZUNGEN, QUELLEN und LITERATUR 461

ABBILDUNGEN 499

AUTORINNEN und AUTOREN 501

VORWORT

„... in der Hoffnung auf die Ewigkeit und auf himmlische Belohnung" statteten die Brüder Heinrich und Rapoto aus dem Geschlecht der „Haderiche" um 1120 das Kloster der *Cella S. Marie* mit umfangreichen Gütern aus.

In Anlehnung an dieses Zitat aus der zeitgenössischen Stiftungsnotiz wurde diesem Buch der Titel „Hoffen auf die Ewigkeit" gegeben. Es macht die Motivation für die Stiftung eines Klosters von streng klausurierten, cluniazensisch ausgerichteten Benediktinermönchen in der damaligen Zeit deutlich. Das diesseitige Leben der Menschen war stark transzendent orientiert, die Gebete und guten Werke der Lebenden sorgten für das Seelenheil der Verstorbenen. Überspitzt ausgedrückt bedeutete dies, wer im Gedächtnis der Lebenden blieb, lebte durch ihre Gebete ewig, wer vergessen wurde, starb tatsächlich. Welch bessere Vorsorge für das Leben im Jenseits konnte man also treffen, als eine Gemeinschaft religiöser Menschen zu stiften, die den Großteil des Tages mit Gebet und Meditation verbrachte? Wie im Necrologium – dem Totenbuch des Klosters, das in diesem Sinne eher als „Buch der Lebenden" bezeichnet wird – noch nachzulesen ist, nahmen diesen Dienst der Pflege der Memoria und des Gebets nicht nur die beiden Stifter für sich in Anspruch, sondern auch viele andere Menschen der näheren und weiteren Umgebung.

Neben der religiösen Motivation, eine solche Gemeinschaft zu gründen, spielten weltliche Überlegungen ebenfalls eine wichtige Rolle. Klöster der Benediktiner waren in der Zeit des Hochmittelalters immer auch Zentren wirtschaftlicher und politischer Aktivitäten. In Zeiten des Landesausbaus im 11. und 12. Jh. in der Babenbergermark waren sie wichtige Instrumente der Kolonialisierung und der Errichtung administrativer Strukturen. Mariazell in Österreich ist ein gutes Beispiel dafür. Zu Beginn des 12. Jh. befand sich die Region des oberen Triestingtals in einer Randlage: jenseits des Gerichtsbergs im Westen und im Süden endete damals noch der Einflussbereich der Babenberger und begann jener der steirischen Markgrafen. Die Besiedelung war noch sehr spärlich, nur vereinzelt waren Bauernhöfe zu finden. Trotzdem wurde zunehmend klar, dass die Wege das Triestingtal aufwärts und jener von Mödling bzw. Heiligenkreuz Richtung Gerichtsberg und damit Richtung Steiermark an Bedeutung gewinnen würden. Es ist daher kein Zufall, dass sich sehr bald an der Kreuzung beider Wege ein neues wirtschaftliches Zentrum in Form der Ortschaft Altenmarkt bildete. Die beschaulich lebenden Mönche siedelten sich nur eine halbe Stunde Fußwegs im angrenzenden Wald eines Seitentales an. Diese Lage erlaubte es ihnen, ein ungestörtes und beschauliches Leben ohne Durchzugsverkehr zu führen, gleichzeitig aber hatten sie es nicht weit zum Hauptverkehrsweg an der Triesting.

Das Kloster erhielt den Namen *Cella Sancte Marie*, Zelle der heiligen Maria, aus dem später die verkürzte Form „Mariazell" wurde. Im Laufe des späten Mittelalters und der frühen Neuzeit erhielt es zur Unterscheidung vom steirischen Gnadenort selben Namens die Beifügung „in Österreich". Obwohl im Volksmund im Laufe des 18. Jh. bereits hin und wieder der heute gebräuchliche Name „Klein-Mariazell" zu finden ist, behielt das Kloster bis zu seiner Aufhebung im Jahr 1782 ebenso wie die nachfolgende Herrschaft bis 1848 den Namen „Mariazell in Österreich" bei. Die umgebende Katastralgemeinde trug bis dahin entweder die Bezeichnung „Klosteramt" oder im frühen 19. Jh. den Namen „Mariazell". Erst mit der Gründung der Gemeinde Klein-Mariazell 1849 wurde der Name „Klein-Mariazell" offiziell und stellt die bis heute gebräuchliche Bezeichnung für Katastralgemeinde und Pfarre dar. In Anlehnung daran und der besseren Verständlichkeit halber findet und fand dieser seit Ende des 18. Jh. in der Literatur oft auch für das Kloster Verwendung. Im vorliegenden Buch wird trotzdem konsequent die historisch korrekte Bezeichnung „Mariazell" verwendet, wenn das Kloster gemeint wird; für die heutige Katastralgemeinde, Pfarre oder Basilika wird der aktuelle Name „Klein-Mariazell" verwendet.

Dieses Buch ersetzt vorangegangene große Werke über Mariazell in Österreich nicht vollständig, sondern baut auf ihnen auf, ergänzt sie und aktualisiert sie auf Basis des in den letzten 120 Jahren neu gewonnenen Wissens. Es kann daher vorangegangenen Generationen von Forschern wie Ignaz Keiblinger, Otto Eigner oder Karl Lechner nicht genug gedankt werden, dass sie das Fundament für ein umfassendes Wissen und Verständnis der Geschichte des Klosters gelegt haben, auf dem wir nun aufbauen konnten.

Bei der Beschäftigung mit der Geschichte des Klosters begegnen uns Glück und Unglück gleichermaßen. Einerseits ist nahezu der vollständige Verlust des Stiftsarchivs (um 1799) zu beklagen, andererseits sind gerade für das Hochmittelalter die wesentlichen Quellen doch in Abschrift oder wie im Fall des Necrologiums oder anderer Handschriften an anderen Orten erhalten geblieben. Einen ganz besonderen Glücksfall für ein tieferes Verständnis der Klostergeschichte stellt die Generalsanierung der ehem. Klosterkirche bzw. heutigen Basilika in Klein-Mariazell zwischen 1995 und 1998 dar. Diese machte nämlich großflächige archäologische Grabungen in und um das Gebäude möglich, die in diesem Ausmaß und hinsichtlich der gewonnenen Befunde und Funde in Österreich einzigartig sind.

Diese Umstände bildeten den idealen Ausgangspunkt für das Forschungsprojekt MCellA, an dem an die dreißig Expertinnen und Experten verschiedenster Fachdisziplinen (Archäologie, Geschichte, Kunstgeschichte, Bauforschung, Epigraphik) beteiligt sind und das sich eine umfassende Erforschung der Klostergeschichte zum Ziel gesetzt hat. Grundlage dieser Forschungen ist eine vollständige Aufarbeitung der Grabungsdokumentationen und der dort gemachten Funde, die seit 2014 in mehreren Teilprojekten erfolgt. Für deren finanzielle Unterstützung ist dem Land Niederösterreich, Abt. Kultur und Wissenschaft, sowie dem Bundesdenkmalamt, Abt. Archäologie und Landeskonservatorat Niederösterreich sehr zu danken. Für fachliche und auch moralische Hilfe sei ganz besonders Dr. Martin Krenn und DDr. Patrick Schicht gedankt. Für die akribische Dokumentation und Durchführung der Grabungen seinerzeit sei ganz herzlich des Grabungsleiters Johann Offenberger († 2017) gedacht und seinem Team um Angelika Geischläger und Dr. Marina Kaltenegger gedankt. Dass die Grabungen in diesem Umfang überhaupt durchgeführt werden konnten, ist nicht zuletzt auch dem Engagement der Pfarre Klein-Mariazell und der treibenden Kraft hinter der Generalsanierung der Kirche, Dr. Franz Eckert († 2018), zu verdanken – auch ihnen sei herzlich gedankt!

Für die Herstellung dieses Buches waren zahlreiche helfende Hände nötig, denen ebenso gedankt werden soll: Dr. Stefan und Elisabeth Krummel sowie P. Alois Hüger bzw. der Pfarre Klein-Mariazell wie auch Dr. Johann Weißensteiner bzw. dem Diözesanarchiv Wien für die Bereitstellung Ihrer Häuser für verschiedene Arbeitstreffen des AutorInnen-Teams. Für die schnelle und unkomplizierte Übermittlung von Quellen, Fotos und anderen Unterlagen danke ich Mag. Bernhard Rameder und P. Franz Schuster (Stift Göttweig), Abt Benedikt Plank (Stift St. Lambrecht), Dr. Karin Schamberger (Stift Admont), Abt Pius Maurer und Dr. Irene Rabl (Stift Lilienfeld) und P. Gottfried Glaßner (Stift Melk). Die Nachbearbeitung der Fotos und Pläne besorgten Mag. Gábor Tarcsay, Mag. Michaela Zorko und Mag. Beate Šipek, die Redaktion des Fußnotenapparates, Literatur- und Quellenverzeichnisses Dr. Karl Heinz, die Anfertigung diverser Grafiken Mag. Beate Šipek und Erwin Schefstoss – ihnen allen sei ebenso herzlich gedankt.

Dieses Buch hätte ohne die Beiträge der insgesamt 19 Autorinnen und Autoren niemals entstehen können. Sie alle haben in ihren Fachgebieten eine herausragende Expertise und stellen durch ihre Arbeit sicher, dass die Publikation nicht nur aktuellen wissenschaftlichen Anforderungen entspricht, sondern zahlreiche neue, zum Teil überraschende Erkenntnisse zu Tage fördert. Ihnen allen sei ganz aufrichtig für all die Mühe gedankt!

Besonders sei an dieser Stelle unseres Kollegen Dr. Rudolf Maurer gedacht, der kurz nach Fertigstellung der Endredaktion am 12. Mai 2020 plötzlich und unerwartet verstarb. „Dolfi" war eine Fundgrube an Wissen nicht nur zur Geschichte Badens, sondern auch zu jener des alten Mariazell in Österreich. Seit meiner Gymnasialzeit haben uns nicht nur eine innige Freundschaft verbunden, sondern auch zahlreiche Konversationen und Projekte zur gemeinsamen Geschichte unseres Klosters mit seiner Heimatstadt. Besonders sei hier an seine Monographie zu diesem Thema „*Die schwarzen Mönche und die Stadt Baden*" (2019) erinnert. Seine Fähigkeit, Geschichte fundiert und dabei höchst unterhaltsam zu vermitteln, seine hohe wissenschaftliche Kompetenz, vor allem aber sein liebenswertes und homorvolles Wesen werden uns immer in bester Erinnerung bleiben!

Die Zusammenarbeit so vieler Expertinnen und Experten aus verschiedenen Fachdisziplinen hat eindrucksvoll gezeigt, welchen Mehrwert eine intensive interdisziplinäre Zusammenschau aus verschiedenen Richtungen bringen kann. Sie zeigt aber auch, dass es „die eine Geschichte" nicht gibt. Geschichte basiert immer auf der (subjektiven) Interpretation einzelner Quellen. Der Wissensstand der

Forschung sowie die Sichtweisen und die Fragen, die an diese gestellt werden, ändern sich von Generation zu Generation. Trotz zahlreicher Konstanten und Übereinstimmungen bleiben immer Einzelheiten oder ganze Themenkomplexe ungeklärt bzw. verschiedenen Interpretationen unterworfen. Mariazell in Österreich ist ein gutes Beispiel dafür: betrachtet man die Entwicklung von Ignaz Keiblinger (1826) über Otto Eigner (1900) bis zur vorliegenden Publikation, dann ist eines gewiss – das letzte Wort ist nie gesprochen!

Damit möchte ich in Anlehnung an das Vorwort Otto Eigners (1900) enden: „*Gut war der Wille der Verfasserinnen und Verfasser, gut möge auch die Aufnahme des Buches von Seite der Leserinnen und Leser sein!*"

*(Klein) Mariazell,
am Hochfest des hl. Benedikt, 11. Juli 2020*

Thomas Aigner

I. EINLEITUNG

Historisierte Rankeninitiale mit
hl. Ambrosius, Mariazell, 1220/40
(CLi 124 fol. 1r), vgl. den Beitrag
von Martin ROLAND

1. STUDIEREN UND NEU INTERPRETIEREN: ZUR QUELLENLAGE

VON THOMAS AIGNER

Um Geschichte erzählen zu können, braucht es Quellen, die immer wieder, von Generation zu Generation, neu zu interpretieren sind. Für die Zeit des hohen Mittelalters steht uns keine derart dichte Überlieferung zur Verfügung wie für spätere Zeiten. Dem entsprechend hoch ist auch der Spielraum, wie einzelne Quellen ausgelegt werden können. Am Beispiel Mariazell zeigt sich dies besonders deutlich, wie die Historiographie der letzten zwei Jahrhunderte eindrucksvoll beweist[1]. Angesichts des fast völligen Verlusts des Stiftsarchivs nach der Aufhebung des Klosters 1782, vermutlich im Zuge einer Versteigerung des gesamten Mobiliars im Herbst 1799, ist es als Glücksfall zu betrachten[2], dass die bis dahin erhaltenen Schriftstücke, die für das Hochmittelalter relevant sind, weitgehend entweder in Text als Abschrift oder in Regestenform erhalten sind.

Dies ist zweierlei Umständen zu verdanken: Zum einen haben sich barocke Inventare des Klosterarchivs mit Kurzfassungen zu den Urkunden und Akten erhalten, was einen guten Überblick über das damals erhaltene Material ermöglicht[3]. Insgesamt verzeichnen diese Auflistungen 39 Urkunden zwischen 1136 und 1300, davon 6 für den Zeitraum bis 1200, weitere 11 bis 1246 und weitere 22 bis 1300[4]. Wie später deutlich werden wird, hängt der Anstieg dieser Zahlen nicht nur mit der in dieser Epoche generell zunehmenden Verschriftlichung von Rechtsakten zusammen, sondern auch mit der sukzessiven Steigerung der Bedeutung des Klosters und seiner Attraktivität für Stiftende.

Zum anderen ist die Überlieferung zahlreicher Urkundentexte dem großen Unternehmen des Göttweiger Abtes Magnus Klein (1768-1783) einer umfassenden Sammlung von Quellen aus zahlreichen Klöstern Niederösterreichs zu verdanken[5]. In diesem Rahmen wurden auch aus Mariazell zahl-

---

[1] Vgl. KEIBLINGER, (Klein-) Mariazell 8-68; EIGNER, Geschichte 1-14; LECHNER, Gründung 92-118; AIGNER, Spuren 1-2; BRUNNER, Leopold 111f.
[2] NÖLA: Klosterakten K. 167 1799/Nr. 666; vgl. zur Aufhebung AIGNER, Klostergemeinschaft 274ff.
[3] Diese haben sich an zwei Orten erhalten: In einer Handschrift in Budapest, ediert in: GEHART, Archivinventar 135-180, in einem Faszikel im PHAKM und in Codex 875 (rot) in Göttweig, beides ediert bei AIGNER, Regesten 278-305.
[4] Eine Gesamtauflistung siehe Monasterium.net, https://www.monasterium.net/mom/MZOe/collection.
[5] Vgl. zu Magnus Klein TROPPER, Abt Magnus Klein 269-286.

reiche Urkunden und andere Quellen abgeschrieben und diese Abschriften später zu einer Handschrift zusammengebunden[6]. Nachdem die Originale verloren sind, stellt dieser Codex die zum größten Teil älteste und umfangreichste Überlieferung der zentralen Quellen zur Frühgeschichte des Klosters dar. Alle späteren Abschriften beziehen sich zumeist auf diesen Codex, auch jene Keiblingers[7]. Zusätzlich haben sich Abschriften mehrerer Urkunden im sog. Lonsdorfer Codex, der um 1260 angelegt wurde, erhalten. Es sind dies jene Stücke, die für den Passauer Diözesanbischof und seine Beziehung zu den rechtlichen Entitäten seiner Diözese von Bedeutung waren[8]. Ebenfalls aus dieser Zeit (um 1266) stammt die älteste teilweise Abschrift des sog. Stiftsbriefs in einer Annalenhandschrift, deren Entstehung bisweilen Klosterneuburg oder Mariazell zugeschrieben wird, was von Roland in seinem Beitrag für diesen Band jedoch hinterfragt wird[9].

Aufgrund glücklicher Umstände haben sich weitere Quellen zur Frühgeschichte des Klosters erhalten. Dazu zählen eine Ende des 14. Jhs. neu zusammengestellte Handschrift für das Kapiteloffizium mit dem Martyrologium, Auslegungen der Regel des hl. Benedikt, der Regula S. Benedicti selbst, sowie dem Necrologium[10]. Letzteres übernahm die bis dahin seit der Gründung erfolgten Eintragungen weitgehend vollständig, was nach eingehender Analyse auch tiefe Einblicke in die Frühzeit des Klosters ermöglicht. Unter gewöhnlichen Umständen wäre diese Handschrift wohl auch mit der Aufhebung des Klosters verloren gegangen, jedoch gelangte sie bereits Mitte des 16. Jahrhunderts ins Stift Melk und befindet sich dort bis heute[11].

Ähnlich verhält es sich mit den Handschriften von Mariazell, die sich in dessen Bibliothek befanden, denn diese gelangten mit nahezu dem gesamten übrigen Buchbestand 1791 ins Stift Lilienfeld[12]. Die Beiträge von Eugen Novak und Martin Roland werden sich später eingehender damit beschäftigen.

Einzigartig macht die Arbeit an der Mariazeller Klostergeschichte der Umstand, dass zwischen 1995 und 1997 bzw. 2004 umfangreiche archäologische Grabungen im Areal der Kirche und des Klosters stattgefunden haben, die uns, kombiniert mit historischer und kunsthistorischer Forschung, tiefe Einblicke in die Frühgeschichte des Klosters gewähren. Barbara Schedl, Marina Kaltenegger, Michaela

---

[6] Stiftsbibliothek Göttweig: Codex 875 (rot); dieser enthält neben diversen Urkunden auch Abschriften eines Äbtekatalogs, verfasst von Abt Anselm Schiring (1659), des damals schon in Melk liegenden Necrologiums, sowie von Regesten zu einzelnen Laden des Stiftsarchivs, vgl. dazu AIGNER, Regesten 278-305 und AIGNER, Spuren 90-92; zusätzlich fand Paul HEROLD im Göttweiger Codex 752 (rot) vollständige Abschriften sämtlicher Urkunden der Lade 13 des Klosterarchivs zu Kaumberg, vgl. HEROLD, Urkundenfund 224-268.

[7] Vgl. den Nachlass Keiblingers in StiA Melk: 7. Patres K. 34 mit umfangreichen Notizen und Abschriften zur Geschichte Mariazells, die zu einem guten Teil auf Codex 875 (rot) in Göttweig basieren. Auch er sah das Original des Stiftsbriefs nicht mehr, dieses ist seit 1799 verschollen (siehe oben), nicht erst seit 1824, wie NÖUB II 368 angibt.

[8] BayHStA HL Passau 3, abgedruckt zum Teil in Monumenta Boica XXVIII 231-232 (1155). Vgl. dazu HOFBAUER, Ausbildung und Struktur.

[9] ÖNB s.n. 4189 (nach 1266) 43v ff.; vgl. dazu die Ausführungen NOVAKs und ROLANDs in diesem Band. Für Mariazell würden einschlägige Eintragungen zur Klostergeschichte sprechen unter 1136, 1250, 1257 und 1297.

[10] StiB Melk Cod. 836 (921, R 2); vgl. EIGNER, Geschichte 363-372 sowie GLASSNER, Inventar Handschriften Melk 1 346.

[11] Vgl. dazu EIGNER, Geschichte 363.

[12] Vgl. dazu RABL, Lilienfelder Stiftsbibliothek 206-211; MÜLLER, Aufhebung und Wiedererrichtung 101-120.

Zorko und Gábor Tarcsay werden diese später ausführlicher behandeln.

In Zusammenhang mit der Gründung bzw. Frühzeit des Klosters wissen wir von ehemals vier vorhandenen Urkunden, von denen drei in Volltext und eine in Regestenform überliefert sind[13]. Das Problem, das sich mit Stücken des 12. Jahrhunderts aus unserem Raum generell stellt, ist die damals sich wandelnde Rechtspraxis weg vom reinen Zeugenbeweis hin zu besiegelten Urkunden als verbindliche Nachweise für Rechtsgeschäfte. Reichte lange (bis Ende des 12. Jh.) eine bloße, weitgehend formlose Notiz über einen Rechtsakt, brauchte es zunehmend Urkunden mit Siegeln, um die Gültigkeit eines Geschäfts nachzuweisen und eventuelle Ansprüche Dritter abzuwehren. Dies führte dazu, dass basierend auf den Texten solcher Notizen von den Empfängern selbst Urkunden neu angefertigt wurden. Auf diese Weise kam es zu zahlreichen solcher formaler Fälschungen, die bis heute längst nicht alle enttarnt sind[14]. Eines kann aber mit Sicherheit gesagt werden: kaum ein Stiftsbrief eines niederösterreichischen Klosters

Abb. 1 Der Stiftsbrief von Heiligenkreuz, auf 1136 datiert, entstanden wie der Mariazeller ebenfalls erst später

dieser Zeit ist ein authentisches Dokument, sondern fast alle entstammen einer späteren Zeit als sie angeben[15]. Bei diesen Vorgängen handelte es sich im

---

[13] Es handelt sich hierbei um den Stiftsbrief von angeblich 1136, das Pseudo-Heinricianum aus angeblich nach 1169, die Konrad-Urkunde von 1155, alle in Volltext erhalten, und eine Weihenotiz zur Kirche in Inzersdorf, in Regestenform überliefert; vgl. AIGNER; Regesten 278-305.

[14] Vgl. dazu etwa FICHTENAU, Urkundenwesen 247 bzw. die aktuellen Ausführungen im NÖUB.

[15] Vgl. WATZL, Fragen um den Stiftsbrief 516-534 bzw. auch die aktuellen Bewertungen im NÖUB; vgl. gene-

Allgemeinen nicht darum, falsche Sachverhalte vorzutäuschen, sondern sich bloß den geänderten rechtlichen Rahmenbedingungen anzupassen. Es ist aber klar, dass in Einzelfällen nicht bloß die alten Notizen übernommen wurden, sondern, dass diese zum Teil auch um aktuellere oder zusätzliche Informationen ergänzt wurden[16]. Bei solcherart hergestellten Urkunden stellt es für die heutige Forschung nun eine besondere Herausforderung dar, authentische Angaben aus den Notizen von späteren Hinzufügungen, die nicht als ursprünglich anzusehen sind, zu scheiden und damit zu etwaigen neuen Einordnungen von Inhalten zu kommen.

Genau dieses Problem haben wir mit den grundlegenden Urkunden zur Frühzeit des Klosters, dem Stiftsbrief (zum 2. Februar 1136) und dem sogenannten Pseudo-Heinricianum (nach 1156)[17]. Deren Inhalte wurden in der bisherigen Historiographie, die für das Mittelalter weitgehend auf den Arbeiten Keiblingers und Eigners[18] aufbaut, weitgehend unverändert übernommen. Damit wurde jedoch das Narrativ, das im Zuge der nachträglichen Herstellung der Dokumente konstruiert worden war, eins zu eins übernommen und fortgeschrieben. Die Authentizität der enthaltenen Informationen wurde nicht hinterfragt und der Nebel um die tatsächlichen Sachverhalte mehr und mehr verdichtet. Aufgrund fortgeschrittener Kenntnisse vom Urkundenwesen Niederösterreichs im hohen Mittelalter und aufgrund jüngerer Forschungen lassen sich die authentischen und damit unzweifelhaften Inhalte heute von den später hinzugefügten klar unterscheiden[19]. Gleich einer archäologischen Ausgrabung gelingt es so, die ursprünglichen Teile der Texte freizulegen und spätere Schichten zu identifizieren.

Wenn wir uns nun den für die Gründung des Klosters zentralen Urkunden zuwenden und wir solcherart versuchen, die authentischen Inhalte herauszuschälen, wird zu fragen sein, welche Inhalte später zusätzlich hinzugekommen sind, was die Motivation dafür war und zu welcher Zeit das geschehen sein mag. Der besseren Verständlichkeit halber wird im Folgenden die Übersetzung durch Rudolf Maurer verwendet, der jeweilige lateinische Originaltext ist in den Fußnoten nachzulesen[20]. Beide Urkunden müssen gemeinsam betrachtet werden, da sie entweder in einzelnen Formulierungen eine dritte gemeinsame Quelle zitieren oder die eine auf die andere Bezug nimmt. Ihre Entstehung ist in engem Zusammenhang zu betrachten[21].

Fangen wir mit dem „Stiftsbrief" an. Dieser beginnt mit einer für Notizen des 12. Jhs. ganz typischen Publikationsformel (*„Noverint universi ecclesie*

---

rell FICHTENAU, Urkundenwesen 152-153; 247-250 und DIENST, Regionalgeschichte 107-108.
[16] Vgl. z. B. zu Göttweig HÖDL, Göttweig 23-25.
[17] Eingehend habe ich mich mit diesen beiden Stücken bereits 1992 beschäftigt; siehe AIGNER, Bestätigung, online abrufbar https://independent.academia.edu/ThomasAigner; auch Heide DIENST hat sich wiederholt in Vorträgen mit dem Stiftsbrief beschäftigt, diese jedoch nicht publiziert; am aktuellsten und fundiertesten sind die Ausführungen von Max WELTIN im NÖUB II 378-379.
[18] Vgl. KEIBLINGER, (Klein-) Mariazell 8-68; EIGNER, Geschichte.
[19] Vgl. die aktuellen Analysen im NÖUB und DIENST, Regionalgeschichte 111-112.
[20] Vgl. die Übersetzungen MAURERS in Anhang 1; die lateinischen Texte basieren auf der Edition im NÖUB II 368-373.
[21] Vgl. AIGNER, Bestätigung 8-9 und WELTIN in NÖUB II 378-379.

…")²² und gibt an, dass Heinrich und Rapoto, Söhne eines Haderich, ihre Burg Schwarzenburg, früher Nezta genannt, nebst anderen Gütern im Süden und Norden der damaligen Babenbergermark der Gemeinschaft der Zelle der heiligen Maria gestiftet haben:

Alle Söhne der Kirche, sowohl die der späteren Zukunft als auch die der gegenwärtigen Zeit, sollen wissen, und zwar [Folgendes]: dass Heinrich und sein Bruder Rapoto, die Söhne eines freigeborenen Mannes namens Haderich, ihre Burgsiedlung, ein Eigen, das ihnen von ihren Eltern übergeben wurde, das [heute] Schwarzenburg heißt, früher aber seit alter Zeit einen anderen Namen hatte und Nöstach hieß, mit all seinen Einkünften und allen Zugehörungen, und zwar an Dörfern, an Dienern, an Wäldern, an Äckern, an Wiesen, kultiviert und unkultiviert, fern oder nah, in freier Machtvollkommenheit, in der Hoffnung auf die Ewigkeit und auf himmlische Belohnung, Gott und der hl. Maria übergeben haben, damit sie im Kloster St. Mariazell entweder nach ihrem Tod oder falls sie zuvor das weltliche Leben [mit dem geistlichen] vertauschen, mit immerwährender Rechtsgültigkeit in den Gebrauch der [Kloster-]Brüder übergehen, die dort Gott und seinen Heiligen dienen.

Und ob sie rechtmäßig heiraten oder nicht heiraten, ob sie Kinder haben oder keine [Kinder] haben – diese wohltätigen Geschenke sollen, wie wir schon gesagt haben, zur Gänze und unversehrt bei dem oben genannten Kloster bleiben, und zwar: zwei Dörfer an der Pulka [namens] Dürnbach und Obritz und alles, was bei Poigen von Rechts wegen dazugehört; ebenso [die Güter] am Kamp, die [einst] Heinrich gehörten, mit der Kirche Hadersdorf; ebenso [alles], was sie bei Pottenbrunn besitzen; ebenso sieben Höfe bei Willendorf; ebenso alles Eigentum, das sie bei Berndorf haben.

*Nicht weniger haben aber die oben genannten Brüder mit derselben Glaubensglut auch andere Güter übergeben, aber unter einer anderen Bedingung: Wenn sie [die beiden Stifter] etwa rechtmäßige Erben hervorbringen sollten, sollten diese [Erben] sie mit demselben Recht wie der Vater besitzen; wenn [es] aber anders [kommen sollte], sollten sie wie die anderen [Güter] in der Tat und ohne Zweifel zum oben genannten Zell gehören*²³.

---

22 Vgl. SONNLECHNER, Entwicklung 33-34; vgl. JOHANEK, Traditionsnotiz 131-162.

23 NÖUB II 368-369, Zeile 22-28: "Noverint universi ecclesie filii tam future posteritatis quam presentis etatis, quod scilicet Heinricus et Rapoto eius germanus, filii cuiusdam ingenui viri nomine Haderich, urbem propriam suam a parentibus sibi traditam Svarzenburch vocatam, que pridem antiquitus nomine alio Nezta vocabatur, cum omnibus reditibus et appendiciis suis, videlicet in villis, in mancipiis, in silvis, in agris, in pratis, cultum et incultum, longe vel prope, libera potestate tradiderunt Deo et beate Marie pro spe eterna et celesti remuneracione, in cenobio quod dicitur Cella sancte Marie post obitum ipsorum, vel si ipsi prius mutarent seculum, iure perenni cederent in usus fratrum ibidem Deo et sanctis eius serviencium. Et utrum legitimas uxores ducerent annon ducerent, seu liberos haberent annon haberent, sicut iam diximus eadem beneficia in supradicto cenobio penitus inconvulsa manerent, videlicet due ville apud Pulcha, Durrenpach et Adelprehtesdorf, et ea que apud Piugen eorum iuris sunt; item apud Chambe que Heinrici fuerunt, cum ecclesia Haderichestorf; item que apud Potenbrunne possident; item apud Willendorf VII mansus; item quicquid proprietatis apud Perendorf habent. Sed et alia nichilominus predia supradicti germani eodem fervore [tradiderunt], sed sub alia condicione: ut si forte heredes legitimos procrearent, ipsi ea patrio iure possiderent; sin alias, ea ut cetera ad supradictam Cellam profecto sine dubio pertinerent."

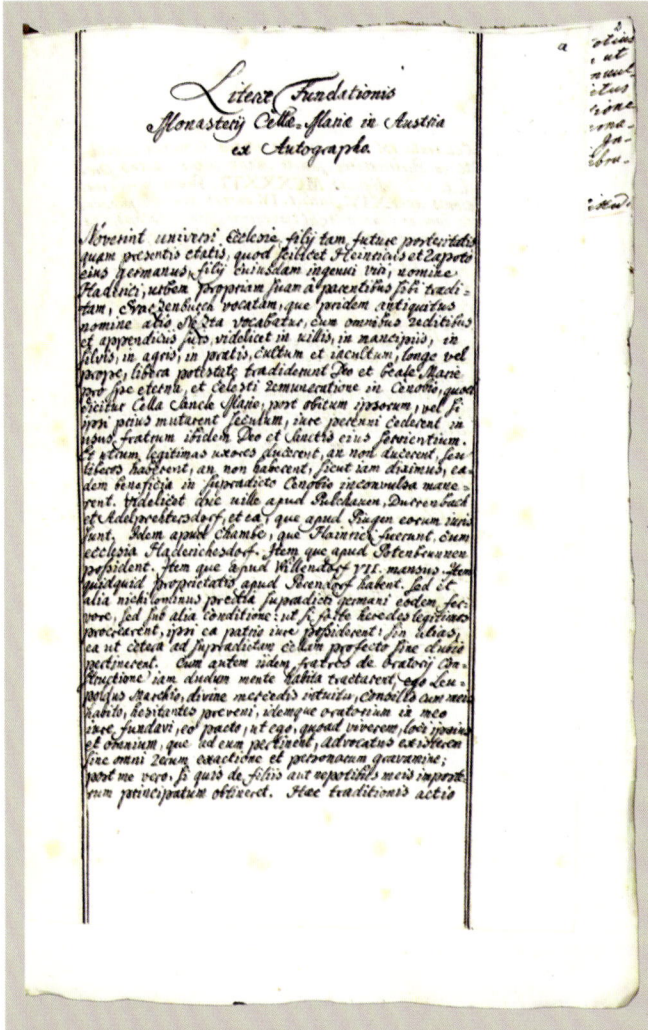

Abb. 2 Eine der zahlreichen Urkundenabschriften in Codex 875 (rot) der Stiftsbibliothek Göttweig. Hier der angebliche Stiftsbrief von 1136

Auf diese umfassende – und absolut unzweifelhafte – Schilderung des Rechtsaktes der Stiftung der beiden Brüder, in der dritten Person formuliert, würde nun üblicherweise die Liste der dabei anwesenden Zeugen folgen. Es folgt jedoch ein narrativer Einschub, formuliert in erster Person (Ich-Form), der von seiner Form her ebenso wie der folgende Absatz zur Anwesenheit hoher geistlicher Würdenträger und Adeliger so gar nicht zur Notiz passt und als spätere Hinzufügung und damit als nicht authentische Information interpretiert werden muss[24]:

Da aber diese [beiden] Brüder über die Erbauung der Gebetsstätte schon lange nachdachten und redeten, kam ich, Markgraf Leopold, in Hinblick auf den göttlichen Lohn, nach Beratung mit den Meinen, den Zögernden zuvor und gründete diese Gebetsstätte in meinem eigenen Recht. Dabei wurde die Bedingung vereinbart, dass ich, solange ich lebe, der Vogt dieses Ortes und von allem, was dazu gehört, sein soll, ohne dabei irgendwelche Vermögenswerte zu fordern und Menschen zu belasten, [dass] aber nach mir, wenn jemand von meinen Söhnen oder Enkeln in Zukunft die Herrschaft über dieses Land erlangt, [dieser der Vogt sein soll]. Diese Rechtshandlung der Übergabe wurde in Unserer Gegenwart in [Wr.] Neustadt feierlich durchgeführt, über den herbeigeschafften Reliquien des Ortes, am Fest der Reinigung der hl. Maria, im Jahre 1136 der Fleischwerdung des Herrn, im 14. Jahr des Steuerzyklus, am 2. Februar, in Anwesenheit des Herrn Konrad, Erzbischofs von Salzburg, gemeinsam mit Herrn Roman, seinem Suffragan und Mitbischof, und Herrn Reginmar, Bischof von Passau, und der Frau Markgräfin Agnes und ihrer drei Söhne Leo-

---

[24] Vgl. dazu auch die Ausführungen WELTINS in NÖUB II 378.

pold, Adalbert und Ernst, wobei eine große Zahl von Edelleuten den feierlichen Rahmen bildete[25].

Es handelt sich hier um ein Narrativ zur Gründung, das erst mit der Herstellung des Stiftsbriefs formuliert wurde und mit Sicherheit nicht aus der Zeit der Notiz stammt. Seine historische Authentizität ist daher zu hinterfragen, auch die Anwesenheit derart hoher geistlicher Würdenträger für einen vergleichsweise unbedeutenden Rechtsakt ist mehr als ungewöhnlich und ihre Faktizität ebenso problematisch[26].

Anders verhält es sich mit der folgenden Zeugenliste, die wiederum mit der für Notizen des 12. Jhs. typischen Formulierung „*Et cum essent huius rei testes innumeri …*" fortsetzt und wohl zur Notiz gehört und damit als authentische Information anzusehen ist[27]:

Und da es unzählige Zeugen dieser Sache gab, wurden [einige] wenige aus den Vielen ausgewählt, namentlich angeführt und am Ohr gezogen (formell zu Zeugen erklärt). Diese werden auch hier festgehalten und im Folgenden aufgeschrieben: Graf Konrad v. Peilstein, Graf Leutold v. Plain, Adalram v. Perge und sein Bruder Adalbert, Otto v. Machland und sein Bruder Walchun, Otto v. Lengenbach und sein Bruder Hartwig, Bernhard v. Julbach, Dietmar von Enzesfeld, Konrad v. Sindelburg, Hadmar v. Kufarn, Walter v. Traisen und sein Bruder Hartwig, Dietrich v. Algersbach, Starkfried v. Pötzelsdorf, Ulrich v. Falkenstein, Reinger v. Tekkenbach, Dietbrand v. Köstelwang[28].

Grundsätzlich hätte es für eine Traditionsnotiz des 12. Jahrhunderts keiner weiterer Angaben gebraucht, auch nicht einer Datierung, da eine solche – wirft man einen Blick in erhaltene Traditionsbücher wie jene von Göttweig oder Klosterneuburg – auch eher nicht üblich war[29].

Der Text der Urkunde setzt trotzdem fort und fügt zum ersten Einschub mit dem Narrativ zur

---

25 NÖUB II 369-370, Zeile 19-8: "Cum autem idem fratres de oratorii constructione iam dudum mente habita tractarent, ego Leupoldus marchio divine mercedis intuitu, consilio cum meis habito, hesitantes preveni idemque Oratorium in meo iure fundavi eo pacto, ut ego quoad viverem loci ipsius et omnium que ad eum pertinent, advocatus existerem sine omni rerum exactione et personarum gravamine; post me vero, si quis de filiis et nepotibus meis in posterum principatum terre istius obtineret. Hec tradicionis actio celebrata est in presencia nostra in Noua Civitate in purificacione sancte Marie super allatas predicti loci reliquias MCXXXVI. dominice incarnacionis anno, XIV. indictione, IV. nonas februarii, presente domino Chunrado Salzpurgensi archiepiscopo unacum domino Romano suffraganeo suo et co-episcopo et domino Reginmaro Patauiensi episcopo, et domina Agnete marchinissa et tribus filiis suis Leupoldo Adelberto Ernesto magna optimatum circumstante frequencia."

26 Vgl. dazu auch die Ausführungen WELTINS in NÖUB II 378.

27 WELTIN meint, die Zeugenreihe sei ohne realen Bezug zu Mariazell und von einer Klosterneuburger Urkunde inspiriert (vgl. BUB IV Nr. 696 [Juni 1136]); dem ist entgegen zu halten, dass die Notiz sicher auch eine Zeugenreihe besaß und sich die Frage stellt, weshalb man diese durch eine Fremde ersetzen hätten sollen. Abgesehen davon sind nur ganz schwache bzw. kaum Anhaltspunkte für Beziehungen Mariazells zu Klosterneuburg im hohen Mittelalter festzustellen.

28 NÖUB II 370, Zeile 9-18: "Et cum essent huius rei testes innumeri, ex pluribus sunt pauci electi nominatim expressi aure tracti, qui et hic habentur infrascripti: comes Chunradus de Pilsteine, comes Leutoldus de Pleyn, Adelramus de Perge et frater eius Adelbertus, Otto de Machland et Walchun frater eius, Otto de Lenginbach et frater eius Hartwicus, Wernhardus de Ivlbach, Dietmarus de Engilscalchisvelde, Chunradus de Sunnelburch, Hademar de Chufarne, Waltherus de Traisme et frater eius Hartwicus, Dietricus de Algerisbach, Starchfrid de Pecilinesdorf, Vdalrich de Valcheinstaine, Reginger de Tekkenbach, Dieprand de Chustulwanch."

29 Vgl. SONNLECHNER, Entwicklung bzw. die Edition der Göttweiger Traditionen von FUCHS, Die Traditionsbücher des Benediktinerstiftes Göttweig.

Rolle Leopolds noch etwas hinzu, um dem bis dahin Gesagten noch mehr Sicherheit und Glaubwürdigkeit zu verleihen:

Nichtsdestoweniger wird diese selbe Übergabe ein zweites und drittes Mal bei der Stadt Tulln und ebenso bei St. Pölten kundgetan und durch die Zustimmung aller Edlen bestätigt. Zeugen dafür sind die führenden [Persönlichkeiten] des ganzen Landes. Damit aber diese Übergabe fest und unversehrt bleibe, ließ der vorgenannte Markgraf sie durch den Aufdruck seines Siegels bekräftigen.
Im Jahr 1136 nach der Fleischwerdung des Herrn, im 14. Jahr des Steuerzyklus, am 2. Februar.[30]

Diese Überbetonung der Legitimität des Stiftungsaktes ist schon früheren Generationen von ForscherInnen verdächtig erschienen[31] und ist wohl ebenso wie die Datierung als nicht authentische Information zu werten.

Was bleibt nun aber, wenn wir kurz resümieren? Sicher ist, dass Heinrich und Rapoto die Stiftung in Anwesenheit der im dritten Teil genannten Zeugen durchgeführt haben. Zu hinterfragen sind der zweite Teil mit dem Narrativ zur Rolle Leopolds und den anwesenden Bischöfen und Adeligen, sowie die im letzten Teil angeführten Bestätigungsakte sowie die Datierung, die sich damit nicht mehr als verlässlicher Zeitpunkt der Gründung halten lässt. Wie dies nun zu interpretieren ist, sei den folgenden Beiträgen von Zehetmayer, Kupfer und Aigner überlassen.

Wenden wir uns nun der zweiten für die Gründungsgeschichte fundamentalen Urkunde zu, dem sogenannten **Pseudo-Heinricianum** aus der Zeit nach 1156 bzw. laut Kupfer nach 1169[32]. Obwohl dieses von seiner Formulierung her auf den ersten Blick wesentlich homogener und literarisch hochstehender erscheint, ist es letztlich auch nichts anderes als eine Mixtur aus authentischen Informationen aus Notizen des 12. Jahrhunderts und späteren Hinzufügungen. Zweck dieses Dokuments war es offensichtlich, nicht nur den Inhalt des Stiftsbriefs, sondern darüber hinausgehende Zuwendungen der landesfürstlichen Familie abzusichern bzw. auch die Nähe des Klosters zu dieser zu demonstrieren. Als Quellen für dessen Formulierung wurden der Stiftsbrief selbst sowie zwei weitere Notizen herangezogen und in einen homogenen Text eingebettet, der mit „*Ego Hainricus …*" beginnt und zuerst das Narrativ der Gründung Leopolds widergibt:

Ich, Heinrich, von Gottes Gnaden Herzog von Österreich, gebe allen Christgläubigen bekannt, dass mein Vater, Markgraf Leopold seligen Gedenkens, diesen Ort, der St. Mariazell genannt wird, mit großer Hingabe liebte, mit Ratschlägen förderte und mit Vermögen ausstattete.
Als nämlich die Brüder Heinrich und Rapoto, Edle von Schwarzenburg, durch ein Gelübde ihre Güter Christus und seiner heiligen Mutter versprochen hatten und lange über die Erbauung einer Gebetsstätte nachdachten, da kam dem Markgrafen selbst ein göttlicher Ratschlag zu, und er kam den Zögernden zuvor und gründete dieselbe Gebetsstätte in sei-

---

[30] NÖUB II 370, Zeile 19-25: "*Haec eadem tradicio nichilominus secundo et tercio apud Tulnam oppidum et item apud Sanctum Ypolitum promulgatur et confirmatur consensu omnium nobilium. Cuius rei sunt testes totius provincie principes. Verum ut hec tradicio firma et inconvulsa permaneat, iussit predictus marchio sui sigilli impressione corroborari. Anno ab incarnacione Domini MCXXXVI., indictione XIV, IV. nonas februarii.*"

[31] Vgl. etwa PETRIN, Kleinmariazell 135-137.

[32] Vgl. KUPFERs Beitrag und seine Analyse der Zeugenliste.

nem eigenen Recht unter der Bedingung, dass er selbst, solange er lebe, der Vogt dieses Ortes sein solle, ohne dabei irgendwelche Vermögenswerte zu fordern und Menschen zu belasten, [dass] aber, wenn jemand von seinen Söhnen oder Enkeln in Zukunft die Herrschaft über dieses Land erlange, [dieser der Vogt sein solle][33].

Es folgt eine Information, die im Stiftsbrief fehlt und auf den Grund und Boden mit dem umliegenden Wald, den Leopold angeblich zur Errichtung des Klosters gegeben hatte, zu sprechen kommt:

*Nachdem er also die Gebetsstätte gestiftet hatte, bestätigte er die Übergabe der oben genannten Brüder Heinrich und Rapoto, wobei viele anwesend waren, und er selbst gab als Gegenleistung den Ort, an dem er die Gebetsstätte gestiftet hatte, mitsamt dem Wald, der ihn auf allen Seiten umgibt, Gott und der hl. Maria zum Gebrauch der [Kloster-]Brüder, die dort Gott dienen, aus eigener Hand und aus der Hand seiner Kinder und ihrer Mutter, der Markgräfin Agnes, mit ewiger Rechtsgültigkeit. Dieser Wald wird ohne Zweifel durch folgende Orte begrenzt: In Richtung Osten hat er als Grenze einen Ort, der in [unserer] Muttersprache *Schneid heißt; dann geht [die Grenze] zum Nordrand, der *Birkensulz genannt wird; von dort wieder erstreckt sie sich zu einer Höhe, die *Ahorn heißt; ebenso neigt sie sich von diesem Ort nach Westen zu einem Ort, der *Leuprandswerd genannt wird; von dort kehrt sie über den Südrand zum ersteren Ort zurück, der, wie wir schon oben gesagt haben, von den Einwohnern [mit dem Namen] *Schneid bezeichnet wird; und dort gab er ihnen die Erlaubnis, überall zu roden und Landwirtschaft zu betreiben*[34].

In wieweit diese Angaben überhaupt den Tatsachen entsprochen haben können, ist nicht gesichert, wie den späteren Ausführungen Kupfers und Zehetmayers zu entnehmen ist. Bei diesem Abschnitt des Textes verdichtet sich die Vermutung, dass mit der Definition des Bodens, auf dem das Kloster stand, als landesfürstliche Schenkung die Legitimität des Stiftsbriefs in einem weiteren Detail betont werden sollte, was für uns heute jedoch die Zweifel an seiner Authentizität weiter nährt. Noch deutlicher zeigt die Problematik des Leopold-Narrativs der Umstand, dass der Markgraf im Gegensatz zu seiner Frau Agnes, den Söhnen Adalbert und Leopold sowie Herzog Heinrich II. nicht im Necrologium des Klosters aufscheint, aber dazu später. Ein interessantes Detail stellt der letzte Nebensatz die-

---

[33] NÖUB II 371-372, Zeile 23-6: *"Ego Hainricus Dei gratia dux Austrie notum facio cunctis Christi fidelibus, quod pater meus felicis memorie marchio Leupoldus locum istum, qui vocatur Cella sancte Marie magno diligens studio consiliis fovit, rebus auxit. Cum enim Hainricus et Rapoto germani nobiles de Swarzenburch predia sua Christo et sancte eius genitrici vovissent atque de oratorii constructione diu deliberarent, ipse marchio divino preventus consilio hesitantes prevenit idemque Oratorium in suo iure fundavit ea conditione, ut ipse quoad viveret eiusdem loci advocatus existeret sine omni rerum exactione et personarum gravamine, et in posterum si quis de filiis eius et nepotibus principatum terre istius obtineret."*

[34] NÖUB II 372, Zeile 7-19: *"Fundato igitur oratorio supradictorum fratrum Hainrici et Rapotonis traditionem multis astantibus firmavit et ipse locum, in quo fundaverat Oratorium, cum silva undique sita Deo et sancte Marie in usus fratrum ibidem Deo servientium propria manu filiorumque ac matris eorum Agnetis marchionisse manibus iure perpetuo contradidit, que nimirum silva per hec designatur loca: ad orientem tendens habet locum finem qui patria lingua dicitur Sneith, inde ad septemtrionalem respicit plagam que vocatur Pyrchynsulza, abinde iterum protenditur usque ad altum locum qui dicitur Hahorn, item ab illo loco vergit ad occidentem ad locum qui vocatur Liuprateswarte, inde per meridianam plagam ad priorem locum regreditur qui, ut supra iam diximus, Sneith ab incolis nuncupatur, ibique exstirpandi agricolandi ubique licentiam tradidit."*

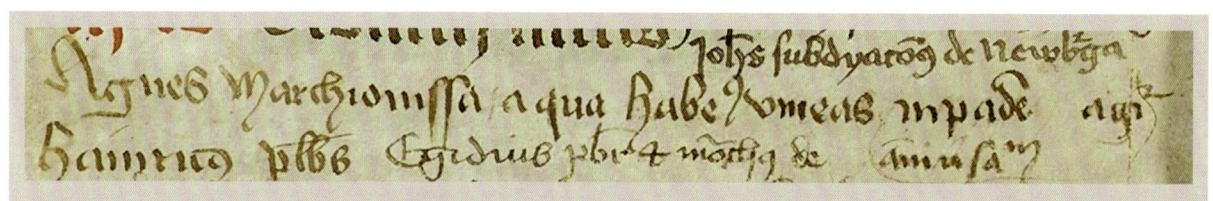

Abb. 3
Necrologium Mariazell, 11. August: Für Markgräfin *Agnes, von der wir Weingärten in Baden haben*, wird ein Jahrtag gehalten.

ses Absatzes dar: „… und dort gab er ihnen die Erlaubnis, überall zu roden und Landwirtschaft zu betreiben …" – ein deutlicher Hinweis auf den Umstand, dass Mariazell in einem weitgehend unbesiedelten Wald errichtet wurde und die umfassende Besiedelung der Umgebung erst danach erfolgt ist, wie im Beitrag von Krawarik näher nachzulesen ist.

Auf diese zweifelhaften Angaben folgen eindeutig authentische Rechtsakte, deren Faktizität aus den danach genannten Gründen angenommen werden darf:

*Außerdem hat die Frau Markgräfin Agnes gemeinsam mit ihren drei Kindern, nämlich Adalbert, Leopold und Ernst, als Heilmittel [für die Seele] des verstorbenen Markgrafen zwei Weingärten für das oben genannte Kloster bestimmt, als sie bei der Stadt Tulln waren, wo zur Versöhnung der zwei Brüder Leopold und Adalbert eine Versammlung der führenden Persönlichkeiten zusammengekommen war, die Mitwisser dieser Übergabe sind; und zwar sind diese Weingärten [frisch] ausgepflanzt in dem Ort, der in unserer Sprache Baden heißt, auf Latein aber Balneum, wobei alles wohlgeordnet und organisiert ist, was zu ihrer Bebauung gehört. Als Zeugen dieser Übergabe wurden zahlreiche Männer, adelige und nichtadelige, an den Ohren herangezogen. Ihre Namen sind folgende: Graf Dietrich v. Formbach, Graf Konrad v. Peilstein, Graf Leutold v. Plain, Adalram v. Pergen, die Brüder Heinrich und Rapoto [v.] Schwarzenburg, Otto v. Machland und sein Bruder Walchun, Otto v. Lengenbach und sein Bruder Hartwig, Hadmar v. Kuffarn, Starkfried v. Pötzleinsdorf, Kadold v. *Möreberg, Heinrich, Präfekt der Burgsiedlung v. Mödling, Ulrich v. Stiefern, Hadmar v. Kuenring und sein Bruder Alber, Kadold d.J. v. *Möreberg*[35].

Die Quelle dafür scheint wie bei der Notiz Heinrichs und Rapotos wieder eine einfache Notiz mit Schilderung des Rechtsaktes, den *„an den Ohren*

---

[35] NÖUB II 372-373, Zeile 20-10: "Preterea domina Agnes marchionissa [una cum] tribus liberis suis, scilicet Adalberto Leupoldo Ernesto, pro remedio defuncti marchionis delegavit duas vineas ad supradictum cenobium, cum essent apud Tulnum opidum, ubi pro reconciliatione duorum fratrum Leupoldi et Adalberti convenerat conventus principum qui huius traditionis conscii sunt; que videlicet vinee sunt consite in loco, qui lingua nostra dicitur Baden latine vero Balneum, instructis et ordinatas, que ad earum pertinent cultum. Huius traditionis sunt testes quam plurimi homines nobiles et ignobiles adtracti per aures, quorum hec sunt nomina: comes Theodericus de Formbach, comes Chuͦnradus de Pilstein, comes Levtoldus de Playn, Adelrammus de Bergen, Hainricus et Rapoto fratres Swarzenburch, Otto de Machlant et frater eius Walchvn, Otto de Lengenbach et frater eius Hartwicus, Hademarus de Chvfarn, Starfridus de Bezelinsdorf, Chadolt de Möreberch, Hainricus prefectus urbis Medelicensis, Oͮdalricus de Stiuene, Hademarus de Chunringen et frater eius Albero, Chadolt iunior de Möreberch."

herangezogenen Zeugen" und wie bei Notizen üblich, keiner Datierung gewesen zu sein. Unterstrichen wird die Glaubwürdigkeit durch den Umstand, dass die Weingärten lange im Besitz des Klosters waren und die Markgräfin[36] mit der Schenkung ebenso wie ihre genannten Söhne Leopold[37] und Albert auch im Necrologium vermerkt sind[38]. Näheres dazu ist im Beitrag von Maurer nachzulesen.

Auf diesen Akt folgt wieder ein narrativer Einschub des Herzogs, der die Bestätigung des bisher Gesagten ausdrücken und damit den Text abschließen sollte:

Sobald aber ich, Heinrich, die Herzogswürde von Österreich übernommen hatte, wollte ich die Frömmigkeit meines Vaters nachahmen und übernahm alles, was mein Vater seligen Gedenkens, meine Mutter und meine Brüder in ihrer Vorsorge den [Kloster-]Brüdern zur ruhigen Benützung übergeben hatten.

Ich hieß es gut und blieb dabei und habe es meinen Nachfolgern unter dem Aufdruck dieses Siegels hinterlassen, damit [auch] sie es wissen und schützen.

Dass auch diese Urkunden-Neuschöpfung ein wenig unbeholfen ist, zeigt nicht nur der Umstand, dass auf die Siegelankündigung, die eigentlich im Schlussteil des Textes stehen sollte, nicht nur kein Datum folgt (bei Urkunden im Gegensatz zu Notizen obligatorisch), sondern noch ein Zusatz folgt, der streng genommen zuvor eingefügt sein sollte. Es handelt sich dabei um eine Schenkung Herzog Heinrichs II. selbst, die aufgrund der genannten Zeugen durchwegs als authentisch anzusehen ist und nach Kupfer nach 1169 anzusetzen ist. Es wird hier eher symbolisch ein kleines Stück Wald in der Nähe des Klosters geschenkt, wodurch weniger ein großer materieller Gewinn erzielt, als die Nähe zum Landesfürsten demonstriert werden sollte[39]:

Auch habe ich dieser Kirche eine Waldparzelle übergeben, die vom *Ahorn und vom *Kahlenberg unterhalb dem Berg *Schever-Scheid und *Leuprandswart hinabläuft bis zu dem Bach, der die Trockene Triesting heißt.

Unter der Zeugenschaft folgender: Otto v. Lengenbach, Dietrich v. Algersbach, Heinrich, Präfekt der Burgsiedlung Mödling, Weikhart v. Arnstein, Ulrich Lamm, Ulrich v. Gaaden und vieler anderer.

Fassen wir die Inhalte beider Urkunden zusammen, so können wir als authentische und damit unzweifelhafte Informationen feststellen:

Ohne Datum, verm. um 1120: Stiftung Heinrich und Rapoto

Um 1137: Schenkung Weingärten Markgräfin Agnes

Nach 1169: Schenkung Wald Herzog Heinrich II.[40]

Als nicht authentisch und damit zu hinterfragen sind zu interpretieren:

2. Februar 1136: Narrativ zur Rolle Leopolds

Nach 1169: Bestätigung aller Schenkungen durch Herzog Heinrich

Nachdem ziemlich klar ist, dass beide Urkunden keine authentisch hergestellten Dokumente dar-

---

[36] Necrologium 9.11., siehe Anhang 2.
[37] Necrologium 12.10., siehe Anhang 2.
[38] Jahrtag eingetragen am 11.8: „*Agnes marchionissa, que dedit nobi duas vineas in Paden*"; Sterbetag am 24.9.(1143), siehe Anhang 2.
[39] Vgl. den Beitrag KUPFERs in Abschnitt II in diesem Band.
[40] Erwähnung Heinrichs im Necrologium 12.1.

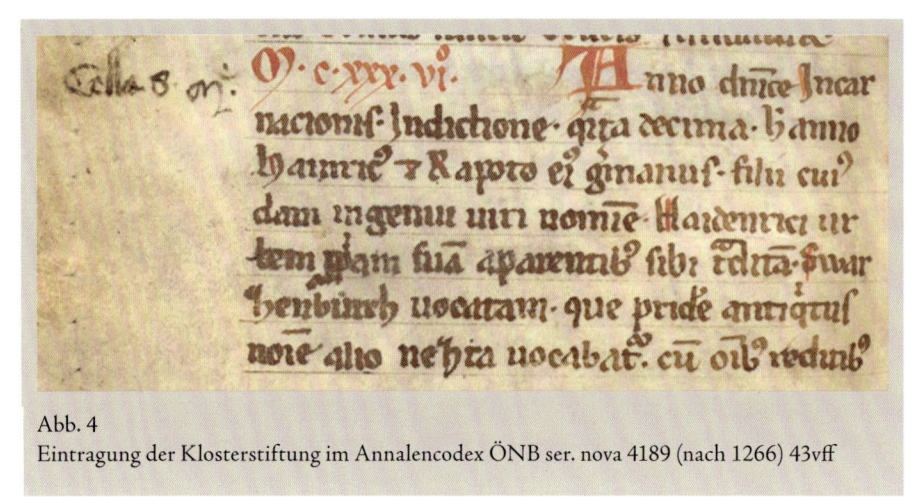

Abb. 4
Eintragung der Klosterstiftung im Annalencodex ÖNB ser. nova 4189 (nach 1266) 43vff

stellen, sondern erst später entstanden sind, ist zu fragen, wann und weshalb diese angefertigt wurden.

Der späteste Zeitpunkt lässt sich relativ einfach feststellen, da ein wesentlicher Teil des Textes des Stiftsbriefs fast wortwörtlich in einem Annalencodex eingetragen ist, der spätestens 1266 entstanden ist[41]. Eine weitere Variante der Leopolds-Narratio befindet sich auch in einer kurzen Lebensbeschreibung des Markgrafen in einer Handschrift im Stift Melk, die ebenfalls um diese Zeit entstanden zu sein scheint[42]. Was die Rolle Leopolds zusätzlich zweifelhaft erscheinen lässt, ist der Umstand, dass in früheren Erzählungen zum Leben des Markgrafen wie etwa dem „Chronicon pii marchionis", entstanden 1177 und damit wesentlich zeitnäher zur angeblichen Gründung 1136, von seiner Rolle als Gründer Mariazells kein Wort zu finden ist[43].

Hinsichtlich des frühest möglichen Zeitpunkts ist die Sache ein wenig komplexer. Um eine Eingrenzung vornehmen zu können, müssen wir uns einige Punkte in den beiden Urkunden inhaltlich nochmals näher ansehen. Auffällig ist folgendes: die Betonung der Übernahme der Vogtei durch die landesfürstliche Familie, die angeblich mehrmalige Bestätigung des Gründungsaktes, die angebliche Erbauung des Klosters auf landesfürstlichem Grund und das angestrebte Naheverhältnis zum Landesfürsten durch die Bestätigung Heinrichs und dessen Waldschenkung. Fasst man all dies zusammen, so wird klar, dass es hier einzig darum geht, die Schutzfunktion des und Nähe zum Landesfürsten zu demonstrieren. Wir finden jedoch in keiner Quelle dieser Zeit Hinweise auf die Wahrnehmung der Vogtei durch die Babenberger. Dass dies wohl auch nie den Tatsachen entsprochen hatte, zeigt uns eine Urkunde aus dem Jahr 1232. Hier überträgt Herzog Friedrich II. dem Kloster das Dorf Taubitz im Waldviertel, jedoch unter einer Bedingung: dass er dafür das Patronatsrecht innehabe, womit wohl die Vogtei

---

[41] ÖNB s. n. 4189 (nach 1266) 43v ff.; vgl. dazu die Ausführungen NOVAKs und ROLANDs in diesem Band.

[42] Melk, Benediktinerstift, Cod. 391 (486, I 1) p. 44 = 21v; Volldigitalisat vgl. https://manuscripta.at/diglit/AT6000-391/0052.

[43] Vgl. MGH SS IX 610-612; vgl. auch die diesbezügliche Beobachtung WELTINS in NÖUB II 378-379 bzw. DIENST, Regionalgeschichte 23fff.

gemeint war⁴⁴. Wären die Angaben dazu in Stiftsbrief und Pseudo-Heinricianum authentisch, hätte es dieser Maßnahme nicht bedurft, wodurch wir 1232 als frühesten Zeitpunkt der Entstehung dieser beiden Urkunden annehmen dürfen. Ich denke, wir können noch eine weitere Verfeinerung vornehmen. Mit dem genannten Akt und den zahlreichen weiteren Privilegien, die Friedrich II. dem Kloster zukommen ließ⁴⁵, war diese Betonung der Nähe zum Landesfürsten, wie sie in den genannten Urkunden erfolgt ist, wohl nicht wirklich notwendig und damit auch die Anfertigung entsprechender Urkunden überflüssig. Erst der Tod des Herzogs 1246 und die darauf folgenden politischen Wirren in der Nachfolge schufen eine völlig neue Situation der Unsicherheit⁴⁶. In Mariazell manifestierte sich dies nicht nur durch den Wegfall des großen Protektors in Person Friedrichs II., sondern auch in zahlreichen Konflikten mit dem Adel der Umgebung um Güter, Zehente und Pfarrrechte in Kaumberg und Nöstach⁴⁷. Es erscheint durchaus möglich, dass man nun angesichts bevorstehender neuer Herrschaftsverhältnisse im Land und dem Wegfall eines eventuellen bisherigen Schutzes durch Friedrich mit der Herstellung von Stiftsbrief und Pseudo-Heinricianum nicht nur die eigene Existenz sichern, sondern auch gegenüber einem möglichen neuen Herrscher dessen potentielle Schutzfunktion belegen wollte. Es ist daher sehr wahrscheinlich, dass Stiftsbrief und Pseudo-Heinricianum zwischen 1246 und 1266 entstanden sind.

Möglicherweise steht auch die Unterschutzstellung des Klosters durch Papst Alexander IV. 1260 damit in unmittelbarem Zusammenhang⁴⁸.

Nicht alle Urkunden des 12. und 13. Jahrhunderts sind jedoch derart schwierig zu interpretieren. Es gibt auch solche, die unzweifelhaft echt und authentisch sind. Dazu gehören zumeist jene, die vom Passauer Bischof und vom Papst ausgestellt wurden, bzw. Urkunden der Klöster und des Adels, die ab dem Ausgang des 12. Jahrhunderts ausgestellt wurden. Ab diesem Zeitpunkt wählte man nach und nach für die Dokumentation von Rechtsakten zunehmend nicht mehr die veraltete Notizenform, sondern schon die von Siegelurkunden, was die spätere Herstellung von Urkunden wie im Falle des Stiftsbriefs bzw. des Pseudo-Heinricianums unnötig machte⁴⁹. Von den meisten Urkunden dieser Zeit wissen wir aus barocken Kurzregesten diverser Archivinventare des Klosters; von manchen sind, wie eingangs erwähnt, durch Zufall Originale in anderen Klöstern oder Abschriften überliefert. Dazu gehören etwa ein Zehenttausch des Klosters mit Bischof Konrad von Passau 1155, die Schenkung von Taubitz 1232 durch Friedrich II. oder die Schutzbulle von Papst Alexander IV. 1260⁵⁰. Bemerkenswert ist auch die Erwähnung einer Weihenotiz für die Kirche St. Peter in Inzersdorf aus der Zeit um 1140 in einem der Archivinventare⁵¹.

---

44   StiA Heiligenkreuz: Urkunde 1232 VII 22, online auf https://www.monasterium.net/mom/AT-StiAH/HeiligenkreuzOCist/1232_VII_22/charter.
45   Vgl. EIGNER, Geschichte 27–31.
46   Vgl. dazu BRUNNER, Herzogtümer und Marken.
47   Vgl. KUPFERs Beitrag in Abschnitt II in diesem Band.
48   Vgl. die deutsche Übersetzung MAURERS in Anhang 1 bzw. die lateinische Originalfassung in EIGNER, Geschichte 404–407.
49   Vgl. JOHANEK, Traditionsnotiz 131–162.
50   Siehe die deutschen Übersetzungen von Rudolf MAURER im Anhang 1.
51   Vgl. AIGNER, Regesten 281.

Wenden wir unser Augenmerk nun auf eine Handschrift aus dem tiefsten Inneren des klösterlichen Alltags in Mariazell. Zu den zentralen Elementen des monastischen Tagesablaufs gehörte bereits im frühen Mittelalter das sogenannte Kapiteloffizium[52]. Damit ist die Zusammenkunft des Konvents einmal am Tag im Rahmen des Stundengebets gemeint. Dabei wurden neben einer Homilie ein Kapitel aus der Regel des hl. Benedikt, die Vita des/der Heiligen vom Tag aus dem Martyrologium Romanum und die Namen der am jeweiligen Tag verstorbenen Brüder, Freunde und Wohltäter des Klosters verlesen und ihrer im Gebet gedacht. Dies ist im mittelalterlichen Heilsverständnis christlicher Theologie ein ganz wichtiges Mittel, um durch die Gebete der Lebenden das Seelenheil der Toten zu sichern. Das Totenbuch bzw. Necrologium, in dem diese eingetragen waren, wurde so zu einem Buch des ewigen Lebens. Diese tägliche Zusammenkunft der Mönche stellt das zentrale Element der Pflege der Memoria für die Verstorbenen dar[53]. Zu diesem Zweck wurden seit dem 9. Jh. in den Klöstern daher sogenannte Necrologien (= Totenbücher) angelegt, die meist in die 365 Tage des Jahres eingeteilt waren. Unter dem jeweiligen Sterbetag wurde dann die Person, für die künftig gebetet werden sollte, eingetragen. Auf diese Weise entstand unter jedem Tag des Jahres eine Liste von Namen, für die dann im Rahmen des Kapiteloffiziums gebetet wurde. Datierungen und nähere Bezeichnungen zu Herkunft oder Familie wurden, von Kloster zu Kloster unterschiedlich, nur in den seltensten Fällen hinzugefügt.

Dies war auch nicht nötig, denn entscheidend für das Gedenken war nicht das Sterbejahr, sondern der Sterbetag; auch war für die Angehörigen des Konvents klar, dass zum Beispiel Graf Ekbert nur jener von Formbach sein konnte und damit genügte es, im Necrologium bloß „Graf Ekbert" einzutragen – was nebenbei bemerkt späteren HistorikerInnen einiges zum Tüfteln aufgibt[54].

Es ist davon auszugehen, dass zur Grundausstattung von Mariazell neben diversen liturgischen Büchern daher auch eine Regel des hl. Benedikt, ein Martyrologium und ein Necrologium gehörten. Es konnten dies einzelne Codices oder zu Heften zusammengebundene Lagen von Pergamentblättern sein, es konnten jedoch wie in vielen anderen Fällen alle drei auch zu einer Handschrift zusammengebunden gewesen sein. In der österreichischen Nationalbibliothek hat sich eine karolingische Handschrift, geschrieben im Kloster Weltenburg, mit einer der bedeutendsten Überlieferungen der Regel des hl. Benedikt nördlich der Alpen erhalten[55]. Diese befand sich schon Mitte des 15. Jhs. in Mariazell und man erzählte sich hier, dass diese mit den Gründungsmönchen ins Kloster gekommen sei, was durchaus plausibel erscheint[56]. Möglicherweise besteht hier ein Zusammenhang mit der zeitweiligen Ablöse der Benediktiner in Weltenburg durch Augustiner-Chorherren zwischen 1123 und 1128[57]. Eine Benediktinerregel, und schon gar nicht so ein „veraltetes" Exemplar, brauchte man da nicht mehr. Es war auch durchaus

---

[52] Vgl. OEXLE, Memoria und Memorialüberlieferung 156-186.
[53] Vgl. dazu BERNDT, Wider das Vergessen.
[54] Vgl. Necrologia V 721-766.
[55] Vgl. dazu ELLEGAST, Melker Handschriften zur Regula Benedicti 10 f., sowie DERS., Anfänge einer Textkritik 8-91.
[56] Vgl. HANSLIK, Herkunft 118-119.
[57] Vgl. HANSLIK, Herkunft 121.

üblich, dass Neugründungen eher altes Material, das man im laufenden Betrieb bereits bestehender Klöster entbehren konnte, zum Start erhielten[58]. Einzelne mögliche Nennungen von Mariazeller Mönchen im Weltenburger Necrologium könnten diese These stützen und stellen auch die Frage in den Raum, ob nicht auch der eine oder andere aus seinem Kloster vertriebene Weltenburger Benediktiner in Mariazell Unterkunft fand und damit zu den Gründungsmönchen zu zählen ist[59]. Andere Handschriften dieser Zeit, etwa ein Martyrologium oder das ursprüngliche Necrologium, haben sich nicht erhalten.

Ende des 14. Jhs., knapp 300 Jahre nach der Gründung, war es offenbar nach einiger Abnützung der Handschriften für das Kapiteloffizium Zeit für die Neuanlage eines Codex mit den dafür benötigten Texten. So wurde ein neuer Codex, bestehend aus dem Martyrologium, Regelkommentaren, der Regel des hl. Benedikt und dem neu angelegten Necrologium, zusammengestellt, der heute noch in der Stiftsbibliothek Melk erhalten ist[60].

Um im Totengedenken keinen Bruch entstehen zu lassen, wurden die Namen der Verstorbenen des alten, seit der Gründung ununterbrochen geführten Necrologiums in das neue übertragen.

---

58 Vgl. die Ausstattung Zwettls durch Heiligenkreuz mit Handschriften mit eher alten Handschriften. Vgl. FINGERNAGEL, Handschriften. Dank an Karl Brunner für diesen Hinweis.

59 Vgl. in Weltenburg für den 16.1. Adelhun pbr (Mariazell 12.1.) und 21.2. Wimarus pbr et m fr n ob (Mariazell 22.2.).

60 StiB Melk Cod. 836 (921, R 2); vgl. EIGNER, Geschichte 363-372 sowie GLASSNER, Inventar Handschriften Melk 1 346.

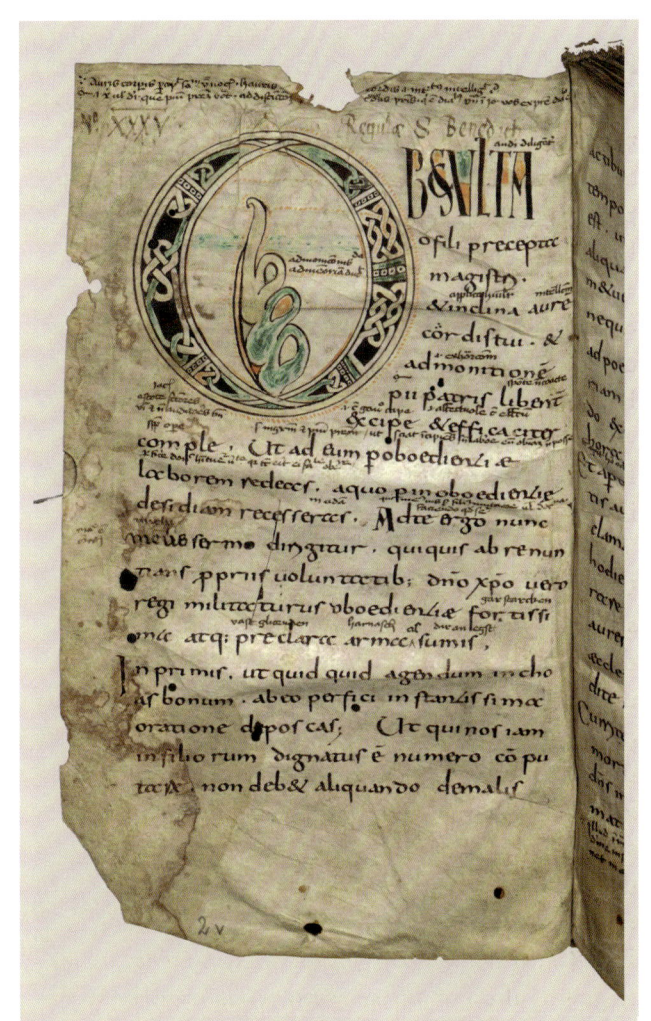

Abb. 5 Wien, ÖNB, Cod. 2232, fol. 2v: Incipitseite der Regula Benedicti. Südöstliches Bayern, Beginn 9. Jh., möglicherweise bereits im 12. Jh., sicher im 15. Jh. in Mariazell.

Die sehr unregelmäßige Verteilung und die große Menge der Namen von Mönchen des eigenen und fremder Häuser, Konversen, verschiedener Adeliger, zahlreicher Laien und vieler anderer lässt schließen, dass hier offenbar keine Auswahl oder Ausdünnung stattgefunden hat, sondern die Übernahme vollständig erfolgt ist[61]. Dieser Umstand macht das Necrologium zu einer unschätzbaren Quelle für die ersten Jahrhunderte des Bestehens des Klosters, da die enthaltenen Namen für Zeiten weitreichende Rückschlüsse auf soziale, politische und geistliche Beziehungen der Mariazeller Mönche zur Außenwelt zulassen, wo keine anderen Quellen erhalten sind. Umgekehrt gibt auch das Nicht-Vorhandensein bestimmter Personen wertvolle Hinweise[62].

Um das Necrologium für die Frühgeschichte Mariazells nutzbar zu machen, ist es nötig, die Übertragungen aus der alten Fassung von jenen, die später fortlaufend, vor allem zu Zeiten der Melker Reform, hinzugefügt wurden, zu unterscheiden. Auf diese Weise gelingt es, die alte Fassung mit Stand von ca. 1395[63] zu rekonstruieren. Durch Vergleiche mit Necrologien anderer Klöster, Urkunden und diversen anderen Quellen ist es dann möglich, einen Teil des Namensmaterials zu identifizieren bzw. zeitlich einzugrenzen. Es kann als glücklicher Umstand angesehen werden, dass die Neuanlage noch vor der Melker Reform (ab 1418) erfolgt ist, da es in Mariazell erst ab diesem Zeitpunkt zu einer großen Zahl an Gebetsverbrüderungen kam und damit zur automatischen Eintragung einer Vielzahl von Namen, die nur mehr wenig aussagekräftig sind[64]. Das vorhandene Namensmaterial vor ca. 1395 zeigt ziemlich deutlich, dass die Eintragungen nicht aufgrund von Automatismen erfolgt sind, sondern dass dahinter stets ein bestimmter Grund steckte. Kurz ausgedrückt: die Eintragungen erfolgten nicht aus Zufall, sondern stets aufgrund einer bestimmten Motivation. Auf diese Weise werden Nennungen oder Nicht-Nennungen bestimmter Personen zu wertvollen Hinweisgebern bisher nicht beachteter Fragestellungen oder Erkenntnisse.

Eintragungen in Necrologien besonders des hohen Mittelalters sind eine unschätzbare Quelle für Beziehungen der Klöster zueinander, weil gerade durch den Austausch von Personen, Äbten wie Mönchen und Konversen, persönliche Beziehungen entstanden, die nach dem Tod der jeweiligen Person wiederum Niederschlag im Gebet der befreundeten Gemeinschaft und damit im Necrologium fanden. Necrologiumseintragungen eines Klosters, kombiniert mit jenen anderer, können daher, wie sich am Beispiel Mariazells zeigt, eine Skizze verschiedener Beziehungsgeflechte ergeben und damit für eine relativ quellenarme Zeit wie das 12. Jh. neue Einblicke ermöglichen. So können wir aufgrund der in der ersten Hälfte des 12. Jhs. im Mariazeller Necrologium eingetragenen Mönche und Äbte wertvolle Rückschlüsse ziehen, wer in dieser Zeit am Aufbau des Klosters beteiligt war. Für den ehemals Salzburger und Passauer Diözesanbereich liegen die Necrologien, soweit diese erhalten sind, vollständig in Edition vor[65]. Bei der Analyse wechselseitiger Nennungen ist zu beachten, dass jedoch nicht von allen Klöstern Necrologien des 12. Jh. bzw. nur Fragmente erhalten

---

[61] Vgl. die Auflistung der Namen dieser ersten Schicht in Anhang 2.
[62] Vgl. zur Methode der Nekrologie, die natürlich nicht unkritisch angewendet werden darf, HALLINGER, Gorze-Cluny I 19-33.
[63] Abt Leopold (+1395) ist noch in der Schrift des Schreibers, der das Necrologium angelegt hat, gehalten. Die Anlage dürfte daher auf die Jahre nach 1395 zu setzen sein.
[64] Vgl. dazu NIEDERKORN, Melker Reform.
[65] MGH Necrologia II-V.

sind. Bedauerlich ist dies im Falle von für Mariazell wichtigen Klöstern wie Göttweig, wo bloß ein Fragment für das 12. Jh. erhalten ist[66].

Nehmen wir Stiftsbrief und Pseudo-Heinricianum im Spiegel des Necrologiums näher unter die Lupe, so ist auffällig, dass fast alle erwähnten Wohltäter im Necrologium vorkommen: Heinrich und Rapoto ganz prominent in Auszeichnungsschrift am 2. April, Agnes mit einem Jahrtag am 11. August, ihre Söhne Adalbert am 9. November und Leopold IV. am 12. Oktober sowie Herzog Heinrich II. am 12. Jänner – nur einer, der lt. Narratio des Stiftsbriefs eigentlich der wichtigste gewesen wäre, fehlt: Markgraf Leopold III.! Dies bedeutet, dass von der Gründung weg bis ins 15. Jh. am 15. November KEIN Totengedenken für einen der angeblichen Mitgründer des Klosters gehalten wurde – für ein mittelalterliches Kloster absolut undenkbar, dass man seinen Gründer vergisst! Das ist ein gewichtiges Argument, seine angebliche Rolle laut Erzählung im Stiftsbrief in Zweifel zu ziehen[67]. Ebenso merkwürdig ist der Umstand, dass keine Passauer Bischöfe im Necrologium vorkommen, ein Zeichen geringer Bindung zum Diözesan und ein möglicher Hinweis auf weitreichende Selbständigkeit, ganz im Hirsauisch-Cluniazensischen Sinne[68].

Als abschließendes Beispiel sei die Nennung des Göttweiger Abtes Nanzo am 5. Februar angeführt. Dieser war wichtig für die Rolle Göttweigs als benediktinisches Reformzentrum der fruttuarischen Richtung in der Babenbergermark[69]. Nahezu jedes Benediktinerkloster, das damals hier gegründet wurde, wurde mit Mönchen dieses Klosters beschickt[70]. Wie später in den Beiträgen von Kupfer,

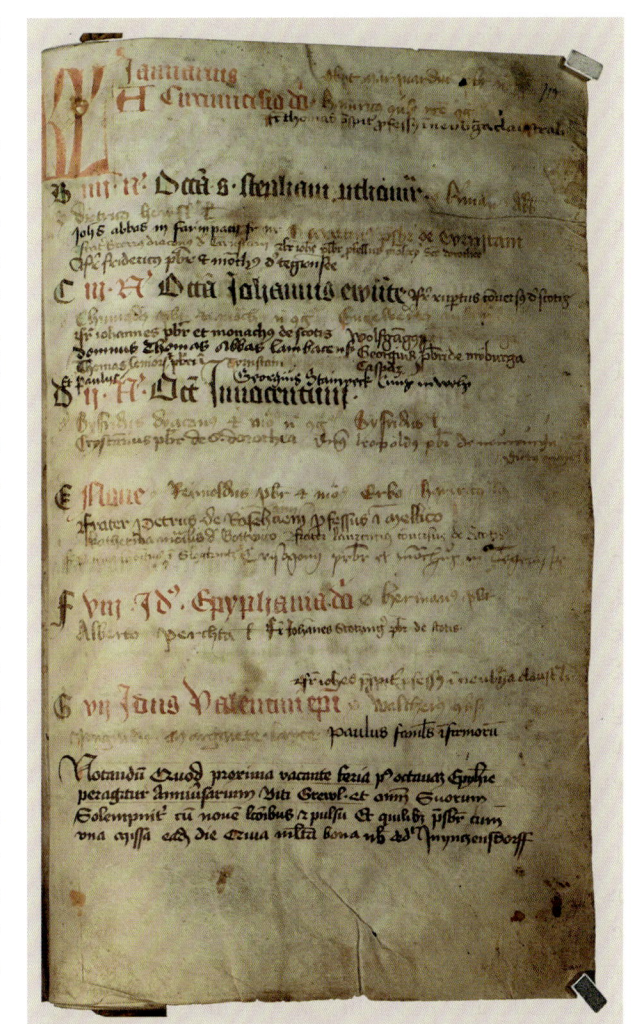

Abb. 6 Erste Seite des Necrologiums in Codex 836 der Stiftsbibliothek Melk. Ersteintragungen, basierend auf älteren Aufzeichnungen, Ende 14. Jh., fortgeführt bis Mitte 16. Jh.

---

66 Vgl. Necrologia V 448-450.
67 Vgl. die Ausführungen ZEHETMAYERs in diesem Band.
68 Vgl. HALLINGER, Gorze-Cluny I 587-589.
69 Vgl. näher zu ihm FLECK, Göttweig 101-104.
70 Vgl. LECHNER, Göttweig 770.

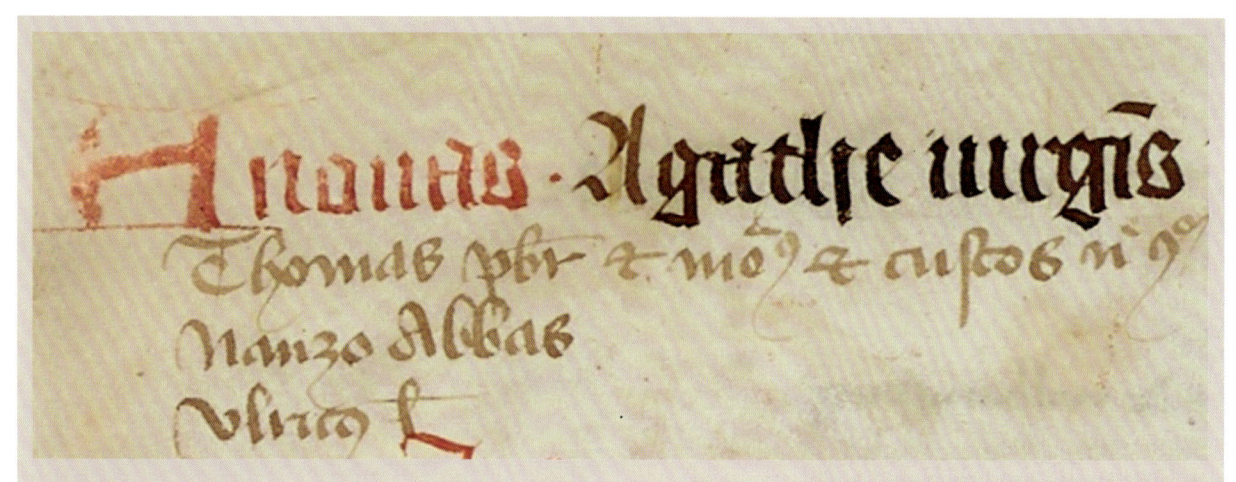

Abb. 7 Nennung des Göttweiger Abtes Nanzo (1114-1125) unter dem 5. Februar im Mariazeller Necrologium – Eine der ältesten Eintragungen und wichtiger Hinweis auf die Rolle Göttweigs im Gründungsprozess

Fischer und Aigner gezeigt wird, ist dies als wichtiges Indiz für eine Besiedelung Mariazells durch Göttweig zu sehen; vor allem aber auch für eine frühere Entstehung des Klosters als im Stiftsbrief (1136) angegeben, denn Nanzo starb bereits 1125[71]. Zusammenfassend sei festgehalten: Das Necrologium ist ein im Laufe von drei Jahrhunderten kontinuierlich gewachsenes Dokument, dessen Namenseintragungen sind daher als authentisch zu betrachten. Es öffnet uns so ein einzigartiges Fenster bis zurück in die Gründungszeit und wird bei zahlreichen weiteren Betrachtungen in diesem Band noch eine wichtige Rolle spielen. Der Einfachheit halber werden Verweise auf das Necrologium nicht im Fußnotenapparat abgebildet, sondern können in Anhang 2 nachgesehen werden.

---

[71] Vgl. HÖDL, Göttweig 35-36.

2. AUFGRABEN UND NEUE ERKENNTNISSE GEWINNEN: ZUR ARCHÄOLOGIE

VON MARINA KALTENEGGER

Im Herbst 1994 begann eine großangelegte Sanierung der Pfarr- und ehemaligen Stiftskirche in Klein-Mariazell zur Behebung der Feuchtigkeitsschäden, die an deren Mauern und Innenausstattung durch den hohen Grundwasserstand entstanden waren. Die Freilegung älterer Mauerzüge bei Trockenlegungsarbeiten im Fundamentbereich führte zur Verständigung des Bundesdenkmalamtes und ab Februar 1995 fanden mit Unterstützung der Erzdiözese Wien, des Landes Niederösterreich, der Marktgemeinde Altenmarkt/Triesting und der Pfarrgemeinde großflächige archäologische und bauhistorische Untersuchungen der Abteilung für Bodendenkmale des Bundesdenkmalamtes unter der Leitung von Johann Offenberger statt. Diese erfassten beinahe den gesamten Kirchen-Innenraum mit Ausnahme der Osthälfte des nördlichen Seitenschiffes und eine drei Meter breite Zone im Anschluss an die Außenmauern.

Mit Ende Juli 1996 wurden die Grabungen beendet und in weiterer Folge noch bauhistorische Untersuchungen und zeichnerische Dokumentationen von Baubefunden nach Entfernung des Verputzes und bei Vorarbeiten für das Durchschneiden der Fundamente vorgenommen.[1] Diese Arbeiten wurden in den folgenden Jahren fortgesetzt und so wurden auch die steinsichtigen Fassaden des Altbestandes vor dem Verputzen fotografisch und zeichnerisch festgehalten.[2] Während der laufenden Ausgrabungen wurde für die anthropologische Untersuchung der Bestattungen Sorge getragen und unter der Aufsicht von Ass. Prof. Dr. Karl Großschmidt wurden die Knochen gewaschen und bestimmt, so dass bald nach Beendigung der Ausgrabungen die Geschlechts- und Altersbestimmung der Individuen vorlag. Die Vielzahl an Holzfunden, speziell die teils gut erhaltenen Särge und Totenbretter führten zu einer Zusammenarbeit mit der Arbeitsgruppe „Holzbiologie und Jahrringforschung" unter der Leitung von Univ. Doz. Dr. R. Wimmer am Zentrum für Umwelt- und Naturschutz an der

---

[1] Marina KALTENEGGER u. Johann OFFENBERGER, KG Kleinmariazell. In: Fundberichte aus Österreich 35 (1996) 20f.
[2] Marina KALTENEGGER, KG Kleinmariazell. In: Fundberichte aus Österreich 36 (1997), 20f. sowie Marina KALTENEGGER, KG Kleinmariazell. In: Fundberichte aus Österreich 37 (1998) 21.

Universität für Bodenkultur Wien. War zuerst nur daran gedacht, die Holzart der geborgenen Artefakte und der Wurzelstöcke des Rodungshorizonts zu bestimmen und holztechnische Untersuchungen durchzuführen, konnte die in Österreich noch in den Anfängen befindliche Dendrochronologie mit den Funden aus (Klein-) Mariazell einen entscheidenden Schritt vorwärts gebracht werden. Die Vielzahl an Proben gerade von Tannengehölzen ermöglichte den Aufbau einer eigenen Tannenreihe, die bis ins 12. Jahrhundert zurückgeführt werden konnte.[3]

Ein bereits 1995 von Johann Offenberger angeregtes Projekt zur Aufarbeitung der Ergebnisse aus den archäologischen Ausgrabungen scheiterte letztendlich an der Finanzierung und es dauerte noch 20 Jahre, bis mit Hilfe des Amtes der nö. Landesregierung und des Bundesdenkmalamtes ein Aufarbeitungsprojekt in der zweiten Jahreshälfte 2015 begonnen werden konnte. Im Zuge der Grabungskampagnen in den Jahren 1994/1995 und der baubegleitenden Bauforschung bis 1998 waren der Sakralbau und sein näheres Umfeld in insgesamt 20 Grabungsabschnitte gegliedert worden, eine Maßnahme, welche aufgrund der enormen Fläche – es wurden rund 1246 m² (!) freigelegt – notwendig war. Die freigelegten Befunde (und einige Sonderfunde) wurden durch handgezeichnete, verformungsgerechte Bildpläne vorwiegend im Maßstab 1:20 dokumentiert. Diese mehr als 500 Einzelblätter bilden neben den fotografischen Aufnahmen die Grundlage der Dokumentation und die Basis für Analyse und Interpretation der Befunde, insbesondere des Baubestandes sowie der Bestattungen.

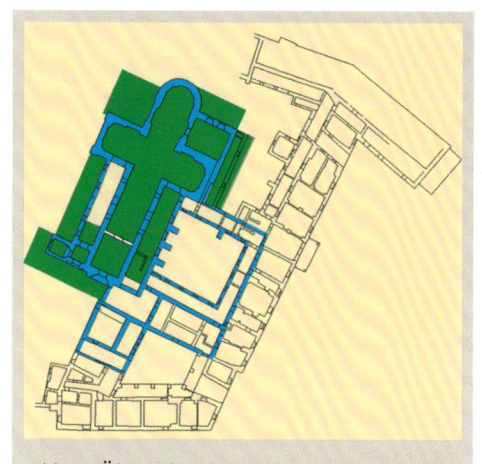

Abb. 8 Übersichtsplan nach A. Klaar. Blau der erhaltene Gebäudebestand, Grün die Grabungsflächen 1994/1995

Für die Erstellung eines digitalen Gesamtplanes aller Grabungsbefunde auf unterschiedlichen, material- und zeitspezifischen Layer wurden die 262 gescannten Einzelblätter der Dokumentationsebenen anhand der Maßlinien des lokalen Vermessungssystems in 14 Niveaus/Ebenen zusammengesetzt und in den neuvermessenen Kirchengrundriss verortet. Die Erstellung einer nach Materialgruppen und Schichten getrennten, digitalen Umzeichnung erfolgte in einem ersten Schritt ausschließlich für den Baubestand der Romanik, also für die Bauten des 12. und 13. Jahrhunderts.

Mit den vorliegenden Grabungsdokumentationen liegen hervorragende Quellen für Geschichte und Entstehung des Klosters vor. Gemeinsam mit Untersuchungen anderer Forschungsdisziplinen werden sie in den Beiträgen von Kaltenegger, Schedl und Tarcsay/Zorko ein einzigartiges Fenster in die klösterliche Welt des 12./13. Jh. öffnen.

---

[3] Mündliche Mitteilung von Univ. Prof. Dr. Rupert Wimmer, dass die Hölzer aus Mariazell sozusagen „den Durchbruch bewirkten".

3. UMSCHREIBEN UND NEU ERZÄHLEN: ZUR AUSGANGSLAGE
VON KARL BRUNNER

Man kann meinen, so erzählt gebe eine Geschichte einen guten Sinn; aber ob sie eigentlich so geschehen ist, kann man nicht behaupten. Dazu sind die Quellen zu dünn.

Zur Einordnung muss ein wenig Schulwissen aufgewärmt werden: Unsere Geschichte beginnt in jener Zeit, als die *terra orientalis*, das Land im Osten, zu ihrer bzw. seiner dauerhaften Identität fand. Markgraf Leopold II. wandte sich im Jahr 1081 vom „Tyrannen" König Heinrich IV. ab; zum Kaiser war er von einem Gegenpapst gekrönt worden. Die Nachbarn der österreichischen Mark nützten den Konflikt zu einem Überfall. Aber trotz der Niederlage bei Mailberg 1082 verloren die Babenberger ihr Ansehen nicht,[1] die *primi orientalis provinciae*, die Ersten der östlichen Provinz, blieben loyal. So erzählt es um 1140, also zwei Generationen später, der Verfasser der „Vita Altmanni", der Lebensbeschreibung des Heiligen Altmann, in jenem Kloster, das, wie man zu wissen glaubte, nach den Goten benannt worden war, die einst hier wohnten, eben Göttweig,[2] und so gelangte es in unsere Schulbücher.

Wir kennen die Zeit zwischen 1076 und 1122 als die Zeit des „Investiturstreits", oder vornehmer, die Zeit der Auseinandersetzung zwischen Imperium und Sacerdotium. Der Markgraf und sein gleichnamiger Sohn unterstützten die Partei des Sacerdotiums, der Priesterschaft, zumindest jener, die auf der Seite des Papstes stand. Der Konflikt, der das Reich und seine Bewohner spaltete, dauerte mehr als eine Generation. In der Mark verloren die „kaiserlichen" ihren Rückhalt und mussten sich, etwas verkürzt dargestellt, entweder mit der Partei des Markgrafen arrangieren oder auswandern. Als alles durchgestanden war, konnte Heinrich V., der Sohn des alten Königs bzw. Kaisers, seinen Vater 1106 ablösen, nicht zuletzt mit Hilfe Markgraf Leopolds III. Dieser hatte, wie es der Sohn Otto aus dieser Ehe erzählt,[3] für seine Verdienste die Königstochter Agnes, die Schwester Heinrichs V. und Witwe des Schwabenherzogs Friedrich I. zur Frau bekommen. Heute erzählt man die Geschichte ein bisschen anders: Herzog Friedrich von Schwaben war irgendwann im Frühjahr 1105 gestorben. Der junge König Heinrich V., damals etwa 20 Jahre alt, nahm die Witwe, seine über dreißigjährige Schwester zu

---

[1] BRUNNER, Herzogtümer und Marken 325f.
[2] WATTENBACH, Vita Altammni 24-26, 236f.; dazu vgl. LHOTSKY, Quellenkunde 205f und DIENST, Regionalgeschichte 15-22 und 112f.

[3] BUCHNER, Otto von Freising, Chronik VII 9514f.

sich. Agnes war vielleicht bei ihrem Bruder, aber nicht in der Munt des Bruders, sondern genau genommen in der Munt ihres Vaters oder ihres Sohnes. „Munt" – der Begriff steckt heute noch im Wort „Vormund" – ist die rechtliche Vertretung einer Frau in der Öffentlichkeit, die zuerst der Vater und dann der Ehemann ausübt; beim Tod des Mannes fällt sie normalerweise auf den Vater zurück, erst nach dessen Tod auf ihren Bruder. War ein Sohn großjährig, konnte auch dieser die Mutter rechtlich vertreten. Dementsprechend ist sie in den Berichten immer die Kaisertochter, nicht die Königsschwester. Außerdem war sie Witwe und hatte ihrem ersten Ehemann mindestens elf Kinder geboren. Sie konnte nach Recht und Gewohnheit nicht gezwungen werden, sich wieder zu verheiraten und musste gefragt worden sein, ob sie im politischen Kalkül ihres Bruders eine Rolle spielen wollte. Die passive Rolle, die auch viele moderne Historiker angemessen fanden, passt für eine Frau wie sie in dieser Zeit einfach nicht. Agnes wollte offenbar dieses neue Abenteuer eingehen, wage ich zu behaupten, und alle weiteren Fakten bis über den Tod ihres zweiten Mannes hinaus sprechen für eine aktive Rolle dieser Frau im politischen Spiel. Ohne ihr Einverständnis wäre es nicht gelungen.[4]

König Heinrich V. zog dann – wie sein Vater als Achtjähriger ein halbes Jahrhundert zuvor – 1108 auf eine Ungarnfahrt, die wie seinerzeit weniger eine Heerfahrt als ein Königsumzug war und den Großen in Bayern und Österreich Gelegenheit bot, dem neuen Herrscher zu huldigen.[5] Auf kirchlicher Seite herrschte jetzt eine gewisse Aufbruchsstimmung:

Abb. 9   Markgräfin Agnes, die Ehefrau Leopolds III. Babenberger Stammbaum, Stift Klosterneuburg 1489/1492

In diesen Jahren ist z. B. mit Hilfe der Reformmönche aus Göttweig die vom steirischen Markgrafen gegründete geistliche Gemeinschaft in Garsten in ein Benediktinerstift umgewandelt und das Kloster Seitenstetten zum ersten Mal gegründet worden.[6]

Zu 1108 hat man auch in Klosterneuburg ein denkwürdiges Ereignis gestellt:[7] Bischof Hermann von Augsburg habe bei diesem Ungarnzug einige seiner Leute vorgefunden und als Zinsleute dem Kloster bei der Neuen Burg, Klosterneuburg, übergeben. Wieder eine Erzählung, die nicht ganz ohne Widerspruch bleiben kann: Als Zeugen bot man für die Notiz darüber nämlich keine Prominenten aus

---

[4]   BRUNNER, Leopold 111f.
[5]   BRUNNER, Herzogtümer und Marken 193f., 252 und 360f.
[6]   HAIDER: Garsten 293-329; NÖUB II 1¹⁻⁶ mit Kommentar S. 65f.; BRUNNER, Gründungsgeschichte 22-24; NÖUB II 12 mit Kommentar; ZEHERMAYER, Rechtsgeschichte 231f.
[7]   DIENST, Regionalgeschichte 126f.; FRA II/4, Nr. 116.

dem Gefolge des Königs auf, sondern nur Leute aus der Familia, dem Haushalt des Markgrafen. Vom Stift stand damals vermutlich noch gar nichts, was niemanden daran hinderte, 2008 ein Jubiläum zu begehen. Die nach dem Muster einer Urkunde gestaltete Notiz im Klosterneuburger Traditionsbuch ist wohl ein Konstrukt, das diesen Leuten, von denen die Rede ist, Sicherheit geben sollte. Der Augsburger Bischof hatte nämlich Probleme, von den „Päpstlichen" anerkannt zu werden, weil er längere Zeit der „falschen" Partei angehörte. Seine Familie, die Markgrafen von Vohburg, waren „kaiserlich" gewesen und er selbst war auf Initiative Heinrichs IV. zum Bischof erhoben worden und daher vielen verdächtig. Daher mussten Personen, die eigentlich unter dem Schutz der Vohburger stehen sollten, sich absichern. Erst nach dem offiziellen Frieden zwischen Kaiser und Papst, dem sogenannten Wormser Konkordat (1122), konnte Bischof Hermann seine Stellung einigermaßen festigen. Eingetragen wurde die Notiz ohnehin erst nach 1140, also eine Generation später und in jener Zeitebene, als die Vita Altmanni geschrieben wurde. Da war der Bischof schon lange tot und der Text höchstens für die Nachkommen der Zinsleute interessant.

Bei dem Zug von 1108 nach dem Osten, noch in Nürnberg, erhielt ein gewisser Haderich von König Heinrich – der wurde 1111 Kaiser – drei „Königshufen" in *Brunna*, wohl Brunn am Felde am Unterlauf des Kamp.[8] Auch der sagenhafte Spitzenahn der Kuenringer, Azzo, hatte ein halbes Jahrhundert zuvor drei Königshufen in einem Ort namens Hetzmannswiesen bekommen[9]; die Lokalisierung dieses Ortes ist umstritten. Solche Schenkungen waren, wieder ein wenig vereinfacht, das materielle Symbol einer besonderen Anerkennung durch den Herrscher. Im Falle Haderichs werden sowohl der Bayernherzog Welf V. als auch Markgraf Leopold III. als Personen genannt, die zu seinen Gunsten eintraten, d. h., er war noch in Bayern verankert, aber die Entwicklungsarbeit, für die er vor dem königlichen Hof – ausdrücklich als Fürsten genannt werden die Bischöfe von Eichstätt, Freising, Regensburg und Augsburg und der Markgraf des bayerischen Nordgaues Diepold III., übrigens auch ein Vohburger – so ausgezeichnet wurde, war Arbeit in der Mark.[10] Wir können also lesen, wie man mit größtmöglicher Sensibilität versuchte, die Gräben der vergangenen Jahre zuzuschütten, auf allen sozialen Ebenen, und sehen auch, dass man sich an diesen Prozess, der für die Landesbildung der Mark von äußerster Wichtigkeit war, wohl noch zwei, drei Generationen erinnerte.

Zu Haderichs Familie[11] gehörten, und damit sind wir endlich dort, wo wir hinwollten, wieder eine Generation später die Gründer der *Cella sancte Marie* im Wienerwald. Das liest sich dann, kurz zusammengefasst, in zwei babenbergischen „Urkunden" bekanntlich so: Die Brüder Heinrich und Rapoto, Söhne des „Freien" – das heißt hier Adeligen – Ha-

---

8   NÖUB II 9¹ mit Kommentar 376-379, BRUNNER, Leopold 79 und zu Mariazell 129. Zwei „Haderiche" in FRA II 69 197 Nr. 56, BUB IV/1 Nr. 595 und zuletzt auch LOHRMANN, Herrschaftsverhältnisse 96f.

9   DH IV 3 (1056), BRUNNER, Herzogtümer 192f. Zu den Kuenringern vgl. BRUNNER, Kuenringer 291-309 und DIENST, Tradition und Realität 40-97. Diese beiden „Erzählungen" ergänzen einander.

10 Zu den Königsschenkungen allgemein vgl. BRUNNER, Herzogtümer und Marken 223.

11 Vgl. den Beitrag von ZEHETMAYER in diesem Band.

derich, hätten ihre ererbte Burg Schwarzenburg, die von Alters her *Nezta* (Nöstach) genannt wurde, samt zugehörigen Gütern zur Gründung einer Zelle verwenden wollen, aber Markgraf Leopold sei ihnen, als sie noch lange überlegten, zuvorgekommen, indem er ein *oratorium* nach seinem Recht begründete, was zu Lichtmess 1136 in Klosterneuburg vor prominenten Zeugen versprochen und später in Tulln und St. Pölten vor den Adeligen des ganzen Landes bekräftigt worden sei.

Diese Erzählung, wahrscheinlich in dieser Form erst im 13. Jahrhundert gestaltet, wurde in einer Quelle aufgenommen, die sich auf Herzog Heinrich II. „Jasomirgott" († 1177) beruft und wohl ebenso erst zu dieser Zeit entstanden ist. Dort finden wir eingebaut zwei Notizen, die wir gerne als Originale anerkennen möchten: Erst einmal die Schenkung von zwei Weingärten in Baden durch die Markgräfin Agnes. Dafür hat sie im Unterschied zu ihrem verstorbenen Mann einen Platz im Nekrolog des Klosters bekommen.[12] Den Hintergrund bildet eine Aussöhnung zwischen den Söhnen des eben verstorbenen Markgrafen Leopolds III. († 15. November 1136), Adalbert und Leopold; Heinrich war offenbar schon am Rhein oder auf dem Weg dorthin. Adalbert war der Ältere, wurde aber dennoch nicht Nachfolger, hatte aber offenbar nicht wenig Unterstützung in der Mark. Das heißt, in Tulln waren nach dem Tod Leopolds III. nicht nur zwei Söhne, sondern auch zwei Parteien des Adels zu beruhigen. Der Konflikt hat sich bis zum Papst herumgesprochen, wohl durch einen Boten aus Klosterneuburg.[13] Der zweite Bericht, der auf eine authentische Nachricht zurückgeht, ist der über eine eher symbolische Übertragung eines Waldstückes durch Herzog Heinrich II., mit der er sich in das Gründungsgeschehen offenbar als weiterer *fundator* einfügte.[14]

So, war die Absicht, sollte es in Erinnerung bleiben. Aber die Mönche in Mariazell „vergaßen" anscheinend, den Markgrafen Leopold III. in ihr Totenbuch einzutragen, was man für einen – zweiten oder ersten – Gründer eher doch hätte erwarten können. So kam der allseits verehrte Markgraf in den Medien zu seiner dritten Klostergründung und – später – das Kloster zu Prestige und Schutz des Landesfürsten. Das beanspruchte Monopol der Babenberger auf die maßgebliche Rolle bei der Landeswerdung wurde bestärkt. Das könnte man auch aus der besonderen Betonung der Beteiligung des Adels bei den Hoftagen in Klosterneuburg, Tulln und St. Pölten lesen. Diese sonst unerhörte Übertreibung des dreifachen Zuspruchs zeigt schon alleine, dass da etwas übertüncht werden sollte.

Wir sind also in einer scheinbar misslichen Lage: Wann immer die einzelnen Erzählelemente gestaltet wurden, es liegt einige Zeit dazwischen, in denen eine Narration gewachsen ist. Mehr direkte Quellen zur Frühzeit des Klosters Mariazell im Wienerwald haben wir nicht. Wir würden aber, wie anfangs betont, doch gerne eine Geschichte darüber erzählen, die uns plausibel vorkommt. Dem kann

---

[12] NÖUB II 9³ 372f., BUB IV/1 700; vgl. MAURER, Gründungsakt in diesem Band S. 81-90. In Klosterneuburg steht sie beim 24. September, Necrologia V 59 und in Mariazell beim 11. August, ebd. 142 *Agnes marchionissa, a qua habemus vineas in Paden.*

[13] BRUNNER, Leopold 195-199; BUB IV/1 703 und 706.

[14] NÖUB II 9² und ³ mit Kommentar S. 378f.; ZEHERMAYER, Rechtsgeschichte 232; vgl. auch DIENST, Marktplatz 175f.

man sich auf verschiedene Weise annähern: Durch subtile quellenkundliche und regionalgeschichtliche Forschungen, wie sie in anderen Beiträgen dieses Bandes vorgestellt werden,[15] durch Überlegungen von Seiten der Archäologie und Kunstgeschichte, die ebenfalls in unserem Team angestellt wurden,[16] und durch eine zugegebener Maßen etwas kühne Skizze der Parameter, innerhalb derer sich dieses Kloster mit einigem Erfolg bewähren konnte, wie ich es hier versuche. Manches wird mangels detaillierterer Quellen Skizze bleiben müssen, aber meiner Erfahrung nach finden sich sehr oft Antworten, wenn erst einmal eine Frage klar formuliert wurde. Manches sollte daher in weitere Forschung einfließen, zumal der Wienerwald und der Raum zwischen ihm und der Leitha ähnliche Aufmerksamkeit verdienten wie das Wald- und Weinviertel.

Die Figur des „zweiten Gründers" ist aus Klostergeschichten vertraut: In Zwettl gilt z. B. Hadmar II. als *secundus fundator*[17], in Seitenstetten wird Erzbischof Wichmann von Magdeburg als zweiter Gründer verehrt.[18] Man darf übrigens nicht vergessen, dass die Zeit nach der Gründung von Heiligenkreuz auch nicht ohne Probleme verging: Man konnte zwar in rascher Folge Zwettl und Baumgartenberg besiedeln, d. h. hatte mit der Rekrutierung von Mönchen großen Erfolg, kam aber – vielleicht gerade durch die rasch wachsende Zahl von Mönchen – in materielle Schwierigkeiten,[19] was heutige Konventmitglieder leicht nachvollziehen könnten. Interessant ist, dass sich Heiligenkreuz und Mariazell anscheinend nicht in der Rekrutierung überschnitten. Originell ist allerdings, dass man den Babenberger nicht zum zweiten, sondern quasi zum ersten Gründer gemacht hat.

Soweit wir sehen, bedurfte es zunächst des Markgrafen nicht. *Fundatores* waren nach dem Nekrolog die Brüder Heinrich und Rapoto. Ein Heinrich, Sohn und Bruder eines Haderich, hat nach Beginn des 12. Jahrhunderts eine Fahrt ins Heilige Land unternommen und ist als Konverse in Göttweig eingetreten.[20] Der Konverse Heinrich befand sich in guter und lang gehegter Gesellschaft[21]. Er oder ein weiterer, vermutlich der Bruder Rapotos, war mehrfach als Zeuge für Göttweig tätig, zuletzt in einer der Notizen, die das Ende des Streites zwischen Leopold III. und Göttweig über die Grie, dem Land hinter dem Jauerling, markierten.[22] Diese Geschichte wurde inzwischen mehrfach bestens untersucht.[23] Sie demonstriert, wie konsequent der Markgraf durchzugreifen vermochte, wenn es um die Landesentwicklung ging, aber sie kann nicht zur

---

15 Vgl. die Beiträge von ZEHETMAYER, KUPFER; REICH-HALTER und MAURER in diesem Band.
16 Vgl. die Beiträge von KALTENEGGER und SCHEDL in diesem Band.
17 „Bärenhaut", Hs. 2/1 des Stiftsarchivs Zwettl, Faksimile-Ausgabe (Graz 1981) fol. 8r Kuenringer-Stammbaum und fol 18r; vgl. auch FRAST, „Stiftungen-Buch" 70 (fol. 19r).
18 Katalog Nr. 4.7.
19 NÖUB II/2 733f. zu Nr. 23[10].
20 Necrologia V 134, 145, vgl. KUPFER in Abschnitt II mit Anm. 15f; FRA II/69 Nr. 66f.; eines der Güter, die Heinrich schenkt, heißt *Haerichiswerde* (Haderswörth wohl Gd. Lanzenkirchen VB Wiener Neustadt) nach seinem Vater oder einem anderen Verwandten.
21 WATTENBACH, Vita Altmani c. 40, 241: *Hartmanni* (Abt 1094-1114) *exhortatione multi nobiles relicto saeculo ad Deum convertuntur.* Vgl. LOHRMANN, Göttweig 117-119.
22 Traditionsbücher Göttweig 422 Nr. 282; BUB IV/1 638, vgl. zuletzt LOHRMANN, Herrschaftsverhältnisse 193f.
23 Vgl. auch Kurt SCHMUTZER, Geschenk und Geschäft und SONNLECHNER, Landschaft und Tradition 123-223.

Abb. 10 Markgraf Leopold III. mit seinen Gründungen Klosterneuburg, Heiligenkreuz und angeblich Mariazell - Babenberger Stammbaum (1489-1492), Stift Klosterneuburg

Illustration der Frühgeschichte von Mariazell herangezogen werden, denn, und das wollen wir noch einmal festhalten, einen Konflikt mit dem Landesfürsten gab es ja offenbar gar nicht, wie auch immer man die Geschichte erzählt; ich behaupte, dass es einen solchen gar nicht geben konnte und durfte.

Max WELTIN spricht in „seinem" Urkundenbuch[24] von einer „Gemengelage" der Besitztümer der Haderiche und der Babenberger, die auf eine gemeinsame Landnahme zurückginge, was sein kann, aber ebenso wenig belegt ist wie LECHNERS Vermutung einer Verwandtschaft über die Mutter Leopolds, die Weltin bestreitet. Dass die Einhaltung der Namenstradition bei den Haderichen es uns ein wenig schwer macht, den einzelnen Personen zu folgen – und das schon in der Zeit der bayerischen Vorfahren – tut in der gegenständlichen Frage keinen Abbruch.

Wir halten fest, dass wir es mit einer Familie zu tun haben, deren Prestige hinter dem der Babenberger kaum zurückstand. Diese Adelsschicht hatte traditionell gute Beziehungen zu Göttweig, was allerdings auch zu Konflikten führen konnte. Viele von ihnen waren in den Konflikten zwischen Imperium und Sacerdotium zu selbständigen Entscheidungen gezwungen. Das betrifft nicht nur jene, die in der Mark den Schutz ihrer „kaiserlichen" Herrn verloren hatten. Auch mit dem Passauer Diözesan konnte es, wenn er überhaupt handlungsfähig war, zu Konflikten kommen.[25] Von der Vielfalt dieser Netzwerke bekommen wir in den kargen Quellen nur wenig und dann Undeutliches zu spüren. Der sogenannte Investiturstreit war nicht bloß die Auseinandersetzung zwischen den Spitzen der mittelalterlichen Gesellschaft, sondern konnte nur darum so einschneidend wirken, weil zur gleichen Zeit grundlegende Strukturänderungen stattfanden: Die in der Kirche sind unter dem Namen „Reform" wohl erforscht, bei denen in Adel und Wirtschaft stand bisher die Reduktion auf den vielbesagten Streit einigermaßen im Weg. Da steht noch Forschung aus. Die strukturellen Probleme waren mit dem Ende des Investiturstreits denn auch keineswegs gelöst, weder in der Kirche noch in der Welt.

---

[24] Wie Anm. 8.

[25] Vgl. z. B. die Kritik an Bischof Reginmar in der Vita Altmanni c. 36, 240.

Aber, um den Fokus einmal nur auf unsere Region zu lenken, nach und nach waren die Adeligen gezwungen, sich in die Erfordernisse des werdenden Territorialstaates einzugliedern – oder sie verloren ihren Status.[26] Die Landesfürsten versuchten zwar, ein „immer schon" zu behaupten, aber selbst in der „Umschreibung" des Gründungsvorganges von Mariazell musste, wie gesagt, noch ausdrücklich betont werden, wie ausführlich der Konsens dieser Adeligen gesucht worden sei. Dafür hat es also auch nach der Wende zum 13. Jahrhundert immer noch aufmerksames Publikum gegeben.

Um ein wenig zur Seite zu schauen: Diese Prozesse spiegeln sich auch im Nibelungenlied. Auf dem Weg zu Etzel werden die „Burgunder" zunächst in Bayern feindlich angegangen, was einem Autor in der Passauer Kirchenprovinz offenbar als normal vorkam. Aber dann in Passau werden sie vom Diözesan freundlich empfangen. Bischof Pilgrim ist in der Dichtung der Oheim der Könige (Str. 1625).[27] Die Grenze nach Osten ist offenbar sehr friedlich, denn der Wächter Eckewart – übrigens ein Vertrauter Kriemhilds[28] – schläft (1628). Das entspricht dem Horizont des Dichters, dem bewusst ist, dass man in Bayern politische Gegner haben konnte, aber Passau schon zur Heimat gehörte, da man sich ja in dessen Diözese befand. Eckewart kündigt die Reisenden dann bei Rüdiger in Bechelâren an.

Bei der Reise Kriemhilds nach Osten war der Dichter noch genauer: Vor dem Übergang über die Donau reiten die Brüder Kriemhilds zurück. Natürlich empfängt der Passauer Bischof seine Nichte herzlich (1292-96). In Eferding war die Königin schon aus Bayern heraußen, und als sie über die Enns gesetzt waren, wird ein festliches Lager eingerichtet (1301). Die Enns als Grenze Bayerns war noch im Gedächtnis vieler Leute.[29] Nach Pöchlarn kommt dann Melk, wo Astolt sie empfängt (1325f.) und den Weg donauabwärts weist; genannt werden Mautern, die Traisen und Zeiselmauer (was wohl statt Traismauer dort hätte stehen sollen). Dorthin reiten sie *durch Ôsterlant*, es kommt ihr Etzel entgegen, und mit ihm kommt sie nach Tulln (1338). Die Hochzeit findet dann in Wien statt (1358) und dauert 17 Tage (1364), eine uralte, fast magische Zahl der Fülle.[30] Das Vorbild, die Hochzeit Leopolds VI. mit Theodora, kann man auf 1203 oder 1204 datieren, aber sicher nicht, wie es oft heißt, auf den November 1203, weil sie schlicht in den Reiserechnungen Wolfgers von Erla nicht vorkommt.[31] Auf dem weiteren Weg wird noch Hainburg genannt, in *Misenburc*, wahrscheinlich Moson (dt. Wieselburg), schiffen sie sich ein (1373f.). Das ist der Horizont an der Wende vom 12. zum 13. Jahrhundert.

Die Babenberger hatten, wie bekannt, den Schwerpunkt ihrer Herrschaft nach und nach gegen Osten verschoben, von Melk nach Tulln zunächst, mit einem Abstecher nach Gars am Kamp, und dann nach Klosterneuburg.[32] Auch Krems und

---

[26] LOHRMANN, Göttweig 112.
[27] REICHERT, Das Nibelungenlied. Reicherts Zählung der Strophen ist hier um 3 niedriger als die klassische von Karl BARTSCH, die auch de BOOR übernahm.
[28] Vgl. REICHERT in seiner Edition 494f.
[29] Der letzte Gerichtstag eines bayerischen Herzogs an der Enns fand 1176 statt. Vgl. BRUNNER, Vielfalt und Wende 36.
[30] Vgl. den Kommentar in REICHERTs Ausgabe des Nibelungenliedes, [er]zählen 333f.
[31] REICHERT, Walther 470-484.
[32] BRUNNER, Herzogtümer und Marken 381.

Mautern waren markgräfliche bzw. herzogliche Gerichtsorte.[33] In Klosterneuburg entwickelte sich eine vorstädtische Gesellschaft,[34] die allerdings dann von Wien abgelöst wurde. Von da an wehte der Wind den Chorherren bisweilen ins Gesicht: Fast symbolisch ist der Tausch im Kahlenbergerdorf, mit dem sich Herzog Heinrich II. Jasomirgott dort ein Presshaus verschaffte.[35] Göttweig hatte übrigens von Anfang an zwei Weingärten in Gugging und einen Hof mit Weingarten in Kierling,[36] konnte also seine Leute ebenfalls recht nahe am Hof einquartieren, ehe sie, geputzt und gestriegelt, dort vorsprachen. Die Passauer kamen bis Zeiselmauer, wo bekanntlich auch Walther von der Vogelweide unterkam.[37]

Abgesehen von den Aufträgen, die vom Hof kamen, und der Durchdringung der engeren Umgebung im Umkreis von etwa 15 km – das ist jene Entfernung, innerhalb derer man am selben Tag wieder nach Hause kommen konnte –, war dem Stift bei der Neuen Burg offenbar eine wichtige Rolle in der Entwicklung des Weinviertels zugedacht.[38] Gemeinsam mit einigen wichtigen Adels- und Ministerialengruppen beteiligten sich die Chorherren aber auch in einem anderen Hoffnungsgebiet am Ostabhang des Wienerwaldes und im Wiener Becken bis zur Leitha. Interessant dabei ist, dass man dort zahlreichen Familien begegnet, die ihren Aufstieg im Kamptal und am Manhartsberg begonnen hatten. Hier kann nur auf einige Beispiele hingewiesen werden. Der erste fassbare Maissauer Otto war Burggraf von Mödling,[39] die Mühlbacher vom Manhartsberg gehörten zum Umkreis der Formbacher und standen in enger Verbindung mit Göttweig. Sie bezeugten die Schenkung des Schwarzenburg-Nöstachers Heinrich und die Stiftung in Gugging für Göttweig.[40] Ihre Interessen im Wiener Becken und an der Leithagrenze sind beachtenswert.[41] Die Tulbinger griffen über den Wienerwald und wurden auch nach Himberg genannt.[42] Selbst die Interessen der Peilsteiner reichten bis ins heutige Stadtgebiet von Wien.[43] Bekannt, aber immer noch ein wenig rätselhaft ist der babenbergische Hof in Mödling.[44] Die Liechtensteiner hatten weitere Schwerpunkte ihrer Herrschaft an der Zaya und in Petronell. Hugo von Liechtenstein war Lehensmann des Vohburgers Markgraf Diepold III., der die *villa* Petronell zu seinen Gunsten aufgab.[45] Wir haben Diepold schon bei der Königsschenkung an Haderich angetroffen,[46] da schließt sich ein Kreis. Man könnte also auch „übersetzen", dass die Schwarzenburg-Nöstacher nicht bloß überlegten, ob und wie sie

---

[33] Vgl. z. B. FRA II/4 554, allgemein WELTIN, NÖUB Vorausband 424-426. CSENDES, Aufenthaltsorte 24-32.
[34] Details in der Einleitung der künftigen Neuedition des Klosterneuburger Traditionsbuches.
[35] FRA II/4 111 Nr. 518, vollzogen iussione ducis – man hört gleichsam das Stöhnen des Schreibers – von Albero III. von Kuenring und seinem Sohn Hadmar II.
[36] NÖUB II 2³ = DH V 38 (1108).
[37] HEGER, Lebenszeugnis 81.
[38] Erwin KUPFER, Das Weinviertel 361-385.
[39] KUPFER, Weinviertel 185f., Stammtafel 462; RIGELE, Maissauer 7-15.
[40] FRA II/4 66 und 277.
[41] KUPFER, Weinviertel 99-104. WELTIN, Probleme 484f.
[42] MARIAN, Tullnerfeld 314-329.
[43] Zusammenfassend DOPSCH, „Peilstein, von" in: Neue Deutsche Biographie 20, 162 f. [Online-Version]; URL: https://www.deutsche-biographie.de/pnd138728909.html#ndbcontent (Zugriff Ende 2018). KUPFER, Sieghardinger 32-54.
[44] Vgl. HILGER, Mödling und Melk 129-151. GALL, „Herzoge" 1-44.
[45] MGH DK III 79 (1142). DOPSCH, Liechtenstein 15-18. WELTIN, Ascherichsbrvgge 338-374, hier bes. 350-359.
[46] Vgl. Anm. 8.

ein *oratorium* bei der geplanten Zelle bauen sollten,[47] sondern ob und wie sie aus dem Verband der Vohburger in den der Babenberger wechseln sollten. Aber so einfach schien es nur im Rückblick.

Zwei Lehren würde ich gerne daraus ziehen: Zum einen, ich kann mir nicht vorstellen, dass es Zufall ist, dass sich Spuren dieser Turbulenzen ausgerechnet im Zusammenhang mit Mariazell im Wienerwald erhalten haben. Das war offenbar eine Wunde, die erst geschlossen werden musste. Die dortigen Mönche hatten offenbar durchaus lebendige Beziehungen zu einem nicht unwichtigen Teil des Adels. Zum anderen, es ist wohl auch kein Zufall, dass unter den Notizen die der Agnes-Schenkung hervorgeholt wurde. Man wird nicht fehl gehen, wenn man die Adelsgruppen, zu denen die Träger von Mariazell im Wienerwald gehören, eher in der Opposition sucht. Zumindest waren sie auf ihre Unabhängigkeit und Entscheidungsfähigkeit bedacht. Zur Rolle der Herrscherin gehört aber traditionell die Stiftung von Frieden und Versöhnung.[48] Das heißt, nicht der verstorbene Leopold wird als Wohltäter zitiert, sondern die Fürstin. Drei Grafen und die beiden Schwarzenburger sind neben einer größeren Zahl an prominenten Adeligen als Zeugen angeführt. Dann kann mit Hilfe der schon erwähnten symbolischen Schenkung Herzog Heinrich in die Reihe der *fundatores* eingereiht werden.[49] Ein Lengenbacher war immer dabei. Darüber hinaus erfolgte dann die gänzliche „Adaptierung", die Leopold eine dritte Klostergründung zuschrieb.

Hugo von Liechtenstein taucht auch als *Hûc de Medliche*, also Hugo von Mödling auf.[50] Analysiert man Bau und Funktion der Burg Liechtenstein,[51] dann spürt man heute noch die Dynamik, welche diese aufsteigenden Familien getragen haben musste: Dieses Gebäude repräsentierte die Macht der Familie am Eingang zu einem Verkehrsweg, dessen Bedeutung man nicht unterschätzen sollte – womit wir wieder beim Ausgang unserer Erörterungen wären. Von hier ging es hinüber ins obere Traisental. In drei bis vier Tagen konnte man beispielsweise in Göttweig sein. Konsequent wurde an einem Eck dieses Kräfteparallelogramms, das man mit Baden und Klosterneuburg zeichnen könnte, am Beginn des 13. Jahrhunderts Lilienfeld als Tochterkloster von Heiligenkreuz gegründet. Da war dann schon in einer Perspektive der Erzberg im Bewusstsein der Mächtigen. Spätestens dann also musste die Geschichte von Mariazell im Wienerwald umgeschrieben werden. Die Zelle der Schwarzenburger hatte sich bis dahin offenbar ganz gut behauptet, ihre Trägerschicht konnte in die werdende Territorialherrschaft eingebunden werden. Allerdings, und dem wird man noch nachgehen müssen, machte es offenbar Sinn, mit dem „herzoglichen" Hof zu Mödling ein weiteres Herrschaftszentrum auszubauen. Aber man sollte sich auch vor Augen halten, dass wir uns im Grenzgebiet zur steirischen Mark befinden. Welcher Fürst welche Gefolgschaft an sich binden konnte, war noch längst nicht ausgemacht. Be-

---

[47] NÖUB II 9² S. 369.
[48] BRUNNER, Das Recht und die Güte 287.
[49] Am Beispiel von Cluny hat diese Idee Barbara H. ROSENWEIN in ihrem Buch "Rhinoceros Bound: Cluny in the Tenth Century" herausgearbeitet, Zusammenfassung 101-112.

[50] DOPSCH, Liechtenstein 18. FRA II/4 612 (1139/41).
[51] DOPSCH, Liechtenstein 11-15; vgl. auch KUPFER, Weinviertel 318-320.

sonders seit dem Aussterben der Eppensteiner 1122 waren die steirischen Markgrafen als deren Erben ernst zu nehmende Nachbarn, auch wenn mit Leopold „dem Starken" zunächst der Sohn einer Babenbergerin regierte.[52] Dabei ging es einerseits darum, wer zuerst die Täler der Voralpen mit seinen Leuten „auffüllen" konnte, und andererseits war den jeweiligen Gefolgsleuten unter Umständen die Möglichkeit geboten, sich einem der Herren zuzuwenden, der halt gerade passte[53].

Abschließend sei noch darauf hingewiesen, was diese Entwicklung im Raum für die dort lebenden Personen ausmachte. Ich nehme dafür beispielhaft die Daten von Klosterneuburg, wo das Traditionsbuch viele Informationen über die klösterliche und landesfürstliche Familia bietet. Auch wenn der Wein eine besondere Rolle spielte, musste doch auch darauf gesehen werden, die im Weinbau beschäftigten Leute mit den nötigen Lebensmitteln zu versorgen. Es war zwar häufig eine gemischte Landwirtschaft üblich,[54] die ging sich aber besonders in den Zentralorten nicht immer aus. Die Bautätigkeit bringt einen hohen Bedarf an Rohstoffen und Fachleuten, die wiederum gehobene Konsumenten sind. Da ging es nicht nur um Handwerker vom *cementarius* über den Glaser bis zum *pictor* – denn die Räume von Burg und Kloster waren innen wohl geschmückt – sondern auch wieder um deren Versorgung; in Klosterneuburg haben wir eine ganze Reihe von Köchen in den Zeugenlisten.[55] Für den Hof und die Oberschicht, aber auch für die Geistlichen und die Liturgie musste es Goldschmiede und Kürschner geben. Für den Transport waren die Wasserwege besonders wichtig. Fahrende Händler, Saumtierführer und Fuhrleute waren ansässig oder kamen vorbei.[56] Auch Müller waren angesehene Leute.[57]

Die Frühgeschichte der beiden Klöster am Eingang des Wienerwaldes, Heiligenkreuz und Mariazell, mag nicht in allen wünschenswerten Details aufzulösen sein, aber ihr langfristiger Erfolg hinterlässt einen eindrucksvollen „Fußabdruck", der beim Benediktinerkloster ganz besonders interessant ist: Der Konvent repräsentiert eine Adelsschicht, die der Landesfürst ganz offensichtlich respektieren musste, bis man im Kloster selbst auf die Idee kam, mit den Nachbarn gleichzuziehen und sich ebenfalls als Fürstengründung darzustellen. Da waren Territorialisierung und Integrationsprozess im Rahmen der Landeswerdung bereits weit gediehen, obwohl es auch weiterhin Gruppen gab, die fallweise ihre eigene Politik zu betreiben versuchten, wie man z. B. am Beginn der Herrschaft Friedrichs II. des Streitbaren 1231 sehen sollte.[58] Aber das ist eine andere Geschichte.

---

[52] DOPSCH, Otakare 114-119.

[53] Z. B. war die Tochter Ulrichs von Stiefern-Gaaden Nonne in Admont, NÖUB II 4[16] mit Kommentar S. 171.

[54] Im Idealfall ging es, wie in FRA II/4 Nr. 1, um „vineas cum agris suis et silva, oder ebd. 89 um vineam cum curte et agris ad eam pertinentibus".

[55] Eine besonders aussagekräftige Zeugenliste, allerdings erst um die Wende zum 13. Jahrhundert, FRA II/4 Nr. 684: „Enzchint carpentarius, Hartfridus lapic(ida), Chunradus pictor, Chunradus dornator, Perngerus faber, Wolfkerus et Reinoldus et Rudolfus coci ęcclesię, Fridericus pŭzel, Timo cocus, Sibot hŏtâr". Der Dreher mach unter anderem die hölzernen Modelle für metallene Gefäße, z. B. Schüsseln und Kelche.

[56] Belege in der Einleitung zur künftigen Edition und bis dahin vgl. BRUNNER, Die biederen Leute 1322.

[57] Vgl. z. B. FRA II/4 Nr. 314, wo es u. a. um eine Mühle in Fischamend geht. Von einer Mühle in Schwadorf kam der Unterhalt für einen Schüler in Klosterneuburg, FRA II/4 Nr. 564.

[58] Dazu vgl. WELTIN, Krise, bes. 252f.

II. ANFÄNGE

Hl. Koloman, Mariazell, 1220/40 (CLi 134 fol. 31v), vgl. den Beitrag von Martin ROLAND

1. BISTUM, KLÖSTER UND REFORMEN AN DER WENDE VOM 11. ZUM 12. JH.
VON P. UDO FISCHER

Das Kloster Mariazell wird in der angeblichen Beurkundung der Stiftung vom 2. Februar 1136 *Cella Sancte Marie* genannt. *Cella*, Wohnung eines Mönchs, wurde bevorzugt für eine Eremitenwohnung gebraucht, dann auch für das Kloster selbst; im Mittelalter häufig auch für ein abhängiges Kloster.[1] Da die Mariazeller Stiftungsurkunde auch den Begriff *coenobium* erwähnt, ist ein Kloster gemeint, dem eine *cella* vorausgegangen sein kann, wofür es jedoch keine Belege gibt[2]. Otto Eigner verweist in diesem Zusammenhang auf Mondsee, Altzella, Frauenzell und sogar auf Klosterneuburg.[3] Zu der vor 748 gegründeten Abtei Mondsee zitiert er zum Jahr 955 eine *capellam Cellae in Parochia Rurippe sitam*, die zum Kloster gehörte; jedoch wird nicht das Kloster selbst *cella* genannt. Altzella bei Meißen, ursprünglich *Cella Sanctae Mariae* genannt, besiedelten 1175 Zisterziensermönche aus Pforta bei Naumburg. Hier könnte vor dem *monasterium* bereits eine *cella* existiert haben. Der Name wurde später in Unterscheidung zum Tochterkloster Neuzelle in *vetus cella* umbenannt. In Frauenzell bei Regensburg gab es um 1312 bereits Eremiten und ab 1351 ein Priorat, das 1424 zur Abtei erhoben wurde. Eigner verweist darauf, dass die Bezeichnung *cella* „gerne Kirchen und Klöstern damals beigelegt" worden sei. Als Belege für Eigners Meinung seien hier ein Stift in Südtirol und ein Dorf in Niederösterreich angeführt: Das Chorherrenstift Neustift (*novacella*) bei Brixen, das 1142 von Bischof Hartmann von Brixen, zuvor u.a. Propst von Klosterneuburg, gegründet worden ist und Kleinzell. Als 1330 im Halbachtal in dem von der Pfarre St. Veit an der Gölsen losgelösten Dorf Kleinzell eine Pfarrkirche errichtet wird, ist von *in dem Halpach ze unser frowen Czell* die Rede.[4] Das Göttweiger Mutterkloster St. Blasien im Schwarzwald hat sich in einem langen Prozess aus der *Cella Alba* des im 8. Jahrhundert gegründeten Klosters Rheinau entwickelt. Bei Mariazell scheint beides möglich: Der allgemeine Sprachgebrauch von *cella* für ein Kloster wie auch der Hinweis auf eine

---

1   FRANK, Cella 987.
2   Übrigens: Eine Namensverbindung zu Mariazell in der Steiermark kann als ausgeschlossen gelten. Im Stift Göttweig verstand man durch Jahrhunderte unter Mariazell immer das Kloster im Wienerwald, der Wallfahrtsort in der Steiermark wurde hier lange Zeit nur Zell genannt, vgl. Stiftsarchiv Göttweig GA A XXIV 4, Expensenverzeichnis des Abtes Lukas (1431-1437), 3 u. 13. Abt Lukas besucht 1431 den Abt *zu Sannd Mareinczell* und pilgert zu Pfingsten 1432 *gen czell*.
3   EIGNER, Geschichte 13.

4   FRA II/51 339.

zuvor bestandene Eremitage. Immerhin liegt der Ort in einem Seitental des Triestingtales inmitten eines waldreichen Gebietes – ohne Durchzugsstraße. Ein idealer Platz für die Behausung eines Einsiedlers.

Allerdings: Keine niederösterreichische Benediktinerabtei ist aus einer Einsiedelei hervorgegangen. Bei vier Abteien ober und unter der Enns waren die Vorgänger Priestergemeinschaften. In Melk gab es vor 1089 eine Kanonikergemeinschaft,[5] in Göttweig wurde 1094 das elf Jahre zuvor gegründete Chorherrenstift in eine Benediktinerabtei umgewandelt,[6] in Garsten und Seitenstetten lebten vor 1111 bzw. 1114 auch bereits Priesterkommunitäten.[7] In der Altenburger Gründungsurkunde, ausgestellt 1144 in Krems, werden *cella* und *cenobium* synonym verwendet. Der Passauer Bischof Reginbert gibt darin die Zustimmung, eine *cellam quandam in monastica conuersatione sub beati Benedicti regula ad titulum beati protomartiris Stephani in loco fundi sui, qui dicitur Altenburch* zu gründen, welche die verwitwete Gräfin Hildburg von Bouige erbauen hatte lassen.[8]

Bischof Reginbert (1138-1148) war auch mit Stift Göttweig eng verbunden. 1141 weihte er die Kirche zu Gross, erhob sie zur Pfarrkirche, schenkte ihr bischöfliche Zehente und bestätigte dem Stift alle Donationen seiner Vorgänger.[9] Reginberts gleichnamiger Vater Reginbert war Mit-Stifter des Doppelklosters Seitenstetten, das von Göttweiger Mönchen übernommen wurde und in das des Bischofs Schwester Richarde als Nonne eintrat.[10] Bischof Reginberts Tod auf dem Kreuzzug nach Jerusalem vermerkt auch die Vita Altmanni.[11] Zur Zeit der Stiftung von Mariazell lebte in Seitenstetten noch dessen erster aus Göttweig gekommener Abt Leopold (1114-1138). Reginberts in der Mariazeller Stiftungsurkunde genannter Vorgänger Reginmar (1121-1138) bestätigte ca. 1122 die von seinen Vorgängern an Göttweig gemachten Schenkungen und widmete außerdem selbst den Zehent von den in der Pfarre Krems neugepflanzten Weingärten dahin.[12] Dennoch kritisierte ihn später die Vita Altmanni heftig: Altmann hätte sein Bistum samt seinen Klöstern und Pfarren in guter Ordnung hinterlassen, Reginmar sei jedoch zum *„Zerstörer des ganzen Ordenswesens"* geworden.[13]

---

[5] KOWARIK, Kanonikerstift 526f.
[6] LECHNER, Göttweig 768-771.
[7] HUBER, Garsten 522-524.
[8] Stiftsarchiv Altenburg 1144 VII 25; EGGER, Altenburg 213f.
[9] FRA II/51 54f.
[10] Reginbert von Hagenau, Wikipedia, abgerufen am 31.3.2020.
[11] OSWALD, St. Altmanns Leben 158.
[12] FRA II/51 41f.
[13] OSWALD, St. Altmanns Leben 156. Einem geistlichen Bruder sei durch göttliche Fügung eine Erscheinung über die Bischöfe Altmann und Reginmar zuteilgeworden. Letzterer sei in weltlichen Belangen sehr erfahren, in geistlichen jedoch wenig unterrichtet gewesen. Seine Geldgier sei unermesslich gewesen. „Die angedeutete Vision war folgender Art: Es schien dem Bruder, als wäre er auf einer Kirchenversammlung zu Rom und Bischof Altmann säße mit einer Inful geschmückt und hochgeehrt unter den anderen Bischöfen [...] Reginmar selbst stand abseits, zitternd vor Furcht, traurig und bleich, mit armseligen Kleidern angetan. Als sodann der Papst die Bischöfe um ihre richterliche Meinung in dieser Angelegenheit befragte, erhielt er von allen ein Verdammungsurteil. Reginmar befiel noch im selben Jahr eine Krankheit, die zum Tode führte." Reginmar sei in Rom wegen einer – nicht näher beschriebenen – ruchlosen Freveltat angeklagt gewesen; Die Göttweiger Annalen berichten zu 1139 von einer römischen Synode mit 600 Bischöfen; Die Melker Annalen vermerken 1136, dass Bischof Reginmar *molestus et amarus* gewesen sei. Er habe die *libertas* des Stiftes bedroht und Zehente entfremden wollen, was Abt Erchinfried mit Unterstützung des Papstes Innozenz verhindern konnte.

Der ebenfalls in der Mariazeller Stiftungsurkunde genannte Erzbischof Konrad von Salzburg war Nachfolger von Thiemo, der 1091 als Metropolit die Begräbnisfeierlichkeiten für seinen verstorbenen Suffragan Altmann in Göttweig geleitet hatte. Konrad ist 1106 von Heinrich V. zum Erzbischof ernannt worden. Eigentlich hätte dieses Amt der Göttweiger Abt Hartmann erhalten sollen, der „*mit König Heinrich auf sehr vertrautem Fuß stand*", notiert die Vita Altmanni und ergänzt: „*Dieser wollte ihn sogar zum Erzbischof von Salzburg bestellen, doch hinderte ihn daran die Eifersucht des Bischofs Ulrich von Passau, den es schmerzte, dass er ihm bei der Verleihung der Würde vorgezogen werden sollte.*"[14]

Die erste hierarchische Führungsposition des späteren Passauer Bischofs Altmann war die Leitung des Kanonikerstifts Aachen.[15] Von hier aus waren 816 die „Aachener Regeln" erlassen worden, die das Leben von Chorherren in Fortbildung der von Chrodegang von Metz verfassten Kanonikerregel normierten und Privateigentum gestatteten. Die Lateransynode von 1059 konkretisierte die Forderungen eines geordneten Gemeinschaftslebens und die Besitzlosigkeit in scharfer Ablehnung der „Aachener Regeln." Wo die Reform angenommen wurde, sprach man von *canonici regulares*; die Befolger der alten Ordnung hießen *canonici irregulares*. Die Bindung an die Augustinerregel erfolgte erst nach und nach. Die rasche Ausbreitung wurde von den kirchlichen Reformkräften getragen.[16] Bi-

Abb. 11 Bischof Altmann von Passau mit seiner Gründung Göttweig, 3. Viertel 12. Jh. (StB Göttweig Codex 97 (rot), 1r)

---

[14] OSWALD, St. Altmanns Leben 158.
[15] FISCHER, Bischof Altmann 110.
[16] RÖHRIG, Augustiner-Chorherren 9-13.

schof Altmann war der erste, der in den deutschsprachigen Landen 1067 mit St. Nikola bei Passau ein reguliertes Chorherrenstift gründete,[17] Göttweig sollte 1083 folgen. Altmann war auch Reformer der alten Kollegiatstifte St. Florian 1070/1071 und St. Pölten 1083, sowie mitbeteiligt an der Errichtung des Stiftes Rottenbuch 1073.[18]

Altmanns Chorherren-Vorzeigestift Göttweig wurde bereits drei Jahre nach dessen Tod in eine Benediktinerabtei umgewandelt. Grund dafür waren keineswegs arge Missstände, wie das die Vita Altmanni vermuten ließe, sondern kirchenpolitische Überlegungen. In Passau saß immer noch ein Gegenbischof, der Göttweig als sein Eigenkloster betrachtete.[19]

Sollten die ersten Mönche in Mariazell aus Göttweig gekommen sein, war dies eine bewusste Bevorzugung der cluniazensischen gegenüber der gorzischen Reform? Wohl kaum. Das lothringische „Gorze" und das burgundische „Cluny" standen für zwei konkurrierende, aber auch einander ergänzende benediktinische Reformbewegungen. Die Bischöfe Altmann und Adalbero bevorzugten die „bischofsfreundlichere" Gorze-Bewegung. Altmann reformierte Kremsmünster, indem er zwischen 1070 und 1082 Abt Theoderich aus Gorze berief, womit die Junggorzer Reform hier Einzug hielt,[20] und kooperierte mit Adalbero, als Mönche derselben Reformrichtung aus Lambach 1089 nach Melk kamen. Adalbero selbst gilt als zweiter Gründer des Klosters Münsterschwarzach, von wo er Mönche der Junggorzer Reformbewegung 1056 nach Lambach geschickt hatte.[21] Bischof Altmann weihte das Doppelkloster Göttweig 1083 der Muttergottes bewusst am 9. September, dem Fest des Hl. Gorgonius, des Patrons von Gorze,[22] die Frauenklosterkirche hingegen dem Hl. Blasius – aufgrund seiner politischen Beziehungen zum cluniazensisch geprägten St. Blasien im Schwarzwald.

Mit der über Fruttuaria nach St. Blasien gekommenen Reformbewegung von Cluny stand Altmann rege in Verbindung, was seine Kontakte zu Abt Wilhelm von Hirsau dokumentieren. Dieser hatte 1079 die Lebensgewohnheiten des burgundischen Klosters übernommen und den Bedürfnissen der Hirsauer Mönchsgemeinschaft angepasst.[23] In der Zusammenarbeit von Bischof Altmann und Abt Wilhelm scheint freilich die hohe Kirchenpolitik wichtiger gewesen zu sein als Detailfragen der Kirchen- oder Klosterreform. Das beweist ein Schreiben des Papstes Gregor VII. im März 1081, kurz vor Heinrichs IV. Aufbruch nach Italien, der letztlich auch zur Vertreibung des Papstes aus Rom führen sollte. Darin bekundet er sein großes Vertrauen in beide Männer. Er fordert sie auf, alles zu tun, damit er politische und militärische Hilfe aus

---

[17] RÖHRIG, ebd. 13.
[18] RÖHRIG, ebd. 14f. Röhrig setzt die Gründung Göttweigs „spätestens Anfang 1081" an.
[19] FISCHER, Bischof Altmann 332-349.
[20] PITSCHMANN, Kremsmünster 167.
[21] FISCHER, Bischof Altmann 289.
[22] FRA II/51 6.
[23] SCHREINER, Hirsau und die Hirsauer Reform 62. Die Entscheidung für Cluny traf Abt Wilhelm nicht blindlings. Persönliche Bekanntschaft verband ihn mit Abt Bernhard aus St. Victor in Marseille, einem entschiedenen Cluniazenser, der 1077/1078 als päpstlicher Legat in Deutschland weilte. Vertieft wurden die Beziehungen zwischen Hirsau und Cluny durch den aus St. Emmeram in Regensburg stammenden Mönch Ulrich, einen Jugendfreund Wilhelms, der 1061 in Cluny eingetreten war. Diesen bat Abt Wilhelm, ihm die cluniazensischen Consuetudines zu senden. Hirsauer Mönche hielten sich dreimal in Cluny auf, um dessen asketische Forderungen und disziplinäre Normen kennen zu lernen.

Deutschland erhielt. Gleichzeitig ermahnt der sonst von Reformeifer nur so strotzende und extrem harte Papst die beiden überraschenderweise, Geduld zu zeigen, *„indem Ihr zeitweilig die Strenge mildert"*.[24] Das Hemd des praktischen Überlebens lag schlussendlich auch für den Papst näher als der Rock der innerkirchlichen Reform.

Ähnlich verhielt es sich beim Chorherrenstift Göttweig, das bei Altmanns Tod (1091) von einem immer noch in Passau residierenden kaiserlichen Gegenbischof bedroht war. Am 11. September 1094 entsendet Abt Utto von St. Blasien seinen Prior Hartmann und andere Mitbrüder, *„damit er im Passauer Bistum an dem Ort, der Cotewich heißt, eine neue Abtei gründe."* So schreibt Bernold von St. Blasien in seiner Chronik und fügt hinzu, dass es dort bereits ein Kloster regulierter Geistlicher gegeben habe, die jedoch vom Papst und mittels des Papstes vom Bischof die Erlaubnis erhalten hätten, Mönche zu werden. Deshalb habe der Abt von St. Blasien auf Befehl des Papstes und auf Anforderung des Bischofs beschlossen, an jenem Ort eine Abtei zu gründen.[25] Mit diesem Bischof hier ist Altmanns legitimer Nachfolger Ulrich gemeint, der immer noch nicht in Passau residieren konnte. Unerwähnt bleibt in dem Chronik-Vermerk die mitentscheidende Rolle der papsttreuen und daher kaiserfeindlichen Formbacher, die Vögte des Stiftes Göttweig waren.

Die Vita Altmanni berichtet, dass Bischof Altmann in dem von ihm 1067 gegründeten Chorherrenstift St. Nikola Hartmann als Propst eingesetzt hatte, der später Kaplan des Gegenkönigs Rudolf wurde.[26] Im Investiturstreit von Heinrich IV. vertrieben, fand er Zuflucht in St. Blasien. Rudolf von Schwaben hatte zuvor sein „Hauskloster" – unter Mitwirkung der Kaiserin Agnes – der Klosterreform geöffnet.[27] Zum bischöflichen „Dreigestirn" im Investiturstreit zählte neben Altmann und Adalbero auch Gebhard von Salzburg. Es ist bezeichnend, dass auch der Würzburger Bischof bei Lambach eine Blasius-Kirche errichtete und der Salzburger Erzbischof die Männerklosterkirche seines Stiftes Admont dem Hl. Blasius weihte – als Zeichen der Verbundenheit mit dem weltlichen Schutzherrn von St. Blasien im Schwarzwald.[28] Bei Göttweigs Umwandlung in eine Abtei ging es um dessen Existenz, nicht um „Cluny" gegen „Gorze". Als es 1116, zwei Jahre nach Abt Hartmanns Tod, in Lambach zu einer zwiespältigen Abtwahl kam, wanderte ein Teil der

Abb. 12 Stift Göttweig: sogenannte Altmanni-Krümme, der Tradition nach aus Zeiten Bischof Altmanns (+1091), Elfenbein, 2. Hälfte 12. Jh., siculo-arabische Arbeit

---

[24] SCHMALE, Investiturstreit 358-365.
[25] WINKELMANN, Chronik 74f.
[26] OSWALD, St. Altmanns Leben 147.
[27] FISCHER, Bischof Altmann 177.
[28] FISCHER, ebd. 177.

Gorze-geprägten Mönche nach Göttweig aus, wo sie bis 1124 blieben.²⁹

Altmann, der große Förderer der regulierten Chorherren im Reich, hatte Göttweig als „Vorzeigestift" gegründet. Für die Umwandlung in eine Benediktinerabtei gab es keineswegs nur spirituelle Gründe, es ging gleichfalls um ökonomische Absicherung. Vor allem jedoch um die Erlangung jener *libertas*, die Altmann selbst der jungen Gründung noch nicht schenken und verbriefen wollte, weil er sie in seiner eigenen Person am besten gewährleistet fand.³⁰ Ihn nach seinem Tod zu ersetzen, vermochte nicht eine einzelne Person, sondern nur eine neue Struktur. Lambert von Hersfeld († nach 1081) – er war der erste Abt von Hasungen, wo er der von Cluny geprägten Hirsauer Reform den Vorzug gab – stellt die Observanzen von Gorze und Cluny gleichwertig gegenüber, wenn er schreibt, dass die „übrigen Bischöfe" den von Fruttuaria begeisterten Kölner Erzbischof Anno († 1075) nachgeahmt und „Mönche aus Gorze, Cluny, Siegburg und anderen Klöstern" gerufen hätten.³¹ Bischof Ulrich (1092-1121), Altmanns rechtmäßiger Nachfolger, unter dem der Göttweiger Ordensregelwechsel stattfand, hatte keinerlei Abneigung gegen die Chorherren. Im Gegenteil: Quasi als Ersatz gründete er nur 10 Kilometer von Göttweig entfernt im Jahr 1112 das Chorherrenstift St. Georgen an der Traisen, das 1244 nach Herzogenburg verlegt wurde.³²

Doch die Zeitumstände waren Abteien günstiger als Propsteien gesinnt. Anfang des 12. Jahrhunderts war der Streit zwischen Mönchen und regulierten Chorherren schon weit verbreitet und wurde mit großem Pathos geführt. Papst Urbans II. Privilegien für das Chorherrenstift Rottenbuch 1090 und 1092 waren Schutzmaßnahmen von höchster Seite, um den Mitgliedern des Stifts gleiche Wertschätzung wie Mönchen zu bezeugen.³³ Kanoniker und Mönche, so der Papst, seien „zwei Anteile ein und desselben Vorhabens". Da sich das Mönchtum durch Gottes Gnade sehr vermehrt habe und allenthalben in neuem Glanz aufleuchte, das der Regular-Chorherren aber wegen des erlöschenden Eifers der Gläubigen fast entschwunden sei, liegt dem Papst sehr viel daran, gerade die Vortrefflichkeit der *vita canonica* lobend hervorzuheben. Es sei nicht minder schätzenswertes Verdienst, diese ursprüngliche Lebensart der Kirche, vom Anhauch des Heiligen Geistes begünstigt, zu erhalten, als in der Kraft desselben Geistes das Mönchtum in seiner Blüte zu wahren.³⁴

Bischof Altmann von Passau (1065-1091) hat 1083 das Doppelstift Göttweig gegründet. Drei Jahre nach seinem Tod wurde die Gemeinschaft der Chorherren und -frauen in eine Benediktinerabtei umgewandelt. Dank Bischof Altmanns Ansehen

---

[29] HÖDL, Göttweig 34; ANZENGRUBER, Lambach 99. Abt Sigibold (1104-1116), Abt Bero (1116-1124) und Abt Helmbert (1124-1128); HALLINGER, Gorze-Kluny 360 und 598.

[30] RÖHRIG, Augustiner-Chorherren 14. Altmanns Gründungen dürften sehr stark auf seine Persönlichkeit zugeschnitten gewesen sein. Deshalb stürzte sein Tod diese in eine schwere Krise. „St. Nikola, St. Pölten und St. Florian gerieten in schlimme Bedrängnis, und es wäre später fast eine Neugründung notwendig geworden. Die Lieblingsstiftung Göttweig verließ überhaupt die *vita canonica* und schloss sich dem Benediktinerorden der Observanz von Fruttuaria an. Nur das Stift Rottenbuch, das weiter entfernt lag, überstand den Tod des Bischofs ohne Schaden."

[31] WATTENBACH, Lambert von Hersfeld 237.

[32] PAYRICH, Herzogenburg 31f.

[33] MOIS, Stift Rottenbuch 80.

[34] MOIS, ebd. 77.

und Vernetzung wurde Göttweig zu einem weithin ausstrahlenden Zentrum und als Benediktinerabtei zur Mutter anderer Klöster. Altmann war 15 Jahre lang bis zu seinem Tod päpstlicher Legat für das Reich und damit eine der führenden Persönlichkeiten im Investiturstreit. Er war bestens vernetzt mit den Adeligen seiner Zeit, vor allem mit den in Österreich dominierenden Babenbergern und Formbachern. Kaiserin Agnes, Großmutter der Frau von Leopold III., war seine Förderin und Ratgeberin. An der Planung Göttweigs war sie gewiss nicht unbeteiligt. Gemeinsam mit ihrem Gatten Heinrich III. hatte sie 1051 an der Marienkirche von *Heimenburc* (heute: Deutsch-Altenburg) eine Propstei geplant – mit den Kopatronen Mauritius und Laurentius als Wächter an der Grenze zu Ungarn. Wohl bald nach dem Tod ihres Gatten (1056) entschlief das Projekt an dem immer noch nicht ungefährdeten Ort. Woraufhin offenkundig ein Platz in der Mitte der Babenberger-Mark in den Blick kam: der Berg Göttweig, auf dem 1072 die erste Kirche der Hl. Erentrudis (neu) geweiht wurde.[35]

Markgraf Leopold II. und Bischof Altmann standen im Investiturstreit auf derselben antikaiserlichen Seite. Altmann gilt als Lehrer und Erzieher Leopolds III. Dessen in der Schlacht an der Unstrut (1055) gefallenen Großvater Ernst den Tapferen bestattete er in Melk. Die Göttweiger Frauenklosterkirche St. Blasien ließ er Richtung Sonnenaufgang von dessen Todestag (10. Juni) erbauen.[36] Mit den Formbachern war Altmann eng verwandt. Sie betraute er daher 1083 mit der Vogtei über Göttweig.[37] Erbe in dieser Funktion wurde 1122/23 Adalbert, Sohn Leopolds III.[38]

Göttweig erlebte unter den ersten Äbten eine Hochblüte und besiedelte mehrere Klöster:[39] 1101 möglicherweise Třebič, 1103 St. Lambrecht – der Göttweiger Abt Hartmann wird als erster Abt eingesetzt, 1109 Vornbach – der Göttweiger Prior Wirnt wird als Abt eingesetzt., 1111 Garsten – der Göttweiger Prior Berthold wird als Abt eingesetzt, 1114 Seitenstetten – der Göttweiger Mönch Leopold wird als Abt eingesetzt. Die genannten Klöster waren auch über die Formbacher (Göttweig, Vornbach, Seitenstetten) und Babenberger (Třebič, St. Lambrecht, Garsten) miteinander verbunden. Drei Klostergründer waren mit Schwestern des Markgrafen Leopold III. verheiratet: Ida mit Liutold von Znaim, dem Herzog von Mähren und Gründer der Abtei Třebič. Elisabeth mit Otakar II., dem Markgrafen der Steiermark, der sein Kollegiatstift Garsten durch Göttweiger Mönche in eine Benediktinerabtei umwandeln ließ. Sophia mit Heinrich III., Herzog von Kärnten, dem Begründer der Abtei St. Lambrecht. Die vierte Schwester, Herzogin Gerbirg, gilt durch ihre überaus großzügige Dotierung als Stifterin des Göttweiger Frauenklosters.[40] Als Herzogin Gerbirg sich Göttweig anschloss, lebte dort in der Ära des Abtes Nanzo die mit der Inklusin Ava († 1127) gleichgesetzte erste Frau, die in deutscher Sprache gedichtet hat. Joseph Diemer, der die Schriften Frau Avas im Stift Vorau wiederentdeckte und 1849 publizierte, spekulierte

---

[35] FISCHER, Bischof Altmann 217-220.
[36] FISCHER, ebd. 382f.
[37] Genealogische Tafel, Beilage in: FISCHER, Bischof Altmann.
[38] LASHOFER, Profeßbuch 31.
[39] FISCHER, Bischof Altmann 345 u. 348.
[40] FISCHER, Bischof Altmann 358-360.

sogar, daß sie die Mutter des ersten Abtes Hartmann gewesen sei.[41]

Bischof Altmann war selbst Jahrzehnte nach seinem Tod mit seiner hervorragenden Rolle als tragende Säule der kirchlichen Erneuerung im Investiturstreit damals noch lange nicht vergessen, im Gegenteil. Als Paulus von Bernried 1128 die Vita Gregorii VII. verfasst, zählt er vier Männer der Kirchenreform – einen Bischof und drei Benediktinermönche – auf, die sich die meisten Verdienste erworben hätten. Als ersten rühmt er Altmann ob seiner enormen Bedeutung für die regulierten Chorherren. Er sei der hervorragende Erneuerer des kanonischen Lebens gewesen. Dann folgen Prior Ulrich von Cluny und die von diesem Reformkloster geprägten Äbte Wilhelm von Hirsau und Sigfrid von Schaffhausen. Paulus von Bernried greift zu einem Wortspiel: Hier die vier Gruppen, die das apostolische Leben führen – tonsurierte Diener Christi, treue barttragende Brüder, Inklusinnen und Nonnen. Dort das Viergespann an vorzüglichen Männern, von denen sie angeführt werden.[42]

In Göttweig waren idealerweise alle vier Gruppen des neuen religiösen Aufschwungs präsent: auf dem Berg Priester, Brüder und Inklusinnen, im Tal die Nonnen. In der Aufzählung der Göttweiger Gotteshäuser nennt die wenige Jahre nach der Gründung von Mariazell geschriebene Vita Altmanni an erster Stelle die auf der höchsten Erhebung stehende Kirche St. Georg, an die Inklusinnen-Zellen angebaut sind, an dritter Stelle die Mönchsklosterkirche St. Maria und an siebenter Stelle die Frauenklosterkirche St. Blasius am Fuß des Berges am Fladnitzbach.[43]

Vermutlich wurden alle niederösterreichischen Benediktinerabteien – mit Ausnahme von Melk, das 1089 unter Bischof Altmann von Lambachern besiedelt wurde – mit Mönchen aus Göttweig gestartet. Bei Altenburg (1144) wird dies in jüngster Zeit auch vermutet.[44]

---

[41] FISCHER, Bischof Altmann 362-377. Die Dichterin wird in der Literatur oft auch „Ava von Melk" genannt, weil ihr Todestag in den Melker Annalen und im Melker Necrologium vermerkt ist. Dieser findet sich jedoch auch doppelt in Klosterneuburg – in der Continuatio Claustroneoburgensis Prima und im Chronicon Claustroneoburgense. Weiters im Codex Zwetlensis, im Chronicon Garstense und im Anonymi Chronicon Austriacum sowie im Necrologium von St. Lambrecht. Von Joseph Diemer noch unbeachtet blieb das nur die Monate Jänner bis April umfassende Nekrolog-Fragment des Stiftes Lambach, das um 1170 angelegt wurde. Es verzeichnet die drei ersten Göttweiger Äbte Hartmann, Nanzo und Chalhoch sowie zum 7. Februar *Ava inclusa*.

[42] "Quanta vero gratia Dei subsecuta sit obedientes Gregorianae institutioni ostendit religio quadrata per apostolicam Gregorii nostri benedictionem in his regionibus inchoata et feliciter multiplicata, videlicet attonsorum Christi servorum, eisque fideliter servientium fratrum barbatorum, virginum singulari devotione inclusarum, itemque virginum regulari moderatione introitus et exitus suos custodientium. Sane quadraturae huius, Sive quadrigae quatuor praecipui rectores fuere, videlicet canonicae vitae renovator eximius Altmannus Episcopus de Patavia et beatae recordationis Odalricus Prior de Clunico, venerandi Wilhelmus de Hirsaugia et Sigefridus de Sancti Salvatoris cella", vgl. MOIS, Stift Rottenbuch 218f.

[43] OSWALD, St. Altmanns Leben 154.

[44] TOMASCHEK, Altenburg 13-18. Tomaschek hinterfragt die Ansicht, der Altenburger Gründungskonvent wäre aus St. Lambrecht gekommen, wohin das Patrozinium des Hl. Lambert weist. Die Spur führe „in eine viel näher gelegene Abtei, nämlich nach Göttweig" (13); „Sämtliche Spuren weisen in irgendeiner Form nach Göttweig – nicht aber in annähernd vergleichbarer Dichte nach irgendeinem anderen Ordenshaus."(15); Als „missing link" sieht er das Altenburger Nekrologium. Aus ihm lasse sich „zweifelsfrei der Schluss ziehen, dass man in diesem Kloster tatsächlich nur mit dem Stift Göttweig eine bis in die früheste Epoche der eigenen Klostergeschichte zurück reichende Verbindung im Bereich des Totengedenkens gepflegt hat." (18).

2. FRÜHER ADEL IN DER REGION: HADERICHE, STIEFERN-GAADEN-ARNSTEINER UND WICHARD VON VESTENBERG

VON ROMAN ZEHETMAYER

Im hochmittelalterlichen Niederösterreich waren es bekanntlich nicht zuletzt Adelsfamilien und deren Gefolgsleute, die die noch unkultivierten Räume herrschaftlich durchdrungen und kolonisiert haben. Aus diesem Grund ist es nicht nur gelehrte Spielerei, sich im Zuge der Erforschung der Geschichte einer Region auch mit den einzelnen hier wirkenden Adelsfamilien auseinanderzusetzen. Wichtig dabei ist freilich, nicht bei genealogisch-besitzgeschichtlichen Fragestellungen stehen zu bleiben, sondern auch die konkreten Folgen des Handelns einer Adelsfamilie auf die historische Entwicklung und Struktur einer Gegend auszuleuchten. Dies stand auch bei der folgenden Analyse der Gegend um Mariazell im Vordergrund, wenn auch die Quellenlage gerade dazu nur sehr eingeschränkte Erkenntnismöglichkeiten erlaubte.

A. Haderiche

Das Kloster Mariazell in Niederösterreich wurde bekanntlich von einem edelfreien Geschlecht gegründet, das von der modernen Forschung nach dessen Leitnamen „Haderiche" benannt worden ist.[1] Zum ersten Mal in den Quellen zu fassen sind die Haderiche im so genannten Stiftbrief des Erlaklosters, der in die Jahre 1045 bis 1065 datiert werden kann und unter den Zeugen einen *Haderich de Haderichesdorf* (=Hadersdorf) aufweist.[2] Zwar handelt es sich bei dieser Urkunde um eine im 12. Jahrhundert hergestellte Fälschung, doch dürfte sie auf eine echte Vorlage zurückgehen,[3] die mit hoher Wahrscheinlichkeit auch bereits diesen Haderich als Zeugen enthalten hat. Damit wäre die Anwesenheit der

---

[1] Siehe grundlegend Karl LECHNER, Gründung 92-118; Nachdruck in: Karl LECHNER, Ausgewählte Schriften 69-100.
[2] NÖUB I Nr. 22l.
[3] Siehe dazu ausführlich WELTIN, Erlaklosterurkunden 48-54.

Familie in der Mark Österreich für die Mitte des 11. Jahrhunderts belegt. Die Angabe *de Haderichesdorf* allerdings ist für die echte Vorlage wegen der zur Mitte des 11. Jahrhunderts noch nicht üblichen Beifügung von Herkunftsbezeichnungen nicht möglich und kann erst bei der Herstellung der Fälschung ergänzt worden sein. Es bleibt deshalb unklar, ob Haderich tatsächlich bereits um 1050 in Hadersdorf am Kamp gesessen ist. Die weitere Geschichte der Familie lässt dies freilich als durchaus wahrscheinlich erachten. Vermutet wurde, dass die Hadericke aus der Oberpfalz stammen, weil dort eine Schwarzenburg – ein Burgenname, den die Hadericke auch in Österreich verwenden sollten[4] – und eine Stadt Rötz, die an das österreichische Retz erinnere, liegen.[5] Doch ist der Ortsname „Schwarz(en)burg" zu weit verbreitet, als dass daraus solche sicheren Schlüsse gezogen werden können. Zudem haben die Hadericke mit

Abb. 13 3. März 1055, Regensburg: K. Heinrich [III.] schenkt auf Intervention seiner Frau Agnes und seines Sohnes Heinrich [IV.] einem gewissen Haderich drei Königshufen (Stiftsarchiv Zwettl, Urkundenreihe)

dem österreichischen Retz nichts zu tun. Die Herkunft der Hadericke bleibt demnach offen.

Aus der Mitte des 11. Jahrhunderts liegt eine zweite Nennung Haderichs vor, der nämlich im Jahre 1055 ein Diplom Kaiser Heinrichs III. und darin bislang zu Lehen besessene Königsgüter zwischen dem Wald Mailberg und der Pulkau sowie nördlich dieses Baches zu Eigen erhalten hat.[6] Wo genau die Schenkungsgüter zu finden sind, ist umstritten. Gedacht wurde an Obritz, wo später Besitz

---

[4] Siehe unten S. 58.
[5] Siehe etwa LECHNER, Gründung 84; LINDERMAYER, Siedlungsgeschichte 92. Siehe auch KUPFER, Weinviertel 148, der ebd. 63 an Beziehungen mit den im Nordgau wirkenden „Schwarzburgern" denkt, und JEDELHAUSER, Schwarzenburg 114 ff. – Für eine Herkunft der Hadericke aus der Oberpfalz spricht auch nicht, dass in wenigen Regensburger Traditionsnotizen vor 1000 der Name Haderich vorkommt oder in Brunn am Felde sowohl die Hadericke als auch die Regensburger Domvögte Besitz aufweisen (siehe S. 56.), würde dies doch eine gezielte gemeinsame Kolonisationsarbeit in der Mark voraussetzen, wofür es keine Hinweise gibt.
[6] NÖUB I Nr. 25b.

der Haderiche nachweisbar ist,⁷ oder an Hadres, ein Name, der von einem Haderich herzuleiten ist.⁸ Gegen Hadres wurde allerdings vorgebracht, dass das Dorf in einer Grenzbeschreibung des Jahres 1108 vermutlich noch unter dem Namen *Goteschalchisdorf* firmiert und sich die Ortsbezeichnung „Hadres" erst später durchgesetzt habe.⁹ Allerdings stellt sich dann die Frage, weshalb die Umbenennung erst nach 1108 erfolgt ist, obwohl die Haderiche bereits seit der Mitte des 11. Jahrhunderts in der Gegend verankert waren. Festgehalten kann zumindest werden, dass die Haderiche spätestens um die Mitte des 11. Jahrhunderts auch an der Pulkau präsent waren, einer Region, die erst in den 1040er Jahren in den Einflussbereich der Babenbergermark einbezogen werden konnte.¹⁰ Die Haderiche zählten somit zu den ersten Adelsgeschlechtern, die sich in dieser gefährdeten Grenzzone engagierten,¹¹ was auf entsprechend große personelle Ressourcen schließen lässt. Dass dieses Engagement sogar mit einer Königsurkunde honoriert worden ist, stellt eine seltene Ehre und einen großen Prestigegewinn dar. Zumeist werden solche Diplome nach einer Unterstützung des Herrschers bei einem Kriegszug ausgestellt, ohne dass sich allerdings in diesem Fall ein konkreter Anlass finden ließe. Bemerkenswert ist weiter, dass in der Urkunde des Jahres 1055 nur ein Wald und die Pulkau, aber keine Siedlungen als Ortsangaben angeführt werden, was den Schluss nahelegt, dass die Gegend damals noch kaum kolonisiert war.¹²

Der ursprüngliche Schwerpunkt der Haderiche in der Babenbergermark dürfte sich aber im Kampfmündungsgebiet befunden haben, wo der erwähnte Ort Hadersdorf nach einem Haderich benannt worden ist¹³ und sich in Kammern und später auf Falkenberg Sitze der Familien befunden haben.¹⁴ 1108 erhielt ein Haderich – vermutlich der Sohn der erwähnten um die Mitte des 11. Jahrhunderts zweifach genannten gleichnamigen Person – eine Königsurkunde mit einer Besitzschenkung in einem Ort namens Brunn, der wohl mit dem hier gelegenen Brunn im Felde gleichzusetzen ist.¹⁵ Im Gegensatz zur Urkunde von 1055 findet sich diesmal der österreichische Markgraf unter den Intervenienten, ein deutlicher Hinweis auf ein Naheverhältnis zwischen Leopold III. und den Haderichen.¹⁶ Auch

---

7   Siehe NÖUB II Nrr. 9², 21³.
8   Siehe etwa KUPFER, Krongut 138.
9   KUPFER, Azilinstorf – Haugsdorf 131.
10 NÖUB I 321, 278; siehe MARIAN, Besitzgeschichte 141.
11 WELTIN, Probleme 47-96, Nachdruck in: WELTIN, Land und sein Recht 477 f.; DERS., Landesfürst und Adel 218-261, die Anm. auf 505-519, ND in: WELTIN, Land und Recht 515.
12 NÖUB I 342 f. Siehe zum Besitz der Haderiche in der Gegend auch KUPFER, Weinviertel 64.
13 LECHNER, Gründung 72; NÖUB, Vorausband 193.
14 NÖUB II Nr. 9², Nr. 21¹¹, Nr. 21¹²; NÖUB Vorausband 193.
15 NÖUB II Nr. 9¹: "[…] Heinricus divina favente clementia quintus Romanorum rex. Notum fieri volumus omnibus Christi nostrique fidelibus tam futuris quam presentibus, qualiter nos rogatu et licentia Welfonis ducis et maxime pro dileccione atque fideli servicio Liupoldi marchionis ac digna petitione Ebrehardi Eistetensis episcopi et coepiscoporum eius Heinrici Frisingensis, Hartwici Radixbonensis, Hermanni Augustensis, Thetboldi marchionis, Peringarii comitis aliorumque multorum nostrorum fidelium in villa que Brunna vocatur in comitatu Lupoldi marchionis Hedenrico tres regales mansos per hoc scriptum cum omnibus eorum pertinentiis in proprietatem dedimus, videlicet familiis utriusque sexus, terris cultis et incultis, pascuis pratis silvis venationibus aquis molendinis piscationibus, exitibus atque reditibus et omni utilitate, que inde poterit omni tempore provenire […]"; siehe ebd. 376.
16 Siehe auch die Formulierung: „[…] et maxime pro dileccione atque fideli servicio Liupoldi marchionis".

weil die Haderiche im unteren Kamptal neben landesfürstlichen Ministerialen wie den Kuenringern herrschaftsgründend aufgetreten sind[17], wurden die Haderiche vor kurzem zur babenbergischen Vasallität gezählt.[18] Ob man freilich tatsächlich von einem gefolgschaftlichen Abhängigkeitsverhältnis sprechen kann, ist schwer zu sagen, finden sich doch etwa in der Königsurkunde von 1108 keine Begriffe, die einen Hinweis in diese Richtung bieten würden.[19] Das schließt nicht aus, dass die Haderiche als die eindeutig Schwächeren die Nähe der Babenberger suchten und davon zu profitieren hofften. Möglicherweise leisteten ihnen die Haderiche auch militärische und sonstige Unterstützung, so dass sie de facto deren Umfeld zugerechnet werden können. Ob aber deshalb tatsächlich von einem vasallitischen Abhängigkeitsverhältnis gesprochen werden kann, muss offen bleiben.[20] In Brunn im Felde war mit den Domvögten von Regensburg ein weiteres wichtiges edelfreies Geschlecht begütert, was auf verwandtschaftliche Beziehungen weisen könnte.[21] Solche bestanden mit einiger Wahrscheinlichkeit auch zu den benachbarten Herren von Elsarn[22] und möglicherweise ebenso zu den ebenfalls in der Gegend verankerten Grafen von Formbach.[23]

Spätestens im letzten Drittel des 11. Jahrhunderts haben die Haderiche begonnen, auch südlich der Donau Fuß zu fassen. Ihr exponiertestes Kolonisationsgebiet lag hier an der Schwarza bei Haderswörth, einem Ort, dessen Name auf eine Gründung durch einen Haderich weist.[24] Wie die Familie in dieser Gegend, die damals nicht zur Babenbergermark, sondern zur Mark „Steier" gehörte, gekommen ist, bleibt unklar. Vielleicht waren die Haderiche aufgrund von Beziehungen zu den hier bereits früher engagierten Grafen von Rott[25] oder zu den erwähnten Grafen von Formbach[26] in dieses noch weitgehend unerschlossene Hoffnungsgebiet gelangt. Nicht auszuschließen sind weiter engere Beziehungen zu den steirischen Markgrafen,[27] die bei diesem Engagement eine Rolle gespielt haben könnten. Ob es zu einer großflächigen herrschaftlichen Durchdringung dieser Gegend durch die Haderi-

---

[17] Zu den möglichen engen Verzahnungen ihres Besitzes südlich von St. Pölten mit dem der Babenberger siehe unten S. 57.
[18] KUPFER, Weinviertel 63.
[19] Speziell im Diplom von 1108 hätte Haderich als *fidelis* Leopolds oder ähnlich bezeichnet werden können, falls ein solches Abhängigkeitsverhältnis bestanden hätte.
[20] Siehe dazu allgemein ZEHETMAYER, Gefolge.
[21] NÖUB II Nrr. 21[9, 10]; NÖUB III Nrr. 16[4], 25[10]. Ob der Besitz der Domvögte von Regensburg tatsächlich mit den Haderichen zu tun hat, muss ebenso offen bleiben wie die Frage, ob angesichts der starken Stellung der Domvögte im Ort der Kuenringer Anshalm von Brunn und sein Sohn Azzo tatsächlich wie vermutet hier ihren Sitz gehabt haben; so etwa DIENST, Tradition und Realität 87.
[22] Siehe etwa FRA II/69 Nr. 66 mit den Zeugen Gundachar und Gerold von Elsarn.
[23] NÖUB I 415; NÖUB II Nr. 7[6]. MITSCHA-MÄRHEIM, Hochadelsgeschlechter 423, vermutete, dass Ita, die Frau Markgraf Leopolds II. aus dem Geschlecht der Formbacher stammt und in erster Ehe mit den Haderichen verheiratet gewesen ist. Dies lässt sich allerdings nicht beweisen. – Aufgrund des bei beiden Familien vorkommenden Namens Rapoto wurde zudem an eine Verwandtschaft der Haderiche mit den Rapotonen gedacht; zuletzt JEITLER, Mittelalter 55. Doch gibt es keine Anhaltspunkte dafür (siehe auch KÜSS, Diepoldinger) und ist der Name für eine solche Annahme zu häufig.
[24] FRA II/69 Nr. 67.
[25] Siehe NÖUB I 382.
[26] Siehe NÖUB I 382 f.; NÖUB II Nr. 7[6], 21[3].
[27] Falls aber die die Besitznachbarn südlich von St. Pölten tatsächlich die steirischen und nicht die österreichischen Markgrafen gewesen sein sollten (siehe unten), so könnte dies auf engere Beziehungen der Haderiche zu den steirischen Otakaren weisen.

che gekommen ist, ist allerdings schwer zu sagen, ist doch sonst hier nur noch in Willendorf Besitz der Familie bekannt.[28]

Den Haderichen ist es im Laufe des 11. Jahrhunderts gelungen, weitere vom Mittelpunkt am unteren Kamp entfernte Besitzungen zu erwerben, etwa um St. Pölten, wo um 1100 ihre Güter zu Pottenbrunn, Zwerndorf und wahrscheinlich Zwischenbrunn dokumentiert sind.[29] Auch in diesem Fall bleibt unklar, wie die Familie dazu gekommen ist. Möglich wäre ein Zugewinn infolge einer ehelichen Verbindung oder durch eigene Kolonisationsarbeit an herrschaftlich noch nicht erfassten Stellen. Vermutlich von hier aus drang die Familie in die südlich davon gelegene Gebirgsgegend vor und kam wohl durch Kolonisation noch vor 1100 zu Besitz bei Kaumberg bzw. südlich davon,[30] wo dieser an Ländereien eines Markgrafen und eines Rudolf, vielleicht Rudolf von Perg, grenzte.[31] Ob mit dem als Besitznachbarn genannten *marchio* der österreichische oder der steirische Markgraf gemeint ist, bleibt vorderhand offen, finden sich doch für beide Möglichkeiten Argumente.[32] Falls hier aber doch von den Babenbergern die Rede ist, dann könnte diese enge besitzmäßige Verzahnung zu einer engeren Beziehung zwischen den Babenbergern und den Haderichen geführt haben. Dieser Besitzkomplex wiederum war vielleicht Ausgangspunkt für die herrschaftliche Durchdringung der uns eigentlich interessierenden Gegend um Mariazell. Bevor aber darauf näher eingegangen wird, sollen noch einige genealogische Fragen untersucht werden.

Vom 1045/65 und 1055 genannten Haderich ist weder der Name einer Ehefrau noch sind Geschwister bekannt. Aus einer vermutlich in das letzte Viertel des 11. Jahrhunderts[33] zu datierenden Göttweiger Traditionsnotiz finden sich als Zeugen zwei Haderich genannte Personen, von denen der eine vielleicht mit ihm identisch und der an-

---

[28] NÖUB II Nr. 9², Nr. 9⁴; Traditionsbücher Göttweig Nr. 66.
[29] NÖUB II Nr. 9², Nr. 9⁴; LECHNER, Gründung 73.
[30] NÖUB II Nr. 3⁵, Nr. 3⁷, Nr. 3⁹: „[…] versus orientem Persnicham ab ortu suo usque ad villam Tvirin; versus australem partem semitam quę vocatur Pechstich, inter confinia allodiorum marchionis, Haderici et Rŏdolfi, et ita versus Carinthiam; quicquid infra hos terminos est culti et inculti, ad parrochiam Pyricha pertinebat […] versus Carinthiam, et de ortu Halbach per transversum in australem partem quicquid culti et inculti iacet inter confinia allodiorum Rŏdolfi et Haderici nobilium ac marchionis, per semitam quę vocatur Pechstich vergit in orientem"; siehe die Karte ebd. 103.
[31] Siehe dazu NÖUB II 377.
[32] KUPFER (in diesem Band S. 69.) spricht sich mit beachtenswerten besitzgeschichtlichen Gründen dafür aus, dass mit dem *marchio* nicht der österreichische, sondern der steirische Markgraf gemeint ist. Dies wäre gut möglich, aber zu bedenken ist, dass in einer Traditionsnotiz eines österreichischen Klosters mit einem Markgrafen ohne Zusatz wohl am ehesten der österreichische gemeint gewesen sein wird. Im Text findet sich weiter oben als nächste in Frage kommende Bezugsperson *marchio Leopoldus* (NÖUB II Nr. 3⁵). Dass die Babenberger erst nach dem Tode der Gründer von Mariazell in dieser Gegend zu Besitz gekommen sind (KUPFER a.a.O.), scheint nicht gesichert, denn warum hätten sie ihren hier gelegenen Besitz den Landesfürsten, nicht aber Mariazell vererben sollen, zumal sie nicht ausgestorben sind (siehe dazu unten; anders KUPFER a.a.O.). Gegen eine engere Beziehung der Haderiche zu den Otakaren spricht das Fehlen der ersteren in den Urkunden und Traditionsnotizen der steirischen Markgrafen. Von den besitzgeschichtlichen Argumenten wäre zu hinterfragen, ob in der Urkunde von 1155 der Pechsteig tatsächlich die Grenze zwischen den Babenbergern und den Otakaren bildete, heißt es doch „[…] deinde usque Pechstich, a Pechstich per directum a dextris et a sinistris inter predia duorum marchionum Heinrici Orientalis et Otachri Styrensis usque Cholperch", also der Weg führt vom Pechsteig aus gerade zwischen die Besitzungen (NÖUB II Nr. 9⁴). Siehe zum Verlauf des Pechsteiges ebd. 103.
[33] Freundlicher Hinweis Maximilian Weltin.

dere sein gleichnamiger Sohn ist.³⁴ Da in einer anderen Göttweiger Traditionsnotiz um 1100 (vielleicht 1101/1108) ein Heinrich mit seinem Vater Haderich vorkommt und dieser Heinrich über Besitz bei Pottenbrunn und Haderswörth verfügt, sind auch diese beiden den Haderichen zuzuordnen.³⁵ Hier wird neben den beiden zudem ein Haderich *iunior* genannt.³⁶ Möglich wäre deshalb, dass es sich beim Vater um den bereits zur Mitte des 11. Jahrhunderts belegten Haderich und bei Haderich *iunior* um dessen gleichnamigen Sohn handelt. Heinrich wäre dann dessen Bruder gewesen. Heinrich hat vielleicht 1101 eine Pilgerfahrt nach Jerusalem unternommen und ist vermutlich anschließend als Mönch in das Kloster Göttweig eingetreten, das er reich beschenkt hat.³⁷ Falls diese Überlegungen zutreffen, müsste freilich der ältere Haderich über fünfzig Jahre gewirkt haben und wäre erst knapp nach 1101 gestorben. Denkbar wäre deshalb auch, dass entweder die Jerusalemfahrt etwas früher stattgefunden hat oder zwischen dem Vater Heinrichs und dem um 1050 vorkommenden Haderich eine Generation eingeschoben werden muss. Weiter bleibt unsicher, ob Haderich *iunior* tatsächlich mit dem genannten gleichnamigen Sohn Haderichs und welcher der beiden mit dem seit 1100 auftretenden Vater der Gründer Mariazells, Rapoto und Heinrich,³⁸ gleichgesetzt werden kann.³⁹ Am ehesten war es indes der Vater der Gründer Mariazells, der im Jahre 1108 das erwähnte Diplom König Heinrichs V. über Besitz zu Brunn/Felde erhalten hat, wofür jedenfalls spräche, dass der Vater der beiden nachweislich über einen Sitz im nahen Kammern verfügte.⁴⁰ Seine letzten datierbaren Nennungen liegen aus dem Jahre 1113 vor,⁴¹ er kommt aber vermutlich auch noch in einer undatierten Klosterneuburger Traditionsnotiz vor, die am ehesten in die Jahre 1114/20 zu setzen ist,⁴² eine Zeitspanne, die für die zeitliche Einordnung der Gründung Mariazells nicht unwesentlich ist, die nämlich nur danach erfolgt sein kann.

Wie erwähnt, haben die Haderiche vermutlich vom Besitzkomplex östlich und südlich St. Pöltens aus begonnen, im Triestingtal Fuß zu fassen. Im Zuge der herrschaftlichen Durchdringung dieser Gegend errichteten oder übernahmen sie bei Nöstach die Schwarzenburg, für die sich zwischen 1125 und 1132 mit den Benennungen der Söhne Haderichs, Heinrich und Rapoto, eben nach Nöstach und der Schwarzenburg⁴³ erste Belege finden. Die Erschließung der Gegend durch die Haderiche wird aber vermutlich bereits einige Jahrzehnte davor begonnen haben. Ein Hinweis dafür liegt im so genannten Mariazeller Stiftbrief selbst vor, wonach Heinrich und Rapoto die Schwarzenburg von Vorfahren übertragen bekommen haben⁴⁴, so dass die-

---

34 Traditionsbücher Göttweig, Nr. 53.
35 Traditionsbücher Göttweig, Nr. 66, 67.
36 Traditionsbücher Göttweig, Nr. 66.
37 Traditionsbücher Göttweig, Nr. 66, 67; NÖUB II 377; JEITLER, Mittelalter 55.
38 FRA II/4 Nrr. 86, 93, 122, 123, 133; BUB IV/1 Nrr. 610, 611, 661; NÖUB II Nr. 11⁶.
39 Siehe zu diesen genealogischen Problemen auch NÖUB II 377; JEITLER, Mittelalter 55f.
40 NÖUB II Nrr. 7⁶, 7⁷.
41 NÖUB II Nr. 11⁶; FRA II/4 Nrr. 86, 122.
42 FRA II/4 Nrr. 93, 133; BUB IV Nr. 661.
43 NÖUB II Nr. 7²⁷ (1125/30), Nr. 21³ (1132/36); BUB IV Nr. 696 (1136); NÖUB II Nr. (+)23¹. Siehe zur Urkunde auch ebd. 731. Siehe auch SUB 1, 362, Nr. 210: *Heinrich de Neztach*; JEITLER, Mittelalter 56 (noch nach älteren Datierungsansätzen).
44 NÖUB II Nr. (+) 9².

se zumindest bereits ihr Vater Haderich errichtet oder zumindest übernommen haben muss⁴⁵. Die Haderiche dürften hier aber keine völlig unbesiedelte Gegend vorgetroffen haben, denn Nöstach hat vermutlich bereits davor existiert⁴⁶, ohne dass deutlich wird, ob auch dieser Ort auf die Haderiche zurückgeht. Unklar bleibt auch, ob die Burg selbst von den Haderichen errichtet worden ist oder ob diese nicht einen bereits bestehenden Wehrbau in Besitz genommen haben. Die Errichtung oder Übernahme einer Burg weist jedenfalls deutlich darauf, dass die Haderiche dem herrschaftlichen Ausbau dieser Gegend große Bedeutung zugemessen und hier einen Herrschaftsmittelpunkt eingerichtet haben, der Ausgangspunkt für die weitere wirtschaftliche Durchdringung des Tals sein sollte und war, wie etwa aus dem Rodungsnamen *Haederichesnaite* hervorgeht.⁴⁷ Dies bedeutete für die dortigen Bewohner aber auch, dass es nun einen Mittelpunkt gab, der das Gefüge des Raums und die dortigen Macht- und Abhängigkeitsverhältnisse maßgeblich prägte. Über das Aussehen der Schwarzenburg gibt es keinerlei archäologische Hinweise. Alleine der Namenteil „Burg" wäre gemäß der damaligen Terminologie ein starkes Indiz, damit tatsächlich eine solche und nicht bloß ein etwas befestigter Hof gemeint war.

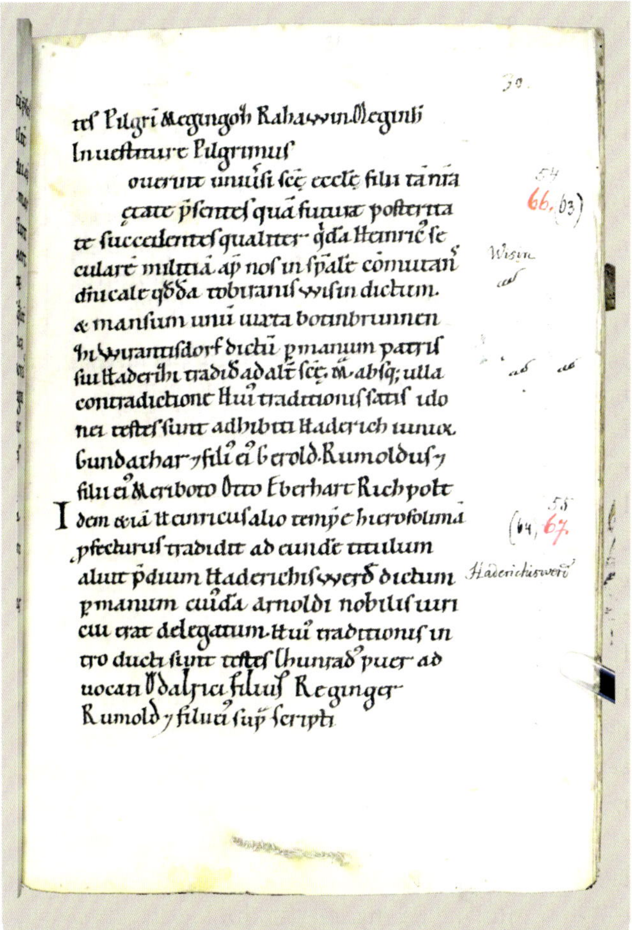

Abb. 14 Um 1100: Ein gewisser Heinrich vertauscht den weltlichen mit dem geistlichen Stand und gibt Güter bei Zwischenbrunn und Pottenbrunn an Stift Göttweig durch die Hand seines Vaters Haderich (Traditionsbuch Göttweig A fol. 31r)

---

⁴⁵ Der Plural *parentes* muss sich nicht auf mehrere Generationen beziehen, sondern kann auch Haderich und dessen Frau meinen.
⁴⁶ Siehe die Formulierung in NÖUB II Nr. (+)9²: "Svarzenburch vocatam, que pridem antiquitus nomine alio Nezta vocabatur".
⁴⁷ NÖUB II Nr. 9⁴.

Die beiden Brüder Rapoto und Heinrich dürften die Schwarzenburg und die hier gelegenen Güter gemeinschaftlich besessen haben, werden sie doch beide nach der Schwarzenburg und Nöstach genannt. Auch haben sie die Mönchszelle Mariazell

Abb. 14a Stammbaum der Haderiche

Brüder nach dieser Burg erfolgt,[49] weil sie diese ja wohl zeitgleich aufgegeben haben. Da Rapoto noch im Jahr 1136 von einem Klosterneuburger Chorherrn und die beiden Brüder vielleicht sogar noch 1136/38 nach der Schwarzenburg benannt werden, wird die Mönchszelle folglich vielleicht nicht viel früher gegründet worden sein.[50] Nicht auszuschließen wäre indes, dass sich der Gründungsvorgang länger hingezogen hat und die Burg erst zu einem späten Zeitpunkt der Zelle überlassen worden ist.

Wie auch immer, die Aufgabe des namengebenden Sitzes weist in jedem Fall darauf hin, dass die Familie damals kein gesteigertes Interesse mehr an ihrer Herrschaft im Triestingtal hatte. Über die Gründe dafür kann nur spekuliert werden. Vielleicht war es aus wirtschaftlichen Gründen unerlässlich, der neuen Gründung auch die Burg mitsamt den unmittelbar dazu gehörenden Gütern zu überlassen, vielleicht hatte sich der Standort der Burg für die Brüder als wenig zukunftsträchtig erwiesen. Vielleicht hat die Aufgabe der Burg auch mit einer sich abzeichnenden Kinderlosigkeit zu tun, denn die Formulierung des Stiftbriefes weist darauf, dass beide zum Zeitpunkt der Gründung nicht verheiratet waren und keine Kinder hatten, aber nicht

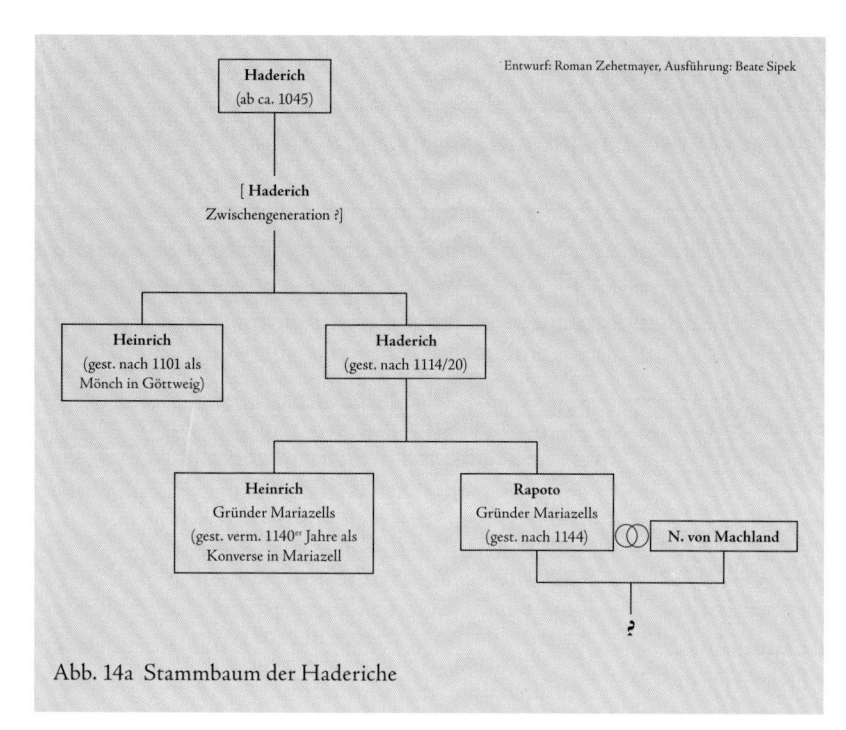

gemeinsam gegründet bzw. mit reichem Besitz ausgestattet und ihr sogar die Schwarzenburg überlassen.[48] Wie erwähnt, kann die Gründung Mariazells erst nach 1114/20 erfolgt sein. Da die Haderiche die Schwarzenburg ihrer Mönchszelle am ehesten bereits bei der Gründung übereignet haben, ist diese vielleicht erst nach den letzten Benennungen der

---

[48] NÖUB II Nr. (+)9²: "Noverint universi ecclesie filii tam future posteritatis quam presentis etatis, quod scilicet Heinricus et Rapoto eius germanus, filii cuiusdam ingenui viri nomine Haderici, urbem propriam suam a parentibus sibi traditam Svarzenburch vocatam, que pridem antiquitus nomine alio Nezta vocabatur, cum omnibus reditibus et appendiciis suis, videlicet in villis, in mancipiis, in silvis, in agris, in pratis, cultum et incultum, longe vel prope, libera potestate tradiderunt Deo et beate Marie pro spe eterna et celesti remuneracione, in cenobio quod dicitur Cella sancte Marie post obitum ipsorum, vel si ipsi prius mutarent seculum, iure perenni cederent in usus fratrum ibidem Deo et sanctis eius servicientium".

[49] Siehe FRA II/4 Nrr. 93, 133; BUB IV Nr. 661; NÖUB II Nr. (+)9².

[50] BUB IV Nr. 696; NÖUB II Nr. (+)9³.

ausgeschlossen war, dass sie noch legitime Nachkommen haben könnten.⁵¹ Nach 1136/38 gibt es jedenfalls keinen Hinweis mehr, dass die Haderiche in dieser Gegend noch präsent gewesen wären.

Wie aus dem Namen Mariazell hervorgeht, haben die beiden Brüder zunächst kein Kloster, sondern eine Mönchszelle eingerichtet, die demnach deshalb kirchenrechtlich zunächst keine eigenständige Abtei unter einem Abt, sondern ein von einem anderen Kloster abhängiger Konvent unter einem Prior gewesen ist. Wie Maximilian Weltin herausgearbeitet hat, kommt als „vorgesetztes" Kloster in erster Linie Göttweig in Betracht, zu dem wie gesehen die Haderiche engere Beziehungen unterhielten.⁵² Vermutlich kamen von hier auch die ersten Mönche in das Triestingtal. Weshalb es anfänglich nur zur Einrichtung einer abhängigen Zelle kam, bleibt unklar. Vielleicht aber haben die als Gründungsdotation zur Verfügung gestellten Ressourcen Rapotos und Heinrichs nicht ausgereicht, um ein „Vollkloster" einzurichten. Weshalb ist es aber dann dennoch bereits vor der Mitte des 12. Jahrhunderts⁵³ dazu gekommen? Zumindest zu überlegen wäre, ob dabei nicht doch Markgraf Leopold III. eine Rolle gespielt haben könnte, auch wenn dies nur in den gefälschten Babenbergerurkunden erwähnt wird.⁵⁴

Hier wird Leopold übrigens ausdrücklich nicht als Stiftsgründer, sondern bloß als Errichter der Stiftskirche bezeichnet. Dies erklärt aber nicht, weshalb Markgraf Leopold III. nicht im Mariazeller Nekrolog genannt wird. Merkwürdig bleibt dies auch deshalb, weil andere Babenberger, wie Leopold IV. oder Adalbert, die nichts mit Mariazell zu tun haben, sehr wohl enthalten sind.⁵⁵ Zu bedenken dabei ist weiter, dass eine Aufnahme Leopolds in den Nekrolog spätestens im 13. Jahrhundert zu erwarten gewesen wäre, da sich damals ja eine Tradition über eine wichtige Rolle des Markgrafen bei der Klostergründung etabliert hat. Vielleicht ist das Fehlen Leopolds III. deshalb überlieferungsbedingt.⁵⁶ Wie auch immer: Die Aussagekraft des Nekrologs zur Rolle Leopolds bei der Klostergründung ist jedenfalls so oder so eine eher geringe. Sollte der Markgraf tatsächlich der Mönchszelle irgendwie unter die Arme gegriffen haben, dann würde das auch das Engagement seiner Witwe Agnes für Mariazell und vielleicht auch die Erhöhung zur Abtei erklären.⁵⁷ Das würde aber auch bedeuten, dass die Haderiche

---

⁵¹ NÖUB II Nr. (+)9²: "Et utrum legitimas uxores ducerent an non ducerent, seu liberos haberent an non haberent. […] Sed et alia nichilominus predia supradicti germani eodem fervore [tradiderunt], sed sub alia condicione: ut si forte heredes legitimos procrearent, ipsi ea patrio iure possiderent; sin alias, ea ut cetera ad supradictam Cellam profecto sine dubio pertinerent." Siehe auch JEITLER, Mittelalter 57.
⁵² WELTIN in NÖUB II 379.
⁵³ NÖUB II Nr. 9⁴ (1155) und 379.
⁵⁴ NÖUB II Nrr. 9², 9³. Bei der Frage des Fälschungszeitpunkts wurde zu wenig beachtet, dass die Urkunde ein durch- oder aufgedrücktes Siegel enthalten haben muss, was gegen eine Herstellung erst im 13. Jahrhundert spricht, außer wenn das Siegel von einer echten Urkunde entnommen worden ist. Auch das „unbeholfene Schwanken zwischen objektiver und subjektiver Fassung" (MITIS, Urkundenwesen 249) spricht gegen das 13. Jahrhundert.
⁵⁵ Necrologia V 134 zum 2. 4. 145 zum 12. 10., 147 zum 9. 11.
⁵⁶ Nichts auszuschließen wäre vielleicht, dass – auch wenn dies auch wieder viele Fragen aufwerfen würde – ein Blatt mit den älteren Einträgen zum 15. 11. (und weiteren Tagen) bei der Kompilation des Nekrologs im 14. Jahrhundert aus welchen Gründen auch immer nicht berücksichtigt worden ist.
⁵⁷ Dazu NÖUB II Nr. 9³, S. 379. – Vielleicht war die eigentlich treibende Kraft auch Agnes, die sichtliches Interesse an der Klostergründung hatte; NÖUB II Nr. 9³. – Dass die Fälschung des Stiftsbriefes mit der Vogteifrage zu tun hat (siehe den Beitrag von Erwin Kupfer in diesem Band), scheint angesichts der Betonung der Vogtei plausibel.

während der Gründungsphase in einer engeren Verbindung zu Leopold III. gestanden wären und dieser wohl bereits ein grundsätzliches Interesse am Ausbau des Triestingtales aufgewiesen hätte.

Zuletzt wurde angenommen, dass die beiden Brüder tatsächlich ohne Nachkommen gestorben sind, aber eine Seitenlinie der Haderiche am unteren Kamp weiterbestanden hätte.[58] Da aber Heinrich im Mariazeller Stiftbrief als Inhaber von offensichtlich umfangreicherem Besitz am Kamp bezeichnet wird[59] und sich in den 1140er Jahren ein Heinrich als Eigentümer der Burg Kamp/Kammern belegen lässt,[60] handelt es sich mit einiger Wahrscheinlichkeit um dieselbe Person. Das würde bedeuten, dass der Gründer Mariazells – und nicht ein Seitenverwandter – auf Kammern saß und sich nach etwa 1136 auf diese Güter zurückgezogen hat. An seinem Lebensende ist er schließlich als Konverse in Mariazell eingetreten.[61] Ähnliches dürfte auf seinen Bruder Rapoto zutreffen, der sich nach 1136 vermutlich ebenfalls auf die Herrschaft im Kamptal konzentriert hat und zunächst auf der Burg Kamp/Kammern gesessen ist.[62] Vor der Mitte der 1140er Jahre dürfte er schließlich auf Falkenberg bei Strass im Strassertal eine neue Burg als Herrschaftsmittelpunkt errichtet haben, nach der er nun genannt wurde.[63] Davor könnte er noch nach Jerusalem gepilgert sein, ist er doch vermutlich mit einem in den Quellen genannten Rapoto *miles Dei* identisch.[64] Zu Beginn der 1140er Jahre dürfte Rapoto im engeren Umfeld des jungen Markgrafen bzw. Herzog Heinrich II. eine gewisse Rolle gespielt haben, begleitete er diesen immerhin zwei Mal bei dessen Reisen zu König Konrad III.[65] Rapoto hat offenbar noch (einmal) geheiratet, wobei seine Frau eine Angehörige der Herren von Machland gewesen sein könnte.[66] Mit ihr hatte er mit sehr hoher Wahrscheinlichkeit auch Nachkommen, die in den Quellen ausschließlich nach der neuen Burg Falkenberg genannt werden.[67]

B. Die Herren von Stiefern-Gaaden-Arnstein und Wichard von Vestenberg

Nach dem Rückzug der Haderiche aus der Gegend um Mariazell bestand hier möglicherweise ein gewisses machtpolitisches Vakuum. Vielleicht nicht zuletzt deswegen konnte hier der landesfürstliche Ministeriale Wichard die namengebende Vesten-

---

58 WELTIN in NÖUB II 377; DERS. in NÖUB Vorausband 193. Siehe auch KUPFER, Weinviertel 64.
59 NÖUB II Nr. (+)9²: "item apud Chambe que Heinrici fuerunt, cum ecclesia Haderichestorf".
60 NÖUB II 676; MUFFAT, Schenkungsbuch, Nrr. 53, 85; siehe dazu auch LECHNER, Gründung 71f. Anm. 10.
61 Necrologia V 134 zum 2. 4. Eine Kontinuität angenommen hat bereits MITSCHA-MÄRHEIM, Zayagegend 139 f. Dagegen aber LECHNER, Gründung 97 ff. Siehe die stark divergierenden Ansichten der älteren Forschung bei SCHOPF, Besitz- und Herrschaftsgeschichte 30 f.
62 NÖUB II Nr. 21¹² (1144).
63 NÖUB II Nr. 21¹¹ (1143/47); JEITLER, Mittelalter 57.
64 NÖUB II Nr. 2⁹ (1142), Nr. 21¹ (1144); LECHNER, Gründung 76.
65 NÖUB 2 (wie Anm. 7) Nr. 2⁹ (1142, Nürnberg), Nr. 21¹ (1144, Nürnberg).
66 Siehe die Zeugenlisten NÖUB II Nr. 2⁹ (1142), Nr. 21¹ (1144), 21¹². Überbewerten sollte man diese Zeugenstellungen aber auch nicht, standen die Edelfreien der Babenbergermark fast zwangsläufig wegen ihrer nicht sehr großen Zahl nebeneinander; weitere Argumente aber bei JEITLER, Mittelalter 57. Aus der Urkunde NÖUB II Nr. 21³ (1132/36) geht eine enge Verwandtschaft mit den bayerischen Herren von Baumgarten hervor, wird hier doch Dietrich von Baumgarten als *uterinus frater* Heinrichs von Schwarzenburg genannt. Siehe auch JEITLER, Mittelalter 57.
67 Siehe zu den Falkenbergern zuletzt NÖUB Vorausband 193; JEITLER, Mittelalter 57-67.

burg (südlich des Hafnerbergs) errichten und eine einige Jahrzehnte lang bestehende Herrschaft einrichten. Da Wichard von Vestenberg eng mit den Herren von Stiefern-Gaaden-Arnstein versippt und vielleicht sogar ein Angehöriger der Hauptlinie war, sei zum besseren Verständnis zunächst kurz auf deren historische Genese eingegangen. Als erster Herrschaftsmittelpunkt dieser Ministerialenfamilie ist Stiefern im Kamptal und als erster Angehöriger um 1130/35 ein Ulrich nachweisbar.[68] Die Burg in Stiefern könnte nach der Mauerstruktur um 1120, und damit vielleicht bereits von einem unbekannten Vorfahren Ulrichs errichtet worden sein.[69] Ob die Stiefern-Gaadener wie angenommen wurde – ähnlich wie die Kuenringer – bereits unmittelbar nach der Niederlage der Österreicher gegen die Böhmen bei der Schlacht von Mailberg 1082 gemeinsam mit den in Gars residierenden Babenbergern in diese Gegend gekommen sind,[70] muss indes offen bleiben, ist doch der zeitliche Abstand bis zu einem ersten Nachweis von deren Auftreten im Kamptal recht groß. Bereits bei der ersten urkundlichen Nennung Ulrichs von Stiefern wird sein Interesse an der östlichen Wienerwaldgegend deutlich, bemühte er sich doch, vom Stift Klosterneuburg die *dos* der Kirche zu Gaaden zu erhalten, die wohl Leopold III. seinem Hauskloster geschenkt hatte.[71] Ulrich war dafür sogar bereit, Besitz im Kamptal abzustoßen.[72]

Vielleicht noch in der ersten Hälfte der 1130er Jahre hat Ulrich zudem in Gaaden eine Burg errichtet, nach der er urkundlich zum ersten Mal 1136 genannt wird.[73] Da Ulrich in der ersten Hälfte des 12. Jahrhunderts häufiger aber nach Stiefern als nach Gaaden bezeichnet wird, war die Burg im Kamptal vielleicht sein wichtigerer Sitz, obwohl auch im Wienerwald damals noch umfangreiche unkolonisierte Landstriche vorhanden waren. Der Grund für die Schwerpunktsetzung im Waldviertel lag vielleicht am als einschränkende Konkurrenz empfundenen nahen großen Grundbesitz der Babenberger im Wienerwald, die zudem 1133 mit Heiligenkreuz eine Zisterze zur Fortführung der Kolonisation errichtet haben und wie gesehen auch in Gaaden über Einfluss verfügten. Nach dem Tode Leopolds III. wurde Ulrich von Leopold IV. zum Forstmeister im Wienerwald ernannt,[74] was auf eine wichtige Stellung und enge Bindung zu den Babenbergern weist. Dazu passt, dass Herzog Heinrich II. ein Grundstück in Gainfarn, mit dem Ulrich belehnt war, auf dessen Ersuchen hin dem Kloster Admont geschenkt hat, wo die Tochter des Stieferners Nonne geworden war.[75]

Ulrich spielte darüber hinaus sogar für König Konrad III., den Halbbruder und engen Verbündeten Herzog Heinrichs, eine Rolle und nahm – vielleicht als Anführer eines österreichischen Kontingents – bei den Kämpfen gegen die Welfen teil, wobei er sich besonders bei der Belagerung der in

---

[68] FRA II/4 100 (1130/35); NÖUB II Nr. 4[16] (1130/41); LECHNER, Besiedelung 173; KUPFER, Landeswerdung 30; NÖUB I 116.
[69] REICHHALTER, Stiefern 461. Siehe zu Folgenden auch NÖUB II 170 f.
[70] KUPFER, Herren von Stiefern 96; NÖUB I 116.
[71] FRA II/4 100.
[72] Loibersdorf bei Gars; für eine Identifizierung mit Loibersdorf sprechen die als Besitznachbarn anwesenden Kuenringer.
[73] NÖUB II Nrr. (+) 23[1], 23[14] (1140/41): Ulrich ist hier als Besitzer einer Wiese zu Trumau ausgewiesen; Nr. 4[16] (1130/41): Ulrich ist hier als Besitzer eines Weingartens zu Gainfarn ausgewiesen.
[74] NÖUB II Nr. 23[14].
[75] NÖUB II Nr. 4[16].

Abb. 15 Ruine Arnstein, Mauerreste des nordöstlichen Flankierungsbaus bzw. -turms

Bayern gelegenen Burg Wallerstein auszeichnete. Zum Dank erhielt er vom König ein Diplom und bekam dabei ein Waldgebiet im westlichen Waldviertel geschenkt.[76] Wichtiger als dieser materielle Gewinn war wohl auch in diesem Fall der Erhalt einer Königsurkunde an sich, bedeutete dies doch eine markante Prestigeerhöhung für Ulrich.[77] In der Urkunde wird festgehalten, dass Herzog Heinrich für Ulrich beim König interveniert hatte,[78] woraus einmal mehr die engen Bindungen erkennbar werden. Heinrich wollte Ulrich augenscheinlich fördern, vor allem aber auch an sich binden. Die Bedeutung Ulrichs von Stiefern-Gaaden für Herzog Heinrich wird auch darin deutlich, dass er 1156 zu jenen Ministerialen zählte, die ihn nach Regensburg zum Empfang des Privilegium Minus begleiten durften.[79] Dabei handelt es sich um seine letzte Nennung, spätestens 1162 war er verstorben.[80]

Ulrich hinterließ vermutlich drei Söhne, den gleichnamigen ältesten, der offenbar Gaaden übernahm,[81] Wichard, der zunächst auf Stiefern saß,[82] und Berthold, der nicht weiter hervortrat. Vielleicht noch zu Lebzeiten seines Vaters hat Wichard die Burg Arnstein errichtet, während Stiefern und später auch das westliche Waldviertel für ihn an Bedeutung verloren haben dürften.[83] Auf letzteres weist jedenfalls eine Urkunde aus dem Jahr 1162, aus der hervorgeht, dass Wichard gemeinsam mit seinen Brüdern und Schwestern eine große Wald-

---

[76] NÖUB III Nr. 2³ (1162): "[…] quam pater ipsius Vdalricus de Steuen â rege Chunrado in obsidione urbis Walestain nuncupate regali donatione meo obtentú acceperat et filiis suis hæreditario iure transmiserat."
[77] Siehe etwa ZEHETMAYER, Urkunde und Adel 45 f.
[78] Wie Anm. 76.
[79] NÖUB II Nr. 4³⁵.
[80] NÖUB III Nr. 2³ (1162).
[81] FRA II/4 Nr. 518, Nr. 340; BUB I Nr. 72 (1188), Nr. 73 (1188); siehe KUPFER, Landeswerdung 31.
[82] Die einzige Nennung findet sich in NÖUB III Nr. 20⁸ (1160); unklar bleibt die Nennung eines Erchenbert von Stiefern 1157: NÖUB III Nr. 21³ (1157); siehe dazu SCHOPF, Besitz- und Herrschaftsgeschichte 159-161; KUPFER, Stiefern 98.
[83] NÖUB II Nr. 9⁴; FRA II/4 Nr. 518, Nr. 340; LECHNER, Geschichte 174; WELTIN, Landesfürst und Adel 524; NÖUB Vorausband 262 f.; KUPFER, Stiefern 98.

fläche in der Nähe von Groß Gerungs dem Stift Lambach abgetreten haben.⁸⁴ Wäre die Familie an einem Engagement in der Gegend auch später noch ernsthaft interessiert gewesen, hätten sie auf dieses Kolonisationsgebiet vermutlich nicht verzichtet.⁸⁵

Wichard wurden von den Babenbergern wie bereits seinem Vater Ulrich Forstaufsichtsrechte übertragen. Er war überhaupt einer der einflussreichsten Ministerialen am Herzogshof. Als etwa Herzog Leopold V. dem Stift Heiligenkreuz Waldbesitz schenkte,⁸⁶ überließ die Zisterze dem bis dahin mit der Waldaufsicht beauftragten Wichard von Stiefern-Arnstein kompensatorisch Güter zu Vösendorf.⁸⁷ Nähere Hintergründe dazu finden sich in einem Bericht über die Entstehungsumstände der Urkunde. Daraus geht hervor, dass Wichard die Ausstellung einer Urkunde so lange verzögern konnte, bis ihm die erwähnte Entschädigung zugebilligt wurde. Weil Wichard einer der bedeutendsten Ministerialen am landesfürstlichen Hof war (*cum esset senex non parvæ authoritatis inter primos de curia*), konnte er sogar eine entsprechende Herzogsurkunde erwirken (*privilegium ducis conscribi curavit*). Allerdings ist diese Nachricht alleine in einer barocken Chronik überliefert und deshalb als unsicher einzustufen. Erhöht wird die Glaubwürdigkeit indes dadurch, dass der Barockhistoriograph nachweislich aus verschollenen *Libri privilegiorum* des Stiftes Heiligenkreuz geschöpft hat, von denen einer in den Jahren 1246/47 und ein zweiter 1251/52 entstanden ist.⁸⁸ Deren Inhalt ist zwar nur ansatzweise zu bestimmen,⁸⁹ einige wörtliche Zitate lassen aber den Schluss zu, dass sich im 1246/47 verfassten Kodex neben Urkunden auch ausführliche erzählerische Passagen zur Stiftsgeschichte befunden

---

84 NÖUB III Nr. 2³ (1162): "Ego Henricus Dei gratia dux Austriæ notum facio omnibus tam presentibus quam futuris temporis Christianis ministeriales meos Wichardum et fratres eius necnon et sorores cum maritis suis partem sylvæ Wrinbrant dictæ [...] Lambacensi cænobio me annuente et confirmante pro remedio animæ suæ et specialiter fratris sui Perchtoldi ibidem sepulti omniumque parentum suorum potestative contulisse et terminis circumiacentibus. Terminus unus est amnis qui vocatur Ilsnik fluens ab occidente in orientem, alter amnis quem nuncupamur Morbach versus duas ripas usque ad novum castrum Hadmarstain, tertius fluvius est Labenbach quartus fluvius qui dicitur Lunsnich."

85 Das heißt nicht, dass sich die Familie aus der Gegend völlig zurückgezogen hätte; siehe UBLoE III, Nr. 123 (1255); freundlicher Hinweis von Erwin Kupfer.

86 NÖUB III Nr. 18³.

87 NÖUB III Nr. 18³ Note: ****: "Leopoldus (virtuosus) dux cum adhuc in puerili ætate constitutus unâcum fratre suo (duce de Medelich) Henrico tam pro ipsorum salute quam pro patris et matris cæterorumque parentum suorum quietâ mente quandam partem silvæ nobis adiacentis donare decrevisset, Wichardus ministerialis ducis, ad quem custodia silvæ pertinebat, quoniam sibi damnum aliquod hoc dono accrescere prævidebat, tam per se quam per alios animum principis ab operis effectu tamdiu retardabat, donec eum conventio nostra duobus mansis in Vasendorff dicta locatis et vinea una ad consensum inclinavit. Flexus itaque muneribus, cum esset senex non parvæ authoritatis inter primos de curia, privilegium ducis conscribi curavit, in quo nobis sylvam á duce in eleemosynam oblatam, sibi vero præfatos mansos et vineam pro damno, quod ei in eleemosyna ducis accesserat, collatos posteris insinuare curabat. At postquam præfatus dux virile robur induit, de eadem sylva propriæ deliberationis benevolentiâ plus nobis conferre decrevit. Qui cum quantitatem silvæ, quam prius nobis donaverat, ex privilegio perquireret, simul etiam mansos eosdem cum vinea Wichardo pro recompensatione sui damni collatos invenit tunc vehementer indignans iurisdictionis sententia quæsita invenit, nec illum eleemosynam vendere nec nos comparare debere. Itaque privilegium illud in præsentia Ottonis de Lengenbach et Hadmari de Chúnringen dirupit, mansos ecclesiæ restituit sylvamque, sicut deliberaverat, donavit et tam eam, quam nunc donârat, et illam, quam ante donârat, novo privilegio confirmavit"; siehe bereits ZEHETMAYER, Urkunde und Adel 116; KASKA, Traditionscodexfragment 422 f.

88 WATZL, Privilegienbücher 6-12; NÖUB II 732 f.

89 NÖUB II 732.

Abb. 16 Ruine Vestenberg, Detail des zugangsseitigen (westlichen) Berings

haben.⁹⁰ Der Barockhistoriograph könnte demnach seine Nachricht über Wichard von Arnstein aus diesem Kodex geschöpft haben. Dazu kommt, dass sich die in diesem Bericht als herzogliche Begleiter angeführten Otto von Lengbach und Hadmar (II.) von Kuenring tatsächlich als die damals wichtigsten Ratgeber Herzog Leopolds nachweisen lassen.⁹¹ Die Angaben sind so präzise, dass sie kaum frei erfunden sein können.

Doch zurück zum Wirken der Herren von Arnstein-Stiefern und zur Frage nach ihrer Beziehung zu Wichard von Vestenberg, der wie erwähnt in der Nähe von Mariazell bzw. Altenmarkt/Triesting die namengebende Burg errichtet hat. Zuletzt wurde nämlich vermutet, dass Wichard von Vestenberg mit Wichard von Arnstein gleichzusetzen ist.⁹² Dazu ist festzuhalten, dass Wichard von Vestenberg etwa 1165/1171 in einer Admonter Traditionsnotiz genannt wird, in deren Zeugenliste er zwischen zwei Angehörigen der Herren von Guntramsdorf-Mödling positioniert war, die zur Kuenringersippe zu zählen sind. Dies wäre ein Indiz, dass auch der Vestenberger zum verwandtschaftlichen Umkreis der Kuenringer gehörte,⁹³ was sich indes für Wichard von Arnstein nicht nachweisen lässt.⁹⁴ Allerdings steht in anderen Zeugenlisten Wichard in einiger Entfernung zu den Angehörigen der Kuenringer-Sippe, so dass hier einige Fragen offen bleiben müssen.⁹⁵

Grundbesitz Wichards lässt sich lediglich in Vösendorf nachweisen, wo er 1171/77 vier Mansen und einen Weingarten dem Stift Admont anlässlich des Eintritts zweier seiner Töchter in den dortigen Nonnenkonvent überlassen hat.⁹⁶ Sonst sind noch

---
90 WATZL, Privilegienbücher 11; NÖUB II 732; ZEHETMAYER, Untersuchungen 82-84; DERS., Fürstenkanzlei 182f.
91 Siehe die Belege in NÖUB III 350 und 672.
92 KUPFER, Landeswerdung 32 mit Note 66.
93 NÖUB III Nr. 16²⁴ (1165/71): "Adelber de Chunringin, Heinricus de Mistilpach, Heinricus de Gundrammestorf, Weichart de Vestinperch, Rapoto praefectus de Medeliche".
94 NÖUB III Nrr. 20⁸, 18³, 16³.
95 FRA II/4 Nr. 599; BUB I Nr. 63 (1183).
96 NÖUB III Nr. 16³²: "Notum sit omnibus Christi fidelibus, qualiter Wichardus de Vestenbruch ministerialis ducis Austrię duas filias suas Adelheit et Gerdrut in Admuntensi cenobio divino servitio obtulit, ad quarum sustentationem et ad remedium animę suę omniumque parentum suorum tum propria manu tum etiam potenti manu domni sui Heinrici ducis, manu etiam filii eius Leoboldi predium suum Vosendorf vocabulo, i(d est) IIII mansus et vineam unam, super reliquias sancti Blasii prefato monasterio delegavit."

Zehentrechte Wichards in einem Ort namens *Saikenwerd* bekannt, der vielleicht mit Lichtenwörth gleichgesetzt werden kann.[97] Diese Zehentrechte waren Wichard vom Salzburger Erzbischof verliehen worden, wogegen die Kanoniker des Bistums Gurk Widerspruch einlegten, die selbst Ansprüche stellten. Der Streit wurde sogar vor den Papst getragen, der den Gurkern Recht gab.[98]

Doch zurück zur Frage, ob Wichard tatsächlich wie vermutet mit Wichard von Arnstein gleichgesetzt werden kann. Dass beide, was bislang übersehen worden ist, Besitz zu Vösendorf hatten,[99] erhöht diese Wahrscheinlichkeit noch einmal beträchtlich. Dagegen spricht indes, dass Wichard von Arnstein, wenn auch nur singulär, mit einem Sohn Berthold genannt wird,[100] was sich für Wichard von Vestenberg nicht belegen lässt.[101] Erklärt müsste auch erst werden, weshalb Wichard von den Admonter Mönchen nach dem sonst selten belegten Vestenberg und nicht nach dem ihnen bereits bekannten Stiefern genannt worden ist.[102] Nicht auszuschließen kann freilich werden, dass um 1170 die Burg Stiefern bereits aufgegeben war und dies die Admonter Mönche schon in Erfahrung gebracht hatten. Unklar bleibt auch, weshalb keiner der vier Söhne (?)[103] Wichards von Arnstein versucht hat, die Herrschaft Vestenberg weiterzuführen.[104] Das macht eine Gleichsetzung zwar nicht unmöglich, und es gibt tatsächlich gute Gründe für eine solche Annahme, ebenso wahrscheinlich aber ist eine bloße verwandtschaftliche Beziehung, die die Namensgleichheit und auch die Besitznachbarschaft erklären würde. Nach 1183 gibt es keinen Beleg mehr für Wichard von Vestenberg. Aber auch sonst nannte sich niemand mehr nach der Burg. Offensichtlich wurde dieser Herrschaftsmittelpunkt nur wenige Jahrzehnte nach seiner Errichtung wieder aufgegeben. Über die Gründe dafür kann nur spekuliert werden. Vielleicht aber war inzwischen die Stellung Mariazells in der Gegend so dominant geworden, dass sich eine Weiterführung nicht zu rentieren schien. Das wäre vor allem dann plausibel, falls Wichard von Vestenberg tatsächlich keine direkten Nachkommen hinterlassen haben sollte.

---

[97] NÖUB III Nr. 19⁵ (1181/83): "[Lucius episcopus servus servorum Dei venerabili fratri .. Salzburgensi archiepiscopo salutem et apostolicam benedictionem]. Relatum est auribus nostris, quod decimas canonicorum Gurcensis ecclesie in Saikenwerde Wichardo de Uestenberch in feudum dedisti. Unde quoniam non decuit te predictos canonicos debitis decimis destituere et eas non decuit ab eorum ecclesia alienare, fraternitati tue per apostolica scripta precipiendo mandamus, quatenus, si ita est, predictis canonicis prescriptas decimas postposita mora et occasione restituas aut equivalentes concedas, ita quod non habeant iustam materiam de te conquerendi"; zur Lokalisierungsfrage ebd. 527 f.

[98] NÖUB III Nr. 19⁵.

[99] NÖUB III Nrr. 18³, 16³².

[100] NÖUB III Nr. 18³. Siehe vielleicht auch ebd. Nr. 16¹⁸: Berthold von Harnstein dürfte mit Berthold von Arnstein identisch sein.

[101] NÖUB III Nr. 16³².

[102] NÖUB II Nr. 4¹⁶.

[103] KUPFER, Landeswerdung 41.

[104] BUB IV Nr. 958 (1195/97).

3. VOM ÄLTESTEN MARIAZELL: KLOSTERGRÜNDUNG, LEGENDENBILDUNG UND FRÜHE BESIEDLUNG IM OBEREN TRIESTINGTAL

VON ERWIN KUPFER

Das Triestingtal verdankt seinen Namen dem gleichnamigen Fluss, dessen Hauptquelle bei Klammhöhe im Schöpflgebiet entspringt, um nach 61 Kilometern Lauflänge bei Achau in die Schwechat einzumünden[1]. Der Name Triesting ist slawischen Ursprungs, wenn auch mit unklarer Etymologie und könnte von slaw. *tresk- stammen, was so viel wie „krachen" oder „prasseln" bedeutet und möglicherweise als pars pro toto einer Bezeichnung für „Wald" zu verstehen ist[2]. Das slawische ika-Suffix, wie es in den ältesten Triesting-Nennungen noch zu Tage tritt, ist vielleicht als Merkmal südslawischer Migration ab dem 6. Jahrhundert zu begreifen[3]. Allerdings deutet das weitgehende Fehlen von entsprechenden archäologischen Funden und slawischen Ortsnamen originärer Prägung (Ausnahme: Nöstach von slaw. Peronenname Nezda, wogegen die Orte Ober- und Untertriesting ihre Namengebung einer Übertragung vom gleichnamigen Fluss her verdanken) eher darauf hin, dass das obere Triestingtal in dieser frühen Zeit noch kaum besiedelt war.

Auch im Hinblick auf seine hochmittelalterliche Siedlungsgenese ist das Triestingtal nicht homogen. Waren im oberen Triestingtal das Kloster Mariazell, die Herren von Schwarzenburg-Nöstach sowie später die Arberger und Arnsteiner über lange Zeit die tonangebenden Kräfte, so sind dies für das untere Triestingtal die Grafen von Hernstein-Falkenstein und ihre Gefolgsleute[4]. In das Verwandtschaftsgeflecht der Hernsteiner Grafen sind auch die edelfreien Potonen einzuordnen, die in Pottenstein an der Triesting einen namengebenden Burgplatz hatten und andernorts auch in Pottendorf und Asparn an der Zaya zur Geltung gelangten[5]. Gänzlich anders war die grundherrliche Struktur im Gölsental, der unmittelbar benachbarten Tallandschaft

---

[1] GERABEK, Gewässer 70 f.
[2] Vgl. SCHUSTER, HONB, D 280, 281, 283.
[3] KRONSTEINER, Besiedlungsverhältnisse 17, 21 f.
[4] Allg. dazu ZAHN, Hernstein 26 ff.
[5] WELTIN, "Seifried Helbling" 389 ff; KUPFER, Weinviertel 151 ff.

des Triestingtals westlich vom Gerichtsberg. Hier engagierten sich insbesondere die steirischen Markgrafen mit ihren Ministerialen⁶, was auch für das obere Triestingtal nicht ohne Folgen bleiben sollte.

Den ältesten schriftlichen Hinweis auf einen Grundherrn im oberen Triestingtal liefert die zu 1121/30 datierende Grenzbeschreibung der Pfarren Pyhra bzw. Michelbach⁷. Ihr zufolge trennte der über Klammhöhe und Gerichtsberg verlaufende Pechsteig die *confinia allodiorum* des *marchio* von den Gebieten der Edelfreien Rudolf und Haderich. Dass mit ersterem der steirische Markgraf gemeint ist, dessen Eigengüter im Gölsental sich westlich des Gerichtsbergs befanden, liegt nach dem oben Gesagtem nahe⁸. In das Gebiet östlich vom Gerichtsberg und damit in das obere Triestingtal sind hingegen die Besitzungen des Edelfreien Haderich zu lokalisieren, worüber wir ebenfalls durch die Schriftquellen im Bilde sind. Bei jenem Haderich handelt es sich um den gleichnamigen Vater der an der Gründung Mariazells beteiligten Brüder Heinrich und Rapoto von Schwarzen-

Abb. 17 Triesting- und Gölsental um 1120

burg-Nöstach (auch „Haderiche" genannt), die östlich von Mariazell ihren namengebenden Burgplatz besaßen⁹ Davon abgesehen lassen sich die haderichschen Besitzungen im Einzugsbereich des Triestingtals aber nur selten feststellen. So besitzen wir lediglich Kenntnis von Eigengütern in Berndorf und Liegenschaften rund um Nöstach, die sich auch über die Gegend des Klosters Mariazell erstreckten¹⁰.

Informationen dazu enthält der sog. Stiftbrief von angeblich 2. Februar 1136, der zwar als Machwerk aus der Zeit um 1200/50 anzusehen ist, aber im Hinblick auf die Rolle der Haderiche rund um den Gründungsverlauf des Klosters Mariazell im Wesentlichen als glaubhaft gilt¹¹. Ihm zufolge hatten die Brüder Heinrich und Rapoto in ihrem Herr-

---

6 Vgl. etwa FUCHS, Besitz 69 ff.; GUTKAS, Otakare 198 ff.; ZEHETMAYER, Untersuchungen 88 ff.
7 NÖUB II Nr. 3⁵ mit Karte auf 103; zur Datierung vgl. auch BOSHOF, Regesten I, Nr. 556.
8 Vgl. oben Anm. 6.
9 Vgl. NÖUB II Nr. 9², FRA II/69 Nr. 55, 66.
10 NÖUB II Nr. 9².
11 Vgl. NÖUB II 378.

schaftsgebiet eine Mönchszelle gestiftet, die sie mit einer Reihe von Liegenschaften ausstatteten und zu denen eben auch die Güter in Berndorf, Nöstach und um Mariazell gehörten[12]. Sicher ist allerdings ebenso, dass das Kloster Göttweig in die frühe Entwicklung Mariazells eingebunden war. Darauf deutet schon der alleinige Umstand, dass sich das Kloster Mariazell zur Mitte des 12. Jahrhunderts im Besitz von Gütern befand, die der Konverse Heinrich, der mutmaßliche Onkel von Heinrich und Rapoto, bereits einige Jahrzehnte zuvor an Göttweig geschenkt hatte[13]. Daraus schloss man, dass die Göttweiger Benediktiner gegen Ende des 11. Jahrhunderts inmitten des schwarzenburgischen Herrschaftsbereichs Mariazell als Mönchszelle gegründet hätten, gab zugleich aber der Verwunderung Ausdruck, dass der Stiftbrief gar nichts über eine Einbindung Göttweigs zu berichten weiß[14]. Gegen eine Göttweiger Erstinitiative sprechen aber auch die Eintragungen im Mariazeller Stiftsnekrologium, eine zuverlässige Quelle, der zufolge die Brüder Heinrich und Rapoto die Stifter (*fundatores*) waren[15].

Betrachtet man die Sachlage indessen umgekehrt, so lösen sich die besagten Schwierigkeiten und man gelangt zum Einklang mit den Quellenaussagen! Als Ausgangsinformation nehmen wir die Angaben von Nekrologium und Stiftbrief, denen zufolge Heinrich und Rapoto von Schwarzenburg-Nöstach eine der heiligen Maria gewidmete Mönchszelle errichtet hatten. Über deren Onkel Heinrich, der gegen Ende des 11. Jahrhunderts als Konverse in das Kloster Göttweig eingetreten war, standen die Haderiche in einem besonderen Nahverhältnis zur Abtei[16]. Nicht zuletzt dadurch motiviert, tradierten die Schwarzenburg-Nöstacher ihre Mönchszelle an Göttweig, was der Sache nach eine durchaus gängige Praxis war[17]. Dabei ist freilich nicht davon auszugehen, dass diese Übereignung einzig gegen „Gottes Lohn" geschah. Vielmehr ergab sich eine „Win-Win-Situation" für beide Seiten. War es den Haderichen auf diesem Weg möglich, ihrer Mönchszelle den Aufstieg zum vollwertigen Benediktinerkloster mit Oratorium und eigenem Abt zu ebnen, was freilich nur unter entsprechender Mitwirkung der rechtmäßigen kirchlichen Autoritäten geschehen konnte[18], so sah Göttweig durch diese Entwicklung seinen sanblasianischen Reformgeist transportiert, der neben Seitenstetten und Altenburg auch noch viele andere Klöster in der Passauer Diözese ergriffen hatte[19]. Fragt man nach einem bestimmten Förderer Mariazells in Göttweig, so stößt man unweigerlich auf Abt Nanzo, der als einziger Göttweiger Abt dieser Zeit im Mariazeller Nekrologium Erwähnung findet[20]. Er wirkte zwischen 1114 und 1125 und galt als beflissener Reformer[21], der insbesondere im oberösterreichischen Lambach deutliche Spuren hinterließ und wohl auch in Mariazell. Es ist davon auszugehen, dass auch er es war, der das Kloster Mariazell mit jenen Gütern in Zwischenbrunn und Zwerndorf ausstattete, die

---

[12] NÖUB II Nr. 9².
[13] Vgl. FRA II/69 Nr. 66 m. Vorbemerkung, NÖUB II Nr. 9⁴.
[14] NÖUB II 378 f.
[15] Necrologia V 134, 145. Zur Bedeutung der Nekrologien als herrschaftsgeschichtlich relevante Quellen vgl. auch BOSHOF, Königtum 92 f.
[16] Vgl. FRA II/69 Nr. 66, 67, 53, 55, 56, 282.
[17] SCHREIBER, Kurie und Kloster, bes. 292 f.
[18] Vgl. ebd. 293 f., 320, HOFMEISTER, Abtei 222.
[19] HÖDL, Göttweig 213 ff.; WEINFURTER, Ordnung 309 ff.
[20] Necrologia V 131 (5. Februar).
[21] HÖDL, Göttweig 35 f., 214.

der Konverse Heinrich aus der Familie der Haderiche ursprünglich an das Kloster Göttweig geschenkt hatte[22].

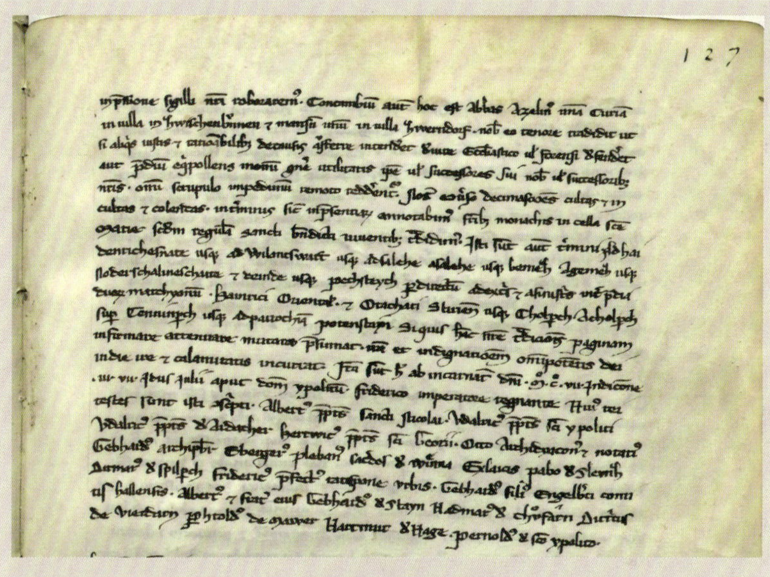

Als erster Mariazeller Abt ist Azelinus namentlich bekannt[23]. Er wird letztmalig im Jahr 1159 erwähnt, als er der Übergabe der Pfarre Bruck an der Leitha durch Bischof Konrad von Passau an das Stift St. Pölten beiwohnte[24]. Vier Jahre zuvor, 1155, hatte Azelinus gegen Abgabe der Güter zu Zwerndorf und Zwischenbrunn von Bischof Konrad die Zehentbezugsrechte im oberen Triestingtal erhalten[25]. Diese garantierten dem Kloster den rechtmäßigen Bezug sämtlicher Zehenten vom Kultur- und Wildland (*decimationes cultae et incultae*), also auch die Neubruchzehenten, innerhalb eines räumlich festgelegten Zehentsprengels. Dieses Zehentgebiet begann nördlich der Triesting bei der Haderichschneide (*Haederichesnaite*), die wohl mit der Felsschneide des Peilsteins knapp östlich des haderichschen Dorfs Nöstach zu identifizieren ist[26]. Von hier ging es weiter über *Wielanteswarte*, *Salaha* und *Gaemez*, deren Lage sich nicht genau bestimmen lässt[27], bis zur *Moderscalmesschaite*, womit der Schöpflkamm gemeint sein dürfte, an den der dortige Flurname Hochgschaid (südwestlich des Schöpflgipfels) zu erinnern scheint[28]. Von hier gelangte man schließlich zum Pechsteig, der am Gerichtsberg – wie es nun heißt – die Güter des steirischen Markgrafen (im Gölsental westlich des Gerichtsbergs)[29] von jenen des österreichischen Markgrafen trennte, die – wie man hinzufügen darf – demnach östlich des Gerichtsbergs im oberen Triestingtal lagen. Von hier führte die Zehentgrenze weiter über den Kölch-

Abb. 18 Die älteste Abschrift der Urkunde von 1155, in der Bischof Konrad von Passau dem Kloster den Zehent ringsum überlässt (Bayerisches Hauptstaasarchiv Passau HL 3, 126v-127r)

---

22 FRA II/69 Nr. 66 m. Vorbemerkung, NÖUB II Nr. 9⁴, vgl. auch oben m. Anm. 13.
23 Vgl. EIGNER, Geschichte 15 ff.
24 NÖUB III Nr. 10³.
25 NÖUB II Nr. 9⁴, vgl. FRA II/69 Nr. 66 m. Vorbemerkung.
26 In diesem Sinne auch NÖUB II Register 982: „Ostgrenze der KG Nöstach."
27 Vgl. NÖUB II/2 Register 972, 1042, 1069, ferner LECHNER, Gründung 73 f.
28 Vgl. Administrativkarte NÖ. Hg. Verein für Landeskunde von Niederösterreich (Wien 1867 – 1882) Blatt Nr. 76.
29 Vgl. oben m. Anm. 6.

berg (*Cholperch*, sw. der Araburg)[30] und oberhalb von Thenneberg (wohl entlang des Höhenrückens des Hochecks) bis zu den Grenzen der Pfarre Pottenstein im Bereich des heutigen Tasshof/Sulzbach. Auch wenn die jeweiligen Orte nicht punktgenau zu bestimmen sind, so reichen die Anhaltspunkte doch aus, um zu erkennen, dass das Zehentgebiet im Wesentlichen den gesamten Einzugsbereich des oberen Triestingtals umfasste. Und eben dieser Umstand sollte einige Jahrzehnte später – freilich unter anderer Rechtsauffassung – zum Zankapfel zwischen dem Kloster Mariazell und den Arbergern mit ihren Verwandten werden[31].

Entgegen den obigen Darlegungen wurde auch Markgraf Leopold III. mit der Gründungsphase des Klosters Mariazell in Verbindung gebracht. Demnach soll er die *cella sanctae Mariae* durch einen Kirchenbau erweitert und so die Entwicklung zum Vollkloster bewirkt haben[32]. Der Markgraf erscheint demzufolge exakt in der Rolle, die wohl das Kloster Göttweig beim Gründungsvorgang spielte. Dieser „Leopoldspassus" gründet allerdings einzig auf zwei unzeitgemäßen Schriftstücken, die als Fälschungen aus der Zeit um etwa 1200/50 anzusehen sind. Eine davon ist der sog. Stiftbrief, der schon mehrfach Gegenstand der obigen Erläuterungen war, die andere eine damit in Zusammenhang stehende Urkunde, die Herzog Heinrich II. zugeschrieben wurde und deren Inhalt zufolge Markgraf Leopold III. die Mariazeller Stiftskirche auf seinem eigenen Grund und Boden errichtet hätte[33]. Wie zuverlässig sind diese Aussagen und welche Absichten stecken dahinter?

Vorweg sei zunächst festgehalten, dass die Babenberger im oberen Triestingtal tatsächlich über Besitz verfügten. Das ergibt sich aus der Beschreibung der Zehentgrenze in der bereits behandelten Passauer Bischofsurkunde von 1155, wonach der über den Gerichtsberg verlaufende Pechsteig die Besitzungen des steirischen Markgrafen Otakar von jenen des österreichischen Markgrafen Heinrich II. trennte[34]. Da der Besitz des steirischen Markgrafen sinnvoller Weise nur auf das Gölsental bezogen werden kann[35], besteht am babenbergischen Besitz im oberen Triestingtal zum Jahr 1155 kein Zweifel. Die bedeutungsmäßige Veränderung gegenüber der Grenzbeschreibung von 1121/30[36] dürfte auf das veränderte herrschaftliche Gefüge zurückzuführen sein, das sich nach dem Rückzug der Haderiche in das Kamptal zugunsten der Babenberger entwickelt hatte[37]. Welche babenbergischen Bezüge zum oberen Triestingtal sind aber sonst noch belegt?

Die Zeugnisse hierfür sind dürftig und – wie bereits angesprochen – nicht zweifelsfrei. Eine wenigstens teilweise Geltung kann eine auf Herzog

---

[30] Vgl. NÖUB II/2, Register 956 bzw. Österreichkarte Blatt Nr. 57.
[31] Ausführlich dazu in meinem Beitrag „Araburg, Kaumberg und Mariazell" in diesem Band.
[32] Vgl. NÖUB II 379.
[33] NÖUB II Nr. 9³ bzw. 9²: "... *oratorium in meo* [i. e. Leopold III.] *iure fundavi*...".
[34] "... *a Pechstich per directum a dextris et a sinistris inter predia duorum marchionum Heinrici Orientalis et Otachri Styrensis* ..." – NÖUB II Nr. 9⁴.
[35] Vgl. oben m. Anm. 6.
[36] Wie Anm. 7 bzw. NÖUB II Nr. 3⁵ mit Karte auf 103, ferner BOSHOF, Regesten 1, Nr. 556.
[37] Vgl. JEITLER, Mittelalter 56 f., LECHNER, Gründung 75 f.; SCHOPF, Besitz- und Herrschaftsgeschichte 31 f. sowie der Beitrag von ZEHETMAYER in diesem Band.

Heinrich II. kompilierte Urkunde für sich beanspruchen, die gleichzeitig mit dem gefälschten Stiftbrief angefertigt worden sein dürfte und inhaltlich aus vier verschiedenen Abschnitten besteht[38]. Für die beiden Schlussabschnitte dienten offenbar ältere Traditionszettel als Vorlage, deren Inhalte durch entsprechende Eintragungen im Mariazeller Nekrologium gestützt werden[39]. So berichtet der dritte Abschnitt der Urkunde von einer Schenkung zweier Weingärten in Baden durch die Markgräfin Agnes und ihre Söhne Adalbert, Leopold und Ernst nach dem Tod Leopolds III. zugunsten Mariazells. Den Lebensdaten Leopolds III. und Adalberts zufolge ist diese Schenkung zwischen dem 15. November 1136 und 9. November 1138 einzureihen[40]. Die Aufzeichnung über diese Gabe beschließt eine Zeugenliste, die keinem anderen bekannten Schriftstück gleicht. Unter den Testatoren findet man die Brüder Heinrich und Rapoto von Schwarzenburg, deren Beziehungen nach Mariazell zu dieser Zeit offensichtlich noch evident waren. Auch im Stiftsnekrolog fand die Schenkung entsprechenden Widerhall: *Agnes marchionissa, a qua habemus vineas in Paden*[41].

Sind babenbergische Bezüge zum Kloster Mariazell um 1136/38 damit erstmals belegt, so ist örtlicher Besitz der Babenberger wiederum erst Jahrzehnte später feststellbar, und zwar einige Zeit nach Rapotos Tod um 1144/47[42]. So berichtet der vierte Abschnitt der kompilierten Herzogsurkunde, dass Heinrich II. nach dem Empfang des österreichischen Herzogtums dem Kloster Mariazell die Schenkungen seiner Verwandten bestätigt und obendrein noch ein kleines Waldstück (*particula silve*) in der Umgebung des Klosters hinzugefügt habe, das sich zwischen *Hahorn* (vermutlich Oharn / Katgde. Klein-Mariazell), dem *Chalwenberch* unter dem *mons Schevernscaith* (wohl das Gebiet um den Großen Hollerberg) bis *Levbraswart* (sw. vom Großen Hollerberg?) und zum Klosterbach (*Sicca Triesten*) erstreckte[43]. Auch wenn eine zweifelsfreie Identifizierung der besagten Ortschaften nicht möglich ist, so steht doch fest, dass zwei Grenzpunkte dieser Waldschenkung, nämlich *Hahorn* und *Levbraswart*, im gegenständlichen Pseudoheinricianum nochmals wiederkehren, und zwar im Rahmen der Gemarkungsbeschreibung eines anderen Waldstücks im zweiten Abschnitt der Urkunde[44].

Entsprechend der Stellung Heinrichs als österreichischer Herzog ist dessen Waldschenkung zwischen dem September 1156 und 13. Jänner 1177 zu datieren. Die Glaubhaftigkeit der Schenkung scheint durch eine Zeugenliste gewährleistet, die keinem anderen bekannten Schriftstück gleicht. Unter den Beteiligten wird auch Wichard von Arnstein als Zeuge erwähnt, der wie sein Vater Ulrich als babenbergischer Forstmeister im Wienerwald tätig war[45]. Wichard ist in datierten Aufzeichnungen nicht vor 1177 anzutreffen[46], was Heinrichs Waldschenkung eher in den oberen Datierungsrahmen (ca. 1170/77) rückt. Gleich seiner Mutter Agnes fand auch Her-

---

38 NÖUB II Nr. 9³.
39 Vgl. NÖUB II 379, MITIS, Urkundenwesen 310.
40 Vgl. BUB IV/1 Nr. 700.
41 Necrologia V 142.
42 Vgl. NÖUB II Nr. 21¹¹, 21¹², JEITLER, Mittelalter 57 und LECHNER, Gründung 37 f.
43 Zur Lokalisierung vgl. EIGNER, Geschichte 20 f., ferner WIRTNER, Zehentschenkung 15.
44 Vgl. dazu die folgenden Ausführungen m. Anm. 49.
45 KUPFER, Landeswerdung 32.
46 Vgl. BUB I Nr. 49, 51, 56, BUB IV/1 Nr. 793, WATZL, Privilegienbücher 58 ff. Nr. 27 u. 28, 89 ff. Nr. 56.

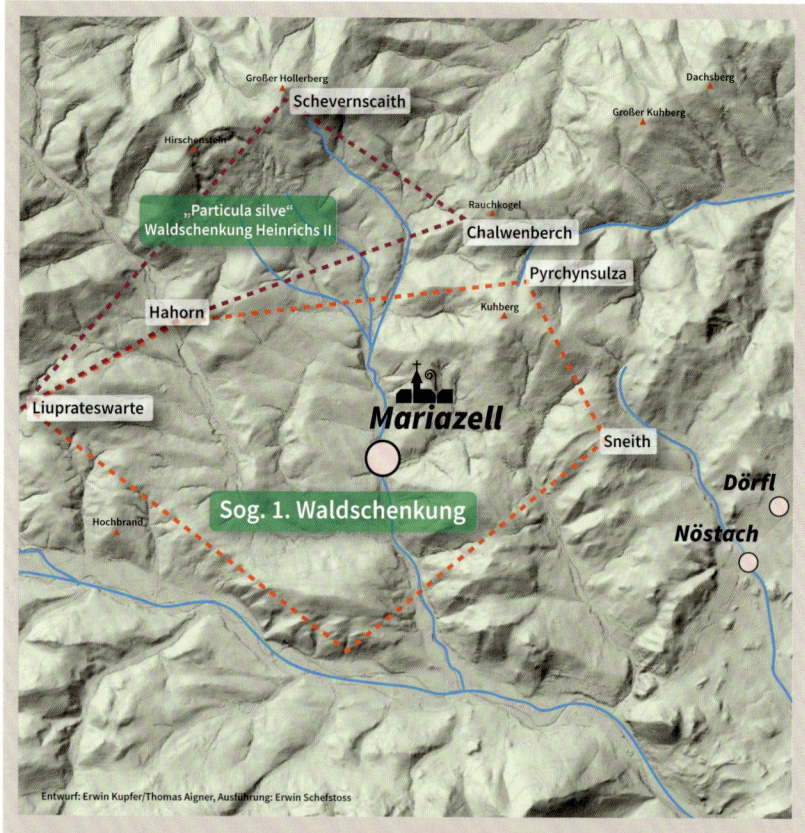

Abb. 19 Sog. angebliche erste Waldschenkung Leopolds III. und zweite Heinrichs II. laut Pseudo-Heinricianum, nach 1171 – Versuch einer Lokalisierung der Flurnamen und Grenzen

zog Heinrich mit einem Gedenktag Aufnahme in das Mariazeller Nekrologium[47].

Der zweite Abschnitt der kompilierten Heinrichurkunde enthält eine Nachricht, der zufolge Markgraf Leopold III. († 15. November 1136) mit seinen Söhnen und der Markgräfin Agnes dem Kloster Mariazell ein benachbartes Waldstück innerhalb bestimmter Grenzen geschenkt hätte. Diese Grenzen verliefen (wohl von Mariazell ausgehend) in Richtung Osten bis zur *Sneith* (*an der Snaytt*, Amt Nöstach)[48], dann weiter nach Norden zur *Pyrchynsulza* (Palberwiese) und *Hahorn* (Oharn/Katgde. Klein-Mariazell)[49], danach gegen Westen zur *Liuprateswarte* (etwa Hollerwiese, sw. vom Großen Hollerberg) und von dort in Richtung Süden zurück nach Mariazell bzw. bis zur Schneid. Zwar sind die Lokalisierungen auch hier mit Unsicherheiten behaftet, doch stößt man auf der nördlichen Grenzlinie zwischen *Hahorn* im Osten und *Liuprateswarte* im Westen wieder auf jene beiden Orte, die schon in der obigen Waldschenkung Herzog Heinrichs II. auftauchen. Daraus ergibt sich ein Zusammenschluss der beiden Waldstücke, von denen jenes aus der vorher erwähnten Heinrichschenkung nördlich dieser Linie zu lokalisieren ist.

Anders als bei den obgenannten Schenkungen der Markgräfin Agnes und ihres Sohnes Herzog

---

[47] Necrologia V 129.
[48] Urbar und Dienstbuch des Benediktinerklosters Mariazell (= NÖLA, Herrschaft Klein Mariazell, Urbar-, Grund- und Dienstbuch ca. 1380 – 1620, Kreisgerichtsarchiv Wr. Neustadt SIG 39/1) f. 19r.
[49] Vgl. HONB M 100 (Oharn = Klein-Mariazell 19, 20), ferner auch EIGNER, Geschichte 20 f.

Heinrich ist der dem Markgrafen Leopold III. zugeschriebenen Schenkung keine Zeugenreihe angefügt – das macht die Sache an sich schon verdächtig. Gänzlich fragwürdig wird die sog. Leopoldschenkung aber durch den Umstand, dass Markgraf Leopold im Gegensatz zu seiner Frau Agnes und ihren Söhnen keinerlei Erwähnung im Mariazeller Nekrologium fand, wie das im Sinne des Klosterbrauchs zwangsläufig zu erwarten wäre. Wie also ist diese sagenhafte leopoldinische Waldschenkung zu bewerten?

Nach Auskunft des Stiftbriefes hatten Heinrich und Rapoto ihrer Mönchszelle die *urbs* Schwarzenburg mit allem Zubehör überlassen, wozu Wälder, Wiesen, kultivierte Ländereien und ungerodetes Wildland gehörten. Da der Umfang des Waldgebiets nicht genau beschrieben war, wurde mit zunehmender klösterlicher Rodungstätigkeit im Laufe der Zeit auch eine entsprechende schriftliche Absicherung ratsam. Das veranlasste den späteren Fälscher offensichtlich zur Erfindung eines nachträglichen „Rodungsprivilegs", indem er dessen Geltungsbereich an die Neubrüche des klösterlichen Umlands anpasste, wobei er es auch nicht verabsäumte, die Rechtmäßigkeit der klösterlichen Rodung im besagten Gebiet am Ende des zweiten Absatzes besonders hervorzuheben, indem er darauf hinwies, dass Markgraf Leopold *exstirpandi agricolandi ubique licentiam tradidit*.

Werden an der Glaubwürdigkeit der Waldschenkung Leopolds III. und der Zuverlässigkeit des zweiten Abschnitts der Herzogsurkunde grundlegende Zweifel erweckt, so stellt sich zwangsläufig die Frage, was es mit dem ersten Abschnitt der Herzogsurkunde und der darin behaupteten Gründung der Mariazeller Stiftskirche durch Markgraf Leopold III.

auf sich hat. Waren alleine schon die zwei Weingärten der Markgräfin Agnes und die kleine Waldschenkung ihres Sohnes Heinrich den Mariazeller Konventualen eine Eintragung in ihr Nekrologium wert, so sollte gerade Leopold III. als vermeintlicher Gründer der Stiftskirche gar keine Erwähnung darin gefunden haben? Das ist äußerst unwahrscheinlich und lässt zugleich nach dem Grund fragen, der den Fälscher zu dieser offenbar phantastischen Behauptung bewegte, die in Herzogsurkunde und Stiftbrief gleichermaßen Eingang fand.

Ähnlich dem zweiten Abschnitt der Herzogsurkunde ist auch hier die Tendenz in der Sache unschwer zu erkennen und der Anlass für die Manipulation nicht schwer zu finden. Dieser steht in Zusammenhang mit dem Prozess der sog. Entvogtung, einem zeitgenössischen Phänomen der babenbergischen Herzogszeit, im Zuge dessen die geistlichen Kommunitäten versuchten, die lästigen Teil- und Lokalvögte abzuschütteln, um die vogteiliche Vertretung direkt beim Landesfürsten zu erhalten[50]. Für Mariazell ist ein solcher Fall sogar direkt überliefert, als During von Radlberg im Jahr 1213 gegenüber Herzog Leopold VI. und dem Kloster auf seine Vogteirechte in Inzersdorf an der Traisen verzichtete[51]. Wollte man im Kloster im Sinne der Entvogtung erfolgreich sein, so war es ratsam, mit Hilfe manipulierter Schriftstücke den Landesfürsten als Klostergründer hinzustellen, um ihm bzw. seiner Familie auf diese Weise die rechtlich weitreichende Stiftervogtei unterzuschieben, wie das im Mari-

---

[50] WELTIN, Landesfürst und Adel 244, allg. dazu REICHERT, Landesherrschaft 128 ff., TELLENBACH, Eigenklöster 137 ff.
[51] BUB I Nr. 187.

azeller Stiftbrief auch geschah[52]. In der auf Herzog Heinrich II. kompilierten Urkunde findet der entscheidende Passus mit den notwendigen Anpassungen fast wortwörtliche Wiederholung[53], was den Eindruck verstärkt, dass der Stiftbrief zugleich mit der Herzogsurkunde redigiert wurde[54]. Welchen Ausschlag die beiden Schriftstücke in der Folgezeit bei der Erteilung landesfürstlicher Privilegien für Mariazell gaben, bleibt im Detail letztlich unklar[55].

Von den Adeligen des 12. Jahrhunderts sei schließlich noch auf Gottfried von Triesting Bezug genommen, der im Jahr 1176 und im Zeitraum um 1182/89 urkundlich begegnet[56]. Er wird ausschließlich unter sieghardingischen Gefolgsleuten als Zeuge in Gegenwart des Grafen Heinrich von Schala genannt, dessen Vasall er gewesen sein könnte[57]. Gottfried von Triesting wird gewöhnlich auf Ober- bzw. Untertriesting bezogen[58], was aber keineswegs sicher ist – prinzipiell kann auch ein anderer Ort an der Triesting gemeint sein, für den der Fluss eine Zeit lang namengebend war. So sei vergleichsweise an den 1114/36 bezeugten Gebolf von Leitha erinnert, für den es ebenfalls keine örtliche Entsprechung gibt[59]. Dazu kommt, dass weder in Ober- noch in Untertriesting eine Baulichkeit bekannt ist, die einen ehemaligen Herrschaftssitz vermuten lässt.

Zusammenfassung

In der ersten Hälfte des 12. Jahrhunderts wird mit den edelfreien Herren von Schwarzenburg-Nöstach, den sog. Haderichen, erstmals ein adeliges Geschlecht im oberen Triestingtal fassbar. Sie gründeten in ihrem Herrschaftsgebiet eine Mönchszelle, die zum Keim des Klosterlebens in Mariazell wurde. Das Nahverhältnis der Haderiche zum Kloster Göttweig ermöglichte der Zelle seit der Zeit Abt Nanzos (1114-1125) den Aufstieg zur autonomen Benediktinerabtei, der um die Mitte des 12. Jahrhunderts die gesamte Zehentherrlichkeit im oberen Triestingtal zu Teil wurde. Auch die Babenberger gehörten zu den Förderern des Klosters. Diesbezügliche Kontakte sind in den Schriftquellen allerdings erst zur Zeit der Markgräfin Agnes um 1136/43 bekannt, während sie als Grundbesitzer im Triestingtal nicht vor 1155 mit Bestimmtheit fassbar sind. Die angebliche Klostergründung Mariazells durch Markgraf Leopold III. erweist sich als Fiktion, deren Behauptung der Abtei im Zuge der Vogteiregelung als hilfreich erschien, und es erscheint offensichtlich, dass man dem Markgrafen dabei eben jene Rolle zuschrieb, die dem Kloster Göttweig beim Gründungsvorgang zugekommen war.

---

[52] NÖUB II Nr. 9²: "... ego Leupoldus marchio ... quoad viverem loci ipsius et omnium que ad eum pertinent, advocatus existerem sine omni rerum exactione et personarum gravamine, post me vero, si quis de filiis et nepotibus meis in posterum principatum terre istius obtineret".

[53] NÖUB II Nr. 9³: "... ipse marchio (i. e. Leopold III.) ... quoad viveret eiusdem loci advocatus existeret sine omni rerum exactione et personarum gravamine, et in posterum si quis de filiis eius et nepotibus principatum terre istius obtineret".

[54] NÖUB II 379.

[55] Vgl. GEHART, Archivinventar 139 f. Nr. 25-37, REICHERT, Landesherrschaft 170.

[56] Codex Falkensteinensis Nr. 150, FRA II/51 Nr. 392.

[57] Vgl. allg. KUPFER, Sieghardinger 44 ff., DERS., Schallaburg 31 ff.

[58] Vgl. etwa HONB D 281, ANB 283.

[59] Vgl. FRA II/4 Nr. 211.

4. DIE SCHWARZENBURG UND NÖSTACH
VON GERHARD REICHHALTER

Zu den offenen Fragen der heimischen Burgenforschung gehört jene nach dem Standort der verschollenen Schwarzenburg, dem örtlichen Herrschaftsschwerpunkt der Hadariche, den Gründern der Mönchszelle in Mariazell[1]. Laut dem sogenannten Stiftbrief von 1136 – einer teilweise glaubhaften Fälschung der Zeit um 1200/50[2] – widmen Heinrich und Rapoto ihren Eigenbesitz, die Schwarzenburg, früher Nöstach genannt, der Zelle der hl. Maria[3]. Der in der Urkunde erscheinende, aus dem Lateinischen stammende Terminus „urbs", im Mittelalter eine eher selten verwendete Bezeichnung für bedeutende Burgen oder Städte, ließe an einen frühhochmittelalterlichen Sitz in Form einer Großburg oder eines befestigten urbanen Gefüges denken. Forscher und Topographen des 19. Jahrhunderts ließen sich dadurch verführen und suchten sogar nach der „Stadt Schwarzenburg"[4]. Den alten Berichten folgend ging man schließlich davon aus, dass sich die Schwarzenburg auf dem Pankraziberg oberhalb von Nöstach befand[5], wo sich heute die malerischen Ruinen einer befestigten Kirche erheben[6]. Dies ging wohl auf die im Kloster tradierte Geschichte zurück, die P. Gregor Westermair 1693 publizierte: „*...Dass auf diesen Berg anjetzo Sanct Pangratzen-Berg genannt hochgedachte Grafen von Schwartzenburg ihre Burg und Residentz, zeigen an die unterhalb dieses Bergs etlich ligende Baurnhöff, so noch heuntigen Tags in des Closters Urbarien den Nahmen `unter der Burg´ tragen.*"[7]

Sie war wie viele Burgkapellen dem hl. Pankraz geweiht, was die Burgthese in willkommener Weise unterstützte. Der Pankraziberg erhebt sich 1 km nördlich von Nöstach und stellt sich als isolierter, dicht bewaldeter, 602 m hoher Kogel dar, von dem sich das Nöstacher Becken überblicken lässt und der einst auch als „Spielberg" oder „Spie-

---

[1] Dazu den Beitrag von Erwin KUPFER in diesem Band.
[2] Ebd.
[3] BUB I Nr. 9: "[…] *urbem propriam suam a parentibus sibi traditam, Svarzenburch vocatem, que pridem antiquitus nomine alio Nezta vocabatur,* […]".
[4] *Dieses Nestach* […] *steht an dem Platze der seit undenklichen Zeiten und durch unbekannte Ereignisse zu Grunde gegangenen Stadt Schwarzenburg, welche vorher Nezta hieß,* […]: Kirchliche Topographie V 85; *An der Stelle, wo jetzt das unansehnliche Dorf Nöstach liegt, soll der Tradition zufolge die Stadt Schwar-zenburg, welche von Alters her Nezta hiess* […] *gestanden sein,* […]: GRADT, Archäologische Reise-Aufnahmen 119.
[5] - HALMER, Burgen und Schlösser 154-156; KAFKA, Wehrkirchen II 58: "*Der isolierte Hügel gilt als Standort des Sitzes der Schwarzenberger,* […]"; auch im DEHIO, Niederösterreich, südlich der Donau 1576 ist zu lesen: „*Standort der im 14. Jh. abgekommenen Schwarzenburg,*[…]".
[6] Laut Kirchliche Topographie V 89 war für die Ruine auch die Bezeichnung „Pancrazischloß" bekannt.
[7] WESTERMAIR, Neugesetzter Maybaum 43.

gelberg" bezeichnet wurde. Bei Begehungen der Höhe lassen sich keinerlei Geländemerkmale (Wall- und Grabenanlagen oder Bearbeitungsspuren im Fels) feststellen, die auf eine ehemalige Burg einer derart frühen Zeitstellung weisen würden. Auch die Kirche integriert nach dem Baubefund keine Bauteile einer Burg bzw. eines entsprechenden Vorgängerbaus. Die ältesten Teile (Abschnitte des Nordschiffs) stammen frühestens aus der Mitte des 13. Jahrhunderts und dürften daher von der in den Passauer Urbaren um 1250/55 erwähnten, im Besitz des Klosters Mariazell befindlichen Kirche (*ecclesia aput Sanctum Pancratium*) stammen[8]. Die den Felsformationen des Gipfels aufgesetzte Kirche, die nach mehreren Erweiterungen bis etwa 1500 eine Fläche von 22 x 12 m einnimmt, wurde zusätzlich mit einer Ringmauer umgeben, die auf tieferen Terrassen bzw. Planierungen verläuft und eine polygonale Fläche von rund 50 m Durchmesser umschließt. Sie ist an drei Ecken mit kleinen, flach vorspringenden Rondellen verstärkt und schließt auch ein winziges Mesnerhaus ein. Einfache Schießscharten ermöglichen die Verteidigung mit Handfeuerwafen. Die im ausgehenden 15. oder spätestens im frühen 16. Jahrhundert zur Verteidigung ausgebaute Anlage wurde noch 1683 zum Zufluchtsort bestimmt, jedoch 1784 aufgelassen und wenig später dem Verfall überlassen.

Abb. 20 Ansicht des Pankrazibergs 1693. Aus: Gregor Westermair, Neugesetzter Maybaum etc. (Krems 1693) (StB Göttweig Sig. A 5217)

Nöstach

Bei der Suche nach der Schwarzenburg bietet sich eine weitere Örtlichkeit an, die wesentlich geeigneter erscheint: der inmitten des kleinen Dorfs Nöstach gelegene Friedhofshügel mit den Resten der ehemaligen Martinskirche. Der flache, mäßig hohe Hügel wird an allen Seiten durch deutliche Böschungen vom flachen Umland isoliert. Der Bau der Häuser, die sich zum Teil um den Hügel gruppieren, hat gewiss einige Veränderungen des Geländes verursacht, doch könnten diverse Geländemerkmale von längst verebneten, einst konzentrisch umlaufenden Befestigungslinien (Wall-Graben-Anlagen, Palisadenstufen) stammen, die für eine frühe befestigte Anlage denkbar sind. Das Plateau des Hügels wird von der noch bis zu 2 m hohen Kirchhofmauer umschlossen, die ein unregelmäßiges Polygon mit maximal 45 m Durchmesser bildet. Kafka ging – ohne Schießscharten bzw. andere Wehreinrichtungen gesehen zu haben – von einer einstigen Wehrhaftigkeit der

---

[8] MAIDHOF, Passauer Urbare I 215f.

Anlage aus⁹. In der nördlichen Hälfte des Areals stand die Martinskirche, von der heute nur noch der ehemalige Westturm teilweise erhalten ist. Der Turm ist keinesfalls als ehemaliger Bestandteil einer Burg anzusehen. Er erweist sich aufgrund seiner Struktur und seiner ehemaligen Stellung zum Sakralbau einwandfrei als Kirchturm, der nach dem Mauerwerk und den einfachen architektonischen Details erst gegen Mitte des 13. Jahrhunderts zu datieren ist¹⁰.

Die Kirche, die noch 1663 unter den Fluchtorten erscheint, wurde unter Josef II. 1786 aufgehoben. Die Ruine wurde vom Leobersdorfer Maurermeister Nothhaft zum Preis von 50 Gulden als Baumaterial erworben¹¹. Die letzten erhaltenen Teile des Langhauses¹² wurden 1965 abgetragen, um Platz für die neue Friedhofshalle zu schaffen. Die Kirchhofmauer stammt nach dem Bruchsteinmauerwerk und dem primären Rundbogenportal an der Nordwestseite erst aus dem späten Mittelalter. Bei jüngst durchgeführten Bodenradaruntersuchungen im Bereich um die ehemalige Kirche wurden knapp südöstlich von dieser unter Tage liegende Mauern eines kleinen Bauwerks festgestellt, das wahrscheinlich (auch aufgrund der Lage im Südosten der Kirche) als Friedhofskapelle bzw. Karner interpretiert werden kann¹³. Für einen Turm einer Befestigung ist der Bau mit wenigen Metern Durchmesser eindeutig zu klein¹⁴. Nach den topographischen Voraussetzungen ist dem Nöstacher Kirchenhügel

Abb. 21 Kirchenberg in Nöstach mit St. Martin, 1826 – Ein möglicher Ort, wo die Schwarzenburg gewesen sein könnte (kol. Lithographie von Clemens Bständig und Georg Scheth in Kirchliche Topographie Bd. V)

---

9   KAFKA, Wehrkirchen 9.
10 1256 verzichten Wulfing von Tribuswinkel und sein Bruder Otto, die Brüder Albert und Albero von Arberg, sowie die Brüder Berthold, Otto, Wichard, Hadmar und Wulfing von Arnstein auf den Zehent der Kirchen von Kaumberg und Nöstach (zugunsten Mariazells), was den Bestand einer Kirche in Nöstach belegt: Monasterium.net – MZOe 211.
11 Kirchliche Topographie V 89; AIGNER, Klostergemeinschaft 338: "Daß ganze Gebau aber, worunter die Pangratzi auch verstanden ist, [...]".
12 GRADT, Reise-Aufnahmen 120; FREY, Denkmale 300f und Fig. 385.
13 Die Kirchliche Topographie 87f berichtet, dass der eingestürzten Kirche "[...] rechts eine kleine Capelle angebaut ist, deren Gestalt beynahe an jene der alten Taufkirchlein (Babtisterien) erinnert [...]", was auf einen ehemaligen Karner schließen lässt; auf einem Emil Hütter zugeschriebenen Aquarell (um 1870), das die Ruine im Detail zeigt, ist der ehemalige Karner nicht mehr dargestellt: NÖLB Topograph. Sammlung Inv. Nr. 5407.
14 Im Gegensatz zur Interpretation der Bodenradaruntersuchung als etwa quadratischer Bau weisen noch heute sichtbare Bodenformationen auf einen runden Baukörper. Über Funktion und Zeitstellung könnte nur eine Bodenuntersuchung Aufschluss geben.

bzw. dessen Umgebung¹⁵ als Standort der einstigen Schwarzenburg eindeutig der Vorrang einzuräumen. Der Pankraziberg erscheint theorethisch für eine Kleinburg des Hochmittelalters prädestiniert, nicht jedoch für einen repräsentativen Herrschaftsmittelpunkt, der für die Haderiche sowie für den vorzustellenden Zeitrahmen angemessen erscheint. Für einen solchen bot der siedlungsnahe Nöstacher Kirchenhügel bedeutend mehr Entfaltungsmöglichkeiten.

Die jüngeren Nöstacher

Im 13. Jahrhundert erscheint in Nöstach auch eine Kleinadelsfamilie, die einen entsprechenden Sitz bewohnt haben muß. Als erstes nachweisbares Mitglied ist um 1260 Rüdiger (*Rudgerus dictus Neztaher*) in einer Urkunde zugunsten des Klosters Heiligenkreuz nachweisbar¹⁶. 1320 ist Alber der Nöstacher (*Nestaher*) Urkundenzeuge¹⁷, Christian der Nöstacher verkauft 1321 Anteile eines Lehens dem Kloster Melk¹⁸ und siegelt 1323 eine Lilienfelder Urkunde¹⁹. Ein Georg (der) Nöstacher ist 1372, 1384, 1398 und 1399 im Zuge diverser Gütergeschäfte als

Abb. 22 Siegel des Christannus Nestaler, 1323, ehem. angebracht an einer Urkunde im Stift Lilienfeld. Er führte ebenso wie das Kloster die Flachsbrechel im Wappen.

Handelnder oder Zeuge fassbar²⁰. 1393 verkauft Hans der Nöstacher einen Drittelzehent zu Altenmarkt²¹. Ein (wohl jüngerer) Hans Nöstacher und seine Ehefrau *Kathrey* sind in den Quellen bis 1436 nachweisbar²².

1434 stößt man auf einen *edl Friedreich Bischoff, die zeit gesessen in der Nöstach*, der eine Privaturkunde betreffend einen Hof in Kaumberg siegelt²³. Friedrich (*Friderichen Bischof in der Nöstach*) siegelt nochmal im Jahr 1466 gemeinsam mit Wolfgang Ruckendorfer²⁴. 1471 stiftet Friedrich Bischof dem Kloster Mariazell einen *hoff in der Nestach* zu einem Seelgerät²⁵. Ob es sich bei diesem zuletzt genannten „Hof in der Nöstach" um den ursprünglichen, wohl im späten Mittelalter abgekommenen Sitz der Nöstacher handelte, bleibt fraglich. Eine Lage im Bereich der Martinskirche erscheint wenig wahrscheinlich, eher befand er sich im Siedlungsverband von Nöstach, wo sich noch heute so mancher Altbau befindet – oder bis vor Kurzem befand.

---

15 Vgl. den Beitrag von KRAWARIK in diesem Band.
16 FRA II/11 149; Monasterium.net – AT-StiAH – HeiligenkreuzOCist 1260.
17 Monasterium.net – AT-StiAM – MelkOSB 1320 III 19.
18 Monasterium.net – AT-StiAM – MelkOSB 1321.
19 FRA II/81 Nr. 463: *Christan der Neztaler*; interessanterweise führte er dasselbe Sujet im Wappen wie das Kloster, die Flachsbrechel.
20 Monasterium.net – MZOe 369; Monasterium.net – MZOe 239; Monasterium.net – MZOe 240; Monasterium.net – MZOe 244, hier gemeinsam mit *Gundolt dem Einpöckhen* als Siegler.
21 Monasterium.net – MZOe 65.
22 WATZL, in loco 264.
23 Monasterium.net – MZOe 220.
24 Monasterium.net – MZOe 252.
25 Monasterium.net – MZOe 86.

5. GRÜNDUNGSAKT VS. GRÜNDUNGSPROZESS: DIE BADENER AUSSTATTUNG DES KLOSTERS

VON RUDOLF MAURER

1. Die „Gründerzeit" unter Markgraf Leopold III.

Wie bereits in mehreren Beiträgen des vorliegenden Buches herausgearbeitet, erfolgte die Stiftung von Mariazell nicht im luftleeren Raum. Vielmehr hatte Markgraf Leopold III. nach den turbulenten Anfangsjahren seiner langen Regierung geradezu eine Gründerzeit initiiert,[1] in deren Rahmen diese Klostergründung einzuordnen ist – auch wenn, wie hier im Aufsatz Erwin Kupfers klar dargelegt wird, der Markgraf selbst keinen Anteil an der Stiftung gehabt haben dürfte.

1.1 Projekte in Baden und Umgebung

Einen Schwerpunkt der landesfürstlichen Ausbautätigkeit stellten das westliche Wiener Becken und der daran grenzende Teil des Wienerwaldes dar. Um 1120/1130 hatte der Markgraf hier folgende Projekte laufen:

- Übergabe der riesigen Missionspfarre Traiskirchen, die sich bis an die Piestung und die Fischa erstreckte, an das Stift Melk. Bisher hatten diese Pfarre die Landesfürsten als Eigenpfarre betreut (und daher auch ihre Zehente kassiert), nunmehr wurde sie an das wirtschaftlich und kulturell potente Stift Melk übertragen – man durfte hoffen, dass das einen Impuls für die ganze Region bedeuten würde. Tatsächlich konnte Melk bereits im Jahr 1120 einen Aus- oder Neubau der Pfarrkirche Traiskirchen vollenden und im Lauf der Jahre durch die Einrichtung von zahlreichen Pfarrvikariaten eine wesentlich intensivere seelsorgliche Betreuung des Gebietes zwischen Traiskirchen und Sollenau erreichen. Sieben davon (darunter auch Baden) wurden im Jahr 1312 selbständige Pfarren.[2]
- Gründung der Herrschaft Leesdorf bei Baden durch Erwerbung, Zusammenlegung und Ausbau zweier kleinerer Vorgängerherrschaften. Das Projekt begann mit der Erwerbung von „Unter-

---

[1] Vgl. BRUNNER, Herzogtümer und Marken, bes. 254.

[2] BUB IV/1 47, 58. – Stiftsarchiv [StiA] Melk, Urk. von 1312 11 12. – Zu den Hintergründen der Pfarrgründung vgl. WELTIN, Landesfürst und Adel 242.

leesdorf" 1122 oder wenig später und endete mit der Übergabe der neuen Herrschaft an einen Lehensträger namens Otto, der in der ersten Jahreshälfte 1136 erstmals urkundlich erwähnt ist.[3]

+ Ansiedlung mächtiger Familien und Institutionen in Baden, die ihrerseits durch Siedlungsverdichtungen und Neugründungen zum Ausbau der Umgebung beitragen konnten; der Schwerpunkt dieser Aktion lag zwischen 1120 und 1130, wie noch zu erläutern sein wird.
+ Erschließung eines neuen Weinbaugebiets am Kalvarien- und Badnerberg, der bis dahin zur „Solitudo" (Einöde) gezählt hatte, 1136/1138 aber bereits als „Neuberg" bezeichnet wurde.[4]
+ Vordringen in den Wienerwald durch Stiftung des Klosters Heiligenkreuz.

1.2 Methoden der landesfürstlichen Kolonisation

Da Mariazell an drei dieser Projekte direkt beteiligt war, lohnt es sich, die Methoden des landesfürstlichen Landesausbaus unter die Lupe zu nehmen. In

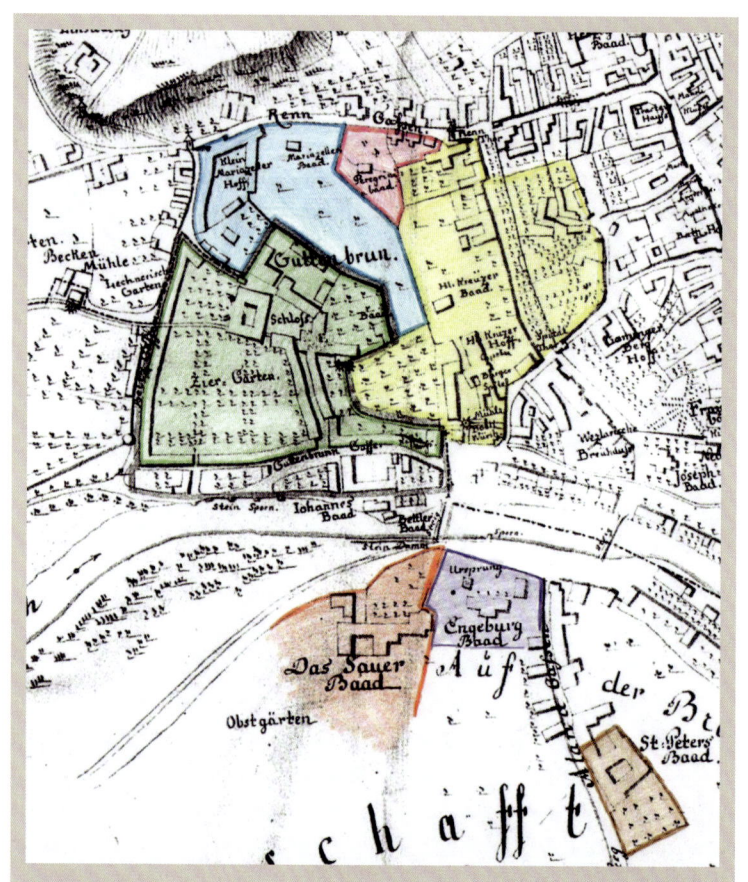

Abb. 23 Sieben freie Eigen mit eigener Quelle – eine „Gründerzeit" Badens in den 1120er- und 1130er-Jahren. Die zwischen den färbig gekennzeichneten Parzellen gelegene Fläche konnte erst im 18. Jahrhundert durch eine Schwechatregulierung verbaut werden; die Quellen der dortigen Bäder gingen bis dahin mitten im Flussbett auf und dienten deshalb als Armenbäder. (Ausschnitt aus: Johann Georg KOLBE, Jurisdictionsplan der lf. Stadt Baaden, 1796, Stadtarchiv Baden [StA B], TSB PL 10; Bearbeitung R. Maurer)

Baden sind hier zwei Grundtendenzen zu beobachten, von denen die eine Baden-spezifisch ist, die andere bei entsprechend genauer Untersuchung wahrscheinlich auch andernorts festgestellt werden könnte.

---

[3] MAURER, Große Herren 2 (Datierung nach der letzten Nennung eines Vorbesitzers und der ersten Nennung eines Lehensmannes).
[4] BUB, 4/1 Nr. 700. – Zur Interpretation vgl. MAURER, Badnerberg 3. – MAURER, Mönche 9-13.

1.2.1 Luxusgrundstücke mit eigener Thermalquelle

In Baden gibt es eine klar umrissene, beidseits des Schwechatflusses gelegene Fläche, auf der bis heute nicht weniger als sieben Thermalquellen zu Tage treten. Nach heutigen Begriffen wird sie von den Straßenzügen Erzherzog Rainer-Ring – Marchetstraße – Pelzgasse – Sauerhofgasse – Elisabethstraße – Peterhofgasse eingefasst. Diese Fläche wurde im ersten Drittel des 12. Jahrhunderts in sieben Grundstücke mit eigener Quelle geteilt, die geeigneten Ministerialen oder Institutionen als freie Eigen überlassen wurden[5] – Mariazell war auch dabei!

Nach heutigen Begriffen handelte sich um folgende Besitzkomplexe:
- Der Heiligenkreuzerhof: 1137/1138 von den Kuenringern samt dem gegenüber liegenden Haus Renngasse 11a dem Kloster gestiftet[6].
- Marchetstraße 3-7 mit Peregriniquelle: 1454 freies Eigen des Stiftes Mariazell/Ö[7].
- Der Mariazellerhof: ursprünglich Merkensteiner Besitz, 1278 endgültig dem Stift Mariazell/Ö überlassen[8].
- Schloss Gutenbrunn: 1389 als freies Eigen erwähnt[9].
- Die Engelburg mit dem Engelsbad: 1367 als freies Eigen erwähnt[10].
- Der Sauerhof: 1125/1130 von Ulrich v. Stiefern-Gaaden begründet[11].
- Der Peterhof: 1367 als „Bädlein" erwähnt, 1587 ausdrücklich als freies Eigen bezeichnet[12].

Nur zwei dieser Anwesen gehen nachweislich (oder, wie man bei rekonstruierten Datierungen lieber sagen sollte: aller Wahrscheinlichkeit nach) in die Gründerzeit Leopolds III. zurück. Bei der Datierung der anderen kommt uns eine genauere Analyse der Verwaltungspraxis bei der Vergabe landesfürstlicher Grundstücke zu Hilfe. Es zeigt sich nämlich, dass die Landesfürsten Geschenke an ihre Getreuen (zumindest in Baden) nur bis ca. 1150 als freie Eigen zu vergeben pflegten (letztes für mich fassbares Beispiel die Mariazeller Schenkung 1136/1138); später behielten sie sich eine Art Obereigentum vor, so dass die Beschenkten grunddienstpflichtig wurden (erstes Beispiel eine Schenkung an Ulrich v. Schönenkirchen, die zwischen 1161 und 1171 stattfand).[13] Unter dem Markgrafen bzw. Herzog Heinrich II. Jasomirgott (oder, falls das Phänomen auf Baden beschränkt sein sollte, einem seiner Badener Burggrafen) scheint es also zu einer Verwaltungsreform gekommen zu sein, die dem Landesfürsten künftig mehr Durchgriffsrechte auf die von ihm Begünstigten erlaubte.

Nachdem die fraglichen Badener Luxusparzellen nachweislich freie Eigen waren, ist daher mit großer Wahrscheinlichkeit anzunehmen, dass sie

---

[5] Zu den später dazwischen durch Reduzierung des Schwechatbetts gewonnenen Grundstücken und Armenbädern vgl. MAURER, Bäder 11-18.
[6] WATZL, Heiligenkreuzerhof 73-95; MAURER, Padun 366. Zur Ausdehnung des Heiligenkreuzerhofs vgl. MAURER, Untersuchungen 186.
[7] NÖLA, KG Wr. Neustadt 39/1 (Urbar Mariazell 1454), 131r.
[8] MAURER, Mönche 40-44.
[9] MAURER, Gutenbrunn 2. – Vgl. MAURER, Padun 367-369.
[10] MAURER, Engelsbad 3.
[11] MAURER, Sauerhof 1. – Vgl. MAURER, Arnstein 57f.
[12] MAURER, Allandgasse 9.
[13] WATZL, Heiligenkreuzerhof 74. – Vgl. MAURER, Badnerberg 23.

vor ca. 1150 vergeben wurden und daher wohl alle in die Gründerzeit Leopolds III. und eventuell seiner nächsten Nachfolger fallen. Da ich ferner annehmen möchte, dass es sich dabei nicht um ein Projekt handelte, das einmal konzipiert wurde und sich dann über Jahrzehnte hinschleppte, sondern über eine konzentrierte Förderungsaktion für Baden und Umgebung, ist zu vermuten, dass diese Aktion zwischen 1120 (volle Funktionsfähigkeit der Pfarre Traiskirchen) und etwa 1130/1135 stattfand. Da nämlich die Kuenringer dem Stift Heiligenkreuz 1137/1138 einen vollendeten Hof schenken konnten, ist für Einrichtung und Besiedlung dieses Hofes eine gewisse Entwicklungszeit anzunehmen, für die wohl mehrere Jahre anzusetzen sind.

1.2.2 Doppelschenkungen

Gleichzeitig ist im ganzen 12. Jahrhundert bei den Realitätenschenkungen der Landesfürsten (meist Weingärten oder Baugründe) ein Prinzip der Doppelschenkung zu beobachten: In den meisten Fällen handelte es sich um zwei Grundstücke, die zwar nahe beieinander lagen, aber nicht aneinander grenzten. Dies war bei einigen der bereits zitierten Schenkungen der Fall: Zur Schenkung der Kuenringer (später Heiligenkreuzerhof) gehörte die über die Straße gelegene Hofstatt Renngasse 11a. Die Schenkung der Markgräfin Agnes und ihrer Söhne an Mariazell, zu datieren 1136/1138, bestand aus zwei Weingärten, die durch einige Parzellen getrennt waren, ebenso die Weingartenschenkung an die Schönenkirchener 1161/1171. Die neu angelegten oder anzulegenden Weingärten am Fuß des Kalvarienbergs wurden systematisch im Doppelpack an förderungswürdige Personen oder Institutionen vergeben. Dazu gehörten neben den eben erwähnten Mariazeller Weingärten zwei Weingärten der Pfarre Traiskirchen, die rechts und links der heutigen Kurpark-Hauptallee lagen; zwei Weingärten der Burg Baden, mit denen jedenfalls der Burggraf für seinen Einsatz bei der Anlage des neuen Weinbergs belohnt werden sollte (oder sich selbst belohnte); zwei Weingärten der Herren von Tachenstein, sowie zwei Freiweingärten, über deren ursprüngliche Besitzverhältnisse bisher nichts bekannt ist; und zuletzt ein Weingarten der Herrschaft Leesdorf, über deren Neukonstituierung nach 1122 wir bereits gehört haben – hier ist das Pendant im Lauf der Jahrhunderte offensichtlich verloren gegangen (oder es gab nie eines, doch ist das in einem Umfeld von lauter „Doppelpacks" unwahrscheinlich).[14]

Dasselbe Prinzip ist bei der Verbauung der Ostseite von Hauptplatz und Theresiengasse sowie einiger Baugründe außerhalb der Wiener Vorstadt (heute Annagasse und Antonsgasse) zu beobachten; begünstigt wurden in diesem Fall die Pfarre Baden (bzw. wohl ihr Rechtsvorgänger, die Pfarre Traiskirchen), ferner das Stift Heiligenkreuz, die Rauhenecker, Tachensteiner (bzw. ihre unbekannten Besitzvorgänger) und Leesdorfer sowie die Burggrafen von Baden. Da all diese Herren und Institutionen diese Baugründe bzw. die darauf errichteten Häuser als freie Eigen besaßen, können wir mit großer Wahrscheinlichkeit annehmen, dass diese Vergaben vor ca. 1150 erfolgten, also wahrscheinlich ebenfalls in die Gründerzeit Leopolds III. fielen.[15]

---

[14] Interpretierende Zusammenfassung nach: MAURER, Padun Kap. 5.1.
[15] Interpretierende Zusammenfassung nach: MAURER, Padun Kap. 5.2.

2. Badener Güter als Teil der Grundausstattung von Mariazell

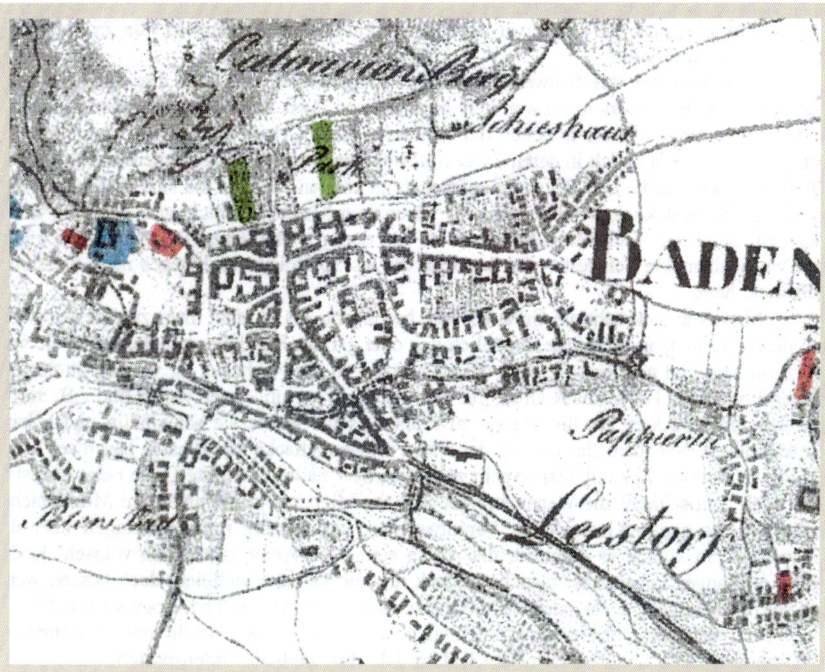

In der Stiftungsurkunde von Mariazell sind Badener Besitzungen mit keinem Wort erwähnt. Dennoch sind im ältesten Urbar des Stiftes, das 1454 angelegt wurde,[16] mehrere Realitäten in Baden und seiner nächsten Umgebung verzeichnet, die freie Eigen waren oder auf freie Eigen zurückgingen. Es handelt sich um folgende Besitzkomplexe:

- den Mariazellerhof und zwei Weingartenrieden am Mitterberg,
- zwei Weingärten in der Ried Heißen,
- vier Häuser in Baden, von denen eines eine eigene Thermalquelle hatte (zwei davon durch Grundstücksteilungen entstanden),
- zwei Häuser in Leesdorf bei Baden.

Abb. 24 Die ältesten Mariazeller Besitzungen in Baden und Umgebung (Franziszeischer Kataster 1819, Bearb. R. Maurer) Rot: die Erschließungsgebiete in Baden und Leesdorf – Grün: die Weingartenschenkung von 1136/1138 – Blau: der Merkensteinerhof (seit 1278 Mariazellerhof) mit den Hofweingärten an der Marchetstraße

---

[16] Im Niederösterreichischen Landesarchiv [NÖLA] ist dieses Grundbuch mit 1380 datiert (NÖLA, KG Wr. Neustadt 39/1). Nach einem Inventar vom 28. XI. 1591 war jedoch das älteste erhaltene Grundbuch im Jahre 1454 angelegt worden (NÖLA, Klosterakten, Karton 198, sub dato). Dazu passt, dass nach meinen bisherigen Forschungen keiner der aus anderen Quellen bekannten Badener Namen vor 1430 aufscheint.

Mariazellerhof und Zubehör sind hier nicht in Betracht zu ziehen, denn es ist wohlbekannt, dass diese wichtige Realität dem Stift erst im Jahre 1278 durch Poto v. Merkenstein überlassen wurde, mit der Gründungsdotation also nichts zu tun hatte. Nach dem im ersten Kapitel dieser Arbeit Besprochenen können wir auch den Ursprung dieses Merkensteiner Besitzes leicht erahnen: Es handelte sich um einen Baugrund mit Thermalquelle plus eine Doppelschenkung von zwei nicht weit voneinander entfernten Weingartenrieden, die die Merkensteiner als mächtige und daher auch entwicklungsfähige

Gefolgsleute des Markgrafen in der Gründerzeit Leopolds III. erhalten hatten.[17]

Bei den beiden Heißen-Weingärten handelt es sich um die Schenkung der Markgräfin Agnes und ihrer Söhne, die zu einem unbestimmten Zeitpunkt in den Jahren 1136/1138 zustandekam und daher als eine Art Bestätigung und Ergänzung der ursprünglichen Stiftung zu betrachten ist. Wir werden davon noch hören. Die letzteren beiden Realitäten legen für unseren nunmehr schon geschulten Blick die Vermutung nahe, dass es sich dabei im Fall von Leesdorf um eine Doppelschenkung von zwei Baugründen und im Fall von Baden, ähnlich wie beim Heiligenkreuzerhof, um eine Doppelschenkung in Form eines Baugrundes mit Thermalquelle und eines gewöhnlichen Baugrundes handelt. Diese beiden Annahmen werden im Folgenden genauer zu erörtern sein.

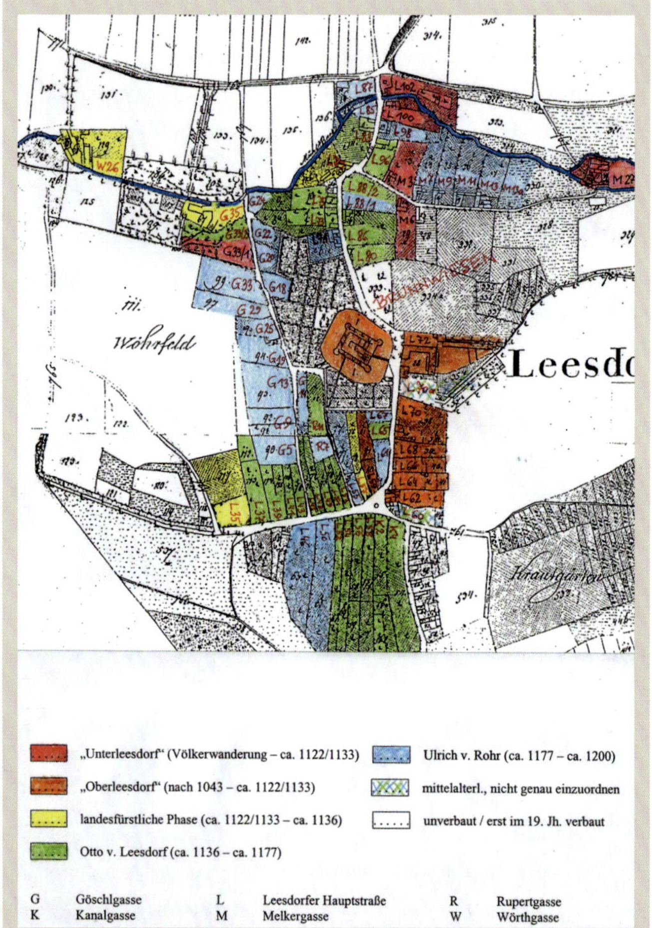

2.1 Die beiden Baugründe in Leesdorf

Wir haben schon einleitend gehört, dass die Herrschaft Leesdorf in der Form, in der sie bis 1850 bestehen sollte, in den Jahren zwischen 1122 und 1136 vom Landesfürsten neu begründet und ausgebaut wurde. Sieht man sich die Abgabenstruktur dieser Herrschaft an, so zeigen sich vier Entwicklungsschichten.

- Die vorbabenbergischen Häuser: gemischte Real- und Geldabgaben.
- Die Häuser der landesfürstlichen Phase (frühestens 1122 – spätestens 1136): freie Eigen.

Abb. 25 Die Abgabenstruktur der Herrschaft Leesdorf (Aus: MAURER, Große Herren [wie Anm. 3])

- Die unter Otto v. Leesdorf (spätestens 1136 – ca. 1177) angelegten Häuser: Grunddienste nach dem Duodezimalsystem berechnet.
- Die unter Ulrich v. Rohr (ca. 1177 – ca. 1200) angelegten Häuser: Grunddienste nach dem Dezimalsystem berechnet.[18]

---

[17] Näheres vgl. MAURER, Mönche 40-44.

[18] MAURER, Große Herren 2f.

Die beiden dem Stift Mariazell gehörigen Häuser entsprechen den heutigen Adressen Leesdorfer Hauptstraße 57 und 79.[19] Sie liegen genau an der Grenze zwischen den vor- und frühbabenbergischen Häusern mit gemischten Grunddiensten und den von Otto v. Leesdorf begründeten Häusern, deren Grunddienste nach dem Zwölfersystem berechnet sind. Als das Stift seine beiden Baugründe oder Hofstätten an zwei Siedler weitergab, belegte es sie mit einem Grunddienst von 7 bzw. 21 Pfennigen. Damit ist aus strukturellen Gründen klar, dass die beiden Realitäten nur in der landesfürstlichen Phase Leesdorfs, also zwischen 1122 und 1136, an Mariazell gekommen sein können. Ferner ist die Vermutung naheliegend, dass die Verbauung und die Vergabe an Siedler 1136 bereits vollendet war, denn wenn sie erst in der Phase Ottos v. Leesdorf erfolgt wäre, hätte sich das Stift doch sicher dessen wesentlich ertragreicherer Grunddienstberechnung angeschlossen.[20]

2.2 Die Baugründe in Baden

Die drei Badener Häuser waren Vorgängerbauten der heutigen Adressen Pelzgasse 15-17, Marchetstraße 3-5 und Marchetstraße 7 und hatten einen Grunddienst von je 50 Pfennigen zu leisten (die vierte Realität entstand erst gegen Ende des 13. Jahrhunderts durch Abtrennung vom Hofweingarten des Mariazellerhofs und kann daher hier außer Betracht bleiben). Sehen wir uns die Lage der Flächen auf dem oben abgebildeten Plan der Thermengrundstücke an, so fügen sich die Mariazeller Gründe derart perfekt ein, dass wir schon aus strukturellen Gründen annehmen müssen, dass auch dieser Besitzkomplex auf eine Doppelschenkung von einem Luxusgrund mit Thermalquelle plus einem gewöhnlichen Baugrund zurückgeht und daher in die Gründerzeit Leopolds III. zu setzen ist. Allerdings ließ das Stift die Quelle, die zu den kühlsten Badens gehört, ungenützt abfließen; erst im 18. Jahrhundert wurde dort ein kleines Fußbad errichtet (das Peregrinibad, dessen bescheidenes Gebäude bis heute besteht). Vielmehr teilte man das größere Grundstück und konnte somit drei Baugründe vergeben. Auch scheint man die drei Häuser nicht gleichzeitig mit den beiden Leesdorfer Hofstätten konstituiert zu haben, sonst hätte man wohl auch deren Grunddienst nach dem altertümlichen Siebenersystem berechnet, das in Leesdorf zur Anwendung kam. Es scheint also inzwischen ein Personalwechsel in der Mariazeller Güterverwaltung eingetreten zu sein, und der neue Mann rechnete bereits nach dem fortschrittlichen Dezimalsystem. Andererseits muss die Aktion spätestens um ca. 1150 beendet gewesen sein, sonst wären die beiden Grundstücke wohl nicht mehr als freie Eigen zu haben gewesen und Mariazell hätte seinerseits dem Landesfürsten bzw. seinem Badener Burggrafen einen Grunddienst zahlen müssen.[21]

2.3 Zusammenfassung: Stiftungsgut in Form von Entwicklungsoptionen

Im Jahre 1136, und zwar an einem unbekannten Tag vor dem 3. Juni, ist Otto v. Leesdorf erstmals urkundlich erwähnt, und zwar als Gefolgsmann des

---

[19] Nachweis durch die Besitzkontinuität in den Grundbüchern, vgl. MAURER, Leesdorfer Hausgeschichten I 3, 70.
[20] Zusammenfassung nach: MAURER, Mönche 13-15.

[21] Zusammenfassung nach: MAURER, Mönche 13-15.

Landesfürsten.[22] Die Vergabe der Leesdorfer Baugründe an Mariazell wird also spätestens im Vorjahr oder zu Beginn dieses Jahres stattgefunden haben, denn dass der Lehensherr Grundstücke seines Lehensmanns verschenkt hätte, wäre keine übliche Vorgangsweise gewesen. Anscheinend hatte die Stifterfamilie der Schwarzenburg-Nöstacher, die die eigentlichen Gründer des Klosters waren, das Gespräch mit dem regionalen Vertreter und damit auch Entwicklungsbeauftragten des Landesfürsten, das war damals der Burggraf von Baden, gesucht oder suchen müssen – dass sich die Klosterstiftung über längere Zeit hinzog, hat noch in der Stiftungsurkunde seinen Niederschlag gefunden, wie immer wir ihr Zustandekommen beurteilen.[23]

Die Schwarzenburg-Nöstacher oder die Vertreter des Klosters werden dabei auch die Möglichkeiten eines Erwerbs von Stiftungsgut in Baden sondiert haben, und der Bevollmächtigte des Landesfürsten wird auf die Integration der Klostergründung in die laufenden Projekte des Landesausbaus Wert gelegt haben. Ganz ähnlich lief es bei der Gründung von Heiligenkreuz. Unmittelbar nach dem offiziellen Stiftungsakt (oder vielleicht auch in diesem Fall schon vorher) wurde das wasserbauliche Knowhow der Zisterziensermönche dazu herangezogen, gemeinsam mit privaten Geldgebern mehrere natürliche Gerinne zwischen Baden und Laxenburg zu einem künstlich angelegten Mühlbach zusammenzufassen – bei der geplanten Siedlungsverdichtung in diesem Bereich eine unabdingbare Infrastrukturmaßnahme, die bereits 1137/1138 vollendet gewesen sein dürfte.[24] Eine der bei diesem Anlass getroffenen Vereinbarungen war wohl die Stiftung des oben erwähnten Kuenringerhofs an Heiligenkreuz anlässlich der Fertigstellung des Projekts, denn die damaligen Burggrafen von Baden standen mit den Kuenringern in engen (wahrscheinlich sogar verwandtschaftlichen) Beziehungen.[25]

Doch zurück zu Mariazell. Der Landesfürst (bzw. sein Handlungsbevollmächtigter) scheint an einen Stützpunkt des neuen Klosters in der aufstrebenden Ortschaft Baden gedacht zu haben, der wieder die eine oder andere zusätzliche Siedlerfamilie gebracht hätte. Der Nutzen des Stiftes wäre eine praktische Absteige auf dem halben Weg von Mariazell nach Klosterneuburg bzw. Wien gewesen, den der Abt wohl öfters auf sich nehmen musste, und außerdem ließ eine Niederlassung mitten im Weinbaugebiet sprudelnde Einnahmen erwarten. So stellte der Fürst bzw. sein Burggraf einen privilegierten Baugrund in Baden und drei weitere Baugründe, einen in Baden und zwei in Leesdorf, in Aussicht. Für den Ausbau hatte freilich das Kloster selbst zu sorgen. Es handelte sich nicht um fertige Schenkungen, sondern um Entwicklungsoptionen. Wenn das Stift im Stande war, sie mit Leben zu erfüllen, sollten sie in seinen Besitz übergehen; wenn nicht, würden sie irgendwann an einen aktiveren Kolonisator weitergegeben. Tatsächlich war das Stift in punkto Baden zunächst überfordert. Die beiden Leesdorfer Grundstücke wurden zwar sofort besiedelt, eine eigene Niederlassung in Baden scheint man sich jedoch fürs Erste nicht zugetraut zu haben. Vielleicht ist die Weingartenschenkung der Markgräfin Agnes

---

[22] FRA II/11 Nr. 1.
[23] Vgl. zuletzt NÖUB II Nr. 9/1.
[24] MAURER, Große Herren 7f.; MAURER, Arnstein 60.
[25] MAURER, Rauheneck.

und ihrer Söhne 1136/1138 (diesmal ausdrücklich eine bereits kultivierte Neuanpflanzung, nicht nur eine Entwicklungsoption) sogar als eine Art „Nachstiftung" zu verstehen, die dazu ermuntern sollte, endlich den lange geplanten Mariazellerhof in Baden Wirklichkeit werden zu lassen. Allein, das Stift verzichtete auf einen Verwaltungsstützpunkt in Baden und verkaufte sowohl die beiden wertvollen Weingärten als auch die Badener Baugründe, die bis dahin ungenützt liegen geblieben waren, unter Vereinbarung eines angemessen hohen Grunddienstes. Wenn das vielleicht nicht zur Gänze der ursprünglichen Intention des Landesfürsten bzw. seines Bevollmächtigten entsprach, so hatte Mariazell letzten Endes doch fünf Familien zum Wachstum des Raumes Baden beigetragen – in einer Zeit, in der sechs Häuser bereits eine eigene Herrschaft bilden konnten, sicher auch nicht zu verachten!

Die Etablierung eines Mariazellerhofs in Baden war aber richtig gedacht und wäre wichtig gewesen, wie in den 1270er-Jahren die heftigen Auseinandersetzungen um die Errichtung eines solchen beweisen sollten. Wie hatten es die Mariazeller geschafft, fast 150 Jahre ohne Niederlassung in Baden auszukommen? Wir wissen es nicht, aber vielleicht war einer der Hausbesitzer, die ihrer Grundobrigkeit unterstanden, mit der Abwicklung der Geschäfte betraut – als Parallelfall wäre der Inhaber des einzigen Heiligenkreuz unterstehenden Hauses im Bereich der Herrschaft Weikersdorf (heute Weilburgstraße 83) anzuführen, der Jahrhunderte lang die Verbindung zum Badener Heiligenkreuzerhof herstellte und die Agenden des Stiftes im Bereich von Weikersdorf wahrnahm.[26] Eine andere Denkmöglichkeit zeigt das Stift Melk auf, das im Jahre 1333 auf einem seiner Badener Grundstücke ein großes Haus mit einem geräumigen Weinkeller errichtete und dann die ganze Realität an einen Privatmann verkaufte – mit einer wichtigen Bedingung: Er musste jährlich zur Lesezeit einen Teil des Kellers für anfallende Melker Zehentweine reservieren und überdies eine Stube bereitstellen, in der ein Vertreter des Stiftes amtshandeln und auch übernachten konnte![27]

Gut möglich, dass sich das Stift Mariazell ebenso behalf, aber – wir wollen die Grenze zur Spekulation nicht überschreiten!

2.4 Die Weingartenstiftung der Markgräfin Agnes und ihrer Söhne 1136/1138

Nach dem Tod des Markgrafen Leopold III. lernen wir die einzige formelle landesfürstliche Stiftung zu Gunsten Mariazells in Baden kennen: Seine Witwe Agnes schenkte dem Kloster gemeinsam mit ihren Söhnen Adalbert, Leopold und Ernst zwei Weingärten, *que videlicet vinee sunt consite in loco, qui lingua nostra dicitur Baden, latine vero Balneum, instructis et ordinatas (!), que ad earum pertinent cultum.* Auf deutsch: *„… und zwar sind diese Weingärten (frisch) ausgepflanzt in dem Ort, der in unserer Sprache Baden genannt wird, auf Latein aber Balneum, wobei alles wohlgeordnet und organisiert ist, was zu ihrer Bebauung gehört."*

Einige Jahrzehnte später bestätigte Herzog Heinrich II. (Jasomirgott) angeblich sowohl die Stiftung des Klosters als auch die Zustiftung der Markgräfin Agnes und schenkte selbst ein Stück-

---

[26] MAURER, Dörfl 9.

[27] MAURER, Baden St. Stephan 32.

chen Wald in der Umgebung dazu.²⁸ Die betreffende Notiz ist undatiert, doch nach den Lebensdaten der Beteiligten muss die Weingartenschenkung der Markgräfin zwischen 15. Nov. 1136 und 9. Nov. 1138 erfolgt sein, die Waldschenkung des Herzogs nach Kupfer eher so um 1170/1177, zumindest aber nach dem 17. Sept. 1156.²⁹ Streng genommen, gehört diese Schenkung nicht mehr zur Gründungsausstattung des Klosters, doch liegt sie zeitlich und formal (Doppelschenkung als freies Eigen im Kolonisationsgebiet) so nahe bei den bisher erörterten Zuwendungen, dass man, wie schon oben angedeutet, sehr wohl an einen inhaltlichen Zusammenhang denken wird – etwa im Sinn einer Ermutigung, mit dem garantierten Einkommen der hochwertigen Weingärten nun endlich die nur mündlich vereinbarten, teilweise noch brachliegenden Entwicklungsoptionen voll auszubauen.

Vielleicht sollte man Klostergründungen überhaupt weniger als punktuelle Handlung, sondern als Gründungsprozess auffassen, der schon längere Zeit vor dem formellen Gründungsakt und/oder der Ausstellung der Stiftungsurkunde beginnt und auch danach erst mit dem Erreichen eines gewissen wirtschaftlichen Gleichgewichts zwischen dem Einkommen, den Aufgaben und der Mitgliederzahl des Konvents abgeschlossen ist. Beispiele dafür wären etwa das Stift Heiligenkreuz, das auch nach seiner formellen Konstituierung wirtschaftlich so wenig abgesichert war, dass es noch 80 Jahre später eine Übersiedlung nach Ungarn in Betracht zog und erst nach seiner Konsolidierung durch weitere Güterzuwendungen als vollendete Gründung gelten konnte,³⁰ oder eben Mariazell/Ö mit seiner mühsamen Vorgeschichte und den notwendigen Nachjustierungen – wie in dieser Arbeit am Beispiel der frühen Badener Besitzungen des Stiftes aufgezeigt werden konnte!

---

28 Vgl. zuletzt NÖUB II Nr. 9/2, 9/3. – Die Schenkung trug der Markgräfin eine Eintragung im Totenbuch des Stiftes ein; am 11. August lesen wir dort: *Agnes marchionissa a qua habemus vineas in Paden* („Markgräfin Agnes, von der wir die Weingärten in Baden haben"), vgl. Necrologia II 142.

29 Vgl. BUB I Nr. 25; BUB IV Nr. 700. – Bis hierher ist der Anfang des Kapitels 2.4 im Wortlaut (mit leichten Kürzungen) übernommen aus: MAURER, Mönche (wie Anm. 4), 9-13. – Im Mariazeller Urbar von 1454 (NÖLA, KG Wr. Neustadt 39/1, 133v, 134r) sind die beiden Weingärten unter den Namen Hager und Heißen angeführt. Im Rahmen einer groß angelegten wirtschaftlichen Konsolidierungsaktion trat das Stift 1538 u.a. die Grundherrschaft über die beiden Weingärten an den kaiserlichen Rat Joachim Marschalch von Reichenau ab, der damals Besitzer von Schloss und Herrschaft Weikersdorf war, vgl. NÖLA, Alte Ständ. Registratur B-8-2, 2r-4r (Abschrift der Tauschurkunde von 1538 V 19). – Vgl. EIGNER, Geschichte 63. – Nach heutigen Begriffen lagen die beiden Weingärten im Bereich des unteren Kurparks: dem Hager entspricht etwa die Fläche zwischen der Casinoterrasse und der linken Seitenallee des Parks; der Heißen bildet den linken Rand des Hausgrundes der Villa Kaiser Franz-Ring 7 („Haus der Kunst"), wo heute ein Minigolfplatz eingerichtet ist, vgl. MAURER, Mönche 9-13. (mit den entsprechenden Grundbuchnachweisen).

30 Vgl. WATZL, Verlegung 431-444.

6. DIE ANFÄNGE DER MITTELALTERLICHEN BESIEDLUNG
VON HANS KRAWARIK

Die Region um Altenmarkt an der Triesting bündelt mehrere Verkehrswege, zum einen den Weg von Wien bzw. Heiligenkreuz Richtung Lilienfeld und Steiermark, zum anderen vom unteren ins obere Triestingtal Richtung Gerichtsberg. Die waldreichen Randberge im südlichen Wienerwald lassen zum Teil Platz für breitere Hangseiten (Klauswies, Thenneberg) und höher gelegene Talungen mit kupiertem Gelände (Nöstach, Kleinmariazell), das gelegentlich von einzelnen steiler aufragenden Hügeln (z. B. Vestenberg 593 m, Gemeindeberg 769 m, Stain 555 m, Hollerberg 607 m) durchbrochen wird.

Zur siedlungsgeschichtlichen Vorgangsweise

Als Einstieg zur Überprüfung mittelalterlicher Besiedlung ist die rückschreitende Analyse, ausgehend von Franziszeischem Kataster und Altem Grundbuch zu Urbaren üblich. Das älteste Urbar des Klosters Mariazell (angelegt 1454, bis ca. 1620), sowie weiterführende herrschaftliche Bücher sind dabei eine wertvolle Hilfe.[1] Mit Ausnahme der Klauswies westlich vom Eisgraben (Tristelbach), deren südlicher Teil als „Klein-Thenneberg" ausgewiesen und erst in der frühen Neuzeit in das Amt Nöstach integriert wurde, erweist sich die Abfolge der Siedlungseinheiten in den Urbaren ab dem Spätmittelalter immer gleich. Dadurch wird auch bei Namenswechsel des Gutes die Feststellung der Identität möglich, sowie allenfalls Abspaltungen bzw. Verkäufe von Liegenschaften. Natürlich entstanden in der fortschreitenden Frühen Neuzeit etliche Kleinhäuser, die großen Züge des Siedlungsbildes blieben aber fernab von Verödungen und Überländ-Entwicklung seit dem 14. Jahrhundert erhalten.

Für die Bestandsaufnahme der Siedlungen ist u.a. das Wissen über soziale Parameter erforderlich. Der Bauer erhielt Grund und Boden von der Klosterherrschaft zur „Leihe". Bäuerliche Lehen wurden als (Ganz-) Lehen, Halblehen oder Viertellehen (oder Gütl) bezeichnet. Vor allem bei dörflichen Einheiten konnten diese „Teillehen" auch durch Abspaltungen entstanden sein. Bei Nöstach, Nöstach-Dörfl

---
[1] An dieser Stelle darf ich mich bei Herrn Dr. Thomas Aigner für die Bereitstellung bei diesen Archivalien herzlich bedanken. Aus dem Niederösterreichischen Landesarchiv (= NOELA) stammen die beiden Urbare KGWN 39-01 und PGPO 04-01 sowie das Grund- und Dienstbuch KGWN 39-02 sowie PG Pottenstein 04-02a.

oder unterm Thenneberg ist dies klar nachzuvollziehen, dort sind zum Unterschied des Hochtales des Klosteramtes (=KG Kleinmariazell) auch einige Einödhöfe geteilt worden. Die Lehen-Begriffe waren allerdings gleichzeitig in Urbaren ein Spiegelbild von Größenverhältnissen.[2] Lehen-Behausungen verfügten in der Landgemeinde zum Unterschied von einer minderberechtigten Unterschicht („Söldner") über die volle Gemeindefähigkeit. Die topographische Analyse der Bauerngüter weist nun nach, dass die meisten einschichtigen Halblehen nicht Abteilungen von Ganzlehen sein können; damit wird die originär feststellbare Größe der Liegenschaft zu einem zeitgebundenen Indikator. Aus anderen Gegenden Niederösterreichs ist ja bekannt: „Halblehen" war der typische Ausdruck des 12. Jahrhunderts für gegründete Einheiten. Nicht ganz klar ist die selten auftretende Bezeichnung „Hof", die jeweils einem kleineren Lehen entspricht.[3]

In Sammelsiedlungen wie Altenmarkt war hingegen neben dem Begriff „Haus" vor allem die Bezeichnung „Hofstatt" üblich; diese galten als unterbäuerliche (nichtbäuerliche) Hofstellen. Auffallend ist nun, dass vor allem im Hochtal des Klosteramtes im Einödhofgebiet zahlreiche „Hofstätten" vorkommen, die schon um 1454 die Größen von Halblehen oder Viertellehen aufweisen; sie haben außerdem nähere „Hofbezeichnungen" wie z. B. *Hofstatt am Stiglhof … am Pachnhof … am Schreibhof*. Zum geringen Teil besitzen sie erkaufte Burgrechtsgründe. Die Entwicklung zum Bauerngut dürfte augenscheinlich vor der grundbücherlichen Erfassung liegen. Und die Abgaben deuten an, dass diese Hofstätten adäquat zur Nutzung der „Allmende" besteuert wurden. An sich ist „Hofstatt" als dienstleistende kleine Hofstelle bei Herrschaftshöfen (bzw. in Dörfern als unterbäuerliche Häuser) bekannt und als solche kommt sie auch im Untersuchungsgebiet vor.[4] Nur bei sehr großen Herrenhöfen sind diese „Dienstleister" schon im und vor dem 12. Jahrhundert erwähnt; in der Regel ist dies eine typische Bezeichnung des 13. Jahrhunderts, wodurch ein weiteres datierendes Element auftritt. Die verschiedenen Hofstatttypen – Häusler beim Herrschaftshof – Hofstätter mit sehr geringem Nutzland – Hofstätter mit lehenähnlicher Ausstattung – bündeln sich im Klosteramt (bei fast 40 Hofstätten) und scheinen den Hintergrund für die „insgeheime" Gegend-Bezeichnung *Stattel/Stättl/Stättlein* abzugeben.[5] Hinweise auf herrschaftliche Höfe

---

[2] SCHÖBITZ, Untertanen 33, gab in seiner volkskundlichen Arbeit an, Besitzer eines Lehens mussten das Eineinhalbfache eines Halblehners begleichen. Die Urbare selbst korrigieren diese Aussage, sowohl bei der Steuer als auch bei den Abgaben wie Schnitter, Eier, Käse oder Forsthafer. Im Urbar 1380/1454 (NOELA, Kg. Wr. Neustadt 39 – 01, fol 12ff.) vermitteln neben „Lehen", „Halblehen" und (geteilten) „Drittellehen" auch den Begriff „Zweiteillehen", die als Halblehen aufgefasst werden müssen, sowie vereinzelt „Viertellehen". In der Bemessung (fl/d) erreichen in der Regel Halblehen etwas über die Hälfte von Lehen, es gibt aber auch kleinere Güter wie das Lehen am Senghof, das kaum Halblehencharakter hat; außerdem variieren manchmal einzelne Abgaben erheblich.

[3] Auffallend ist die Tatsache, dass sich in allen Teilräumen der Begriff „Lehen" im Ausmaß des Kulturlandes nicht signifikant von „Halblehen" unterscheidet, was auch Größenangaben im mittelalterlichen Urbar nahelegen. Die unterschiedliche Benennung dürfte lokaler Tradition folgen und macht die Bewertung von Größenverhältnissen umso interessanter.

[4] DOPSCH, Österreichische Urbare Einleitung CXVf.

[5] Bei den Urbarangaben lassen sich Hofstätten auf keinen Nenner zu bringen. Nicht nur die Steuer, auch die Abgaben sind sehr unterschiedlich und unterscheiden sich manchmal um mehr als das Doppelte. Wir wissen auch nicht, ob

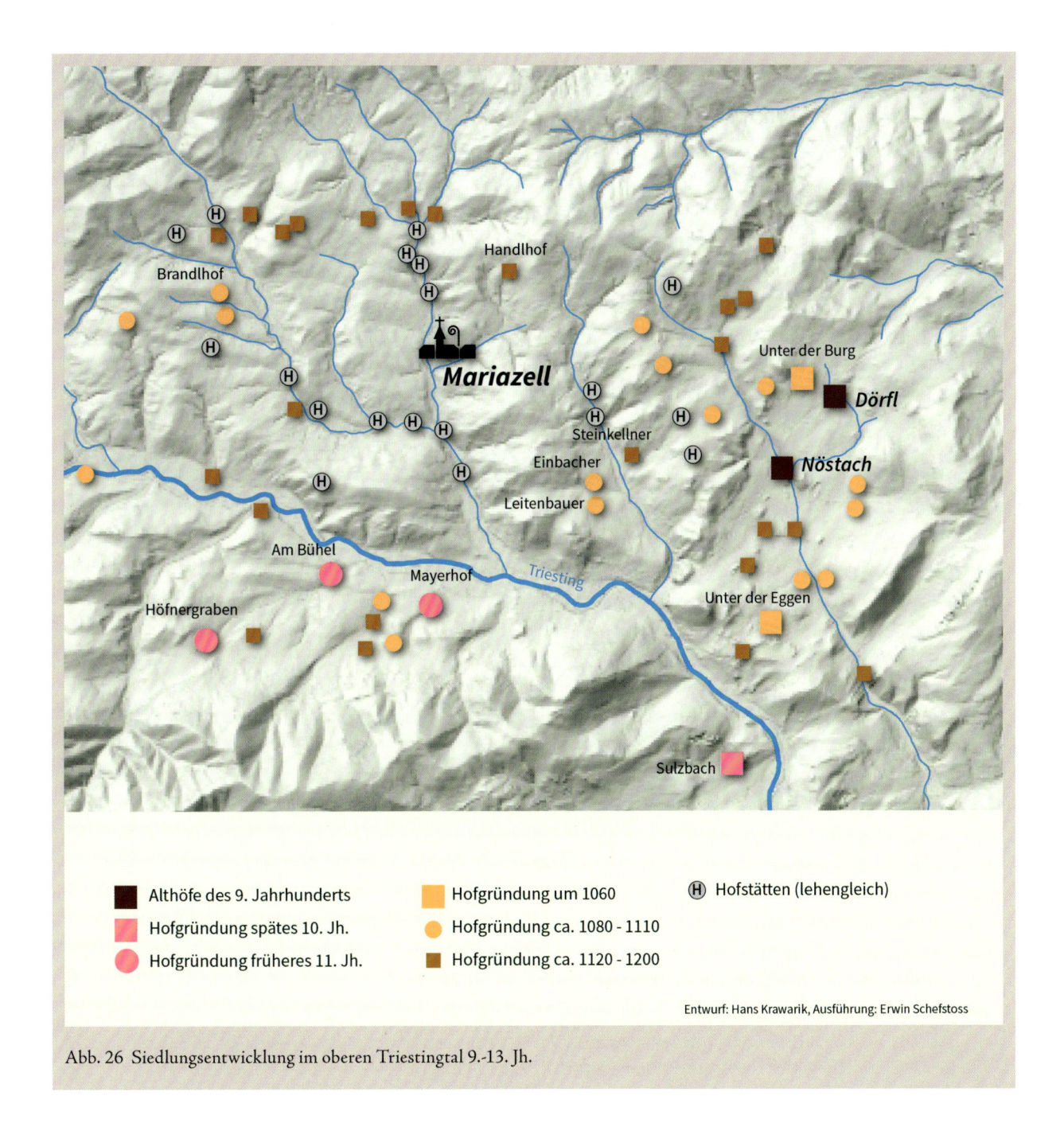

Abb. 26 Siedlungsentwicklung im oberen Triestingtal 9.-13. Jh.

Legende:
- ■ Althöfe des 9. Jahrhunderts
- ▨ Hofgründung spätes 10. Jh.
- ● Hofgründung früheres 11. Jh.
- ■ Hofgründung um 1060
- ● Hofgründung ca. 1080 - 1110
- ■ Hofgründung ca. 1120 - 1200
- Ⓗ Hofstätten (lehengleich)

Entwurf: Hans Krawarik, Ausführung: Erwin Schefstoss

gibt auch der Ausdruck „Maierhof", der im Klosteramt (Klostermayer), Nöstach-Dorf und Thenneberg nachweisbar ist.

In der siedlungsgenetischen Forschung wurde die *Kulturflächenanalyse* als weitere mögliche Zeiteinordnung bekannt gemacht. Auch in einem waldbäuerlichen Gebiet wie um Altenmarkt war agrares Nutzland eine wesentliche Grundlage bäuerlichen Lebens. Äcker, Gärten und Wiesen – hier etwas unscharf als „Kulturfläche" bezeichnet, waren das Rückgrat, die Vieh-Halt (oft mit Waldresten) und die erlaubte Waldnutzung das durchaus wertvolle „Zubrot". Konsequente Fluranalysen von Kleinregionen ergeben in Zusammenhang mit Urkunden und Urbaren den Hinweis, dass „Hufengrößen" (= Huben oder Lehen) des Hochmittelalters jeweils in einem bestimmten Zeitraum gegründet wurden. Man wusste schon lange, dass Hofgründungen des 10. Jahrhunderts auf einer geringeren Nutzlandgröße als zur Karolingerzeit basierten. Mit dieser Fragestellung ist die häufige Teilung von Altsiedlungen (vor ca. 1100) verbunden, wobei in der siedlungsgenetischen Forschung der Akzent auf der theoretischen rekonstruierten Kulturfläche lag. Diese wurde damit zu einem Indikator der Zeitstellung.[6] Je weiter sich dieser Zeitraum in die Karolingerzeit verschiebt, umso schwieriger ist eine genaue Zeitangabe. Erst in jüngster Zeit gelang es, für die Karolingerzeit soziale Standes-Kriterien (Adel-Freie-Bauern) herauszuarbeiten. Es hat dies alles mit einer genaueren Fluranalyse zu tun, die auch Ortsnamen und Flurnamen mit einbezieht und Urbare mikrohistorisch auszuwerten versucht. Wie sehr man bei solchen Analysen aufpassen muss, zeigt das Beispiel des Seidlbauern (Nr. 50) am Buchberg in Nöstach.[7] Als hilfreich erweist sich das jüngste Grundbuch, in dem zuweilen bei den Tagwerken die Grundparzellen angegeben sind. Bei den „Gereuten" bleibt aber manches nicht ganz klar, vermutlich, weil dort im Laufe der Zeit Nutzungen wechselten. Beim *Tagwerk* wird im Durchschnitt von ca. einem Drittel Hektar Fläche ausgegangen (1 Tagwerk Acker = 0,5753 Joch). Dieses Ausmaß bewahrheitet sich zwar in manchen Stichproben, zuweilen stimmt es aber mit der genommenen Kulturfläche nicht überein. In manchen Fällen erfolgte im Kataster nachträglich eine handschriftliche Korrektur der Größenangabe; das bedeutet wohl, dass die tradierten Tagwerks-Angaben in den Urbaren eher ungefähre Richtlinien denn genaue Angaben waren.[8]

---

der „Hofstattkäse" gleich groß wie der „Lehenkäse" war. Vgl. dazu: WIRTNER, Zehentschenkung 3.

[6] Eine Übersicht vermittelt: KRAWARIK, Weiler 99-117. Den Zusammenhang mit Siedlungsformen erläutert: KRAWARIK, Siedlungstypen 15-17. Einsichtig sind zunächst zwei Überlegungen, die sich belegen lassen: Zum einen hatten große alte Höfe des Frühmittelalters eine größere Zeitspanne zur Entwicklung der Flur (durch Teilungen, Abspaltungen oder Zusiedlungen), als jüngere Hofgründungen. Zum anderen erfolgte der Prozess der Verdorfung vom Hof zum hochmittelalterlichen Weiler über den Ausbau der Flur.

[7] Im Franziszeischen Kataster wird die bäuerliche Liegenschaft als ¾ (=Dreiviertelbauer, BP 50) bezeichnet, in den frühen Urbaren war es aber immer ein „Zweiteillehen" mit 21 Tagwerk Acker und 12 Tagwerk Wiese. Die Analyse ergibt nun – abgesehen von Überländ-Wald- und Weideparzellen (GP13, 117 = 6 ha) – eine kompakte Nutzfläche um den Hof von ca. 20 ha (das entspricht einem größeren Halblehen). Oberhalb des Gutes wurde eine größere baumreiche Wiese des Volanthofes erworben, die eine Kulturflächenanalyse verfälschen würde.

[8] Katastralmappenarchiv (= KMA) FK O4320 Nöstach, FK 04325 Thenneberg und FK 04316 Kleinmariazell. In Thenneberg etwa entsprechen die 83 Tagwerke (Äcker und Wiesen) der drei Mayerhof-Teile durchaus den überprüften 28 ha,

Angesichts solcher „Hindernisse" ist die Erstellung einer Kulturflächenanalyse nicht ganz einfach. Bei der Durchführung wurde darauf geachtet, bei Einödhöfen nur die kompakten Flächen um die Bauerngüter einzubeziehen und allfällige Nachrodungen im abseitigen Waldgebiet nicht zu beachten. Da, wie bereits erörtert, die Unterschiede Lehen/Halblehen zu vernachlässigen sind und weiters die Hofstätten mit lehenähnlicher Agrarwirtschaft einen weiteren Fingerzeig geben, ist ein ausreichend datierendes Spektrum für die Besiedlung des Hochmittelalters vorhanden. Eine Herausforderung sind frühere Besiedlungsstufen im Amt Nöstach, weil variantenreiche Veränderungen im Laufe der Zeit Spuren verwischt haben. Bei der Rekonstruktion spielen auch Zufälle eine Rolle: So ermöglichen die nachträglich vermerkten Grundparzellen im Grundbuch bei Nöstach, die Teile des aufgelösten Steindlhofes zusammenzufügen. Bei Dörfl fehlt diese Möglichkeit, wodurch die Parzellen-Angaben im Kataster nur eine Annäherung an den Zustand vor 1800 sein können.[9] Immerhin gelingt letztlich jene Abgrenzung der Flur zwischen Dörfern und Einödsiedlungen, die für eine Rekonstruktion der frühmittelalterlichen Siedlungseinheiten notwendig ist. Diese Einheiten erweisen sich als „oberbäuerliche" Höfe, die im Verlauf der Entwicklung geteilt wurden. Hinsichtlich karolingerzeitlicher Zeiteinordnung von Hofgründungen dürften in jüngerer Zeit soziale Akzente gesetzt worden sein.[10] Auch beim erst 1367 von den Arbergern erworbenen *Sulzbach* ist, beginnend an der Sulzbacher Leiten des Gemeindeberges, ein früher Hof erkennbar, der vor die Jahrtausendwende zurückreicht. Diese Einheit zerfiel aber erst spät, weil die Teile nicht dem weitverbreiteten Teilungsmuster des Hochmittelalters folgen. Der Hof wurde sulzbachabwärts durch kleinere Huben des späteren 12. Jahrhunderts ergänzt.

Von Interesse sind auch die topographischen Verhältnisse im Ort Altenmarkt, wo nördlich der Triesting nur im engsten Bereich der alten Markthäuser im Südosten der Kirche ein besiedelbares „Schwemmland" vorhanden war. Sowohl das *Kirchfeld*, als auch das *Marktfeld* waren durch „Leiten" und Abhänge geprägt. Das *Lehenfeld* südlich des Baches gegen den Gemeindeberg signalisiert in der Bezeichnung, dass hier erst sekundär ein Platz für die Landwirtschaft der Marktbürger gefunden wurde. Der Ort weist augenscheinlich keine „Gründungsflur" auf, wie weiter unten erörtert wird (vgl. die Karte im betreffenden Abschnitt dieses Aufsatzes).

---

sowie die 66 Tagwerke des zerteilten Lehens am Wald den ca. 23 ha, nicht aber die 25 ha des zergliederten Lehens am Püchl den 60 tradierten Tagwerken (=20 ha). Ähnlich inkompatible zeigt sich der Vergleich beim zerteilten Hof unter den Eggen (= Nr. 19/20) oder dem Lehen am Wißhof (Nr. 28) und einigen anderen Beispielen in Nöstach.

[9] PG Pottenstein 04 02a, fol 419-432, 459 (Nöstach = Kirchberg) sowie fol 411-418 (Dörfl). Bei Nöstach ist die Rekonstruktion dreier Höfe nebst einiger Hofstätten klar. In Dörfl werden „am Ort" (= Nr. 30) zwei Drittellehen zusammengefasst, die vermutlich einst eine Einheit gebildet haben. Es zeigt sich, dass die Teilungen der anfänglichen Höfe durchaus verschieden waren und auch Ausgangspunkt weiterer Überlegungen sein können. Am Südrand von Nöstach dürften Einödhöfe der Nachbarschaft einzelne Liegenschaften erworben haben. Der Vergleich mit der Rustikalfassion 1749 (MTHF 899, fol 69) vermittelt auch Unterschiede zu später;

so scheint Nr. 32 (7 Hausacker á 33, 3W á 15) damals eines der Drittellehen im Besitz gehabt zu haben.

[10] KRAWARIK, Bauernweiler 199f. Die in Bayern gewonnenen Erkenntnisse zur sozialen Abstufung durch Größenverhältnisse sind mit gebotener Vorsicht auch auf österreichische Räume anwendbar. „Freie", die unterste Stufe des Adels, scheinen im 8./9. Jahrhundert bei Hofgrößen (nach der Kulturfläche) häufig bei 51 ha oder knapp darüber zu liegen.

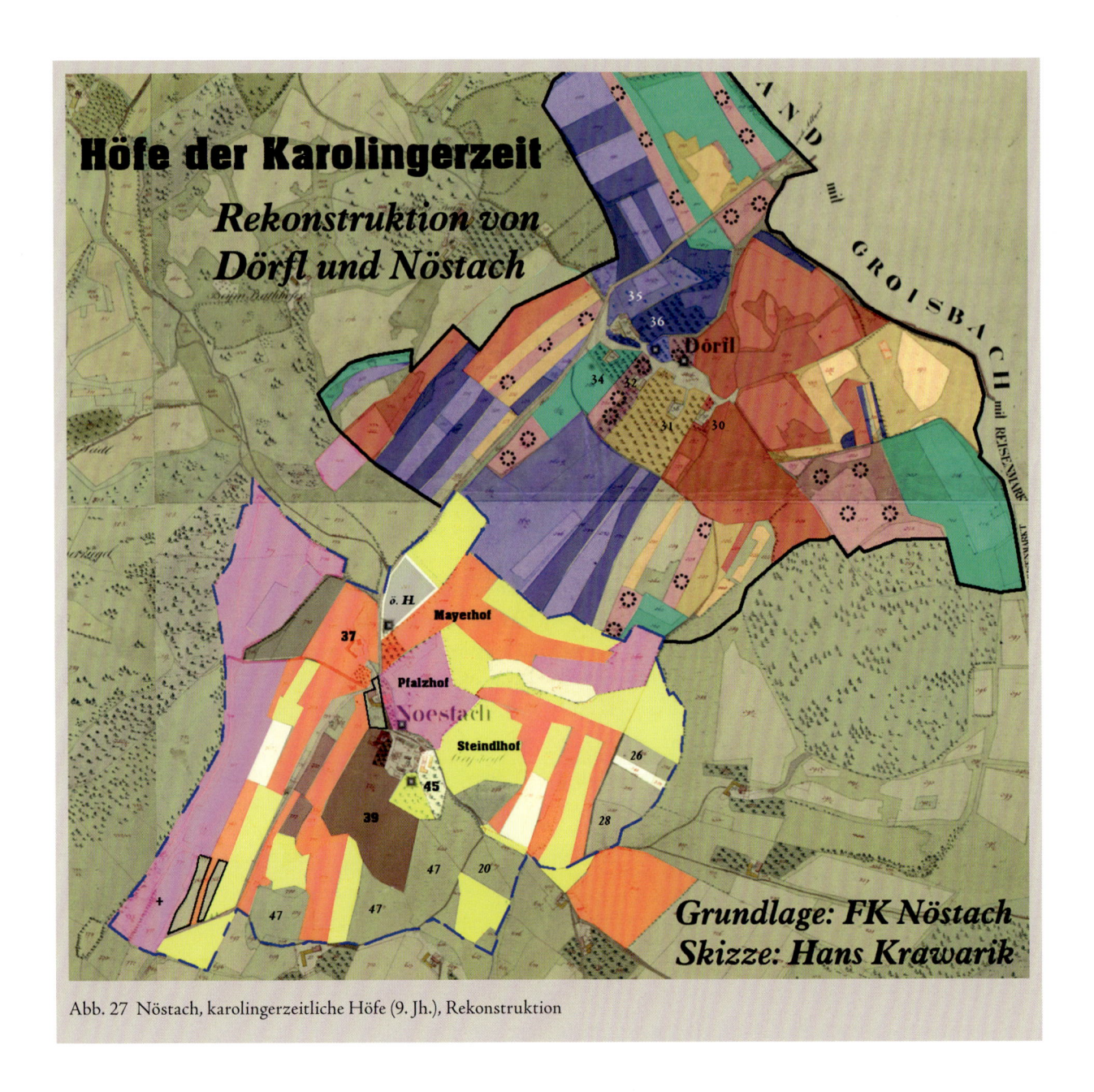

Abb. 27 Nöstach, karolingerzeitliche Höfe (9. Jh.), Rekonstruktion

Siedlungsanfänge im Raum Nöstach

Grundbuch und Kataster vermitteln sehr rasch: Die Weiler Dörfl und Nöstach entstanden aus mehrfacher Siedlungsteilung jeweils eines Hofes. Wie erwähnt, ist aber die Rekonstruktion mittelalterlicher Einheiten nicht ganz einfach; dabei lässt sich Überländbesitz jenseits des Stein-Hügels (555 m) und gegen den Peilstein (716 m) sowie sekundärer Fremdbesitz im Flurgefüge ausreichend trennen. Im Franziszeischen Kataster 1819 besteht Dörfl aus sechs Teilen (Nr. 30-36), um 1750 dürfte außer dem unbedeutenden Halterhaus (Nr. 33) ein Drittellehen mehr vorhanden gewesen sein.[11] Der Vergleich mit der Urbartradition ab 1454 macht die Momentaufnahme der Rekonstruktions-Skizze bewusst: Im Mittelalter gab es im *Dörflein* neun Einheiten, wobei das Lehen Nr. 31 dem „Krändlhof", das Zweiteillehen Nr. 36 dem „Stückenhof", sowie das Zweiteillehen im Derfl dem Halblehen Nr. 35 entspricht. „Am Ort" (= am Ostende) existierten drei Drittellehen (Michal, Steffan, Thomas Gaiss), wobei die letzten beiden um 1600 schon vereinigt waren (Nr. 30). Es gab zwei Hofstätten, dabei ist „Ulrich auf dem Püchel" mit Nr. 34 gleichbedeutend. Die Hofstatt des Thomas Chrews (sie lag gegenüber von Nr. 32) ging im Verlauf des 18. Jahrhunderts im Zweiteillehen des „Georg auf der Wart" auf (Nr. 32), nachdem sie von Sebastian Pöllritzer erkauft worden war.[12] Obwohl im zentralen Teil von Dörflein einige Veränderungen erfolgten – die Drittellehen am Ort scheinen aus gemeinsamer Wurzel zu stammen – sind dort einige markante Konturen feststellbar. Nr. 36/35 waren ursprünglich ein Lehen ähnlich wie Nr. 31 und am Ortsende Nr. 30.[13]

Die Skizze vermittelt weiters die Verquickung der kompakten Einheiten über große Teile der Flur; die Ackersegmente befanden sich weitgehend zwischen Dörfl und Nöstach. Auffällig ist die Aussparung der Pankraziberg-Flur. Die Berechnung der rekonstruierten gesamten Kulturfläche innerhalb der angegebenen Grenzen ergibt 146 Joch 155 Quadratklafter oder ca. 84 ha. Nach Vergleichen mit der Größe zahlreicher Höfe der Karolingerzeit, ist der Hof eines Adeligen im Dörflein im früheren 9. Jahrhundert gegründet worden.[14]

Beim Weiler Nöstach ist doch einiges anders. Im Kataster sind neun Objekte kennbar (Nr. 37-45), in der Rustikalfassion gar nur fünf Liegenschaften. Das Grundbuch allerdings nennt einschließ-

---

[11] KMA FK Nöstach 04320, BP 34-39. PG Pottenstein 04 02a, fol 411-418. MTHF 899, fol69, Nr. 11-16. Es handelt sich um die vereinigten beiden Drittellehen am Ort (Nr. 30), das Lehen im Dörfel (31), das Halblehen im Dörfel (32, Pölleritzer), die Hofstatt im Dörfl (34), das Halblehen im Dörfl (35, J. Grasel) sowie am Nordrand das Halblehen am Stigelhof (36).

[12] NOELA KGWN 39-01, fol 14f. zu 1454. Im Derfl werden genannt: ein Lehen, zwei Drittellehen am Ort, Hofstatt + Drittellehen, Hofstatt auf dem Püchl, Stückenhof, Zweiteillehen, Zweiteillehen auf der Warth. Das entspricht in NOELA BGPO 04-01, fol 28: Krändlhof (= Lehen), zwei Drittellehen am Ort + ein Drittellehen (jeweils 12 Tw Acker), Hofstatt, Hofstatt auf dem Püchl, Stücklhof, Zweiteillehen, Zweiteillehen auf der Warth.

[13] FK Nöstach BP 38/39 (= Nr. 36/35). Die Liegenschaft ist sekundär geteilt worden und selbst offenbar die erste Abspaltung aus dem Hof zu Dörfl. Die weit entlegenen GP 413-14 können vernachlässigt werden. Ohne diese ergibt die Kulturflächenanalyse des Hofes Nr. 36/35 26,3 ha. Die anderen genannten Häuser sind Halblehen.

[14] KRAWARIK, Bauernweiler 199, vermittelt in einer breit angelegten Studie die Wahrscheinlichkeit, dass bei Höfen rekonstruierte Kulturflächen von ca. 70/80 ha auf einfacheren Adelsbesitz hinweisen.

lich öder Siedlerstellen 13 sehr unterschiedliche Einheiten. In der Urbartradition tauchen letztlich zehn Lehen, Häusel, Hofstätten oder Liegenschaften auf.[15] Nachvollziehbar ist dies alles zum einen durch die Rekonstruktion des Steindlhofs (1454 Hans Staindl), zum anderen aufgrund der auffällig kleinen Hofstatt-Grundstücke, die bereits im Spätmittelalter vorhanden waren. Die Katasterskizze vermittelt in diesem Fall die Gemengelage zweier Höfe, Steindlhof sowie Pfalzhof, von dem sich der Mayerhof abspaltete; die Parzellenlagen des Steindlhofs zeigen die typische Ausgliederung eines Hofes aus dem Stammhof (=Pfalzhof), der offenbar neben dem Hügel des „Geyrsberges" (später fälschlich Gaissberg) situiert war. Am „Hort", schräg gegenüber vom Pfalzhof, stand die Martinskirche des Mittelalters.[16]

Die Rekonstruktion der Kulturfläche des Weilers bietet allerdings einige Probleme, wobei mehrere Grundparzellen (256-258, 428, 447-451) aufgrund sekundären Erwerbes vernachlässigt werden können. Hingegen werden die Grundparzellen 380 bis 386, teilweise fremder Besitz, sehr wohl eingerechnet. In dieser Abgrenzung sammelt Nöstach insgesamt 83 Joch 1093 Quadratklafter (48 ha). Es zeigen sich nun auffallende Abweichungen; die Grundparzellen 771 bis 773 (Besitz Kirche Hafnerberg) verlängern bis zur Gemarkungsgrenze die Liegenschaften des Pfalzhofes (+ 3 ½ Joch). Die Grundparzellen 649 bis 651 (+ ca. 3 Joch) sind erworbener Besitz des weit entlegenen Lehens Nr. 20; die Nachbarparzellen 654 bis 655 (+ 4 ½ Joch) dürften bei der Zerschlagung des Steindlhofes an den Sulzer-Bauern Nr. 47 verkauft worden sein. Mit diesen 11 Joch erreicht der rekonstruierte Hof von Nöstach etwas über 54 ha Kulturfläche. Die Grundparzellen 704 und 708 bis 709 von Nr. 47 (zusammen ca. 2,5 ha) würden die Gemarkung von Nöstach abrunden, diese Grenzziehung ist allerdings unsicher. Als Ergebnis bleibt die Kulturlandgröße von 54 bis 56 ha ein Fingerzeig für den Hof eines karolingerzeitlichen „Freien". Die jüngere Ortsnamenforschung hat ein Toponym slawischer Herkunft vorgeschlagen, das noch in althochdeutscher Zeit eingedeutscht wurde.[17] Im südlichen Wiener Becken gehen zahlreiche Weiler auf slawische Anfänge zurück, die sich zum größeren Teil im Frühmittelalter entwickelten.

---

[15] Drei Angaben des Grundbuches betreffen den aufgeteilten Steindlhof, dessen Standort allerdings noch feststellbar ist. Folgende andere Einheiten werden genannt: Halblehen am Kirchberg (Nr. 37 = Zweiteillehen des Mayerhofes), Hofstatt am Kirchberg (Nr. 38 = Wirt), zu der auch an der Gassen bzw. unterm Weg beim Kreuz eine Hofstatt und eine öde Hofstatt gehörte; ferner das Halblehen am Pfalzhof, die Hofstatt ob dem Weg im Kirchberg (Nr. 39), die „Hümerei" beim Kreuz (um 1700 nur mehr ein Garten), das Tagwerkerhäusel (Nr. 40), das kleine Schulhäusel (Nr. 41), zwei Kleinhäuser am Hort (Nr. 43, 44), sowie die Hofstatt Nr. 45 am Kirchberg.

[16] NOELA KGWN 39 01, fol 22: Im Spätmittelalter überließ der Abt des Klosters den „Kirchbergern" eine Weide oder Halt am Darsberg (am NW-Rand der Flur), wo die Nöstacher ihr Vieh dem Viehhüter übergaben. Der „Hort" war der durch eine starke Friedhofsmauer eingefriedete Kirchenort, der wiederholt als Fluchtort diente. Dazu: Festschrift der Marktgemeinde Altenmarkt an der Triesting anlässlich der Marktwappen-Wiederverleihung 1983, S. 31f. Hinsichtlich der Bezeichnung „urbs" ist die Anmerkung wichtig, dass dieser Begriff auch ein Synonym für eine (befestigte) „villa" (= Herrschaftshof) sein konnte. Freilich wirken urbs und Pfalzhof für einen Edelfreien wie pathetische Ausdrücke.

[17] SCHUSTER, Etymologie 47f., N169. UBLoE I 643, bzw. BUB I Nr. 9. Vermutlich wurde der slawische PN Nezda verwendet; es wäre auch möglich, an eine Bezeichnung für „Wohnsitz" zu denken. Da das namenlose „Dörfl" etwa aus der gleichen Gründungszeit stammt, wäre zu überlegen: War es Sitz eines Slawen oder eines Nichtslawen?

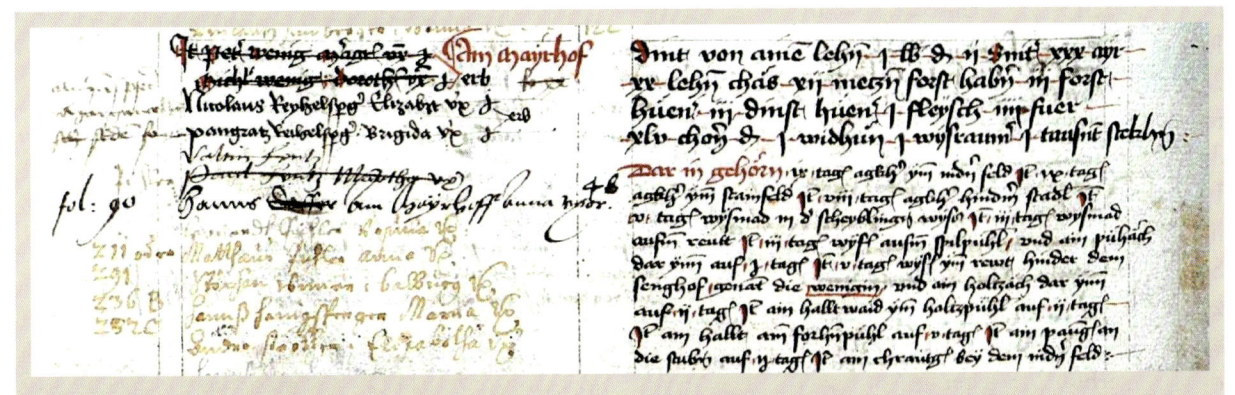

Abb. 28 Eintragung des Mayrhofs im Amt Thenneberg im ältesten Urbar des Klosters (1454, 23v): Ein Hinweis auf eine frühere Eigenwirtschaft des Klosters?

Die Durchsicht des Franziszeischen Katasters Nöstach, gebunden an Vergleiche der Urbartradition und das Grundbuch, zeigen noch andere Siedlungsteilungen: Allen voran ist aufgrund der Gemengelage der ungleich geteilte Hof unter der Eggen (Nr. 20/19) zu nennen, dessen Rekonstruktion 28,4 ha ergibt; dieses Ausmaß der Kulturfläche signalisiert in der Regel die Gründungszeit 1050 bis 1060.[18] Eine weitere Teilung südlich von Nöstach, das Lehen im niederen bzw. oberen Prüel (Nr. 24/25), erreicht mit ca. 18 ha bloß den vermutlichen Zeitraum von 1100 bis 1110. Bemerkenswert allerdings ist die Teilung des Lehens unter der Burg (Nr. 61/60) mit einer Kulturfläche von 27 ha ohne entlegene Parzellen, was der Zeit um 1060 entsprechen würde.[19] Früh dürfte auch in der Klauswies bei Altenmarkt gerodet worden sein, wie das Lehen in der Leiten (Nr. 1, ca. 25 ha) und der Hof am Einbach (Nr. 2, ca. 23 ha) anzeigen; beide wurden zeitweise geteilt, in der frühen Neuzeit aber wieder vereinigt. Ähnliche mit der Zeit zurückgenommene Teilungen finden wir beim Lehen am Stain (Nr. 29, 18 ha) und am Volanthof (Nr. 53, 17 ha). Die Erschließung am Buchberg (HL Nr. 50) ist bei der Größe von 20 ha noch vor 1100 anzusetzen, das Lehen am Berg (Nr. 51, 15,3 ha) dürfte wie der Kellhof/Sandwieser = Hof auf Öd (Nr. 55, 14,7 ha) in den Jahren um 1120 bis 1140 gegründet worden sein.

Man wird diese Größenangaben der Lehen und Halblehen nicht überbewerten dürfen, sind doch in einigen Fällen kleine Unsicherheiten bei der Analyse des Nutzlandes vorhanden. Ein Trend zeigt sich aber schon: Vom Buchberg (Nr. 50, 20 ha) bis am Friesenberg (Nr. 52, 17 ha) oder am Rathof

---

18 FK Nöstach BP 62/63 (= Nr. 20/19). Der Standort des ungeteilten Hofes wäre Nr. 20. Da diese Liegenschaft im 18. Jh. auch Parzellen von Nr. 46 (= HL am Püchl) bzw. Dörfl Nöstach (= GP 649) kaufte, ist die Rekonstruktion schwierig. GP 630 (= 10 ½ Joch) ist eine eher nasse Wiese am Ramsenbach, die aber hier als „Kulturland" geführt wird. Die wahrscheinliche Rekonstruktionsgröße beim Halblehen Sulz (Nr. 47) erreicht ca. 13 ½ ha, das benachbarte Halblehen am Püchel (Nr. 46) dürfte bei 15 ha liegen.

19 Die Katasteranalyse unter der Burg lässt den Verdacht aufkommen, dass kleinere Flächen aufgeforstet wurden; das angenommene Kulturland könnte also noch größer sein.

(Nr. 59 16 2/3 ha) – alles westlich vom Pankraziberg – sowie am schon erwähnten Lehen am Stain bzw. am Wieshof (Nr. 28, 18 ha) am Rande von Nöstach liegen die vermutbaren Gründungszeiten noch vor Entstehung des Klosters Mariazell.[20] Erst talabwärts beim Steinkellerhof (Nr. 5), Lehen (Nr. 21), in der Klaus (Nr. 18), und beim Thalbauer (Nr. 22), der im Mittelalter „Stainhof" hieß und von der Bürgerschaft Altenmarkt genutzt wurde, sind die Kulturflächen von 14 bis 15 ha ein Signal für den Zeitraum ± 1140. Die sanften südwärts gewandten Hänge scheinen gegenüber den Flächen im Tal bevorzugtes Siedlungsland gewesen zu sein. Auffällig ist auch, dass das Lehen am Palsberg (Nr. 42) südlich vom steil aufragenden Vestenberg mit ca. 8 ha augenscheinlich erst im späten 12. Jahrhundert gerodet wurde. Ungefähr das gleiche Ausmaß des Kulturlandes zeigen die Lehen im oberen und unteren „Gereuth" und dokumentieren damit die in der Phase um 1200 typischen späten Rodungen im verbliebenen Waldland.

Wenn man dazu begründet annimmt, dass sich die Höfe von Dörfl und Nöstach bereits vor 1100 durch Teilungen aufzulösen begannen, wird bewusst: Der Raum von Nöstach war zur Zeit der bekannten Herren von Schwarzenburg-Nöstach in besseren Lagen bereits weitgehend erschlossen; hier hat das Kloster Mariazell nur mehr randlich kolonisiert. Es wundert daher nicht, dass sich die Besitzer gerade auf dieses Gebiet stützten.

---

20 Beim Lehen in der Sulz (Nr. 47) wurden 6-7 ha abgerechnet, die in die Gemarkung Nöstach gehören dürften. Beim Nachbargut am Püchel (Nr. 46) musste aufgrund der Veränderungen eine größere kompakte Abgrenzung angenommen werden.

Frühe Siedlungsansätze unterm Tenneberg (Thenneberg)

Zwischen Kalkklippen des Hocheck (1037 m) und vereinzelten Klippenresten nördlich der Triesting führt die nordwärts geneigte Bergsenke von Thenneberg (1155 *Tenniperch*) von Altenmarkt nach Untertriesting und Kaumberg. Hier haben flyschoide Gosauschichten eine siedlungsfreundliche Kleinregion vorgezeichnet. Im Franziszeischen Kataster Thenneberg sind 46 Häuser genannt, wobei erst um 1800 die Zahl der Kleinhäuser stärker zugenommen hat; im Grundbuch kann man von etwa 35 Häusern ausgehen, die zum Teil sehr wenig Besitz haben. Erst 1764 wurde die Kirche „zum leidenden Heiland" geweiht und zwar bei der Tafern in der Dornau; einen eigentlichen Mittelpunkt hatte das Siedlungsgebiet bis dahin nicht und setzte sich aus einigen Kleinweilern und eher unterbäuerlichen Liegenschaften zusammen.

Namentlich prägend waren die „Marhöfler", womit die Häuser „am Mayerhof" gemeint waren. Die sichtbare Teilung des Maierhofs zu Thenneberg in ein Lehen (Nr. 4) und zwei Halblehen (Nr. 2, 3) betrifft nach dem Urbar von 1454 ca. 50 Tagwerk Acker und 33 Tagwerk Wiese. Im FK entsprechen diese der Rekonstruktion von 57 Joch 969 Quadratklafter oder 33 ha Kulturland. Eine zweite Siedlungsteilung signalisiert die Gemengelage am Püchl („Bügler") westlich der Dornau in drei Halblehen (Nr. 13, 14. 15). Dabei können Parzellen unter einem ha beim Rehhof über der Triesting außer Acht gelassen werden. Die rekonstruierte Kulturfläche macht ziemlich genau 56 Joch oder 32 ha aus. Eine zweite Drittelung ist beim Hof „Wald" bei den „Wallner Gründen" (Nr. 21-23) erkennbar, wobei

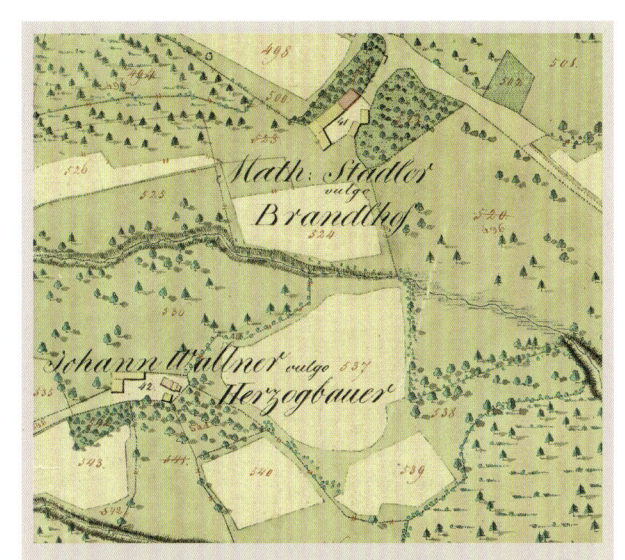

Abb. 29 Brandlhof (Nr. 31) und Herzoghof (Nr. 32) im Klosteramt bzw. der heutigen Katastralgemeinde Klein-Mariazell wurden wahrscheinlich noch vor Gründung des Klosters, um 1090, angelegt und gehören damit zu den ältesten Bauerngütern der Region (Ausschnitt aus: Franziszeischer Kataster 1819)

das Kulturland inmitten von Wald-Weideland platziert ist. Dort wird die Kulturfläche mit 59 Joch bzw. fast 33,9 ha ausgewiesen.[21] Die drei Höfe mit annähernd gleicher Rekonstruktionsgröße können augenscheinlich einem gleichen Zeitraum zugewiesen werden; nach Vergleichen dürften die drei Thenneberger Höfe etwa zwischen 1020 und 1040 gegründet worden sein.

Es gibt noch weitere Teilungen, z. B. das Lehen am Berg (Nr. 6/7, 18 ha), das Gut am Lehen (Nr. 9/10, 16 ha) oder das Lehen unterm Berg (Nr. 20, 17 ha), die in die Zeit um oder kurz nach 1100 weisen. Andere wiedervereinigte Einheiten, auf der niederen Öd (Nr. 7, 13,5 ha) oder in der Leuten (Nr. 8, 13 ha) sind deutlich kleiner und jünger.[22] Insgesamt gab es also unterm Thenneberg drei sehr frühe, später geteilte Hofsiedlungen und seit etwa 1100 kontinuierlich geschlossene Siedlungslücken, deren Rodung mitunter bis in das 13. Jahrhundert dauerte. Das Kloster hat einigen Untertanen im Thenneberger Amt Wald bestandsweise überlassen. Auch unterm Thenneberg treten vereinzelt Hofstätten auf – Hofstatt am unteren Berg (Nr. 19) bzw. am Reisberg (Nr. 30) – die lehengleiches Kulturland innehaben. Wie im Amt Nöstach ist das aber die Ausnahme.

Von Interesse ist wohl auch, wie sich die Siedlungsverhältnisse im anschließenden *Amt Kaumberg* und Untertriesting unterschieden. Die größeren Einheiten wurden dort nicht „Lehen", sondern „Hof" genannt, im Markt Kaumberg gab es 12 „Häuser". Im Urbar von 1454 werden 25 Einödhöfe und etliche Hofstätten genannt, die mehrteils in der zweiten Hälfte des 12. Jahrhunderts gerodet wurden. Allerdings gibt es auch einige (zum Teil geteilte) Höfe, die offenbar in der Zeit um oder knapp vor 1100 entstanden. Dazu gehören der Raschhofer (ca.

---

[21] KMA, FK Thenneberg 04325, BPn 39-42 (= Nr. 2-4), BPn 10-12 (= Nr. 21-23) und BPn 18-20 (= Nr. 13-15). Immer wieder zeigen Siedlungsbeispiele, dass beim Zerschlagen eines Hofes ein geringfügiger Mehrbedarf pro Teilhof entstehen konnte. Ein Halblehen am Wald wurde noch im Mittelalter in zwei Viertellehen zerteilt, die erst in der frühen Neuzeit vereinigt wurden. Die Gemengelage dieser Güter ist jeweils eindeutig. Vom Meierhof wurden zwei Halblehen abgespalten, der Hof verblieb ein „Lehen". Am Pühel und am Wald dürften die Höfe von herrschaftlicher Seite aufgelöst worden sein.

[22] Auch das Lehen am Gaisshof (= Rehhof Nr. 29), nach 1800 im Besitz des Grafen von Wartersleben aus Lemberg, war im Mittelalter nur eine kleinere Siedlungseinheit (NOELA, KGWN 39 01, fol 28).

21 ha), die Höfe in der Eben (19 ha) und am Hirschberg (23 ha), zu Stampftal (22 ha), der Mayerhof zu Kaumberg (Wiese ca. 40 Joch!), Hof am Stain, Labhof, Ruschenberger und Vorer. Die mit Abstand größte Einheit „zu den Höfen" („Hoefner", Acker 23 ha, mit Wiesen 36 ha!) schließt direkt an Thenneberg an.[23]

Bis 1534 gehörten mehr als die Hälfte der 130 Häuser in Kaumberg zur Klosterherrschaft.[24] Die im Mündungsdreieck Spiegelbach-Laabach errichtete Dorfanlage dürfte in die Zeit um 1200 zurückreichen und ebenso wie Kirche und Pfarre eine Gründung der Arberger sein.[25]

Rodung und Besiedlung in der Umgebung des Klosters (Klosteramt)

Zum Unterschied der bisherigen Regionen am Übergang von Kalkablagerungen zu Sandsteinbändern wird das Hochtal des Klosteramtes (=KG Klein-Mariazell), 1454 *Stätler und Reut Ambt*, von weichmodellierten Flyschablagerungen geprägt; im Südteil der Verebnungen wirkten immer wieder durchnässte und vergleyte Bodentypen, dort lag u.a. der bergige „Ochsenmais" (522 m) östlich vom Schwarzgraben; die sanften Hänge im Nordwesten boten bessere Bedingungen. Am Hangfuß des Kühberges (707 m) setzten ostwärts am Ende des Hochmittelalters viele kleine Rodungen („Reuter") ein. Schon seit dem späteren 12. Jahrhundert scheint das Kloster ein neues Besiedlungsmodell gefördert zu haben, indem Hofstätten als „Starteinheiten" angesiedelt wurden – mit der Option, nach und nach eine landwirtschaftliche Zukunft auszubauen.

Bei diesen lokalen Besonderheiten ist es erstaunlich, frühe Siedlungsansätze vor der Gründung des Klosters zu finden, wobei nur Lehen oder Halblehen in Frage kämen. Unweit vom Coronabach liegen 2 km westlich des Klosters der Brandlhof (Nr. 31, 21 ha) und der benachbarte Herzoghof (Nr. 32, 20 ½ ha), die offenbar um 1090 gerodet wurden.[26] Alle anderen Bauerngüter sind bedeutend kleiner, das Halblehen zu Lenöd (Nr. 21, 17 ha) sowie die Güter am Oharn (Nr. 19 und 20, um 16 ha) kommen noch am nächsten und könnten noch vor 1120 entstanden sein. Schon die Halblehen am Reisnhof (Nr. 14, 15 ha) und Payrhof (Nr. 16, 14-15 ha) an der Straße nördlich des Klosters sowie der geteilte und wieder vereinigte Händlhof am auslaufenden Kühberg (Nr. 11, 15 ha) sind Gründungen zur Zeit des frühen Klosters Mariazell.[27] Mehrere Lehen erreichen mit ca. 10 ha eine Kulturfläche aus dem späteren 12. Jahrhundert.

Das Hochtal wurde mit nicht einmal 15 Lehen besiedelt. Umso auffälliger sind jene Hofstätten, die sich zu bäuerlichen Wirtschaften entwickelt haben. Sie siedelten vor allem entlang des Corona-

---

[23] NOELA KGWN 39-01, fol 44-58. Die Kulturfläche wurde in diesem Fall nach mapire.de erhoben und erschließt ungefähre Größenverhältnisse.

[24] WIRTNER, Kaumberg 38-51. Der Porzhof am Markttor wird erstmals 1326 genannt; vgl. den Beitrag von KUPFER in diesem Band.

[25] vgl. den Beitrag von KUPFER in diesem Band.

[26] Die Kulturflächenanalyse im Kataster (KMA 04316, BPn 41/42) ergibt für den Herzoghof 35 Joch 947 Quadratklafter, für den Brandlhof gar 41 ½ Joch; allerdings wird im zweiten Fall eine Wiese mit Bäumen als „Wiese" ausgewiesen. Aufgrund der Tagwerksangaben müssten weniger ha veranschlagt werden. Von Interesse ist die Lage: Vis à vis der Klostergrenze liegt der Stampftaler in Untertriesting mit einer ebensolchen Größe.

[27] Beim Reisnhof fällt zudem auf, dass nur 11 ha direkt im Zusammenhang liegen, eine größere Wiese aber etwas abseits.

baches und im Verlauf des Klosterbaches von Norden nach Süden. Im Kataster sind sie als „Viertelbauern" ausgewiesen. Dazu gehören die Hofstatt: … beim Stegbauer, am Stiegelhof, im Gschwend, der Steinbauer, am Buesenhof, am Wickenhof, am Walcherhof, am Schiestlhof, im Reit (viermal), am Schreibhof, im Stättl (dreimal), am Pachnhof oder am Kielhof. Um 1454 existierten außerdem bereits fast zehn Häusel, die eine gewerbliche Ausrichtung vermuten lassen. Zahlreiche Wald- und Weidegebiete waren in Bestand verlassen. Der Siedlungsraum im Bereich des Klosteramtes war weitgehend durch Initiativen des Klosters bestimmt und beeinflusst worden.

Das Werden von Altenmarkt

Im Franziszeischen Kataster sind 45 Hauseinheiten unterschiedlicher Qualität eingetragen, in der Rustikalfassion sind 28 Hauseinheiten angemerkt.[28] Neben dem Waldamt (Brückenmaut Nr. 42), das Grundparzellen vom östlichen Marktfeld über die Schliefleiten (Abhang zum Hafnerberg) zum Vestenberg sammelte, gab es einige größere Einheiten, u.a. die beiden Mühlen und die Säge; die Liegenschaft der „Niedermühle am Ort" (Nr. 42) schloss den Marktort in der Bachschleife nach Osten ab. Zum einen bedeutet „am Ort" das hochmittelalterliche Ende der Siedlung. Im Westen dieser Markthäuser „sperrten" größere Einheiten die schmale Ebene der Triesting-Au, Nr. 18, Nr. 23 und die „Tauphauser Erb" Nr. 24. Die Verhältnisse um 1820 erwecken den Anschein, dass zahlreiche Hofstätten und Häuser des Marktes traditionell verstreuten Besitz in verschiedenen Feldern des Marktes hatten; dieser Anschein trügt, erst über 30 Zukäufe von Marktbürgern vor allem 1776 bis 1794 schufen das Netz größerer Liegenschaften.[29]

Die nassen und lehmigen Gründe am Triestingbach waren wohl, abgesehen von der Wirkung früher Verkehrsstränge – woran der „Weinweg" durch den Ort erinnert – kein bevorzugtes Siedlungsgebiet. Dabei geben die *Flurnamen* im Marktgebiet südwärts vom Wiegenberg und der Klauswies doch kleinere Hinweise auf eine mögliche Entwicklung. Das *Marktfeld* umfasste, unterbrochen vom *Kirchfeld* oberhalb der Johanneskirche und dem herrschaftlichen Grund Wiegenberg (Grundparzelle 181), die bachnahen Parzellen zwischen Einmündung des Coronabaches und der Bachschleife bei der unteren Mühle. Der Ausdruck *Lehenfeld* südlich der Triesting zeigt die nachträgliche Erschließung auf Gnaden des Klosters an. Abgesetzt davon lag das sicher spät miteinbezogene *Kleinfeld an der Leiten* (des Gemeindeberges). Östlich der Bachschleife bezeichnete die *Point* (= Peunt) das umzäunte Gemüsefeld des Marktes, woran südwärts das *Stegfeld* anschloss – dort muss in frühen Zeiten eine „Furt" bestanden haben. Triesting abwärts rainte das kleine *Mitterfeld* an, woran dann das langestreckte *Niederfeld* grenzte. Einiges spricht also dafür, dass ursprünglich – die Obermühle lag ja isoliert dem Zusammenfluss von Triesting und Coronabach gegenüber – das östliche

---

[28] Die Heimatforschung wollte über den „Urhausbesitz", also jene 29 Bürgerhäuser, die zu der Zeit Maria Theresias die Waldweide am Gemeindeberg nutzen durfte, die Siedlungsanfänge bestimmen (Festschrift der Marktgemeinde Altenmarkt, S. 8) und hat damit eine falsche Fährte gelegt.

[29] NOELA KGWN 39-01, fol 1-8, im Vergleich mit NOELA BG Pottenstein 04-02, fol 218-295, sowie FK Altenmarkt 04301, GP-Protokoll.

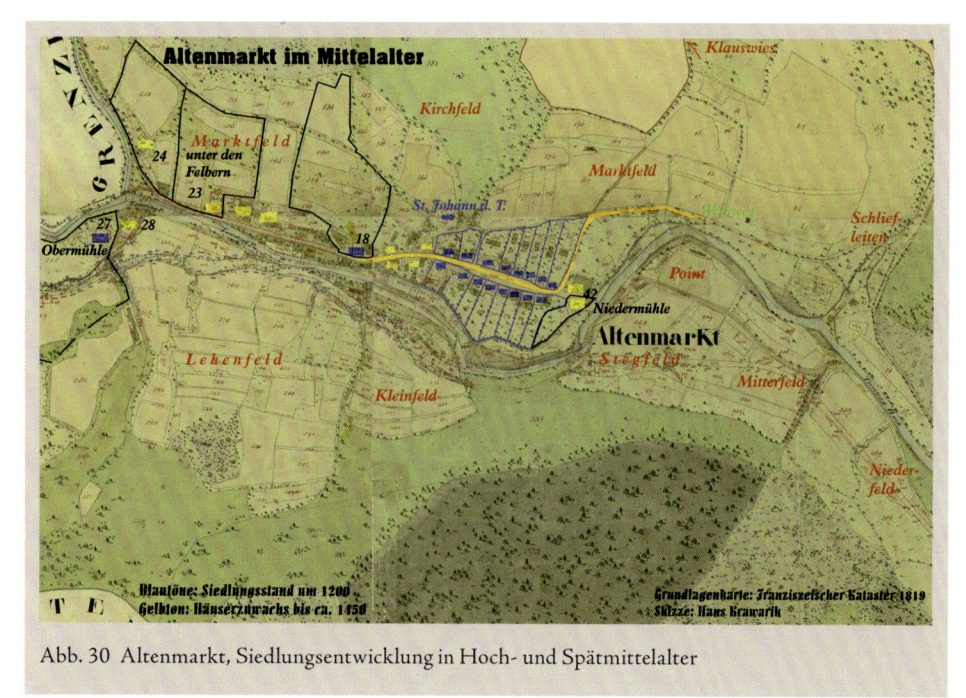

Abb. 30 Altenmarkt, Siedlungsentwicklung in Hoch- und Spätmittelalter

bachnahe Marktfeld den Erschließungsraum der Siedlung darstellte.

Auf dem Haus von Nr. 18 des Peter Hadmar (1454), 1759 Besitz des Schmiedes Matthias Prändl, wurde noch im Spätmittelalter die Liegenschaft durch Überländer erweitert.³⁰ Der Besitz wurde hangaufwärts verlängert. Auch das Haus „unter den Felbern" (Nr. 23) sowie die Tauphauser Erb (Nr. 24) sind seit 1454 im Wesentlichen unverändert geblieben. An der Westgrenze gegen Thenneberg galt als größere Einheit die Obere Mühle Nr. 27, die nach der Auflösung des Klosters ihre 15 Tagwerk Acker und Wiesen bis in das Lehenfeld ausgebaut hat. Die benachbarte Sigmühl Nr. 28 (= Sägemühle) aber war im Mittelalter eine sehr kleine Liegenschaft. Und derselbe Umstand gilt für die allermeisten Hofstätten und Häuser; ihr Besitz ging über einen dem Haus anliegenden Krautgarten oder Safrangarten, bestenfalls einen Tagwerk Acker nicht hinaus. Allerdings erscheinen noch im Spätmittelalter doch einige Überländ-Äcker und Wiesen, außerdem noch die „Dienstäcker" und Bestands-Parzellen, also Liegenschaften, die sekundär oder mit der Zeit erworben oder gepachtet wurden. Das ist ein sicheres Anzeichen dafür, dass Altenmarkt nicht ein gegründeter Markt war.³¹

Was die Siedlungsform betrifft, sind 16 Häuser mit nicht genormtem Gartenacker (0,3-0,8 ha) längs einer Straße auszumachen, die bis zu einer Linie am Westende der Kirche reichen. Westwärts schlie-

---

30 NOELA KGWN 39 01, fol 1. NOELA KGWN 39 02, fol 233, GP 186-193. 1380/1454 werden genannt: 3 TwA im Kirchfeld und 6 TwA am Haus, das entspricht ca. 4 ½ ha. Die Überländer machen 4 TwA im Marktfeld (= 2 ha, vermutlich GP 186-188) und 6 TwA+W am Lehen aus, wobei der Besitz im Lehenfeld später aufgrund einer Stiftung wieder wegkam.

31 Der Siedlungsformenforscher Adalbert Klaar beurteilte voreilig: Der „linsenförmige Marktplatz" sei eine planmäßige Gründung (Festschrift der Marktgemeinde Altenmarkt, S 8). Er hat offenbar nicht in die innere Struktur der Flur geschaut, selbst die sehr unterschiedlichen Hausgärten hätten auffallen müssen.

ßen bis Nr. 18 entweder kleine ehemals öde Hofstätten oder aber zusammengesetzte kleine Liegenschaften an.[32] Da die Schmied-Realität Nr. 18 nach der anfänglichen Kulturfläche etwa die Zeit um 1200 anspricht, dürfte sich spätestens in diesen Jahren die Marktzeile gebildet haben. Eine Kirche bzw. Kapelle wird erstmals um 1260 erwähnt; der auf erhöhter Terrasse errichtete Sakralbau scheint nach Abschluss dieser 16 Häuser gebaut worden zu sein. Die natürliche Abgrenzung dieser Marktzeile, im Süden der Triestingbach, im Norden der Weg nach Nöstach, vermittelt im Zusammenhang mit den „Feldern" des Marktes, dass anfangs kein „Ackerbürgermarkt" mit Feldgewannen vorgesehen war.

In der Rustikalfassion 1749 lassen sich gewerbliche Berufe wie Schmiede, Gastwirte, Krämer, Schlosser, Weißgerber, Müller, Bader, Färber, Fleischhauer oder Bäcker ablesen.[33] Gelegentliche Angaben im Urbar 1454 (Lederer, Schneider, Weber, Bäcker, Schuster, Schmied, Müller) zeigen, dass das Handwerk bereits im Spätmittelalter florierte. Das mag ein Motiv für den „Marktbrief" 1448 gewesen sein. Die „Hofstätten" verweisen freilich auf eine dienstleistende Grundschichte, die sich am Ende des Hochmittelalters innerhalb eines kürzeren Zeitraumes unter Förderung des Klosters ansiedelte. Zum einen dürften Transportgewerbe wegen der Furt Richtung Sulzbach bzw. Nöstach – Thenneberg eine Rolle gespielt haben. Zum anderen könnte die Versorgung im Alltag die zentralörtliche Funktion eines „Klosterfleckens" vorgezeichnet haben. Wie die beiden Mühlen an der Triesting, die Wagner und Schmiede-Realität andeuten, war dafür Basis-Handwerk vorhanden. Zunächst genügte diese wirtschaftliche Bestimmung, 1448 aber kam der Landesfürst der Bitte des Abtes Michael nach und privilegierte Altenmarkt mit einem Wochenmarkt. Von diesem Zeitpunkt an verlief das Marktleben nach ausgeprägten Regeln.[34] Auch als nach 1544 das Marktrecht allmählich in Vergessenheit geriet und 1630 die Wiedereinführung scheiterte, blieb grundbücherlich die märktische Struktur erhalten.

Bachabwärts erreicht man, an der Flur „Salech" vorbei, nach 2 ½ km den lockeren Kleinweiler *Sulzbach*. Während die bachnahen Häuser Nr. 1 und Nr. 2 mit jeweils 10-11 ha Kulturland (≈ spätes 12. Jh.) eine einödhofartige Erweiterung darstellen, gehen die Liegenschaften Nr. 3 bis 5 auf einen offenbar spät geteilten Hof zurück. Dessen rekonstruierte Kulturfläche von ca. 72 Joch oder 41,5 ha signalisiert die Entstehungszeit des späten 10. Jahrhunderts.[35] Der Hof konnte auch den „Eyben Rigl"

---

[32] Es handelt sich um die Häuser Nr. 1-6, 8, 9, 24 (mit 23) – 30. Nr. 45 wurde allerdings erst 1802 errichtet, offenbar bestand hier eine Baulücke. Nr. 10 unterm Pfarrhof entwickelte sich aus einer zerteilten Hofstatt, Nr. 11 (= Wirtshaus) aus einer kleinen öden Hofstatt. Nr. 22 schloss eine Viertelhofstatt (Stadel) mit ein.

[33] NOELA, MTHF 899, fol 1-60, Amt Altenmarkt; extra vermerkt sind *keine Hausäcker und Wiesen, genießen aber die Gemeindweid*. Das bedeutet, dass die Marktzeile erst in einer mühsamen Entwicklung und sekundär einzelne Acker- und Wiesen-Parzellen erwarb oder in Bestand nahm.

[34] Schöbitz, Untertanen 250-347, listet zahlreiche gewerbliche Bürger im 17. Jahrhundert auf; interessanterweise spielten Krämer eine geringe Rolle.

[35] NOELA KGWN 39 01, fol. 10. KGWN 39 02_03, Dienstbuch-B 0037. Die blockartige Aufteilung des Hofes spricht für eine Aufgliederung im 13./14. Jahrhundert; der Sitz des Hofes lag bei Nr. 5, der Erwerb der GP 385-393 jenseits des Gemeindeberges wurde dort erst um 1790 vollzogen, ebenso wie bei Nr. 2 der Kauf der GP 475-78 über dem Triestingbach. Bei zwei Gütern wird Ackerland „in der Lyssen" erwähnt, was auf die Teilung hinweist. Bei Andreas Sitter (Nr. 3) wird übrigens in der Rustikalfassion (MTHF 899, Nr. 32)

nutzen und hielt aus Gnaden des Klosters die Hinterleiten-Halt am Gemeindeberg in Bestand. Abgesehen von Nöstach und Dörfl gab es vor der Jahrtausendwende also noch einen herrschaftlichen Siedlungsansatz in der Umgebung.

Im Spätmittelalter verfügte Mariazell auch über versprengten Besitz in Weissenbach, Fahrafeld und Furth südlich von Sulzbach, ferner über den Hof und Hofstätten in St. Veit an der Triesting bzw. Liegenschaften in Pottenstein. Der Besitz zu Ober Berndorf (seit ca. 1120) umfasste angeblich ein Angerdorf, diese Ansicht wäre zu überprüfen. Die Haderiche übertrugen jedenfalls *quidquid proprietas apud Perendorf habent* ihrer Klosterstiftung, die offensichtlich den ganzen oberen Ort umfasste. Die Fluranalyse vermittelt zahllose Veränderungen, wobei die Ackerfelder Niederfeld (östliches Griesfeld), Feld gegen Veitsau (westliches Griesfeld) und Brunntal nachvollziehbar sind.[36] Es stören weniger die wiederholt durchziehenden Ackerstreifen aus Unter Berndorf (= Einbrüche der frühen Neuzeit), schon eher die nicht vorhandenen typischen Abfolgen der angeblich 13 Einheiten. Unverständlich sind die Annahmen des Heimatforschers, ausgehend vom Ortsraum von Ober Berndorf (=Hermannplatz). Deshalb ist die Analyse des Urbars unerlässlich.[37] Ein gegründetes Angerdorf mit mehreren Ganzlehen bzw. Halblehen ist so nicht möglich; die Halblehen müssen auf geteilte Ganzlehen zurückgehen. Berndorf bestand also im 12. Jahrhundert vermutlich aus acht Ganzlehen. Die Urbaranalyse ergibt etwas über 100 Joch Ackerland und einige Joch Wiesen, sowie Weideland. Das passt durchaus zu den ca. 73 ha Acker im Kataster. Die ungleichen Dorfseiten von Ober Berndorf könnten allerdings für eine stufenhafte Entwicklung sprechen, wobei nach Auflösung eines Hofes die Bauernzeile verdoppelt und die Flur umgelegt wurde.[38]

---

eine „Wiese am Purgstall" erwähnt. Mit diesem Ausdruck ist der südwärts liegende Bagsteinkogel (= Graßlberg, slaw. Burgberg) gemeint, der im Laufe der Zeit immer wieder ein Fluchtberg war.

[36] SCHILDER, Berndorf 11f, glaubte einen „Dreiecksanger" der Zeit um 1070 zurechnen zu können. Abgesehen davon, dass der konisch gestaltete Dorfplatz wohl nicht ein Dreiecksanger ist, wäre ein ausgereiftes Angerdorf in dieser Zeit nicht möglich. Der FK Berndorf I 1820 (KMA 04302, BP 1-20 = Nr. 1-16) führt neun Bauern und sieben Häusler an. Dabei sind nicht manche Häusler und Bauern im Ortsplatz das Problem, weil ja u. a. Türkenkriege eine veränderte Wiederbesiedlung veranlasst haben: z. B. Bauer Nr. 4, Nr. 15 oder Nr. 12 haben schmale Parzellen wie Häusler, Häusler Nr. 14 hat einen bauergleichen Gartenacker. Völlig unverständlich ist aber die Beurteilung vom Gesichtspunkt, dass im Ortsraum zwei unterschiedliche Seiten vorhanden sind: Während im SO die Liegenschaften fast gleichförmige längliche Gartenäcker (ca. 0,2 ha) aufweisen, haben die Häuser im NW kaum einen Garten hinter dem Haus – so sieht keine „Gründung" aus.

[37] NOELA KGWN 39 01, fol 169-174. Wie das Urbar 1380/1454 preisgibt, war das obere Berndorf augenscheinlich ein zumindest sekundär genormtes Angerdorf, weil die durchschnittliche Ausstattung der Ganzlehen (12 Joch Acker) und Halblehen (6 Joch Acker) geregelt erscheint. Neben drei Ganzlehen, acht Halblehen und einer Mühle (= Halblehen) gab es zwei Feld-Viertellehen, vermutlich entstanden aus einem geteilten Halblehen, dessen Haus abgekommen war. Dazu wird „neben dem Streber" ein Hof (Nickel Turs) sowie dabei ein Lehen (Kunigund Turs) erwähnt (allerdings ohne Abgaben), außerdem drei Hofstätten. Es gab auch drei Weingärten am „Medauer Berg". Die letzteren Angaben betreffen den Kremmersberg und Mettau östlich Pottenstein. Die Mühle von Ober Berndorf hält den westlichsten Ackerstreifen im Brunntalfeld (GP 97/98) und bestätigt das Westende der Flur.

[38] Das Urbar nennt in Berndorf auch eine *Hofmark* (fol 173) „an der Wyden" – es wird dabei auch „am Hort" angeführt. Dieser Begriff Hofmark meint meist den Mittelpunkt einer geschlossenen grundherrschaftlichen Verwaltungseinheit und könnte der letzte Rest eines aufgegebenen Hofes sein. Als

Am nördlichen Abhang des „Schöpflein" (=Schöpfl) hatte Mariazell einige „Forsthöfe" etabliert; das Ganz-Lehen „auf der Höh" lag im Spätmittelalter bereits baufällig und öde. Dort sollte sich später die Rotte „Forsthof" entwickeln.[39] Weiterer Urbarbesitz ist hier nicht Gegenstand der Erörterung.

Überlegungen zur einsetzenden mittelalterlichen Besiedlung

Der Südrand des Wienerwaldes bzw. dessen Übergang zum südlichen Wiener Becken war bereits in der Karolingerzeit punktuell erschlossen. Indizien aus der Siedlungsforschung orten Siedlungskerne des 9. Jahrhunderts wie Alland, Dörfl und Nöstach, sowie Leobersdorf, Baden, Bad Vöslau/Gainfarn und das Triestingtal aufwärts Veitsau. Um die Jahrtausendwende wurden dann Orte wie Raisenmarkt/Mayerhof, Gaaden und an der Triesting Fahrafeld und Weißenbach gegründet. Der gleichen Siedlungs-Generation gehört auch der Hof von Sulzbach unterhalb von Altenmarkt an. Ob sich die königliche Schenkung an Markgraf Heinrich I. vom 1. November 1002 zwischen Dürrer Liesing und Triesting bis zur oberen Triesting (bei Altenmarkt und Pottenstein) erstreckte, kann zunächst nicht mit Sicherheit gesagt werden.[40] Sicher aber gehörte Alland an der oberen Schwechat dazu. Diese frühen Gründungen entwickelten sich durch Teilung jeweils aus einem herrschaftlichen Hof, gelegentlich gab es später Zusiedlungen. Die Auflösung dieser Höfe erfolgte in unterschiedlichen Zeiträumen, so ist etwa bei Nöstach der Beginn im späteren 11. Jahrhundert, bei Sulzbach im 13. Jahrhundert zu ergründen.

Wer diese unmittelbaren Siedlungsträger waren, wissen wir nicht; das bleibt auch bei den im früheren 11. Jahrhundert gegründeten Siedlungen des Wienerwaldrandes verborgen. 1035 ermöglichte der König dem Markgrafen Adalbert die Option auf 50 Königshufen zwischen Piesting und Triesting, wobei es durchaus sein kann, dass diese Kolonisation direkt an der ungarischen Grenze schon im Gange war.[41] Damals begann offenbar die Erschließung der Routen Alland – Nöstach bzw. Pottenstein – Kaumberg – Gerichtsberg. Es fällt allerdings auf, dass dieses Königsdiplom doch eher zum geplanten Siedlungsausbau zwischen Piesting und Triesting von Schönau bis Münchendorf geführt hat.[42] Bachaufwärts finden wir aber kleinteilige Siedlungen des 11. Jahrhunderts (Pottenstein, Berndorf),

---

Zeit der Umlegung käme z. B. das frühere 13. Jahrhundert in Frage; wir finden nämlich das gleiche Ausmaß für Ganzlehen (12 Joch Acker, ca. 2 Tw Wiesen) in der Ortschaft Wiesen bei Mattersburg, die zeitgleich durch 10 Ganzlehen begründet wurde.

[39] NOELA KGWN 39 01, fol 64.
[40] AT-OeStA/HHStA UR AUR 58 bzw. DH. II. 22. Zuletzt: Klaus Lohrmann, Die Babenberger und ihre Nachbarn (Wien 2019) S. 45. Siehe auch: FEIGL, Königsschenkungen 52f. KUPFER, Frühe Königsschenkungen 70f. Der undifferenziert angesprochene königliche „Besitz" (*predium*) ermöglichte jedenfalls den Beginn von Organisationsformen am Rande des Wiener Beckens.
[41] RI III,1 n. 229, in: Regesta Imperii Online, bzw. DK. II. 221: in marchia Adalberti inter flumina, quorum nomen est uni Biesnicka, alteri Triesnicka, id est in villa Bobsouua et ubicumque ipse A. elegit inter fluenta praedicta, mansos regales L. Der Villikationsort wird häufig unzutreffend mit Wopfing bei Piesting angegeben, E. Klebel und K. Lechner hatten sich für Veitsau ausgesprochen, Weltin hat dem nicht widersprochen. WELTIN, Das Land und sein Recht 68. Allerdings würde es Sinn machen, die villa näher bei der planvollen Kolonisation zu suchen.
[42] Feigl, Königsschenkungen 54. MITTERER, Königshufe 129-139.

die nicht die großzügige Planung von Hufenland, sondern eine Weiterentwicklung früher Siedlungsanfänge zeigen. Vielleicht ist das ein Hinweis auf allodialen Besitz von Edelfreien wie die Schwarzenburg-Nöstacher bzw. Haderiche oder die Potonen.[43] Die drei Thenneberger Höfe sowie „zu den Höfen" gegen Kaumberg hin sind der Analyse zufolge 1020 bis 1040 eingerichtet worden; der Hof nächst Altenmarkt entwickelte sich sogar zu einem „Maierhof". Natürlich kommt als Siedlungsträger dieser Region vor allem das edelfreie Umfeld der babenbergischen Markgrafen in Frage.

Im Zeitraum 1050 bis 1060 dürften um Nöstach erste Rodungen (später) bäuerlicher Besiedlung eingesetzt haben. Verantwortlich dafür waren wahrscheinlich bereits die unmittelbaren Vorfahren der bekannten Haderiche Heinrich und Rapoto. Erwähnenswert ist etwa die zeitgleiche Ausgliederung des Stigelhofes (Nr. 35/36) aus dem Besitz Dörfl sowie die Entstehung des Lehens „unter der Burg" (Nr. 60/61) am Pankraziberg. Um 1080/1090 scheint diese Familie im Raum schon etabliert zu sein, wie der herrschaftliche Ausbau unterm Thenneberg und um Nöstach bzw. Siedlungsansätze um das Kloster herum vermitteln. Mit Nöstach und Dörfl übernahmen die Haderiche in der Karolingerzeit errichtete Hofsiedlungen, die nun relativ rasch in Teile zerfielen. Wie ein Teillehen in Dörfl „auf der Warth" nahelegt, befand sich dort unweit der „Haderichessnaite" ein Spähposten. Der zentrale Pfalzhof zu Nöstach neben der Martinskirche war offenbar vorerst der Angelpunkt der Herrschaft. Aber schon für die Zeit nach 1060 sind Hinweise für den Ausbau von Macht und Einfluss vorhanden.

Ein Lebensalter danach war die Gegend um Nöstach und Thenneberg in den Gunstlagen weitgehend gerodet und Siedlungsansätze um das Klosteramt vorangetrieben. Nun scheinen die Mönchszelle und in Folge das Kloster das Leben im Hochtal gefördert zu haben. Die Schwarzenburg-Nöstacher haben sich aus dieser Region zurückgezogen.[44] Charakteristisch waren die Brandrodung und das Schwenden, womit man dem Tannen-Buchenwald punktuell zu Leibe rückte, um Äcker kultivieren zu können; der „Getreidebrand", also die Einsaat in die frische Brandrodung war auch in der frühen Neuzeit noch üblich. Die Einödhöfe zeigen immer wieder die inselhafte Erschließung im Wald-Weide-Land. Dabei wird deutlich, dass sonnenzugewandte Höhen- und Abhanglagen früher erschlossen wurden, als feuchte Stellen in den Niederungen.[45] Eine weitere Komponente der Besiedlung waren wohl soziale Fragen. Lehner und Halblehner haben die erste bäuerliche Rodungsepoche dominiert. Mit dem Erstarken der Klosterherrschaft um 1200 wurden aber vor allem um das Kloster herum Hofstätter tonan-

---

[43] In diesem Sinne sprach auch FEIGL, Königsschenkungen 59, davon, dass das Gebiet der oberen Triesting (Berndorf, Pottenstein, Altenmarkt) wohl nicht Teil der Schenkungen von 1002/1035 waren.

[44] Noch bei der Grenzbeschreibung 1125/30 (NÖUB II Nr. 7) trennte der „Pechsteig" bzw. Gerichtsberg die Herrschaftsgebiete des steirischen Markgrafen und der Haderiche.

[45] LOIBL, Flurnamen 221 Nr. 712 und 228 Nr. 737. Um Nöstach fallen heraus die Hofstatt an der Hilm (=Sumpflacke) und die Güter am Brühl (= sumpfige Buschwiese, geeignet als Viehweide) bzw. das Lehen in der Sulz (Nr. 47, „sumpfiger Boden"). Das wiederholt genannte *Ramsental* (nicht: Ranzental) verweist auf die Prägung durch Bärlauchgewächse. Direkt westlich des Klosters Kleinmariazell (Schwarzengraben) blieb der Raum aufgrund der Umweltverhältnisse überhaupt unbesiedelt.

gebend, die alsbald begannen, ihr Nutzland auszubauen.

Für das Kloster dürfte die am Ende des 12./Anfang des 13. Jh. erfolgte Ansiedlung von Hofstättern in der Altenmarkter Bachschleife von wirtschaftlichem Vorteil gewesen sein. Diese Dienstleister am Verkehrsknotenpunkt Altenmarkt scheinen alsbald eine wichtige Versorgungsfunktion erfüllt zu haben. Nach Besiedlung der anfänglichen Häuser wurde seitwärts und hochwassersicher vom Stift die Johanneskirche als Filialkirche von St. Thomas erbaut. Erst mit dem Marktbrief 1448 konnte sich das Marktleben zukunftsträchtig entfalten.

*

Ältere Höfe waren noch im 12. Jahrhundert in Bauernlehen zerschlagen worden. Gegen Ende des Hochmittelalters kam es, angetrieben durch Prosperität und Bevölkerungswachstum, in gar nicht wenigen Fällen zur Teilung von Einödhöfen.[46] In der Krisenzeit des 14. Jahrhunderts folgten in der Herrschaft Mariazell erste Verödungen. Die herrschaftliche Vorgangsweise war nicht einheitlich. Zum einen wurden geteilte Lehen wieder vereint, zum anderen Öden unter veränderten Bedingungen wieder ausgegeben; auch in Altenmarkt selbst verödete manche Hofstatt.[47] Einige Hofnamen haben den sozialen Wandel konserviert: So bedeutet *Lenöd* am Abhang des Schöpfl „Lehenöde", die Hofstatt *Puesenhof* galt im 15. Jahrhundert als „Wohnstatt der Klosterarbeiter".[48] Im Bereich des Rehhofes (= Gayshoff) betreuten Hirten in der Waldweide die klostereigene Ziegenherde, bei den Bauern weideten nur wenige Ziegen. In diesen Zeiten gab es längst Überländer, in Altenmarkt prägte das Burgrecht den Erwerb von einzelnen Grundparzellen. Bis Mitte des 15. Jahrhunderts saßen in Nöstach auch kleine Edelleute, die „jüngeren Nöstacher".[49] Veränderungen gingen in der frühen Neuzeit weiter, so wurde es üblich, mit Ochsengespannen über den Wienerwaldweg Holzprodukte nach Wien zu karren. Ungeahnten neuen Auftrieb brachte der Verkehr der Wallfahrer an der Via sacra im 17./18. Jh.; das Wirtsgeschäft in Altenmarkt profitierte derart, dass das Kloster im Markt einen „Hofwirt" etablierte. Die Heimsuchungen vor allem im Türkenjahr 1683 und nachfolgende Verödungen sind ja bekannt; welcher genaue Anlass dabei zum Wandel führte, ist kaum auszumachen.[50]

---

[46] Im Spätmittelalter werden genannt: NOELA KGWN 39 01, zu Nöstach fol 13 am Stain, fol 18/19 Volanthöfe und Schwaighöfe am Guggu Berg, fol 22 HL auf der Leiten, fol 23 Höfe im Einbach; zu Thenneberg fol 24 Lehen/Hofstatt an der Öd, fol 25 HL auf der Leiten, HL am Lehen, fol 26/27 HL unterm Berg; Kleinmariazell fol 34 am Ahorn, Halblehen und zwei Viertellehen.

[47] NOELA KGWN 39 01, fol 21 Khirlhof auf der Öde (= Sandwieser); fol 2, 7 und 8. Aus zwei verödeten Hofstätten in Altenmarkt entstand ein Stadel. Auch in Kaumberg (fol 44, 48) gab es öde Hofstätten.

[48] LOIBL, Flurnamen 200 Nr. 641 und 206 Nr. 663.

[49] In diesem Band: Reichhalter, Schwarzenburg-Nöstach.

[50] Aus dem Grundbuch (NOELA BG Pottenstein 04 02) sind folgende Beispiele ablesbar: ein VL zu Ahorn verödet, ferner öde Hofstatt im Stattl und am Wasser; in Thenneberg öde Hofstatt an der oberen Öd und am Stein; öde Hofstatt am Kirchberg, öde Schwaighöfe am Guggu Berg. Außerdem kamen in Nöstach und im Dörfl weitere Hofstätten ganz ab.

III. ENTFALTUNG

Maria mit Rankenstab,
Mariazell, 1220/40 (CLi 134 fol. 10v),
vgl. den Beitrag von Martin ROLAND

1. VON DER CELLA ZUM KLOSTER: ENTSTEHUNG UND ENTFALTUNG ERSTEN KLÖSTERLICHEN LEBENS IM 12. JH.
VON THOMAS AIGNER

Das beginnende 12. Jh. war eine Epoche des Aufbruchs in Bezug auf die Entwicklung neuer und reformierter religiöser Lebensformen. Dies stand in engem Zusammenhang mit der Erneuerung der Kirche ganz allgemein. Freiheit von jeder weltlichen Beeinflussung, die „libertas ecclesiae", wurde angestrebt[1]. Auseinandersetzungen treffen wir auch innerkirchlich an, wo sich zunehmend Lebensformen durchsetzten, die weitgehende Unabhängigkeit vom jeweiligen Diözesanbischof erlangen wollten, wie etwa die neuen Orden der Zisterzienser oder Prämonstratenser, oder die cluniazensisch beeinflussten Benediktinerklöster. Im Fall der Letztgenannten bedeutete die Reform eine Fokussierung auf strenge Klausur, intensives Gebet und feierliche Liturgie, möglichst frei von allen äußeren Störfaktoren[2]. Bis zum Anfang des 12. Jhs. war in den bereits bestehenden Benediktinerklöstern unseres Raumes wie Kremsmünster, Melk oder Admont die Observanz nach Gorzer Vorbild dominant, die entgegen der cluniazensisch beeinflussten Strömung eine enge Bindung an die lokalen weltlichen und geistlichen Autoritäten anstrebte. Nun setzte sich aber zunehmend, vermittelt über die Reformklöster Hirsau, St. Georgen und St. Blasien im Schwarzwald, die cluniazensische Lebensweise in verschiedenen Ausformungen durch[3]. Klöster wie Admont (1115) oder St. Lambrecht (vor 1103) stellten sich darauf um[4], neue Klöster wie Göttweig wurden zu bedeutenden Trägern und Übermittlern dieser Reform[5]. In diesem Zusammenhang überrascht die Nennung des Göttweiger Abtes Nanzo (+1125) im Mariazeller Necrologium nicht. Jene des Kremsmünsterer Abtes Hermann (+1125) könnte ein Hinweis sein, dass dessen Kloster bereits damals zum Göttweiger Re-

---

[1] Vgl. LUTTER, Geschlecht & Wissen 31fff; HALLINGER, Gorze-Kluny I 587; BRUNNER, Herzogtümer und Marken 225-242.
[2] Vgl. HALLINGER, Gorze-Kluny I 538.
[3] Vgl. SINDERHAUF, Reform St. Blasien 125-140 sowie SCHREINER, Hirsau und die Hirsauer Reform 89-124.
[4] Vgl. PLANK, St. Lambrecht 319-320.
[5] Vgl. LECHNER, Göttweig 770; SONNLECHNER, Entwicklung 6-16; zur St. Blasianischen Reform vgl. SINDERHAUF, Reform St. Blasien 125-140.

Abb. 31 Nennung des ersten Abtes Azelin im Mariazeller Necrologium am 25. März

formkreis (nach den cluniazenischen Gewohnheiten von Fruttuaria) zu zählen war[6].

Mit dem Todesdatum Nanzos können wir einen spätesten Zeitpunkt für die Klostergründung in Mariazell ansetzen: 1125. Gehen wir von einem mehrjährigen Gründungsprozess aus, dann werden wir nicht weit fehlen, wenn wir die Gründung der Mönchszelle um 1120, möglicherweise analog zu Seitenstetten und Garsten[7] zuerst als abhängiges Priorat, ansetzen[8]. Unter einem der im Mariazeller Necrolog erwähnten Prioren könnte durchaus ein erster Prior eines Priorates Mariazell verstanden werden und weniger der Stellvertreter eines Abtes[9]. Unterstützung erhält diese These durch den Umstand, dass die Erwähnung eines ersten Abtes, Azelin[10], und damit indirekt einer Abtei Mariazell erst relativ spät, nämlich mindestens 35 Jahre später, 1155 in einer Urkunde Bischof Konrads von Passau erfolgt[11]. Diese für damalige Verhältnisse doch unverhältnismäßig lange Regierungszeit macht es durchaus denkbar, dass vor Azelin bzw. der Abtei die Gemeischaft noch in einer Vorstufe oder etwas Vergleichbarem organisiert war. Das genannte Dokument stellt dann einen ersten Abschluss des materiellen Gründungsvorgangs dar. Nach der Stiftung durch die beiden Schwarzenburger Brüder und diversen anderen kleineren Zuwendungen[12] bis um die Jahrhundertmitte überließ dann der der Bischof den Klosterbrüdern seinen Teil des Zehents in einem genau umschriebenen Gebiet. Unter diesem verstand man offensichtlich das damals noch weitgehend unbesiedelte und noch zu erschließende Stiftungsgut der Haderiche, das von deren Burg Schwarzenburg/Nöstach mit allen Zugehörungen bis an den Gerichtsberg bzw. zur wenige Jahrzehnte später errichteten Araburg reichte[13]. Diese Erwerbung begrün-

---

[6] Vgl. PITSCHMANN, Kremsmünster 167-169; HALLINGER, Gorze-Kluny I 360-362.

[7] Vgl. LECHNER, Göttweig 770; WAGNER, Seitenstetten 523-524; HUBER, Garsten 503.

[8] WELTIN nimmt im NÖUB eine Gründung bereits Ende des 11. Jh. an, wofür es jedoch keinerlei Hinweis gibt. Auch die von ihm behauptete aktive Rolle Göttweigs bei der Gründung war eher unüblich. Dafür hätte Göttweig in der Gegend Besitz haben müssen, wofür es jedoch ebenfalls keinerlei Anhaltspunkte gibt. Klöster gründeten nämlich nur dort aktiv eine Cella, wo sie auch Eigenbesitz hatten, vgl. Gloggnitz/Formbach oder Mariazell in der Steiermark oder Aflenz/St. Lambrecht. Im Fall Mariazell/Ö haben wir es ziemlich eindeutig mit Haderich-Grund zu tun, und es wird wohl eher so gewesen sein, dass die Adeligen die Benediktiner engagiert haben.

[9] Vgl. Liste in Anhang 2.

[10] Dieser wird im Necrologium am 25. März als „abbas primus" bezeichnet.

[11] Vgl. die deutsche Übersetzung von MAURER im Anhang, die lateinische Fassung in EIGNER, Geschichte 400-401.

[12] Vgl. die Ausführungen im Kapitel zur Quellenlage und im Beitrag MAURERs zu Baden in diesem Band.

[13] Vgl. die Ausführungen KUPFERS in Abschnitt II; 1986 hat sich WIRTNER, Zehentschenkung mit der Grenzbeschreibung und der Lokalisierung der darin genannten Orte beschäftigt. Trotz der größtenteils irrigen Argumentation umschrieb er das Gebiet mit einem Territorium, das heute die Gemeinden Altenmarkt und Kaumberg umfasst, doch richtig.

dete auch das Recht des Stiftes auf die Ausübung der Seelsorge in diesem Raum, was zu den später geäußerten Ansprüchen auf die Pfarren Nöstach und Kaumberg führte[14], ja sogar noch im 17./18. Jh. als Argument für die Übernahme der Seelsorge in St. Corona diente[15]. Dass sich der Name „Schwarzenburg" nicht durchsetzte und „Nöstach" der dominante Begriff für die Burg und die gesamte umliegende Region war, darauf deutet die Bezeichnung des Klosters im jüngeren Verbrüderungsbuch von St. Peter in Salzburg nicht als „(fratres) Mariaecellenses", sondern als „(fratres) Neztacenses" hin[16].

Nach der Beschickung der Cella mit Mönchen aus Göttweig scheint Kremsmünster bis zur Jahrhundertmitte eine wichtigere Rolle gespielt zu haben, da nach dem dortigen Abt Hermann (+1125) auch dessen Nachfolger Ulrich (1131-1146) im Mariazeller Necrologium eingetragen wurde[17] und vor der Jahrhundertmitte der Mariazeller Priestermönch Ulrich auch in jenem des ober-

Abb. 32
Mönch, Kolorierte Federzeichnung in CLi 134, fol. 1r, Mariazell, 1220/40 (vgl. den Beitrag von ROLAND)

österreichischen Klosters zu finden ist[18]. Nanzos Nachfolger finden wir für diesen Zeitraum hingegen nicht mehr in Mariazell verzeichnet; dafür jedoch in Kremsmünster[19], was wiederum ein Hinweis auf die bereits früher erfolgte Reformierung des oberösterreichischen Klosters durch Göttweig sein könnte. Bemerkenswert ist für diesen Zeitraum weiters die Nennung des Zwiefaltener Abtes Ulrich Hirzbühel[20] (1095-1139), der in seinem Kloster die Hirsauer Reform eingeführt und dieses zu einem weit ausstrahlenden Reformzentrum gemacht hat[21]. Es ist durchaus möglich, dass man sich bei der Einrichtung des klösterlichen Lebens in Mariazell auch von seiner Seite her Rat holte; wie die Verbindung zustande kam, ist jedoch schwer zu erklären.

Dass wir uns in der ersten Hälfte des 12. Jahrhunderts noch in der Aufbauphase befinden, zeigt auch der Umstand, dass für diese Zeit, abgesehen vom oben genannten Ulrich, mit wenigen Ausnahmen kaum weitere Mönche oder Äbte Mariazells in den Necrologien anderer Klöster eindeutig zu bestimmen sind. Bemerkens-

---

14 Vgl. KUPFERs Beitrag S. 242-256.
15 Vgl. AIGNER, S. Corona 15-16.
16 Necrologia II 52/30, 34; Heiligenkreuz wurde hier auch als „(fratres) Satilpacenses" bezeichnet.
17 Necrologium Mariazell 29. August 1146.
18 Necrologium Kremsmünster 30.4. Ulricus pbr et m. Celle Beate Viriginis.
19 Necrologium Kremsmünster 27.1.: Chahochus abbas.
20 Necrologium Mariazell und Zwiefalten: 19.3.
21 Vgl. SETZLER, Zwiefalten 702ff.

Abb. 33 Presbyterium, Blick aus Apsis nach Westen. Im Vordergrund schräg durchlaufendes bachartiges Gerinne, links Wurzelstöcke des Rodungshorizonts. Im Hintergrund mittig die Nordostecke des Chorquadrates der ersten Kirche und die Apsis des nördlich angebauten Seitenschiffes.

wert sind in diesem Zusammenhang zwei Eintragungen, die wiederum auf Göttweig als Gründungskonvent hinweisen: am 12. Jänner wird in Mariazell als Priestermönch der eigenen Gemeinschaft ein gewisser Adelhun eingetragen, am selben Tag findet sich in Admont ein Mönch selben Namens, jedoch als Göttweiger bezeichnet; exakt dasselbe trifft auch auf den am 26. September eingetragenen Priestermönch Gerung zu[22]. Zufall ist in beiden Fällen wohl ausgeschlossen. Haben wir es hier etwa mit Mönchen der Gründungsgemeinschaft zu tun, die ihre Profess noch auf Göttweig abgelegt hatten, dann aber nach Mariazell geschickt wurden? Einen möglichen Zeitgenossen und Mitbruder führt wahrscheinlich auch das älteste, aus der Mitte des 12. Jh. stammende Göttweiger Necrologienfragment am 22. September an, den als Mariazeller Priestermönch ausgewiesenen Winther[23].

Wie den Ausführungen Kupfers zu entnehmen ist, ist es wahrscheinlich, dass für die Anlage des Klosters ein Ort gewählt wurde, der in einem Gebiet lag, das man den Haderichen bzw. ihrer Burg Schwarzenburg/Nöstach zurechnete und fernab jeder Besiedelung in einem Seitental eines Nebenarms der Triesting lag. Eine derart abgelegene Lage wird bereits in der Vita des Erzbischofs Gebhard von Salzburg als ideal für die Gründung eines Benediktinerklosters wie Admont geschildert[24]. Bei archäologischen Grabungen aufgefundene Reste von verkohlten Baumstümpfen weisen darauf hin, dass das Kloster genau aus diesen Motiven in ein „Niemandsland", in den Wald gesetzt wurde[25]. So dürfte der Satz im Pseudo-Heinricianum, „… *dass sie dort roden und kolonisieren …*", durchaus den Tatsachen entsprechen[26]. Wesentlich für die Wahl des Ortes war auch die ausreichende Versorgung mit Wasser bzw. Abflussmöglichkeiten, die durch zwei das Areal umfließende Bäche (heute Kloster- und Trenzenbach) gewährleistet wurde. Bei Grabungen wurde im Bereich des Presbyteriums der heutigen Basilika bzw. im Nordosten der ersten Klosterkirche ein mit Holzbrettern gefasstes Rinnsal gefunden, das mög-

---

[22] NecAdm 12.1. Adilhun Kot(wicensis) pbr et m.; necSL 13.1. Adalhalmus m.; Admont 26.9: Gerungus Kot(wicensis) pbr et m.
[23] Necrologia V 448-449.
[24] LUTTER, Geschlecht & Wissen 52.
[25] Vgl. den Beitrag von KALTENEGGER.
[26] Vgl. die Übersetzung der Urkunde von MAURER in Anhang 1.

licherweise auch auf die Nutzung oder Ableitung von Hangwasser hinweist[27].

Offenbar errichtete man zuerst ein kleines Gebäude (die „*Cella S. Marie*"?) im Süden des Querhauses der heutigen Basilika und ging dann an die Errichtung einer ersten größeren Kirche aus Stein, von der heute noch die schönen Steinquader an der Südseite der Basilika zu sehen sind[28]. Da der Gottesdienst zentral für das Klosterleben ist, ist davon auszugehen, dass die Priorität auf dem Bau einer geeigneten Klosterkirche lag und die Klostergebäude zunächst eher provisorisch, eventuell nur aus Holz, angelegt wurden[29]. Möglicherweise steht das im Stiftsbrief angegebene angebliche Gründungsdatum des 2. Februar 1136 auch eher in Beziehung mit einer Grundsteinlegung oder Kirchweihe[30], die, folgt man den archäologischen Befunden, durchaus damals stattgefunden haben könnte. Mit dem Bau und der Inbetriebnahme der Kirche benötigte man auch Bücher für die Liturgie wie Antiphonaria oder Missalia, bzw. für das tägliche Klosterleben eine Regel des hl. Benedikt oder ein Martyrologium. Abgesehen von vermutlich einer Regelhandschrift[31] und einigen Fragmenten, die Eugen Novak in seinem Beitrag behandelt, hat sich davon aber nichts erhalten. Der Bestand dürfte ohnehin überschaubar gewesen sein, betrachtet man auch die eher bescheidenen Ausmaße der ersten Kirche bzw. eines ersten möglichen Klosters. Dies betrifft wohl auch die Anzahl der Mönche. Laut einer im 17./18. Jahrhundert im Kloster herrschenden Erzählung seien es sechs Mönche unter der Führung ihres Abtes Azelin gewesen, die das Kloster besiedelten[32]. Es ist durchaus davon auszugehen, dass, solange das Kloster nicht zur Abtei erhoben wurde (spätestens erst um die Mitte des 12. Jahrhunderts), nicht viel mehr als die genannten sechs Mönche in Mariazell waren, nach den Vorstellungen dieser Zeit ein halbes Kloster. Leider gibt es erst für das ausgehende 13. Jahrhundert nähere Informationen zur Zahl der Mönche, eine Auflistung der 17 Priestermönche[33], die jedoch für das 12. Jh. und vor allem die Gründungszeit kaum seriöse Rückschlüsse zulässt. Aufgrund der zunehmenden Necrologiumseinträge können wir jedoch vermuten, dass mit der Erhebung zur Abtei wohl um die 12 Priestermönche (angelehnt an die Idealzahl der 12 Apostel) und einige Konversen im Kloster waren. Man kann davon ausgehen, dass die Zahl der Laienbrüder gerade in Zeiten des Aufbaus höher war und dann mit der Zeit geringer wurde[34]. Die Anwesenheit von Laienbrüdern ist ein wichtiges Merkmal cluniazensischer Gemeinschaften, da die Priestermönche sich voll dem Gebet widmen sollten und nicht durch Außenkontakte oder weltliche Verrichtungen abgelenkt sein sollten[35]. Um dies aber nicht ganz weltlichen Angestellten zu überlassen, hatte sich im ausgehenden 11. Jahr-

---

27 Vgl. den Beitrag von KALTENEGGER.
28 Vgl. den Beitrag von KALTENEGGER.
29 Archäologisch lassen sich keine Klostergebäude für das 12. Jh nachweisen; vgl. die Beiträge von SCHEDL, KALTENEGGER, ZORKO/TARCSAY in diesem Band.
30 Vgl. REIDINGER, Ostern 1136.
31 Vgl. HANSLIK, Herkunft 118-119.
32 Vgl. den Äbtekatalog Benedikt Taubenmerkls im Hafnerberger Gedenkbuch, PfA Hafnerberg 05/01 pag. 181-189.
33 Vgl. den bei EIGNER, Geschichte 409, abgedruckten Text der betreffenden Urkunde.
34 Vgl. die allgemeine Entwicklung bei HALLINGER, Gorze-Kluny I.
35 Im Gegensatz zu Gemeinschaften, die nach den Gewohnheiten von Gorze lebten. In deren Necrologien finden sich kaum Konversen verzeichnet.

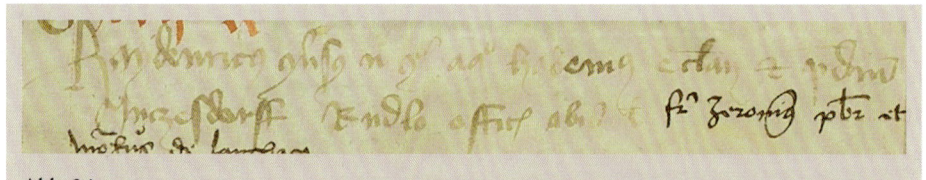

Abb. 34
Eintragung des Konversen Haydenreich von Au am 16. Dezember im Mariazeller Necrologium:
Haydenreich, Konverse unserer Gemeinschaft, von dem wir Kirche und Gut Inzersdorf haben.

hundert der Stand der Konversen oder Laienbrüder neu entwickelt, meist ehemals weltliche Personen ohne Mönchsweihe, die ein eigenes Gewand trugen, im Klosterverband lebten und sich um die alltäglichen Dinge kümmerten[36]. Sie stellten sozusagen die Schnittstelle zwischen kontemplativem und säkularem Leben dar und konnten nicht nur verschiedenste handwerkliche Aufgaben übernehmen, sondern auch zentrale Funktionen in der Administration der Klostergüter[37]. Auf Letzteres weisen auch die Eintritte prominenter Adeliger als Konversen hin. Sowohl Heinrich von Schwarzenburg-Nöstach als auch Haydenreich von Au wurden Konversen, nachdem sie ihre Güter dem Kloster vermacht hatten[38]. Sie wurden so zu Garanten eines nahtlosen Übergangs der Herrschaft über ihre Güter von sich bzw. ihrer Familie auf die Klosterbrüder und sicherten sich zusätzlich eine adäquate Versorgung für ihre späten Lebensjahre.

Die Mitte des 12. Jahrhunderts markiert eine Wende in der Geschichte des noch jungen Klosters in mehrfacher Hinsicht. Die Strahlkraft Göttweigs als Zentrum der benediktinischen Klosterreform fruttuarischer Prägung ließ zunehmend nach, während jene Admonts als Zentrum der Reform cluniazensisch-hirsauischer Prägung immer mehr zugenommen hatte, so dass dieses eine Art neues „Cluny" für den süddeutschen Raum wurde[39]. Es gibt in der Folge kaum ein Benediktinerkloster des Passauisch-Salzburgischen Raums und darüber hinaus, das nicht irgendwie vom obersteirischen Kloster beeinflusst oder reformiert wurde. Eine besondere Rolle spielte dabei Abt Gottfried (1138-1165), in dessen Regierungszeit nach der Vita des Salzburger Erzbischofs Gebhard nicht weniger als 13 Admonter Mönche zu Äbten in anderen Reformklöstern berufen wurden[40]. Diese waren in der strengen Auslegung der hirsauischen Gewohnheiten geübt und fungierten als Überträger derselben in die anderen Gemeinschaften. Es ist davon auszugehen, dass sie zu diesem Zweck zumindest auf Zeit von Mitbrüdern aus Admont unterstützt wurden, worauf die Eintragung solcher in den Necrologien reformierter Klöster dieser Zeit schließen lässt. Für Mariazell wissen wir im 12. Jahrhundert von folgenden Äbten: Azelin (erstmals 1155[41], zuletzt

---

[36] Vgl. HALLINGER, Gorze – Cluny I 535fff.
[37] Vgl. FAUST, St. Paul 79; vgl. auch allgemein Bernoldi Chronicon ad a. 1083, in: MGH SS V 439; vgl. auch HALLINGER, Gorze-Kluny I 531-532.
[38] Vgl. Necrologium Mariazell II. April Heinrich, 16. Dezember Haydenreich.
[39] Vgl. dazu LUTTER, Geschlecht & Wissen; NASCHENWENG, Admont 76-83.
[40] LUTTER, Geschlecht & Wissen 57.
[41] Vgl. die deutsche Übersetzung der betreffenden Urkunde Bischof Konrads von Passau in Anhang 1 bzw. die lateinische Fassung in EIGNER, Geschichte 400-401.

1159 genannt[42]), Hartwic (nach 1159/vor 1196), Volcand (nach 1159/vor 1196)[43] und Magan (erwähnt 1196[44]). Zumeist ist nichts Näheres über ihre Regierungszeit, auch nicht über ihre Herkunft bekannt; es ist gut möglich, dass zumindest einer von ihnen – vielleicht auch schon Azelin – aus Admont oder dessen Umkreis hierher berufen wurde.

Es wird daher kein Zufall sein, dass Abt Gottfried von Admont (1139-1165) im Mariazeller Necrologium verzeichnet ist[45]. Die Analyse der Necrologien von Mariazell und Admont sowie Klöstern aus dessen unmittelbarem Reformkreis wie v. a. St. Lambrecht und Millstatt bringt ein klares Ergebnis. Für die zweite Hälfte des 12. Jahrhunderts finden sich zahlreiche gegenseitige Nennungen von Mönchen aus Mariazell und Admont. Auffällig ist das Ungleichgewicht der Nennungen: werden nur drei Mariazeller Mönche in Admont eingetragen, werden sieben Admonter in Mariazell genannt; ebenso verhält es sich bei den Konversen: drei Mariazellern stehen sieben Admonter gegenüber, zwei Admonter Äbten des 12. Jh. stehen keine Mariazeller gegenüber. Bemerkenswert ist auch die Nennung eines Konversen Otto (der eigenen Gemeinschaft) am 8. März in Mariazell, der am selben Tag in Admont als Mönch dieses Klosters bezeichnet wird. Dieser Befund zahlenmäßig ungleicher Nennungen im Sinne eines massiven Übergewichts von Admon-

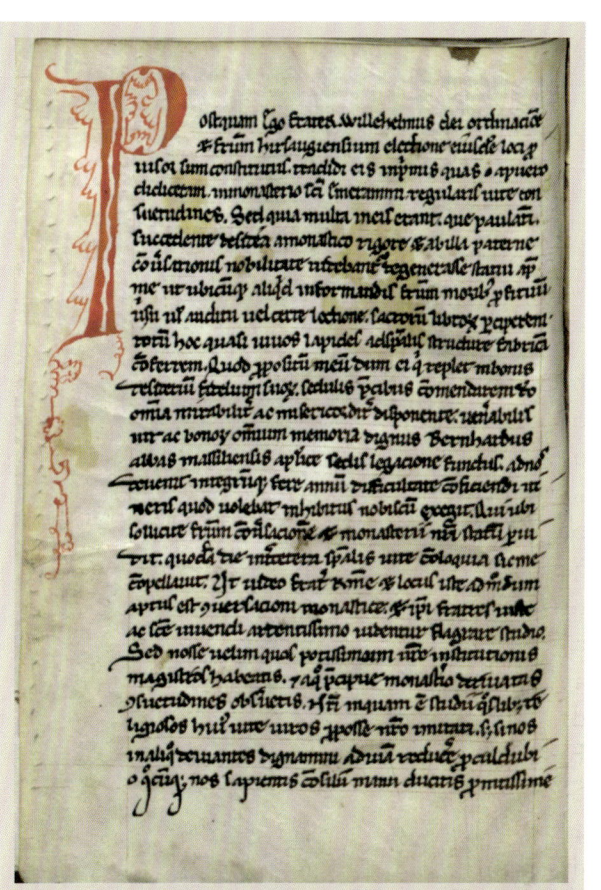

Abb. 35 Die Konstitutionen des Abtes Wilhelm von Hirsau in einer Abschrift aus Mariazell nach Admonter Vorlage, CLi 24, fol. 54v, Mariazell, 13. Jh. (vgl. Beiträge von ROLAND und NOVAK)

ter Nennungen in Mariazell lässt darauf schließen, dass Admont die wichtigere Bedeutung für Mariazell spielte als umgekehrt – ein deutliches Zeichen für den Transfer von Reformwissen aus der Steiermark in den Wienerwald! Auffällig ist auch die hohe Zahl der Admonter Konversen, die in Mariazell ge-

---

[42] LAMPEL, Urkunden Sanct Pölten 11 bzw. www.monasterium.net/mom/StPCanReg/1159_XII_16/charter.
[43] Hartwic und Volcand können zeitlich nicht genau festgemacht werden; ihre Reihenfolge ergibt sich aus der Nennung im Necrologium bzw. aus dem Äbtekatalog Anselm Schirings (1659) in Codex 874 (rot), Stiftsbibliothek Göttweig bzw. EIGNER, Geschichte 21-22.
[44] Vgl. EIGNER, Geschichte 22 bzw. BUB II 352 n. 498.
[45] Necrologium II Mariazell 25. Juni.

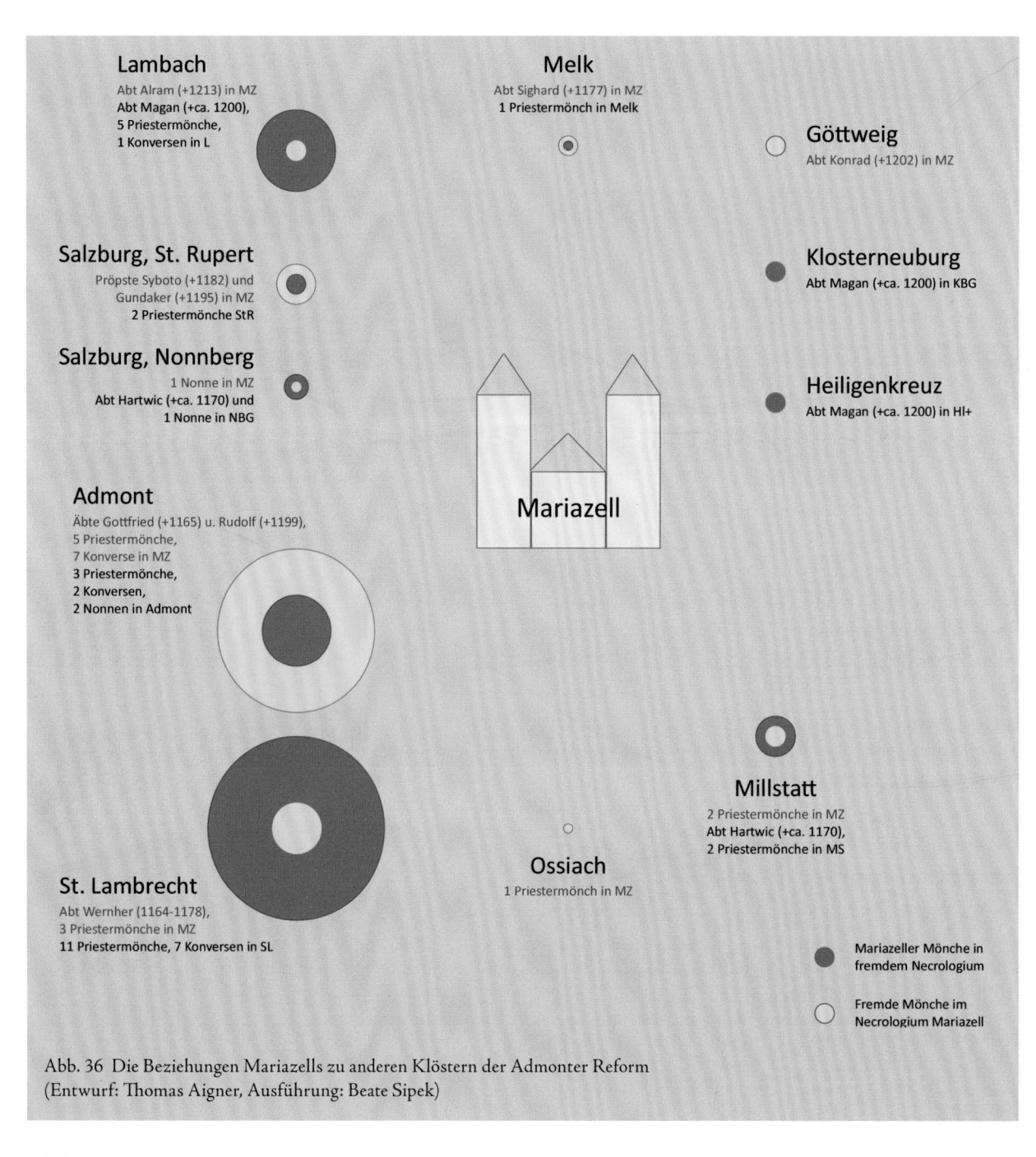

Abb. 36 Die Beziehungen Mariazells zu anderen Klöstern der Admonter Reform
(Entwurf: Thomas Aigner, Ausführung: Beate Sipek)

nannt werden; ein Hinweis auf deren Mithilfe beim Aufbau des Klosters?

Neben Admont fallen auch zahlreiche Nennungen für St. Lambrecht in dieser Zeit auf, das damals auch die Admonter Lebensweise angenommen hatte[46]. Dessen Abt Wernher (vor 1164-ca. 1178), den auch das Mariazeller Necrolog führt, könnte hier eine wesentliche Rolle gespielt haben[47]. Bei den gegenseitigen Nennungen ist ebenso ein massives Ungleichgewicht festzustellen, diesmal aber zu Gunsten Mariazells: zehn Mariazeller Mönchen im St. Lambrechter Necrologium stehen fünf St. Lambrechter in Mariazell gegenüber, sieben Mariazeller Konversen in St. Lambrecht kein St. Lambrechter in Mariazell, einem St. Lambrechter Abt in Mariazell ein Mariazeller Abt in St. Lambrecht. Bei einzelnen Konversen kommt es wieder zu Zuordnungen zum jeweils eigenen Haus[48]; eventuell ein Hinweis auf Mobilität im Konversenstand?

Diese intensiven wechselseitigen Nennungen und damit die Einbettung Mariazells in den Admonter Reformkreis lassen sich bis ca. 1210/1230 feststellen. Es ist daher davon auszugehen, dass Mariazell mit der Erhebung zur Abtei um die Mitte des 12. Jh. zu einem Reformkloster des Admonter Kreises hirsauischer Prägung wurde, was seinen Niederschlag in der Gestaltung der Kirche fand[49] und auch in der Übernahme liturgischer Gewohnheiten[50]. Die Existenz einer Abschrift der Hirsauer Konstitutionen nach einem Admonter Codex in Mariazell ist ein weiteres starkes Indiz dafür[51]. Die nach weitgehender Freiheit von allen äußeren Beeinflussungen strebende hirsauisch-cluniazensische Lebensweise dürfte im Falle Mariazells auch dazu geführt haben[52], dass es vielleicht im 12. Jh. direkt dem Heiligen Stuhl unterstellt und damit dem Zugriff des Diözesanbischofs entzogen wurde, wie Nennungen im päpstlichen Abgabenverzeichnis, dem Liber Censualium, nahelegen[53]. Grundlage dafür könnte eine (nicht mehr erhaltene) päpstliche Schutzbulle gewesen sein, wie sie damals auch für Millstatt, St. Lambrecht oder St. Paul ausgestellt worden war[54]. Das gänzliche Fehlen von Passauer Bischöfen oder anderen hohen Klerikern der Diözese im Necrologium könnte ein zusätzliches Indiz dafür sein. Dass diese mögliche „Exemption" nicht von Dauer war, beweist die päpstliche Schutzbulle von 1260, die dem Diözesanbischof dann doch gewisse Recht einräumte – doch davon später[55].

Nach der Einführung der Hirsauer Reform in Admont 1115 durch Mönche aus St. Georgen im Schwarzwald kam es dort auch zur Gründung eines Nonnenklosters, das sich ebenso wie das Männerkloster in der Folge zu einem weit ausstrahlenden Zentrum weiblichen Religiosentums entwickeln sollte[56]. Mit der Etablierung eines Konvents für Frauen

---

46 Vgl. PLANK, St. Lambrecht 320-321.
47 Necrologium Mariazell 3. August.
48 Necrologien Mariazell und St. Lambrecht: 9. 1. Engeling, 9.3. Otto, 17.5. Wolfgerus.
49 Vgl. den Beitrag von SCHEDL in Abschnitt III.
50 Vgl. den Beitrag von NOVAK in Abschnitt III.
51 Vgl. ENGELBERT, Constitutiones Hirsaugiensis XVIII; heute Stiftsbibliothek Lilienfeld cod. 24; dieser ist der Schrift nach zwar erst im 13. Jh. entstanden, könnte aber durchaus eine Abschrift einer älteren, vorher schon in Mariazell befindlichen HS sein.
52 Vgl. HALLINGER, Gorze-Kluny I 538ff., 571-573.
53 Vgl. FABRE, Le Liber censuum II 120, VI 170.
54 Vgl. DEUER, Millstatt 765-766.
55 Vgl. den Beitrag von AIGNER in Abschnitt IV und die deutsche Übersetzung der Urkunde von MAURER in Anhang 1.
56 Vgl. LUTTER, Geschlecht und Wissen 54fff. sowie NASCHENWENG, Admont, Frauenkloster 189-212.

neben einem solchen für Männer schuf man ein umfassendes Angebot eines zurückgezogenen religiösen Lebens für beide Geschlechter, was ganz dem Hirsauer Konzept entsprach[57]. Die Anziehungskraft des Admonter Frauenklosters war derart groß, dass zahlreiche Fürsten, Grafen und Adelige ihre Töchter hierher schickten[58]. Bedenken wir nun, dass es einige Jahrzehnte brauchte, um aus der Zelle die Abtei Mariazell zu formen, erscheint es logisch, dass die Gründung eines Nonnenkonvents wohl erst danach erfolgt sein wird, nämlich zu jener Zeit, als Mariazell zu Zeiten des Abtes Gottfried von Admont (1139-1165) hirsauisch reformiert wurde. Möglicherweise war die Etablierung eines Frauenkonventes neben der Ausrichtung des Lebens der Männer nach den Hirsauischen Gewohnheiten wie in Admont Teil des Reformkonzeptes. Es ist daher anzunehmen, dass die Beschickung mit ersten Nonnen bzw. die Einrichtung des weiblichen Klosterlebens in Mariazell nach der Mitte des 12. Jh. auch von Admont aus erfolgt ist, wozu uns wieder die Necrologien wertvolle Hinweise liefern[59].

Abb. 37
Nonne, Kolorierte Federzeichnung in CLi 134, fol. 10r, Mariazell, 1220/40
(vgl. Beitrag von ROLAND)

Es scheint so, dass auch Nonnberg und Millstatt, wo damals auch ein Frauenkloster entstand[60], in diesen Prozess involviert waren. Die Nennung des Abtes Hartwic von Mariazell in den Necrologien dieser beiden Klöster lässt dies vermuten. Die am 16. November in Mariazell eingetragene Nonne des eigenen Konvents Gisela wird etwa am selben Tag auch in Nonnberg als dortige Schwester eingetragen bzw. finden wir die Mariazeller Schwester Gisela auch in Millstatt als Mitglied des dortigen Konvents verzeichnet[61].

Insgesamt erwähnt das Mariazeller Necrologium sieben *„Schwestern unserer Gemeinschaft"*, also Mariazeller Nonnen, und vier Admonter Schwestern – ein klarer Hinweis auf die enge Beziehung zwischen den beiden Konventen[62], sowie je eine weitere aus Traunkirchen und Nonnberg. Noch deutlicher wird dies, wenn wir uns die Eintragung der Schwester Margaretha zum 1. Dezember ansehen. Diese wird in Mariazell als Schwester der eigenen Gemeinschaft bezeichnet, in Admont je-

---

57 Vgl. BÜHLER, Forschungen Benediktiner-Doppelklöster 197-207, 4 (1929) 1-13, 199-229, 5 (1930) 17-33, 229-251 bzw. NASCHENWENG, Admont, Frauenkloster 189-190.
58 Vgl. LUTTER, Geschlecht & Wissen 54.
59 Vgl. auch den Fall Millstatt, DEUER, Millstatt 766, bzw. DEUER, Millstatt, Frauenkloster 823-824.
60 Vgl. DEUER, Millstatt, Frauenkloster 823-825.
61 Es kann natürlich auch sein, dass beide Schwestern nach einer Auflösung des Mariazeller Kovents in diese Klöster übersiedelten.
62 Zwei werden in den Necrologien von Mariazell und Admont bzw. Traunkirchen jeweils als Schwester der eigenen Gemeinschaft bezeichnet: 11. Juli: Rihza monialis, 8. August: Gerdrudis monialis.

Abb. 38 Blick auf die Grundmauern der ersten Kirche: Mitte rechts und links das Fundament des später hinzugefügten Anbaus, möglicherweise eines Betchors für die Nonnen (Fl. V, Pl. 6)

doch als Konversin des dortigen Konvents. Es könnte sich hier durchaus um eine Admonter Schwester handeln, die nach Mariazell ging oder eine Mariazeller Schwester, die etwa nach Auflösung des dortigen Konvents nach Admont ging. Dass die Strahlkraft des Admonter Nonnenkonvents in jedem Fall in die unmittelbare adelige Umgebung von Mariazell reichte, beweist der Eintritt von Töchtern benachbarter Adelsfamilien in das steirische Kloster; um 1140 etwa durch Kunigunde, Tochter Adelheids von Pottenstein[63], oder um 1175 durch Adelheid und Gertrud, Töchter des Wichard von Vestenberg[64]. Auffällig ist, dass im Mariazeller Necrologium am 16. November eine Schwester Gertrud (der eigenen Gemeinschaft) genannt wird und nur wenige Tage später am 21. November in Admont eine Nonne gleichen Namens eingetragen ist, was die Möglichkeit eröffnet, dass es sich bei beiden Nennungen eventuell um ein und dieselbe Person in Form der Tochter Wichards gehandelt haben könnte. Weitere Gedanken dazu wären jedoch reine Spekulation.

Möglicherweise war mit ein Grund für die Gründung des Mariazeller Nonnenkonventes, dass man auch den Töchtern des damals sukzessive wachsenden lokalen Adels das Angebot eines zurückgezogenen geistlichen Lebens machen wollte[65]. Die Zahl adeliger Töchter, die in Mariazell eintreten wollten, war aber offenbar nicht ausreichend, da es im Necrologium bei der Nennung von nur sieben Schwestern blieb. Geht man davon aus, dass allein der Gründungskonvent nicht viel mehr als sechs Personen umfasste, wird klar, dass die Existenz eines Nonnenklosters in Mariazell nur ein kurzfristiges Phänomen gewesen sein muss und sicher nur wenige Jahre bzw. Jahrzehnte Bestand hatte. Es ist jedoch möglich, dass es archäologisch durchaus Spuren hinterlassen hat. Wie in den Beiträgen Schedls und Kalteneggers zu lesen ist, wurde im letzten Viertel des 12./Anfang des 13. Jhs. an die Mönchskirche im Norden ein Schiff angebaut, dessen Funktion nicht eindeutig identifiziert werden kann. Der Siedlungs-

---

[63] StUB I 202.
[64] StUB I 545-546; im Necrologium von St. Lambrecht wird am 28. April u.a. ein *Wichardus miles* und eine *Adelheit m(onialis)* genannt, in Mariazell nur zwei Tage später ebenso ein *Wichardus l.* Durchaus möglich, dass es sich dabei um Wichard von Vestenberg handelt.
[65] Vgl. LUTTER, Geschlecht & Wissen 33-35.

geschichte Krawariks folgend, gab es zu dieser Zeit in der Umgebung noch keine nennenswerten Neuansiedlungen von Bauern, so dass eine Art Leutkirche noch nicht wirklich notwendig war. Bleibt die Vermutung, dass ähnlich wie in Michaelbeuern oder bei den Petersfrauen in Salzburg hier ein Betchor für die Nonnen errichtet worden sein könnte[66]. Zahlreiche Bezüge im Necrologium zum Salzburger Raum machen es möglich, dass die eben genannten Beispiele für Mariazell durchaus als Vorbild gedient haben könnten. Mehrere nebeneinander liegende Bestattungen weiblicher Personen im Nordosten dieses Betchors (heute nördliches Querhaus der Basilika) könnten auf eine Art Nonnenfriedhof hinweisen[67]. Diesen würde man auch durchaus dort erwarten, da nach Hirsauer bzw. Admonter Vorbild der Mönchsfriedhof auch nördlich der Kirche angesiedelt war[68].

Fassen wir kurz zusammen: Für die zweite Hälfte des 12. Jahrhunderts können wir in Mariazell ein Doppelkloster nach Hirsauer bzw. Admonter Lebensart finden, das sich sukzessive zum einen in eine sich formende Landschaft neuer Klöster und Pfarren einfügte und zum anderen Teil eines Netzes von neuen Siedlungen und Herrschaften wurde, das nach und nach immer mehr das Land überzog[69]. Dies wird wiederum anhand verschiedener Nennungen im Necrologium deutlich. Einerseits von Mönchen und Nonnen anderer Gemeinschaften in Mariazell, andererseits von Mariazeller Mönchen in den Totenbüchern anderer Klöster. Besonders auffällig sind neben den erwähnten Nennungen aus dem Admonter Reformkreis die Nennungen der Dompröpste Siboto (1168-1182) und Gundaker (1182-1195) von Salzburg, was möglicherweise mit der Nähe Admonts zu Salzburg erklärt werden kann[70]. Die Nähe zum Salzburger Umkreis wird bestärkt durch die erwähnte Nennung des Abtes Hartwic in den Necrologien von Nonnberg und Millstatt (wohl um 1170/1180)[71].

Überraschend ist hingegen der Umstand, dass trotz der großen räumlichen Nähe für das 12. Jahrhundert, mit eventuell einer unsicheren Ausnahme[72], keine Überschneidungen in den Necrologien mit Heiligenkreuz festzustellen sind; solche finden wir erst im 13. Jh. Es scheint demnach zumindest im monastischen Bereich doch eine Fokussierung auf Klöster der eigenen Lebensweise stattgefunden zu haben. Wirtschaftlich hatte man aufgrund der fast unmittelbaren Nachbarschaft bestimmt einiges miteinander zu tun; dies fand jedoch keinen Niederschlag im gegenseitigen Totengedenken.

Zu einem wesentlichen Charakteristikum eines cluniazensisch geprägten Klosters gehörte die grundsätzliche Ablehnung von außerhalb der Gemeinschaft stehenden Mächten und Gewalten, wozu vor allem Laien zählten[73]. Dies ließ sich jedoch nur bedingt in die Realität umsetzen, da oft einerseits die Familien von Klosterstiftern weiterhin Einfluss ausüben wollten und andererseits jedes Kloster

---

[66] Vgl. DOPSCH, Michaelbeuern 662.
[67] Vgl. die Beiträge von KALTENEGGER, ZORKO/TARCSAY.
[68] Vgl. die Beiträge von SCHEDL und WINKELBAUER in Abschnitt III.
[69] Vgl. BRUNNER, Herzogtümer und Marken.
[70] Necrologium Mariazell: 19. Jänner Syboto, 4. März Gundaker.
[71] Necrologium Mariazell: 1. Dezember.
[72] Die Eintragung des Heiligenkreuzer Priestermönchs Ascwin am 17. Jänner in Mariazell könnte eventuell noch im 12. Jh. erfolgt sein.
[73] HALLINGER, Gorze-Kluny I 587.

eines weltlichen „advocatus" bedurfte, eines sogenannten Vogtes, der seine Interessen gegenüber anderen weltlichen Mächten vertrat und zuweilen auch mit Waffengewalt verteidigte, was den Mönchen natürlich nicht möglich war. Aufgrund dieser außerordentlichen Machtfülle konnten solche Vögte ihre Rolle zuweilen zu der eines Klosterherren entwickeln, der mehr seine eigenen Interessen als die des ihm anvertrauten Klosters verfolgte. Auf diese Weise konnte es zu schweren materiellen Bedrückungen der geistlichen Gemeinschaft kommen[74]. Es ist daher verständlich, dass man danach strebte, am besten gar keinen Vogt haben zu müssen, was aber in den meisten Fällen aufgrund vielfältiger vermischter Interessen weltlicher, kirchlicher und geistlicher Akteure einfach nicht möglich war. So strebte man danach, einen Mittelweg zu gehen, sich einerseits der nötigen Schutzfunktion eines Vogtes zu bedienen, andererseits dessen Rechte klar zu begrenzen, um dem Missbrauch seines Amtes vorzubeugen[75].

Zur Gründung eines Klosters wie Mariazell gehörte daher auch die Klärung der Frage: Wer übernimmt die Vogtei? Könnten wir dem Stiftsbrief und damit auch der Leopolds-Narratio voll inhaltlich vertrauen, dann wäre die Frage einfach zu beantworten: mit der angeblichen Gründung 1136 übernahm Markgraf Leopold III. für sich und seine Nachfolger die Vogtei[76]. Wenn dem tatsächlich so gewesen wäre, dann hätte 1232 Herzog Friedrich II. nicht das Patronatsrecht bzw. die Vogtei über die Taubitzer Güter übernehmen müssen[77]. Auch aus einem Dokument bez. einem Streit des Klosters mit dem Vogt seiner Inzersdorfer Güter aus 1213 kann keine landesfürstliche Vogtei abgelesen werden[78]. Eventuell hätten sich in früheren Quellen entsprechende weitere Hinweise gefunden, was jedoch nicht der Fall ist. So müssen wir uns wieder auf die Suche nach anderen Spuren machen.

In den Quellen finden wir zwar keine expliziten Hinweise auf mögliche Vögte des 12. Jahrhunderts, jedoch birgt das Necrologium zwei Eintragungen, die damit etwas zu tun haben könnten. Zum einen finden wir Graf Ekbert III. von Formbach (+1158)[79], dessen Familie im ersten Viertel des 12. Jh. die Vogtei über mehrere Klöster, darunter das Gründungskloster von Mariazell, Göttweig, ausübte – durchaus möglich, dass der Formbacher als Göttweiger Vogt auch gleich die weltlichen Belange seines kleinen Ablegers im Wienerwald mit übernahm[80]. Auf den ersten Blick etwas weit hergeholt scheint auf den ersten Blick die Identifizierung eines „Engelbertus comes"[81] mit Engelbert III. von Görz – 1189 bis 1220 Graf[82] und Vogt von Millstatt, das ebenfalls zum engsten Admonter Reformkreis gehörte! Beziehungen des genannten Kärntner Klosters zu Mariazell lassen sich im Necrologium, wie erwähnt, auch gut nachweisen. Damit könnte sich wieder der Kreis schließen, indem Engelbert eventuell über Admonter bzw. Millstätter

---

[74] Zur Vogtei allgemein REICHERT, Landesherrschaft und bez. des Vogtkampfes der Cluniazenser vgl. HALLINGER, Gorze-Kluny I 584-597.
[75] HALLINGER, Gorze-Kluny I 591-595.
[76] Vgl. meine Ausführungen zur Quellenlage in Abschnitt I dieses Bandes.
[77] Vgl. AIGNER in Abschnitt IV und die Übersetzung der betreffenden Urkunde von MAURER in Anhang 1.
[78] BUB I 257 n. 182.
[79] Necrologium Mariazell 5. August, auch in Sankt Lambrecht eingetragen.
[80] Vgl. FLECK, Göttweig 98-105.
[81] Necrologium Mariazell 21. September.
[82] Vgl. DEUER, Millstatt 815.

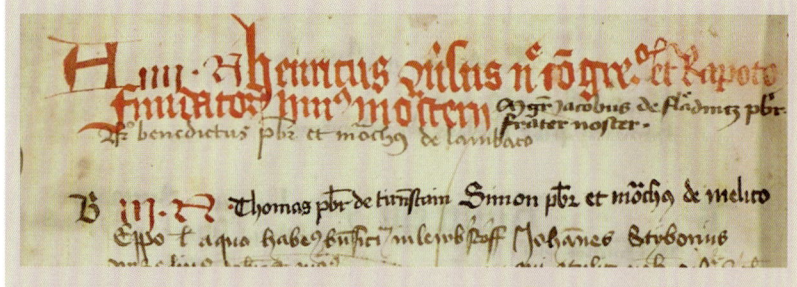

Abb. 39
Heinrich, Konverse unserer Gemeinschaft, und Rapoto, Stifter dieses Klosters – Feierliche Eintragung der Stifter unter dem 2. April im Mariazeller Necrologium. Man beachte die Größe und die andere Farbe der Schrift, ein Zeichen dafür, dass dies ein besonderer Gedenktag ist.

Vermittlung auch zeit- oder teilweise die Vogtei von Mariazell innehatte.

Bei zahlreichen adeligen Klostergründungen war es durchaus üblich, dass die Stifterfamilie die Vogtei übernahm, was im Falle Mariazells jedoch weitgehend ausgeschlossen werden kann. Heinrich konnte als Konverse das Amt nicht ausüben und Rapoto zog sich auf seinen neuen Herrschaftssitz Falkenberg bei Straß im Straßertale zurück[83]. Als Stifter („*fratres fundatores*")[84] des Klosters spielten sie für die Gemeinschaft trotzdem eine besondere Rolle, aus welchem Grund dieses jährlich am 2. April ihr Totengedenken beging. Im Necrologium kommt dies durch eine im Gegensatz zu den anderen Einträgen besonders feierliche Ausführung der Eintragung in Auszeichnungsschrift zum Ausdruck[85]. Der 2. April war wohl nur der Todestag Heinrichs, wurde jedoch als Stiftertag für beide begangen, da Rapoto am 9. Oktober nochmals eingetragen ist, und zwar interessanterweise als „*Rapoto, Bruder des Gründers unseres Klosters*"[86]. Es ist davon auszugehen, dass beide in prominenter Lage zuerst entweder in der ersten Kirche oder im Kapitelsaal bestattet wurden, so dass die Mönchsgemeinschaft ihre Gebete stets in unmittelbarer Nähe verrichten konnte. Wie dem noch erhaltenen Grabstein des 15. Jhs. zu entnehmen ist, scheint damals eine Wiederbestattung der Gebeine oder zumindest eine Erneuerung des Grabsteins vorgenommen worden zu sein[87].

Mit der Stiftung des Klosters schufen die beiden nicht nur für sich selbst einen Ort „*... der Hoffnung auf die Ewigkeit und auf himmlische Belohnung*"[88], sondern auch für Ihre Familie, wodurch sich die Frage stellt, wie sich die Beziehung der Nachfahren Rapotos[89] zu Mariazell gestaltete bzw. welche Hinweise es darauf gibt. Wie dem Beitrag Kupfers zu entnehmen ist, verlegte Rapoto seinen Interessensschwerpunkt ins südöstliche Waldviertel und scheint die Haderich-Güter nördlich der Donau entgegen den Aussagen des Stiftsbriefs zunächst behalten zu haben[90]. Bis Anfang des 13. Jhs. scheint es

---

[83] Vgl. die Beiträge von KUPFER und ZEHETMAYER in Abschnitt II.
[84] Siehe den Grabstein 15. Jh. in der Krypta der Basilika Klein-Mariazell.
[85] Necrologium Mariazell 2. April.
[86] Necrologium Mariazell 9.10.: "Rapoto frater fundatoris huius monasterii".
[87] Heute ruhen beide in der neu geschaffenen Krypta der Basilika Klein-Mariazell.
[88] Vgl. die deutsche Übersetzung des Stiftsbriefs von MAURER in Anhang 1.
[89] Heinrich hatte als Konverse eher keine Nachfahren.
[90] Vgl. die Beiträge von ZEHETMAYER und KUPFER in Abschnitt II.

Abb. 40 Stiftergrab in der Krypta der Basilika Klein-Mariazell (errichtet 1997/1998)

War bei der Gründung der Cella um 1120 das umliegende Gebiet weitgehend unbesiedelt, so änderte sich dies nach und nach im 12. Jahrhundert. Einerseits ließen sich im Umfeld des Klosters Bauern nieder, andererseits versuchten adelige Geschlechter in dem Bereich, den die Konradurkunde von 1155 umschreibt, durch Errichtung von Burgen und Ansiedlung ihrer Gefolgsleute Fuß zu fassen. Wie im Beitrag Kupfers nachzulesen ist, spielen ab Ende des Jahrhunderts die Arberger zunehmend eine Rolle, ebenso in der unmittelbaren Umgebung des Klosters bzw. seines ureigensten Stiftungsgutes, der Schwarzenburg/Nöstach, schon ab Mitte des Jahrhunderts die Arnsteiner bzw. ein mutmaßlicher Angehöriger dieser Familie in Person Wichards von Vestenberg, wie im Beitrag Zehetmayers näher ausgeführt wurde. Dieser wird zwischen 1157 und 1182 urkundlich erwähnt und versuchte offenbar, durch Errichtung einer Burg oberhalb des Hafnerbergs bzw. Nöstachs eine Herrschaftsgründung, die jedoch fehlschlug und nur wenige Jahrzehnte Bestand hatte[96]. Möglicherweise konnte sich das Kloster letztlich gegen ihn durchsetzen und seine Ansprüche auf dieses Gebiet, das ihm durch Heinrich und Rapoto gestiftet worden war, erhärten. Weniger erfolgreich war es im Südwesten seines Einzugsbereichs, des heutigen Kaumberg, wo, von Süden her kommend, ein neues Geschlecht

tatsächlich Beziehungen Mariazells zu den Falkenbergern gegeben haben; wir finden in den Quellen zwar nichts über Stiftungen oder sonstige Zuwendungen, es könnten aber einige Nennungen im Nekrolog auf Mitglieder dieser Familie deuten[91]: Zum einen sind ein Konverse Rapoto[92] und ein Priestermönch Hadmar[93] mit für diese Familie typischen Vornamen eingetragen, zum anderen zwei Damen, die wahrscheinlich mit Falkenbergerinnnen ident sind, Gysila[94] (+1221) und Alhaydis (+ um 1200)[95].

---

[91] Für die Überlassung seiner Quellensammlung zu den Falkenbergern danke ich Erwin KUPFER.
[92] Necrologium Mariazell 29.11.
[93] Necrologium Mariazell 28.4.
[94] Necrologium Mariazell 7.4., im Zwettler Stiftungsbuch wird ihr Tod 31.3.1221 berichtet; FRA II/3 168 f.; RÖSSL, BH 41 Nr. 85n.
[95] Necrologium Mariazell 16. Juni; Necrologium Admont 14. Juni.
[96] Vgl. die nähere Beschreibung im Beitrag REICHHALTERs in diesem Band.

durch Errichtung der Araburg und Ansiedlung von Bauern erfolgreich sukzessive nach Nordosten vordrang und damit einen großen Teil des ursprünglich den Haderichen bzw. danach dem Kloster zugerechneten Gebietes im Bereich Kaumbergs unter seine Herrschaft bringen konnte[97].

An diesen Beispielen wird deutlich, wie sich die sozialen und herrschaftlichen Strukturen in der Umgebung im Laufe des Jahrhunderts mehr und mehr verdichteten und damit die Grundlagen für spätere Entwicklungen gelegt wurden. Aus der Mönchszelle war eine vergleichsweise kleine, bescheidene Abtei geworden, in deren Herrschaftsbereich sich zunehmend mehr Leute niederließen. Deren Alltag und Zusammenleben musste geregelt werden, was durch den Umstand illustriert wird, dass sich Abt Magan 1196 vom Landesfürsten das Recht der niederen Gerichtsbarkeit über die seiner Klosterherrschaft angehörigen Personen bestätigen ließ[98]. Überdies muss bedacht werden, dass mehr Leute auch mehr Einkommen für das Kloster bedeuteten und damit die großen Umbauten und Erweiterungen im 13. Jahrhundert erst möglich machten.

---

[97] Siehe den Beitrag von KUPFER in Abschnitt IV.

[98] Vgl. BUB II 352 nr. 498; eine Urkunde ganz ähnlichen Inhalts gibt es auch für das Kloster Göttweig 1195, vgl. www.monasterium.net/mom/AT-StiAG/GoettweigOSB/1195/charter.

2. DER GRÜNDUNGSKONVENT VON MARIAZELL – VERWIRRUNGEN UND IRRUNGEN

VON P. UDO FISCHER

Die Benediktiner hatten im Land unter der Enns einen Startvorteil, doch von wo aus wurde Mariazell besiedelt? *„Alle, welche je über Mariazell geschrieben haben, halten an der Überlieferung fest, dass die Besiedelung des Klosters durch Mönche aus dem im Jahr 741 gestifteten Mauritiuskloster Niederaltaich, welches anno 777 auch dem Kloster Kremsmünster unter Abt Fater seine ersten Religiosen gab, geschehen sei.“* So schreibt Otto Eigner 1900 in seiner „Geschichte des aufgehobenen Benedictinerstiftes Mariazell“, dem ersten umfassenden Buch über die Abtei – mehr als 100 Jahre nach deren Auflösung durch Kaiser Joseph II. Doch „welche“ haben zuvor die Niederaltaicher These publiziert? Eigner nennt im Zitat nur einen einzigen: den Melker Benediktinerpater Ignaz Keiblinger und fügt dortselbst hinzu, dass jener jedoch *„dieser von ihm selbst geglaubten Annahme“* in der „Geschichte von Melk“ (1851) widerspricht: *„Indessen verschafft uns eine neue Entdeckung die Überzeugung, dass die so weit entfernte ehemalige Reichsabtei Maursmünster, Marmontier in Nieder-Elsass, die Mutter von dem österreichischen Mariazell sei; was wohl nur aus dem großen Verbande der deutschen Benedictiner durch die Congregation von Hirschau erklärbar ist.“* Eigner

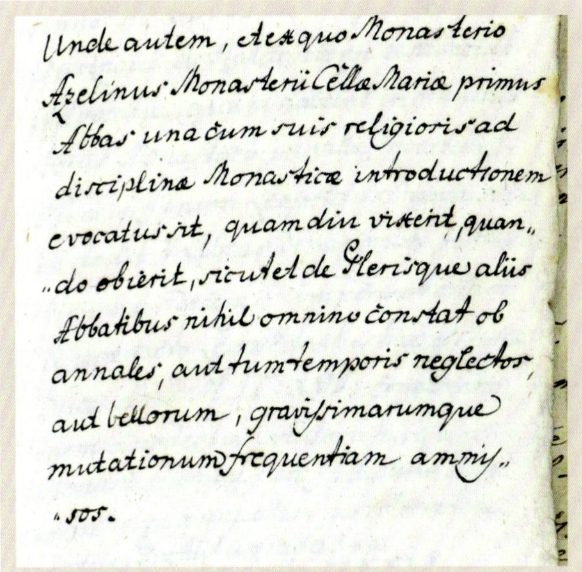
Unde autem, et ex quo Monasterio
Azelinus Monasterii Cellae Mariae primus
Abbas una cum suis religiosis ad
disciplinae Monasticae introductionem
evocatus sit, quamdiu vixerit, quan-
-do obierit, sicut et de plerisque aliis
Abbatibus nihil omnino constat ob
annales, aut tum temporis neglectos,
aut bellorum, gravissimarumque
mutationum frequentiam amis-
-sos.

Abb. 41 Codex 875 (rot) der Stiftsbibliothek Göttweig enthält u.a. einen Äbtekatalog, angelegt von Abt Anselm Schiring 1659: woher die ersten Mönche kamen, darüber weiß er auf fol. 5r nichts.

Abb. 42 Ignaz Keiblinger (1797-1869), Benediktiner des Stiftes Melk, legte eine große Quellensammlung zur Geschichte von Mariazell an, die sich heute im Stiftsarchiv Melk befindet (StiA Melk: 7. Patres K. 34). Portrait aus: Eduard Ernst Katschthaler, Ignaz Franz Keiblinger. Ein Gedenkblatt zu seinem hundertsten Geburtstage (Wien 1898)

kommentiert abwehrend: *„Leider findet sich in seinen über Mariazell gesammelten Notizen gar nichts über diese Entdeckung."*[1] Doch Eigner irrt.

Sieht man vom Codex 2232 in der Wiener Nationalbibliothek ab, fehlen mittelalterliche Hinweise auf die Herkunft der ersten Mariazeller Mönche – ähnlich wie in Altenburg, wo man offenkundig auch erst in der Neuzeit die Besiedelung aus St. Lambrecht angenommen hat.[2] Aus dem Mittelalter sind kaum Kontakte zwischen Niederaltaich und Mariazell überliefert. In der Ära der Melker Reform war Abt Erhard von Niederaltaich 1435 einer der Visitatoren von Mariazell. 1452 war der Mariazeller Abt Laurenz Gruber einer der Visitatoren Niederaltaichs.[3] Niederaltaichs Necrologium beweist ausgezeichnete Verbindungen mit Melk und Göttweig, jedoch keine mit Mariazell.[4]

In der nachreformatorischen Aufbauphase der niederösterreichischen Stifte stieg auch das Interesse an der Erforschung des eigenen Ursprungs und der eigenen Geschichte. In Göttweig waren der Stiftsgründer und der Herkunftsort des benediktinischen Gründerkonvents bekannt. Das ließ Abt Gregor Heller (1648-1669) in einem wertvollen Kupferstich verewigen und zum Neujahr 1668 den niederösterreichischen Landständen überreichen.[5] Heller hatte großes historisches Interesse. Er ließ als erster Abt über die bis dahin unbekannte Herkunft Bischof Altmanns forschen.[6] Sein Konventual und mehrjähriger Prior P. Anselm Schiring wurde 1654 zum Abt von Mariazell gewählt. Der von den Seinen ob seines heiligmäßigen Lebens später „Edelstein der Äbte" Genannte wollte auch der Geschichte seines Klosters auf den Grund gehen und erstellte 1659 einen *Catalogus abbatum*.[7] In dieser Abtreihe finden sich auch urkundlich nicht nachweisbare Äbte.[8] Das verwundert ob der damaligen Forschungsmöglichkeiten nicht. Auch den Göttweiger Äbten passierten Fehler: Falbs Gedenkstein in der Pfarrkirche nennt ein falsches Gründungsjahr von Göttweig (1073 statt 1083),[9] Heller wieder mutmaßte, dass Altmann der letzte der Grafen von Pitten (Formbacher) war,[10] was tatsächlich jedoch der auch im Mariazeller Necrologium genannte Ekbert III. gewesen ist.

Mitte des 17. Jahrhunderts war in Mariazell die Herkunft der Gründermönche völlig unbe-

[1] EIGNER, Geschichte 15.
[2] SCHWEIGHOFER, Altenburg 6f.
[3] EIGNER, Geschichte 88 u. 102.
[4] Necrologia IV 27-72.

[5] FISCHER, Bischof Altmann 224f.
[6] Stiftsarchiv Göttweig AG Cod. rot 1139 a und 1139 b.
[7] EIGNER, Geschichte VII.
[8] Ebd. 15 und 348.
[9] Stiftsarchiv Göttweig Cod. Ser. n. 90, 128.
[10] Stiftsarchiv Göttweig Cod. rot 1139 a, 42.

kannt. Abt Schiring notiert den ersten Abt Azelinus, muss jedoch festhalten: *Unde autem et ex quo monasterio Azelinus Monasterii Cellae Mariae primus Abbas unacum suis Religiosis ad disciplinae monasticae introductionem evocatus sit [...] nihil omnino constat.*[11] In Friedrich Wilhelm Weiskerns 1768 publizierter Topographie von Niederösterreich findet sich bei Mariazell keine Nachricht über den ersten Abt und den Siedlungskonvent.[12] Kurz nach Mariazells Auflösung schreibt 1787 P. Marian Fidler, ein Mönch der Augustiner Barfüßer: „*Aus welchem Kloster der erste Abt Azelin mit seiner neuen Kolonie hieher gekommen sey, wie lange er gelebt habe ist ausser einigen Muthmassungen alles unbekannt.*"[13] Erst der letzte Prior von Mariazell, P. Benedict Taubenmerkl, bezieht sich um 1790 auf Abt Anselm Schirings Äbtekatalog und erwähnt mit Altaich erstmals ein angebliches Gründungskloster.

Doch nicht nur das Stift Mariazell wusste bis zu seinem Ende offenkundig nichts von seiner Besiedelung durch Niederaltaich. Auch in der bayrischen Abtei war diesbezüglich nichts bekannt. P. Placidus Haiden, Propst der Niederaltaicher Propstei Richnach, verfasst zur Tausendjahrfeier seines Klosters 1731 eine Chronik. Darin erwähnt er unter Abt Adalfrid (1131-1143) Mariazell mit keinem Wort, Kremsmünster hingegen zuvor unter den Neugründungen sehr wohl.[14] Der Niederaltaicher Benediktiner P. Johann B. Lackner veröffentlichte 1779, zwei Jahre vor seinem Tod, ein Memoriale. In der Sectio II rühmt er unter dem Titel „*Ad exte-*

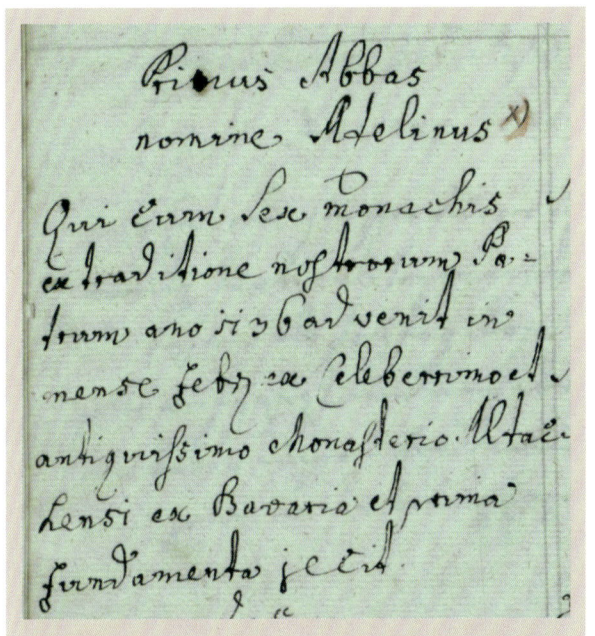

Abb. 43 P. Benedikt Taubenmerkl äußert um 1790 im Hafnerberger Stifter- bzw. Gedenkbuch p. 181 erstmals die Behauptung, die ersten Mönche seien aus Niederaltaich gekommen.

ras abbatias nostro e gremio postulati", Niederaltaich habe 25 Äbte anderen Klöstern zur Verfügung gestellt. Auch hier fehlt Mariazell.[15]

Fazit: Bis zur Auflösung beider Klöster war weder in Mariazell noch in Niederaltaich eine Herkunft des Gründerkonvents von Mariazell aus Niederaltaich bekannt.

Die Besiedelung von Kremsmünster durch Niederaltaich ist längst verworfen; Mondsee gilt hier als wahrscheinlich.[16] Die Besiedelung Mariazells durch Niederaltaich wurde jedoch bis vor kurzem, ausgehend von Eigner, immer noch behauptet,

---

[11] EIGNER, Geschichte 15.
[12] WEISKERN, Topographie von Niederösterreich I 384f.
[13] FIDLER, Klerisey 297.
[14] HAIDEN, Niederaltaich 77f (Abt Adalfrid) u. 17 (Kremsmünster).
[15] LACKNER, Memoriale 39-58.
[16] PITSCHMANN, Kremsmünster 165.

vor allem im bayrischen Nachfolge-Kloster selbst. So in Georg Stadtmüllers Standardwerk „Geschichte der Abtei Niederaltaich" (1971), das bislang zweimal nachgedruckt wurde (1986, 2012). Hier heißt es: „*Die guten Beziehungen zu den Babenbergern in Österreich im vierten Jahrzehnt des 12. Jahrhunderts dürften der Grund gewesen sein, dass 1136 die Besiedelung des neugegründeten Klosters Mariazell bei Baden in Niederösterreich von Niederaltaich aus erfolgte. Der erste Abt Azelin brachte damals aus seinem Heimatkloster jene berühmte Handschrift der Regel des hl. Benedikt mit, die heute als Codex B zu den besten Quellen für den ursprünglichen Regeltext gehört (Cod. lat. Vindobonensis 2232 in der Wiener Nationalbibliothek). Sie ist um 820 geschrieben, vielleicht sogar in Niederaltaich selbst, das damals eine berühmte Schreibstube hatte.*"[17] Niederaltaich wurde erst 1918, zwei Jahrzehnte nach Eigners Publikation, wieder neu besiedelt.[18]

Befürworter der Herkunft des Mariazeller Gründerkonvents aus Niederaltaich verweisen auf einen aus Mariazell gekommenen lateinischen Codex, der im ersten Viertel des 9. Jahrhunderts geschrieben wurde und sich heute in der Österreichischen Nationalbibliothek (Cod. 2232) befindet. Rudolf Hanslik beschäftigte sich 1957 näher mit diesem und nennt ihn die „*älteste Handschrift der Regula Benedicti in Österreich*", die sich um 1446 in Mariazell befunden hat. Darin heißt es, dass sie *de monasterio sancti Mauri* vom ersten Abt mitgebracht worden sei. Hanslik meint, dass „*die Angabe Sancti Mauri auf einem Irrtum beruht*" und nicht Maursmünster, sondern Niederaltaich (St. Mauritus) gemeint sei. Seine Begründung: Die Reichsabtei Maursmünster im Elsaß habe in Österreich „*nicht kolonisiert*", hingegen Niederaltaich, „*wie Kremsmünster zeigt*".[19] Genau das aber wird heute jedoch verworfen. Die Blätter 2 bis 62 beinhalten die *Regula Benedicti*, die weiteren bis 102 jedoch auch kirchliche Rechtsvorschriften fränkischer Könige, Karls des Großen und der Kirche Irlands.

In Göttweig befindet sich ein 247 Pergamentblätter umfassender Psalter, der im dritten Viertel des 9. Jahrhunderts in St. Gallen geschrieben wurde. Wie und warum er von der Schweizer Abtei in die niederösterreichische gelangte, ist ein Rätsel. Generell wird zutreffen, dass viele nicht in Göttweig verfasste Handschriften wohl lange nach ihrer Entstehung in das Stift gekommen sind.[20] Andererseits sind im Kloster selbst für dieses verfasste und existentiell hochbedeutende Handschriften verlorengegangen. Etwa die um 1135 von einem Göttweiger Mönch geschriebene Vita Altmanni und alle mittelalterlichen Totenbücher des Mönchskonvents. Die älteste heute im Stift vorhandene Kopie der Biographie des Gründerbischofs stammt aus dem Jahr 1571 und wurde von einem Chorherrn des Stiftes St. Nikola bei Passau geschrieben.[21] Was für Göttweig gilt, ist auch für andere Klöster nicht von der Hand zu weisen. Dass der Codex 2232 bereits von Gründermönchen nach Mariazell mitgebracht worden ist, scheint festzustehen, doch keineswegs, dass diese selbst aus Niederaltaich kamen.

---

[17] STADTMÜLLER, Abtei Niederaltaich 128.
[18] KAUFMANN, Niederaltaich 1441; PETRIN, Kleinmariazell 138.
[19] HANSLIK, Herkunft 119f.
[20] PIPPAL, Buchmalerei 542-546.
[21] Stiftsarchiv Göttweig Cod. rot 385.

Der erste, der Niederaltaich ins Spiel bringt, ist P. Ignaz Keiblinger 1826 in der „Topographie des Erzherzogthums Österreich": Azelinus soll mit sechs Mönchen *„aus dem berühmten bayerischen Stift Alteich, vermuthlich Nider-Alteich"* gekommen sein.[22] In der Vorrede der Topographie wird betont: *„Dieses aufgehobene Stift [...] ist bisher noch nicht beschrieben worden. Nur der Eifer und der Liebe zur vaterländischen Geschichte des Hrn. Ignaz Keiblinger [...] verdankt sie die Topographie."*[23] Keiblingers Aufsatz *„ist eine Skizze, von dessen weitläufiger, fast nur aus ungedruckten Quellen geschöpfter, und mit Beylagen versehener Geschichte des Stiftes Mariazell in Oesterreich, die später in Druck erscheinen wird. Daher sind die Citate und Beweisstellen bis auf sehr wenige, unentbehrliche, weggelassen worden, da sie hier zu viel Raum einnehmen würden, der Geschichtsforscher aber ohnehin in dem größeren Werke die genauen Nachweisungen erhalten wird."*[24] Von Keiblinger wird kurz darauf (1831) abgeschrieben von Franz X. Schweickhardt von Sickingen: Abt Azelin kam aus Niederaltaich.[25]

Keiblingers angekündigtes Buch über Mariazell ist nie erschienen. Erst Eigner widmete sich dieser Arbeit – fußend auf Keiblingers umfangreichem Nachlass im Archiv des Stiftes Melk. Doch was findet sich dort in Keiblingers 1824 zusammengestellten *„Materialien zur Geschichte des aufgehobenen Stiftes Maria=Zell in Oesterreich, aus gedruckten und ungedruckten Quellen gesammelt und geordnet"*?[26] Erste Beilage ist der in Göttweig abgeschriebene Äbtekatalog des Abtes Anselm Schiring. Keiblinger verweist auf die von Bernhard Pez 1721 publizierte Vita Sanctae Alrunae eines anonymen Niederaltaicher Mönchs, die sich auch in einer Handschrift von Mariazell fand: *„Ex Codd. MSS. Mariaecellensi et Altahensi"*. Der Gatte der 1045 in Niederaltaich gestorbenen Inklusin Alruna war Mazelin von Portis. Der „Codex de Altahensi" dürfte in Kombination mit dem Namen „Mazelin", der ähnlich klang wie der des Abtes Azelin, Keiblinger bewogen haben, 1826 eine Verbindung zwischen dem bayrischen und dem niederösterreichischen Kloster herzustellen. In der Folge verweist Keiblinger jedoch auf eine Benediktus-Regel, die in Maursmünster geschrieben wurde, nach Mariazell kam und sich bereits 1747 in der Melker Bibliothek befand: *„Fratres afferunt secundum eorum seniorum relacionem transportatum esse prefatum eorum monasterium **de monasterio Sancti Mauri per primum abbatem, qui inde ad prefatum eorum monasterium Cellemarie sumptus est.**"* Der hier fett gedruckte Text ist von Keiblinger durch Unterstreichung hervorgehoben worden. Dazu findet sich bei Keiblinger die Bemerkung *„Monasterium S. Mauri Maursmünster"*. Das dürfte ihn Jahrzehnte später veranlasst haben, Maursmünster, Marmoutier im Elsass, als Mutterkloster von Mariazell in Erwägung zu ziehen. Eine These, die sich später weder Eigner noch Hanslik zu Eigen machen wollten.

Azelinus, der Name des ersten Mariazeller Abtes, findet sich bereits in der Göttweiger Gründungsurkunde zu 1083: Genannt werden zwei Benefizien in Mautern: Besitz eines Azelinus und eines anderen Azelinus.[27] Der Besitz beider Benefizien

---

[22] Topographie des Erzherzogthums Österreich V 11.
[23] Ebd. 5.
[24] Ebd. 3.
[25] SCHWEICKHARDT, Darstellung III 186.
[26] Stiftsarchiv Melk 7 Patres 34.

[27] FRA II/51 10f.

wird 1096, 1108 und 1122 bestätigt.[28] Auch in den Göttweiger Traditionsnotizen wird ein Azelinus bzw. Azili oder Azile mehrfach genannt: 1122/30 als Stifter eines Hörigen,[29] von 1094/1108 bis nach 1149 jahrzehntelang als Zeuge bei Schenkungen.[30] Ob ein Azelinus auch Mönch in Göttweig wurde, ist nicht beweisbar, jedoch durchaus möglich.

Mariazell war wie die übrigen niederösterreichischen Benediktiner- und Chorherrenstifte in den Anfangszeiten zeitweise ein Doppelkloster.[31] Das Mariazeller Necrologium kennt mehrere auswärtige Äbte des 12. Jahrhunderts, als frühesten Nanzo von Göttweig (1114-1125) zum 5. Februar, den das älteste erhalten gebliebene Göttweiger Totenbuch (jenes der Nonnen!) nicht mehr verzeichnet. Sonst scheint er nur im Necrologium der mit Göttweig eng verbundenen Stifte St. Lambrecht, Lambach und Klosterneuburg auf. Er muss wohl für die ersten Mariazell-Mönche eine hervorragende Bedeutung gehabt haben. Ein Hinweis auf ihre Herkunft?[32] Nanzo, der zweite Abt Göttweigs, genoss höchstes Ansehen, wodurch er zahlreiche Schenkungen erhielt. Der Personalstand war hoch, so konnte er 1114 Mönche nach Seitenstetten entsenden, andererseits nahm er Lambacher Mönche auf, die wegen Reformgegensätzen ein anderes Kloster suchten. Nach dem Tod des Formbacher Grafen Hermann (1122) übernahmen unter ihm die Babenberger die Vogtei über Göttweig.[33]

Aus den ersten Jahrzehnten des Göttweiger Klosters sind in dessen Necrologium (der Nonnen) nur neun Personen verzeichnet geblieben: Bischof Altmann, der Gründer; Erzbischof Gebhard, dessen Metropolit; Bischof Ulrich, Altmanns Nachfolger; Hartmann, der erste Abt; der Inkluse Johannes; Herzogin Gerbirg; Berthold, Prior von Göttweig, dann Abt von Garsten; Werner, ein von Mönchen ermordeter Abt; Graf Ekbert III. von Formbach[34]. Nanzo fehlt hier. Allerdings ist – das unterstreicht wohl seine Bedeutung – sein Tod in den Annalen von Göttweig, Klosterneuburg, Melk und Zwettl verzeichnet. Jener seines Vorgängers Hartmann in den Annalen von Garsten und Admont, jener seines Nachfolgers Chalhoch in keinen.[35] Unter Abt Nanzo ist nach dem Tod ihres Gatten Bořivoy II. am 2. Februar 1124 die verwitwete böhmische Herzogin Gerbirg († 1142) dem Göttweiger Frauenkloster beigetreten. Sie war die Schwester Markgraf Leopolds III.[36] Graf Ekbert III. von Pitten, der letzte der in der Babenbergermark verbliebenen Formbacher, ist der einzige seiner Epoche, der sich sowohl im Necrologium von Göttweig als auch in jenem von Mariazell und Klosterneuburg findet.[37] Unter Abt Nanzos Nachfolger Chalhoch (1125-1441) setzte sich Göttweigs Blüte und Ausstrahlungskraft fort.[38]

Nach Abt Nanzo verzeichnet das Mariazeller Necrologium mehrere im selben Jahrhundert verstorbene auswärtige Äbte: Am 2. Jänner Hermann von Kremsmünster (1123-1125), am 25. Juni

---

[28] Ebd. 20, 33 u. 42.
[29] FRA II/69 343.
[30] Ebd. 163, 195, 241, 258, 353, 445, 473 u. 476.
[31] EIGNER, Geschichte 357.
[32] Necrologia V 12 u. 131; Necrologia IV 409; FRA II/55 880.
[33] LASHOFER, Profeßbuch 31.
[34] FISCHER, Bischof Altmann 356f.
[35] MGH SS IX 501, 601 u. 613 (Nanzo), 568 u. 577 (Hartmann).
[36] FISCHER, Bischof Altmann 357-361.
[37] Necrologia V 48, 141 u. 462.
[38] LASHOFER, Profeßbuch 33.

Gottfried von Admont (1138-1165), am 3. August Wernher von St. Lambrecht (1163/64-1178), am 29. August Ulrih von Kremsmünster (1131-1146), am 8. Oktober Sygehard von Melk (1163-1177) und am 23. Oktober Rudolf von Admont (1189-1199). Göttweig stand mit den genannten Klöstern in enger Verbindung: mit Kremsmünster, Melk und Admont seit Bischof Altmann und mit St. Lambrecht sowie Vornbach seit Abt Hartmann. Adalram, der Vorgänger von Hermann von Kremsmünster, fand eine überaus ehrenvolle Erwähnung in der unter dem Göttweiger Abt Chalhoch (1125-1141) verfassten Vita Altmanni.[39] Unter Abt Gottfried von Admont wurde dessen Professe Johannes zum Abt von Göttweig (1157-1174) postuliert.[40] Der Todestag von Nanzos Vorgänger Hartmann (†1114), dem ersten Abt von Göttweig und St. Lambrecht, ist im Necrologium von Göttweig, St. Lambrecht und Ossiach am 2. Jänner verzeichnet, in Kremsmünster, St. Florian und Lambach hingegen am 1. Jänner. Der Todestag von Nanzos Nachfolger Chalhoch (†1141) ist im Necrologium der Abteien St. Lambrecht, Kremsmünster und Lambach sowie der Chorherrenstifte St. Florian, St. Rupert in Salzburg (gegr. 1122), Klosterneuburg (gegr. 1122) und Seckau (gegr. 1140) verzeichnet; überall am 27. Jänner außer in St. Rupert am 26. Jänner.[41] Auch hier zeigt sich das mächtige Nachwirken von Bischof Altmann, des großen Förderers der regulierten Chorherren, selbst wenn sein Vorzeigekloster Göttweig nun eine Benediktinerabtei war.

Die zu Altmanns Lebzeiten entstandene Vernetzung war durch seinen Tod nicht erloschen. Aufgrund der überragenden Bedeutung der Abtei Göttweig in den Jahrzehnten nach dem Tod ihres Gründers Bischof Altmann von Passau (†1091) und der adeligen Vernetzung in der bayrischen Mark im Osten.

---

[39] OSWALD, St. Altmanns Leben 148.
[40] LASHOFER, Profeßbuch 37.
[41] Necrologia V 5-78 (Klosterneuburg), 128-150 (Mariazell), 450-471 (Göttweig); Necrologia IV 199-238 (Kremsmünster), 260-325 (St. Florian), 406-416 (Lambach); Necrologia II 91-198 (St. Rupert in Salzburg), 310-340 (St. Lambrecht), 376 (Seckau), 443-447 (Ossiach).

3. EIN KLOSTER WIRD GEBAUT – NORM UND PRAXIS IM 12. JH.
VON BARBARA SCHEDL

Einleitung

Mit der Gründung einer der Gottesmutter Maria geweihten *cella* nahe ihrem Burgplatz Schwarzenburg-Nöstach[1] schon einige Zeit vor dem angeblichen Gründungsjahr 1136 verfolgten die Gebrüder Heinrich und Rapoto u.a. das Ziel, für das individuelle Seelenheil zu sorgen und durch immerwährende Gebete durch die geistliche Gemeinschaft die eigene *memoria* aufrechtzuerhalten. Die edelfreien Herren sicherten mit der Übertragung ihres gemeinsam verwalteten Besitzstandes im Triestingtal an ihre Stiftung nicht nur den einheitlichen Weiterbestand ihres Erbes, sondern vorerst auch die wirtschaftliche Existenz der geistlichen Kommunität. Die religiöse Gemeinschaft, in der neben Mönchen auch Laienbrüder und später für eine Zeit lang auch Klosterschwestern lebten, war der *Regula Benedicti* verpflichtet. Die Beziehungen der *fundatores* zur landesfürstlichen Familie verhalfen der jungen benediktinischen Gemeinschaft zu einem kontinuierlichen, wenn auch mit Rückschlägen behafteten, Aufstieg.

Die Grabungsbefunde, die Vorgängerbauten des 12. Jahrhunderts, aber auch die Umbauten des 13. Jahrhunderts zur Oberfläche gebracht haben, sowie die Zusammenschau der überlieferten Handschriften, Schriftquellen und der Bauplastik lassen es zu, dem mittelalterlichen Kloster in Alltag, Liturgie und Baukonzepten ein gutes Stück mehr näher zu kommen, als dies bisher geschah. So richtete vor allem die kunsthistorische Forschung bis zuletzt ihren Fokus vorrangig auf stilistische Untersuchungen und damit die zeitliche Einordnung der erhaltenen bauplastischen Ausstattung, namentlich des Nord-, West- und Südportals der Kirche und architekturhistorischen Analyse der mittelalterlichen Bausubstanz des Kreuzganges, der Klosterkirche und des Cellariums.[2] Damit verstellte sich jedoch der Blick auf die starke Ausrichtung der klösterlichen Gemeinschaft auf Hirsauer Reformkonzepte, die sich

---

[1] NÖUB II/1 Nr. 9[2;] FRA II/69 Nr. 55, 66; vergleiche auch die Beiträge von KUPFER und ZEHETMAYER.

[2] Zuletzt SCHWARZ, Baukunst. Dort auch eine Darstellung der Forschungsgeschichte zur mittelalterlichen Architektur in Österreich.

in der Textproduktion, aber auch in den Bauentwürfen sowohl der Klosterkirche des 12. Jahrhunderts als auch der des 13. Jahrhunderts zeigen. Dass sich Bauentwürfe an der Lebenspraxis, wie Baubetrieb, örtlichen Gegebenheiten und vorhandenen Ressourcen, besonders aber an den liturgischen Anforderungen orientierten, war in den letzten Jahren Gegenstand zahlreicher Untersuchungen. Vorliegender Beitrag möchte diese interdisziplinären Forschungsfragen aufgreifen und die materielle kulturhistorische Entfaltung der geistlichen Kommunität zunächst für das 12. Jahrhundert in den Blick nehmen. Gefragt wird in einem ersten Schritt wird nach dem Beginn benediktinischer Organisationsformen und deren Umsetzung in die Praxis, sowie den maßgeblichen benediktinischen Reformen in Früh- und Hochmittelalter. Dem folgt in einem zweiten Schritt die bauliche und funktionstechnische Einordnung der Mariazeller Klosteranlage. Wie und nach welchen Richtlinien erfolgte der Ausbau des ersten Klosters? Gab es Konzeptänderungen bei dem Bauprojekt? Wie wurde die Klosteranlage ausgestaltet? Was gab es für Dekorationen? Und wer setzte das Ganze um?

Grundlagen – Die bildliche Umsetzung der Regula Benedicti

Seit der Frühzeit motivierten persönliche Frömmigkeit und die Sorge um das individuelle Seelenheil Menschen unterschiedlicher Herkunft, ihr Leben in den Dienst religiöser Bewegungen zu stellen. Wesentlich dafür war der Aspekt einer Rückkehr zur *vita apostolica* in der Nachfolge Christi, die weltliche Standesunterschiede zugunsten der Gleichheit aller Menschen vor Gott aufheben sollte. Das Konzept war ausgesprochen attraktiv, stand aber im Gegensatz zu dem seit den Kirchenvätern entwickelten Gesellschaftsmodell, das Rang und Stand voraussetzte. Je nach seinem Stand – Mönch, Kleriker oder Laie – hatte der Mensch unterschiedliche Aufgaben zu erfüllen.[3] Ein zweites von den Kirchenvätern konstruiertes Ordnungsprinzip galt dem moralischen Aspekt und unterschied Jungfrauen, Witwen und Verheiratete. Dieses Konzept wurde in den folgenden Jahrhunderten weiterentwickelt und beruhte für beiderlei Geschlechter auf dem Prinzip der Enthaltsamkeit als Maßstab für die Beurteilung im Diesseits, besonders aber im Jenseits. Dementsprechend nahmen ehelos lebende Religiosen den höchsten Rang in dem moralischen Ordnungsprinzip ein. Daraus ergaben sich im 9. Jahrhundert, besonders aber später im 12. Jahrhundert unterschiedliche Bewertungen über das „richtige" Lebensmodell bzw. Diskussionen über das Zusammenleben der Geschlechter und die Abgrenzung der Religiosen von Laien. Denn setzte die *vita apostolica* Kontakte zwischen allen Menschen – unabhängig von Geschlecht und Herkunft – voraus, bedeuteten diese Kontakte eine latente Gefahr für die Enthaltsamkeit, respektive die Tugend der Keuschheit.

Das Kloster soll, wenn möglich so angelegt werden, dass sich alles Notwendige, nämlich Wasser, Mühle und Garten, innerhalb des Klosters befindet und die verschiedenen Arten des Handwerks dort ausgeübt werden können. So brauchen die Mönche nicht draußen herumzulaufen, denn das ist für sie überhaupt nicht gut.[4]

---

[3] Besonders die Kirchenväter Ambrosius († 397) Augustinus († 430) und Hieronymus (†419/20); OEXLE, Dreiteilung 1- 54; MELVILLE, Semantik 185- 199; WEINFURTER, Reformidee 13-39. LUTTER, Hof.

[4] RB 66 6 und 7.

Die Abgeschlossenheit von weltlichen Lebensformen gehört seit den Anfängen des Mönchtums zu den Grundprinzipien eines von asketischen Idealen bestimmten Daseins. Monastische Reife ist charakterisiert durch Beständigkeit, Konzentration nach innen und bedarf keiner Notwendigkeit nach Ablenkung und Zerstreuung. Diese von äußeren Reizen unbeeinflussbare Existenz spiegelt sich in der grundlegenden Gestaltung des klösterlichen Lebens durch Liturgie, Arbeit und geistliche Erbauung wider, zeigt sich aber auch in architektonischen Konzepten umgesetzt. Unter dem Prinzip der Grenzziehung zwischen „Kloster" und „Welt" finden architektonische Formfindungsprozesse statt, die im Laufe der monastischen Tradition unterschiedlich verhandelt wurden. Die Distanz zur Welt symbolisiert eine Mauer, die den Lebensbereich der Religiosen von den auswärtigen, weltlichen, Gefahren schützen sollte. Ein einziger Zugang gewährte Durchlass. Es galt, diesen innersten Komplex nicht zu verlassen, umgekehrt durften Außenstehende in diesen nicht eindringen. In zahlreichen Normtexten für religiöse Gemeinschaften des 4. bis 6. Jahrhunderts wird die Wahrung der aktiven und andererseits der passiven Klausur nachdrücklich verfügt. So auch in der von Benedikt von Nursia (um 480-547) verfassten Regel für seine zuletzt aus zwölf Klöstern bestehende Mönchskolonie.[5] Besonders ab dem 7. Jahrhundert findet sich die *Regula Benedicti* in zahlreichen religiösen Gemeinschaften nördlich der Alpen weit verbreitet und sollte letztendlich im Zuge der Aachener Reformsynoden (816-819) für alle Großklöster des deutschen Reiches Gültigkeit erlangen.[6] Der Regeltext enthält Angaben zur Rangordnung innerhalb der Gemeinschaft, ordnet den Tagesablauf der Brüder, beschreibt die zu erbringenden Tätigkeiten und organisiert den Umgang bei Fehlverhalten.[7] Eingangs zitierter Passus entstammt dem 66. Kapitel, das die Aufgaben des Pförtners darlegt. Dem Pförtner, der die Schnittstelle zwischen Außen und Innen bildet, kommt besondere Bedeutung in der klösterlichen Ämterhierachie zu.[8] Ihm ist die Aufsicht über die Einhaltung der Klausur übertragen; er überwacht, wer hereinkommt oder wer hinausgeht. Er hat weise zu sein und Reife mitzubringen, erfordert doch der Dienst an dem sensiblen Grenzbereich zwischen Kloster und Welt Verlässlichkeit und Widerstandsfähigkeit gegen Amüsement und Neugier. Die Heimstätte des Pförtners, eine *cella*, soll nach Benedikt gleich neben der Pforte liegen, womit ein einziges Mal in dem Normtext die Lage einer Funktionseinheit in dem klösterlichen Baukomplex beschrieben wird. Außerdem werden in der Benediktsregel ein Dormitorium oder Schlafsaal, eine Küche, eine Infirmarie oder Krankenstube, ein Refektorium oder Speisesal, ein Cellarium oder Vorratsraum, eine Bibliothek, ein Oratorium, eine Kleiderkammer, ein Raum für No-

---

[5] BINDING/UNTERMANN, Kunstgeschichte 17-39.

[6] Seit dem 8. Jahrhundert fanden im fränkischen Reich (Frankreich, Deutschland, Schweiz und Norditalien) Reformen statt, die das gemeinschaftliche Leben von Mönchen und Kanonikern bzw. von Nonnen und kanonisch lebenden Frauen zu regeln versuchten. Die Aachener Reformsynoden (816 – 819), unter Vorsitz von Kaiser Ludwig den Frommen, hatte das Ziel für alle religiösen Gemeinschaften des Frankenreiches verbindliche Regeln durchzusetzen. Die *Regula Benedicti* für Mönche; eine Kanonikerregel für Stiftsherren oder Kanoniker und für religiös lebende Frauen die *Institutio sanctimonialium*. GERCHOW, Klöster und Stifte 156-162.

[7] PUZICHA, Kommentar.

[8] PUZICHA, Kommentar 562-569.

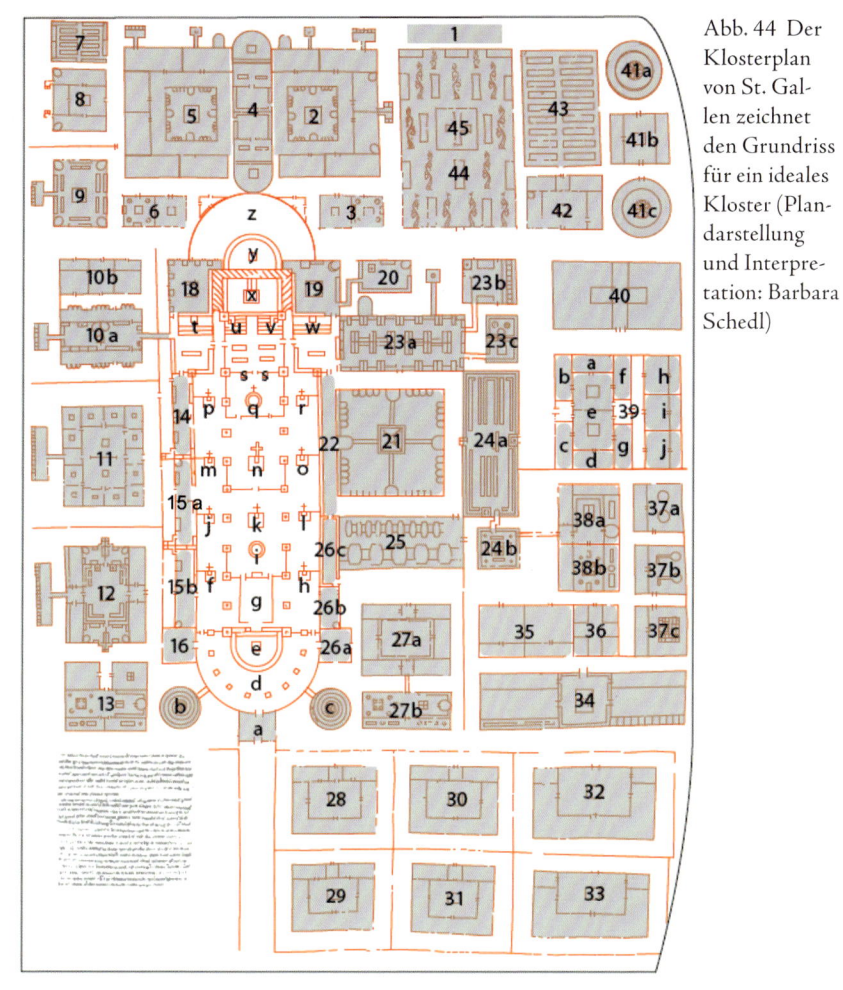

Abb. 44 Der Klosterplan von St. Gallen zeichnet den Grundriss für ein ideales Kloster (Plandarstellung und Interpretation: Barbara Schedl)

Legende zum Klosterplan

1 Widmungsinschrift
2 Kreuzgang und Unterkünfte der Novizen
3 Küche und Badehaus der Novizen
4 Kapelle der Kranken und Novizen
5 Infirmarie
6 Küche und Badehaus der Kranken
7 Heilkräutergarten
8 Haus des Arztes und der Schwerkranken
9 Aderlaßhaus
10a Abtpfalz
10b Badehaus, Keller und Küche der Abtpfalz
11 Schule
12 Gästehaus
13 Küche, Backhaus und Brauerei des Gästehauses
14 Unterkunft der Gastmönche
15a Unterkunft des Schulvorstehers
15b Unterkunft des Pförtners
16 Torhaus der Gäste und Schüler
17a Torhaus zur Kirche
17b Turm des Hl. Michaels
17c Turm des Hl. Gabriels
17d Westparadies
17e Altar des Hl. Petrus
17f Altar der Hll. Lucia und Cäcilia
17g (Sänger)-Chor
17h Altar der Hll. Agathe und Agnes
17i Taufbrunnen
17j Altar der Unschuldigen Kinder
17k Altar des Hl. Johannes des Täufers und des Hl. Johannes Evangelisten
17l Altar des Hl. Sebastians
17m Altar des Hl. Martins
17n Kreuzaltar
17o Altar des Hl. Mauritius
17p Altar des Hl. Stephanus
17q Ambo
17r Altar des Hl. Laurentius
17s Lesepult
17t Altar der Hll. Philippus und Jakobus
17u Altar des Hl. Benedikt
17v Altar des Hl. Columban
17w Altar des Hl. Andreas
17x Altar der Hll. Maria und Gallus
17y Altar des Hl. Paulus
17z Ostparadies
18 Unten Skriptorium und oben Bibliothek
19 Unten Sakristei und oben Paramentenkammer
20 Raum für die Zubreitung des heiligen Brotes
21 Kreuzgarten mit Sevenbaum
22 kirchseitiger Kreuzgang
23a Unten Calefaktorium oben Dormitorium
23 b Latrinen der Mönche
23c Badehaus der Mönche
24a Unten Refektorium und oben Kleiderkammer
24b Küche der Mönche
25 Unten Keller und oben Vorratsraum
26a Torhaus der Klosterbediensteten
26b Unterkunft des Armenpflegers
26c Sprechzimmer der Mönche
27a Pilgerherberge
27b Brauerei und Backhaus der Pilgerherberge
28 Stall der Schafe und Unterkunft der Hirten
29 Unterkünfte der Knechte und Diener
30 Ziegenstall und Unterkunft der Hirten
31 Schweinestall und Unterkunft der Sauhirten
32 Kuhstall und Unterkunft der Rinderknechte
33 Stall der Stuten und Fohlen und Unterkunft der Knechte
34 Ochsen- und Pferdestall und Unterkunft der Knechte
35 Küferei und Drechslerei
36 Kornspeicher
37a Mühle
37b Stampfe
37c Darre
38a Backhaus der Mönche
38b Brauerei der Mönche
39a Werkstatt des Schildners
39b Werkstatt des Sattlers
39c Werkstatt des Schusters
39d Werkstatt des Schwertfegers
39e Werkstatt des Kämmerers
39f Gerberei
39g Drechslerei
39h Walkerei
39i Werkstatt des Eisenschmieds
39j Werkstatt des Goldschmieds
40 Scheune und Tenne
41a Gänsestall
41b Unterkunft des Geflügelwärters
41c Hühnerstall
42 Unterkunft und Scheune des Gärtners
43 Gemüsegarten
44 Obstgarten
45 Friedhof

vizen, ein Gästehaus und eine Gästeküche genannt ohne spezifische Angaben zu Lage oder Disposition der Raumeinheiten in dem architektonischen Gesamtkomplex zu geben. Mit der eher zufälligen Aufzählung einzelner infrastruktureller Bestandteile, die zu einem Kloster gehören sollten, wie Mühle, Garten, Wasser wird einmal mehr deutlich, wie sehr auf eine größtmögliche Unabhängigkeit der Klostergemeinschaft auch in wirtschaftlichen Angelegenheiten von der Außenwelt Bedacht genommen wird.

Dem gegenüber ist der Dienst an dem Anderen nach biblischer Vorgabe der Gottes- und Nächstenliebe ein wesentliches Merkmal der monastischen Gemeinschaft.[9] Somit galt es, Kranke zu versorgen, Klosterfremde, Schutzsuchende und Notleidende aufzunehmen oder Gäste zu bewirten. Damit war ein Kloster benediktinischer Tradition mit zwei gegensätzlichen Lebensmodellen konfrontiert: Die Mönchsgemeinschaft selbst und Nichtgeistliche. Die Orte der Mönchsgemeinschaft und die Orte der Laien waren in einem Gesamtgefüge so zu organisieren, dass eine regelkonforme und konfliktfreie Existenz gewährleistet ist. Der weltberühmte Klosterplan von St. Gallen, in der gleichnamigen Stiftsbibliothek unter der Signatur Ms 1092 aufbewahrt, ist auf eine bildhafte Umsetzung der *Regula Benedicti* ausgerichtet (Abb. 45).[10] In geschickter Weise wurde versucht, die für das Klosterleben notwendigen Funktionsbereiche so anzuordnen, dass Laien und Mönchsgemeinschaft kaum in Kontakt treten konnten. Der Klosterplan ist nicht im Kloster St. Gallen entstanden, sondern von Fachleuten der nicht weit entfernten Reichenauer Mönchsgemeinschaft wohl in den 20er Jahren des 9. Jahrhunderts vor dem Hintergrund der **erwähnten Aachener Reformsynoden**, angefertigt worden.[11] Im Zuge einer regen Diskussion unter Gelehrten wurden auf einer insgesamt ca. 112 x 77 cm großen Pergamentfläche, die aus fünf Teilen zusammengesetzt ist, rotlinige Grundrisszeichnungen von ca. 52 Gebäuden gezeichnet. Eine sorgfältige lateinische Beschriftung in brauner und blass graubrauner Tinte ermöglicht die Identifizierung der dargestellten Bauwerke. Der Plan verzeichnet eine Klosteranlage mit Kirche, Klausurgebäuden, Noviziat, Hospital, Abthaus, Schule, Gästehaus, Pilgerherberge, Werkstätten, Wirtschaftsgebäuden, Gartenanlagen, Scheunen und Stallungen. Auf dem Kernstück des Planes ist die Kirche eingezeichnet. Eine breite Zugangsstraße führt vom Außenbereich direkt auf das Torhaus (Abbildung 44;17a) und ermöglicht hier Klosterfremden, Nichtgeistlichen, Gästen und Pilgern Einlass in die Klosteranlage. Es ist die einzige Verbindung mit der Außenwelt. In unmittelbarer Nähe findet sich dort auch die Heimstätte des Pförtners (Abbildung 44;15b). Die Kirche ist mit zahlreichen Abschrankungen ausgestattet und trennt so die jeweiligen Nutzungsbereiche der Laien von jenen der Mönche, dem Mönchschor, der sich in der Vierung in unmittelbarer Nähe vom Hauptaltar (Abbildung 44;17x) und den Altären des Hl. Benediktus (Abbildung 44;17u) und des Hl. Columban (Abbildung 44;17v) befindet.

An der Kirchensüdseite umschließen drei Trakte einen viereckigen Hof (Abbildung 44; 23,

---

[9] „Die Werkzeuge der geistlichen Kunst" RB IV, 1 – 78. Vor allem: Gott zu lieben, den Herren, lieben mit ganzem Herzen, mit ganzer Seele und mit ganzer Kraft. Ebenso: Den Nächsten lieben wie sich selbst (RB 4, 1- 2).

[10] SCHEDL, Plan 57-86.

[11] Vgl. Anm. 6.

24, 25). Es handelt sich hier um das kontemplative Zentrum der Anlage, den abgeschlossenen Lebensbereich der Mönche im Inneren des klösterlichen Baugefüges. Im östlichen Flügel sind der Schlafsaal (Abbildung 44; 23a), das Calefaktorium oder Wärmeraum und Waschräume (Abbildung 44; 23b und 23c) untergebracht. Im Süden befinden sich der Speisesaal (Abbildung 44; 24a) sowie die Küche (Abbildung 44; 24b) und im Westen liegen die Vorratsräume (Abbildung 44; 25).[12] Nach der Beschriftung sind die Trakte zweigeschossig angelegt. Eine regelmäßige, aus vier Galerien gebildete, eingeschossige Gangarchitektur verbindet die einzelnen Gebäudeeinheiten und umschließt einen Kreuzgarten (Abbildung 44; 21). Aus der Benediktsregel lässt sich eine derartige Gangarchitektur nicht erschließen. Durch bauarchäologische Studien konnte nachgewiesen werden, dass im Kloster Reichenau, dem Entstehungsort des Klosterplanes, bereits im 8. Jahrhundert ein Holzgang existierte.[13] Dieser dürfte zunächst allein funktionale Zwecke erfüllt haben. Um die nächtlichen Wege zum Stundengebet in die Kirche möglichst kurz zu halten, wurde das Dormitorium u.a. wohl im Osten angeordnet.[14]

Dieser interne Lebensbereich der Mönche, die Klausur, ist von den umliegenden Gebäuden, wie Pilgerherberge, Werkstätten, Scheune usw. streng abgeschlossen. Es existieren lediglich zwei kontrollierte Zugangsmöglichkeiten: Eine über das Sprechzimmer der Mönche (Abbildung 44; 26c), die sich zwischen Kirche und den westlichen Trakt schiebt und eine zweite über die Kirche in den östlichen Kreuzgangflügel. Die regelmäßige Disposition und vor allem aber die einheitlichen Nutzungskonzepte dieses vierseitig geschlossenen Klaustrums sind am Klosterplan das erste Mal belegt, werden allerdings erst ab dem 12. Jahrhundert mehr und mehr angewandt.[15] In diesem Sinne kann der aufwendige und teure Entwurf des Klosterplanes mit zahlreichen Konzeptänderungen kaum als eine verbindliche Architekturzeichnung für die reine Bauausführung verstanden werden.[16] Nach Aussage des Widmungstextes wurde er ja aus dem Grunde erstellt, um sich an der „... *knappen Aufzeichnung einer Anordnung der Klostergebäude* ..." üben zu können.[17] Es ging also nicht um Anwendung eines Bauplanes, sondern um Anregung eines eigenständigen Planungsvorganges. Die erhaltene Fassung des Klosterplans repräsentiert also einen Entwurf des Reichenauer Skriptoriums, der unter den beiden Äbten und Bauherren der Reichenau und St. Gallens, Haito und Gozbert, von diesen mit ihrem gelehrten Mitarbeiterstab diskutiert wurde. Aus dem gelehrten Denkprozess bei der Gestaltung sollte offenbar vor allem ein didaktischer Gewinn gezogen werden. Aber auch zu Meditationen über Mönchtum und Klosterregel konnte das Werk Anlass geben.

---

[12] Der St. Galler Klosterplan kannte noch keinen Kapitelsaal. Zu klosterinternen Besprechungen sollte sich die Mönchsgemeinschaft im kirchenseitigen Kreuzgangsflügel (22) treffen, wie die Beschriftung darlegt: *hinc pia consilium pertractet turba salubre* (Hier soll die fromme Mönchsschar heilsamen Rat pflegen), Schedl, 2014, 62 und 129. Der Kapitelsaal lässt sich erst im 11. Jahrhundert nachweisen. STEIN-KECKS, Quellen 85-90, 226.

[13] ZETTLER, Klosterbauten 166.

[14] Eine Treppe, die von dort direkt in die Kirche zum Mönchschor geführt hat, ist am Klosterplan nicht eingezeichnet; wird aber später in Mönchskonventen zum Regelfall.

[15] LEGLER, Probleme 88-89.

[16] Zum Entstehungsprozess des Klosterplanes mit den zahlreichen Vorzeichnungen und Ausbesserungen siehe, SCHEDL, Plan 57-85.

[17] Aufschrift, Nr. 1; SCHEDL, Plan 25.

Die im Klosterplan umgesetzte bildliche Wiedergabe einer zeitgenössischen Diskussion unter Gelehrten um eine mögliche Anordnung der unterschiedlichen, für einen Klosterbetrieb notwendigen Funktionseinheiten spricht für sich. Dieses erstmals in karolingischer Zeit nachweisbare Anordnungsschema von Klosterbauten bewährte sich über Jahrhunderte, aber kaum, weil man dem St. Galler Plan oder Kopien davon gefolgt wäre – davon gibt es keine Spuren –, sondern weil die Planidee konsequent die Vorstellungen eines Klosters in benediktinischer Tradition auf Pergament zu realisieren versuchte, wie es auch, angepasst an die jeweils örtlichen Gegebenheiten, in der Realität geschah.[18] Diese Ideen aus der Karolingerzeit wirkten noch lange fort bzw. wurden in Reformzeiten, ganz besonders im 11. und 12. Jahrhundert in den Reformzentren zunächst in Cluny und unmittelbar danach in Hirsau aufgegriffen. Selbstverständlich erfuhren sie auch entscheidende Weiterentwicklungen.

Benediktinische Reformkonzepte im 11. und 12. Jahrhundert

Von besonderer Schwierigkeit gestaltete sich die Organisation weiblicher religiöser Gemeinschaften und der architektonischen Disposition ihrer Klosteranlagen, denn hier galt es, einem Paradoxon gerecht zu werden. Über die Trennung der religiösen Frauen von Nichtgeistlichen, also Laien, hinaus, ging es in einem weiblichen Konvent auch um eine Separierung der Geschlechter. Dies gestaltete sich insofern schwierig, benötigte eine weibliche religiöse Gemeinschaft bei der Ablegung der Profess, der Weihe, der Eucharistiefeier, der Beichte und bei Sterberiten einen Kleriker. Das heißt, Priester, Messdiener und Beichtvater mussten Zutritt zu dem weiblichen Konvent haben. Die im Zuge der bereits mehrfach erwähnten Aachener Reformsynoden von 816 bis 819 entwickelte *Institutio sanctimonialium*, ein Normtext für weibliche Religiosen, gibt in einem eigenen Abschnitt diesbezüglich strikte Vorgaben.[19] Die Kontakte mit geistlichen Männern sind streng reglementiert. Priester, Diakone oder Subdiakone dürfen zur Erfüllung der liturgischen-seelsorgerischen Aufgaben wohl die Anlage der weiblichen Religiosen betreten. Die Aussprache ist in der Kirche so abzunehmen, dass der Priester und die beichtende *Sanctimomoniale*, wie sich die religiösen Frauen selbst gerne nannten, von einer dritten Person beobachtet werden können. Kranken Frauen ist es hingegen gestattet, die Beichte in ihrer Zelle – jedoch unter Aufsicht – ablegen zu dürfen. Vor allem aber die Anordnung in dem Regeltext, dass religiöse Frauen den Gottesdienst in der Kirche hinter einem Vorhang, getrennt vom Priester feiern sollten, hat in der Folge maßgeblich Einfluss auf die strukturelle Gestaltung des Kircheninnenraumes einer weiblichen Kommunität genommen.[20] In der Folge findet man in zahlreichen Frauengemeinschaften den Altarraum vom liturgischen Ort der *Sanktimonialen* regelrecht durch Mauern abgeschnitten, vergitterte Fenster in den Wänden ermöglichten einen hören-

---

[18] Der Klosterplan ist seit seiner Fertigstellung im 9. Jahrhundert in der Klosterbibliothek St. Gallen. Erst 1604 fand die Architekturzeichnung Beachtung und Eingang in die wissenschaftliche Diskussion als Heinrich Canisius die Aufschriften publizierte; SCHEDL, Plan 21.

[19] SCHILP, Norm 85; GERCHOW, Klöster und Stifte 156-162.

[20] Das Gebot der Ausgrenzung der Frauen vom Altarbereich ist u.a. den Ideen kultischer Reinheit beziehungsweise Unreinheit geschuldet. MUSCHIOL, Liturgie 129-133, 140-144.

den Mitvollzug der Messe.[21] Durch das Öffnen der Fenstergitter konnte die Kommunion gereicht werden. Und dort, wo Laien in das Gotteshaus zugelassen waren, wurde auch dieser Bereich abgetrennt, sodass ebenerdig ein dreiteiliges Raumgefüge unter einem Kirchendach entstehen konnte. Seit dem 9. Jahrhundert lassen sich aber ebenso Emporen in den Kirchen weiblicher Kommunitäten nachweisen. Diese konnten sich sowohl im östlichen Abschnitt in unmittelbarer Nähe zum Altarbereich oder aber auch im Westen befinden. Blick- und Sichtkontakt mit dem Geschehen am Altar bestand nicht, waren doch die Brüstungen zum Kirchenraum weit hochgezogen. Zweifellos war die Kirche der vornehmste Ort für die liturgische Feier. Die vorgeschriebene Stundenliturgie, für die Frauengemeinschaften keinen Priester benötigten, musste nicht zwingend im Gotteshaus abgehalten werden, wurde aber wohl aufgrund der Bedeutung des Ortes zum Regelfall.

Im 11. und besonders im 12. Jahrhundert entstanden neuerlich Debatten und Diskussionen über das gemeinschaftliche Zusammenleben und die Durchsetzung einer strengeren Auslegung der Benediktsregel; ein Prozess, der schließlich zur Herausbildung unterschiedlicher Orden, wie der Zisterzienser, Prämonstratenser oder Kartäuser führte. Aber auch Doppelklöster benediktinischer oder augustinischer Prägung sind eines dieser neuen Phänomene.[22] Hier bildeten ein Männer- und ein Frauenkonvent in unmittelbarer räumlicher Nähe eine rechtliche und organisatorische Einheit unter der Leitung des Abtes der Männerkommunität. Sowohl die religiöse Frauengemeinschaft als auch die Mönche hatten aber jeweils ihre eigenen Klosterbauten und Kirchen zur Verfügung.

Die benediktinische Abtei Hirsau im Nordschwarzwald galt neben Siegburg und St. Blasien als eines der bedeutendsten Reformzentren des Reiches und hatte auch in der Passauer Diözese unter Bischof Altmann (geb. um 1030 – gest.1091) Auswirkungen bis in den österreichischen Raum.[23] Im Auftrag Papst Leos IX. (reg. 1049 – 1054) wurde das Kloster 1059 an Stelle der verfallenen (karolingischen) *cella* neugegründet. Der erste Kirchenbau, St. Aurelius, war 1065 begonnen und 1071 geweiht worden. Die ersten Mönche kamen aus Einsiedeln. Der zweite Abt, Wilhelm von Hirsau (geb. um 1030, gest. 1091), der aus St. Emmeram in Regensburg hinzutrat, machte Hirsau zu einem Reformkloster, von dem aus der gesamte schwäbische und bayerisch-österreichische Raum reformiert wurde. Er verfolgte das Ziel, dem Kloster die volle „Frei-

---

[21] JÄGGI/LOBBEDEY, Kirche, 89-103, 89-91.
[22] Die Doppelklöster waren vor allem im Südwesten des Reiches und im heutigen Österreich verbreitet; sie orientierten sich am apostolischen Ideal eines Zusammenlebens von Frauen und Männern im Dienste Christi. Viele Doppelklöster bestanden jedoch nur bis ins 13. Jahrhundert. Eine der beiden Gemeinschaften verschwand oder wurde verlegt. Gründe dafür waren vor allem die ablehnende kritische Haltung kirchlicher Amtsträger zu weiblichen Religiosen, von denen eine „stete Gefahr" ausgehe. Durch diese Einstellung geprägt, kam es allgemein zu einer Weigerung der Orden, Frauenklöster zu inkorporieren bzw. weibliche Religiosen seelsorgerisch zu betreuen. MARTI, Doppelklöster, 379-383.
[23] KLUETING, Monasteria, 24-25; Neben Bischof Altmann von Passau (geb. um 1030 – gest.1091) gehörten vor allem der Prior Ulrich von Cluny (geb.1029 – gest. 1093) und die Äbte Wilhelm von Hirsau (geb. um 1030 – gest. 1091) und Siegfried von Schaffhausen nach der 1128 entstandenen Biographie für Papst Gregor VII. (reg.1073 – 1085) verfasst von Paul von Bernried 1128, zu den führenden Reformmännern im letzten Viertel des 11. Jahrhunderts; vgl. dazu KÜSTERS, Formen 195.

heit" von der Eigenklosterherrschaft der adeligen Stifterfamilie zu ermöglichen.

Von immenser Bedeutung für die unter Hirsauer Observanz stehenden Klöster sind jedoch die Richtlinien, die Wilhelm seinem Kloster St. Peter und Paul gab. Er orientierte diese nach den cluniacensischen Gewohnheiten. Diese Kompilation, die zwischen 1084 und 1091 in mehreren Redaktionsstufen entstand, regelte den Tagesablauf, den liturgischen Dienst, die Organisation der Gemeinschaft oder auch das Ämterwesen. [24] Dass sich Abt Wilhelm an Cluny orientierte, beruhte auf seiner persönlichen Bekanntschaft mit Abt Bernhard aus St. Victor in Marseille, einem entschiedenen Cluniazienser, der 1077/78 als päpstlicher Legat in Deutschland weilte. Von diesem hatte sich Abt Wilhelm überzeugen lassen, wie er im Prologos der Constitutiones Hirsaugienses schreibt. Vertieft wurden die Beziehungen zwischen Hirsau und dem burgundischen Reformzentrum Cluny durch den ebenfalls aus St. Emmeram in Regensburg stammenden Mönch Ulrich, einen Jugendfreund Abt Wilhelms, der 1061 in Cluny eingetreten war. Diesen bat Abt Wilhelm, ihm eine schriftliche Fassung der cluniazensischen Gewohnheiten zu schicken. Hirsauer Mönche hielten sich dreimal in Cluny auf, um konkret zu erfahren, was die dortigen Lebensgewohnheiten an liturgischen Bräuchen, asketischen Forderungen und disziplinären Normen tatsächlich enthielten. 1079 übernahm Abt Wilhelm die Gebräuche von Cluny, die er, wie ihm Abt Hugo von Cluny nahegelegt hatte, „... *der Sitte seiner Heimat, der Lage des Ortes und der Beschaffenheit des Klimas ...*" anpasste. (Constitutiones Hirsaugienses, Prologus).

Eine wesentliche Neuerung, die Abt Wilhelm in seinem Kloster Hirsau einführte, war, dass er keine *oblati*, also von den Eltern im Kindesalter ins Kloster gegebene Söhne, aufnahm. [25] Stattdessen wurde für freiwillig in das Kloster eintretende Laien, die *illiterati*, sowie für die weltlichen Bediensteten und Unfreien, die als Taglöhner dem Kloster vertraglich verpflichtet waren, die Institution der *fratres exteriores* bzw. *conversi* geschaffen. Hirsau bot damit auch Personen aus niederem Stand, die sich für das Klosterleben entschieden hatten, Aufnahme. Der niedrigen sozialen Herkunft der Laienbrüder entsprach im Kloster eine Stellung minderen Rechts. Laienbrüder trugen keinen Mönchshabit, wohnten außerhalb der Klausur und besaßen auch kein Stimmrecht im Kapitel, in dem wichtige Klosterangelegenheiten beraten und entschieden wurden. Der Übertritt in den Stand der geweihten Vollmönche war ihnen verwehrt. Sie sollten in dem Stand bleiben, zu dem sie bei ihrem Eintritt ins Kloster berufen worden waren. Die Konversen waren von den Chormönchen, *monachi literati*, in Lebensform und Kleidung unterschieden. An die Stelle kontemplativer Verpflichtungen trat für die Laienbrüder eine erhöhte Arbeitsleistung. Sie wurden nicht geweiht, waren von den meisten täglichen Gottesdiensten befreit und verrichteten körperliche Arbeiten. Zahlreiche zeitgenössische Berichte und Viten im Kontext der Hirsauer Reform greifen auch das Phänomen weiblicher Religiosen auf und es zeigt sich, dass die Einbindung religiöser Frauen neben den Konversen die zweite bedeutende Neuerung in hirsau-

---

[24] SCHREINER, Mönchsein 574-582; BINDING/UNTERMANN, Kunstgeschichte 113-115.

[25] SCHREINER, Hirsau und die Hirsauer Reform 89-124.

isch geprägten monastischen Gemeinschaften darstellte.²⁶ So umschloss die Klostergemeinschaft nun drei Personengruppen: Mönche, Laienbrüder oder Konversen und Laienschwestern. Dieser Aspekt führte zur Ausbildung zahlreicher Doppelklöster.

Die von Abt Wilhelm entwickelten *consuetudines* hatten in der Folge Auswirkungen auf die Baukunst und die Disposition der Gebäude innerhalb der Klostermauern. Diese orientierten sich – um es gleich vorweg zu nehmen – an dem bereits in karolingischer Zeit entwickelten Gelehrtenkonzept. Bereits wenige Jahre nach der Weihe der ersten Klosterkirche St. Aurelius wurde talabwärts der Neubau einer sehr viel größeren Klosteranlage begonnen.²⁷ Die Kirche St. Peter und Paul wurde 1091, im Todesjahr Abt Wilhelms, geweiht (siehe Abb. 46). Bereits im darauffolgenden Jahr konnten die Klostergebäude bezogen werden. Das architektonische Konzept der zweiten Hirsauer Klosteranlage war eng an die liturgischen und monastischen Gebräuche von Cluny ausgerichtet. Die Kirche war eine in allen Teilen flachgedeckte Säulenbasilika von acht Jochen; das letzte Joch vor der Vierung wurde von kreuzförmigen Pfeilern begrenzt.²⁸ Daran schloss ein Querschiff, Chorjoch mit in Doppelarkaden geöffneten Chorseitenschiffen; neben diesen kleine Querschiffapsiden. Die Ostabschlüsse von Chor und Chorseitenschiffen wurden von drei bzw. je zwei recht-

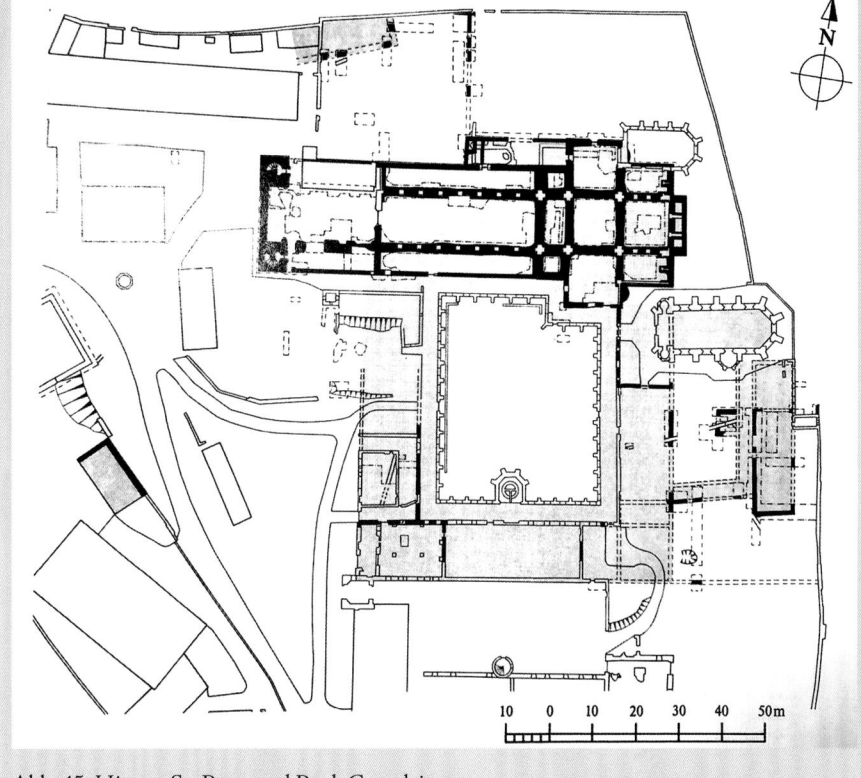

Abb. 45 Hirsau, St. Peter und Paul, Grundriss

---

²⁶ KÜSTERS, Formen 195-220
²⁷ Siehe die Beiträge in dem 1. Teil des Sammelbandes: SCHREINER, Hirsau. St. Peter und Paul; BINDING/UNTERMANN, Kunstgeschichte 113-132, hier: 116; LUFEN, Ordensreform.
²⁸ BINDING/UNTERMANN, Kunstgeschichte 116-118.

eckigen Altarnischen vor flachen Chorwänden gebildet. Auf den Bau einer Krypta wurde verzichtet. Im Westen gab es eine dreischiffige, vierjochige Vorkirche mit einem westlichen, den Eingang flankierenden Doppelturmpaar. Die Gestaltung des Altarraums und die große Anzahl an Altären im Osten entsprachen den liturgischen Gebräuchen von Cluny. Der Chor der Mönche, der *chorus maior*, war in der Vierung eingerichtet. Von diesem abgeschrankt folgte gegen Westen der sogenannte *chorus minor* für Novizen, kranke Mönche und Konversen; damit reichte der Chorbereich bis in das Langhaus hinein. Schrankenfundamente zwischen dem Chor der Mönche und dem chorus minor sind aus den Schriftquellen bekannt. Über der Vierung war ein hölzerner Vierungsturm errichtet. Die westliche Vorkirche ist bereits in Cluny bekannt; dort war sie die letzte bzw. vorletzte Station der Sonntagsprozessionen *per claustrum*, also in der Klausur. Dort mussten sich die Laien in der Vorhalle zwischen den Türmen aufstellen und zogen dann im Anschluss an die Mönche in die Kirche. Auch die Klausurbauten orientierten sich in Hirsau nach dem übereinstimmenden Wortlaut der *consuetudines* an denen der Klosteranlage von Cluny (II.). Die Anlage von St. Peter und Paul entsprach dem in karolingischer Zeit unter Gelehrten entwickelten Konzept, das im Klosterplan von St. Gallen seine bildliche Umsetzung gefunden hatte, doch den Hirsauer Bauverantwortlichen nicht als Bauplan vorgelegen war. So lag im Hirsauer Klosterkomplex im Obergeschoß des Ostflügels das Dormitorium, das nur vom Kreuzgang her zugänglich war. Darunter befand sich der Kapitelsaal, *capitulum*. Von dort konnte man in die östlich daran anschließende Marienkapelle, die *ecclesia infirmorum* gelangen. Daneben war die Infirmarie, das Krankenhaus angeordnet. Im Ostflügel lag auch die *cella noviciorum*; daneben der Baderaum und die Wärmestube, die *stupa*. Den Südflügel nahmen das Refektorium und die Küchen für Mönche und Laien ein. Im Westflügel folgte zunächst der Vorratsraum, *cellarium*, ein Raum, in dem die Almosen verteilt wurden, *elemosynaria*, und schließlich die Klosterpforte, *ostium [...] per quod deforis venientium est ingressus in claustrum*. In Hirsau sind nur wenige Überreste der Klosteranlage erhalten; erkennbar sind mit Sicherheit der Kapitelsaal und die Marienkapelle; allerdings in spätgotischer Veränderung. In Hirsau hat man sich offenbar um eine Nachahmung der Klosteranlage von Cluny sowohl hisnichtlich Liturgie, monastischer Organisation als auch Baukonzept bemüht. Die in der Hirsauer St. Peter und Pauls Kirche entwickelte Raumordnung mit Dreizellenchor, westlicher Vorkirche mit Türmen, Abtrennung der Vierung als *chorus maior* und erstem Langhausjoch als *chorus minor*, dem Verzicht auf eine Krypta, aber auch der Disposition der Klausurgebäude – besonders der Ostflügel – wurde vorbildhaft für die von der Hirsauer Reform erfassten und neugebauten Klöster.

Mariazell – der erste Klosterbau und sein Nutzen

Schriftliche Nachrichten, die Auskunft über den Klosterbau von Mariazell geben, sind äußerst dürftig. Es gibt lediglich eine für 1257 angeführte Bemerkung eines Weiheaktes durch den Passauer Bischof Otto von Lonsdorf (1254-1265).[29] Möglicherweise steht damit die drei Jahre später darauf erfolgte päpstliche Unterschutzstellung in

---

[29] MGH Scriptores IX 647; Eigner, Geschichte 35-37.

Zusammenhang[30]. Stiftungsurkunden zum Bauvorhaben, die bei vielen mittelalterlichen Baustellen vorhanden sind, fehlen hier gänzlich. Ebenso existieren keine Rechnungen zum Baubetrieb, zur Beschaffung des Baumaterials, zur Bezahlung der Bauleute und Handwerker. Allerdings lassen die wenigen Schriftquellen zu Mariazell aus dem 12. und 13. Jahrhundert gegen den Strich lesen und in Zusammensicht mit archäologischen Befunden sowie ehemals in der Mariazeller Bibliothek belegbaren Regelhandschriften (*Regula Benediciti* und *Constitutiones Hirsaugienses*, *Institutio monastica des Guilelmus Hirsaugiensis*) und dem *Necrologium* doch einige Schlüsse zum Bauprozess und zum Klosteralltag zu.[31]

Die Gründungsgeschichten von Mariazell, die im sogenannten Stiftsbrief von 1136 und im Heinriciarum aus der Zeit nach 1156 erzählt werden, sind nahezu ident und vermutlich erst gegen Mitte des 13. Jh. entstanden. Über die Errichtung des Klosters wird berichtet, dass die Gebrüder Heinrich und Rapoto ihre Güter Christus und der Muttergottes widmeten, über die Errichtung des *oratorium*, der Kirche, jedoch unterschiedlicher Meinung waren. Daraufhin sei der Babenberger Markgraf Leopold III. den zögernden Brüdern zuvorgekommen und hätte nach Beratschlagung mit den Seinen aus eigenem Recht das *oratorium* selbst gegründet. Spätestens ab 1155 ist gesichert, dass die geistliche Kommunität der *Regula Benedicti* folgte, wie der Urkunde eines Tausches zwischen dem Passauer Bischof Konrad und dem Mariazeller Abt Azelin zu entnehmen ist[32]. Es gibt jedoch keinen Grund anzunehmen, dass dies nicht auch bereits für die Jahre zuvor gilt, da eine *cella* etwas typisch Kontemplatives ist und für Benediktiner zur damaligen Zeit sehr gut passt. Die erst einige Generationen nach der Gründung von Mariazell niedergeschriebene Erzählung der beiden Urkunden nennt nicht nur die in den Rechtsakt verwickelten Personen, sie macht auch Angaben zur Erbauung des Klosters und beschreibt die für den „Klosterbetrieb" wesentlichsten Gebäude, die *cella*, das Mönchshaus, und das *oratorium*, den Gebetsraum. Es ist davon auszugehen, dass der nahezu quadratische Grundriss aufgefundener Fundamente im Bereich des Ostflügels des Klosters zu diesem ersten Mönchshaus gehört hatte (Abb. 47). Seine Position in dem Klosterverband in der seit dem 13. Jahrhundert nachweisbaren Mönchsklausur im Osten, die Dormitorium und Kapitelsaal und Wärmeraum beherbergen sollte, sprechen für diese Annahme. Im Nahbereich dieser Mönchsunterkunft war wohl gleich mit der Errichtung eines *oratoriums*, dem bedeutendsten Bauwerk einer Klosteranlage, begonnen worden. Diese erste Kirche hatte die Form eines einfachen Saales mit einem eingezogenen Rechteckchor. Auffallend ist die massive Schranke, die das östliche Drittel des Saales abtrennte und die Kirche somit in zwei Bereiche teilte. Ob die Schranke einen Durchgang besaß, ist nicht belegbar, aber zu vermuten. Die Raumteile waren wohl von zwei Portalen zu betreten; eines müsste sich im Westen befunden haben – ist aber

---

[30] EIGNER, Geschichte 400-407; siehe auch den Beitrag von AIGNER in diesem Band.

[31] Zu den archäologischen Befunden vergleiche die Beiträge von KALTENEGGER, TARCSAY und ZORKO. Zu den Handschriften: ÖNB, Cod. 2232, 2v-62v (Regula Benedicti) und Stiftsbibliothek Lilienfeld, CLi24, 54v-147v (Constitutiones Hirsaugienses, Institutio monastica des Guilelmus Hirsaugiensis); Vergleiche die Beiträge von NOVAK.

[32] Vgl. NÖUB II/1 378. Vergleiche die Beiträge von AIGNER, KUPFER und ZEHETMAYER.

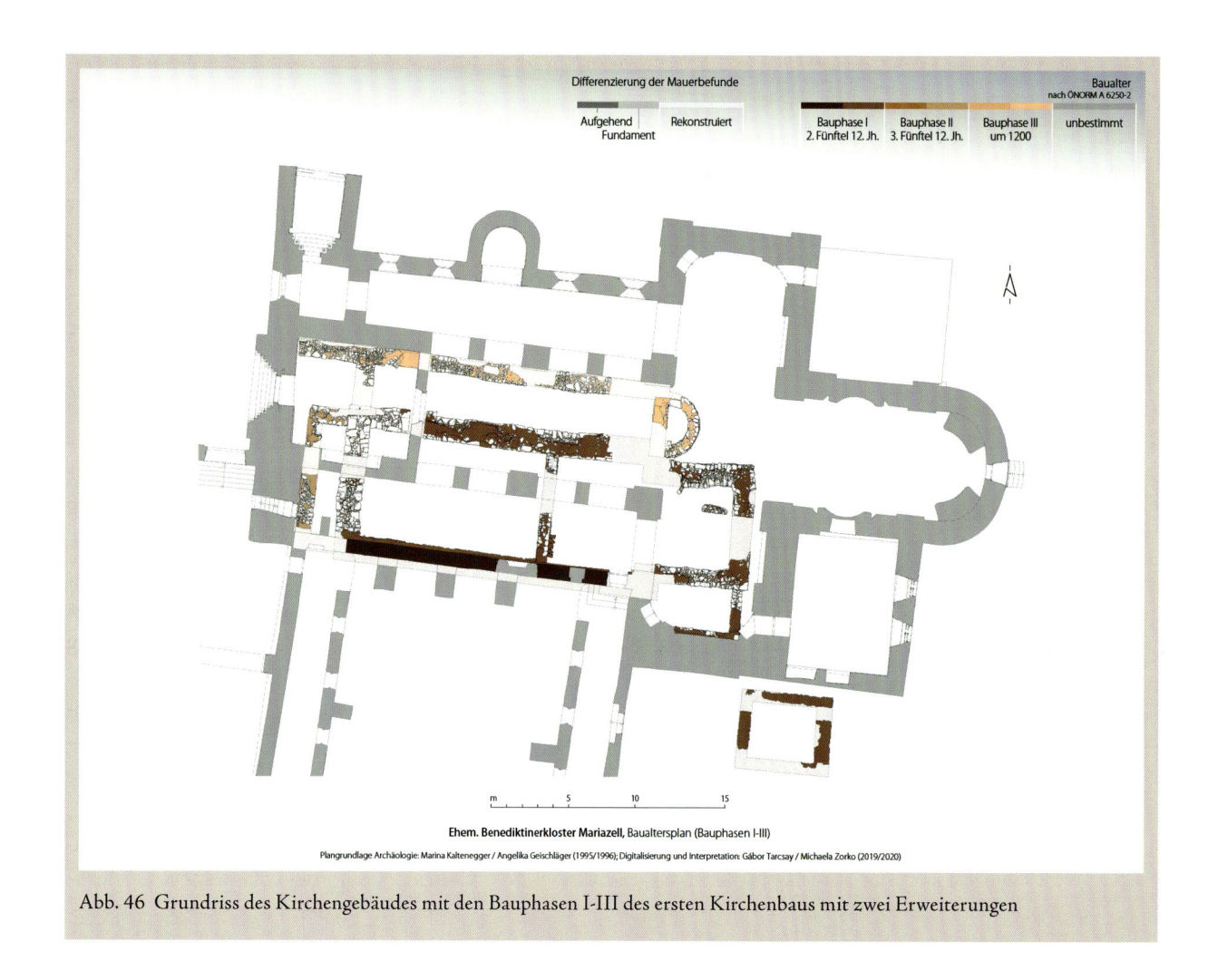

Abb. 46 Grundriss des Kirchengebäudes mit den Bauphasen I-III des ersten Kirchenbaus mit zwei Erweiterungen

heute nicht mehr nachweisbar. Das zweite Tor war an der Südseite und führte in den östlichen Bereich des abgeschrankten Kirchenraumes. Dieser Eingang, respektive seine Eckverquaderung, lässt sich gegenwärtig noch, obwohl vermauert, an der südlichen Außenmauer der Klosterkirche, gleich neben dem heutigen Südportal erkennen. (siehe Abb. 65)

An diese Saalkirche wurde im Norden – in einem zweiten Schritt – ein schmaler Anbau mit einer eigenen kleinteiligen Rundapsis angelehnt. Beide Sakralräume, dürften schließlich jeweils um einen eigenen Vorraum (?) im Westen erweitert worden sein. Aufgrund der schlichten Raumtypen, vor allem auch der Apsidenlösungen ist davon auszugehen, dass der schrittweise Ausbau des mehrteiligen Sakralraums relativ zeitnah erfolgte. Die einfachen Raumtypen sprechen für eine Fertigstellung wohl knapp nach Mitte des 12. Jahrhunderts. Dazu passt auch die dendrochronolgische Datierung der aufgefundenen Bestattungen im nördlichen Anbau, die von dem Fundament der Nordmauer überschnitten wurden.[33] (siehe Abb. 88)

Damit entstand innerhalb von circa drei Jahrzehnten ein vielförmiges sakrales Baugefüge, das auf den ersten Blick eine überzeugende Konzeption vermissen lässt: Es gab eine unspektakuläre Saalkirche mit Schranke und Rechteckchor, einen schmalen Anbau mit eigener Rundapsis, sowie zwei Vorräume (?). Nimmt man den Handschriftenbestand des Klosters in den Blick, wie das Ende des 14. Jahrhunderts aus einer älteren Version neu angelegte *Necrologium*, oder die aus dem 9. bzw. 13. Jahrhundert ehemals in der Klosterbibliothek vorhandenen Normtexte, die *Regula Benedicti* oder die *Hirsauer Consuedutines*, sokann man den funktionalen Bestimmungen des Sakralraumes näherkommen.[34] Es zeigt sich, dass das Raumgefüge offenbar auf liturgische Erfordernisse Bezug genommen hat, die im Zusammenhang mit der Hirsauer Reform zu sehen sind. Nach den Eintragungen im Totenbuch lebten bereits im 12. Jahrhundert neben den geistlichen Männern, also Mönchen und Priestermönchen, auch Konversen, Nonnen und Laienschwestern. Für die Zeit des 12. bis 14. Jh. weist das Totenbuch neben 138 *presybteri et monachi* auch sieben *sorores nostrae congregationis*[35] und 57 *conversi* auf. Damit spiegelt das *Mariazeller Necrologium* – wie bereits erwähnt – das religiöse Leben nach der Hirsauer Reform in Klöstern des Südens und Südwesten des Reiches wider; nämlich eine hohe Anzahl von Mönchen, die Einrichtung von Laienbrüdern und das Aufkommen von Jungfrauen, die in regulierten Gemeinschaften lebten.[36]

Wie bereits dargelegt, greifen zahlreiche zeitgenössische Berichte und Viten im Kontext der Hirsauer Reform das Phänomen weiblicher Religiosen auf und es zeigt sich, dass die Einbindung religiöser Frauen neben den Konversen eine der wichtigsten Neuerungen darstellte.[37] Das prägende Organisationsmodell war das Doppelkloster, was für den Hirsauer Reformverband die Eingliederung eines klausurierten Frauenkonvents sowohl in die rechtliche aber auch räumliche Einheit des Klosters bedeutete. Genaugenommen wird man aber – wie zeitnahen Quellen zu entnehmen ist – von einer Dreiteilung der Klostergemeinschaft in Mönche, Konversen und weibliche Religiosen auszugehen haben. In den Schriftquellen der „Reformer" wird immer wieder die Trennung der Wohn- und Sakralgebäude sowie die Einhaltung der Klausurvorschriften im Gotteshaus betont. In der Praxis bedeutete vor

---

[33] Grab 260: 1001 – 1137 und Grab 240: 1065 – 1151; Vergleiche den Beitrag von WINKELBAUER.
[34] Necrologium Mariazell, Stiftsbibliothek Melk, Cod. 836; Regula Benedicti, ÖNB, Cod. 2232, 2v-62v; Constitutiones Hirsaugienses, Institutio monastica des Guilelmus Hirsaugiensis, 13. Jh., Stiftsbibliothek Lilienfeld, CLi24, 54v-147v. Vergleiche auch die Beiträge von AIGNER und NOVAK.
[35] Feb, 16: Richildis soror nostrae congregationis; März, 30: Amabilia soror nostrae congregationis; April 16: Gysila (cod. Gysisila) soror nostrae congregationis, a qua habemus Symaning; Juni, 11: Richildis soror nostrae congregationis; Nov. 16: Gerdrudis soror nostrae congregationis; Dez. 1: Margareta soror nostrae congregationis; Dez. 19: Mergardis soror nostrae congregationis.
[36] KÜSTERS, Formen 195-220.
[37] KÜSTERS, Formen 207-209.

allem die Gestaltung des gemeinsamen Chordienstes eine Herausforderung, so dass für religiöse Frauen generell ein eigener, abgesonderter Gebetsraum errichtet wurde. Ebenso war den Konversen nur ein beschränkter Zugang zum Chorgebet der Mönche möglich. Die Durchsetzung der strikten Ansprüche der Reformer verlief – wie nicht anders zu erwarten – nicht immer widerspruchsfrei. Welch eine Herausforderung die geforderte Klausurierung für den Klosteralltag war und wie schwer man sich damit tat, diese idealen Bestimmungen zu befolgen und in den Klosteralltag umzusetzen, zeigt ein sehr praxisnahes Beispiel aus dem Kloster Admont.

Die Gründung des Klosters Admont geht auf eine Stiftung der Gräfin Hemma von Gurk (970-1045) zurück. Das Weihedatum der Klosterkirche ist mit 29. September 1074 überliefert. Das Kloster stand lange Zeit unter Abhängigkeit der Salzburger Kirche; erst mit der Berufung Wolfolds von Lohkirchen im Jahr 1115 wurde das Kloster eigenständig. Wolfold wurde aus dem Hirsauer Reformkloster St. Georgen im Schwarzwald nach Admont berufen. Von dort aus brachte er Reformgedanken der Hirsauer mit. Noch während seiner Amtszeit kam es zur Gründung eines Frauenkonvents. Damals stand das Nonnenkloster auf der linken Seite des Lichtmeßbaches, in unmittelbarer Nähe zur Amanduskirche. Um 1144 wurde es von Abt Gottfried in unmittelbare räumliche Nähe des Männerklosters verlegt und zwar an die Stelle des heutigen Kastengebäudes. Schutz der religiösen Frauen vor den Gefahren der Welt bzw. die Kontrolle über Klausurierung und Askese dürften ausschlaggebend für die Verlegung des Konvents südlich des Männerklosters gewesen sein. Ähnlich wie ihre Mitbrüder, trugen auch die Admonter Nonnen wesentlich zur Verbreitung der *consuetudines hirgauienses* bei. Dies geht nicht zuletzt auf ihre gute Bildung und ihre hohe soziale gesellschaftliche Stellung – zahlreiche Fürsten, Grafen usw. schickten ihre Töchter nach Admont – zurück. In der Geschichte des Nonnenklosters wird immer wieder von Nonnen berichtet, die in umliegende Klöster gesandt wurden, um in diesen die Reformbewegungen durchzusetzen.

In der Nacht vom 11. auf den 12. März 1152 ereignete sich in Admont eine Brandkatastrophe, die das Kloster schwer beschädigte. Dieses Ereignis beschrieb der Admonter Mönch Irimbert.[38] Dieser, er war der Beichtvater der Admonterinnen, wird in dieser nicht immer widerspruchsfreien Erzählung nicht müde zu betonen, dass es keine Zwietracht unter den religiösen Frauen unterschiedlicher sozialer Herkunft gebe. Keine von ihnen trage fein gewebte Leinenwäsche, mit Ausnahme der kleinen Mädchen. Die Klausur werde eingehalten und vorbildlich gelebt. Zwischen Beichtvater und Nonnen würde selbstverständlich nur durch ein kleines Fenster kommuniziert. Anderseits weiß man aus anderen Schriftquellen, dass die Nonnen gemeinsam mit dem Seelsorger offziell ein gemeinsames Projekt verfolgten und gemeinsam Predigthandschriften schrieben und illustrierten.[39] Irimberts Brandbericht gibt aber auch Einblick in die architektonische Anlage des Klosterkomplexes. Er nennt eine Marienkapelle im Ostflügel, in deren Nähe sich die Infirmarie befand. Er berichtet über die Mönche, die sich in der Kirche im Mönchschor versammelt haben

---

[38] Vollständige Wiedergabe des Berichts: LUTTER, Geschlecht & Wissen 222-225.
[39] LUTTER, Geschlecht & Wissen 52-62; LUTTER, Hof 26-29.

und über die Laienbrüder, die hinten stehen, damit sie sitzend nicht beim nächtlichen Beten einschlafen. Schließlich beschreibt er auch das Frauenkloster. Es gebe, so Irimbert, gegenüber dem Altar eine einzige Pforte zum Frauenkloster, die durch insgesamt drei Schlösser versperrt ist. Zwei der Schlüssel werden in Gewahrsam zweier älterer Mönche gehalten, den dritten hat die Schwester *magistra*, die Leiterin der Frauengemeinschaft. Die Tür darf nur geöffnet werden, wenn eine Schwester in das Kloster eintritt bzw. eine verstorbene Nonne begraben werden soll. Mönche und Laienbrüder haben grundsätzlich keinen Zutritt und auch der Abt und Prior dürfen die Klausur nur anlässlich der Kommunion, Ölung bzw. Beichte einer sterbenden Schwester betreten. Die Nonnen wären niemals allein, sondern immer in Gemeinschaft ihrer Mitschwestern, ob im Konvent oder in der Kirche, im Speise- oder im Schlafsaal. Mit Außenstehenden – und dazu gehören auch Abt, Prior und Mitbrüder – dürfen sie nur durch ein Fenster im Kapitelsaal sprechen, durch das sie auch geistliche Ermahnungen hören, samstags beichten und sonntags die Kommunion empfangen. Dieser zeitgenössische Bericht macht deutlich, wie sehr man sich bemühte, die strikte Separierung der Geschlechter aber auch die der Laienbrüder von den Chormönchen durchzusetzen, was sich auch im architektonischen Konzept widerspiegelt.

Offenbar versuchte man auch in Mariazell, den Hirsauer Reformvorschriften in der architektonischen Umsetzung gerecht zu werden und schuf voneinander getrennte Raumkompartimente für den Chordienst der Chormönche, Konversen und der weiblichen Religiosen. Trotz der räumlichen Trennung der Geschlechter kann angenommen werden, dass in Mariazell – sowie in vergleichbaren anderen Doppelklöstern hirsauischer Prägung – die liturgischen Verrichtungen und geistlichen Übungen synchron erfolgten.

In der Forschungsliteratur wurde darauf hingewiesen, dass Frauenkonvente eines Doppelklosters oft in räumlicher Nähe zu Begräbnisstätten angeordnet sind bzw. lässt sich in vergleichbaren bayrischen Anlagen für die Nonnenkirche oft ein Michaels-Patrozinium nachweisen.[40] Eine ähnliche Situation trifft auch auf Mariazell zu. Denn auch hier wurde der Sakralraum für die Nonnen im Begräbnisbezirk des Klosters errichtet bzw. sind Bestattungen im nördlichen Anbau aufzuweisen. Dies dürfte generell dem Umstand geschuldet sein, dass das Gebet und die Totenfürsprache einer Jungfrau in der Rangordnung höher zu werten waren, als die Fürbitte eines männlichen Religiosen. Die westliche Verlängerung, sowohl bei der vermuteten Frauenkirche als auch bei der vom männlichen Konvent benutzten Saalkirche könnten ebenfalls auf Hirsauer Gewohnheiten zurückzuführen sein. Möglicherweise handelte es sich wie bereits angedeutet um „Eingangshallen" oder Vorbauten, auch wenn deren Größenausdehnung bescheiden ausgefallen war.[41] Der Ort vor dem Kirchenportal bildete nach cluniazensischen bzw. hirsauischen Gewohnheiten die letzte

---

[40] KÜSTERS, Formen 211; möglicherweise ist das Michaelspatrozinium der späteren Friedhofskapelle nördlich von St. Thomas in Mariazell eine Erinnerung daran.

[41] Bereits der St. Galler Klosterplan verzeichnet eine Vorkirche; auch in Cluny waren gleichartige Vorbauten vorhanden. Diese Galerien bildeten in Cluny die letzte bzw. vorletzte Station der Prozessionsliturgie; die zuschauenden Laien mussten sich dort in der Vorhalle aufstellen; sie zogen im Anschluss an die Mönche in die Kirche ein. BINDING/UNTERMANN, Kunstgeschichte 117.

Station im sonntäglichen Prozessionsgottesdienst. Dort warteten die Laien, um im Anschluss an die geistlichen Frauen und Männer in die Kirche einzuziehen. Die Vorhallen boten offenbar einen Witterungsschutz, wurden doch die Prozessionen zu allen Jahreszeiten durchgeführt.

Auffallend ist jedoch, dass die westliche Verlängerung der Saalkirche mit der Ausdehnung des Klostergevierts, also des Kreuzhofes übereinstimmt, bzw. dass der westliche Kreuzgang auf die Vorhalle hin ausgerichtet war. Demnach könnte mit oder nach der Errichtung der westlichen Vorhallen der Kirche mit der Konzeption des westlichen Kreuzgangs begonnen worden sein. Generell ist jedoch zu sagen, dass man über einen Kreuzgang im 12. Jahrhunderts in Mariazell keine Quellen hat.[42] Es lässt sich weder seine Disposition, noch sein Baufortgang dokumentieren. Dies betrifft auch die bauliche Situation der übrigen Klosterbauten, wie Versorgungstrakte der Mönche, Unterkünfte der Konversen oder die Unterkünfte der religiösen Frauen. Einzig ein fast quadratisches Fundament in einem Abstand zur Saalkirche lässt sich dokumentieren und mit großer Wahrscheinlichkeit als das „Mönchshaus", die *cella*, ansprechen.

Zusammenfassend lässt sich festhalten, dass wohl zu Beginn des 2. Viertels des 12. Jahrhunderts ein Mönchshaus und eine Saalkirche für den nach benediktinischer Tradition ausgerichteten Gründungskonvent entstanden ist. In der klösterlichen Gemeinschaft lebten Mönche, Konversen und später für wenige Jahrzehnte auch religiöse Frauen (Nonnen und vermutlich auch Laienschwestern), wie das Nekrologium zeigt. Wohl gegen Mitte des 12. Jahrhunderts wurde die Gemeinschaft nach Hirsauer Gewohnheiten reformiert, sodass in der Folge separierte räumliche Bereiche für die einzelnen Personengruppen errichtet wurden, um die Klausurvorschriften stringent umzusetzen.

---

[42] Der am St. Galler Plan und in der Zisterzienserklosteranlagen des 13. Jahrhunderts so präzise eingezeichnete (nahezu quadratisch) angelegte Kreuzgang und die daran angelehnten Klausurtrakte der Mönche – besonders der an den Querschiffarm der Kirche anschließende Osttrakt – sind an erhaltenen und ergrabenen Klosteranlagen des 10. bis 12. Jahrhunderts keineswegs selbstverständlich. Siehe dazu: UNTERMANN, Mönchshaus 233-257.

4. DER ERSTE KIRCHENBAU UND SEINE ERWEITERUNGEN
VON MARINA KALTENEGGER

Vorbemerkung

Die Ausgrabungen des Bundesdenkmalamtes der Jahre 1995/96 umfassten beinahe den gesamten Innenraum der ehemaligen Klosterkirche Mariazell in Österreich (siehe Abb. 8). Der Grundriss des ersten Kirchenbaus und seiner Erweiterungen ist gemeinsam mit den zeitlich zugehörigen Bestattungen des Friedhofs in einem Gesamtplan zusammengefasst, der als Abb. 46 im Beitrag Schedl und als Abb. 88 im Beitrag Winkelbauer abgebildet ist. Zur besseren Orientierung inner- und außerhalb des Sakralbaus waren dieser und sein näheres Umfeld in insgesamt 20 Grabungsabschnitte gegliedert worden. In einen Ausschnitt des Vermessungsplans der Klosteranlage von Adalbert Klaar (1958) sind diese Abschnitte mit römischen Ziffern eingetragen worden (Abb. 47).

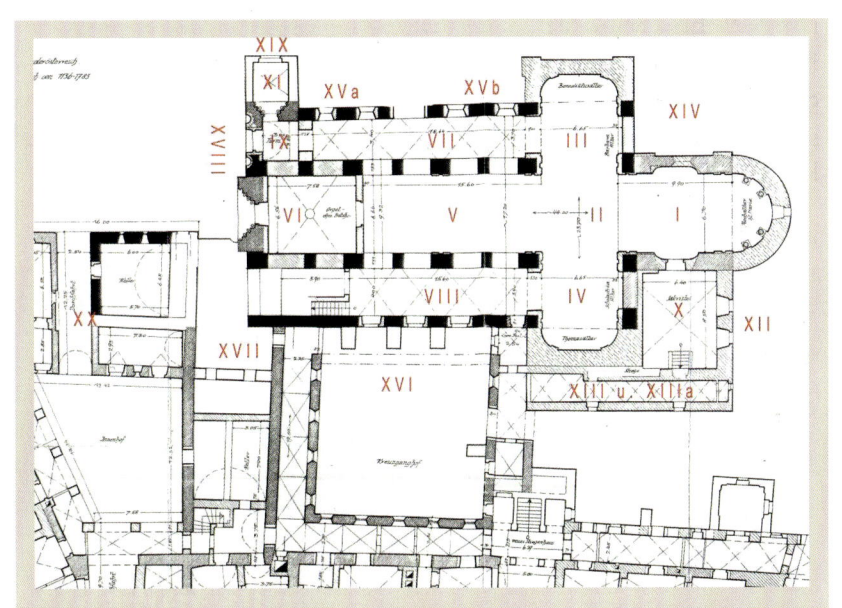

Abb. 47 Die Nummerierung der Grabungsflächen auf einem Ausschnitt des noch vor dem Teilabbruch der Klostergebäude erstellten Übersichtsplanes von A. Klaar (1958)

Der Bauplatz

Die ursprüngliche Klosteranlage von Mariazell in Österreich wurde direkt unterhalb eines von Ost nach West abfallenden Hanges errichtet. An dessen Fuß verlief ein schmales, mit Holzbrettern re-

Abb. 48 Presbyterium, Blick aus Apsis nach Westen. Im Vordergrund schräg durchlaufendes bachartiges Gerinne, links Wurzelstöcke des Rodungshorizonts. Im Hintergrund mehrere Bestattungen.

guliertes Gerinne, weiter nach Westen schloss eine feuchte Senke an.[1] In diesem Bereich östlich der ersten Kirche wurden Bestattungen in die Erde gelegt und ein Steinplattenweg durchquerte das Gelände in Nord-Südrichtung. Das Gerinne, der frühe Bestattungshorizont und der Steinplattenweg sind in der Folge durch die romanische Basilika überbaut und bei den Ausgrabungen 1995 im Presbyterium wieder freigelegt worden. (Abb. 48) Die innerhalb des Gerinnes abgelagerten Holzreste, die vermutlich von einer Bachfassung stammten, wurden geborgen und von der Arbeitsgruppe Holzbiologie und Jahrringforschung der Universität für Bodenkultur Wien untersucht. Die Bestimmung ergab die Holzarten Tanne (*Abies Alba*) und Lärche (*Larix decidua Mill*).[2] Die Holzproben der Wurzelstöcke am Ufer des Baches konnten ebenfalls der Holzart Tanne (*Abies Alba*) zugeordnet werden, ein Ast stammte von einer Schwarzerle (*Alnus glutinosa Gaertn.*).

Im Verlauf der Ausgrabung konnten am gesamten Grabungsgelände derartige Wurzelstöcke aufgefunden werden, sobald der Horizont der ältesten oder besonders tief gelegenen Bestattungen erreicht war. Dies bedeutet, dass hier archäologisch nachgewiesen werden konnte, was oft in historischen Quellen beschrieben wurde: die Errichtung einer Kirche, eines Klosters an einem eigens dafür gerodeten Platz.[3] Der Nachweis von Brandspuren lässt darauf schließen, dass es sich um Brandrodung gehandelt hat. Die Untersuchung der Wurzelstöcke ergab zum überwiegenden Teil die Holzart Tanne (*Abies Alba*), zu einem geringen Teil auch Rotbuche (*Fagus sylvatica L.*) und Eibe (*Taxus baccata L.*). Dieser Befund deckt sich mit dem Ergebnis von in der Region durchgeführten Pollenanalysen im Bodenprofil. Darin wird deutlich, dass die Tanne lange Zeit die bestandsbildende Holzart gemeinsam mit der Buche war. Dass heute die Fichte die dominierende Holzart dieser Region darstellt, ist das Ergebnis langjähriger menschlicher Einflussnahme auf

---

[1] OFFENBERGER, KG Kleinmariazell (1995) 17.
[2] WIMMER/GRABNER/LIEBERT, Särge 32.
[3] Zumeist wurde ein verkehrsgünstig gelegener Platz gewählt, um von dort aus durch die Errichtung eines Klosters das umliegende Gebiet zu kolonialisieren.

Abb. 49 Rodungs- und Gräberhorizont zwischen 1. Kirche und Seitenschiff, Blick nach Nordosten. Unter der Seitenschiffmauer ist der große Wurzelstock sichtbar.

den Wald. Erst in der Mitte des 19. Jahrhunderts wurden Tanne und Buche durch den Eingriff der Forstwirtschaft von der Fichte verdrängt.[4]

Bei der Grabung im Mittelschiff wurde direkt neben dem Fundament des nördlichen Seitenschiffanbaus an die erste Kirche ein besonders mächtiger Wurzelstock neben später eingebrachten Bestattungen aufgefunden. (Abb. 49, ein tieferes Niveau auf Abb. 74) Er wurde auf Wunsch von Diakon Eckert und der Pfarrgemeinde geborgen, konserviert und ist nun in der neugeschaffenen Krypta unter dem Presbyterium aufgestellt.[5]

[4] WIMMER/GRABNER/LIEBERT, Särge 13f. mit Abb. 5, Kreisdiagramme zum Waldaufbau, geordnet nach Zeitstufen und Lokalitäten, aus: Friedrich KRAL, Erste Pollenanalysen zur Waldgeschichte des Wienerwaldes, Österreichische Forstzeitung 1/1991, Agrarverlag Wien, 10-11.
[5] Da bei der Brandrodung nur mehr die Wurzelstöcke ohne Stammholz im Boden erhalten blieben, war keine Basis für eine dendrochronologische Untersuchung vorhanden, die genauen Aufschluss auf den Zeitpunkt der Rodung gegeben hätte.

1. Die erste Klosterkirche: Saalbau mit eingezogenem Rechteckchor (Bauphase I)

Bei den im Februar 1995 begonnenen Ausgrabungen kam im südlichen Querschiff (Fl. IV) unter den Fußböden der gotischen und barocken Niveaus neben diversen Bestattungen auch eine W-O-verlaufende Mauer mit Abstoß nach Norden zutage, die etwas später als SO-Ecke des Chorrechtecks eines ersten Kirchenbaus identifiziert werden konnte. (Abb. 51) Die Untersuchungen im südlichen Seitenschiff (Fl. VIII) ergaben, dass das Südfundament der bestehenden Kirche zum Langhaus ebendieser Kirche gehört und auch noch ein großer Teil des aufgehenden Mauerwerks in der Südwand mit dem primären Südeingang (und zwei weiteren, später eingefügten Türöffnungen) erhalten geblieben ist. In der Vierung (Fl. II) wurde der nördliche Teil des um Schulterbreite eingezogenen Chorrechtecks freigelegt. Die Schulter zur Nordwand war durch eine sekundär angefügte Apsis überbaut. Diese außerordentlichen Grabungsergebnisse führten dazu, dass ab November 1995 auch das Mittelschiff (Fl. V) und anschließend die Vorhalle (Fl. VI) gänzlich archäologisch untersucht wurden. Damit konnten auch das Nordfundament und in der Vorhalle auch die NW-Ecke des Kirchen-Langhauses ergraben werden.

1.1. Der Rechteckchor

Vom Rechteckchor der ersten Kirche blieben in der Vierung und im südlichen Querschiff der bestehenden Basilika nach dem Abbruch lediglich die Fundamente im Boden erhalten, nur an einer Stelle im Nordwesten war auch ein kleiner Rest des aufgehenden Mauerwerks in Form der Ausgleichslage

Ehem. Benediktinerkloster Mariazell, Ausschnitt Baualtersplan mit Bestattungen (Bauphase I)
Plangrundlage Archäologie: Marina Kaltenegger / Angelika Geischläger (1995/1996); Digitalisierung und Interpretation: Gábor Tarcsay / Michaela Zorko (2019/2020)

Abb. 50   Baualtersplan Bauphase I: Saalkirche mit Rechteckchor

für den Aufsatz der aufgehenden (Quader-) Mauer vorhanden. Die Abbruchhöhe variiert zwischen -83 und -94 cm unter dem lokalen Null-Niveau, der Schwelle des Westportals,[6] die Unterkante des Fundaments liegt unter -166 und -170 cm. Das Schalenmauerwerk des Fundaments besteht aus kantigen, in Reihen verlegten Lesesteinen. Die beiden untersten Lagen waren gänzlich in Erde verlegt,[7] die Oberfläche der dritten bereits abgemörtelt. Die vierte und oberste Fundamentlage war mit beigegelbem, körnigem, fein- bis mittelkiesig gemagertem Kalkmörtel abgeglichen worden. Die SO-Ecke wird durch einen Quader gebildet und zeigt damit ebenfalls den Übergang zum aufgehenden Mauerwerk an. Die

---

[6]   Der rezente (barocke) Fußboden aus Kehlheimerplatten liegt etwa 40 cm über dem Schwellenniveau.

[7]   Diese Art der Verlegung der untersten Lagen in Erde entspricht noch der Fundamentbauweise der Römerzeit.

Abb. 51 Blick von Norden in das südliche Querschiff mit der südlichen Hälfte des Rechteckchors der ersten Kirche, im nördlichen Teil (Vordergrund links) unter der barocken Gruft durchziehend

Abb. 52 Blick von Norden auf den nördlichen Teil des Rechteckchors, im Hintergrund vor dem Profil die Steinlage eines Altarfundaments. Im Vordergrund rechts die Apsis des südlichen Seitenschiffes der Bauphase III, darunter noch die Schulter zum Nordfundament (NO-Ecke Saalbau) sichtbar (Fl. II, Pl. 4)

Fundamentbreite beträgt 112 bis 130 cm, das aufgehende Mauerwerk bei dem kleinen erhaltenen Teil hingegen nur 86 cm, was auch der Mauerbreite der diesem Kirchenbau zugehörigen Südwand entspricht. Der Fundamentvorsprung zum Innenbereich hin ist kaum wahrnehmbar, an der Außenseite beträgt er etwa 36 cm.

Mehrere barocke Bestattungen sind in das Fundament eingetieft worden (Grab 11 und 12 im Südfundament und Grab 34 im Nordfundament), am Boden einer Gruft konnte noch die unterste Steinlage des Ostfundaments in einer Tiefe von -134 cm befundet werden (Abb. 51).

Die Schulter zum Nordfundament des Langhauses ist unter der Überbauung durch den Ansatz der Apsis des nördlichen Seitenschiffs noch erhalten und sichtbar geblieben (Abb. 52). Die Außenmaße des Chorrechtecks betragen 7,8 m x 5,6 m (zur Schulter), die Innenmaße 5,15 x 6 m (bis Triumphbogenseite Langhaus).

Ein Altarfundament (?) und zwei Bestattungen

Bei der Ausgrabung der Nordhälfte des Rechteckchors in der Vierung ist in -101 cm Tiefe eine Steinlage aus Bruch- und Tuffsteinen mit etwas beigem mittelkiesigem Kalkmörtel aufgedeckt worden, die von der Lage her als Fundierung für einen Altar angesehen werden kann. Die Fortsetzung nach Süden ist durch den Einbau einer Gruft zerstört worden, daher konnte keine Gewissheit über die Richtigkeit der Interpretation erzielt werden. (Abb. 53) Unmittelbar nördlich dieser Steinlage ist eine W-O orientierte Bestattung mit gestreckten Armen (Grab 37, -168 cm) eingetieft worden, erhalten war das postcraniale Skelett, der Schädel fehlte. Von einem Sargbrett hatten sich Holzreste eines Bodenbretts erhalten.[8] Eine

---

[8] Eine dendrochronologische Datierung war durch den schlechten Erhaltungszustand des Holzes nicht möglich, nur die Holzart – Tanne – konnte bestimmt werden.

Abb. 53 Nördliche Hälfte des Rechteckchors von Westen mit Steinlage des Altarfundaments, links die Apsis des nördlichen Seitenschiffanbaus Phase III (Fl. 2, Pl. 4)

Abb. 54 Grab 37 und 38 gegen Norden, im Hintergrund das Nordfundament des Chorrechtecks

weitere Bestattung (Grab 38) ist vermutlich bei der Fundierung des südlichen Vierungspfeilers der Basilika gestört worden, da nur noch zusammengeschobene Knochen und zwei Schädel aufgefunden werden konnten. (Abb. 54) Die beiden Bestattungen waren seinerzeit für den leitenden Archäologen J. Offenberger einer der Gründe, einen älteren Friedhof und damit auch eine ältere Kirche (noch vor der Klostergründung) zu rekonstruieren, da üblicherweise im Hochmittelalter nicht innerhalb von Kirchen bestattet wurde.[9] Ausnahmen waren Grablegen hochgestellter Persönlichkeiten oder Stiftergräber. Es war eine C14 -Datierung der Skelettreste geplant, dazu ist es offensichtlich nicht gekommen.[10] Innerhalb des ersten Kirchengebäudes sind keine weiteren Bestat-

tungen dieser Zeitstellung erfolgt, die Fundamente stören auch keine älteren Bestattungen, somit gibt es zum momentanen Forschungsstand nur wenig Evidenz, einen älteren Friedhof zu postulieren. Von den Bestattungen in Särgen oder auf Holzbrettern, die dendrochronologisch datiert werden konnten, weisen nur zwei ein Enddatum der Jahresringe auf, das vor dem „offiziellen" Gründungsdatum 1136 liegt – wobei dieses jeweilige Enddatum nur einen *terminus post quem* darstellt, zu dem noch 10-20 oder auch 30 und mehr durch die Bearbeitung fehlende Jahrringe / Jahre zu addieren sind.[11] Grab 41 (Jahrringe zwischen 1046 und 1079) und Grab 43 (Jahrringe zwischen 1059 und 1126) liegen beide nördlich des Chorrechtecks und werden von der Apsis des nördlichen

---

[9] OFFENBERGER, Erste Ergebnisse 17f.
[10] Die Knochen der ausgegrabenen Bestattungen sind auf Wunsch von Pfarre und Erzdiözese Wien in den Grüften wiederbestattet worden, damit ist kein Zugriff für weitere Untersuchungen mehr möglich. Der Sachverhalt kann (derzeit) nicht befriedigend geklärt werden und wird im Zuge der genauen Auswertung der Grabungsunterlagen zu allen ergra-

benen Bestattungen noch weiter diskutiert und abschließend bewertet werden.
[11] WIMMER/GRABNER/LIEBERT, Särge 10. Eine dritte dort verzeichnete Datierung (1025-1102) ist zwar Grab 202 zugeschrieben, wurde aber offensichtlich mit einem Holzfund der gleichen Nummer verwechselt, da bei besagter Bestattung kein Sarg oder Sargbrett gefunden worden war.

Seitenschiffs der Phase III überbaut. (Abb. 77, vgl. auch Kapitel 3.3.) Nach der anthropologischen Bestimmung lag in Grab 43 eine weibliche Person im Alter zwischen 21 und 40 Jahren. Bei Grab 41 war keine Bestimmung möglich, da die Bestattung gänzlich überbaut war, möglicherweise handelte es sich um ein Kindergrab.[12]

Ob die beiden Bestattungen 37 und 38 vor dem Bau der Kirche in die Erde gelegt wurden oder als hochgestellte Persönlichkeiten ihre Grablege innerhalb des Chorrechtecks gefunden hatten, lässt sich somit nicht mit letzter Sicherheit entscheiden.[13]

1.2. Nord- und Westfundament des Saalbaus

Im südlichen Teil des Mittelschiffs (Fläche V) und der Vorhalle (Fläche VI) konnte das 1,55 – 1,80 m breite Fundament der Nordwand der 1. Steinkirche freigelegt werden. Der Aufbau entsprach dem des Chorrechtecks (siehe Abb. 66 und Abb. 38 im Beitrag Aigner), die unteren Lagen des Schalenmauerwerks waren wiederum in Erde gesetzt und die oberste Lage stark abgemörtelt. Die Abbruchkante entspricht dem Ansatz des aufgehenden Mauerwerks und liegt in den ungestörten Bereichen bei -110 bis -115 cm.

Der Übergang vom Langhaus zum um Mauerbreite eingezogenen Rechteckchor wird durch eine Schulter gebildet, die unter der Überbauung durch den Ansatz der Apsis des nördlichen Seitenschiffs

Abb. 55   Nord- und Westfundament gegen Südosten (Fl. VI, Pl. 5)

Abb. 56   Steine der NW-Ecke des 1. Kirchenbaus unter Gruft freigelegt (Fl. VI, Pl. 6 gegen SO)

noch erhalten geblieben ist. (siehe Abb. 51) So konnte die NO-Ecke des Saalbaus zumindest im Außenbereich festgestellt werden, der Innenbereich und Ansatz des Nordfundaments war durch spätere Überbauung nicht mehr feststellbar. Im Osten an diese überbaute Zone anschließend sind an der Innenkante noch in der obersten Lage des Fundaments vier Steinquader verbaut worden. Das Nordfundament konnte

---

[12] Die geringe Anzahl an Jahrringen des Sargbrettes lässt die Datierung unsicher erscheinen.
[13] Zudem konnte die Innenfläche des Chorrechtecks aufgrund von Überbauungen, Anlage einer Gruft und anderer Störungen nur zu einem geringen Teil ergraben werden, so dass nicht ausgeschlossen werden kann, dass darin noch weitere Bestattungen erfolgt waren.

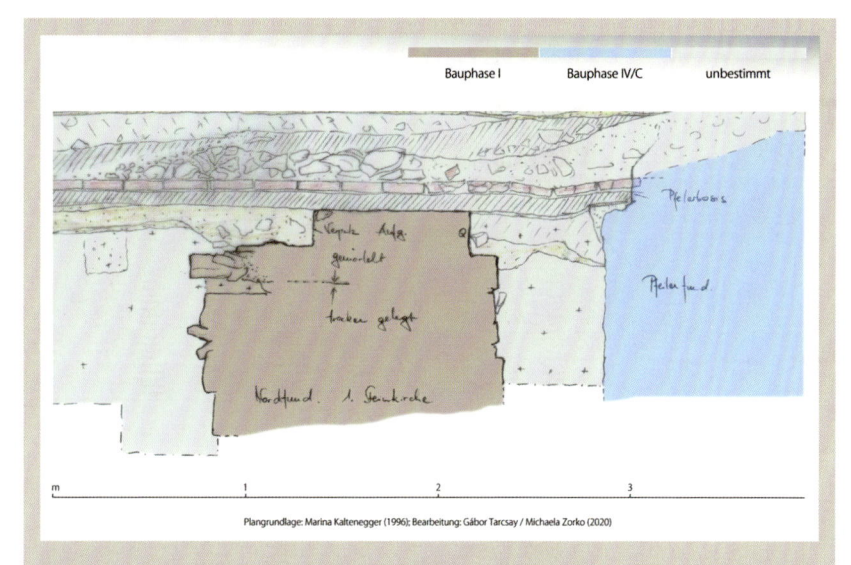

Abb. 57   Ausschnitt aus Ostprofil, Schnitt durch das Nordfundament der 1. Kirche mit einer Lage des aufgehenden Mauerwerks (Fl. VI)

durch das gesamte Mittelschiff (Fl. V) verfolgt werden, die Außenschale war durch zwei barocke Bestattungen (Grab 242 und 245) gestört. (Siehe Abb. 38, das Fundament rechts im Bild, links Seitenschiff-Fundament Phase III.) Im SO-Teil des Vorraums (Fl. VI) fand sich das Westende des Nordfundaments mit Übergang zum Westabschluss (Abb. 55). Die nördliche Kante der Nordwestecke konnte noch innerhalb des barocken Grufteinbaus dokumentiert werden. (Abb. 56) Die Fundamentunterkante ist nur an einigen Stellen freigelegt worden, im Mittelschiff liegt sie auf – 206 cm, im Vorraum auf -198 cm. Die Länge des Nordfundaments vom Schulteransatz bis zur NW-Ecke beträgt 20,8 m.

Vom aufgehenden Mauerwerk der Nordmauer sind nur sehr geringe Reste beiderseits der späteren Trennmauer zwischen Mittelschiff und Vorhalle erhalten geblieben (siehe Abb. 55). Diese ermöglichen jedoch, Maße und Querschnitt der Mauer zu rekonstruieren. Die aufgehende Mauer war als Schalenmauerwerk aus Steinquadern errichtet (vgl. Südwand) und mit einem beidseitigen Vorsprung unterschiedlicher Breite dem Fundament aufgesetzt worden. Während der Vorsprung im Süden, also der Raum-Innenseite, nur 10-15 cm betrug, waren es im Norden, an der Außenseite des Kirchenbaus, 50 bis 60 cm. (Abb. 57 und Abb. 55) Die Breite des aufgehenden Mauerwerks von 86 cm entspricht jener der noch erhaltenen Südmauer und des Chorrechtecks. Bei dem im Vorraum dokumentierten Teilstück des aufgehenden Mauerwerks (Abb. 57) konnten an der Nordseite (= Außenseite) noch Reste eines Kalkputzes festgestellt werden.[14]

Der Westabschluss konnte im Vorraum (Fl. VI) und im Westteil des südlichen Seitenschiffes (Fl. VIII/a) ergraben werden. Durch einen Grufteinbau und die Grablege von Bestattung 263 waren sowohl die Nordwestecke als auch das Westfundament innerhalb des Vorraums auf die letzte oder die beiden letzten Fundamentlagen abgetragen worden. In Fl. VIII/a hingegen war der Abbruch flächig auf der Höhe von -167 bis -184 cm erfolgt. (Abb. 58) Nur noch an der Ecke zum Südfundament war auf ei-

---

[14]   Der Auftrag des Kalkputzes ist vermutlich erst nach Anbau des nördlichen Seitenschiffes in Bauphase III erfolgt.

Abb. 58 Fl. VIII/a, Pl. 7 gegen West, Westabschluss der 1. Kirche in Eck-Verbindung mit dem Südfundament

Abb. 59 Südwest-Ecke, links Fundament und Aufgehendes der Südwand, rechts Westfundament (Fl. VIII/a)

nem kleinen Teilstück die gesamte Fundamenthöhe auf Niveau -124 bis -133 cm erhalten (Abb. 59). Vermutlich war diese tiefe Abtragung im Zuge der Erweiterung nach Westen erfolgt, als auch ein Teil der SW-Ecke abgebrochen wurde, um eine bessere Verzahnung des neu angesetzten Fundamentmauerwerks des Westportals mit dem Altbestand zu erreichen.[15] Die Breite des Westfundaments variiert zwischen 1,50 und 1,60 m, zum Aufgehenden gibt es keinerlei Hinweise, es ist aber anzunehmen, dass der unterschiedlich breite Fundamentvorsprung analog zum Nordfundament weitergeführt worden war. Das Außenmaß des Westfundaments ist mit etwa 9,70 m zu rekonstruieren[16], das Innenmaß beträgt 6,80 m. Dies ergäbe eine Raumbreite von etwa 7,15 m im aufgehenden Wandbereich.

1.3. Südfundament und Südwand

Die Südwand der bestehenden Basilika war bereits vor Beginn der archäologischen Ausgrabungen durch das an der Kreuzgangseite sichtbare Quadermauerwerk als zum ältesten Baubestand gehörig erkannt worden. Aber erst mit der Auffindung des Chorrechtecks wurde klar, dass sie dem 1. Kirchenbau zugehörte, nach Westen verlängert und letztendlich in die Basilika einbezogen worden war. Zum Zeitpunkt des Ausgrabungsbeginns war von Bauarbeitern im südlichen Seitenschiff (Fl. VIII) entlang der Südwand bereits ein ca 1 m breiter und etwa 1,2 m tiefer Graben für die Mauertrockenlegung durch eine Horizontalsperre ausgehoben worden. Dadurch war der Maueranschluss von zwei älteren Fußböden, die im nördlichen Bereich des Seitenschiffs noch aufgefunden werden konnten, bereits zerstört und konnte nur noch analog rekonstruiert werden. Der jüngere der beiden Fußböden aus Tonfliesen aus dem früheren 17. Jahrhundert war über einem 5 cm breiten Absatz in der Südwand verlegt.

---

[15] Siehe dazu Abschnitt 4 dieses Artikels.
[16] Das Fundament der Südwand im Außenbereich (Kreuzgang) ist nicht freigelegt worden, dürfte aber analog zum Nordfundament ebenfalls einen äußeren Fundamentvorsprung von 50 – 60 cm aufweisen.

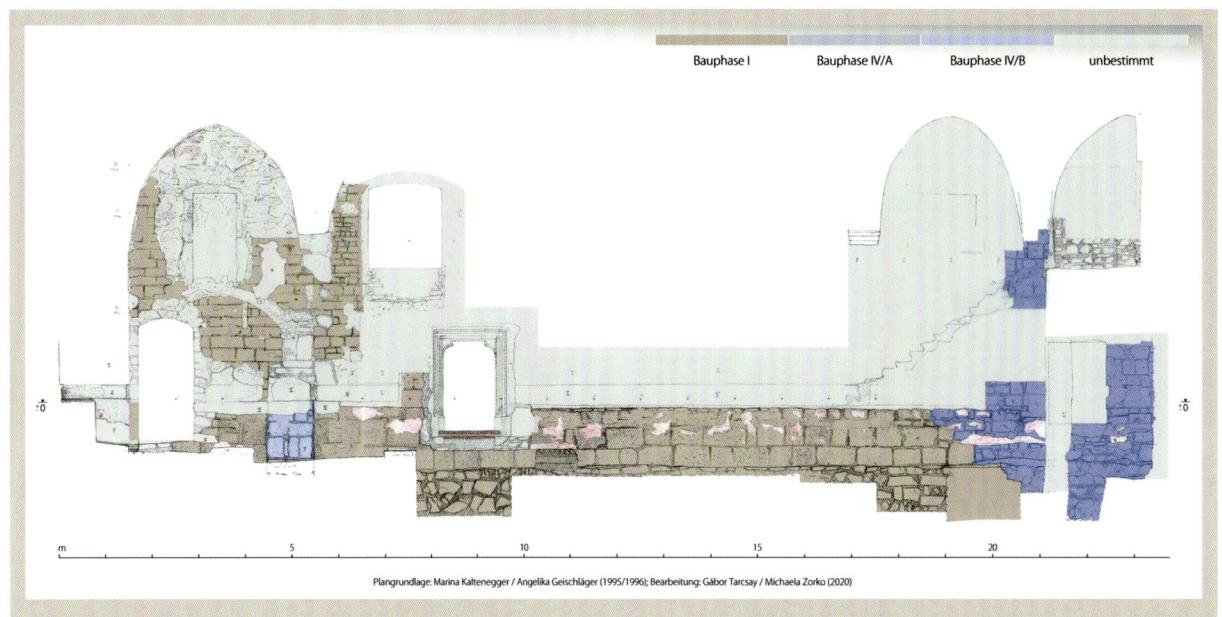

Abb. 60 Profil der Südwand der bestehenden Basilika (Fl. VIII, VIII/a und VIII/b) mit ergrabenem Fundamentmauerwerk und freigelegten Wandflächen im Obergeschoßbereich

Er befand sich etwa 40 cm unterhalb des rezenten Kehlheimer-Fußbodens und daran schloss ein weißgetünchter Wandverputz an. Darunter waren zum Zeitpunkt des Ausgrabungsbeginns zwei Steinlagen einer Quadermauer (aufgehendes Mauerwerk) sichtbar, der zweite Tonfliesenboden konnte nur noch innerhalb des in der Folge freigelegten gotischen Portals (Abb. 64) festgestellt werden.[17] Letztendlich wurde noch eine dritte Quaderlage freigelegt, die auf einem 10-15 cm breiten Fundamentvorsprung in -130 cm Höhe aufgesetzt war (Abb. 61).

Die unterschiedlich großen Quader waren als Sichtmauerwerk in *pietra rasa* Putztechnik mit Fugenstrich[18] verlegt, die beiden untersten Lagen mit Quaderhöhen von 38 bis 48 cm aus teils besonders großen Einzelsteinen in rechteckiger und quadratischer Form versetzt, nur im Einzelfall konnte auch hochrechteckiger Versatz (Orthostathen) beobachtet werden. Für die dritte, oberste Quaderlage wurden bereits Steine kleineren Formats verwendet, teilweise besteht sie eigentlich aus zwei Lagen, wobei für die untere zumeist längsrechteckige, nur 8-12 cm hohe Steine verwendet wurden. Auf dieser Lage ist der bereits erwähnte Absatz mit flachen kleine-

---

[17] Zu den Fußböden siehe OFFENBERGER/GEISCHLÄGER, Erste Ergebnisse 37-39. Der dort als ältester Fußboden der romanischen Basilika beschriebene Estrich gehört allerdings wie die Quadermauer der Südwand noch zum 1. Kirchenbau. Dies war zum Zeitpunkt dieser Publikation erster Ergebnisse noch nicht erkannt worden.

[18] Für den Fugenstrich werden die Lager- und Stoßfugen mit dem überschüssigen Setzmörtel glatt verschlossen und die Konturen der Steine mit der Kelle nachgezogen.

ren Steinen in -8 cm Höhe gebildet (siehe Abb. 61), darüber beginnt die untere (barocke) Verputzlage.

Im östlichen Teil der Südmauer konnten insgesamt drei Türöffnungen mit unterschiedlichen Durchgangs-Niveaus festgestellt werden, wobei die mittlere Türöffnung zur ältesten Phase, also zum 1. Kirchenbau gehört. (Abb. 62, Abb. 63) Es ist eine 200 cm hohe und 100 cm breite Öffnung im Quadermauerwerk mit geradem Abschluss, die besonders an der Außenseite gut sichtbar ist (Abb. 65). Die Öffnung verjüngt sich nach außen zu von 100 cm auf 78 cm, die Schwellenhöhe liegt bei -115 cm. Westlich anschließend an die Türöffnung befand sich eine gewölbte Lichtnische mit Resten roter Malerei, die nachträglich mit Tuffsteinen und Ziegelbruch verkleinert worden war. Zum Niveau dieser Türöffnung gehört der erste Mörtelestrich-Fußboden aus braunem feinsandigem Mörtel mit Einschlüssen größerer Kiesel und Mörtelbrocken, dessen Oberfläche schlecht erhalten war und einen Begehungshorizont aus gepresster Erde aufwies (Niveau -92 cm). Die Estrichoberflächen waren an einzelnen Stellen rot gebrannt, in der Erde darüber fanden sich relativ viel Holzkohleflocken.

Innerhalb des östlichsten Joches des südlichen Seitenschiffes und östlich der Fensteröffnung des zweiten Joches sind schadhafte Letztverputze entfernt und die Quadermauer mit den Resten der später aufgebrachten Verputze freigelegt worden. Die oberhalb des 5 cm breiten Absatzes großteils aus Tuffsteinen errichtete Quadermauer mit Fugenstrich ist bis zur Scheitelhöhe des östlichen Gewölbejoches bei +5,8 m erhalten geblieben.[19] (Abb. 60)

---

[19] Der Verputz ist nur in diesem Joch und östlich des Fensters des 2. Jochs von Osten entfernt worden.

Abb. 61 Fl. VIII, Pl. 4 gegen SW, Südwand westlich des gotischen Portals mit Fundamentvorsprung und aufgehender Quadermauer mit Absatz unterhalb Verputzgrenze

Abb. 62 Südwand Ostteil, links vermauerte Tür in den Kreuzgang (Fl. VIII, Pl. 3)

Das Fundament der Südmauer ist flächig nur bis 15-20 cm unterhalb des Fundamentvorsprungs in etwa -130 cm Höhe freigelegt worden, denn in dieser Tiefe befand sich die unterste Lage der barocken Grablegen innerhalb des gewachsenen Lehmbo-

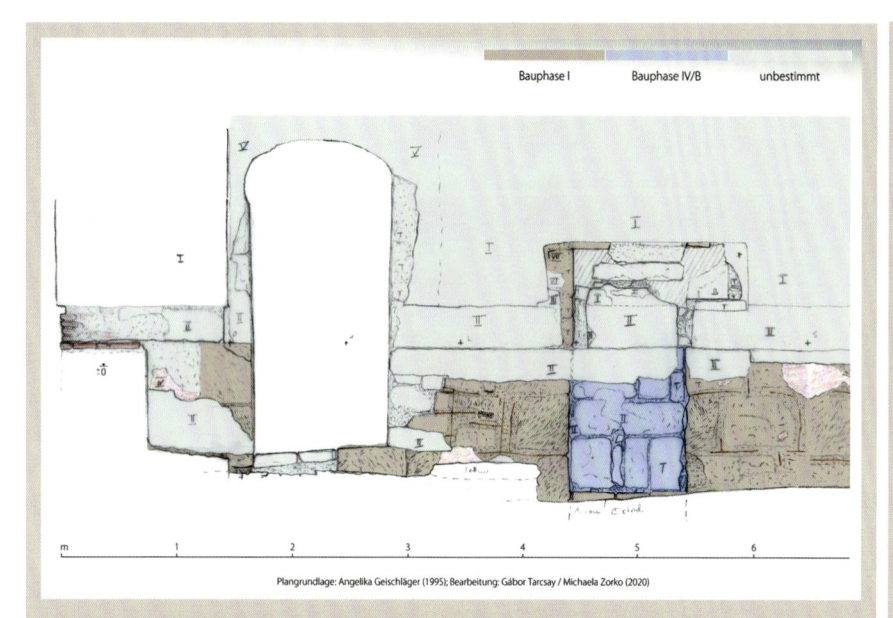

Abb. 63   Südwand, Ausschnitt Südprofil, rechts die vermauerte erste Türöffnung, links die zweite Türöffnung in den Kreuzgang bereits auf höherem Niveau (Fl. VIII)

Abb. 64   Südfundament unterhalb des spätgotischen Schulterbogenportals (Fl. VIII)

dens.[20] An zwei Stellen wurde versucht, die Fundamentunterkante freizulegen, unter dem spätgotischen Schulterbogenportal (-230 cm, Abb. 64) und vor dem Westfundament des 1. Kirchenbaus in VIII/a (-224 cm, Abb. 60). In beiden Fällen konnte die Unterkante aufgrund von Wassereinbrüchen nicht zweifelsfrei ergraben werden, es ist aber anzunehmen, dass sie nicht bedeutend tiefer lag. Das Fundament ist hier in sehr unregelmäßigen Lagen aus teils großen kantigen Steinen ohne Mörtelbindung errichtet, die oberste Lage mit dem Fundamentvorsprung besteht teilweise aus sehr flachen Steinen, die unterhalb des Portals auch hochgestellt verlegt sind. Ein Mörtelabgleich ist erst in dieser obersten Lage teilweise vorhanden.

An der Außenseite ist das Fundament nicht freigelegt worden, da durch das tiefere Bodenniveau die Horizontalsperre im Bereich der untersten Quaderfugen eingebracht wurde. Daher kann hier die Breite des Fundamentvorsprungs nur rekonstruiert werden. Vermutlich wird er wie an zwei Stellen des Nordfundaments gemessen ebenfalls 50 bis 60 cm betragen haben.

Die Südwand der Basilika ist im Zuge der Restaurierungsmaßnahmen 1997/1998 in Etappen vollständig zeichnerisch dokumentiert wor-

---

[20]   Die Bestattungen im südlichen Seitenschiff stammen alle aus der Barockzeit, da es im Hochmittelalter nicht üblich war, innerhalb des Kirchenschiffes zu bestatten. Sie sind somit von einem viel höheren Niveau eingetieft worden und reichen nicht in den eigentlichen Fundamentbereich der 1. Kirche und den Rodungshorizont (wie die Bestattungen im Mittelschiff nördlich des Nordfundaments).

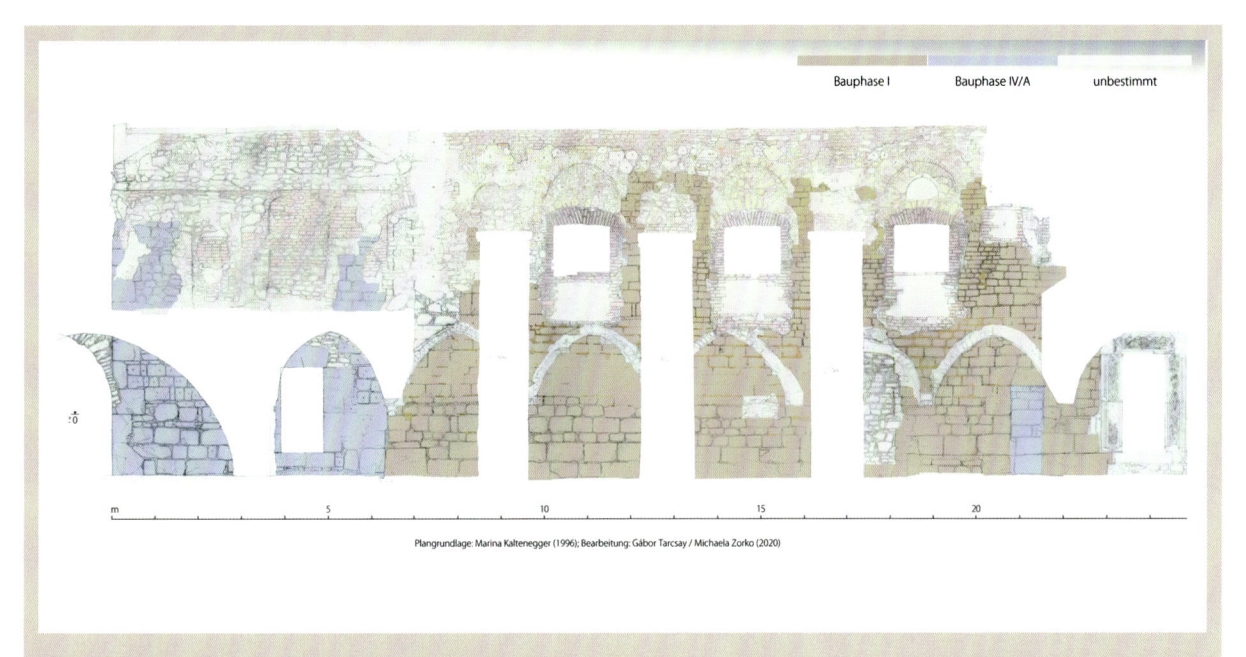

Abb. 65   Profil der Südwand im Außenbereich (Kreuzgang), digitale Zusammensetzung der originalen Handzeichnungen 1:20 mit Eintrag der ersten Bauphasen: braun: Südwand der 1. Kirche, blau die Erweiterung nach Westen in Bauphase IV – Übergang zur romanischen Basilika (Fl. XVI)

den (Abb. 65). Dies war durch die geplante Verputzung der Südfassade notwendig geworden und wurde nach Einrüstung der Fassade im August 1998 durchgeführt. Dabei konnte festgestellt werden, dass das Quadermauerwerk der Südwand der 1. Kirche an der Außenfassade noch bis +5,5 m Höhe (d.h. 6,8 m hoch ab rezentem Niveau an der Außenseite[21]) erhalten geblieben ist.[22] Das Mauerwerk besteht bis etwa +30 cm Höhe aus zum Teil sehr großen bearbeiteten Steinquadern mit groben schräglaufenden Bearbeitungsspuren. Die Lagen sind teilweise aus sehr großen und hohen Steinblöcken gebildet, vor allem im untersten Wandbereich, dazwischen auch schmale Lagen aus kleineren, flachen Quadern. Im Eckbereich und bei der bauzeitlichen Türöffnung sind auch mehrere Lagen durch große Quader zusammengefasst. Ab +30 cm wurden Tuffsteine verwendet, die in *pietra rasa* Technik mit horizontalem und vertikalen Kellenstrich verfugt waren. Die Tuffblöcke sind großteils sehr regelmäßig behauen und exakt gesetzt, als „Fugenhalter" wurden in den Horizontalfugen öfters kleine flache Steinchen eingesetzt. Der Mörtel innerhalb der Fugen ist beige, von der Farbe des

---

[21]   Das Bodenniveau wurde zum Zeitpunkt der Dokumentierungsarbeiten mit -125 cm gemessen.
[22]   Im Außenbereich ist die Störung der originalen Wandfläche durch den Einbau größerer Fenster besonders deutlich sichtbar.

Tuffs, leicht steinchengemagert. Die glattgestrichenen Außenflächen mit dem Kellenstrich sind fast ausschließlich orangefarben (ob gefärbt oder durch Brandverfärbt ist unklar, jedenfalls handelt es sich um keinen Anstrich). Zu einem unbekannten Zeitpunkt erfolgte eine weißliche Übertünchung der Tuffblöcke. Das Tuffmauerwerk ist zum Teil sehr gut erhalten, vor allem in den Zwickeln der nachträglich eingesetzten Kreuzganggewölbe, aber auch innerhalb der Gewölbebögen. Es gibt aber auch starke Verwitterungsspuren und andere Beschädigungen, ausgebrochene Tuffsteine. Starke Verwitterung und Bemoosung erfolgte im Bereich der Dachrinnenableitungen.

Für die sekundäre Anfügung der Kreuzganggewölbe wurde einfach Tuff in der gewünschten Form ausgebrochen, nach Abbruch des nördlichen Kreuzgangflügels sind die Ausbrüche wiederum mit Tuffsteinbrocken, Ziegelbruch und grauem Mörtel ausgefüllt worden. Die dem ersten Kirchenbau zugehörigen Fenster sind bei den späteren Vergrößerungen offensichtlich vollständig beseitigt worden, da keine Gewändereste aufgefunden werden konnten, haben sich aber mit großer Wahrscheinlichkeit innerhalb dieser Ausbrüche befunden.

1.4. Der Lettner

Im östlichen Drittel des Langhauses der 1. Steinkirche war eine 60 cm breite, N-S verlaufende Mauer mit im Osten 6 cm und im Westen 12 cm breiten Fundamentvorsprung zwischen die nördliche und südliche Fundamentmauer eingefügt (Abb. 66). Besagter Mauerzug überbaut auch den Fundamentvorsprung dieser beiden Außenmauern mit einer

Abb. 66 Nordfundament mit angefügter Lettnermauer der 1. Kirche (Fl. V, Pl. 5, gegen SW)

Steinlage des aufgehenden Mauerwerks.[23] Diese als Lettner[24] interpretierte Schranke trennt den östlichen vom westlichen Teil etwa im Verhältnis 1:2. (siehe Gesamtplan Abb. 46) In den Grabungsnotizen ist vermerkt: *Lettnermauer in Verband (?) mit Außenmauer der 1. Kirche oder gleichzeitig angesetzt.* Es besteht an sich kein Grund, der gegen eine Zusammengehörigkeit bzw. gleichzeitige Errichtung von Langhaus und Lettner spricht.[25] Die Bauwei-

---

[23] Der Fundamentvorsprung der beiden Mauern liegt in unterschiedlicher Höhe, im Norden bei -114 bis -106 cm nach Westen zu absinkend, bei der Südwand -135cm. Der Grund dafür ist wohl die leichte Hanglage, in der Romanik war es üblich, den Geländeformen zu folgen anstatt zu planieren.

[24] Ein Lettner ist eine steinerne oder hölzerne, mannshohe bis fast raumhohe Schranke, die vor allem in Domen, Kloster- und Stiftskirchen den Raum für das Priester- oder Mönchskollegium vom übrigen Kirchenraum, der für Konversen oder Laien bestimmt war, abtrennte.

[25] Der Ausgräber J. Offenberger hat es auch für möglich gehalten, dass die erste Steinkirche erst nachträglich als Klosterkirche adaptiert wurde (eben auch durch Einfügung des Lettners). Dies ist von der Größe des Bauwerks her gesehen eher unwahrscheinlich, vor allem die Länge des Langhau-

se entspricht den Umfassungsmauern, für die erhaltene Lage des aufgehenden Mauerwerks wurden vorwiegend Tuffsteine verwendet. Die Abbruchhöhe bei -91 bis -95 cm entspricht der Höhe des 2. romanischen Estrichs mit Rollierung, der direkt darüber aufgetragen wurde und Bauphase IV, der Basilika, zugehörig ist.. Die Fundamentunterkante dürfte etwa bei -150 cm liegen. Aus der Profilzeichnung VIII_017 (Abb. 67) geht hervor, dass der Lettner zwei Bereiche mit unterschiedlich hohen Fußbodenniveaus des ersten romanischen Mörtelestrichs abtrennte, im westlichen Bereich ein tieferes Niveau direkt oberhalb des Fundamentvorsprungs bei etwa -125 cm, im östlichen ein höheres, beginnend bei -108 cm, nach Osten hinzu allerdings bis -119 cm abfallend.[26] Die Funktion der Steinreihe von fünf Tuffsteinen, die der Lettnermauer östlich vorgelagert ist, kann nicht mit Sicherheit geklärt werden (Abb. 68). Es hat den Anschein, dass der erste

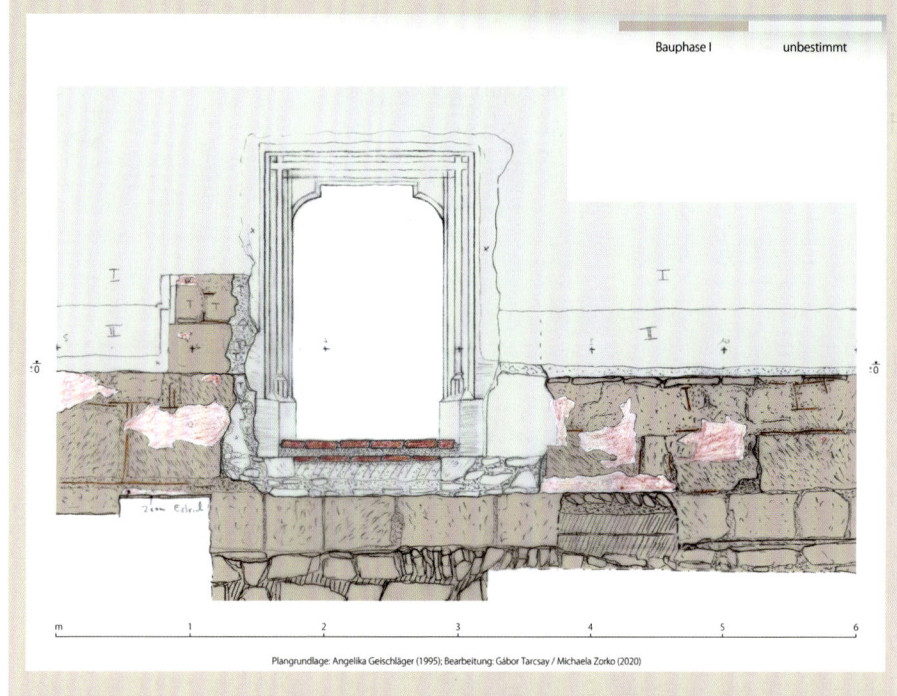

Abb. 67 Profil der Südwand, Mittelteil, Quadermauer mit originalem Fugenstrich und Resten des späteren rotgefärbelten Verputzes, links der Lettner

Estrich unterhalb durchzieht. Entweder handelt es sich um den Rest einer Stufe, die nach Abbruch der Lettnermauer in den Unterbau des 2. romanischen Estrichs einbezogen wurde, oder die Steine gehören zu eben diesem Unterbau.

1.5. Ein südlich an den Rechteckchor anschließender Raum

Im südlichen Querschiff (Fl. III) ist angesetzt an das Südfundament des Chorrechtecks der ersten Kirche ein N-S verlaufendes schmäleres Fundament gleicher Bauweise aufgedeckt worden. (Abb. 69, vgl. auch die größere Übersicht Abb. 51) Von

---

ses spricht für die primäre Funktion als Klosterkirche.
[26] Die Bezüge zu den Fußböden konnten nur im südlichen Seitenschiff hergestellt werden, im Mittelschiff waren keine Reste dieser Fußböden erhalten geblieben.

Abb. 68   Die Lettnermauer zur Südwand laufend. Links davon die Steinreihe und der erste Estrich, ganz links der Unterbau des 2. Estrichs, der über der (abgebrochenen) Lettnermauer verstrichen war (Fl. VIII, Pl. 4 gegen Süden)

Abb. 69   Blick gegen Südost auf das Südfundament des Chorrechtecks und das abstoßende Ostfundament des südlich anschließenden Raumes sowie das vermutlich zugehörige Fundament unter der Südmauer der Basilika (Fl. III, Pl. 5)

der SW-Ecke des Chorrechtecks um 30 cm eingerückt ist das 68 cm breite Fundament auf drei Meter Länge bis zur Südmauer des südlichen Querschiffs verfolgt worden. Deren Fundament besitzt einen 30 bis 40 cm breiten Vorsprung, der den Fotographien nach zu schließen dem N-S-Fundament zugehörig sein könnte.[27] Dies ergäbe einen im Fundamentbereich 2,7 m und im Aufgehenden etwa 3,1 m breiten Raum, der im Westen wohl mit der Langhausschulter endete (mit Innenmaß im Fundamentbereich etwa 5 m). Dieser an das Chorquadrat angefügte Raum kann möglicherweise als erste Sakristei interpretiert werden.

1.6. Zusammenfassung

Bei den Ausgrabungen 1996/1997 konnte im Südteil der Basilika ein einfacher langgestreckter Saalbau mit Schranke und Rechteckchor freigelegt werden. Erhalten geblieben sind von diesem Bau vorwiegend Fundamentmauern, nur an wenigen Stellen hat sich aufgehendes Mauerwerk erhalten – mit Ausnahme der Südmauer, die teilweise noch bis + 5,8 m Höhe erhalten geblieben ist, da sie in den Bau der romanischen Basilika (Bauphase IV) einbezogen wurde. Die Fundamente sind sehr breit angelegt, 1,55 bis 1,80 m bei Nord- und Westfundament, beim Chorrechteck etwas schmäler (112-130 cm). Das aufgehende (Schalen-) Mauerwerk aus Steinquadern konnte bei Chor und Langhaus mit 86 cm gemessen oder rekonstruiert werden,[28] wobei nach innen ein relativ schmaler, maximal 5 bis 15 cm breiter Fundamentvorsprung belassen wurde, der nach

---

[27] Dies ließ sich bei der Ausgrabung nicht mehr klären, da auf diesem Mauerstück die Unterstützung der barocken Wandgliederung mit dem Zugang in die ehemalige Sakristei auflag. Aus statischen und sicherheitstechnischen Erwägungen konnte auch das Südfundament der Querschiffmauer nicht mehr entsprechend geputzt und zeichnerisch dokumentiert, sondern nur noch fotografiert werden.

[28] Für Langhaus und Chor wurden offensichtlich dieselben Quader verwendet.

außen hin bis zu 60 cm (!) betragen konnte. Es ist als Sichtmauerwerk in *pietra rasa* Putztechnik mit Fugenstrich ausgeführt worden. Die zugehörigen Fenster – vermutlich kleine Öffnungen mit rundbogigem Abschluss – sind späteren Vergrößerungen zum Opfer gefallen. Eine eher schmale Türöffnung mit geradem Sturz und Lichtnische führte westlich des Lettners ins Freie, bzw. in den Kreuzgang, sie ist noch heute an der Außenseite mit späterer Quadervermauerung sichtbar.

Im Chor deuten die Reste einer Steinlage auf den Standort des ehemaligen Altares. Das Langhaus ist durch eine Chorschranke in zwei Bereiche im Verhältnis 1:2 geteilt, wobei das östliche Drittel der den Mönchen vorbehaltene Teil war. Ein an das Chorquadrat südlich anschließender Raum kann als erste Sakristei angesehen werden.

Entgegen früheren Annahmen während der laufenden Ausgrabungen ist davon auszugehen, dass es sich bei dem Kirchenbau um die erste Klosterkirche von Mariazell handelt.[29]

2. Ein Vorbau im Westen (Bauphase II)

Der Saalbau mit Chorrechteck wurde nach Westen zu durch einen schmalen Zubau erweitert. Das Fundament des Erweiterungsbaues konnte wiederum im Vorraum (Fl. VI) und in einem kleinen Raum ganz im Westen des südlichen Seitenschiffes (Fl. VIII/b) aufgedeckt werden. In der Vorhalle ist das Fundament der Verlängerung des Nordfundaments noch in 75 cm Gesamthöhe erhalten geblieben (Abb. 70). Es war mit -165 cm Fundamentunterkante seichter fundiert als das Nordfundament (-198 cm). Vom lagigen Aufbau und der Auswahl des Steinmaterials des Schalenmauerwerks aus unregelmäßigen Bruchsteinen her unterscheidet es sich nur unwesentlich von diesem, auch hier waren die unteren Lagen in Erde gelegt und erst die dritte abgemörtelt. Der beigebraune Mörtel war sehr grob mit großen Steinen gemagert.

Die Erweiterungsmauer war etwas versetzt an die äußere NW-Ecke des Saales angebaut, in Flucht mit der inneren Ecke und mit 110 cm auch bedeutend schmäler als das Fundamentmauerwerk des Saales mit etwa 150 cm.[30] Durch den Einbau einer Gruft war der direkte Anschluss der beiden Mauern zerstört worden. Die NW-Ecke des Erweiterungsbaues ist im Außenbereich gestört durch das Westfundament der Basilika (Abb. 71), die innere Ecke ist durch Grab 262 ausgebrochen worden. Die Innenkante des Erweiterungsbaues ist daher im Vorraum nur auf einem kleinen Stück erhalten geblieben, dann im Südteil von einem Pfeilerfundament zerstört bzw. überbaut, die Außenkante ist durch

---

29 Der Ausgräber berichtet im 1. Jahresbericht von der Möglichkeit der Auffindung eines Holzgebäudes, eines möglichen ersten Kirchenbaus. OFFENBERGER, Erste Ergebnisse, 17: „Knapp vor Abschluss des vorliegenden Berichtes wurden im Mittelschiff der Kirche ein Fundamentgraben und mehrere Pfostensetzungen eines Holzgebäudes gefunden, das vermutlich als erster Kirchenbau zu interpretieren sein wird." Diese Vermutung hat sich im Verlauf der Grabungen nicht bestätigt und es wurde später nur noch von einzelnen Pfostengruben als ältesten Anzeichen der Besiedlung berichtet. Dies soll hier nur nochmals zur Klarstellung angeführt werden, da missverständliche Formulierungen auch im Internet kursieren, etwa im Wikipedia-Artikel zur „Basilika von Klein-Mariazell" („dendrochronologische Untersuchungen verweisen auf einen ersten Kirchenbau als Holzbau vor 1136" mit Verweis auf REIDINGER, Ostern 1136. https://de.wikipedia.org/wiki/Basilika_Klein-Mariazell, Zugriff vom 5.3.2020).

30 Das bedeutet allerdings nur, dass dem extrem breiten Fundamentvorsprung des Nordfundaments hier nicht in voller Breite gefolgt wurde.

Abb. 70 Im Vordergrund die NW-Ecke der 1. Kirche, daran anschließend die Westerweiterung, rechts Bauphase III (Fl. VI gegen West)

Abb. 71 Links Ansicht des Erweiterungsfundamentes mit Abbruch durch den Westabschluss der Basilika Bauphase IV (Fl. VI)

Abb. 72 Fundament des 2. Westabschlusses der 1. Kirche gegen Westen (Fl. VIII/b, Pl. 6)

den Anbau des Basilikafundaments nicht sichtbar. In Fl. VIII/b ist die Innenkante hingegen gänzlich erhalten geblieben, die Außenkante ist allerdings nicht sichtbar, da das Westfundament des Raumes wohl direkt daran ansetzt und die Kante überbaut.[31] Das Fundament ist wiederum Schalenmauerwerk aus unregelmäßigen Lese- und Bruchsteinen, der Innenbereich wird aus schräg ineinander verkeilten, teils flachen Steinen gebildet. Zwei Lagen waren trocken in Lehm gelegt, oberhalb der dritten Lage ist gemörtelt (Abb. 72). Die abgemörtelte dritte Lage ist nur im Nordteil erhalten (-116 bis -120 cm), ansonsten erfolgte der Abbruch auf die zweite Lage (-132 bis -155 cm), am Südende sind die beiden unteren Fundamentlagen bei der Erneuerung des Südfundamentes für die Errichtung der Basilika abgebrochen worden.

Weshalb eine West-Erweiterung von so geringem Ausmaß (im Fundamentbereich 160 cm, das bedeutet im Aufgehenden maximal 210 cm) ausgeführt wurde, kann nicht mit Sicherheit beantwortet werden. Am ehesten ist an den Anbau einer einge-

---

[31] Es ist anzunehmen, dass das westlich anschließende Fundament direkt an das Erweiterungsfundament anschließt, ohne dieses abzubrechen, da die beim Nordfundament der Erweiterung gemessene Breite von 110 cm der sichtbaren Breite des Westfundaments entspricht.

Abb. 73 Der Anbau eines Seitenschiffs im Norden an den 1. Kirchenbau mit Westerweiterung

schossigen narthexartigen Vorhalle zu denken oder, einfacher gesagt, an einen schmalen, eher niedrigen Vorbau als zusätzlichen Witterungsschutz im Eingangsbereich.

3. Anbau eines nördlichen Seitenschiffs mit Apsis (Bauphase III)

Der erste Kirchenbau bot nach einiger Zeit des Bestehens offensichtlich nicht mehr genug Raum, daher wurde als erste Vergrößerungsmaßnahme im Norden ein Seitenschiff mit apsidialem Abschluss angefügt. Das Ostfundament setzte an die Schulter zwischen Chorrechteck und nördlichem Langhausfundament an, die Apsis war auf den Fundamentvorsprung der Schulter aufgesetzt. Das Nordfundament schließt einerseits mit einem Abstoß an den Westabschluss des ersten Kirchenbaus an, setzt sich aber auch nach Westen fort, wo es

Abb. 74 Fundament Seitenschiffmauer gegen NW, Mittelteil, überbaut von Pfeilern der Basilika und Wurzelstöcke des Rodungshorizonts (Fl. V, Pl. 10)

Abb. 75 Rechts das Fundament des Seitenschiffes mit Abstoß (Fl. V, Pl. 5 gegen W)

vom Fundament des Westportals der Bauphase IV überbaut wird.

3.1. Das Nordfundament des nördlichen Seitenschiffs

Im nördlichen Teil des Mittelschiffs (Fl. V) und der Vorhalle (Fl. VI) ist das W-O verlaufende Fundament eines nördlichen Seitenschiff-Anbaus aufgedeckt worden, teilweise überbaut durch die nördliche Pfeilerreihe des Nachfolgebaus, der Basilika (Bauphase IV). (Abb. 74, siehe auch Abb. 38) Das Fundament aus Lese- und teilweise Bruchsteinen ist wiederum in Erde verlegt, erst die oberste erhaltene Reihe ist mit beigegelbem kiesigem Kalkmörtel abgeglichen. Der Maueraufbau erscheint eher unregelmäßig, die mittlere und unterste Steinlage bestehen teilweise aus schräg gestellten flachen Steinen nach Art eines sehr schlampig verlegten *Opus spicatum*. Das Fundament ist 110 bis 120 cm breit, vom Aufgehenden haben sich keine Spuren erhalten, so dass die Breite der Fundamentvorsprünge und damit die Wandstärke des aufgehenden Mauerwerks nicht rekonstruierbar ist. Der Abstand zum Nordfundament mit einem Fundamentvorsprung von 50 bis 60 cm beträgt 270 cm, woraus die Breite des Innenraums mit etwa 3,5 m zu rekonstruieren ist, das wäre ungefähr die halbe Breite des Innenraums der 1. Kirche. Mit einer Fundamentunterkante bei -130 bis -140 cm ist das Seitenschiff deutlich seichter fundiert als der Saalbau (durchschnittlich bei etwa -200 cm), vermutlich war es auch von geringerer Höhe. Die Abbruchkante lag bei -80 bis -90 cm im Mittelschiff, in der Vorhalle teilweise auch bedeutend tiefer, bei -110 bis -121 cm. Während im Mittelschiff durchschnittlich noch drei Lagen des Fundamentmauerwerks erhalten waren, ist in der Vorhalle teilweise bis auf die letzte Fundamentlage abgebrochen worden (Abb. 75).

Das Nordfundament reichte nach Westen zu noch über den erweiterten Westabschluss des ersten Kirchenbaus hinaus und wird durch das Westfundament der Basilika überbaut. Das ursprüngliche Ende der Mauer ist somit nicht bekannt. Der Ausgräber Johann Offenberger vermutete ein Umbiegen der Mauer nach Norden, da unter der Westwand der Taufkapelle (Fl. XI) ein ebenfalls romanisches Fundament lokalisiert werden konnte. Er dachte an die Möglichkeit einer frühen Umfassungsmauer, die später in den Vorbau des Nordportales bzw. den Verbindungsgang zur Pfarrkirche integriert worden ist.[32] Die eventuelle Zusammengehörigkeit oder zeitliche Abfolge der Fundamente ist derzeit nicht zweifelsfrei zu klären. Allerdings setzt ein Abstoß vom Nordfundament direkt an der Nordwestecke der Saalkirche an, so dass hier ein gemeinsamer Westabschluss belegt ist. Es konnte nur noch der unterste Fundamentrest des abstoßenden Westabschlusses dokumentiert werden, nur die östliche Kante war 135 cm nach Süden zu ungestört vorhanden, dann durch den Einbau einer Gruft zerstört. Das etwa 115 cm breite Fundament liegt jedoch in genauer Flucht zum 1. Westabschluss der Chorrechteckkirche. Ob gleichzeitig gebaut oder nachträglich eingefügt, kann aufgrund des fragmentarischen Erhaltungszustandes nicht mit Sicherheit festgelegt werden, wenn auch eher an eine Gleichzeitigkeit zu denken ist. Möglich wäre eine Interpretation des vorgezogenen Mauerfundaments für die Errichtung eines Vorraums zum Eingang ins Nördliche Seitenschiff. Eindeutig ist lediglich, dass beide Fundamente durch das Westfundament der Basilika, genauer gesagt die Fundamente des Westportals überbaut wurden.[33]

3.2. Apsis und Ostfundament

Das Ostfundament des nördlichen Seitenschiffs ist mit Versatz an die NW-Ecke des ersten Kirchenbaus angesetzt, und wurde großteils durch spätere Einbauten überdeckt. Die halbkreisförmige Apsis hat einen Außendurchmesser von 2,10 m, innen 1,30 m, und die Fundamentstärke beträgt etwa 35 cm. Sie setzt im Süden an die Ostkante der Schulter zwischen Chorrechteck und nördlichem Langhausfundament an und überbaut dann den Fundamentvorsprung. (Abb. 76, siehe auch Abb. 53). Das Bruchsteinmauerwerk des Fundaments ist annähernd regelmäßig in Lagen verlegt mit Zwischenreihen aus schräg gestellten Steinen nach Art eines *opus spicatum* (Abb. 77). Die Bindung erfolgte mit weißgrauem, mittelkiesigem Kalkmörtel mit Kalkeinschlüssen.[34] Die Apsis des nördlichen Seitenschiff-Anbaus wurde bereits 1964 bei Bodenuntersuchungen erstmals ausgegraben.[35] Die Beschreibung in einem Bericht von Johann Schulmeister lautet: *Unter der Vierungskuppel: Feststellung eines halbzylindrischen Bruchsteinmauerwerkes, umgeben von einer Grabanlage mit dicht aneinandergereihten Särgen,*

---

[32] Mündliche Mitteilung Johann Offenberger. Dafür spricht die etwa gleich tiefe Fundamentunterkante beider Fundamente bei -130 bis -140 cm und der Aufbau mit drei Lagen in Erde verlegten Steinen, die allerdings bei dem Fundament in der Taufkapelle bedeutend größer, meist hochkantig schräg und sehr sorgfältig verlegt sind. Somit ist die Zusammengehörigkeit nicht zweifelsfrei. Beim Fundament in der Taufkapelle blieb auch eine gemörtelte Lage und ein 30-35 cm breiter Fundamentvorsprung in -40 cm Höhe erhalten.

[33] Vgl. dazu den Baualtersplan der Basilika (Bauphase IV), Abb. 133 im Artikel Tarcsay/Zorko.
[34] Beschreibung auf Plan II_009.
[35] Die Grabungen wurden veranlasst durch Setzungen auf den Verkehrswegen der Kirche. Um Unfälle zu vermeiden, wurden die Platten abgenommen und nach den Ursachen der Setzungen geforscht. Bericht von Joh. Schulmeister im Bauarchiv der Erzdiözese Wien.

Abb. 76 Das Apsisfundament gegen Osten, rechts das Chorrechteck der 1. Kirche (Fl. II, Pl. 4)

Abb. 77 Das Apsisfundament überbaut ältere Bestattungen (Fl. II gegen Westen)

alle in gleichem Niveau, etwas über drei Meter Tiefe beobachtet. Die Grabungsgrenze der Freilegung von 1964 war bei den Ausgrabungen 1995 deutlich als Schuttverfüllung um die Apsis erkennbar, die auch ältere Fußböden und Bestattungen störte. Mehrere Bestattungen sind durch die Apsis überbaut worden und gehören somit dem zum ersten Kirchenbau gehörenden ältesten Gräberhorizont an (Abb. 77).[36]

3.3. Zur Datierung von Bauphase III

Für die zeitliche Einordnung der Erbauung des nördlichen Seitenschiffs mit Apsis können die dendrochronologischen Datierungen an den Sargbrettern mehrerer Bestattungen herangezogen werden, da sie von den Fundamenten von Seitenschiff und Apsis überbaut wurden (siehe dazu Abb. 73 und im Detail Abb. 90). Bei Grab 260 befand sich die linke Körperhälfte unter dem Fundament der Seitenschiffmauer. Der Dokumentation nach war die Bestattung durch drei Bretter überdeckt, ein liegendes, ein stehendes und ein schräg gestelltes. Vermutlich war es durch den Bau des Fundaments zu Verschiebungen der Sargbretter gekommen. Die dendrochronologische Bestimmung ergab Jahrringe aus der Zeit von 1001-1137.[37] Grab 240 (östlich von Grab 260) war direkt neben der Innenkante des Seitenschiff-Fundaments und noch unter dessen unterster Fundamentlage situiert. Die Bestattung lag auf einem zweigeteilten Bodenbrett und es waren Reste eines Stirnbrettes erhalten, möglicherweise von einem giebelförmigen Sarg.[38] Die dendrochronologische Bestimmung der beiden Bodenbretter ergab eine Gesamtdatierung mit Jahrringen von 1065-1151.

Sechs weitere Bestattungen waren durch die Apsis des sekundär an die Kirche angefügten nörd-

---

[36] Zu den Bestattungen siehe den Beitrag WINKELBAUER.

[37] Grab 260, Jahresringe zwischen 1001-1137.

[38] Die Erhaltung des Holzes ließ keine gesicherten Rückschlüsse darauf zu (etwa Bohrlöcher für Holzdübel). Beim Bau des Seitenschiff-Fundamentes könnten Seiten- oder Deckbretter entfernt worden sein.

lichen Seitenschiffes überbaut worden (Grab 40-43, 45 und 47). (Abb. 77) Vier der fünf Bestattungen auf Sargbrettern konnten dendrochronologisch datiert werden, die Endjahre lauten 1079,[39] 1126,[40] 1141[41] und 1169.[42]

Für die Interpretation dieser Datierungen ist zu beachten, dass bei den d Sargbrettern ausnahmslos keine Reste von Rinde / Waldkante gefunden wurden und eine Abschätzung der Anzahl von Jahresringen, welche bei der Holzbearbeitung verloren gingen, nicht einfach ist. Die Anzahl der fehlenden Jahresringe wird auf durchschnittlich 10 – 20 Jahre geschätzt, kann im Einzelfall auch 30 oder mehr Jahre betragen.[43] Die Angabe der Jahreszahl des letzten Jahrringes kann somit nur einen *terminus post quem* für die Herstellung der Sargbretter und die Grablege der Bestattung darstellen.

Alle Datierungen zusammengefasst, bedeutet dies, dass noch zumindest bis in die späten 80er oder 90er Jahre des 12. Jahrhunderts nördlich der 1. Kirche bestattet wurde. Für den Anbau des nördlichen Seitenschiffs wäre somit an das späte 12. Jahrhundert oder frühe 13. Jahrhundert zu denken, wohl frühestens um 1200 könnte diese Bauphase im Abschluss gewesen sein. Es wäre auch ein etwas späterer zeitlicher Ansatz möglich, als Übergangslösung vor oder während der Planung des/eines Neubaus. Die nach Westen vorgezogene Nordmauer entspricht bereits der West-Ausdehnung der späteren Basilika und könnte in Hinblick auf den Bau des Westportals – der ersten Bauetappe der Basilika – ausgelegt sein.

4. Übergang zur romanischen Basilika

Der Übergang von der ersten Kirche mit Westerweiterung und nördlichem Seitenschiffanbau (Bauphasen I-III) zum bedeutend größeren und repräsentativen Bau der romanischen Basilika und die Abfolge der Bauetappen zur Errichtung derselben werden im Aufsatz von Gábor Tarcsay und Michaela Zorko dargelegt.[44] Hier soll nur kurz erwähnt werden, dass der Bau offensichtlich im Anschluss an die Südwand der 1. Kirche seinen Anfang nahm, indem nach Abbruch der vorraumartigen Westerweiterung der Phase II die Quadermauer nach Westen weitergeführt wurde (siehe dazu Abb. 65, den westlichen blau kolorierten Teil). Das Westportal war als erster eigenständiger Bauabschnitt in einer Art und Weise geplant und eingesetzt worden, dass die Erschließung der 1. Kirche über das nördliche Seitenschiff weiterhin möglich war. Diese geplante Weiterbenutzung erklärt auch den ca 1 m breiten Versprung im Fundament des Westportals, der durch den Anbau an das Nordfundament des Vorbaus an die erste Kirche (Bauphase II, siehe dazu Abb. 71) notwendig wurde. Durch diesen Anbau konnte die Lücke zwischen der Nordwestecke des Vorbaus und der

---

[39] Grab 41, Deckbrett aus Tanne, Jahresringe zwischen 1046-1079. Da es sich nur um eine sehr geringe Anzahl von Jahrringen handelt, ist die Datierung als unsicher anzusehen, bzw. könnte eine größere Zahl an Jahrringen fehlen.

[40] Grab 43, Bodenbrett und Deckbrett aus Tanne, Jahresringe zwischen 1059 und 1126. Die Bestattung wurde von den Anthropologen als weiblich bestimmt.

[41] Grab 47, Deckbrett und Querbrett aus Tanne, Jahresringe zwischen 1003 und 1141.

[42] Grab 40, Boden- und Deckbrett aus Tanne, Jahresringe zwischen 1127 und 1169.

[43] WIMMER/GRABNER/LIEBERT Särge 9f.

[44] Siehe Artikel von ZORKO/TARCSAY in Abschnitt IV dieses Bandes.

Portal-Westwand der Basilika geschlossen werden, wodurch ein Vorraum zur Erschließung der Kirchenräume geschaffen wurde.

Die erste Kirche mit ihrem Seitenschiff blieb wohl noch viele Jahre in Funktion, während im Norden und Osten die Fundamente und Mauern der Basilika errichtet wurden.

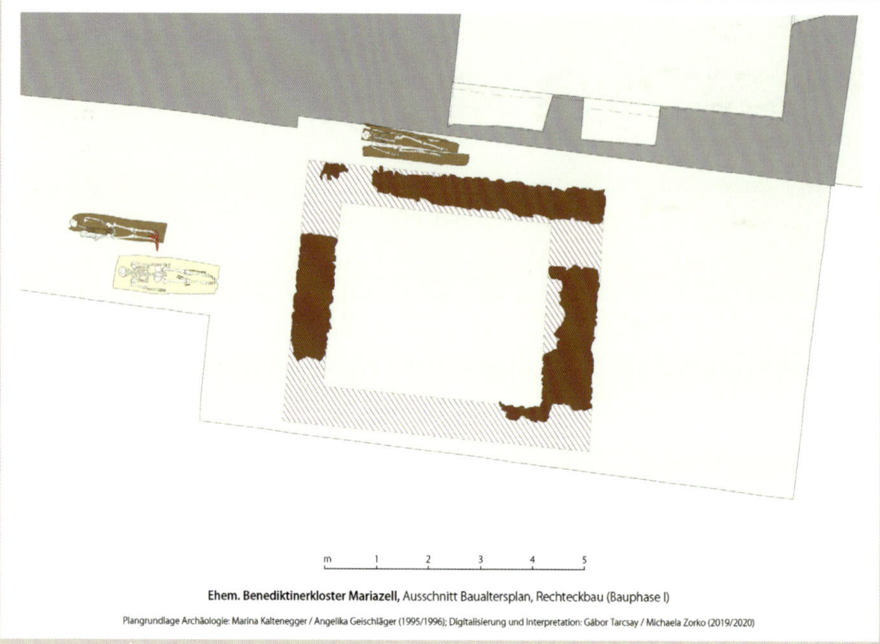

5. Der Rechteckbau – ein frühes Oratorium?

Ein kleiner Rechteckbau im Südosten der Kirche ist vom Ausgräber Offenberger zeitgleich mit dem 1. Kirchenbau eingestuft worden.[45] (Abb. 78) Der etwa 5,85 x 4,85 m große Bau ist nur in den untersten Fundamentlagen erhalten, wobei das Ostfundament deutlich breiter ausgeführt ist.[46] Das lagige Bruchsteinmauerwerk mit durchgehenden *Opus spicatum*–Lagen aus schräg gestellten platigen Steinen entspricht in der Ausführung der Bautradition der frühen Kirchen- und Klosterbauten. (Abb. 79) Es ist verlockend, in dem Bau ein frühes Oratorium zu sehen, das zu der von Heinrich und Rapoto von Schwarzenburg-Nöstach gegründeten und der heiligen Maria gewidmeten Mönchszelle gehörte, aus der in der Folge das Kloster entstand. Auffällig ist immerhin, dass dieser Bau in der Folge teilweise vom romanischen Kapitelsaal mit Rundapsis überbaut und letztendlich gänzlich in dessen gotische Erweiterung mit Polygonalchor eingeschlossen wurde. (Abb. 161 Artikel Tarcsay/Zorko)

Im Nahbereich des Rechteckbaus sind drei Gräber aufgefunden worden, die noch ins späte 12. oder sehr frühe 13. Jahrhundert, also noch vor den Bau der Basilika datieren. In Grab 225 nördlich des Rechteckbaus liegt die Bestattung auf zwei Bodenbrettern und unter zwei Deckbrettern, dendrochronologisch datierte Jahrringe zwischen 997 und 1174.

Abb. 78 Grundriss des Rechteckbaus mit umliegenden Bestattungen im Südosten der Basilika

---

[45] OFFENBERGER, Erste Ergebnisse 17.
[46] Fundament der Ostmauer etwa 100 cm gegenüber 80 cm (Westfundament) und 60 cm (Nordfundament).

Abb. 79
Der Rechteckbau gegen Westen. Auf dem Ostfundament das Altarfundament eines späteren Kapellenbaus (Fl. XIII, Pl. 2)

Grab 88 und 89 sind westlich des Rechteckbaus situiert, Bestattung 88 auf einem Bodenbrett, datiert auf 1081-1171, von einem eventuellen Bodenbrett von Bestattung 89 waren nur mehr Holzreste erhalten.[47] Bestattung 88 mit dem bemerkenswerten Schuhfund ist ursprünglich vom Ausgräber als Bestattung im Innenraum des (spät-)romanischen Kapitelsaals angesprochen worden.[48] Eine Zugehörigkeit zum Friedhof um die erste Kirche erscheint nach heutigem Kenntnisstand jedoch wahrscheinlicher.

---

[47] Die Holzreste konnten nur zur Holzartbestimmung herangezogen werden und ergaben wie bei Grab 225 und 88 die Holzart Tanne.

[48] Publiziert als mündliche Mitteilung in MACEK, Schuhfund 78. Zum Zeitpunkt der Publikation lagen die Auswertungen der dendrochronologischen Untersuchung noch nicht vor. Die Datierung des Schuhfunds auf 2. Hälfte 12. bis frühes 13. Jahrhundert ist jedoch damit in Einklang. Vgl. dazu auch den Artikel von WINKELBAUER in diesem Band.

6. Zusammenfassung der Ergebnisse

Bei den Ausgrabungen in und um die Basilika von Mariazell in Österreich konnte archäologisch nachgewiesen werden, was heute oft als Topos angesehen wird – die Klostergründung „*in eremo*", wenn schon nicht in der gänzlichen „Weltabgeschiedenheit", so doch an einem Platz, der für die Besiedlung erst gerodet werden musste. Wurzelstöcke des brandgerodeten Waldes aus Tanne, Rotbuche, Erle und Augehölzen am Rande des Wasserlaufs konnten innerhalb der heutigen Kirche nachgewiesen und teilweise auch geborgen werden. Der Bauplatz der ursprünglichen Klosteranlage liegt am Fuß eines sanft nach Westen abfallenden Hanges, im Osten verlief ein schmales, mit Holzbrettern reguliertes Gerinne.

Ein kleiner Rechteckbau im Südosten der Basilika könnte möglicherweise als erstes Oratorium noch vor dem Bau der 1. Klosterkirche zu interpretieren sein.

Die erste Klosterkirche war ein einfacher langgestreckter Saalbau mit eingezogenem Rechteckchor, auf breitem Fundament aus Quadermauerwerk errichtet, wie sich an der noch erhaltenen Südwand erkennen lässt, die in den Bau der Basilika einbezogen worden ist. Das östliche Drittel des Saales war durch eine Schranke (Lettner) vom Westteil abgetrennt und auch durch ein höheres Niveau des einfachen Mörtelestrich-Fußbodens von diesem abgehoben. Im Chor deuten die Reste einer Steinlage auf den Standort des ehemaligen Altares. Ein südlich an das Chorrechteck angefügter Raum kann möglicherweise als erste Sakristei interpretiert werden. Von den Zugängen in die Kirche ist das einfache Südportal mit geradem Abschluss noch an der

Außenseite sichtbar geblieben und führte in den Raumteil östlich der Schranke. Ein Westportal war durch den Abbruch auf Fundamentniveau archäologisch nicht mehr fassbar, der Zugang ist jedoch durch die in einer zweiten Bauphase wohl als Witterungsschutz angefügte schmale Vorhalle, belegt. Auch von der ursprünglichen Belichtung, wohl mit kleinen Rundbogenfenstern, haben sich keine Reste erhalten, sie sind wohl bei den späteren Vergrößerungen der Fenster vollständig beseitigt worden.

An den ersten Kirchenbau wurde im späten 12. oder frühen 13. Jahrhundert für ein erweitertes Raumangebot im Norden ein Seitenschiff mit apsidialem Abschluss angefügt. Im Westen schließt es einerseits gemeinsam mit dem 1. Kirchenschiff ab, andererseits bildet die vorgezogene Nordmauer eine zusätzliche Vorhalle. Diese Erweiterung war wohl ein erster Schritt auf dem Weg zur Planung eines bedeutend größeren und repräsentativeren Kirchenbauwerks. Das künftige Westportal dieser romanischen Basilika war als eigenständiger Bauabschnitt in einer Art und Weise geplant und eingesetzt worden, dass die Erschließung der 1. Kirche über das nördliche Seitenschiff weiterhin möglich war und deren Abbruch (mit Ausnahme der Südmauer) erst nach Fertigstellung der Außenmauern erfolgen konnte, um die Pfeiler für das Gewölbe der Basilika zu errichten.

5. LITURGIE UND MUSIKPFLEGE DER ERSTEN MÖNCHE
VON EUGEN NOVAK

In den späten 80iger Jahren bekam ich als Unterlagen für eine Seminararbeit einige Xerokopien von liturgischen Fragmenten aus dem Zisterzienserstift Lilienfeld zur näheren Untersuchung überreicht. Schon nach kurzer Zeit wurde klar, dass es sich auf keinen Fall nur um zisterziensisches Material handelt. Es waren u.a. auch Pergamentblätter mit Gesangsformularen und linienloser süddeutscher Neumennotation dabei. Erst durch genauere Auseinandersetzung mit den vorhandenen Katalogisaten der Handschriften aus Lilienfeld stellte sich heraus, dass ein kleinerer Bestand von 49 Handschriften aus dem im Rahmen der Josephinischen Reformen aufgelösten Benediktinerstift Mariazell stammt.[1] Diese wurden dem Stift Lilienfeld nach seiner Wiederherstellung per Hofdekret vom 18. Oktober 1790 als Ersatz für Verluste im Zuge der Aufhebung von 1789 zugesprochen und in den Bestand der Stiftsbibliothek integriert.[2] Zwischen 1974 und 1980 wurden viele Einbände dieser Handschriftengruppe restauriert, die darin befindlichen Fragmente entnommen und in Kartons archiviert. Erfreulicherweise sind die meisten mit Signatur gekennzeichnet, damit nachvollziehbar bleibt, aus welchem Trägerband diese abgelöst oder entnommen wurden.

Als Quellen zur Choralpflege im Stift Mariazell haben wir nur einige Antiphonar-, Brevier- und Gradualefragmente vom Ende des 12. bis zur zweiten Hälfte des 13. Jahrhunderts. Diese befanden sich in 13 Codices aus der Stiftsbibliothek Lilienfeld, allesamt mit Besitzvermerken aus Mariazell[3]. Liturgische Vollhandschriften aus dem 12. bis zum 14. Jahrhundert (Antiphonarien, Breviere, Gradualien, Missalien) sind dagegen gar nicht vorhanden. Die Gründung von Mariazell erfolgte zwar schon um 1120, auch der erste Kirchenbau dürfte aus dieser Zeit stammen, nur macht alles bei näherer wissenschaftlicher Betrachtung einen bescheidenen Eindruck betreffend Ausmaß der Bestiftung und der baulichen Dimensionen der Kirche. Ob es in dieser frühen Zeit schon eine gut ausgestattete Klosterbibliothek gab, ist eher unwahrscheinlich. Die tägliche Ausübung des Chorgebets und Gottesdienstes (li-

---

[1] AIGNER, Klostergemeinschaft 271-285; SCHIMEK, Handschriften Lilienfeld; ROLAND, Buchschmuck; HAIDINGER/LACKNER, Handschriften 49-80.
[2] EIGNER, Geschichte 323.
[3] Entweder "Iste liber pertinet ad Cellam Sancte Mariae", oder "Sum monast ad Cellas Mariae inf. Aust. C.F.".

turgia horarum und liturgia missarum) war natürlich von Anfang an verpflichtend, schreibt doch die Regel des Hl. Benedikt das genau vor[4]. Die Kapitel 17 bis 19 reglementieren die Psalmodie für die ganze Woche nach Anzahl, Reihenfolge und Art der Ausführung.[5] In der Österreichischen Nationalbibliothek (ÖNB) befindet sich der Cod. 2232, eine kanonistische Sammelhandschrift des 9. Jhs aus Bayern u.a. mit einer *Regulae S. Benedicti, cum annexis solitis* (fol. 2v-61v)[6]. Diese Handschrift aus karolingischer Zeit ist wohl über die alten bayerischen Klöster Weltenburg und eventuell Niederaltaich im ersten Drittel des 12. Jhs nach Mariazell gekommen. Dort befand sich diese bis mindestens zur Mitte des 16. Jhs und ist dann vermutlich, durch die Aktivitäten des kaiserlichen Hofhistoriographen Wolfgang Lazius, nach Wien gekommen. Durch den Signaturvermerk von der Hand des Hofbibliothekars Hugo Blotius lässt sich nachweisen, dass sich der Codex seit spätestens 1576 in der kaiserlichen Bibliothek befand.[7]

Bei den Fragmenten aus Mariazell handelt es sich um zwei unterschiedliche Gruppen. Zum einen um das zusammengehörende Konvolut von 12 Antiphonarfragmenten, die mit großer Wahrscheinlichkeit aus höchstens 1 bis 2 zerschnittenen Antiphonarien stammen. Meist wurden Fragmente als Vor- oder Nachsatzblätter, Spiegelblätter für die Einbanddeckel innen oder als Bindefalze verwendet.[8] Weiters befinden sich zwei Antiphonarfragmente als

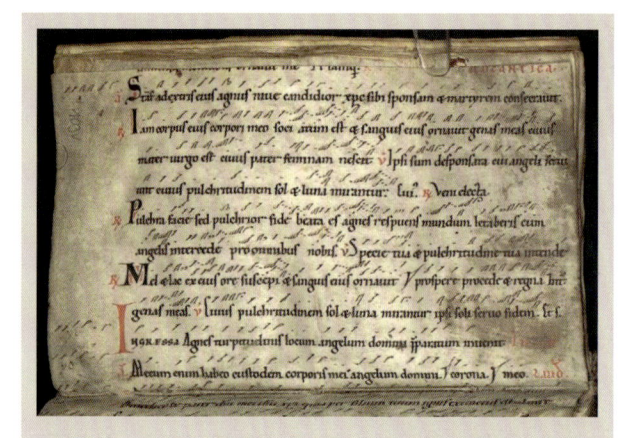

Abb. 80 Antiphonarfragment 1190/1220, Detailansicht (ÖNB Cod. 2232, 1v)

Vor- und Nachsatzblätter in der Handschrift ÖNB Cod. 2232, olim Mariazell. Alle Fragmente wurden zwischen 1190 und 1220 geschrieben. Das lässt sich anhand der Minuskelschrift aus diesem Zeitraum und der zumeist einheitlich weiterentwickelten linienlosen Neumennotation, die ab der Mitte des 12. Jahrhunderts vor allem in den Benediktinerstiften der Salzburger Kirchenprovinz in Verwendung war, einwandfrei nachweisen. Die finale Verwendung der Fragmente als Makulatur zum binden der Mariazeller Handschriften dürfte in die zweite Hälfte des 15. Jahrhunderts zu datieren sein. Viele der originalen, spätgotischen Einbände stammen aus dieser Zeit und haben oft einheitliches Dekor. Es gibt auch sehr schlichte Formen ohne Blindstempel und ohne Streicheisenlinien, u.a. auch der Einband zur Handschrift ÖNB Cod. 2232.[9] Die Antiphonarfragmente sind unterschiedlich dimensioniert, es gibt sowohl kleine Pergament-Falzstreifen als auch fast gänzlich

---

[4] RB De officiis divinus in noctibus (8) und Qualiter divina opera per diem agantur (16).
[5] RB 17-19: Ergo consideremus qualiter oporteat in conspectu divinitatis et angelorum eius esse. STEIDLE, Benediktus-Regel 100ff.
[6] http://manuscripta.at/m1/hs_detail.php?ID=11410.
[7] HANSLIK, Herkunft 117-130.
[8] Cli 68, 84, 90, 91, 94, 114, 141 und ÖNB Cod. 2232

[9] NOVAK, Handschriften und Fragmente, Teil II, Abschnitt 1.3.

unbeschnittene Pergamentblätter. Der Erhaltungszustand ist zum Teil nicht besonders gut, dennoch bleibt der Inhalt auf der Vorder- und Hinterseite weitestgehend lesbar. Bei der Erschließung der Fragmente war es möglich, alle Reste der Offizien zu rekonstruieren und in der liturgischen Reihenfolge des Jahreskreises anzuordnen. Der Winterteil umfasst den Zeitraum von Dezember bis April. Vorhanden sind folgende Offizien: Agnes (21. Januar), dann die einfachen Ferialoffizien für Freitage und Samstage. Von den nicht kompletten Offizien zur Fastenzeit sind der 3. Sonntag Quadragesimae und die darauf folgenden Wochentage (Montag bis Samstag) erhalten, danach dann der 4. und 5. Fastensonntag (Passionssonntag). Die Karwoche ist mit Dienstag, Mittwoch, Gründonnerstag (in cena domini) und Karfreitag (parasceve) fast vollständig. Alle feierlichen Offizien zum österlichen Hochfest sind verloren gegangen. Die allgemeinen Offizien zur Communio de Sanctis der Osterzeit und ein Heiligenoffizium zu Tiburtius / Valerianus (14. April) sind vorhanden. Das Pfingstfest und die Sonntage nach Pfingsten fehlen. Der Sommerteil wird eröffnet mit den Sommerhistorien-Zyklen des Alten Testaments[10], gefolgt von den Heiligenoffizien des Monats Juli.[11] Der August ist mit Afra (7. 8.) und Laurentius (10. 8.) vertreten, und außerdem das Kirchweihfest (wahrscheinlich im Oktober gefeiert). Für die zweite Hälfte des Oktobers sind einige Heiligenoffizien vorhanden.[12] Als Abschluss des Sommerteils folgt dann das Allerheiligen Offizium für den 1. November.[13]

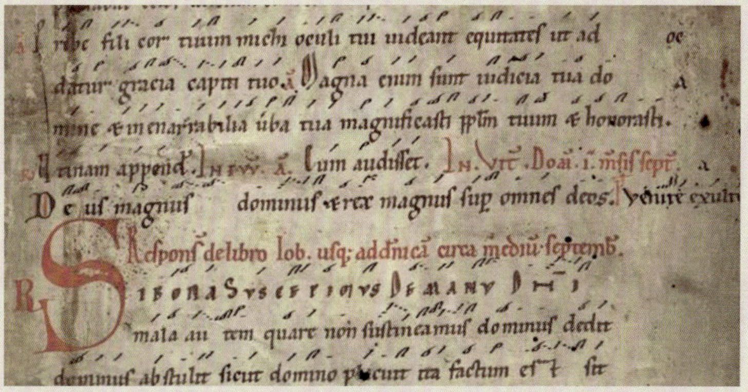

Abb. 81 Antiphonarfragment 1190/1220, Detailansicht (CLi 141, 2r)

Die zweite Gruppe von Brevier- und Gradualefragmenten aus dem 13. Jahrhundert ist nicht homogen. Es handelt sich um Einzelstücke, daher sind die verwendeten Schriften und Neumennotationen auch sehr unterschiedlich. Aus der Papierhandschrift CLi 9, einem Vollbrevier von 1472, wurden bei Restaurierungsarbeiten sämtliche Pergamentfalze, die zur Sicherung der Lagen mitgeheftet waren, entfernt. Meist handelt es sich um schmale Streifen von 150 x 214 mm. Dennoch war es teilweise möglich, den Text und die Neumennotation zu identifizieren. Es sind Reste eines Breviers des beginnenden 13. Jahrhunderts mit den Offizien, Lesungen und

---

[10] Sapientia, Job, Tobias, Judith, Esther.
[11] Margarethe 20. 7., Maria Magdalena 22. 7., Appollinaris 23. 7., Christina von Bolsena 24. 7., Jakobus 25. 7 und Christophorus 25. 7.
[12] Gallus 16. 10., Lukas 18. 10., Januarius (Übertragung der Gebeine) 23. 10., Crispinus / Crispinianus 25. 10., Simonis / Judae 28. 10. und Quintinus 31. 10.
[13] Details zur kodikologischen Einordnung und zum Inhalt, inklusive Abbildungen im Katalog der Antiphonarfragmente im Abschnitt 1.1. der online Publikation: NOVAK, Handschriften und Fragmente, Teil I.

Gebeten zu Johannes dem Täufer und dem Apostelfest Peter und Paul. In der Handschrift CLi 15 befand sich ein Brevierfragment aus dem 13. Jahrhundert, das als Vorsatzblatt in Verwendung war. Recto- und Versoseite des Blattes enthalten ein fast vollständiges Martins-Offizium mit neumierten Gesangsteilen, Lesungen, Gebeten und Historien.

Aus der zweiten Hälfte des 13. Jahrhunderts stammt ein Brevierfragment, das sich als Vor- oder Nachsatzblatt in der Handschrift CLi 141 befand. Es ist eine frühe österreichische Quelle des Officium corporis Christi des Thomas von Aquin aus dem späten 13. Jh., das bisher unbekannt war.[14] Aufgrund der in diesem Manuskript verwendeten linienlosen Neumen ist eine Transkription nur annähernd mit Hilfe von synoptischen Vergleichen möglich. Anhand der verwendeten Neumengraphien aus anderen Quellen, mit adiastematischer oder diastematischer Notation lassen sich Übereinstimmungen oder Varianten der Graphien, der Reihenfolge, Melodieverlauf und sogar rhythmische Elemente gut verfolgen.[15] Bereits 1954 berichtete Anton Kern über österreichische Quellen des Fronleichnam Offiziums. Er war davon überzeugt, dass der Vergleich der Melodien aus der Handschrift Graz 134, einem Breviarium Benedictinum aus St. Lambrecht, Mitte des 13. Jhs (süddeutsche linienlose Neumennotation), und Fassungen aus anderen Quellen, insbesondere BNF 1143, Officium et missa solemnitatis Corporis Christi, ca. 1301-1325 (Quadratnotation auf vier roten Linien), größtmögliche Übereinstimmungen liefern würden.[16] Dies ist jedoch nicht ganz der Fall. Dennoch ist die Platzierung von Einzelnoten, Zwei-Ton-Graphien und Melismen häufig identisch mit den Melodien in Graz 134, Lilienfeld CLi 141 (Mariazell) und der französischen Quelle BNF 1143, sowie anderen österreichischen und süddeutschen Handschriften.[17] Ein Vergleich mit diesen Handschriften gibt eine Vorstellung davon, wie beliebt das Fest ab der zweiten Hälfte des 13. Jahrhunderts wurde. Die einheitliche Verwendung der Melodien, modale Organisation der Antiphonen und Responsorien, Verwerfen von Melodien zugunsten anderer im selben Modus bildeten dann den Abschluss der Stabilisierungsphase. Auch in dem uns vorliegenden Brevierfragment aus Mariazell wurde das ursprüngliche Responsorium *Melchisedech vero rex Salem...* und der Versus *Benedictus Abraham deo...*[18] getilgt und mit einem neueren Responsorium überschrieben.[19] Variantenreiche, auf- und absteigende Melismenbewegungen mit erkennbarer rhythmischer Struktur, Kleinstartikulation, sowie Gliederung von Höhen und Tiefen sind vorhanden. Erstaunlich, wie gut die Melodie aus dem Ma-

---

[14] CORRIGAN, Critical edition 77-410.

[15] i.e. Choralnotation des 13. – 14. Jhs, bzw. Notae et Neumata der Editione Antiphonalis Monastici ex anno 1934, vgl. hierzu SANDHOFE, Nocturnale Romanum.

[16] KERN, Offizium 48-49; http://sosa2.uni-graz.at/sosa/katalog/katalogisate/134.html; Bibliothèque nationale de France. Département des manuscrits. Latin 1143.

[17] Graz UB 30 Antiphonarium Benedictinum. Pars aestiva, Benediktinerstift St. Lambrecht, 14. Jh. (Quadratnotation auf 4 Linien), Wien ÖNB Cod. 1799** Antiphonar, Rein (OCist), 2. Viertel 13. Jh. (Zisterziensernotation = mittelfranzösische und deutsche Neumen auf vier Linien mit roter f- und gelber c-Linie) und München, Bayerische Staatsbibliothek clm 4306 Antiphonarium Benedictinum, Sommerteil, Augsburg St. Ulrich und Afra, 1501 (Quadratnotation auf 4 Linien).

[18] CAO 601409, 601409a.

[19] vgl. hierzu München Clm 4306, Benediktiner Antiphonar, von 1501, Augsburg SS. Ulrich und Afra.

riazeller Brevierfragment mit den anderen Quellen korrespondiert und aufzeigt, dass die dortige Musikpflege auf der Höhe der Zeit durchaus mithalten konnte.[20]

Im Gegensatz zu den aufgefundenen Quellen zum Officium divinum aus Mariazell sind Gradualefragmente aus dem Propium Missae nur spärlich vorhanden. Insgesamt sind es 4 Blätter, wovon 3 (CLi 107 und 134) aus einer ehemaligen Gradualehandschrift um die Mitte des 13. Jahrhunderts stammen und ein weiteres Blatt mit den Resten einer Gradualehandschrift aus dem zweiten Viertel des 13. Jahrhunderts. Die Fragmente enthalten Formulare und Melodien des Proprium de tempore für die Fastenzeit und Ostern. In CLi 167 sind dies Donnerstag, Freitag und Samstag der 1. Quatemberwoche. In CLi 107 und 134 befinden sich Teile der Karfreitagsliturgie, den Samstag vor dem ersten Sonntag nach Ostern, gefolgt von Dominica in Albis (= 1. Sonntag nach Oster), sowie dem 2. und 3. Sonntag nach Ostern.[21]

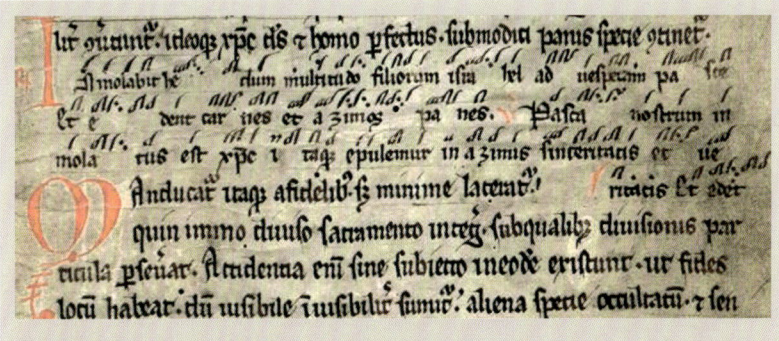

Abb. 82   Brevierfragment 1275/1300, Detailansicht (CLi 141, 1r)

Liturgie und Choralpflege in Mariazell im Zeichen der Hirsauer Reform

Zum Repertoire von Stundengebet und Hl. Messe braucht es einen vorangehenden Exkurs zur sogenannten Hirsauer Reformbewegung, die ja auch die Liturgie und die Choralpflege ab dem 12. Jahrhundert in den österreichischen Benediktinerklöstern einflussreich verändert hat. Das 1059 von Mönchen aus Einsiedeln gegründete Kloster Hirsau entwickelte sich unter der Führung von Abt Wilhelm von Hirsau (1071-1091) zum bedeutendsten deutschen Reformzentrum nach dem Vorbild Clunys[22]. Admont war vor der Hirsauer Reform bereits Mitglied der Gorzer Klosterreformbewegung (Ordo Gorziensis), zusammen mit den österreichischen Klöstern Mondsee, St. Peter sowie unter besonderer Inititative der bayerischen Klöster Regensburg St. Emmeram, Tegernsee und Weihenstephan. Im Jahre 1115 wurde Admont durch den neuen Abt Wolfold, der aus dem Hirsauisch reformierten Kloster St. Georgen im Schwarzwald kam, nach Hirsauer Vorbild reformiert und war dann das eigentliche Subzentrum für die Verbreitung dieser Bewegung in der Salzburger Kirchenprovinz[23]. Forschungsarbeiten aus jüngerer Zeit beweisen, dass die Hirsauer Reform auch die Liturgie und die Choralpflege verän-

---

[20]   Details zur kodikologischen Einordnung und zum Inhalt, inklusive Abbildungen mit synoptischen Untersuchungen im Katalog der Brevier- und Gradualefragmente im Abschnitt 1.2. der online Publikation: NOVAK, Handschriften und Fragmente, Teil I

[21]   wie Anmerkung 20.

[22]   Stift Lilienfeld, Codex CLi 24, fol. 54v-147v.

[23]   WEINFURTER, Bistumsreform 158-159.

dert und vereinheitlicht hat.²⁴ Anhand der erhaltenen Vollhandschriften aus Admont und St. Peter kann gezeigt werden, dass der Inhalt jeweils eine Adaptierung der neuen Liturgie der Hirsauer Klosterreform darstellt. Allerdings wurden diözesan- und lokal-regionalliturgische Traditionslinien von der Reform nicht völlig ausgelöscht, es bestand eher die Tendenz zur Toleranz.²⁵ Interessant ist die Tatsache, dass aus den Klöstern der Kirchenprovinz Salzburg (inkl. Passau), welche die Liturgiereform von Hirsau übernommen haben, nur wenige Quellen vor dieser Reform überliefert sind. Als Beispiel sei hier das Salzburger Dommissale aus dem ersten Drittel des 12. Jahrhunderts genannt.²⁶ Geschrieben wurde es auf dem Nonnberg und repräsentiert teilweise noch Liturgie vor der Reform und wurde anhand des Salzburger Liber Ordinarius von 1198 umgearbeitet, ursprüngliche Versionen sind aber teilweise noch lesbar.²⁷

Die Neumenschrift im Rahmen kirchlicher Reformbewegungen

Die verwendete „benediktinische Neumenschrift" des 12. Jahrhunderts lässt sich leicht als eine Weiterentwicklung verschiedener süddeutscher Neumenschriften identifizieren und ihre spezifische Ausprägung und Uniformität wohl im Kontext kirchlicher Reformströmungen suchen.

Das gemeinsame Hauptmerkmal dieser späten adiastematischen Notationen ist eine deutliche Reduzierung der Zahl der einzelnen Graphien gegenüber den älteren Schreibtraditionen. Viele detaillierte Informationen zum Melodieverlauf durch Graphienvarianten wie Episeme, Litterae significativae etc., die in den Neumen der Quellen aus dem 10./11. Jh. vor allem aus St. Gallen, Einsiedeln und Bamberg vermittelt werden, sind verloren gegangen. Dennoch gibt es z.B. im St. Peter Antiphonar, sowie in Graduale-Handschriften aus Admont, Gurk, Millstatt und anderen teilweise modifizierte Neumengraphien, die der Präzision der Tonhöhen dienen.²⁸ In neueren Untersuchungen zeigt Engels auf, dass diese speziellen Neumenzeichen eine Art allgemeines Erkennungsmerkmal für Handschriften aus Hirsauisch reformierten Benediktinerklöstern sind und als musikalisch liturgische Impulsgeber wieder Admont und St. Peter / Salzburg in den Vordergrund treten.²⁹ Daher ist es nicht verwunderlich, dass dieser Einfluss aus Salzburg und Admont auch in den Neumengraphien von Antiphonar- und Gradualefragmenten aus Mariazell schlagend wird. Vergleiche hierzu Teil I der online Publikation mit einer repräsentativen Auswahl und Kurzbeschreibung von Antiphonar- und Graduale Handschriften, sowie Fragmenten mit „Hirsauisch geprägten" Neumengraphien, die als Referenz und Vergleichsmaterial mit erstellten Neumentabellen dienen können.³⁰

---

[24] HEINZER, Liber Ordinarius 309-347; DERS., Liturgischer Hymnus 23-53; KRUCKENBERG, Rekonstruktion 187-207; DIES., Hirsauer Prägung 49-54; WÄLLI, Hirsauer Reform.
[25] HEINZER, Liturgischer Hymnus 225.
[26] Bayerische Staatsbibliothek, München clm 11004.
[27] PRASSL, Liber Ordinarius 32-58.
[28] ENGELS, Antiphonar 254-261, 330 Anmerkung 3.
[29] DERS., Pes 21-39.
[30] NOVAK, Handschriften und Fragmente, Teil I, Abschnitt 2.1 bis 2.3

Liturgisches Repertoire in den Antiphonarfragmenten

Das liturgische Repertoire der Antiphonarfragmente folgt eindeutig den Vorgaben des Hirsauer Liber Ordinarius, einem neuen Buchtyp, der im 12. Jahrhundert in Verbindung mit der Verbreitung der Hirsauer Liturgiereform entstanden ist. In einem Liber Ordinarius wird – entweder für die Messe oder für das Stundengebet – die Ordnung aller an jedem Tag zu verwendenden Gesänge des Kirchenjahres festgelegt.[31] Einen solchen Liber Ordinarius aus der Zeit um 1198 gibt es auch in Salzburg für die Diözesanliturgie des Domes (A-Su, MII 6, 67). Die Incipits der Gesänge sind neumiert und die Liturgie zusätzlich begleitend kommentiert.[32] Aus dem ehemaligen Suffragan-Bistum Passau, wichtig für die Benediktiner-Stifte Niederösterreichs, sind ebenfalls Libri Ordinarii erhalten.[33] Diese sind seit einiger Zeit im Fokus systematischer musikwissenschaftlicher Erforschung und dazu existiert auch schon eine online Plattform des GAMS-Geisteswissenschaftliches Asset Management Systems der Universität Graz, Cantus Network libri ordinarii of the Salzburg metropolitan province.[34] Aus Hirsau selbst ist kein Liber Ordinarius überliefert, doch Felix Heinzer konnte nachweisen, dass der von Anton Hänggi bereits 1957 veröffentlichte Liber Ordinarius aus dem Kloster Rheinau die für Rheinau adaptierte Hirsauer Liturgie festhält. Besonders die Angaben für die Texte des Officium divinum sind sehr präzise und umfassend.[35] Aus Rheinau gibt es auch ein Antiphonar aus dem 12. Jh. (Zürich Zentralbibliothek Rh. 28), welches als repräsentativer Vertreter der Hirsauischen Offiziumstradition anzusehen ist. Anhand von Vergleichen mit dem Liber Ordinarius aus Rheinau, Anfang 12. Jh. (Zürich Rh 80), und anderen Antiphonarien aus Hirsauer Reformklöstern konnte dies nachgewiesen werden.[36]

Da in den Antiphonarfragmenten aus Mariazell keine Offizien für die Adventsonntage vorhanden sind, können wir nicht auf eine Studie zurückgreifen, welche die Anordnung der dort befindlichen Responsorien untersucht und damit ein weiteres Hilfsmittel zur Verfügung stellt, mit dem der Nachweis von Hirsauer Tradition erbracht werden kann.[37]

Anders ist es mit den Heiligen-Offizien, hier gibt es in den Fragmenten eine größere Auswahl. Mit Hilfe des Repertoires von ausgesuchten Quellen mit hirsauischer Liturgie ist es ziemlich einfach, Ähnlichkeiten festzustellen, insbesondere, wenn zur Sondierung die Nocturn- und Laudes-Antiphonen, sowie Nocturn Responsorien herangezogen werden.[38] Als Beispiel erwähne ich zwei Nachsatzblätter mit Antiphonarfragmenten aus der Handschrift ÖNB Cod. 2232 (olim Mariazell). Es handelt sich hier um ein fast vollständiges Offizium zu Agnetis, es fehlen die Formulare zu Vesper, sowie Invitatorium und die Antiphonen zur 1. Nocturn. Einige Abweichungen von der Hirsauer Tradition

---

[31] LOHSE, Stand und Perspektiven 215-255.
[32] PRASSL, Salzburger Liber Ordinarius 31ff.
[33] KLUGSEDER, Liber ordinarius der Diözese Passau 11-43; DERS., Liber ordinarius Pataviensis.
[34] https://gams.uni-graz.at/context:cantus.
[35] HÄNGGI, Rheinauer Liber Ordinarius 309-347.
[36] HEINZER, Klosterreform 394.
[37] OTTOSEN, L'antiphonaire.
[38] St. Peter Antiphonar (ÖNB Ser. n. 2700), Mondsee Antiphonarfragmente aus ÖNB Cod. 660, Antiphonar aus Rheinau, Zürich Zentralbibliothek (Cod. Rh. 28), Liber Ordinarius aus Rheinau, Zürich Zentralbibliothek (Cod. Rh. 80).

bei den Antiphonen zur 2. Nokturn sind vorhanden. Die drei ersten Antiphonen *Cujus pulchritudinem sol et luna* CAO 001968, *Christus circumdedit me* CAO 001790 und *Ipsi sum desponsata cui* CAO 003407 sind bei allen ausgesuchten Quellen vorhanden. Im Vergleich mit dem Fragment aus Mariazell fällt nur eine unterschiedliche Positionierung auf. Dagegen ist die Cantica-Antiphon *Stat a dextris ejus agnus* CAO 005019 bei allen an der gleichen Stelle. Die Laudes-Antiphonen sind absolut homogen, betreffend Verwendung von Formularen und deren Reihenfolge. Bei den Responsorien zu erster und zweiter Nocturn, sowie ad Cantica sind die Formulare so gut wie deckungsgleich, bis auf einige kleine Unterschiede bei der Anordnung. Beim ersten Responsorium zur zweiten Nocturn *Omnipotens adorande colende* CAO 007318 sind unterschiedliche Versiculi in Verwendung. Mariazell/Ö schreibt V *Te confiteor labiis te corde* CAO 007318b.[39] Vergleiche hierzu Abschnitt 3 der online Publikation mit einer Tabelle der Nokturn-, Laudes-, Antiphonen und Responsorien zum Agnetis Offizium im Vergleich mit anderen o.g. Hirsauer Quellen.[40]

Schwieriger wird es beim Maria Magdalena Offizium. Im Fragment 1v aus der Lilienfelder Hs CLi 114 (olim Mariazell/Ö) sind nur Formular-Incipits ohne Neumen notiert. Aus dem Inhalt ist zu entnehmen, dass zwei Maria Magdalena Offizien in Folge geschaltet waren. Vom ersten sind nur die kleinen Horen (P,T,S,N) sowie die 2. Vesper erhalten. Daran anschließend folgt ein nahezu komplettes Offizium mit Vesper, Nocturn 1 und 2, ad Cantica, Laudes, den kleinen Horen und die 2. Vesper. Mit dem Zusatz *aliter* war dieses zweite Offizium wohl für eine Prozession gedacht. Bei *Ad matutinam in primo nocte* steht zwischen dem Psalm *Domine dominus noster* CAO 920008 der zweiten Antiphon *Unguentum effusum nomen tuum* CAO 005273 der Hinweis in Rot *cum reliquiis*; ebenso nach der Nocturn-Antiphon *Laeva ejus sub capite meo* CAO 003574 und dem darauffolgenden Versikel *Diffusa est gratia* CAO 008014, sowie dem ersten Responsorium *Specie tua* CAO 007679. Der eventuelle Umzug mit einem Maria-Magdalenen-Reliquiar war in diesem Fall wohl auf Kirche oder Kreuzgang beschränkt. Vergleichen wir die Formulare zu Maria Magdalena mit denen aus dem St. Peter Antiphonar und Rheinau stellt sich heraus, dass es hier besonders beim zweiten Sonderoffizium nur einzelne Übereinstimmungen mit Hirsauer Tradition gibt.[41] Das Repertoire wurde weitestgehend aus dem ergiebigen Font der Commune Sanctorum Gesänge zusammengestellt, wie wir sie in den Antiphonarien aus St. Lambrecht (A-Gu 29 und 30) kennen. Vergleiche hierzu Abchnitt 3 der online Publikation.[42]

Die Antiphonarfragmente aus Mariazell sind authentische Zeugnisse für die Übernahme der Hirsauer Liturgie. Das Repertoire zeigt an wenigen Stellen geringe Abweichungen, welche überwiegend mit dem Einfluss der Passauer Diözesanliturgie und den lokalen Traditionen zu erklären sind. Warum in Mariazell/Ö ein zweites Sonderoffizium für Maria Magdalena vorkommt, das sowohl in Hirsauer wie in

---

[39] ÖNB Cod. 2232, Fragmente.
[40] NOVAK, Handschriften und Fragmente, Teil I, Abschnitt 3.1.
[41] ÖNB Cod. s.n. 2700; Rheinau Antiphonar, Zürich Zentralbibliothek Cod. Rh. 28 und Rheinau Liber Ordinarius, Zürich Zentralbibliothek Cod. Rh. 80
[42] NOVAK, Handschriften und Fragmente, Teil I, Abschnitt 3.2.

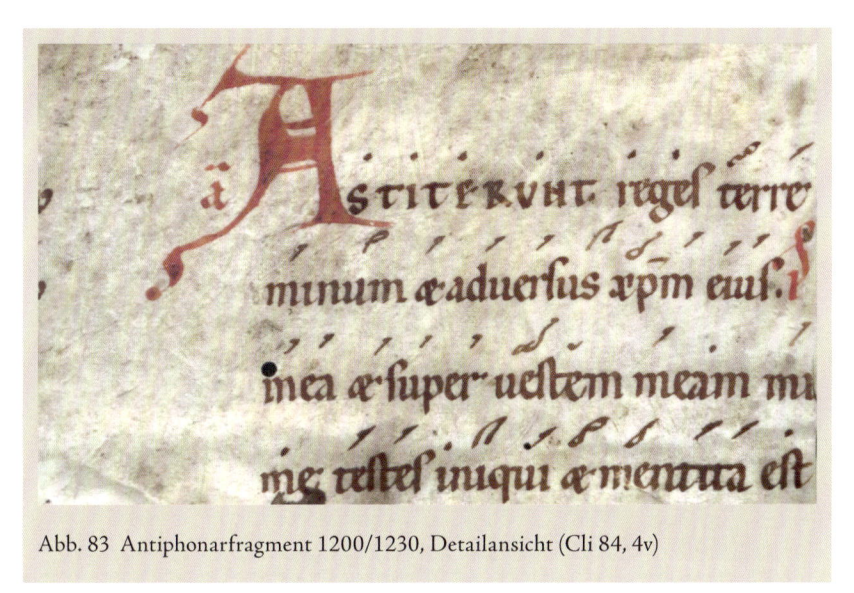

Abb. 83 Antiphonarfragment 1200/1230, Detailansicht (Cli 84, 4v)

Passauer Quellen des 12. bis 13. Jahrhunderts nicht zu finden ist, konnte ich nicht klären. Auch eine Nähe zum Klosterneuburger Augustiner-Chorfrauen-Stift St. Magdalena scheidet aus.[43] Das St. Emmeramer Vollbrevier (Bayerische Staatsbibliothek clm 14741), das vermutlich im 14. Jahrhundert entstanden ist und dessen Hauptteil aus Niederaltaich stammt, beinhaltet auf fol. 320v und 397v zwei Maria Magdalena Offizien. Vielleicht wird da der süddeutsch-benediktinische Einfluss schlagend.[44]

Einheitliche Melodieüberlieferungen anhand des Karfreitag Offiziums und des Introitus der hl. Messe am Freitag der ersten Fastenwoche

Als Beispiel für einen Melodienvergleich mit Antiphonarien habe ich das Karfreitagsoffizium verwendet (Matutin, 1. Nocturn), da es sowohl in der vollständigen Referenzhandschrift, dem Salzburger St. Peter Antiphonar und in Fragmenten aus Lambach, Mariazell, Melk und Mondsee enthalten ist. Zur synoptischen Untersuchung sind die ersten drei Antiphonen *Astiterunt reges terrae et principes* CAO 001506, *Diviserunt sibi vestimenta mea et* CAO 002260 und *Insurrexerunt in me testes iniqui* CAO 003358 (alle im 8 Modus) herangezogen worden, inklusive mit dem Beginn des ersten Responsoriums *Omnes amici mei dereliquerunt me* CAO 007313 im 3. Modus. Die Synopsen zeigen eine weitestgehend einheitliche hirsauisch geprägte Melodieüberlieferung der Quellen aus Salzburg, Mondsee, Lambach, Melk und Mariazell. Leider sind im Fragment aus Mariazell einige Lacunen, die aber den Gesamteindruck nicht stören. Bei den Liqueszenzen kommt es bisweilen zu geringfügigen Unterschieden, die aber eine musikwissenschaftliche Teildisziplin zu Grundlagenwissen, Interpretation und Ästhetik des Gregorianischen Chorals eröffnen würde und daher an dieser Stelle zur Bewahrung der thematischen Übersichtlichkeit nicht angebracht ist. Vergleiche hierzu Abschnitt 4 der online Publikation.[45]

Zum Melodievergleich mit Gradualien wurde die Introitus-Antiphon *De necessitatibus meis eripe me Domine* (GT 84) im IV. Ton, zum Freitag der ers-

---

43 Lilienfeld CLi 114 Fragm.1v; KLUGSEDER, Liturgische Tradition 11-43.
44 KLUGSEDER, Choralüberlieferung 84-91.

45 NOVAK, Handschriften und Fragmente, Teil I, Abschnitt 4.1.

ten Woche der Fastenzeit ausgewählt. Als Quellen dienten das Mariazeller Gradualefragment aus der Handschrift CLi 167 und die beiden Admonter Gradualien ÖNB cvp. 1909 (Admont um 1200) und Oxford, Bodleian Library, Canon. Lit. 340 (Graduale von Moggio um 1216).[46]

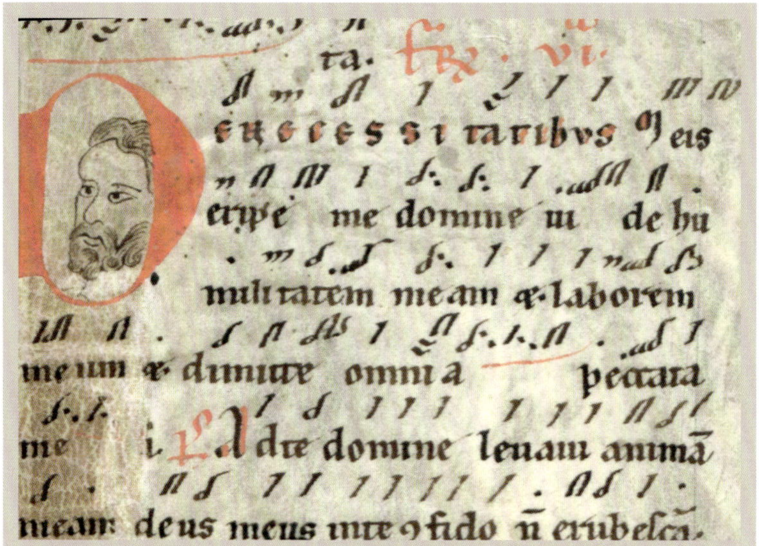

Gerade die Introitusantiphonen im IV. Ton sind Beispiele für die lebendige Spannung zwischen zur Verfügung stehendem, vielfach gebrauchtem und vielfältig brauchbarem musikalischen Material und der ganz spezifischen, alles andere als stereotypen Anwendung auf einen konkreten Text.[47]

Abb. 83a Gradualefragment 2. Viertel 13. Jh. (CLi 167, 1r)

Bei Melodien mit adiastematischer Neumennotation ist die Verwendung von Virga und Tractulus in ihrer jeweiligen Bedeutungsgültigkeit eingeschränkt. Grundsätzlich beruht der Unterschied zwischen Virga und Tractulus einzig und allein auf deren unterschiedliche melodische Bedeutung. Die Virga gibt einen relativ, d.h. in Bezug auf den unmittelbaren melodischen Kontext höheren Ton, der Tractulus einen tieferen Ton an. Es bleibt also der ganze Verlauf einer Melodie aus diesen Angaben allein, ohne Zuhilfenahme von diastematischen Handschriften vage. Trotzdem können diese mitunter wertvoll sein und zeigen sehr wohl auf, wo der Melodieverlauf späterer, reformierter Fassungen nicht oder nur zum Teil mit den frühen St. Galler Traditionen übereinstimmen. Im engeren Sinne bedeutet dies, dass bei unserem ausgewählten Introitus die Melodie entweder in Halbtonverschiebung mi-fa nach oben strebt oder bereits an einem relativen Tiefpunkt angekommen ist und sich eine Rezitation auf dieser Tonstufe anschließt.

Die Verwendung zweitöniger Tonwiederholung auf Akzentsilben zeigt bei unserem Introitus Beispiel, welche melodisch profilierte und textinhaltlich hervorgehobene Position eine nichtkurrente Reperkussionsneume einnimmt. Bei der Verwendung von kurrenten und nicht kurrenten Torculusgraphien und dem Einsatz von Liqueszenzen gibt es bei der Gegenüberstellung der gleichen Introitusmelodie, wie sie in den Admonter Quellen

---

46   NOVAK, Handschriften und Fragmente, Teil I, Abschnitt 2.2.
47   AGUSTONI, Einführung 1: Beispiele 63, 64 ; 222; DERS., Einführung 2/1, Beispiel 364; JOPPICH, Die rhetorische Komponente, 180

und in Mariazell notiert sind, kleine Unterschiede. Trotzdem, so wie oben, bei den Beispielen der Antiphonarien, ergibt sich auch bei den Gradualequellen aus Admont und Mariazell, ebenfalls eine einheitlich, hirsauisch geprägte Melodieüberlieferung mit geringen Abweichungen. Vergleiche hierzu Abschnitt 4 der online Publikation mit detaillierten synoptischen Untersuchungen.[48]

Zum Abschluss des Themas Melodieüberlieferung noch ein Hinweis zur Verwendung des Pressus maior. Bei stichprobenartigen synoptischen Untersuchungen im St. Peter Antiphonar (ÖNB Cod. Ser. n. 2700), in den Antiphonarfragmenten aus Mariazell (Cli 68, Fragment 2r-v) und Göttweig (Cod. 66 rot VDS[49]) sind mir im Vergleich mit der für das Studium der Semiologie relevanten Antiphonale Officii Handschrift aus dem Ende des 10. Jahrhunderts Unterschiede aufgefallen.[50] Besonders wenn der Pressus maior eine gewichtige Rolle bei Binnen- ,Teil- und Schlusskadenzen, oder der Weiterführung von Kadenzen einnimmt. Der Pressus maior setzt sich aus drei Elementen zusammen: in der Sankt Galler Neumenschrift stets aus einer Virga, einem Oriscus und einem Punctum, wobei die Virga mit dem Oriscus immer verbunden ist. Die ersten beiden Noten des Pressus maior befinden sich im melodischen Gleichklang. Schließlich kann der Pressus maior sowohl als Einzelgruppenneume, d.h. alleinstehend über einer Silbe, als auch in Komposition auftreten.[51]

Zusammenfassung

Obwohl wir vom Ende des 12. bis zum Ende des 13. Jhs nur eine fragmentarische Überlieferung mit Quellen zu Stundengebet und hl. Messe aus Mariazell haben, kann bei genauerer Betrachtung dennoch Nennenswertes gefunden werden. Die Liturgie der Mariazeller Benediktiner orientierte sich weitestgehend an der Hirsauer Reform. Nach Vergleichen mit Repertoire, Melodien und Neumennotation der Antiphonar- und Gradualefragmente vom Ende des 12. bis zum ersten Drittel des 13. Jahrhunderts mit anderen österreichischen Quellen dieser Zeit, unter anderem auch aus den Benediktinerstiften Admont, Göttweig, Lambach und Melk kann vermutet werden, dass es im Rahmen der Hirsauer Reformbewegung auch redaktionelle Zusammenarbeit der zum Teil nicht unmittelbar benachbarten Benediktinerstifte gab.[52] Besonders auffallend ist die signifikante Ähnlichkeit der Neumengraphien dieser Zeit, wobei es zwischen Lambach, Göttweig, Melk und Mariazell hohe Übereinstimmungen gibt. Auf jeden Fall als gewichtig zu betrachten ist der Einfluss von Admont als bedeutendstes Zentrum für die Verbreitung der Hirsauer Reform in der Salzburger Kirchenprovinz. So wie z. B. das friulanische Benediktinerkloster San Gallo di Moggio (Mosach) wurde sicherlich auch Mariazell durch Admont als führende Hirsauer Reformabtei im 12. Jahrhundert in

---

48   NOVAK, Handschriften und Fragmente, Teil I, Abschnitt 4.2.
49   http://manuscripta.at/hs_detail.php?ID=36644 Antiphonarfragmente 1. Hälfte 12. Jahrhundert.
50   vgl. hierzu Cod. 390/391 der Stiftsbibliothek St. Gallen, Antiphonale Officii, geschrieben zwischen 986 und 1011 vom Mönch Hartker, veröffentlicht in Paléographie musicale, 2ème série, t. 1, Solesmes 1992.
51   NOVAK, Handschriften und Fragmente, Teil I, Abschnitt 4.3.
52   Details, siehe online Publikation: NOVAK, Handschriften und Fragmente, Teil I, Abschnitt 2

besonderer Weise betreut. Eine Art Verbindungsfunktion könnte auch der Benediktiner Gottschalk von Lambach erfüllt haben[53]. Er war in der zweiten Hälfte des 12. Jahrhunderts in Lambach ca. 30 Jahre lang aktiv. Vor allem von 1197 bis 1204 wirkte er als Schreiber, als Künstler möglicherweise schon in der Mitte des 12. Jahrhunderts. Seine Hand ist in zahlreichen Manuskripten erkennbar.[54]

Gottschalk hatte anscheinend im Stift Lambach neben seinen monastischen Aufgaben auch andere Funktionen, darunter Bibliothekar, Kantor, Schulmeister, Schreiber, Neumator und Buchmaler. Kremsmünster, Garsten und Melk waren Stationen dieses talentierten Benediktiners. Obwohl unklar ist, ob Gottschalk einen Teil seines Lebens in diesen benachbarten Abteien verbracht, oder diese nur als reisender Schreiber und Buchmaler für bestimmte Aufträge besucht hat, bzw. im Auftrag in Lambach arbeitete, deutet das Vorhandensein der vorhandenen Quellen darauf hin, dass sein Talent über Lambach hinaus sehr geschätzt wurde.[55]

Auf Grund dessen und im Zusammenhang mit der Gündungsgeschichte von Mariazell in Österrreich, ist anzunehmen, dass die liturgischen Fragmente vom Ende des 12. Jahrhunderts zwar dort in Verwendung waren, aber vermutlich nicht dort entstanden sind. Erst ab dem 13. Jahrhundert könnte es eine Eigenproduktion von liturgischen Handschriften gegeben haben. Das im Brevierfragment aus der Handschrift CLi 141 enthaltene Fronleichnamsoffizium von Thomas von Aquin, entstanden in der zweiten Hälfte des 13. Jahrhunderts, gehörte bereits zum Repertoire des Stundengebetes in Mariazell. Ein Beweis für reges Interesse an aktueller liturgischer Musikpflege und der Tendenz zur Weiterentwicklung in einer Phase von erster Blütezeit.

---

[53] Im Mariazeller Necrologium wird am 8. September ein *Gotscalcus dyaconus* erwähnt; eine Übereinstimmung mit dem Lambacher Mönch kann jedoch nicht nachgewiesen werden.

[54] DORNINGER, Gottschalk von Lambach https://stifterhaus.at/index.php?id=167&no_cache=1&tx_news_pi1%5Bnews%5D=2248&tx_news_pi1%5Bcontroller%5D=News&tx_news_pi1%5Baction%5D=detail&cHash=a16118a072a0e1883ad32cd481f57466; FAGIN DAVIS, Gottschalk Antiponary 17-26.

[55] FAGIN DAVIS, Gottschalk Antiponary 26.

6. KLOSTER UND PFARRE(N)
VON JOHANN WEISSENSTEINER

Ab dem Jahr 1760 ergingen vom Erzbischöflichen Konsistorium in Wien an die Pfarrer und Benefiziaten der Erzdiözese in ihrem damaligen Umfang[1] eine Reihe von Kurrenden[2], in denen diese aufgefordert wurden, sogenannte Pfarrprotokolle nach einem genau vorgegebenen Schema anzulegen und so die wichtigsten Informationen über die jeweilige Pfarre bzw. das jeweilige Benefizium in einem Buch zusammenzufassen. So legte auch P. Marian Herzog, Prior und damit zugleich Pfarrer[3] der Klosterpfarre um das Jahr 1763 ein entsprechendes Pfarrprotokoll[4] an. Bei dem vorgeschriebenen Abschnitt „Geschichte der Pfarre" fasste er sich sehr kurz und berichtete nur Folgendes: *Im Jahr nach Christi Geburt 1136 haben die Herrn Gebrüder Heinrich und Rapoto von Schwarzenburg mit Beytrettung des heiyl. Leopoldi, Marggrafen in Österreich, das Kloster zu Maria Zell in Oesterreich ord. S. Benedicti gestüftet und von dieser Zeit werden auch die Jura Parochialia dahier exercirt. Die Pfarr hat vor sich kein Eigenthum, sondern alles wird von dem Stüfft versehen. Hier ware eine alte Kirche nächst dem Gottesacker, in welcher der Tauffstein gestanden ist. Diese ware dem hl. Apostel Thomas gewidmet. Da selbe vor Alter gäntzlich zerfallen, ist in der Closterkürchen ein Altar zu Ehren dises Heyligen errichtet und der Tauffstein in die kleine Capellen nächst der Stüfftskirchen übersetzet worden. Die Pfarr hat ihre Benennung von der uralten Kürchen „ad S. Thomam Apostel". Zu dieser Pfarr gehören zwey Filialen: eine in Nöstach ad S. Martinum und die andere in Altenmarkt ad S. Joannem Bapt. Alles, was immer die Filialen belanget, hanget, wie die Pfarr selbst, von dem Stüfft zu Mariazell ab. Ermeltes Stüfft ist zugleich weltliche Herrschaft über alle Pfarrkinder. Vor alters haben die umliegende Orth auf etwelche Stunden weith anhero in*

---

[1] Die im Jahr 1469 gegründete Diözese Wien umfasste zunächst nur das Gebiet der Stadt Wien und das Umland bis Mödling und Perchtoldsdorf. Nach der Erhebung zur Erzdiözese (1722) wurde das Viertel Unter dem Wienerwald bis zur Piesting im Jahr 1729 von der Diözese Passau an die Erzdiözese Wien abgetreten. Seit 1729 gehörte also auch Mariazell zur Erzdiözese Wien. Das Gebiet südlich der Piesting unterstand bis 1782 der Erzdiözese Salzburg und war dann von 1783 bis 1785 kurzfristig der Diözese Wiener Neustadt zugeteilt. Nach der Aufhebung der Diözese Wiener Neustadt (1785) wurde das restliche Viertel Unter dem Wienerwald in die Erzdiözese Wien einbezogen.

[2] ORTMANN, Summarischer Inhalt unter dem Stichwort „Pfarrprotokolle".

[3] Die Pfarre Mariazell wurde als inkorporierte Pfarre behandelt, er wurde daher als Pfarrprovisor (so der Usus in der Kanzlei des Passauer Offizialates unter der Enns bis 1729) bzw. als Vikar oder Pfarrvikar bezeichnet. P. Marian Herzog war von 1755 bis 1768 Prior und Pfarrvikar von Mariazell, 1768 kam er als Vikar nach St. Corona.

[4] Diözesanarchiv Wien (DAW), Handschriften, Pfarren, Pfarrprotokoll zu Maria Zell in Österreich.

die Kürchen kommen müssen, folglich haben sie auch mit der Pfarr anhero gehört. Nach der Zeit aber seint an verschiedenen Orthen aigene Geistliche aufgestellet worden, wodurch die Pfarrmenge gegen 1200 bis 1300 Seelen herunter gesetzet worden ist.[5]

Für P. Marian Herzog bzw. der Klostertradition, der er hier folgt, stand also eindeutig fest, dass das Kloster schon ab dem Zeitpunkt der Klostergründung Pfarrrechte ausübte.

Etwas zurückhaltender sind die Angaben von Pfarrer Johann Gilka[6] im ersten Band der Pfarrchronik[7] [als „Ingedenkbuch" bezeichnet] von Mariazell, der auf die Tatsache verwies, dass Klöster schon in den ältesten Zeiten die Pfarrseelsorge für ihre Dienstleute in der nächsten Umgebung des Klosters ausübten.[8] Als sicherer Terminus „ante quem" wird die Bulle von Papst Alexander IV. aus dem Jahr 1260 angeführt, in der die Klosterpfarre ausdrücklich genannt wird: *In der Schutzbulle des Papstes Alexanders des IV. vom Jahre 1260 geschieht ausdrücklich von der Stiftpfarre Erwähnung.*[9] Dieser zunächst sehr überzeugende Verweis verliert jedoch angesichts der Tatsache, dass die Zusicherung, im Gebiet der jeweiligen Klosterpfarre dürfe ohne Zustimmung des Diözesanbischofs und des Klosters keine andere Kapelle oder Kirche errichtet werden, fester Formularbestand entsprechender Papsturkunden ist[10], deutlich an Aussagewert.

Aus der „Kirchlichen Topographie" fanden auch die knappen Hinweise[11] auf die ehemalige Pfarrkirche zum hl. Thomas Eingang in die Pfarrchronik von Mariazell.[12] Diese Kirche stand neben dem ehemaligen (neuzeitlichen) Kapitelhaus: *Von da [vom Musikchor der Stiftskirche] führte links eine Thür in das ehemalige Capitelhaus, welches die Stiftskirche mit der Pfarrkirche Sanct Thomas verband, nun aber, wie diese letztere, ganz abgebrochen ist. Eine Sage legt dieser Pfarrkirche ein höheres Alter bey, als der Stiftskirche selbst, obwohl übrigens von ihrer Er-*

---

[5] Ebd., Titelblatt.
[6] Johann Gilka (1802-1878) war von 1830 bis 1847 Pfarrer von Mariazell.
[7] Die Führung von Pfarrchroniken wurde vom Wiener Erzbischof Vinzenz Eduard Milde (1832 bis 1853 Erzbischof von Wien) noch im Jahr seines Amtsantritts für alle Pfarren der Erzdiözese Wien angeordnet; vgl. HOLTSTIEGE, Milde 18-21, 29-31.
[8] Pfarrchronik Mariazell Bd. 1, S. 19, Abschnitt „Entstehung der Pfarre". Pfarrer Gilka übernahm bei seiner Darstellung der Geschichte des Klosters Mariazell weitgehend wörtlich umfangreiche Abschnitte aus der knapp zehn Jahre zuvor erschienenen „Kirchlichen Topographie" über das Dekanat Pottenstein der Erzdiözese Wien; s. Topographie des Erzherzogthums Österreich, oder Darstellung der Entstehung der Städte, Märkte, Dörfer und ihrer Schicksale V: Das Decanat Pottenstein 3-68. In dieser findet sich ebenfalls die Angabe „Die Pfarre Mariazell scheint mit der Entstehung des Stiftes gleichzeitig zu seyn, da die Klöster schon in den ältesten Zeiten gewöhnlich auch die Seelsorge über ihre Dienstleute und nächsten Umgebungen ausübten" [58]. Urkundliche Belege für diese Annahme werden nicht angeführt, der als Zisterzienser mit der Geschichte der Orden und Klöster vertraute Autor Malachias Koll OCist hat diese Schlussfolgerung wohl aus dem Vergleich mit der Geschichte weiterer Benediktinerklöster in Niederösterreich gezogen.
[9] Ebd. Auch dieser Satz wurde wörtlich aus der „Kirchlichen Topographie" [ebd. 58] übernommen. Die Formulierung in der päpstlichen Bulle bezüglich der Pfarre lautet: „Prohibemus insuper, ut infra fines Parochie vestre nullus sine assensu Dioecesani episcopi et vestro Capellam seu Oratorium de novo construere audeat salvis privilegiis Pontificum Romanorum" [Text der Bulle bei EIGNER, Geschichte, 404-407, der zitierte Passus 405]. Genau genommen wird die Pfarre mit ihrem Sitz nicht namentlich genannt.
[10] Die zitierte Bestimmung findet sich wörtlich etwa auch in der Bulle von Papst Alexander IV. vom 8. Juni 1260 für das Kloster Bollingen, s. http://monasterium.net/mom/CSGIII/Nr_1634_S_463-465/charter [besucht am 5. Jänner 2019].
[11] Kirchliche Topographie 65f.
[12] Pfarrchronik Mariazell I, 16.

Abb. 84 St. Thomas, ab dem 15. Jh. als Pfarrkirche in Verwendung, mit dem möglicherweise noch aus dem 13. Jh. stammenden Karner links daneben (Kupferstich Schlegel 1699)

che endgültig die Funktion einer Pfarrkirche übernahm.[13]

Unter den im sogenannten Stiftbrief für das Kloster aus dem Jahr 1136[14] angeführten Schenkungsgütern der Brüder Heinrich und Rapoto von Schwarzenburg-Nöstach wird auch eine Kirche genannt, freilich nicht um Nöstach oder in der Nähe des eben in Gründung befindlichen Klosters, sondern durchaus entfernt Güter am Kamp mit einer Kirche zu *Haderichestorf*.[15] Diese Kirche zu Hadersdorf am Kamp wird in den späteren Besitzverzeichnissen des Klosters Mariazell nie mehr genannt, dieses scheint auch nicht in der Reihe der Patronatsinhaber der genannten Pfarre auf.[16]

Die Schenkung einer Kirche durch Adelige, ohne jede Erwähnung einer bischöflichen Zustimmung, ist aber ein unverdächtiges und beredtes Zeugnis für die eminente Bedeutung des Eigenkirchenwesens bis weit in das 12. Jahrhundert: Nur wer Grund und Boden hatte und damit verbundene Herrschaftsrechte ausübte, war in der Lage und berechtigt, auch Kapellen und Kirchen zu errichten und so für die seelsorglich-liturgischen Bedürfnisse seiner Untertanen zu sorgen. Selbst die Bischöfe der im Jahr 739 errichteten Diözese Passau, die in der Karolingerzeit und vor allem zur Zeit der Herrschaft der Babenberger ihr Diözesangebiet bis an Thaya, March und Leitha ausdehnten, waren auf Grundschenkungen des Königs bzw. Kaisers angewiesen, um in den neu kolonisierten Gebieten öst-

bauung nichts bekannt ist. Wenn auch die sagenhafte Behauptung, eine dem hl. Thomas geweihte Kirche habe schon vor der Klostergründung bestanden, durch archäologische Grabungen nicht bestätigt wurde, ist dennoch als Faktum festzuhalten, dass bis in das 18. Jahrhundert neben der Klosterkirche eine eigene Pfarrkirche bestand und erst nach der Aufhebung des Klosters die ehemalige Klosterkir-

[13] Vgl. ebd.
[14] Zuletzt gedruckt in: NÖUB II/1 368-370.
[15] Ebd. 368: "item apud Chambe que Heinrici fuerunt, cum ecclesia Haderichestorf".
[16] S. ZINNHOBLER, Bistumsmatrikeln IV/2 323f.

lich der Enns Kirchen und Pfarren errichten zu können. So schenkte im Jahr 1014 Kaiser Heinrich II. dem Passauer Bischof Berengar (1013 bis 1045 Bischof von Passau) je eine Königshufe zu Krems, zu Kirchberg am Wagram, zu Stockerau, zu Tulln und zu Herzogenburg, damit dieser in der Lage war, an den genannten Orten eine Pfarre zu errichten.[17]

Unter Bischof Egilbert (1045 bis 1065 Bischof von Passau), dem Nachfolger Berengars, erfolgten Kirchweihen zu Horn und Ernstbrunn. In den darüber ausgestellten Urkunden[18] wird davon berichtet, dass der Grundherr [im Fall von Ernstbrunn ein Graf Rapoto, im Fall von Horn ein Graf Gerold] auf seinen Gütern [*in patrimonio suo* bzw. *in predio suo*] eine Kirche errichtet hatte. Diese übergab er nun mit ihrem Ausstattungsgut (*dos*), den Zehentrechten und allen anderen Rechten dem Bischof, worauf dieser die Kirchweihe vornahm. Die geschenkten Kirchen bzw. Pfarren verblieben jedoch nicht beim Bistum Passau, sondern wurden, wie schon in der Urkunde jeweils festgelegt, an einen gemeinsam von Bischof und Graf bestimmten Empfänger weitergegeben. Damit war den Bestimmungen des Kirchenrechtes, die den Besitz von Kirchen in der Hand von Laien untersagten[19], Genüge getan, faktisch änderte sich nichts: der vor Ort präsente Herrschaftsträger bestimmte weiterhin das Geschehen an seiner Kirche bzw. in seiner Pfarre.

Vor diesem Hintergrund muss sich das von Hans Wolf um die Mitte des 20. Jahrhunderts ausführlich dargelegte Erklärungsmodell für die Entstehung und Ausgestaltung des Pfarrnetzes in Niederösterreich[20] als fragwürdig, ja als unhaltbar erweisen.[21] Wolf ging im Grunde davon aus, dass im Laufe des 11. Jahrhunderts und bis zur Mitte des 12. Jahrhunderts das Gebiet der Diözese Passau auf eine entsprechende Anzahl von Pfarren, die von ihm als „Mutterpfarren" bezeichnet wurden, aufgeteilt wurde. Mit dem Fortschreiten der Kolonisation und dem Wachsen der Bevölkerung seien dann von den Mutterpfarren Vikariate bzw. Tochterpfarren abgetrennt worden.

Für die Pfarre Mariazell und deren Umgebung legte Hans Wolf folgende Entwicklungsabfolge dar[22]: um die Mitte des 11. Jahrhunderts seien Burg und Pfarre Pottenstein entstanden und hätten als Mittelpunkt einer kirchlichen und politischen Gebietseinheit den ganzen Raum zwischen Piesting und Triesting umfasst. Vor dem Ende des 11. Jahrhunderts hätten sich daraus drei voneinander sowohl grundherrschaftlich, als auch kirchlich getrennte Besitzkomplexe entwickelt, die Wolf mit

---

[17] Vgl. dazu jüngst Neue Forschungen zur Geschichte der Pfarre Tulln – St. Stephan : Ein Beitrag zum 1000- Jahr – Jubiläum, St. Pölten 2014 (= Beiträge zur Kirchengeschichte Niederösterreichs, Nr. 17; Geschichtliche Beilagen zum St. Pöltner Diözesanblatt, Nr. 34).

[18] FRA II/69 558, Nr. 426 [zu Ernstbrunn]; 559, Nr. 427 [zu Horn].

[19] Vgl. Ivo von Chartres [+ ca. 1114], Panormia II 4: „Noverint autem conditores basilicarum in rebus quas eisdem ecclesiis conferunt nullam potestatem habere, sed iuxta canonum instituta sicut ecclesiam ita dotem eius ad ordinationem episcopi pertinere" [Die Gründer von Kirchen müssen zur Kenntnis nehmen, dass sie keine Verfügungsgewalt über die Güter, die sie diesen schenken, haben, sondern dass das Ausstattungsgut nach den Bestimmungen der kirchlichen Verordnungen ebenso wie die Kirche in die Kompetenz des Bischofs gehört]; MIGNE, Patrologia Latina 161 1083ff.

[20] WOLF, Erläuterungen.

[21] Zur Kritik und Widerlegung der Thesen von Hans Wolf s. SONNLECHNER, Pfarrsprengel 97-117.

[22] WOLF, Erläuterungen 408-413.

Pottenstein (I), Grillenberg-Hernstein (II) und Altenmarkt-Nöstach-Klein-Mariazell (III) bezeichnet. Zu Mariazell führt er dann aus, das Pfarrrecht sei zunächst auf die Klosterleute beschränkt gewesen[23], doch schon am Anfang des 13. Jahrhunderts seien die Pfarrrechte von Altenmarkt (nach Wolf entstanden am Ende des 11. Jahrhunderts durch Teilung der Pfarre Pottenstein) und Nöstach (nach Wolf entstanden durch Teilung der Pfarre Altenmarkt um 1100) nach Mariazell gezogen worden und diese Orte so zu Filialen der Hauptpfarre Mariazell geworden.[24] Die von Wolf postulierten Pfarrteilungen bzw. Neuzuteilungen hätten eine ganze Reihe von entsprechenden Urkunden erfordert, galt nach dem zeitgenössischen Kirchenrecht doch etwa der Grundsatz, dass Zehente keiner älteren Pfarre entzogen werden durften, um damit eine neue Pfarre zu dotieren.[25]

Die einzige Urkunde aus der Gründungszeit des Klosters Mariazell, die Pfarrbetreffe zum Inhalt hat, ist die Urkunde vom 9. Juli 1155, mit der Bischof Konrad von Passau, ein Sohn von Markgraf Leopold III., Abt Azelin von Mariazell die Zehentrechte in einer von der Grenze der Pfarre Pottenstein bis in die Gegend von Kaumberg reichenden Region gegen Überlassung von Gütern in Zwischenbrunn und Zwerndorf übertrug.[26] Derartige Tauschgeschäfte waren in der Regierungszeit von Bischof Konrad (1148 bis 1164 Bischof von Passau) durchaus häufig.[27]

Aus dem Vergleich mit einer Urkunde, die derselbe Bischof fünf Jahre später anlässlich der Errichtung der Pfarre Zistersdorf ausstellte[28], ergeben sich nähere Aufschlüsse über die Deutung der Zehentschenkung. Bei Zistersdorf wird einleitend berichtet, Adalbero von Kuenring habe in Zistersdorf eine Pfarrkirche errichtet (*plebesanam ecclesiam, quam ipse in Zistenstorf construxit*) und nun gebeten, dieser das Taufrecht und alle Rechte einer Mutterkirche (*omni iure baptismali et matricis collato*) zuzuweisen. Der Bischof nahm so tatsächlich die Erhebung zur Pfarre vor und wies dieser sechs genannte Dörfer als Pfarrgebiet zu, wobei ausdrücklich darauf hingewiesen wurde, dass diese Dörfer noch keiner Pfarrkirche bzw. Pfarre zugeteilt worden waren. Ein Drittel des Zehents in den sechs Dörfern der Pfarre bestimmte der Bischof für den Unterhalt des jeweiligen Pfarrers, ein weiteres Drittel in zwei Dörfern wird Adalbero von Kuenring eingeräumt, in den übrigen vier Dörfern hatte er dieses Drittel schon zuvor besessen.

---

23 WOLF übernimmt hier die Angaben der „Kirchlichen Topographie".
24 WOLF, ebd. 412.
25 Gratian, Decreti pars secunda, causa XVI, questio I, C. XLII: *"Ecclesiae antiquitus constitutae nec decimis, nec ulla possessione priuentur, ita ut nouis oratoriis tribuantur"*. „Die von alters her eingerichteten Kirchen, dürfen weder ihrer Zehente oder irgendeiner Besitzung beraubt werden, um diese neuen Kirchen zuzuteilen".
26 Jüngster Druck in NÖUB II/1 374-376.
27 S. BOSHOF, Regesten Nr. 724, 725, 733, 736, 743, 744, 748, 750, 758, 759, 760, 762, 770, 772, 773 und 784. Bei diesen Tauschhandlungen lässt sich eine klare Strategie erkennen: Zehentrechte (in der Regel wohl das dem Bischof gewohnheitsrechtlich zustehende Zehentdrittel), deren Ertrag durchaus variabel war und deren Kontrolle bzw. Durchsetzung viel Aufwand erforderten, wurden gegen einzelne Höfe und Mansen eingetauscht. Diese Beobachtung spricht gegen die bisweilen vertretene Ansicht, Bischof Konrad habe aufgrund seiner Verwandtschaft mit den Stifterbrüdern mit seiner Zehentschenkung das neue Kloster besonders begünstigt.
28 Druck der Urkunde in FRA II/3 54f.

Bei der tauschweisen Überlassung der Zehentrechte an Abt Azelin von Mariazell ist dagegen von keiner Errichtung einer Pfarre bzw. der Übertragung von Pfarrrechten die Rede. Die detaillierte Gebietsbeschreibung nennt nur den zugewiesenen Zehentbereich. Nur im Süden wird mit Pottenstein eine schon bestehende Pfarre genannt, die im Nordosten gelegene und im Jahr 1135 erstmals genannte Pfarre Alland[29] blieb unerwähnt. Aus den in der Zehenturkunde von 1155 gebrauchten Formulierungen *decimationes cultas et incultas et colendas* geht – bei aller Formelhaftigkeit derartiger Pertinenzangaben – klar hervor, dass das Kloster in einem Gebiet entstand, das erst zu einem Teil erschlossen und kolonisiert war.

Die Kolonisation erfolgte durchaus kleinräumig, verschiedene Adelsgruppen, oft miteinander verwandt, waren daran beteiligt. Zu diesen gehörten auch die Brüder Meinhard und Heidenreich von Aue, die in Inzersdorf ob der Traisen auf ihrem Eigengut – ganz dem beschriebenen System des Eigenkirchenwesens entsprechend – eine Kirche erbaut hatten. Anlässlich der Kirchweihe verlieh Bischof Reginbert von Passau um 1140 dieser Kirche das Tauf- und Begräbnisrecht, jedoch nur für die herrschaftliche familia und die Untertanen. Neben dieser dem hl. Petrus geweihten Kirche bestand in Oberinzersdorf eine zweite, dem hl. Veit geweihte Kirche, der nach Ausweis der späteren Passauer Bistumsmatrikel ebenfalls Pfarrrechte zukamen[30]. Aus einer Eintragung im Mariazeller Nekrologium geht hervor, dass Heidenreich von Aue später in das Kloster Mariazell eintrat und bei seinem Eintritt dem Kloster die Kirche und seine Eigengüter zu Unterinzersdorf schenkte. Tatsächlich blieb die Pfarre Inzersdorf ob der Traisen[31] bis zur Aufhebung des Klosters eine demselben inkorporierte Pfarre, ab dem 17. Jahrhundert wurde sie regelmäßig von Professen von Mariazell versehen.

Das tief verwurzelte System des Eigenkirchenwesens ist auch die Erklärung dafür, dass es unter Abt Ulrich I. von Mariazell (1256-1284)[32], also hundert Jahre nach der Zehentschenkung von 1155, noch immer Kirchen bzw. Pfarren gab, bei denen Adelige Zehente innehatten bzw. über das Ausstattungsgut der Kirchen verfügten. Bekannt sind diese Verhältnisse aus einer Reihe von Vergleichs- bzw. Verzichtsurkunden bezüglich der Kirchen und Pfarren Kaumberg, Altenmarkt und Nöstach.[33] Nach einer Urkunde von 1256 gehörten nach der Auffassung von Abt Ulrich die Zehente der Kirchen in Kaumberg und Nöstach von alters her (*ab*

---

[29] Vgl. ZINNHOBLER, Bistumsmatrikeln V 195f.
[30] S. ebd. 69-71. Noch 1511 wird angegeben, dass die Pfarre zum hl. Petrus (Unterinzersdorf) ausschließlich für die 22 Untertanen des Klosters Mariazell zuständig war.
[31] Ab 1630 wurde auch Oberinzersdorf als Filiale der Pfarre Unterinzersdorf zugeteilt.
[32] In der Bulle, mit der Papst Alexander IV. im Jahr 1260 das Kloster Mariazell dem päpstlichen Schutz unterstellte, war auch ein Passus enthalten, der das Kloster dazu berechtigte, Zehente und Besitzungen, die von Laien den Kirchen und Pfarren des Klosters entzogen worden waren, zurückzufordern: "Decimas preterea et possessiones ad ius ecclesiarum vestrarum spectantes, que a laicis detinentur, redimendi et legitime liberandi de manibus eorum et ad ecclesias, ad quas pertinent, revocandi libera sit vobis de nostra auctoritate facultas.". Auch dieser Abschnitt war Formularbestandteil entsprechender Papstbullen, er kann aber Abt Ulrich durchaus dazu motiviert haben, gezielt entzogene Güter zurückzufordern und das volle Zehentrecht durchzusetzen.
[33] S. dazu vor allem HEROLD, Urkundenfund 227-230, Nrr. 1-4.

> Ił ecclam in Altenmarcht hnt fres de Cella scē Marie. rllā ecclam apł sem pancrtii.

Abb. 85
Erste Erwähnung der Kapellen St. Pankraz und Altenmarkt im sog. Lonsdorfer Codex um 1260 (BayHStA Passau HL 3 fol. 35r)

antiquo tempore) zum Konvent und zur Kirche Mariazell. Aktuell beanspruchen aber auch Wulfing und Otto von Tribuswinkel, Otto und Albert von Arberg und Berthold, Otto, Wichand Hadmar und Wulfing von Arnstein Zehente dieser Kirchen. Die Erklärung dafür liegt wohl darin, dass auch Kaumberg und Nöstach – wie für Unterinzersdorf auch urkundlich bezeugt – grundherrliche Gründungen waren[34] und so den Nachfahren der Gründer tatsächlich noch gewisse Zehentrechte (*iuri, quae sibi in decima ecclesiarum in Choumperch et in Nesta competebant*) zukamen. Diese Rechte anerkannte auch Abt Ulrich, wie aus der Tatsache, dass er Otto von Arnstein für den nunmehr vollzogenen Verzicht ein Lehen zu Mallebern überließ, hervorgeht.

Im Jahr 1236 wurden Dorf und Pfarre Langau im Waldviertel von Herzog Friedrich II. dem Kloster Mariazell geschenkt.[35] Einzelne Urkundenregesten beweisen[36], dass die Pfarre Langau im Mittelalter stets von Weltpriestern versehen wurde, das Kloster übte also nur das Patronatsrecht aus, es gab keine Inkorporation. Die Angabe *Incorporata. Marein Zel* bzw. *Incorporata, Celle Marie* in den Passauer Bistumsmatrikeln des Mittelalters[37] ist daher unscharf, sie wurde in vielen ähnlichen Fällen verwendet, in denen einem Kloster das Patronatsrecht zukam.

Die prekäre Lage des Klosters nach dem Türkeneinfall 1529 und die entfernte Lage von Langau waren wohl die Gründe dafür, dass das Dorf Langau – und das damit verbundene Patronatsrecht über die Pfarre Langau – 1530 verkauft wurde.[38]

Im Jahr 1401 verlieh Nikolaus, Weihbischof der Diözese Passau, der Klosterkirche (*ecclesia monasterii*) und den Kirchen (*sacellis*) *S. Pancratii, Martinii in Nestra*[39], *S. Joannis in Altenmarckt, S. Michaelis in Kaumberg, S. Petri in Inzersdorff, S. Mariae in Langau* für die Hauptfeste des Kirchenjahres Ablässe. Aus der unterschiedlichen Bezeichnung *ecclesia* (für die Klosterkirche) bzw. *sacellum* (für die übrigen Kirchen) kann aber nicht geschlossen werden, dass Nöstach und Altenmarkt zu dieser

---

34 Vgl. dazu den Beitrag von KUPFER, Adel und Kloster in Abschnitt IV dieses Bandes, wo die Pfarre Kaumberg ausdrücklich als grundherrliche Gründung der Arberger als Herren von Kaumberg nachgewiesen wird. Kupfer bezeichnet auch Nöstach als ursprüngliche Eigenkirche [der Arnsteiner].
35 Historisches Kurzregest der Schenkungsurkunde bei GEHART, Archivinventar, 167 Nr. 258. Druck der Originalurkunde in BUB II n. 532.
36 Vgl. GEHART, Archivinventar 167 Nr. 262, Vergleich im Jahr 1379 zwischen dem Kloster und dem aktuellen Pfarrer von Langau bezüglich der Verlassenschaft des verstorbenen Vorgängers auf der Pfarre. Ebd. 168, Nr. 268, Verkauf von Gülten an den Pfarrer von Langau [und nicht an das Kloster, wie es bei einem Inkorporationsverhältnis der Fall gewesen wäre] im Jahr 1403.
37 S. ZINNHOBLER, Bistumsmatrikeln IV/1 335f.
38 Vgl. GEHART, Archivinventar, 169 Nr. 274.
39 Gemeint ist Nöstach, wo es neben der Pfarrkirche zum hl. Martin auch eine Burgkapelle zum hl. Pankratius gab.

Zeit nur mehr einfache Filialen waren, wird doch die Bezeichnung *sacellum* auch für Kaumberg, Unterinzersdorf und Langau, wo die Existenz von Pfarren durchaus unstritig ist, verwendet. Tatsächlich werden die Orte Altenmarkt und Nöstach in der Passauer Konsistorialmatrikel von 1429 noch als selbständige Pfarren geführt[40], jeweils mit dem Zusatz *incorporata monasterio Cellae Marie.*[41] Wie schon bei Unterinzersdorf zu zeigen war, handelte es sich dabei jedoch nicht um Inkorporationen, die vom Bischof bzw. vom Papst durch eigene Inkorporationsurkunden bestätigt worden waren. So finden sich in den Mariazeller Nekrologien mehrere *plebani*, also Weltpriester, die eine der genannten Pfarren versahen.

Erst nach dem Niedergang der kirchlichen Infrastruktur zur Zeit der Reformation und dem mühsamen Wiederaufbau derselben zur Zeit der Gegenreformation im 17. Jahrhundert galten Altenmarkt und Nöstach nicht mehr als Pfarren, sondern wurden von der Klosterpfarre aus versehen.

Schon in das 14. Jahrhundert fällt die Errichtung einer Kirche im Dorf Sooß, das das Kloster Mariazell im Jahr 1299 unter Abt Herbord [1297-ca. 1331] durch Kauf erworben hatte[42] und in dem es die Grund- und Dorfherrschaft ausübte[43]. Die näheren Umstände der Errichtung dieser Kirche in Sooß werden in einer von Abt, Prior und Konvent von Mariazell am 25. Juni 1319 ausgestellten Urkunde berichtet[44]. Demnach hätten die Einwohner von Sooß[45], die in pfarrlicher Hinsicht der Pfarre Baden unterstanden, gebeten, zur Ehre Gottes und der hl. Maria und zu ihrem Seelenheil eine neue Kirche zu bauen. Die Planungen waren schon so weit gediehen, dass schon der Bauplatz, der Platz für den Friedhof und für den Pfarrhof und das Pfarrgut festgelegt worden waren[46].

Seit 1312 unterstand aber die Pfarre Baden, die bis dahin Vikariat der Pfarre Traiskirchen gewesen war, dem Patronat des Klosters Melk. Dieses erfuhr wohl von den weitreichenden Planungen in kirchlicher Hinsicht bezüglich des Dorfes Sooß und verlangte vom Kloster Mariazell, ausdrücklich und in aller Form auf alle Rechte, einschließlich des Patronatsrechtes, an den für Kirche, Friedhof und Pfarrhof bestimmten Grundstücken zu verzich-

---

40 ZINNHOBLER, Bistumsmatrikel V, 197 bzw. 260.
41 „Dem Kloster Mariazell inkorporiert".
42 S. EIGNER, Geschichte 45.
43 Nach dem Aufhebungsinventar [s. EIGNER, Geschichte 344] hatte das Kloster zu Sooß 49 untertänige Häuser. Nach einer im Jahr 1786 angelegten Übersicht über die Pfarren und Lokalkaplaneien der Erzdiözese Wien zählte die Lokalkaplanei Sooß 47 Häuser mit zusammen 310 Einwohnern, d. h. zu Sooß war das Kloster Mariazell alleiniger Grundherr gewesen; s. Diözesanarchiv Wien, Handschriften, Pfarrenprotokoll für das Viertel unter dem Wiener Wald, Bd. 1 (1786), pag. 543.
44 Die Originalurkunde ist verschollen, eine spätmittelalterliche Abschrift derselben befindet sich im Stiftsarchiv Melk [StiA Melk, 1 Archiv K 1, S. 35; eine Abschrift dieser Abschrift aus dem Jahr 1692 ebd 1 Archiv B1, S. 786f. Ich danke Rudolf Maurer für die Übermittlung dieser Abschriften und des Manuskriptes seines Vortrags vom 23. Juni 2019 „700 Jahre Pfarrkirche von Sooß".
45 In der Urkunde werden sie als „populus sive plebs" bezeichnet; der Terminus „plebs" kann durchaus als „Pfarrgemeinde" verstanden werden, d. h. es ging nicht bloß um die Errichtung einer Kirche, im Hintergrund stand auch die Idee der Konstituierung einer selbständigen Pfarre.
46 In der Urkunde: „fundo, in quo ecclesia, cimiterium et dos ecclesie construi valeant". Mit „dos" sind sowohl der Pfarrhof, wie auch das Dotationsgut zum Unterhalt des Priesters gemeint.

ten⁴⁷. So wurde die Kirche in Sooß zwar errichtet, die Erhebung zu einem Vikariat bzw. zu einer Pfarre wurde jedoch nicht erreicht⁴⁸, bis 1783 wurden die Verstorbenen von Sooß in Baden bestattet.

Erst im Zuge der josephinischen Pfarrregulierung wurde mit Hofkanzleidekret vom 20. Juli 1783 auch in Sooß die Errichtung einer selbständigen Lokalkaplanei bestimmt. Die Vorarbeiten für diese Verbesserung der Pfarrstruktur hatten schon eingesetzt, als von einer Aufhebung des Klosters Mariazell noch keine Rede war. Es wurde daher bestimmt, die Lokalkaplanei Sooß dem Patronat des Klosters Mariazell, das ohnehin auch die Grund- und Dorfherrschaft ausübte, zu unterstellen. Als nun im Herbst 1783 die erste Besetzung der Lokalkaplanei Sooß anstand, war das Kloster Mariazell schon aufgehoben, sein weiteres Schicksal aber noch nicht endgültig geklärt. So erfolgte die erste Besetzung der Lokalkaplanei mit dem Priester Anton We(e)ber mit 30. November 1783 nicht aufgrund einer entsprechenden Präsentation eines Patrons, sondern nur durch Dekret der Niederösterreichischen Regierung⁴⁹. Die Zusammenhänge mit dem ehemaligen Kloster Mariazell kamen bis in das 19. Jahrhundert noch in der Weise zur Geltung, dass das normierte Gehalt des Lokalkaplans von Sooß (350 Gulden) nicht aus dem Niederösterreichischen Religionsfonds, sondern aus dem k.k. Kameralfonds gezahlt wurde⁵⁰.

---

⁴⁷ In der Urkunde: „nec non ad instancias venerabilis abbatis patris domini Vlrici, abbatis monasterii Medlicensis, qui dicte ecclesie in Paden patronus est".

⁴⁸ In einem Verzeichnis aus der Zeit um 1540 der Lecturae, Beneficia, Messen und Pfarren in Wien, im Viertel unter dem Wiener Wald, im Viertel ober und unter dem Manhartsberg wird Sooß ausdrücklich als „Soss ein filial gen Paden" verzeichnet; s. Diözesanarchiv Wien, Handschriften, Passauer Protokolle Nr. 245, fol. 8r. In Sooß gab es auch keinen eigenen Priester: Als im Jahr 1371 die Gemeinde Sooß sechs wöchentliche Messen stiftete, wurde bestimmt, die Messen sollten vom Pfarrer von Baden oder von einem seiner Kapläne gelesen werden, s. EIGNER, Geschichte 65.

⁴⁹ S. Taufbuch der Pfarre Sooß Bd. 1, fol. 1r: „per Decretum Consilii Regiminis Inferioris Austriae ut Capellanus Localis denominatus".

⁵⁰ S. Pfarrchronik Sooß Bd. 1, S. 1.

7. PATROZINIEN UND WAS SIE UNS VERRATEN
VON CHRISTINA EGGELING

„Patrozinium bedeutet im engeren Sinne den Festtag der Weihe eines Altars oder einer Kirche, im weiteren Sinne die Weihe eines Altars oder einer Kirche"[1]

Der Begriff *Patrozinium* definiert im römischen Recht den Schutz eines Herrn über seine Freigelassenen und wird ab dem 4. Jahrhundert bereits etwas weiter gefasst: Nunmehr steht er für breiter gefächerte Schutz- und Abhängigkeitsverhältnisse im ländlichen Raum. So unterstellten sich etwa viele Kleinbauern, oftmals aber auch ganze Dörfer, dem Schutz mächtiger Amtsträger und Großgrundbesitzer. Vorrangig geschah dies, um sich gegen landesherrschaftliche Willkür bei Verwaltung und Steuereintreibung zu schützen. Als Gegenleistung wurde der „Patron" mit Geld oder Naturalien entlohnt.[2]

Im frühen Mittelalter schließlich fließt der Rechtsbegriff *Patrozinium* in das christliche Gedankengut ein. Forthin wird ein bestimmter Heiliger zum jeweiligen „Schutzheiligen" einer (neu erbauten) Kirche, einer Berufs- oder Standesgruppe, oder wie später auch einer Stadt, ernannt. Seine Schutzpflicht gegenüber seinen Schutzbefohlenen hat der Heilige nicht nur von der Wiege bis zur Bahre inne, sondern sogar darüber hinaus, nämlich bis zum Jüngsten Gericht. Als Gründer, Erbauer, oder Stifter einer Kirche fungierte der „Patron", dem dadurch gewisse Vorrechte, aber auch gewisse Pflichten entstanden sind.[3]

Wie war es zu einer derartigen Entwicklung gekommen? Obwohl sich das Christentum in der spätantiken Gesellschaft bereits zu entfalten begonnen hatte, waren die religiösen Erfahrungen der Menschen noch stark römisch geprägt. Zum einen in Bezug auf das numinose Erlebnis, also die Gotteserfahrung am besonderen, als „heilig" empfundenen Ort. Zum anderen in Bezug auf die *Memoria*, die praktizierte Erinnerungskultur, mit den damit verbundenen religiösen Handlungen. Beide spätrömischen Elemente vermischten sich schließlich und bildeten – quasi als eine Art Verschmelzung – den Typus des „heiligen Menschen" aus. Er stellte durch transzendente Erfahrungen und einzigartigen Lebenswandel eine Verbindung zu Gott her, wurde als

---

[1] WURSTER, Patrozinium 114.
[2] URSINUS, Patronat 479-482; FLACHENECKER, Patrozinienforschung 145 und KRAUSE, Patronatsformen 4.

[3] FLACHENECKER, Patrozinienforschung 145f.

„Mittler" zwischen Diesseits und Jenseits gesehen.[4] Denn der einfache Gläubige nahm die Heiligkeit Gottes als mächtige und erschreckende Gegenwart wahr, die zugleich Segen und Fluch zu sein schien. So entwickelte er Mechanismen, um sich der göttlichen Heiligkeit im Himmel anzunähern, sie aber auch gleichzeitig auf der Erde zu materialisieren:[5] Christliche Lebensführung mit gottgefälligem Verhalten zu vereinen und durch diese Hingabe selbst „heilig" zu werden. Als Beispiel und Norm dessen galt im christlichen Denken bereits seit der Spätantike das Leben und Sterben Jesu Christi. Diejenigen, die seinem Weg der Aufopferung bis in den Tod folgten, erfüllten nicht nur Gottes Willen, sondern wurden zu Zeugen „göttlicher Heiligkeit" – zu Märtyrern.[6] Damit einher ging die Vorstellung, dass die Seelen dieser Märtyrer die einzigen wären, die bereits *vor* dem Jüngsten Gericht Aufnahme in den Himmel fänden. Dieses besondere Privileg der unmittelbaren Nähe zu Gott, führte zur Verehrung der Märtyrer als Heilige und zur Anrufung dieser „Blutzeugen" als Fürbitter für die noch Lebenden.[7]

Hierbei entwickelte sich im Laufe der Zeit zusätzlich eine spezielle „Heiligenordnung" mit unterschiedlichen Gewichtungen: An oberster Stelle stand Jesus, gefolgt von den zwölf Aposteln. Die „Blutzeugen", also die Märtyrer der ersten Stunde, schlossen sich an, nach ihnen waren die „Bekenner" gereiht. Bekenner waren Gläubige, die wegen ihres Glaubens zwar in Todesgefahr geraten waren, es aber dennoch zu keinem Blutvergießen kam. Ihr Leben zeichnete sich durch Askese und Selbstkasteiung aus.[8] In der Zeit Konstantin des Großen entstanden auf den Friedhöfen der Städte die ersten Gedächtniskirchen über Märtyrergräbern. Als zukünftige Fürsprecher der Menschen vor Gottes Jüngstem Gericht haftete diesen Verstorbenen bald der Glaube an, dass das Numinose, die Virtus, nicht nur in ihrem vollständigen Körper vorhanden sei, sondern selbst in den kleinsten Teilen ihrer Gebeine. Auch sie würden den Gläubigen Kraft verleihen und damit die spirituelle Gegenwart der Heiligen bezeugen. Mit der Geburtsstunde dieses Reliquienkults begann auch der „Siegeszug" der Reliquien selbst. Altäre von Kirchen und Kapellen, die nicht in unmittelbarer Nähe eines Märtyrergrabes lagen, wurden damit ausgestattet. Diese Transferierungen sind ab dem 6. Jahrhundert als gängige Praxis belegt.[9]

Damit war aber die Aktivität des Heiligen als Schutzpatron nun nicht mehr an sein Grab gebunden, vielmehr konnte sie nahezu überall wirksam werden. Und schon bald sollte jeder Ort, jedes Kloster, jede Kirche und Kapelle seinen, beziehungsweise ihren Schutzheiligen inklusive Reliquie haben.[10] Bei der Auswahl des Schutzheiligen nahm die persönliche Beziehung des Kirchenstifters und Grundherren zum Märtyrer, oder zu seiner Grabstätte, eine herausragende Rolle ein. Solche spirituellen Verbindungen entstanden etwa durch eine Pilger-

---

4 TOUSSAINT, Kreuz und Knochen 24; ANGENENDT, Der Heilige 15f.
5 ANGENENDT, Der Heilige 11f.
6 ANGENENDT, Der Heilige 14f.
7 GLASER, Christentum 52; ANGENENDT, Der Heilige 15-19 und DERS., Heilige und Reliquien 35-38.
8 GLASER, Frühes Christentum 52; ANGENENDT, Der Heilige 15-19.
9 GLASER, Frühes Christentum 53; ANGENENDT, Der Heilige 42-46; KÖTTING, Reliquienkult 15-24 und DERS., Heiligenverehrung 75-78.
10 ANGENENDT, Der Heilige 48. DERS., Heilige und Reliquien 125-128.

reise oder die Teilnahme an einem Kreuzzug, was sich oftmals in den Biografien der Stifter widerspiegelt. Nicht zuletzt übte auch die soziale Stellung des edlen Herrn gewissen Einfluss auf die Entscheidung über den Schutzpatron aus: Gerne gab der Stifter dem Heiligen den Vorzug, der auch unter seinesgleichen besonders beliebt war.[11] Mit der Erweiterung machtpolitischer Handlungsräume christlicher Herrscher und den ersten Missionstätigkeiten großer Glaubenszentren finden sich zunächst fränkische und angelsächsische Heilige im frühmittelalterlichen Europa. Mit dem Beginn der Ära der Kreuzzüge kamen auch orientalische ins christliche Abendland. Eine besondere Stellung als Schutzheilige nahm und nimmt allerdings Maria, die Mutter Gottes, ein.[12]

Das Patrozinium einer Kirche steht nur in Bezug zum Altar, dem auch die Reliquie nachgereiht ist, jedoch wird auch der „Patron" immer prominent dargestellt.[13] Und obwohl im gesamten Mittelalter die Entstehungskulte und Zuordnungen von Schutzheiligen gewissen räumlichen, zeitlichen und natürlich auch politischen Faktoren unterworfen waren, beeinflussten auch Mentalitäten und Moden das jeweilige Geschehen: Sogenannte Adels- und Ritterheilige gewannen im Hochmittelalter an Bedeutung, was in den Burgkapellen durch die Namen dieser „neuen" Schutzheiligen deutlich zum Ausdruck kam.[14] Patrozinien sind Charakteristika des christlichen Glaubens und spiegeln das Brauchtum der katholischen Kirche wider. Anhand ihrer regionalen und überregionalen Bedeutungen lassen sich Entwicklungen und Veränderungen innerhalb der Kirche, wie auch in den Reihen des Kirchenvolks festmachen.[15] Diese Erkenntnisse dienen nicht nur dem besseren Verständnis kirchlich-religiöser Hintergründe historischen Geschehens, sondern auch einer tieferen Einsicht in die Geschichte der jeweiligen Gegend.[16]

Damit gehören Patrozinien zu den bedeutenden Quellen für die Geschichtsforschung, was auch schon im 18. Jahrhundert erkannt wurde. Fragen nach den Entstehungsgeschichten von Kirchen rückten in den Fokus, wie auch solche nach diversen Missionsbewegungen über die Zeit. Im 19. Jahrhundert wurde bemerkt, dass die Erforschung von Patrozinien nicht von jenen der Heiligenkulte und deren Verbreitung zu trennen war. Seit dem 20. Jahrhundert schließlich basiert sie auf einem soliden Fundament: Auf der Untersuchung, die verschiedenen Heiligenkulte und ihre räumlich differenzierten Ausprägungen anhand von alten Missionsbewegungen nachzuzeichnen, um damit die Entwicklung von Kirchenorganisation sichtbar zu machen. Nicht zuletzt kann die Erforschung von Besitzstrukturen immer auch Indizien für Herrschaftsansprüche offenlegen.[17]

Im Folgenden sollen drei Heilige näher betrachtet werden, die als Patrozinien in der Umgebung des Klosters Mariazell im Wienerwald auftreten.

Der heilige Martin, namensgebender Patron der Kirche in Nöstach (geboren 316/317 n. Chr., Bi-

---

[11] SCHRÖER, Patron 1479; PUCHNER, Patrozinienforschung und Eigenkirchenwesen 5; ANGENENDT, Heilige und Reliquien 203-206.
[12] WURSTER, Patrozinium 116.
[13] WURSTER, Patrozinium 116. Siehe weiterführend zum Heiligenkult um Maria: DORN, Beiträge 238f und MEIER, Handbuch der Heiligen 321f.
[14] ANDERMANN, Burgkapelle 13-27.

[15] WURSTER, Patrozinium 115.
[16] HERBERS, Patrozinium 625; DORN, Beiträge 10f.
[17] FLACHENECKER, Patrozinienforschung 149f.

Abb. 86 Ein Rest der ersten Altenmarkter Kirche oder eventuell aus St. Martin in Nöstach aus dem 13. Jh., verbaut im Turm der Kirche Altenmarkt

schof von Tours im Römischen Reich) war zunächst Schutzheiliger der Merowingerkönige und in der Folge der karolingischen Herrscher. Sein Leben war gekennzeichnet durch die erfolgreiche Missionierung, wie auch durch die Gründung des ersten Klosters in Gallien. Martin gilt als der erste bischöfliche Nicht-Märtyrer, der kanonisiert wurde. Der Legende nach zerschnitt er seinen Mantel aus Nächstenliebe, um ihn mit einem frierenden Bettler zu teilen. Das deutsche Wort „Kapelle" leitet sich vom lateinischen *Capa*, der Mantel, ab und Martins Mantel ging als die kostbarste Reliquie des merowingischen Königsschatzes in die Kirchengeschichte ein. Die tiefe Verehrung, die Martin im Reich entgegengebracht wurde, wird durch die Bedeutung des Datums seines Todestages deutlich: Der 11. November wurde Zinstag, Markttag, kennzeichnete den Winterbeginn, wie auch an diesem Tag Rechtsgeschäfte gültig und Anstellungsverhältnisse begonnen wurden. Außerdem verstand der fränkische Adel Martins römische Herkunft und Militärzeit als ideale Bedingung, um ihn als „Ritterheiligen" zu verehren.[18] Es ist daher zweifellos von starkem Einfluss des frühmittelalterlichen Kirchenpatroziniums des heiligen Martin bei der Landnahme und damit einhergehenden Etablierung des christlichen Kirchenwesens fränkischer Herrscher und derer Gefolgsleute auszugehen.[19] Folgt man den Ausführungen Krawariks in diesem Band und nimmt karolingische Anfänge Nöstachs an, dann könnte das Martinspatrozinium hier durchaus auf ältere Vorgängerbauten der Kirche des 13. Jh. zurückgehen.

Das Patrozinium Johannes des Täufers der Pfarrkirche in Altenmarkt[20] kam über Italien in den Alpenraum und hatte seine Blütezeit im 9. und 10. Jahrhundert. Die dem Johannes geweihten Taufkirchen dienten der Seelsorge innerhalb eines bereits organisierten Pfarrnetzes.[21] Der Johanneskult wurde insbesondere vom Benediktinerorden intensiv gefördert, wodurch es sogar zu einer langsa-

---

[18] HINKEL, St. Martin 174-178; MEINGAST, Nothelfer 144-146; STREICH, Burg und Kirche 20.
[19] DEINHARDT, Kirchenpatrozinien in Franken 7f; PUCHNER, Patrozinienforschung und Eigenkirchenwesen 8-16.
[20] ZINNHOBLER, Bistumsmatrikel V 197.
[21] DEINHARDT, Kirchenpatrozinien in Franken 91f.

men Verdrängung des Martinspatroziniums kam.²² Nichtsdestotrotz blieben viele Martinspatrozinien aufrecht, und ein wunderbares Beispiel für das gleichzeitige Bestehen des Johannes des Täufers und des Martin als Schutzheilige findet sich in Niederösterreich: Noch heute können wir die Ersterem geweihte Pfarrkirche in Altenmarkt bewundern, wie auch die Letzterem geweihte in Nöstach, von der leider nur mehr eine Ruine erhalten ist.²³

Nöstach lässt nunmehr zum dritten hier zu behandelnden Heiligen überleiten, da es sich bei diesem kleinen Ort quasi um eine „Begegnungszone" zweier Großer handelt: Der heilige Martin trifft dort sozusagen auf den heiligen Pankratius. Zudem – und das ist hervorzuheben – war der heilige Martin der erste Schutzheilige der Karolinger und der heilige Pankratius der letzte. Dennoch steht Pankratius auch für einen Anfang: Er wurde der Hausheilige der Babenberger und ihrer Gefolgschaft.

Der Beginn der Verehrung des heiligen Pankratius war wohl in Rom. Allerdings ist davon auszugehen, dass die eigentlichen Ausstrahlungszentren auf den Britischen Inseln und im Heiligen Römischen Reich lagen. Selbst heute finden sich noch Patrozinien in Italien, Spanien, Frankreich, Süd- und Osteuropa, der Schweiz, bis hin nach Asien.²⁴ Es ist überliefert, dass im 3. Jahrhundert in Phrygien²⁵ der einzig Überlebende einer Familie im Zuge von Christenverfolgungen deren vierzehnjähriger Sohn Pankratius war. Er kam als Waise in die Obhut seines Onkels Dionysius und gemeinsam zogen sie auf ein Landgut in die Nähe von Rom. In der neuen Heimat lernten sie den im Untergrund lebenden Papst Cornelius kennen, der beide bekehrte und auch taufte. Kurz darauf wurde der junge Pankratius jedoch festgenommen und vor den Kaiser gebracht. Ihm wurde nahegelegt seinem Glauben abzuschwören, er blieb allerdings standhaft und soll an einem 12. Mai enthauptet worden sein. Laut Überlieferung so geschehen auf der westlichen Ausfallsstraße Roms, der Via Aurelia, an der zweiten Meile, außerhalb des Aurelianischen Tores. Seine letzte Ruhestätte fand Pankratius in der Nähe eines Gräberfeldes mit darunterliegenden Katakomben, wo ihn eine Frau begraben haben dürfte. Im 6. Jahrhundert n. Chr. wurde das Stadttor von *Porta Aurelia* in *Porta Pankratii* umbenannt.²⁶

Der frühchristliche Kult um den heiligen Pankratius begann bald nach seinem Tod, nahm aber an Fahrt auf, als ihm Papst Symmachus eine Basilika über seiner Bestattungsstelle erbauen ließ.²⁷ Zur endgültigen Verehrung des Pankratius als Heiligen trug wohl Papst Gregor der Große wesentlich bei. Er war es, der die Messe des sogenannten „Weißen Sonntag" in der Basilika des heiligen Pankratius zu lesen begann. Bei dieser Tradition legten die Täuflinge ihre weißen Taufkleider ab und verpflichteten sich zur Treue an ihrem Taufversprechen.²⁸

---

[22] DEINHARDT, Kirchenpatrozinien in Franken 91f. DORN, Beiträge 235.
[23] ZINNHOBLER, Bistumsmatrikel 260. WOLF, Erläuterungen 412f; DEHIO-Handbuch – die Kunstdenkmäler Österreichs. Topographisches Denkmälerinventar. Niederösterreich, 1 (Horn 2003) 1571f.
[24] HUISMAN, Verehrung 4f.
[25] Siehe näher zu „Phrygien" in: BRODERSEN/ZIMMERMANN, Metzlers Lexikon Antike 473.
[26] DROBNER, Pancratius von Rom 257; DERS., Der heilige Pankratius 25-26; SCHUCHERT, Kirchengeschichte 140.
[27] HUISMAN, Verehrung 35.
[28] HUISMAN, Verehrung 26f; Siehe näher zum *Weißen Sonntag* online unter: https://www.katholisch.de/glaube/unser-kirchenjahr/das-erste-mahl und https://www.erz-

Neben dem „Weißen Sonntag" wird der heilige Pankratius auch mit der „Heilighaltung" von Schwüren in Verbindung gebracht. Dies geht auf einen Schwur Papst Pelagius I. zurück, den dieser am Grabe des Märtyrers ablegte.[29]

Zu den Reliquien des Heiligen ist anzumerken, dass sein Haupt von 850 bis 1966 in einem silbernen Reliquiar gefasst war und in der Lateranbasilika in Rom aufbewahrt wurde. Heute befindet sich der Schädel in der Basilika des heiligen Pankratius an der Stelle seines Martyriums. Seine restlichen sterblichen Überreste sind in einem Porphyrsarg unter dem Hauptaltar bestattet.[30]

Im 6. und 7. Jahrhundert befand sich die Verehrung des heiligen Pankratius in Rom auf ihrem Höhepunkt. Später, und ganz im Sinne der karolingischen *Renovatio*[31], wollte sich Karl der Große liturgisch näher am römischen Vorbild und an Papst Gregor dem Großen orientieren. So bat er Papst Hadrian I., ihm ein gregorianisches Sakramentar zu schicken, das somit ins Frankenreich kam. Selbstverständlich beinhaltete es neben einer Sammlung von Gebeten für gottesdienstliche Feiern auch Vorgaben über das kirchliche Prozedere am „Weißen Sonntag". Das Sakramentar wurde oftmals kopiert und verbreitete sich schnell.[32] Das von Ludwig dem Frommen gegründete Kloster Corvey hatte vermutlich auch eine Reliquie des heiligen Pankratius in seinem Besitz. Denn schon in frühen Litaneien wurde auch immer wieder der Heilige angerufen. Eine enge Verbindung des karolingischen Kaiserhauses mit Pankratius liegt daher nahe.[33]

Der einzige ausdrückliche Nachweis über eine Translation und Kirchengründung zu Ehren des heiligen Pankratius im Fränkischen Reich geht auf Arnulf von Kärnten zurück: Im neunten Jahrhundert hatten die Langobarden Rom besetzt und Papst Formosus rief den karolingischen König zu Hilfe. Bald lagerte Arnulf mit seinem Heer vor dem Pankratius-Tor und betete, gemäß der Legende, vor der Schlacht zum Heiligen.[34] Nach einem siegreichen Sturm Arnulfs und seiner Truppen – nämlich durch besagtes Pankratius-Tor – konnte Rom 896 von den Langobarden zurückerobert werden. Als Dank erhielt Arnulf vom Papst einige Reliquien des heiligen Pankratius, nahm sie mit ins Reich und konnte damit 898 Roding und Ranshofen ausstatten.[35]

Diese Tradition der Verehrung des heiligen Pankratius führten die Babenberger fort. Dem baulichen Gebot ihrer Zeit geschuldet, wurde Pankratius von nun an auch der Schutzheilige von neuen Zentren der Religiosität: in den Burgkapellen des Babenbergerreichs.

Um 1260 wird im Lonsdorfer Codex eine Kapelle im Besitz der Brüder von Mariazell genannt, die dem heiligen Pankratius geweiht ist.[36] Soll über die Häufigkeit von Namensgebungen bei Burgpat-

---

dioezese-wien.at/site/nachrichtenmagazin/magazin/kleineskirchenlexikon/article/49626.html (Zugriff beide: 14.08.2019).
[29] Siehe näher dazu: DROBNER, Pankratius 20.
[30] HUISMAN, Verehrung, 36; DROBNER, Pankratius 28f.
[31] FRIED, Mittelalter 58-87.
[32] HUISMAN, Verehrung 18, 44 und 57; DROBNER, Pankratius 30; HAEFELE, Notker der Stammler, Kapitel 26, 36, Zeile 25 sowie DERS., Studien 372f.
[33] HUISMAN, Verehrung 94. DROBNER, Pankratius 41.
[34] DÜMMLER, Ostfränkisches Reich III 418. Siehe dazu auch KURZE, Annales Fuldenses 127. Vgl. auch STERN-WAKOUNIG, Arnulf von Kärnten 70. DORN, Beiträge 245.
[35] HUISMAN, Verehrung 94. DROBNER, Pankratius 41.
[36] ZINNHOBLER, Bistumsmatrikeln 260.

Abb. 87 St. Pankraz im Jahr 1865. Aus: Johann Gradt, Archäologische Reiseaufnahmen aus dem VUWWW. In: Berichte und Mittheilungen des Alterthumsvereins 15 (1865) 117-122

rozinien als „Rangliste" von Schutzheiligen gesprochen werden, so nimmt der heilige Pankratius nach den Heiligen Maria und Georg die dritte Stelle ein.[37]

Der eigentliche kirchliche Bezugsrahmen einer Burgkapelle[38] war die Pfarre und in weiterer Folge die Diözese.[39] Das Spektrum an Bauformen von Burgkapellen reicht von einfachen Betnischen bis zu eigenständigen Gebäuden inmitten der Burg. Besonders beliebt war es, die Turmkapelle über dem Haupttor einzurichten, oder zumindest in unmittelbarer Nähe zum Repräsentationsbereich. Die Patrozinien der Burgkapellen unterlagen – genau wie bei Kirchen auch – den jeweils zeitgenössischen frommen Vorlieben ihrer Stifter. Eine Burgkapelle diente vorwiegend der persönlichen Andacht der Herrschaft. Es ist aber davon auszugehen, dass auch für das Gefolge bestimmte liturgische Feiern abgehalten wurden, obwohl nicht immer ein Kaplan angestellt war. Die Burgkapelle hatte jedoch nicht nur eine spirituelle Funktion: Oftmals diente sie der Herrschaft als Aufbewahrungsort für deren wertvolle, über Generationen gesammelte, bewegliche Güter.[40]

Das Patrozinium einer Burgkapelle war ein besonderes Manifest der Laienfrömmigkeit, denn seine Wahl war quasi ein „*Mission Statement*" seines Stifters. Damit war auch klar ersichtlich, welcher Gefolgschaft der Burgherr angehörte. Der bevorzugte Heilige der Babenberger – und damit auch ihres Gefolges – war der heilige Pankratius. So gab es etwa, unter vielen anderen, eine dem heiligen Pankratius geweihte Burgkapelle auf der Babenberger-Burg „Gars am Kamp", eine andere fand sich „Am Hof" in Wien.[41]

Ob es sich in Nöstach um eine „eingebaute" oder freistehende Burgkapelle im Nahbereich des Herrschaftssitzes handelte, ist nicht geklärt. Ebenso wenig kann gesagt werden, in welchem baulichen Kontext die heute noch vorhandenen Bauteile der Kapelle zum ursprünglichen Baukonzept standen.[42] Die Aufklärung dieser bis heute bestehenden historischen Rätsel bleibt somit Gegenstand für weitere Forschung.

---

[37] BIRNGRUBER, Aspekte 211.
[38] „Eine Burgkapelle ist ein auf Dauer eingerichteter, privilegierter, halböffentlicher Gottesdienstraum im Ensemble eines mittelalterlichen Wehrbaues, sofern dieser einer Gemeinschaft von Laien ständig oder zeitweise als Wohnsitz diente." Vgl. MÜNCH, Niederkirchenwesen 139.
[39] BÜNZ, Grundfragen 38.
[40] ANDERMANN, Burgkapelle 13-27.
[41] ANDERGASSEN, Tiroler Burgkapellen 55 und 66. STREICH, Burg und Kirche 516.
[42] BIRNGRUBER, Aspekte 213.

8. MATERIELLE HINTERLASSENSCHAFTEN DES 12. UND 13. JAHRHUNDERTS

VON IRIS WINKELBAUER

Da die archäologischen Ausgrabungen der 1990er Jahre in der Kirche und ihrem unmittelbar anschließenden Außenbereich stattfanden, setzt sich der überwiegende Anteil des Fundmaterials aus Grabbeigaben, unterschiedlichsten Grabausstattungen und Bekleidungsbestandteilen der Bestatteten zusammen.[1] Gegenstände des täglichen Lebens, wie etwa Keramikgefäßfragmente, sind daher stark unterrepräsentiert. Nahezu das gesamte Fundgut aus Klein-Mariazell ist barockzeitlich zu datieren – ein zu erwartendes Bild, da bereits ab dem 8. Jahrhundert durch eine veränderte, nun christliche Jenseitsvorstellung, das Mitgeben von Gegenständen in Gräbern abnahm. Im Hoch- und Spätmittelalter finden sich seltener persönliche oder religiöse Gegenstände in christlichen Gräbern.[2]

Erst in der frühen Neuzeit nehmen Beigaben (z. B. Rosenkränze, Kreuze und Ähnliches) bzw. aufwändig gestaltete Trachtbestandteile und Grabausstattungen in Form von Stoffpolstern oder Sargbeschlägen usw. wieder zu.[3] Dennoch ist vor allem in Bestattungen weltlicher und klerikaler Oberschichten ein Fortleben der Beigabensitte über das frühe Mittelalter hinaus festzustellen. Im klerikalen Kontext findet sich häufig die Mitgabe von Kelch, Patene, Bischofsstab, Pontifikalkleidung, sowie Waffen und Inschriftentafeln. Oftmals liegen diese Beigaben als sogenannte Substitute aus minderwertigem

---

[1] Anthropologisch wurden 377 Individuen bestimmt, wobei nicht alle einem bestimmten Grab zugeordnet werden konnten. Vergeben wurden 313 Grabnummern. Unter manchen Nummern wurden aufgefundene Skelett- und Knochenkonzentrationen zusammengefasst. Selbstverständlich wiesen nicht alle Gräber Beigaben, Trachtbestandteile oder eine spezifische Grabausstattung auf.

[2] Vgl. hierzu LOHWASSER, Der letzte Weg und MICHL, Bamberger Domkranz 155-157.

[3] Auch in Klein-Mariazell konnten einige solcher barockzeitlichen Fundstücke geborgen werden. Siehe hierzu Österreichisches BUNDESDENKMALAMT, Abteilung Bodendenkmalpflege (Hg.), Fundort Kloster. Archäologie im Klösterreich. Katalog zur Ausstellung im Stift Altenburg vom 1. Mai bis 1. November 2000 (= Fundberichte aus Österreich, Materialheft A8, Wien 2000).

Material vor.[4] Solch eines konnte auch in einem Grab in Kloster Mariazell geborgen werden. Kritisch anzumerken ist, dass nicht zwangsläufig beigabenführende Gräber als „pagan" und beigabenlose Gräber als christlich eingeordnet werden können.[5] Ein ausdrückliches Beigabenverbot durch die Kirche existierte nicht. Vielmehr gab es Gesetze, die den Grabraub unter Strafe stellten. Man rechnete also mit Beigaben in den Gräbern.[6] Demnach ist die Abnahme an Beigaben ab dem 8. Jahrhundert zumindest nicht auf ein kirchliches Verbot zurückzuführen. Kirchlich angeordnete Beigabenverbote finden sich hingegen ab der Neuzeit.[7] Im archäologischen Grabbefund lässt sich für diese Zeitspanne jedoch keine verminderte Beigabenausstattung feststellen. Im Gegenteil – neben religiösen Gegenständen, wie etwa Rosenkranz, Gebetbuch und Sterbekreuz wurden auch profane Gegenstände mitgegeben. Dieser Umstand lässt sich unter anderem auf Reformation bzw. Gegenreformation zurückführen.[8]

Eine ähnliche Entwicklung kann auch für die Beisetzung mit bzw. ohne Kleidung angenommen werden. Spätmittelalterliche, bildliche Darstellungen zeigen, dass die verstorbene Person in einfache, weiße Leinentücher gewickelt wurde. So finden sich nur wenige Trachtbestandteile in mittelalterlichen Gräbern. Erst mit der öffentlichen Aufbahrung im Zuge der neuzeitlichen Begräbniszeremonie setzen sich wieder aufwändig gestaltete Totenkleider durch.[9]

Infolge des hohen Grundwasserspiegels war ein Großteil des in Klein-Mariazell geborgenen Fundmaterials in feuchtes Milieu eingebettet. Aufgrund dieser Erhaltungsbedingungen konnte sich organisches Material des 12. und 13. Jahrhunderts erhalten und es war möglich, sowohl Teile der Bekleidung der Toten, einen Krummstab, als auch Reste von Sarg- und Totenbrettern zu bergen. Daher blieben auch Holz- und Lederreste zum größten Teil in ihrer Struktur erhalten. Die optimalen klimatischen Verhältnisse und die damit verbundene Funderhaltung stellen in der österreichischen Fundlandschaft eine Seltenheit dar. Die geborgenen Funde bilden eine wichtige Grundlage für Studien, etwa zur hochmittelalterlichen Bekleidung oder zur Ausstattung geistlicher Gräber. Die erhaltenen, hölzernen Sargbretter waren Initiatoren, um die österreichische dendrochronologische Forschung in den 1990er Jahren weiter zu entwickeln. Die Vielzahl an Proben, vor allem von Tannengehölzen, ermöglichte den Aufbau einer chronologischen „Tannenreihe" für Niederösterreich, die ab diesem Zeitpunkt bis ins 12. Jahrhundert zurückgeführt werden konnte.[10]

Es ist wichtig, die geborgenen Objekte nicht losgelöst von der jeweiligen Bestattung zu betrachten.

---

4   MITTERMEIER, Grabbeigaben 219-235.
5   Vgl. hierzu BRATHER, *Memoria* 247-284 sowie HAUSMAIR, Todeskonzepte 50-60.
6   REINDEL, Grabbeigaben und die Kirche 141-145.
7   MITTERMEIER, Grabbeigaben 224.
8   Ebd. 233.
9   KÜHTREIBER, Leichenhof 111-176.

10 Aufgrund der mündlichen Mitteilung von Univ.- Prof. Dr. Rupert Wimmer: laut seiner Aussage stellten die Funde von Mariazell in Österreich die Initialzündung für die erfolgreiche Etablierung der dendrochronologischen Forschung in Österreich dar. Die guten Erhaltungsbedingungen des Holzes führten zu einer Zusammenarbeit mit der Arbeitsgruppe „Holzbiologie und Jahrringforschung" unter der Leitung von Univ. Doz. Dr. R. Wimmer am Zentrum für Umwelt- und Naturschutz an der Universität für Bodenkultur Wien, um Holzartbestimmungen, holzkundliche und letztendlich auch dendrochronologische Untersuchungen durchzuführen und somit weitere Möglichkeiten zur Datierung der Bestattungen zu erschließen.

Die Hinterlassenschaften bilden gemeinsam mit dem Kirchenbau und den Kirchenbestattungen eine Einheit und liefern für eine Interpretation die nötige räumliche Einbettung.[11] Aufgrund der Interpretation des Befundes sollen die Struktur der Klostergemeinschaft und ihre Lebenslage erkennbar gemacht werden und eine Annäherung an die geistig-immaterielle Lebenswelt[12] der Bestatteten erfolgen. Die Vorstellungen, Rituale und sozialen Handlungen werden durch Indikatoren wie etwa durch die Grabformen oder Beigaben und Trachtausstattungen der Toten erschlossen. Sie reagieren auf einen ethnischen, sozialen, rechtlichen und religiösen Wandel bzw. auf Veränderungen anderer Art.[13]

1. Bestattungen des 12. und 13. Jahrhunderts

Der Tod und die damit verbundenen kulturellen Praktiken nehmen eine wichtige Rolle in der menschlichen Existenz ein. Das Ableben des Mitglieds einer Gemeinschaft liefert wichtige Anhaltspunkte, um die Einstellung der jeweiligen Bevölkerungsgruppe zum Tod zu erfassen. Beachtet werden muss jedoch, dass einige Aspekte im Umgang mit dem Tod nicht durch einen physischen Niederschlag in Form von materiellen Hinterlassenschaften erfasst werden können. Vielmehr finden einige Prozesse auf der mentalen Ebene der Menschen statt (z. B. Trauerbewältigung).[14]

Im Zuge der archäologischen Ausgrabungen in und um die Kirche in Klein-Mariazell sind 1995 und 1996 zahlreiche Bestattungen zu Tage getreten. Anthropologisch konnten 377 Individuen bestimmt werden. Diese Individuen wurden sowohl in einzelnen Gräbern aufgefunden, stammen aber auch von Skelett- und Knochenkonzentrationen aus umgelagerten Fundzusammenhängen.[15] Die Bestattungen innerhalb der Basilika konnten unterschiedlichen Zeithorizonten zugeordnet werden. Den überwiegenden Anteil bildeten die barockzeitlichen Bestattungen von höhergestellten Persönlichkeiten und geistlichen Würdenträgern, von deren Grablegen zum Teil auch die Grabplatten erhalten blieben.[16] Diese Bestattungen können durch Beigaben, wie Rosenkränze, Kreuze, Trachtzubehör, Kleidungsreste und oft auch Schuhwerk, zeitlich dem 17. und 18. Jahrhundert zugeordnet werden. Ein weiteres Indiz zur Datierung liefert die Armhaltung. Zumeist wurden die Bestatteten mit gekreuzten Armen oder gefalteten Händen bestattet.[17] Die Armhaltung der Bestatteten erfuhr vom Mittelalter bis zur Neuzeit eine Änderung. Während für das Früh- und Hochmittelalter eine, eng an den Körper angelegte, parallele Armhaltung charakteristisch war, wurden ab dem Spätmittelalter die Hände bzw. Arme in einer

---

[11] SCHOLKMANN, Bestattungsplatz 189-218.
[12] die Begriffe Lebenslage und Lebenswelt entsprechen hier den Definitionen des Sozialwissenschaftlers Björn Kraus. Vgl. hierzu etwa: KRAUS, Lebenswelt 116-129 oder DERS., Plädoyer 29-35.
[13] MITTERMEIER, Grabbeigaben 219.
[14] HAUSMAIR, Am Rande des Grabs 31.
[15] KALTENEGGER, Aufarbeitung Grabung Klein-Mariazell 92.
[16] Die Grabplatten wurden zum größten Teil im Rahmen der letzten Renovierung unter Abt Jacob II. Pach (1752-1782) entfernt. Vgl. EIGNER, Geschichte 385: *„Beim Beschütten des Erdbodens behufs Erhöhung desselben verfuhr man leider äußerst pietätlos mit den Grabsteinen, welche man zum Theile ganz einfach überschüttete, zum Theile auch entfernte und anderwärts, sogar als Pflastersteine, verwendete […]".*
[17] Zur Armhaltung vgl. OFFENBERGER, Hl. Quirinus 211-268.

Abb. 88 Lage der Bestattungen des 12. und 13. Jahrhunderts

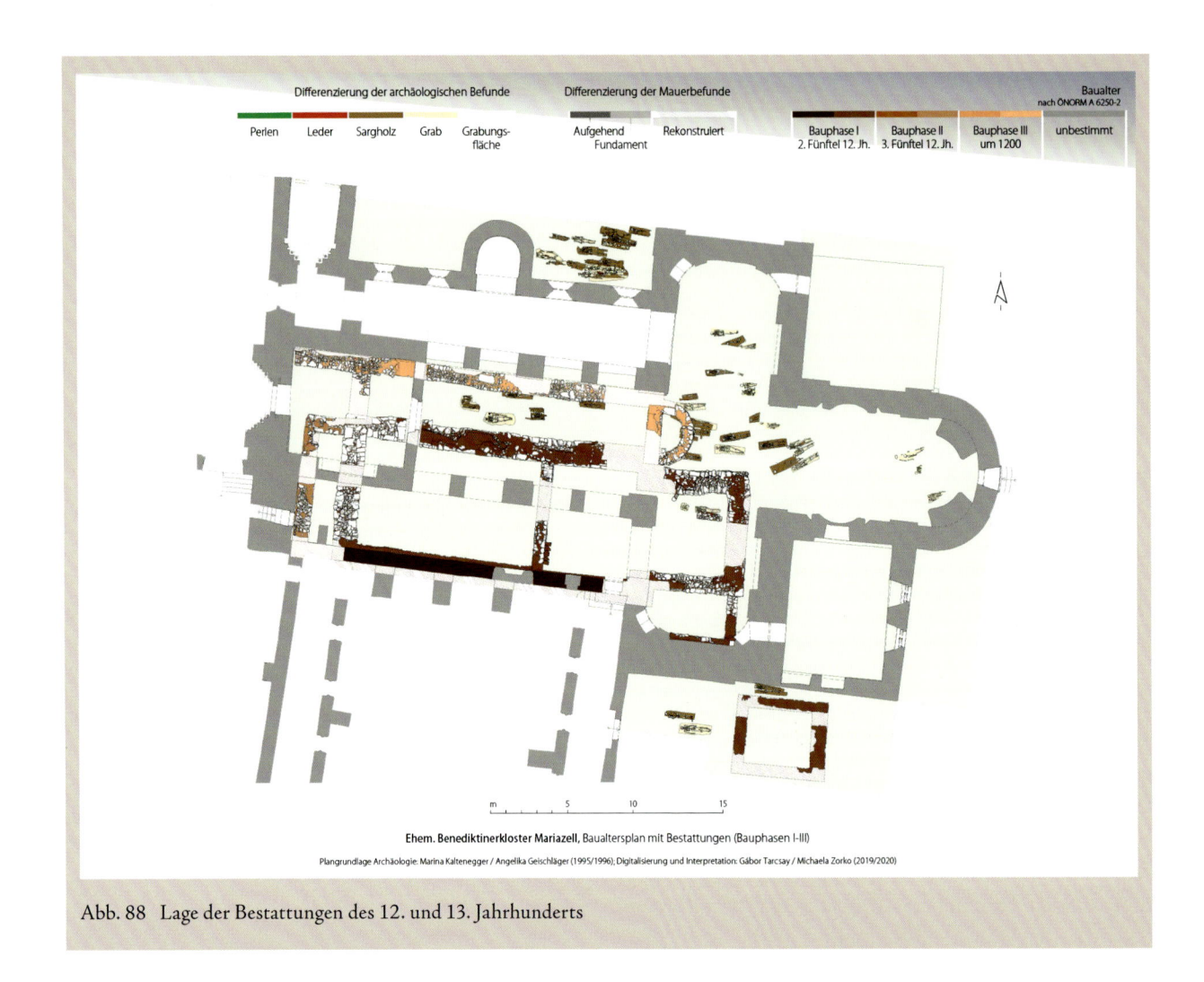

Gebetshaltung unterschiedlich über dem Oberkörper abgewinkelt bzw. gekreuzt.[18] Ausnahmen bestätigen jedoch die Regel. Zudem durchschlugen die jüngeren Grablegen die älteren Fußböden der Basilika und waren über den gesamten Innenbereich (Vierung, Querhaus, Langhaus, Vorhalle und beide Seitenschiffe) verteilt.[19]

Eine Gruppe an Bestattungen, die für das 12. und 13. Jahrhundert von besonderem Interesse ist, konnte bereits aufgrund der Tiefenlage, abgedeckt

---

[18] ILLI, Wohin die Toten gingen 18-19.

[19] KALTENEGGER, Aufarbeitung Grabung Klein-Mariazell 92.

von den barocken und gotischen Fußböden, sowie der gestreckten Armhaltung[20] in die Frühzeit der Klostergründung datiert werden. Sie waren mit einer Ausnahme außerhalb der ersten Kirche situiert, einige jedoch innerhalb des sekundär angefügten, nördlichen Seitenschiffs. Einige Bestattete waren von der Seitenschiffapsis überbaut worden. Weitere Gräber der Frühphase konnten in der Vierung und im nördlichen Querhaus und außerhalb der Basilika im Norden, westlich des nördlichen Querhauses und im Süden nahe der südlichen Querhausaußenmauer aufgefunden werden.[21]

Insgesamt konnten 66 bestattete Individuen der Zeitspanne von der Errichtung des ersten Kirchenbaus bis zum Bau der Basilika zugeordnet werden. Aufgrund einer intensiven Beprobung der Holzfunde war es möglich, 20 von insgesamt 66 datierten Holzproben von Sargbrettern oder Särgen diesen Bestattungen des 12. bzw. 13. Jahrhundert zuzuordnen. Für weitere 46 Bestattungen wurden zur Datierung Kriterien wie Tiefenlage, Abdeckung durch spätere Fußböden der Basilika, Überschneidungen und Überlagerungen durch spätere Einbauten und Armhaltung herangezogen. Bereits im Frühmittelalter kam es allmählich zu einer Aufhebung der räumlichen Trennung von Siedlung und Bestattungsplatz zugunsten von Bestattungen bei Kirchen. Mit der Etablierung des Christentums wurde die Angst vor den Verstorbenen im gesellschaftlichen Bewusstsein zurückgedrängt und man begann, die Toten in die diesseitige Gesellschaft zu integrieren. Die Friedhöfe legte man nun in der Siedlung bei Kirchen an.[22] Diese Entwicklung wurde durch das christliche Motiv, sowohl zu Lebzeiten als auch im Tod den Heiligen möglichst nahe zu sein, begünstigt. In der Synode von Tribur (Rebur bei Mainz) 895 wurde die Bestattung von christlichen Personen bei einer Kirche verpflichtend festgelegt. Während manche Parameter, wie die Armhaltung oder Beigabensitte, im Lauf des Mittelalters und der Neuzeit größere Veränderungen erfahren haben, bleiben andere Charakteristika konstant. Die West-Ost-Orientierung der Körpergräber mit der Kopflage Richtung Westen bleibt beispielsweise über die gesamte Zeitspanne unverändert.[23] Ab dem 9. Jahrhundert verschwinden Bestattungen nahezu vollständig aus dem Inneren der Kirchenbauten und sind dort nur in geringer Zahl bis zum Ende des Hochmittelalters nachweisbar. Es gelang also erst mit der karolingischen Kirchenreform das Bestattungsverbot in Kirchen flächendeckend durchzusetzen, obwohl bereits in frühen Bischofssynoden, wie in Braga 561, Auxerre 578 oder Nantes 658 ein solches Verbot ausgesprochen wurde. Zulässig waren jedoch Gräber von MärtyrerInnen, anderen Heiligen und geistlich höher gestellten WürdenträgerInnen, wie etwa Bischöfen oder Äbten/Äbtissinnen. Weiters erhielten bestimmte Personengruppen aufgrund ihres Status oder durch finanzielle Leistungen für die Kirche, mit Genehmigung des Bischofs, das Anrecht auf ein Begräbnis in den Kirchenräumlichkeiten.[24] Im Kloster Mariazell wurde ein Grab innerhalb des Chorrechtecks des ersten Kirchenbaus,

---

[20] ILLI, Wohin die Toten gingen 18-19.
[21] KALTENEGGER, Aufarbeitung Grabung Klein-Mariazell 92.
[22] HAUSMAIR, Am Rande des Grabs 38.
[23] KÜHTREIBER, Leichenhof 116-117.
[24] SCHOLKMANN, Normbildung 93-118.

aufgedeckt. Somit fällt jene Bestattung²⁵ aus dem Rahmen. Zwei Interpretationsthesen scheinen nun möglich: Zum einen könnte es sich um eine Bestattung handeln, die einem älteren Friedhof zuzuordnen ist.²⁶ Zum anderen wäre auch die Grablege einer hochgestellten, geistlichen oder weltlichen Persönlichkeit oder ein sogenanntes Stiftergrab denkbar. Eine ¹⁴C-Datierung der Skelettreste hätte hier eventuell mehr Klarheit schaffen können. Nachdem innerhalb des ersten Kirchengebäudes keine weiteren Bestattungen aufgedeckt wurden, die dieser Zeitstellung entsprechen, findet sich im Moment keine ausreichende Evidenz, dass es sich um eine Bestattung eines älteren Friedhofes handeln könnte. Weiters finden sich auch keine gesicherten Hinweise²⁷ darauf, dass ein Vorgängerbau des ersten Kirchenbaus existiert hat und die Bestattung diesem zuzuordnen wäre. Demnach erscheint die Interpretation, dass es sich um eine höhergestellte, geistliche oder weltliche Persönlichkeit gehandelt hat, plausibler. Die Rede ist hier von einer männlichen Person, die auf einem Bodenbrett bestattet wurde.

Sechs Bestattungen²⁸, die sich nördlich des Chorrechtecks befanden, wurden zum größten Teil ebenfalls auf Holzbrettern begraben. Sie waren

Abb. 89 Zwei Sargbestattungen (Grab 158 und 159) unter jüngerer Steinstruktur

durch die Apsis des sekundär an die Kirche angefügten nördlichen Seitenschiffs überbaut worden. Damit können diese dem ersten Kirchenbau zugeordnet werden und datieren noch in die Zeit vor der Anfügung des nördlichen Seitenschiffs.²⁹ Die vier beprobten Sargbretter ergaben dendrochronologische Daten von 1079 bis 1169.³⁰ Daher ist davon auszugehen, dass noch bis ins späte 12. Jahrhundert nördlich des ersten Kirchenbaus bestattet wurde. Die Bestattungen laufen im Osten bis an eine feuchte Senke mit einem schmalen Gerinne, das in der Randzone größere Mengen an Holzmaterial (eventuell Schwemmholz) aufwies. In diesem Bereich

---

25 Grab 37. Es befindet sich in einer Tiefe von -168 cm unter der gemessenen rezenten Fußbodenoberkante.
26 OFFENBERGER, KG Kleinmariazell 34 17-18.
27 Im südöstlichen Bereich der romanischen Basilika kam eine rechteckige Struktur zum Vorschein, die vom Ausgräber Johann Offenberger als möglicher Kirchenvorgängerbau interpretiert wurde. Diese Hypothese müsste jedoch noch eine genauere Untersuchung erfahren. Die Hinweise sind nach jetzigem Stand der Aufarbeitung jedoch als zu gering zu bewerten, um darauf aufbauend einen kompletten Kirchenbau zu rekonstruieren.
28 Grab 40 bis 43, 45 und 47.
29 KALTENEGGER, Aufarbeitung Grabung Klein-Mariazell 100-101.
30 Die datierten Holzreste weisen keine sogenannte Waldkante (Rinde) auf, sodass die Angabe des letzten Jahrringes ausschließlich einen *terminus post quem* darstellt. Die Anzahl der fehlenden Jahrringe wird auf 10 bis 20 Jahre geschätzt, kann im Einzelfall auch bis 30 oder mehr betragen. Vgl. WIMMER/GRABNER/LIEBERT, Särge 9.

Abb. 90 Die Bestattungen nördlich des ersten Kirchenbaus. Die Gruppe ist teilweise vom Fundament des nördlichen Seitenschiffes überbaut und enthält Fasssärge

fanden sich zwei gut erhaltene Sargbestattungen[31], die durch eine jüngere Steinstruktur überbaut wurden. Die dendrochronologisch untersuchten Holzbretter ergaben die Daten 1111 bis 1173 und somit ist diese Grabgruppe wohl ebenfalls noch dem ausgehenden 12. Jahrhundert zuzuordnen.

Die östlich der Gräbergruppe befindlichen Bestattungen[32] erfolgten zum größten Teil ohne Sarg oder Sargbretter bzw. sind nur geringe Holzreste erhalten. In Grab 162 lassen die enganliegenden Extremitäten darauf schließen, dass die bestattete Person in ein Leichentuch gewickelt wurde. Ein Bodenbrett war nicht vorhanden, aber durch zwei spitz aufeinander zulaufende Seitenbretter besaß die Bestattung eine giebelförmige Abdeckung. Die dendrochronologische Datierung des südlichen Seitenbrettes aus Tannenholz ergab Jahrringe von 1093 bis 1196. Es ist davon auszugehen, dass die Bestattung bereits zu Beginn des 13. Jahrhunderts erfolgte.[33]

Jenseits der Senke wurden weitere fünf Bestattungen freigelegt, die teilweise von der Mittelapsis der Basilika überbaut bzw. gestört waren. Es handelte sich um Erdbestattungen, die teilweise schlecht erhalten geblieben sind. Diese Gräber waren deutlich seichter eingetieft und dürften die östlichste Ausdehnung des Friedhofs anzeigen. Nördlich davon konnten im nördlichen Querhaus der Basilika mehrere, teils durch barocke Grüfte und den nordöstlichen Vierungspfeiler der Basilika stark gestörte Bestattungen, aufgedeckt werden[34]. Bei drei dieser Bestattungen fanden sich unterschiedlich ausgefertigte Sargbretter, eines konnte dendrochronologisch be-

---

[31] Grab 158 und 159 (vgl. Unterkapitel Särge und Holzsargbretter).
[32] Grab 105 und 161.
[33] KALTENEGGER, Aufarbeitung Grabung Klein-Mariazell 103.
[34] Grab 101, 102, 107 und 108 wurden von einer barocken Gruft überbaut. Grab 109 und 110 wurden vom nordöstlichen Vierungspfeiler der Basilika und Grab 98 durch eine barocke Bestattung (Grab 96) gestört.

Abb. 91 Grab 254 mit Krummstab, Grab 252 und 255 mit kistenförmigen Särgen, sowie die Gräber 256 und 260 bestehend aus Fasssärgen

stimmt werden und ergab ein Datum von 1133 bis 1181 (ohne Waldkante).

Eine weitere Gruppe früher Bestattungen wurde im Mittelschiff der Basilika, innerhalb des sekundär angefügten, nördlichen Seitenschiffs der ersten Kirche, aufgefunden. Zwei Bestattungen[35] sind dabei vom Fundament der nördlichen Seitenschiffmauer der dritten Bauphase zum Teil überbaut worden. Zu dieser Grabgruppe gehören zwei Särge eines besonders ungewöhnlichen Typus. Da sie offensichtlich aus Fassdauben zusammengesetzt waren, wurden sie im Zuge der Ausgrabung als „Fasssärge" bezeichnet[36]. Eine interessante Bestattung konnte mit Grab 254 dokumentiert werden. Die Bestattung erfolgte ohne Sarg oder Sargbretter, jedoch möglicherweise in einem Leichentuch. Dem Bestatteten wurde an der linken Seite eine Holzkrümme,

ein sogenannter Abtstab mitgegeben (siehe Unterkapitel Krummstab).[37]

Die größte Anzahl an Gräbern aus der ersten Bestattungsperiode wurde außerhalb der Basilika im Norden zwischen dem nördlichen Querhaus und der halbrund abgeschlossenen Marienkapelle aufgefunden. Es kann angenommen werden, dass auch innerhalb des östlichen Teils des nördlichen Seitenschiffs Gräber dieser Zeitstellung zu finden sind. Dieser Bereich wurde durch die archäologischen Untersuchungen jedoch nicht erfasst. Es fand sich eine hohe Belegungsdichte und durch fortlaufende Bestattungen wurden ältere Grablegen immer wieder gestört. Durch Teilstörungen und Überschneidungen der Gräber wird eine relativchronologische Abfolge der Grablegen ersichtlich. Sieben Bestattungen[38] konnten durch dendrochronologische Untersuchungen der Särge und Sargbretter dem Untersuchungszeitraum zugeordnet werden.[39] Neben Bestattungen auf Bodenbrettern – teilweise mit Seitenbrettern – fanden sich überwiegend giebelförmige Särge und ein sogenannter „Fasssarg". Bei drei der sieben Bestattungen handelt es sich um Frauen.

Die letzte vorzustellende Grabgruppe, die dem 12. und 13. Jahrhundert zugeordnet werden kann, fand sich im südlichen Bereich des südlichen Querhauses. Grab 88 stellt eine Besonderheit dar. Im Zuge der archäologischen Grabung konnte ein Lederschuh dokumentiert und geborgen werden

---

[35] Grab 240 und Grab 260.
[36] Grab 256 und Grab 253 (vgl. Unterkapitel Särge und Holzsargbretter).
[37] KALTENEGGER, Aufarbeitung Grabung Klein-Mariazell 106-108.
[38] Es sind dies die Gräber mit den Nummern 219, 220, 223, 226, 227, 233 und 236 (vgl. Unterkapitel Särge und Holzsargbretter).
[39] KALTENEGGER, Aufarbeitung Grabung Klein-Mariazell 111.

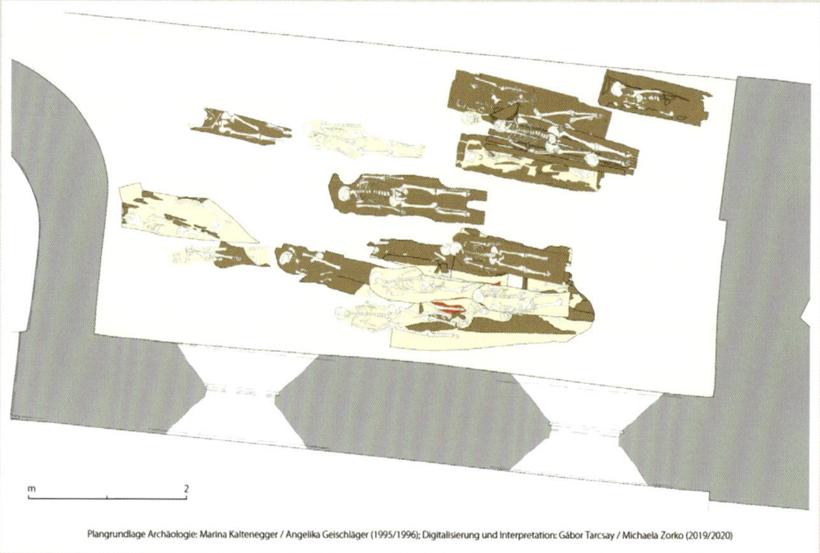

Abb. 92 Bestattungen des 12. und 13. Jahrhunderts nördlich der Basilika zwischen nördlichem Querhaus und Marienkapelle

2. Särge und Holzsargbretter[41]

Die Erhaltung und Dokumentation von Holzsärgen und Sargbrettern in und um die ehemalige Klosterkirche Mariazell stellt eine Besonderheit in Mitteleuropa dar. Die vorhandene Literatur zu früh- bis hochmittelalterlichen Holzsärgen ist als überschaubar zu bezeichnen. Nicht zuletzt liegt dies an der starken Vergänglichkeit des Materials Holz, besonders bei Erdbestattungen. Bei archäologischen Ausgrabungen in Kirchen und Friedhöfen kann zwar oftmals auf das Vorhandensein eines Sarges oder Sargbrettes geschlossen werden – durch Holzverfärbungen und Sargnägel – aber nur selten blieb das Holz selbst erhalten.[42] Eine größere Anzahl an erhaltenen Holzsärgen konnte etwa bei archäologischen Untersuchungen der Kirche und des zugehörigen Friedhofes unter dem Marktplatz von Schleswig

(vgl. Unterkapitel Schuhfund).[40] Aufgrund der typologischen Einordnung des Schuhfundes ist davon auszugehen, dass Grab 88 und 89 dem älteren Bestattungshorizont zuzuordnen sind und möglicherweise in Verbindung mit dem zeitgleich errichteten, rechteckigen Saalbau stehen. Aufgrund der baulichen Befunde wurde der dort befindliche Kapitelsaal wohl erst ab bzw. nach 1235 an dieser Stelle errichtet. Die Bestattungen lagen zwar mittig im Kapitelsaal, aufgrund der Datierungsansätze ist eine Zuordnung der Bestattungen zu diesem aber eher unwahrscheinlich.

---

40 KALTENEGGER, Aufarbeitung Grabung Klein-Mariazell 115-117.

41 Es wird hier der Terminus „Sargbrett" für Bestattungen auf oder unter Holzbrettern verwendet, da unter „Totenbrett" zumeist Holzbretter verstanden werden, auf denen Tote bis zum Begräbnis aufgebahrt und zur Erinnerung an den Verstorbenen am Wegrand aufgestellt wurden (besonders im bayrisch-alemannischen Raum).

42 KALTENEGGER, Aufarbeitung Grabung Klein-Mariazell 94.

Abb. 93
Aufschlüsselung der Grabgestaltung (Tabelle: Iris Winkelbauer 2019)

Die Holzsärge und Holzsargbretter aus dem Kloster Mariazell waren teilweise sehr gut erhalten und einige Bretter konnten für eine dendrochronologische Untersuchung aufbereitet bzw. beprobt werden. Neben 3 Zentimeter breiten, quer zur Faserrichtung entnommenen Probestücken wurden auch Mikroschnitte angefertigt, um diese im Lichtmikroskop anatomisch bestimmen zu können. Zum größten Teil handelt es sich beim geborgenen Holz um Tanne (*Abies alba*)[45]. Drei Särge wiesen Eichenholz (*Quercus sp.*) auf. Vereinzelt findet sich auch Fichtenholz (*Picea abies L.*). Ein Sarg setzte sich aus gleich drei Holzarten zusammen: Tanne, Fichte und Kiefer (*Pinus sp.*).[46] Dem 12. oder 13. Jahrhundert können, abgesehen von einer Ausnahme[47], jedoch nur Särge aus Tanne zugeordnet werden, wobei eine weitere Holzartverwendung nicht gänzlich ausgeschlossen werden kann[48]. Von 40 datierten Holzsärgen konnten 20

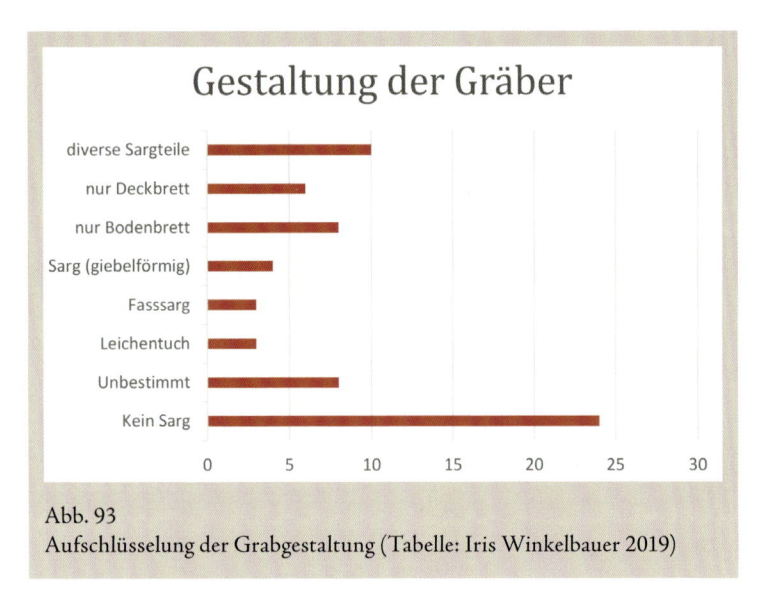

in Schleswig-Holstein dokumentiert werden.[43] Die dendrochronologische Untersuchung von 25 Gräbern aus Schleswig mit Daten zwischen 1060 und 1205 ergab mit dem 12. und frühen 13. Jahrhundert einen ähnlichen zeitlichen Schwerpunkt, wie jene beprobten Särge aus dem Kloster Mariazell. Der Großteil der Holzsärge aus Schleswig bestand allerdings aus schlichten, vernagelten Kisten mit vier Seitenwänden, einem Boden und einem Deckel.[44] Dieser Typus findet sich in Mariazell erst ab dem 15. Jahrhundert.

---

[43] LÜDTKE, Schleswig 111-117.
[44] Es kamen auch Kisten ohne Vernagelung vor. In manchem Fällen wurde das Deckbrett als Bodenbrett für die darüber liegende Bestattung verwendet. Vgl. die Abbildung von drei Särgen (Schleswig-Rathausmarkt) In: NEUMANN, Totenbaum 118. Der Sargboden bestand gelegentlich auch aus einem Rost aus kleinen Rundhölzern oder einer Lage Reisig: vgl. hierzu LÜDTKE, Schleswig 111.

[45] Wie bereits zuvor erwähnt, konnte mit Hilfe dieser Holzproben der Aufbau und weiterer Schritt zur Komplementierung einer dendrochronologischen Tannenkurve erreicht werden. Ab diesem Zeitpunkt (Ende 1990er Jahre) war es möglich, diese Kurve bis ins 12. Jahrhundert zurückzuführen.
[46] Die Untersuchungen erfolgten an der Universität für Bodenkultur Wien. WIMMER/GRABNER/LIEBERT, Särge.
[47] Siehe hierzu Grab 107, das im Unterkapitel Boden- und Deckbretter vorgestellt wird.
[48] 20 Holzproben lieferten ein Ergebnis. Bei 18 weiteren bestatteten Individuen fand sich jedoch Holzmaterial in unterschiedlich gutem Erhaltungszustand, die keine anatomische Holzartenbestimmung zuließen.

Sarg- bzw. Sargbrettbestattungen dem 12. bis erste Hälfte des 13. Jahrhunderts zugeordnet werden.[49]

24 der 66 individuellen Bestattungen besaßen keine Särge oder Decken-/Bodenbretter bzw. konnten im Zuge der archäologischen Untersuchung bei diesen Bestattungen keine Holzreste dokumentiert werden. Drei Bestattungen liefern Hinweise, dass die Toten in ein Leichentuch gewickelt wurden. Demnach konnten bei 39 Gräbern die Reste eines Bodenbrettes, Deckbrettes oder unterschiedlichste Sargformen (vom giebelförmigen Sarg bis hin zum „Fasssarg") dokumentiert werden.

Bemerkenswert ist, dass eine große Anzahl an dendrochronologischen Proben dem 12. und 13. Jahrhundert zugeordnet werden konnte. Die Enddaten der Jahrringe bilden lediglich einen *terminus post quem*. Vom jeweils letzten Jahresring müssen bis zur Waldkante[50] in manchen Fällen bis zu 50 Jahre hinzugerechnet werden, wenn es sich um Bretter mit geringer Jahresringanzahl handelt. Die höchste Dichte an beprobten Sargbestattungen findet sich mit sechs Bestattungen in den 1170er Jahren gefolgt von vier in den 1160er Jahren.

a. Boden- und Deckbretter

In Grab 42 und 107 fand sich der Typus mit Boden- und Deckbrett und zwei Querhölzern unter dem Deckbrett. Die Holzartbestimmung in Grab 107 ergab für das Bodenbrett und westliches Querbrett Tanne (*Abies alba*), das nördliche und südliche Seitenbrett wurde jedoch aus Fichtenholz (*Picea abies L.*) hergestellt. Es handelt sich hierbei um das einzige Sargholz, das neben Tanne auch Fichtenholz verarbeitet hatte. Eine Mischung verschiedener Holzarten ist innerhalb des gesamten Fundbestands selten erfolgt.[51]

b. Deckbrett

Die Bestattung in Grab 260 wurde durch drei Bretter überdeckt – ein liegendes, ein stehendes und ein schräg gestelltes. Die dendrochronologische Bestimmung ergab die Datierung 1001 bis 1137.

c. Bodenbrett

Grab 219 (1076-1179) wurde mit einem Bodenbrett, das möglicherweise im Kopfbereich abgerundet war, ausgestattet. Auch die Gräber 210, 213 und 217 waren auf Bodenbrettern gelagert und gehören dem gleichen Zeithorizont an, doch konnten diese nicht dendrochronologisch bestimmt werden.

d. Gräber mit diversen Sargteilen

Von besonderem Interesse ist Grab 158. Es besaß einen Sarg ohne Deckel, bestehend aus Bodenbrett, angesetzten Seitenbrettern und auf das Bodenbrett aufgesetzten Stirnbrettern. Die dendrochronologisch untersuchten Holzbretter ergaben ein Datum

---

[49] Diese Anzahl der zugeordneten Särge/Sargbretter musste nach Heranziehen aller Informationen zu den angeführten Bestattungen und der stratigraphischen Befundauswertung von 23 absolut, dendrochronologisch datierten Särgen bzw. Sargbrettern auf 20 reduziert werden. Hier wird deutlich, dass auch naturwissenschaftliche „absolute" Datierungsmethoden eine kritische Quellenkritik erfahren sollten. Die anderen 20 datierten Särge verteilten sich auf zwei weitere Phasen (14. bis 1. Hälfte 16. Jahrhundert und 2. Hälfte 16. bis 18. Jahrhundert).

[50] Die Waldkante zeigt das Jahr der Schlägerung an. Es handelt sich um den letzten Jahrring, den ein Baum ausgebildet hat.

[51] WIMMER/GRABNER/LIEBERT, Särge 8.

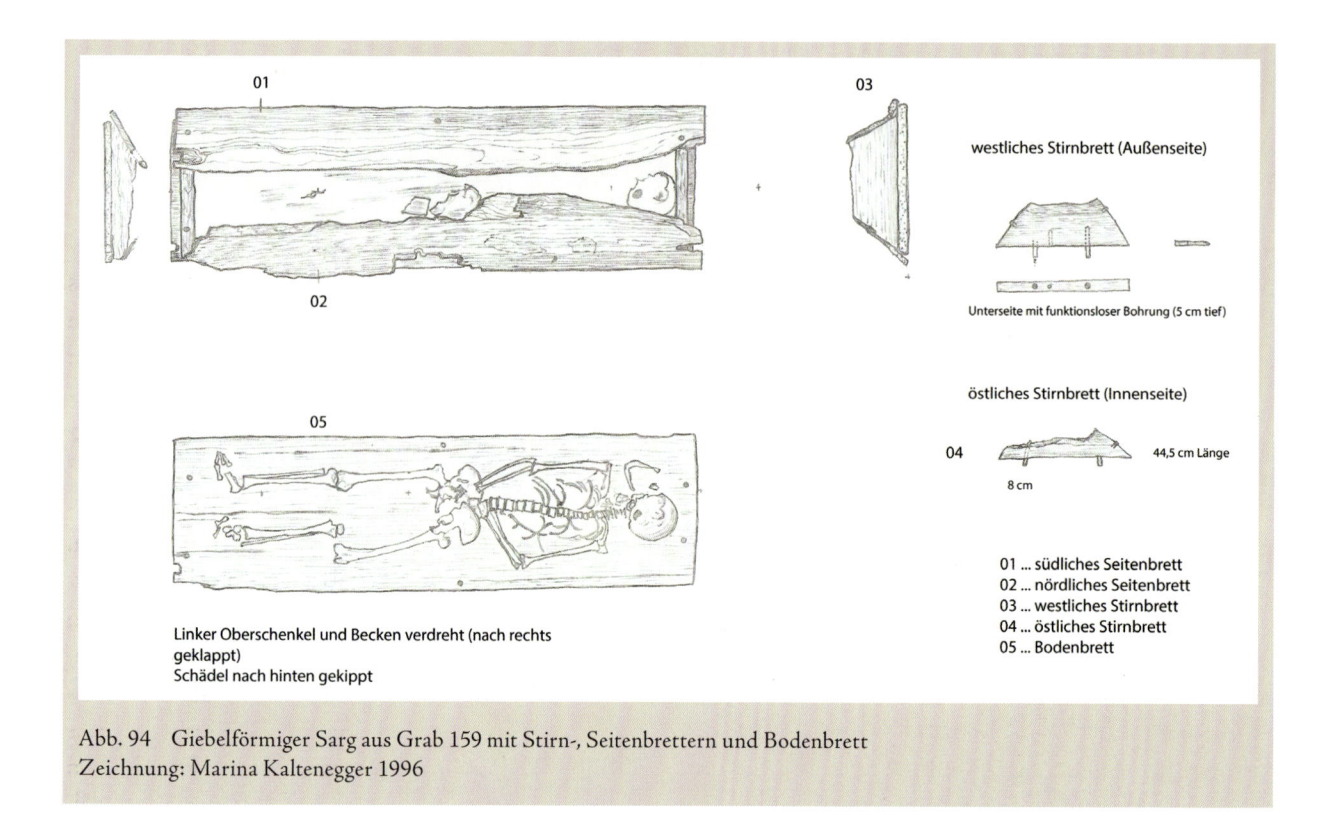

Abb. 94 Giebelförmiger Sarg aus Grab 159 mit Stirn-, Seitenbrettern und Bodenbrett
Zeichnung: Marina Kaltenegger 1996

von 1111 bis 1173. Die Bestattung Grab 225 lag auf zwei unterschiedlich langen, relativ gut erhaltenen Bodenbrettern. Das südliche Seiten- oder Deckbrett überdeckte vor allem im Beinbereich die halbe Bestattung, das nördliche war nur etwa 12 Zentimeter breit. Neben und auch unter der Mauer wurden Reste von Wurzelstöcken des Rodungshorizonts aufgefunden. Bei Grab 220 handelt es sich um ein Bodenbrett mit schrägen Seitenbrettern. Der Erhaltungszustand des Holzes war nicht so gut wie in anderen Fällen. Da aber auch ein Querbrett am Fußende erwähnt ist, handelt es sich möglicherweise um einen giebelförmigen Sarg bzw. eine Übergangsform hin zu dieser Sargform.[52]

e. Giebelförmige Särge

Grab 159 besaß einen gut erhaltenen giebelförmigen Sarg. Die trapezförmigen Stirnbretter waren mit zwei Holzdübeln am Bodenbrett befestigt, die Seitenbretter sowohl am Bodenbrett als auch an den Stirnbrettern. In welcher Weise der Sarg nach oben hin abgeschlossen war, ließ sich nicht mehr feststellen. Die Seitenbretter liefen dem Anschein nach

---

[52] KALTENEGGER, Aufarbeitung Grabung Klein-Mariazell 102-103.

spitz zusammen, jedoch waren alle Stirnbretter annähernd trapezförmig. Das könnte bedeuten, dass der Sarg nicht vollkommen geschlossen war, sondern am oberen Ende des Stirnbrettes eine Öffnung in Form eines gleichschenkeligen Dreieckes aufwies.[53]

Die Bestattung in Grab 240 lag auf einem zweigeteilten Bodenbrett. Weiters waren Reste eines Stirnbrettes erhalten – möglicherweise von einem giebelförmigen Sarg. Die dendrochronologische Bestimmung der beiden Bodenbretter ergab eine Gesamtdatierung mit Jahrringen von 1065 bis 1151. Weiters finden sich auch in den Gräbern 226[54] (1015-1157), 236 (1006-1162), 223 (1129-1175) und 227 (1164-1193) Bestattungen in giebelförmigen Särgen. Gut erhaltene, giebelförmige Särge fanden sich auch in Grab 236 und in Grab 227, das im nordwestlichen Teil Grab 236 durch eine spätere Eintiefung stört. Bei diesen beiden Gräbern sind relativchronologische Abfolge und dendrochronologische Datierung in Einklang. Der letzte Jahrring des älteren Grabes 236 datiert in das Jahr 1162, der von Grab 227 in das Jahr 1193. Die anthropologische Untersuchung für das zuletzt Genannte ergab eine weibliche Bestattung.[55]

Abb. 95   Durch zwei Gräber gestörter Fasssarg aus Grab 256 nach der Freilegung der Fassdauben

f. „Fasssärge"
Drei Särge konnten diesem besonders ungewöhnlichen Typus zugeordnet werden. Sie wurden offensichtlich aus Fassdauben zusammengesetzt. Bedauerlicherweise sind bei zwei Bestattungen nur jeweils eine Hälfte[56] und bei einer gar nur fünf Fassdauben[57] erhalten geblieben. Die Gräber 253 und 256 wurden durch spätere Bestattungen des 15. Jahrhunderts stark gestört. Grab 256 besaß ein Stirnbrett, das mittels Nut in die aus Eiche bestehenden Fassdauben eingesetzt war. Stratigrafisch gesehen wird das Grab dem älteren Bestattungshorizont zugeordnet[58]. Vergleichbare „Fasssärge" wurden beispielsweise 2007 in der Stadt Jever im Bereich der Stadtkirche geborgen. Sie wurden aus Eiche und Nadelholz gefertigt und datieren ebenfalls in das 12. Jahrhundert.[59]

---

53   Ebd.
54   Dieser Sarg wurde im Block geborgen. Eine genaue archäologische Untersuchung und Dokumentation erfolgte anschließend im Depot unter idealen Bedingungen.
55   KALTENEGGER, Aufarbeitung Grabung Klein-Mariazell 113.
56   Grab 253 und Grab 256.
57   Grab 222.
58   Eine dendrochronologische Probe ergab jedoch eine Datierung in das 17. Jahrhundert. Es wäre denkbar, dass die Holzproben verwechselt wurden. Jedenfalls zeigt dieses Beispiel anschaulich, dass auch naturwissenschaftliche Ergebnisse einer intensiven Quellenkritik unterzogen werden müssen.
59   FRIES, Berichte der Archäologischen Denkmalpflege 253-254.

Aufgrund der geringen Anzahl an aufgefundenen „Fasssärgen" in Europa muss die Frage, warum diese Individuen in solchen Särgen bestattet wurden, offenbleiben.

In Grab 222 lag die Bestattung auf fünf schmalen Brettern in Form von Fassdauben. Ein halbrundes Stirnbrett lag verschoben neben dem Kopf, ein weiteres wurde disloziert unter Sarg 220 aufgefunden.[60]

3. Schuhfund

Schuhfunde aus der Zeit des 12. und 13. Jahrhunderts sind in Österreich kaum vorhanden. Aus diesem Grund wird neben dem geborgenen, archäologischen Fundmaterial häufig vor allem auf bildliche Darstellungen von Schuhwerk zurückgegriffen, um Aussagen zur Fußbekleidung dieser Zeit zu ermöglichen.[61] Eine archäologische oder kunsthistorische Untersuchungsmethode liefert jedoch unterschiedliche Erkenntnisse. Während eine archäologische Untersuchung Hinweise zum Material, der Konstruktion eines Schuhs, dem Schuhmaß und den Verhältnissen zwischen den unterschiedlichsten Schuhmodellen an einer Fundstelle liefern kann, kann eine kunsthistorische Betrachtung Hinweise zu Farbe, Trageweise und gesellschaftlicher Stellung des Schuhträgers oder der Schuhträgerin liefern. Es ist zu beachten, dass der betrachtenden Person heute immer eine Auswahl des ursprünglichen Materials vorliegt, sei es durch eine bestimmte Auswahl des Künstlers[62] oder durch einen Materialverlust aufgrund der Lagerbedingungen.[63]

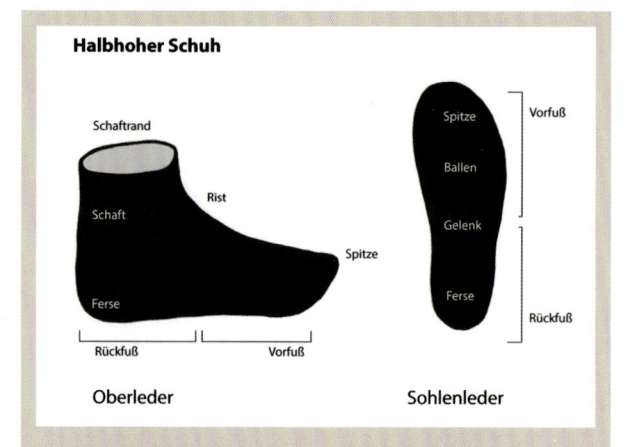

Abb. 96 Terminologie des Schuhwerks anhand eines halbhohen Schuhes (Grafik: Iris Winkelbauer 2018)

Das Schuhfragment aus Mariazell bildet einen der ältesten Schuhfunde in Österreich.[64] Nicht nur aufgrund der Seltenheit solcher Objekte stellt dieses eine Besonderheit dar, sondern auch durch die guten Erhaltungsbedingungen und die Untersuchungsumstände. Es ist davon auszugehen, dass auch weitere Bestattete dieses Zeithorizontes in Mariazell mit Schuhbekleidung beerdigt wurden. Diese haben sich jedoch aufgrund unterschiedlicher Bedingungen nicht erhalten. Der vorliegende

---

60 KALTENEGGER, Aufarbeitung Grabung Klein-Mariazell 114.
61 BOCK/MACEK, Schuhgeschichte 109-131.
62 Frauen wurden zumeist mit bodenlanger Bekleidung abgebildet und daher ist auf Bilddarstellungen überwiegend das Schuhwerk der Männer zu finden. Durch die Bevorzugung einer bestimmten Schuhart des Künstlers, kann sich zudem ebenfalls ein verzerrtes Bild ergeben.
63 GROENMAN- van WAATERINGE/VELT, Schuhmode 95-119.
64 BOCK/MACEK, Schuhgeschichte 109-131.

Schuhfund bildet somit aufgrund der Erhaltungsbedingungen eine nicht repräsentative Auswahl.

Die Abbildung oben veranschaulicht die im Text verwendete Terminologie des Schuhwerks. Ein Schuh besteht aus Oberleder und Sohlenleder und wird aufgrund der Höhe und Verschlussart untergliedert. Eingeteilt wird in Halbschuh, halbhohen Schuh und hohen Schuh (z. B. Stiefel). Die Verschlussarten werden in Schnurverschlüsse, Knopfverschlüsse, Schnallenverschlüsse, Riemenverschlüsse und Schuhe ohne Verschluss unterteilt.

Das Schuhfragment aus Mariazell wurde in Grab 88 geborgen. Dieses befand sich außerhalb des ersten Kirchenbaues, im südöstlichen Bereich. Es lag auch außerhalb der romanischen Basilika, nahe der Außenmauer des südlichen Querhauses in einer Tiefe von rund zwei Metern. Das aufgefundene Ledermaterial stammte vom rechten Fuß des Verstorbenen. Während der Ausgrabungen 1995 zeigten sich auch im linken Fußbereich Verfärbungen, die auf eine ehemalige Fußbekleidung hindeuten. Es konnten jedoch keine Lederreste mehr geborgen werden. Die Person wurde in West-Ost-Richtung bestattet und hatte die Hände im Beckenbereich gefaltet. Das Grab selbst war ungestört.

Aufgrund einer fachgerechten Bergetechnik und Zwischenlagerung des Schuhfragments konnte eine umfangreiche Auswertung erfolgen. Selbst bei einer starken Fundzersetzung (z. B. durch Leichensäfte oder Bodenkalke) bietet diese Vorgangsweise eine gute Ausgangsbasis.[65] Durch die im Lehm verbliebene Farbstruktur konnte bereits zum Zeitpunkt der Bergung der ursprüngliche Umriss des rechten Schuhes rekonstruiert werden. Das umgebende Erdmaterial wurde während der Freilegung des Grabes am Leder belassen, um möglichst optimale Erhaltungsbedingungen zu gewährleisten. Die Bergung erfolgte durch die Unterschiebung einer Metallplatte. Somit konnten die Lederreste inklusive umliegendem Material und die damit einhergehenden Bodenverfärbungen geborgen und genau dokumentiert werden. Einem Mikroschleifeffekt wurde so entgegengewirkt. Bis zur Bearbeitung durch den Restaurator Manfred Macek war es notwendig, den Fund bodenfeucht zu halten, um eine Schrumpfung zu verhindern.[66] Das Materi-

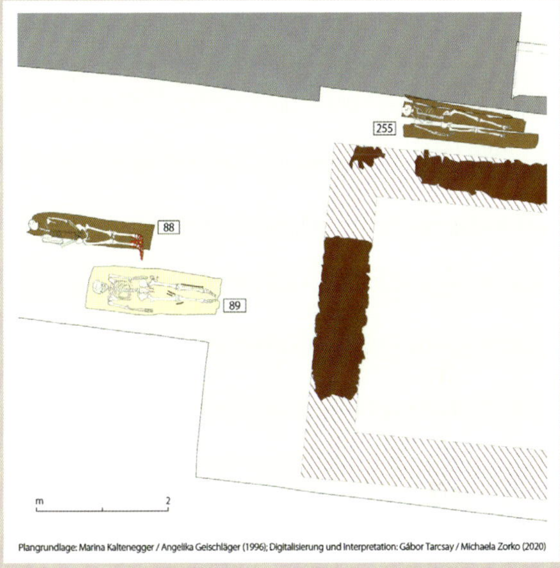

Abb. 97 Umzeichnung des Grabes 88 mit den Schuhresten am rechten Fuß

---

[65] MACEK, Schuh- und Lederfunde 96-107.

[66] MACEK, Schuhfund 78-85.

al konnte anschließend mittels Lederstabilisatoren und einer Kollagenzugabe stabilisiert werden. Dabei wurde festgestellt, dass der Erhaltungszustand des Leders doch schlechter war, als zuerst angenommen. Mit Hilfe einer Schichtenmethode in einer schwachen Alkohollösung wurden die einzelnen Fragmente gereinigt. Dadurch kam es zur Auflösung der optischen Geschlossenheit des geborgenen Schuhwerks.[67] Aufgrund der Schichtmethode konnten vor allem Fragen zur Schuhschnürung beantwortet werden. Im Bereich des Schaftes wurden zwei Lederdurchbrüche identifiziert. Diese deuten auf ein Lederband hin, das durchgezogen wurde. Das Band selbst blieb jedoch nicht erhalten.

Der Schuhaufbau erfolgte in der Wendetechnik. Es handelt sich dabei um eine durchaus übliche Nähtechnik des Mittelalters. Dabei werden das Ober- und Sohlenleder auf der Fleischseite miteinander vernäht. Anschließend wurde der Schuh gewendet, damit die wasser- und schmutzabweisende, glatte Seite nach außen zeigte. Die Nähte waren so nicht mehr sichtbar. Ab dem 12. Jahrhundert wird es üblich, einen schmalen Lederstreifen als Versteifung zwischen Ober- und Sohlenleder einzulegen.[68] Zur Lederart des Schuhs konnte keine Aussage getroffen werden. Vermutlich handelt es sich um *Bovinae-* (Rind) oder *Caprinae*leder (Schaf oder Ziege). Bei anderen Fundstellen mit Schuhledererhaltung (z. B. Schleswig) wurde festgestellt, dass die Sohle immer aus Rindsleder gefertigt wurde. Rindsleder ist sehr strapazier- und widerstandsfähig, bleibt jedoch geschmeidig. Im nördlichen Europa kam es zwischen dem 12. und 13. Jahrhundert zu einem Wandel in der Verwendung der Lederart. Während im Frühmittelalter Schuhfunde aus Ziegenleder dominierten, finden sich ab dem 13. Jahrhundert verstärkt Rindslederschuhe.[69] Ob diese Erkenntnis auch auf den mitteleuropäischen Raum – auf das Voralpengebiet – umgelegt werden kann, muss zu diesem Zeitpunkt aufgrund der geringen Anzahl an Schuhfunden offenbleiben.

Vor allem der Vorderfußbereich und die Spitze der Laufsohle des rechten Fußes haben sich gut erhalten. Insgesamt ist die Sohle relativ schmal ausgeprägt und zeigt keinen asymmetrischen, einballigen Sohlenzuschnitt. Daher kann nicht zwischen linkem und rechtem Fuß unterschieden werden. Der vordere Schuhbereich wurde spitz ausgeführt. Aufgrund einer Kollagenrückführung konnte Manfred Macek die Reste einer Perforierung dokumentieren. Es handelt sich dabei um Nahtlöcher, die durch die Verbindung mit anderen Lederteilen entstanden. Dies geschieht beispielsweise durch das Aufsetzen des Oberleders.[70] Sticharten zeigen die unterschiedlichste Nähfadenführung an. Da das Nähgarn in Mariazell nicht mehr erhalten war, kann nur aufgrund der Anordnung der Einstiche und eventuellen Fadenabdrücke ein Rückschluss gezogen werden. Es ist davon auszugehen, dass es sich bei der Stichart des vorliegenden Schuhfundes entweder um einen einfachen oder doppelten Heftstich, Sattelstich oder Steppstich handelt. Diese sind aufgrund der Nahtlöcher nicht zu unterscheiden. Jedenfalls handelt es sich um eine sogenannte Stürz- oder Applikennaht, die das Sohlenleder mit dem Oberleder verband. Die Stichweite des Schuhs aus Grab 88 be-

---

67   Ebd. 81.
68   SCHNACK, Mittelalterliche Lederfunde 11–12.
69   SCHNACK, Mittelalterliche Schuhe 27.
70   MACEK, Schuhfund 81.

trug durchschnittlich 0,4 bis 0,6 Zentimeter. Ziernähte und eine Innensohle wurden nicht festgestellt. Eine solche Zweiteilung der Sohle wird erst ab 1200 angenommen.[71] Ein kleiner Rest deutet auf das Vorhandensein einer Brandsohle hin. Manfred Macek sieht dies als Hinweis, dass der Schuh von einem Fachmann hergestellt wurde. Die Laufsohle wurde vermutlich von einem Schuhmacher gefertigt.[72]

Das Oberleder ist durch ein großes Stück erhalten geblieben. Dabei handelt es sich um einen einteiligen Zuschnitt. Das bedeutet, dass das Oberleder aus einem Lederstück gefertigt wurde und wie auch in dem hier vorliegenden Fall, gegebenenfalls durch Einsätze ergänzt werden konnte.[73] Solche Materialergänzungen bzw. Einsätze wurden beim Zuschnitt des Schuhwerks wohl aufgrund einer sparsamen bzw. optimalen Ausnutzung des vorhandenen Ledermaterials verwendet.[74] Heftlöcher zeigen den Verbindungsnachweis zur Sohle an. Die Stichweite der Sohlennahtlöcher ist mit jenen Heftlöchern des Oberleders ident. Der Oberlederrest ist doppellagig gefertigt worden.[75] Die Verbindung zwischen Vorderfußblatt und Schaftbereich konnte aufgrund einer Entnahme der Fußknochen und einer damit einhergehenden Zerstörung des Schuhbefundzusammenhanges nicht mehr eindeutig geklärt werden. Aus demselben Grund war auch die

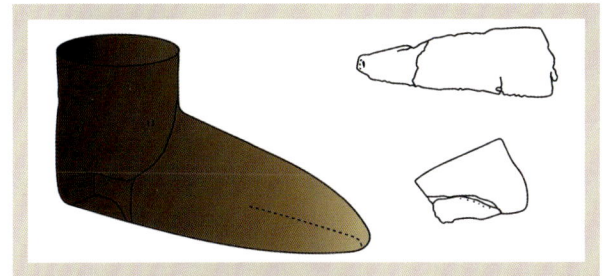

Abb. 98 Rekonstruktionsversuch der Schuhform inklusive Lederdurchbrüche; rechts oben: Laufsohle, rechts unten: doppellagiges Lederfragment (Zeichnung: auf der Grundlage von Manfred Macek 1997, umgezeichnet durch Iris Winkelbauer 2019)

Rekonstruktion des Lederaufbaus im Fersenbereich nicht mehr möglich.[76]

Der Schaft- und Ristbereich konnte ebenfalls in Resten dokumentiert werden. Beim Leder des Ristbereiches handelt es sich um ein Altlederteil. Da das Stück offenbar zu klein war, wurde ein halbrund geschnittenes, neues Lederteil angesetzt. Ein weiteres Lederfragment stammte aus dem unteren Schaftbereich.[77] Es besaß Nählöcher, die wiederum mit jenen des Sohlenleders korrespondieren.[78] Aufgrund der Rekonstruktion der Grundform durch Manfred Macek und der Machart des Schuhes kann der vorliegende Fund als halbhoher Bundschuh mit runder Fersenpartie und zwei Ösenpaaren[79] angesprochen werden. Als Verschlussart wird eine Schnürung angenommen. Sol-

---

71 SCHNACK, Mittelalterliche Schuhe 35. Vgl. hierzu auch die Schuhfundreste aus einer Brunnenanlage in Klosterneuburg aus dem beginnenden 15. Jahrhundert In: FELGENHAUER-SCHMIEDT, Brunnenfund 65-87.
72 Vgl. Kapitel 5.2 Brandsohle. In: MACEK, Schuhfund 82.
73 SCHNACK, Mittelalterliche Lederfunde 10-11. Vgl. zudem die Form einteilig II In: SCHNACK, Mittelalterliche Schuhe 53.
74 SCHNACK, Mittelalterliche Schuhe 56-57.
75 MACEK, Schuhfund 82.
76 Ebd. 84.
77 Ein Vergleichsstück findet sich im Fundgut aus London. In: GREW/DE NEERGAARD, Shoes and Pattens.
78 MACEK, Schuhfund 88.
79 Vgl. hierzu Typ B1, Variante a: halbhoher Schnürschuh mit runder Fersenpartie mit zwei Ösenpaaren, etwa auf Tafel 51 (1 Nr. 1346), Tafel 52 (1 Nr. 12498), Tafel 54 (2 Nr. 1367),

che halbhohe Schuhe mit Schnürung gehören zu den ältesten mittelalterlichen Schuhtypen. Ein früher Beleg eines solchen Schuhes mit geschlossenem Schaft und umlaufender Schnürung findet sich beispielsweise in der Kirchenbestattung von St. Ulrich und Afra in Augsburg und datiert um 650. Vermutlich können auch die sogenannten „Wadenbindergarnituren" aus frühmittelalterlichen Gräbern als solch eine Schuhform angesprochen werden.[80] Die halbhohen Schnürschuhfunde in Schleswig, die aus dem 12. Jahrhundert stammen, sowie die halbhohen Schuhfunde aus Konstanz, bestehen überwiegend aus Ziegenleder.[81] Möglicherweise ist das Oberleder des Schuhfundes aus Mariazell ebenfalls aus Ziegenleder gefertigt worden. Für die hier vorliegende halbhohe Schuhform gibt es einige Vergleichsfunde in Nord- und Mitteleuropa.[82]

Die Schuhgröße wurde rechnerisch mit 38/39 ermittelt.[83] Die anthropologische Untersuchung geht von einer männlichen Bestattung aus. Es handelt sich um eine *mature* Person mit einem Sterbealter zwischen 50 und 60 Jahren. Die durchschnittliche Schuhgröße der Männer im Hochmittelalter lag bei etwa 41. Demnach liegt der Schuh von Mariazell etwas darunter. Da die bestattete Person jedoch nur eine Körpergröße von rund 169 Zentimeter besaß, ist die geringere Schuhgröße durchaus erklärbar. Es kann also von einem „von Männern getragenen" Schuh gesprochen werden – einer Herrenfußbekleidung.

In erster Linie diente die Schuhbekleidung dem Schutz der Füße. Durch die Wahl der Schuhform wird ein solcher Schutz gewährleistet. Je nach klimatischer Bedingung stehen offene, oder geschlossene hohe Schuhe in Verwendung. In benediktinischen, hochmittelalterlichen Vorschriften findet sich eine saisonale Differenzierung in Sommer- und Winterschuhe. Weiters wird auch zwischen Tag- und Nachtschuhen unterschieden.[84] In den Hirsauer *Consuetudines* wird etwa über die Schuhausgabe, die Unterscheidung in Tag- und Nachtschuh, sowie über die Schuhwechselzeiten und Reinigung der Tagesschuhe berichtet. Vier Paar Schuhe wurden ausgegeben. Eines für den Tag mit Riemen, ein weiteres Paar ohne Riemen für die Nacht. Die Nachtschuhe sind wohl mit Pantoffeln gleichzusetzen. Bei zwei weiteren Paaren handelt es sich vermutlich um ausgegebene Stiefel: […] *duo paria calceorum, unum par cum corrigiis ad dies, alterum sine corrigiis ad noctes, duo paria caligarum […]*.[85] Eine Zuordnung des Schuhfunds als Sommer- oder Winterschuh kann nicht erfolgen. Da bei dem Schuh aus Mariazell aufgrund eines dokumentierten Ösenpaares eine Riemenschnürung angenommen wird, kann das Fundstück mit einiger Vorsicht als Tagschuh angesprochen werden. Neben den klimatischen Gegebenheiten ist auch der Wirkungsbereich der tragenden Person für die Wahl des Schuhwerks von entscheidender Bedeutung. Während für eine mittelalterliche Person des bäuerlichen

---

Tafel 55 (1 Nr. 2281), Tafel 62 (1 Nr. 1344) In: SCHNACK, Mittelalterliche Schuhe 99.
[80] ATZBACH, Leder und Pelz 37.
[81] SCHNACK, Mittelalterliche 105-106 und SCHNACK, Mittelalterliche Lederfunde 30.
[82] Siehe hierzu Karte 8 Verbreitung der Halbhohen Schuhform, Typ B und Liste 9 Vergleichsfunde zur Halbhohen Schuhform In: SCHNACK, Mittelalterliche Schuhe 139, 149.
[83] MACEK, Schuhfund 88.

[84] ZIMMERMANN, Ordensleben 94, 340.
[85] ENGELBERT, Constitutiones Hirsaugienses:

Milieus tatsächlich der Schutz vor Kälte und Nässe im Vordergrund stand, diente der Schuh einer wohlhabenden Person mit Sicherheit auch Repräsentationszwecken bzw. besaß Schmuckcharakter. Die Qualität eines Schuhwerks spiegelte sich in der Wahl der Lederart, sowie in der Verarbeitung und Gestaltung wider.[86] Benediktinermönche trugen die Bekleidung des „einfachen Mannes".[87] Der vorgestellte Fund entspricht auch einer einfachen, nicht verzierten Ausfertigung. Aufwändig verzierte Schuhe sind vor allem Personen der städtischen Gesellschaft zuzuordnen.[88]

Der Schuhfund wurde bereits 1997 typologisch untersucht und chronologisch eingeordnet. Die Schuhspitze lief leicht zusammen, wie es in der Schuhmode des 12. und 13. Jahrhunderts durchaus üblich war. In Hinblick auf die Entwicklung der europäischen Schuhmode ist eine Einordnung in die zweite Hälfte des 12. Jahrhunderts und den Beginn des 13. Jahrhunderts wahrscheinlich.[89] Zum Zeitpunkt der typologisch-chronologischen Einordnung lag noch keine dendrochronologische Analyse von Grab 88 vor. Ein nun erfolgter Abgleich mit den chronologischen Ergebnissen der Holzuntersuchungen des Sargbodenbrettes aus Grab 88 ergab eine zeitliche Übereinstimmung. Beide Untersuchungen nehmen einen Datierungszeitraum zwischen Ende 12. Jahrhundert und Anfang 13. Jahrhundert an.[90] Bereits bei der ersten Auswertung betonte Manfred Macek, dass die österreichische archäologische Forschung in Bezug auf die Schuhauswertung international gesehen größeren Aufholbedarf hat. Der unzureichende Forschungsstand bezüglich der Schuhmode dieser Zeitstellung hat sich auch im 21. Jahrhundert kaum verbessert. Die Erhaltung von Lederresten in dieser klimatischen Zone benötigt, wie zu Beginn erwähnt, besondere Umstände. Umso bedeutender ist daher der Fund aus Mariazell.

4. Krummstab

Der Krummstab bzw. Abtstab oder auch Bischofsstab bzw. Hirtenstab (*baculus episcopalis*) diente als Symbol, um die Hirtenfunktion seines Trägers anzuzeigen.[91] Ursprünglich diente der Krummstab als Hoheits- und Herrschafts- bzw. Jurisdiktionszeichen.[92] In mittelalterlichen Quellen wird der Krummstab zudem auch als *cambutta*[93], *crocia*, *ferula*[94], *pastorale*, *pedum* und *virga* bezeichnet. In neuzeitlichen Quellen findet sich nur mehr die Bezeichnung *baculus episcopalis* bzw. *baculus*.[95] Der Stab zählte ursprünglich nur zu den liturgischen Insignien der Bischöfe. Er erhielt jedoch rasch auch den Charakter eines liturgischen Ornates, vergleichbar mit den liturgischen Gewändern der Bischöfe. Er zählt zu den Pontifikalien und besteht aus einem Schaft und einer Krümme (*curvatura*). Oft war der Krummstab aus Holz und Elfenbein, Knochen oder Metall (Silber, Bronze oder Kupfer) gefertigt, wobei

---

[86] SCHNACK, Mittelalterliche Schuhe 156.
[87] ZIMMERMANN, Ordensleben 88.
[88] SCHNACK, Mittelalterliche Schuhe 156.
[89] MACEK, Schuhfund 88.
[90] KALTENEGGER, Aufarbeitung Grabung Klein-Mariazell 158-161.
[91] HEEGE/BEHRE, Bischofsstab 121-122.
[92] AMBRÓZY, Krummstab 8-9.
[93] Mit *cambutta* wird in den schriftlichen Quellen ein irischer Abtstab bezeichnet.
[94] *Ferula* bezeichnet einen Bischofsstab
[95] BRAUN, Bischofsstab 805-808. Vgl. hierzu ebenfalls BEZDEK, Bischofsstab und Zepter.

das Elfenbein, der Knochen oder das Metall die Strenge des Gesetzes und das Holz die Milde des Evangeliums symbolisieren sollten. Mittelalterliche, schriftliche Erlässe zum Material gibt es nicht, daher müssen für Aussagen zum Material bildliche Darstellungen oder erhaltene Objekte (aus dem archäologischen Befund oder diversen klerikalen oder musealen Beständen) herangezogen werden. Im 11. und 12. Jahrhundert waren Krümmen aus Holz selten. Lediglich solche, die ins Grab mitgegeben wurden, sind komplett aus Holz gefertigt worden. Die Krümme war gewöhnlich überwiegend aus Elfenbein gestaltet. Solch erhaltene Bischofsstäbe finden sich beispielsweise in Stift Göttweig (vgl. Abb. 12) und in Stift Altenburg in Niederösterreich sowie in Stift Admont in der Steiermark. Seltener bestand die Krümme in dieser Zeit aus Metall. Der Schaft war bis ins 14. Jahrhundert überwiegend aus Holz gefertigt.⁹⁶ Verbunden waren Krümme und Schaft durch einen Knoten (*sphaerula*), der die Göttlichkeit Jesu Christi darstellen sollte.⁹⁷

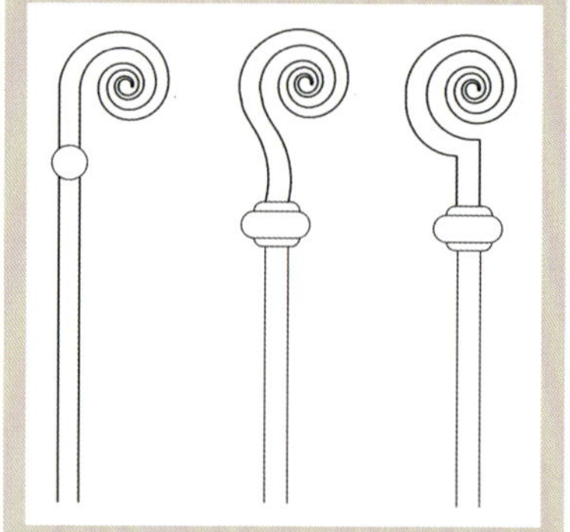

In der Spätantike finden sich bis dato keine gesicherten Belege von Bischofs- oder Abtstäben. Bei einigen Stäben des 4. und 5. Jahrhunderts wird jedoch diskutiert, ob sie mit einem christlichen Ritus in Verbindung stehen.⁹⁸ Die ältesten Erwähnungen

Abb. 99 Entwicklung der Krümme: Links: einfacher Krummstab mit geradem Übergang von Schaft zur Krümme; Mitte: entgegengesetzte Krümmung; Rechts: Krümmung in Sichelform (Zeichnungen: Iris Winkelbauer 2019)

eines Krummstabes, der das bischöfliche Hirtenamt in Form einer Amtsinsignie symbolisiert, findet sich in Isidor von Sevillas (*Isidorus Hispalensis*) Schrift „*De ecclesiasticis officiis*" aus den Jahren 598/615:⁹⁹ *Huic autem, dum consecratur, datur baculus, ut ejus indicio subditam plebem vel regat, vel corrigat, vel infirmitates infirmorum sustineat.*¹⁰⁰ Weiters wird der Bischofsstab in der Synode von Toledo aus dem Jahr 633 erwähnt: [...] *ut si episcopus fuerit recipiat coram altario de manu episcoporum orarium, annulum et baculum,* [...].¹⁰¹ Diese beiden Quellen zeigen, dass es in Spanien bereits im 6. und 7. Jahrhundert üblich war, einen solchen Krummstab im Zuge der Bischofsweihe zu überreichen. Ab dem 10. Jahrhundert war der Bischofsstab in allgemeinem Gebrauch. Eine erste schriftliche Erwähnung eines Abtstabes, der den Äbten bei Empfang der Abtwei-

---

⁹⁶ BRAUN, Bischofsstab 805-808.
⁹⁷ WOLFSKRON, Der Bischofsstab 256-262.
⁹⁸ VOGTHERR, Bischofsstäbe und Abtsstäbe 83-90.
⁹⁹ Vgl. LAWSON, Sancti Isidori.
¹⁰⁰ Documenta Catholica Omnia Sancti, Migne Patrologia Latina – Volumen 083 [MPL083] Ab ad columnas 0737-0826B, Isidori Hispalensis Episcopi, De Ecclesiasticis Officiis (560-636), Liber secundus: de origine ministrorum, caput V: de sacerdotio, 420/12. (http://www.documentacatholicaomnia.eu/02m/0560-0636,_Isidorus_Hispaliensis,_De_Ecclesiasticis_Officiis,_MLT.pdf, letzter Abruf im Mai 2019).
¹⁰¹ Documenta Catholica Omnia Sancti, Migne Patrologia Latina – Volumen 084 [MPL 084] Ab ad columnas 0301-0626D, Isidoro Hispalensis Ascripta, Collectio Canonum, XLIX Concilia Hispaniae – Toletanum IV. (633) XXVII. De ordine quo depositi iterum ordinantur 376. (http://www.documentacatholicaomnia.eu/02m/0300-0800,_Concilia_Hispaniae,_Documenta,_MLT.pdf letzter Abruf im Mai 2019).

Abb. 100 Der Krummstab aus Mariazell in Grab 254 – Auffindungssituation

Abb. 101 Der Krummstab aus Grab 254 während der Vorbereitungen zur Blockbergung

he durch den Bischof überreicht wurde, findet sich im ausgehenden 7. Jahrhundert. Ursprünglich diente er als Symbol des Hirtenamtes, das der Abt gegenüber seinen Mönchen ausübte.[102] Aufgrund einer Ermächtigung des apostolischen Stuhles ab dem 12. Jahrhundert durfte der Krummstab auch von Äbten bei Pontifikalhandlungen getragen werden.[103] Bereits ab dem 11. Jahrhundert finden sich an den Krummstäben kunstvolle Verzierungen. Vor allem die Krümme ist mit aufwändigem, floralem, geometrischem oder figuralem Dekor versehen. Im 15. Jahrhundert verlagert sich die Verzierung dann zum oberen Schaft.[104] Spätestens seit dem 13. Jahrhundert bestand in Material, Form und Ausstattung kein Unterschied zwischen einem Bischofsstab und einem Abtstab.[105]

Während keine nennenswerte formale Entwicklung des Schaftes zu beobachten ist, unterliegt die Krümme einer langsamen, aber stetigen optischen Veränderung. Bildliche Quellen zeigen, dass in karolingisch-ottonischer Zeit die Krümme aus einer einzigen, in eine Spitze mündenden Windung besteht. Ab dem 11. bis 13. Jahrhundert besteht der Krummstab aus bis zu zwei Windungen. Drei Windungen finden sich nur in Ausnahmefällen. Oftmals endet die Mündung nun in Form eines Schlangen- oder Drachenkopfes mit aufgerissenem Maul. Weiters findet sich auch ein Abschluss in Form ei-

---
[102] BRAUN, Bischofsstab 805-808.
[103] FARKA, Totenbrauchtum 292-315, Kat. Nr. 28.92.
[104] WOLFSKRON, Der Bischofsstab 259.

[105] BRAUN, Bischofsstab 805-808.

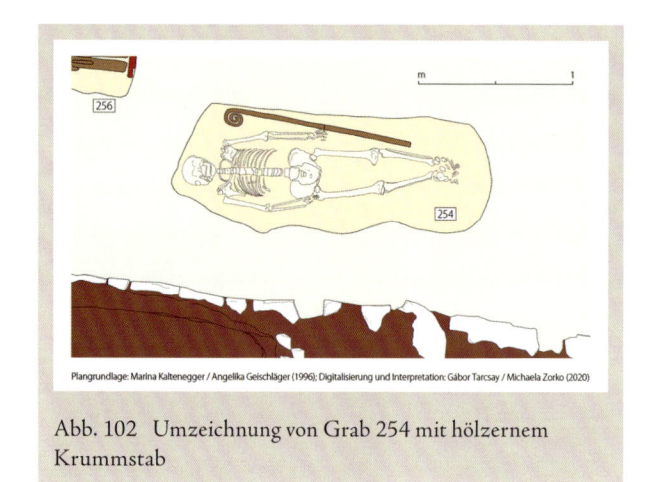

Abb. 102 Umzeichnung von Grab 254 mit hölzernem Krummstab

nes Blattes oder Kreuzes. Ab dem 13. Jahrhundert sind auf dem Rücken der Krümme Zacken, Knospen oder Blätter zu finden. Die Mündung wird nun wieder vermehrt mit einem spitzen Abschluss gefertigt. Die Windungen verschwinden schließlich, um Platz für figürliche Darstellungen zu schaffen. Ein Phänomen, dass sich bis in die Barockzeit feststellen lässt. Der Knoten, der die Krümme und den Schaft trennt, besteht bis in das 14. Jahrhundert hinein aus einer mehr oder weniger stark gedrückten Kugel, selten aus einer Linse oder Scheibe. Ab dem späten 14. Jahrhundert wird dieser Knoten immer aufwändiger gestaltet und weist architektonische Elemente auf. Ab der Mitte des 16. Jahrhunderts wird das architektonische von einem vasenförmigen Gebilde abgelöst.[106] Eine Entwicklung, die auch in Hinblick auf den aufgefundenen Krummstab in Mariazell von größerer Relevanz ist, betrifft nicht die Volute sondern den unteren Teil der Krümme. Bis in das 14. Jahrhundert war dieser Teil senkrecht, wurde

dann ab diesem Zeitpunkt mit einer entgegengesetzten Krümmung ausgeführt und ging schließlich in eine Sichelform über.[107]

Figurale Schmuckelemente und Inschriften finden sich auf Krummstäben bereits ab dem 11. Jahrhundert. Zentrale Motive stellen der Baum oder das Lamm Gottes dar. Weitere noch erhaltene Bischofs- bzw. Abtstäbe zeigen Pfauen oder Adler (z. B. auf jenen in Stift Göttweig und Altenburg). Inschriften wurden etwa im Bereich des Knotens angebracht (z. B. auf dem Stab in St. Peter zu Salzburg). Ab dem 13. Jahrhundert findet sich eine Art Fähnchen (*pannisellus*), das vom Knoten herabhing. Es diente keinem bestimmten Zweck.[108]

In Mariazell wurde in Grab 254 ein hölzerner Krummstab entdeckt. Bereits bei der Aufdeckung war der Krummstab mehrmals gebrochen. Er wurde mit einem Rahmen versehen, mit PU-Schaum ausgeschäumt, anschließend geborgen und schockgefroren. Die Bergung gestaltete sich als schwierig, da der Boden zu diesem Zeitpunkt rund 4 Zentimeter tiefgefroren war.[109]

Der Krummstab befand sich an der linken Körperhälfte eines als männlich bestimmten Toten, der zwischen 51 und 60 Jahre alt und rund 172 Zentimeter groß war. Es ist aufgrund der Befundlage davon auszugehen, dass der Verstorbene in kei-

---

[106] Ebd.

[107] WOLFSKRON, Der Bischofsstab 259.
[108] Der *pannisellus* wurde weder als Schweißtuch noch als Schutz vor Kälte oder zur Säuberung der Hände verwendet.
[109] Eine erste Restaurierung des Stabes erfolgte nach seiner Bergung und anschließenden Schockgefrierung in Seibersdorf in den Werkstätten des BDA. Aktuell wird dieser nochmals im Rahmen einer Diplomarbeit an der Akademie der Bildenden Künste durch Kerstin FISCHBACHER, Institut für Konservierung und Restaurierung, restauriert, konserviert und für eine dauerhafte, sachgerechte Lagerung vorbereitet.

nem Sarg und auf keinem Totenbrett bestattet wurde. Dendrochronologische Daten liegen daher keine vor. Aufgrund der stratigraphischen Anordnung und durch Vergleichsfunde ist jedoch von einer Datierung in das 12. bzw. 13. Jahrhundert auszugehen. Der Krummstab aus dem Kloster Mariazell ist sehr einfach gefertigt. Die Krümme und der Schaft sind durchgehend aus Pappelholz und es zeigt sich kein Knoten. Ein Absatz deutet einen solchen lediglich an. Jedoch weist er eine volutenförmige Windung auf. Der einfache, aus Holz hergestellte Krummstab kann als Substitut bzw. Grabfuneral[110] angesprochen werden. Da er aus „unedlem" Material besteht und keinerlei Verzierungen aufweist, ist davon auszugehen, dass er eigens für die Mitgabe im Grab angefertigt wurde. Solche Grabfuneralien wurden für höher gestellte Personen, wie Kaiser, Fürsten und Bischöfe angefertigt. Interessant ist, dass sich einige Vergleichsfunde aus Bischofsgräbern finden, jedoch kaum aus Abtgräbern. Weder archäologische, noch schriftliche Quellen liefern Anhaltspunkte, dass es sich in Mariazell um ein Bischofsgrab handeln könnte. Aufgrund der Ausstattungselemente des Grabes ist von einer Abtbestattung auszugehen. Der Fund in Mariazell stellt somit eine Besonderheit dar.[111] Durch den geraden Übergang zwischen Schaft und Krümme kann angenommen werden, dass es sich um einen frühen Typus handelt. Der Krummstab weist keine aufwändige Verzierung auf. Er besitzt jedoch einige Bohrspuren, die darauf hindeuten, dass die Windungen zuerst vorgebohrt und anschließend geschnitzt wurden. Insgesamt ist er als grob geschnitzt anzusprechen und hat eine Länge von 116,7 Zentimeter.

Vergleichbare Funde solch einfach gefertigter Krummstäbe konnten beispielsweise in Einbeck in Niedersachsen[112], in St. Peter in Salzburg oder in St. Kunibert in Köln[113] aufgedeckt werden, wobei es sich dabei um Bischofsgräber handelt.

5. Zusammenfassende Betrachtung der Bestattungen

Die Zusammenschau der Grabgruppen, die einen Teil des ehemaligen Friedhofs des 12. und 13. Jahrhunderts darstellen, ergibt für diese frühe Zeit eine unglaubliche Vielfalt an unterschiedlicher Bestattungsgestaltung. Von der einfachen Erdbestattung über in ein Leichentuch gewickelte Tote, oder einfache Sargbretter, auf denen der oder die Tote gelagert oder davon abgedeckt war, bis hin zu Sonderformen mit Seitenbrettern und Querhölzern. Ungewöhnlich sind auch die sogenannten „Fasssärge". Bei der einzig vorliegenden Sargform in dieser Frühzeit handelt es sich um giebelförmige Särge mit trapezförmigem Stirnbrett und schräg an Bodenbrett und Stirnbrett angedübelten Seiten- bzw. Deckbrettern. Die Särge besitzen eine sehr entwickelte Form, sind jedoch mehr an die Körperform angelehnt, als jene Särge in Kistenform, die später populär wurden.[114] Von den 66 Bestatteten konnten bei 39 Holzreste geborgen werden, die entweder von Särgen oder Boden- bzw. Deckbrettern stamm-

---

[110] Begrifflichkeit nach FARKA, Totenbrauchtum.
[111] Ebd.
[112] Vgl. hierzu PETKE, Erzbischof Heinrich I. von Mainz 33-58.
[113] Vgl. hierzu SEILER/GECHTER, Das Grab des Bischofs 300-303.
[114] KALTENEGGER, Aufarbeitung Grabung Klein-Mariazell 158-161.

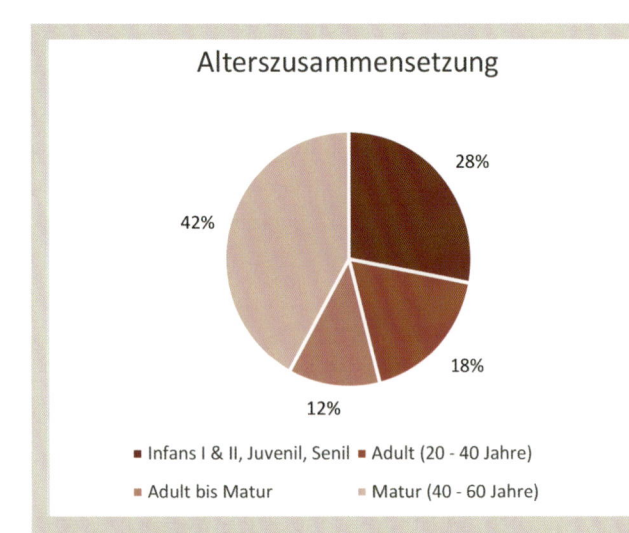

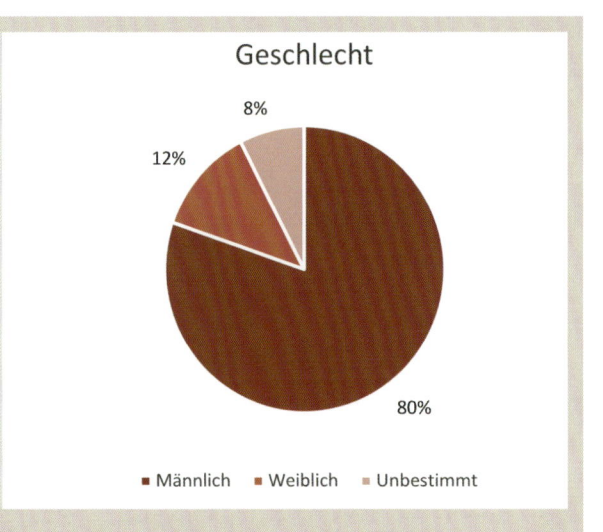

Abb. 103 Geschlechterverteilung und Alterszusammensetzung der 66 Bestatteten des 12. und 13. Jahrhunderts (Grafik: Iris Winkelbauer 2019)

ten. Bei drei Bestattungen wird ein Leichentuch vermutet und bei 24 Bestattungen konnten keine Hinweise auf Sargreste dokumentiert werden.

Zusätzlich zu den Holzresten kann auch die Lage der einzelnen Skelettteile einen Hinweis auf Hohlräume und eine damit verbundene Bestattung in einem Sarg oder einer ähnlichen Konstruktion liefern. Manche Bewegungen, die im Zuge des Verwesungsprozesses und der Auflösung des Sehnenverbandes passieren, sind nur aufgrund von Hohlräumen möglich (z. B.: ein nach außen gekipptes Becken, ein Abrollen des Schädels, das Abklappen des Unterkiefers oder das Abfallen der Kniescheiben).[115] Sargbeschläge oder Sargnägel wurden nicht geborgen. Das Einhüllen des Leichnams in ein Tuch oder eine Verschnürung lässt sich durch indirekte Belege dokumentieren (z. B. durch eine engaliegende Bein- und Armstellung der Toten oder eine annähernd vertikale Anordnung der Schlüsselbeine[116]).

Warum manche Personen in Särgen oder mit Boden- oder Deckbrettern bestattet, andere wiederum vermutlich nur in ein Leichentuch gewickelt wurden oder keine Grabeinbauten aufweisen, muss zu diesem Zeitpunkt offenbleiben. Es ist jedenfalls nicht davon auszugehen, dass eine aufwändigere Grabgestaltung zwangsläufig die soziale Stellung einer Person widerspiegeln muss. Die Bestattung mit Krummstab, die auf einen Abt, also eine höherstehende Persönlichkeit hindeutet, besitzt keinen Sarg, kein Boden- oder Deckbrett. Der Bestand der dokumentierten Formen an Särgen und verschiedenen Sargbrettkombinationen gibt jedenfalls einen

---

[115] NOWOTNY, Thunau am Kamp 31.

[116] Ebd. 35.

einzigartigen Einblick in die Geschichte des Bestattungswesens im Klosterbereich in Österreich.

Alle Gräber des 12. und 13. Jahrhunderts weisen im Wesentlichen eine Ost-West-Orientierung mit Kopflage im Westen auf. Jene Gräber, die sich im nordöstlichen Bereich des ehemaligen Chorrechtecks befinden, sind leicht nach Südwest-Nordost gekippt (17 Bestattungen) und zum Baukörper des Chores hin ausgerichtet. Im Allgemeinen wurde die Ost-West-Orientierung bis in die Neuzeit ohne größere Abweichungen beibehalten. 22 der Bestatteten wurden in gestreckter Rückenlage aufgefunden. Bei 29 Bestattungen kann aufgrund eines fehlenden kompletten Skelettverbandes keine Aussage zur Arm- oder Beinhaltung getätigt werden. Die restlichen 15 Bestattungen wiesen im Bereich des Beckens angewinkelte bzw. gefaltete Arme und Hände auf oder besaßen jeweils einen linken oder rechten gestreckten und einen angewinkelten Arm.

Eine Markierung der Gräber konnte während der archäologischen Ausgrabungen nicht festgestellt werden. Es ist jedoch davon auszugehen, dass die Position der Gräber über einen gewissen Zeitraum erkennbar blieb, da eine annähernd regelhafte Anordnung erfolgte. Denkbar wäre eine Markierung, die sich im archäologischen Befund nicht niedergeschlagen hat, wie aufgelegte Steine oder eine Erhöhung der Oberfläche.[117]

Die Altersverteilung der Bestatteten zeigt ein für den klösterlichen Bereich zu erwartendes Bild. Den größten Anteil mit 42 Prozent bilden jene Toten, die als *matur* (40 bis 60 Jahre) bestimmt wurden, gefolgt von *adulten* Personen (20 bis 40 Jahren) mit 18 Prozent, sowie 12 Prozent, die anthropologisch von *adult* bis *matur* eingestuft wurden. Lediglich 28 Prozent verteilen sich auf *infans* I (0 bis 6 Jahre) und *infans* II (7 bis 12 Jahre), *juvenil* (13 bis 19 Jahre) und *senil* (60 Jahre und älter) bzw. *matur* bis *senil*. Die Geschlechterverteilung entspricht ebenfalls dem Bild eines Friedhofs, der einem Männerkloster zugeordnet werden kann. Weibliche Bestattungen sind mit acht Personen stark unterrepräsentiert. Sechs davon gehören der nördlichen, außerhalb der Basilika gelegenen Gräbergruppe an. Wobei hier als Detail anzumerken ist, dass vier dieser Bestattungen dendrochronologisch datierte Särge und Sargbretter aufwiesen. Zwei weitere weibliche Bestattungen sind der Gräbergruppe, die sich nördlich des ehemaligen Chorrechtecks befindet, zuzuordnen. Eine Tote wurde in einem giebelförmigen Sarg (Grab 159) bestattet, die andere Bestattung (Grab 43) besitzt ein Bodenbrett. Aufgrund der dendrochronologischen Daten können die weiblichen Bestattungen der Frühphase zugeordnet werden. Da davon auszugehen ist, dass in Mariazell in Österreich im 12. Jahrhundert auch ein Nonnenkonvent existierte[118], könnte es sich hierbei um Nonnen oder Konversinnen handeln. Sowohl die aufwändige Grabgestaltung, als auch die Erwähnung von verstorbenen Nonnen im *Necrologium* verstärken diese Annahme. Den Ausführungen von Thomas Aigner folgend, könnte die letzte Nonne Ende des 12. bzw. zu Beginn des 13. Jahrhunderts bestattet worden sein, wobei darauf hinzuweisen ist, dass nicht der gesamte Friedhofsbereich ergraben wurde und möglicher-

---

[117] Vgl. ebd. 28-29.

[118] Vgl. die Ausführungen von AIGNER und SCHEDL in Abschnitt III in diesem Band bzw. EIGNER, Geschichte 357-362.

weise noch ältere oder jüngere weibliche Bestattungen vorhanden sind.[119] [Abbildung 103]

Wer waren nun diese bestatteten Personen? Aufgrund von fehlenden anthropologischen Untersuchungen zu Ernährungsgewohnheiten, Krankheiten und Abnützungserscheinungen an den Skeletten können diese wichtigen Aspekte leider nicht für Aussagen zur gesellschaftlichen Stellung der Bestatteten oder zur verrichteten Arbeit der Toten herangezogen werden, um ein möglichst klares Bild zu erhalten. Überwiegend handelt es sich um Männer im Alter von 20 bis 60 Jahren. Die Interpretation, dass es sich um Laienbrüder, Mönche oder gar Äbte (Grab 254) handelt, liegt nahe. Es darf jedoch nicht vergessen werden, dass möglicherweise auch Klosterangestellte mit Familienmitgliedern, bzw. an der Errichtung des Klosters beteiligte Personen, dort begraben wurden. Personen, die im unmittelbaren Umfeld des Klosters Mariazell lebten, bilden eine weitere denkbare Gruppe (assoziierte Dorfgemeinschaften usw.), die auf diesem Friedhof zu finden wäre. Neben diesen Personengruppen steht die Erwägung sogenannter StifterInnengräber im Raum. Dabei kann es sich nicht nur um an der Klostergründung beteiligte Personen, sondern um gesellschaftlich höher gestellte Persönlichkeiten (z. B. Adelige) handeln, die dem Kloster im Laufe des Bestehens materielle bzw. finanzielle Unterstützung zugesichert haben und im Gegenzug eine Grabstätte und Gedenken im Gebet erhielten. Der mitgegebene Krummstab lässt auf eine Abtbestattung schließen. Der aufgefundene Schuh wird einem männlichen Individuum zugeordnet. Dieser Typ Schuh wurde sowohl im weltlichen Bereich, als auch im klösterlichen Milieu gleichermaßen getragen und lässt keine Rückschlüsse auf die Zugehörigkeit des Mannes zu. Er ist jedoch ein Anzeiger dafür, dass der Verstorbene nicht nur in ein einfaches Leinentuch gewickelt, sondern zumindest mit seiner Fußbekleidung bestattet wurde. Weitere Beigaben, die Hinweise zur sozialen Stellung einer Person oder ihrem Arbeitsumfeld liefern könnten, wurden nicht aufgedeckt. Ohnehin wären solche Beigaben kritisch zu betrachten, da sie nicht unbedingt die tatsächlichen Lebensumstände bzw. die Lebenswelten der Personen widerspiegeln, sondern in erster Linie einen Einblick zum Bestattungsritus und den damit verbundenen Glaubensvorstellungen des Jenseits liefern.

---

[119] Vgl. die Beiträge von AIGNER, SCHEDL und KALTENEGGER in Abschnitt III dieses Bandes.

IV. AUSBAU

Hl. Apostel Matthias,
Mariazell, 1220/40 (CLi 134 fol. 37v),
vgl. den Beitrag von Martin ROLAND

1. VOM KLEINEN KLOSTER ZUR GROSSEN ABTEI: AUSBAU UND ERWEITERUNG IM 13. JH.

VON THOMAS AIGNER

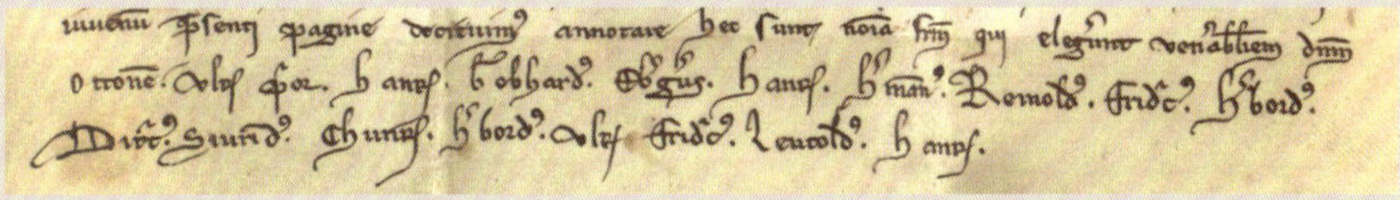

Im Jahr 1297 kam es nach dem Tod des Abtes Eberger, der seit 1285 regiert hatte, zu einer Neuwahl, an der 17 Mönche teilnahmen. Das diesbezügliche Dokument enthält nicht nur die früheste Information über die genaue Anzahl der Mönche (ohne Konversen, die nicht wahlberechtigt waren), sondern auch deren Namen[1]. Wir stehen hier am Ende eines Jahrhunderts, das für die weitere Entwicklung Mariazells entscheidend war und in dem aus einem vergleichsweise kleinen „Klösterl"[2] mit anfangs nur einer Handvoll Mönchen eine relativ große und mächtige Abtei geworden war. Mehr und mehr war es vor dem Hintergrund sich grundlegend wandelnder politischer und wirtschaftlicher Rahmenbedingungen zu einem religiösen und weltlichen Zentrum für das obere Triestingtal und darüber hinaus geworden. Es ist dies auch die Zeit, wo Mariazell und seine Umgebung aus der ursprünglichen Randlage der Babenbergermark (jenseits des Gerichtsbergs begannen im frühen 12. Jh. bereits die Besitzungen der steirischen Markgrafen) immer mehr ins Zentrum eines seit der Übernahme der Herrschaft durch die Babenberger auch in der Steiermark größeren Herrschaftsraumes rückte[3]. Neue bzw. reaktivierte alte Verkehrsverbindungen Richtung Steiermark mitten durch das klösterliche Einflussgebiet am alten

Abb. 104 Älteste Auflistung des Konvents aus dem Jahr 1297 (Stiftsarchiv Admont Urkunde 1297)

---

[1] StiAAd: Urkunde B (I) 5. Der Konvent bestand aus folgenden Mitgliedern: Prior Ulrich, Heinrich, Gebhard, Eberger, Heinrich, Herman, Reinhold, Friedrich, Herbord, Dietrich, Sifrid, Konrad, Herbord, Ulrich, Friedrich, Leutold und Heinrich, siehe den Text abgedruckt bei EIGNER, Geschichte 409.

[2] So bezeichneten die Mariazeller Äbte der frühen Neuzeit gerne ihr Kloster; vgl. AIGNER, Klostergemeinschaft.

[3] Vgl. BRUNNER, Herzogtümer und Marken.

Nöstach vorbei und entlang der oberen Triesting über den Gerichtsberg brachten nach und nach wesentlich mehr Menschen in das zuvor abgelegene Gebiet. Abgesehen von verstreut angesiedelten Rodungsbauern entstanden auch Siedlungen, die weniger agrarisch als handwerklich orientiert waren. Die Entstehung solcher nicht-landwirtschaftlich ausgerichteter Orte ist für das Ende des 12./Anfang des 13. Jhs. im Bereich des heutigen Altenmarkt und des heutigen Marktes Kaumberg zu beobachten[4], wobei Letzteres eine Gründung der Arberger war[5]. Die Entstehung von Altenmarkt (mit dessen Namen eher die alte „Mark" im Sinne von Grenze gemeint war) erfolgte direkt am Knotenpunkt zweier wichtiger Verkehrswege Richtung Steiermark, jenem von Wien-Mödling-Heiligenkreuz-Nöstach und jenem, der vom unteren Triestingtal kam[6]. Im Zuge der zunehmenden Verschränkung der steirischen mit den österreichischen Gebieten und dem Ausbau der Verkehrswege erfolgte auch eine Verdichtung der Besiedelung entlang und in den Seitentälern[7]. Eine Konsequenz dieser Entwicklung wiederum war die Zunahme an Bevölkerung und das Auftreten neuer Adelsfamilien im näheren und weiteren Umkreis[8]. Zu letzteren hatte das Kloster verschiedenartige Beziehungen: entweder es entstanden aufgrund unterschiedlicher Machtinteressen schwerwiegende Konflikte, wie es Kupfer für Kaumberg mit den Arbergern und Maurer für Baden mit den Merkensteinern[9] in diesem Band näher beschreiben, oder man diente als geistliche Gemeinschaft durch Gebetsleistungen als Versicherung für das Seelenheil, wie die Eintragung zahlreicher Laien im Necrologium und verschiedene adelige Stiftungen zeigen[10].

Die seit Mitte des 12. Jh. enge Bindung an Admont und dessen Reformkreis scheint zumindest bis ins zweite Viertel des 13. Jh. aufrecht geblieben zu sein, wie die Nennung der Äbte Heinrich I. (vor 1204 bis spätestens 1224)[11] im Admonter Necrologium und dessen Nachfolgers Noradin (+ nach 1228)[12] in jenem von St. Lambrecht beweist. Die Anfertigung einer Handschrift mit den Hirsauer Konstitutionen, abgeschrieben nach einer Vorlage aus Admont[13], und möglicherweise auch die Postulation des Mariazeller Abtes Walther nach Melk[14] sind Hinweise darauf. Der Ausbau der Klosterkirche nach Hirsauer bzw. Admonter Vorbild noch im streng romanischen Stil (im Gegensatz zum in Heiligenkreuz bereits angewandten gotischen Stil) könnte zusätzlich eine bewusste Betonung der traditionellen hirsauischen Lebensweise darstellen[15].

---

[4] Vgl. den Beitrag von KRAWARIK in diesem Band.
[5] Vgl. den Beitrag von KUPFER in Abschnitt IV dieses Bandes.
[6] Vgl. CSENDES, Straßen.
[7] Ähnliches ist auch heute entlang von Autobahnen zu beobachten, wo Industrie- und Einkaufszentren entstehen.
[8] Vgl. die zahlreichen Nennungen von Laien im Necrologium, die auf diese Zeit zurückgehen.
[9] Vgl. auch MAURER, Mönche.
[10] Vgl. etwa die diesbezüglichen Urkunden von Ortlib (1260) und Konrad von Altenburg (1271) im Archivinventar; vgl. GEHART, Archivinventar 135-180 bzw. https://www.monasterium.net/mom/MZOe/collection.
[11] Necrologium Mariazell 8. 6., Necrologium Admont 6.6.; vgl. dessen Nennung 1204 in BUB I 186 nr. 144. Die Dauer seiner Regierung ist nicht bekannt. Der spätest mögliche Endpunkt ist die Postulation Walthers nach Melk 1224.
[12] Necrologium Mariazell 26.7.
[13] ENGELBERT, Constitutiones Hirsaugiensis XVIII; heute Stiftsbibliothek Lilienfeld cod. 24.
[14] Vgl. EIGNER, Geschichte 23-25; für die Postulation eines Abtes aus einem wesentlich kleineren in ein größeres Kloster können nur außergewöhnliche Gründe wie eben der Transfer von Reformwissen verantwortlich gewesen sein.
[15] Näheres dazu im folgenden Beitrag von Barbara SCHEDL.

Die Verbindung zu Admont riss jedenfalls das ganze Jahrhundert über nie wirklich ab, wie die mögliche Nennung des Admonter Abtes Friedrich (+1262) im Mariazeller Necrologium[16] sowie 1297 die Postulation eines Admonter Mönchs zum Abt in den Wienerwald zeigen. Auf einen Bezug zu Göttweig weist wiederum die Eintragung von dessen Abt Helmwic (1265-1279) in Mariazell hin[17].

Die Nennung von Mariazeller Äbten in Necrologien anderer Klöster ist ein gutes Indiz für deren Vernetzung ganz allgemein. Am auffälligsten ist hier der Ende des 12. Jh. regierende Abt Magan (erwähnt 1196), der sowohl in Admont und Lambach als auch im nahen Heiligenkreuz eingetragen ist, womit erstmals Hinweise auf nähere Beziehungen zum nahen Zisterzienserkloster in den Quellen auftauchen. Auf ein nun anhaltend enges Verhältnis der beiden Wienerwaldklöster zueinander weisen weiters die Eintragungen der Heiligenkreuzer Äbte Wernher (+1224)[18] und Eglolf (+1241)[19] im Mariazeller Necrologium. Möglicherweise arbeitete man

Abb. 105 Der Kreuzgang des benachbarten Stiftes Heiligenkreuz wurde ebenfalls in der Zeit Friedrichs II. (1240) vollendet

beim Ausbau der beiden Klöster in der ersten Hälfte des 13. Jh. näher zusammen und pflegte so engere Beziehungen[20]. Abt Noradin (+nach 1228) wird auch in Klosterneuburg genannt, was auf eine zunehmende ordensübergreifende Vernetzung ganz allgemein schließen lässt. Für das Ende des 12. bzw. den Beginn des 13. Jh. weist das Necrologium außerdem auf intensive Verbindungen zu Lambach. Wird in Mariazell nur Abt Alram (1208-1214) genannt, führt das oberösterreichische Kloster neben Abt Magan gleich fünf Priestermönche und einen Konversen an. Eventuell hängt dies mit einer Reformierung Lambachs im hirsauischen Sinn zusammen.

Die erste Hälfte des 13. Jh. ist für die weitere Entwicklung des Klosters von entscheidender Bedeutung, da in dieser Zeit der Ausbau zur großen, mächtigen Abtei beginnt. Abzulesen ist dies am Kirchenbau[21], an der Menge von Handschriften, die uns aus dieser Zeit plötzlich erhalten ist[22], sowie an der zunehmenden Attraktivität des Klosters als Gebetsdienstleister für adelige Personen und Familien. Ausschlaggebend für diesen Vorgang scheinen meh-

---

[16] Die Nennung kann nicht eindeutig auf den Admonter Abt bezogen werden, da dieser in Mariazell am 21. Juli im Gegensatz zum 21. August in Admont eingetragen ist. Ein Versehen im Monat ist durchaus möglich.

[17] Necrologium Mariazell 1. März, dieser ist für das 13. und 14. Jh. der letzte eingetragene Vorsteher eines fremden Klosters.

[18] Necrologium Mariazell 12.10.

[19] Necrologium Mariazell 15.5.

[20] Vgl. SEEBACH, Stift Heiligenkreuz.

[21] Vgl. die Beiträge von SCHEDL und ZORKO/TARCSAY in Abschnitt IV dieses Bandes.

[22] Vgl. die Beiträge von ROLAND und NOVAK in Abschnitt IV dieses Bandes.

Abb. 106 Herzog Friedrich II. schenkt dem Kloster 1232 das Dorf Taubitz, der Beginn zahlreicher Zuwendungen (Stiftsarchiv Heiligenkreuz)

rere Faktoren gewesen zu sein: zum einen erhöhte sich mit der steigenden Zahl der untertänigen und Abgaben leistenden Menschen im Herrschaftsbereich des Klosters die wirtschaftliche Grundlage signifikant, zum anderen stattete Herzog Friedrich II. wie kein anderer Herrscher vor und nach ihm das Kloster mit Gütern und Privilegien aus, beginnend 1232 mit der Schenkung des Waldviertler Dorfes Taubitz[23]. Die Motivation dafür lag sicherlich in der Absicht des Herzogs, die Klöster des Landes ganz allgemein mehr in seine Abhängigkeit zu bringen. Im Fall von Mariazell waren aber sicher auch strategische Überlegungen aufgrund seiner Lage an einem der wichtigen Verkehrsknotenpunkte Richtung Lilienfeld und damit in die Steiermark maßgeblich[24].

Es ist daher nicht nur wahrscheinlich, sondern kann als Tatsache angenommen werden, dass der massive Ausbau von Kirche und Kloster eine Folge dieser verstärkten Bindung des Klosters an den Herzog war. Die künstlerische Verwandtschaft der in Mariazell noch vorhandenen romanischen Bauarchitektur zu anderen babenbergischen Projekten dieser Zeit illustriert dies eindrucksvoll[25]. Es darf daher angenommen werden, dass spätestens nach 1232 begonnen wurde, eifrig am Ausbau der Kirche und des Klosters zu arbeiten. Durch den plötzlichen Tod des Herzogs 1246 kam dem Kloster jedoch der große Protektor und Förderer abhanden, so dass es sich in der folgenden Phase der Unsicherheit erst zurechtfinden musste. Wie den Befunden von Zorko und Tarcsay zu entnehmen ist, kam es im Westen der Kirchenbaustel-

---

[23] StiA Heiligenkreuz: Urkunden 1232 VII 22, online auf https://www.monasterium.net/mom/AT-StiAH/HeiligenkreuzOCist/1232_VII_22/charter.

[24] 1236 Gewährung der Zollfreiheit (BUB II 365 nr. 531), Schenkung Gut und Kirche Langau (BUB II 365 nr. 532), 1240 Erlass des jährlichen Pelzzinses (BUB II 367 nr. 536), 1243 Erlass des Haferdienstes (BUB II 369 nr. 541), [1243] Bestätigung Rechte über einige Zensualen (BUB II 370 nr. 542).

[25] Vgl. dazu vor allem die folgenden Beiträge von SCHEDL und ZORKO/TARCSAY.

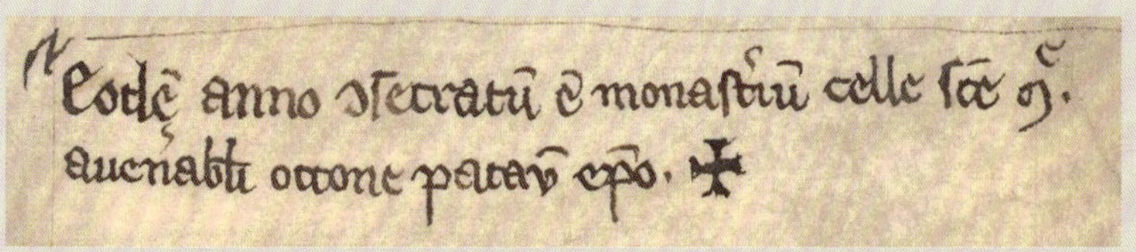

Abb. 107
Vermerk der Kirchweihe 1257: *Im selben Jahr wurde das Kloster Mariazell vom ehrwürdigen Bischof Otto von Passau geweiht*
(Wien, ÖNB, Cod. Ser. n. 4189, fol. 65r)

le zu einer Planänderung; ein möglicherweise nach Hirsauer Vorbild geplanter Vorbau wurde doch nicht ausgeführt und der Bau direkt an der Westwand des Kirchenschiffs zu Ende gebracht[26]. Die bis 1964 rechts vom Hauptportal zu sehende Arkade (vgl. Abb. 114) war möglicherweise ein Rest dieses nicht ausgeführten Vorbaus[27]. Es dauerte schließlich noch ganze elf Jahre, bis 1257 durch den Passauer Bischof Otto von Lonsdorf die Kirchweihe erfolgen konnte[28]. Während dieser Zeit gab es zahlreiche Konflikte mit den benachbarten Arbergern und Arnsteinern um Besitzungen und Zehentrechte in Kaumberg und Nöstach, wie im folgenden Beitrag von Erwin Kupfer im Detail zu lesen ist. Es waren dies ganz allgemein Jahre der Unsicherheit durch das Ringen um das babenbergische Erbe, das 1254 für Österreich mit Ottokar einen neuen Herrscher brachte, der auch im Mariazeller Necrologium seinen Platz gefunden hat[29]. Möglicherweise stehen zwei päpstliche Bullen dieser Zeit mit dem Versuch des Klosters in Zusammenhang, seine Rechte angesichts dieser Bedrängungen und Unsicherheiten abzusichern. Eventuell war bei deren Beschaffung Abt Friedrich (1259-1262) von Admont involviert[30]. 1260 nimmt Papst Alexander IV. das Kloster in seinen Schutz, sichert ihm das Begräbnisrecht und jenes der freien Abtwahl zu, bestätigt seine Besitzungen und regelt das Verhältnis zum Diözesanbischof. Angesichts der Auseinandersetzungen mit den Arbergern und Arnsteinern, die im Beitrag Kupfers beschrieben werden, erhalten folgende Passagen der Bulle besondere Bedeutung: *„Wir bestimmen also, dass es keinem Menschen erlaubt sein soll, das vorgenannte Kloster leichtfertig zu stören oder seine Besitzungen wegzutragen oder, falls sie [schon] weggetragen wurden, zu behalten; sondern [dass] vielmehr alles unversehrt zu erhalten ist, … Wenn also in Hinkunft irgendeine kirchliche oder weltliche Person, die diese Unsere urkundliche Anordnung kennt, leichtfertig dagegen verstoßen sollte und nach einer zweiten und dritten Ermahnung ihr angeklagtes Verbrechen nicht durch eine entsprechende Entschädigung wiedergutmacht, soll sie die Würde ihrer Macht und Ehre verlieren und wissen, dass sie vor dem göttlichen Gericht als Angeklagte wegen der Verübung eines Verbrechens dasteht, sie soll vom heiligsten Leib und Blut unseres Gottes und Herrn, des Erlö-*

---

26 Vgl. den Beitrag von SCHEDL in Abschnitt IV dieses Bandes.
27 Vgl. den Beitrag von SCHEDL in Abschnitt IV dieses Bandes.
28 M CCo LVIIo: … *Eodem anno consecratum est monasterium Celle sancte Marie a venerabili Ottone Pataviensi episcopo* (Wien, ÖNB, Cod. Ser. n. 4189, fol. 65r: vgl. das Digitalisat: http://data.onb.ac.at/rep/10036253 bzw. MGH, SS 9 647 [irrig zu 1259]).
29 Necrologium Mariazell 26.8.
30 Wenn die Nennung eines Fridericus abbas am 21. Juli im Mariazeller Necrologium auf ihn zu beziehen ist, in Admont ist er nämlich am 21. August eingetragen.

Abb. 108 Päpstliche Schutzbulle für Stift Seitenstetten, 1258 Jänner 03 (Stiftsarchiv Seitenstetten)

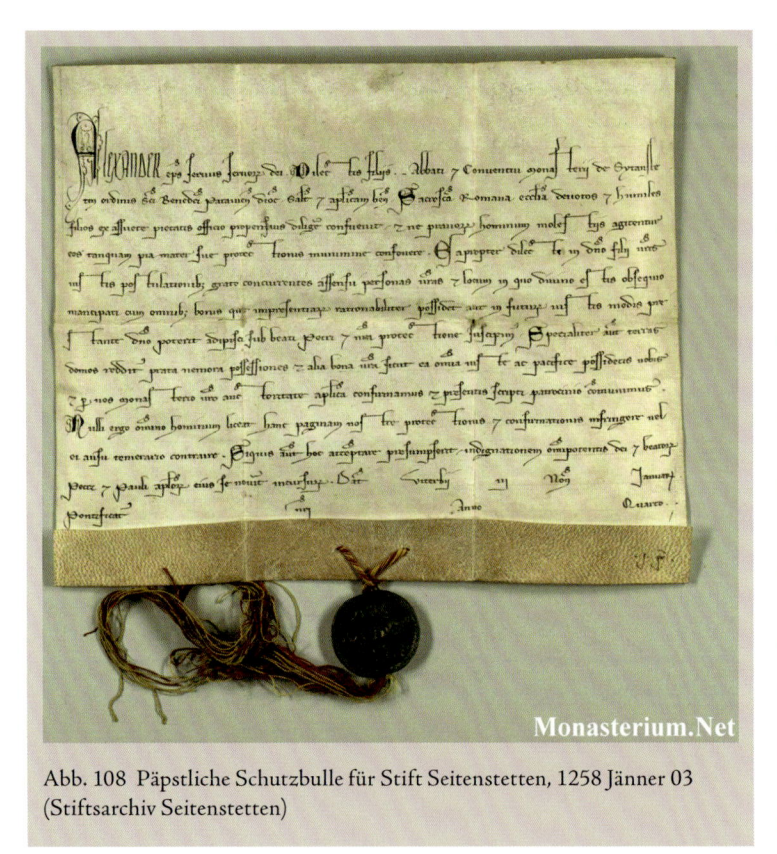

sers Jesus Christus, fern bleiben …."[31]. Die im letzten Satz angedrohte Exkommunikation für all jene, die die Rechte des Klosters schmälerten, könnte durchaus dazu beigetragen haben, dass der angesprochene Konflikt um Kaumberg letztlich im Sinne des Klosters gelöst wurde. Möglicherweise trug ein weiteres päpstliches Privileg, das drei Jahre später auf Bitten des Abtes Ulrich ausgestellt wurde und dem Kloster die Rechtmäßigkeit all seiner Besitzungen bestätigte, auch dazu bei[32]. Generell stellen diese päpstlichen Privilegien aber keine Besonderheiten für Mariazell dar und dürfen in Ihrer Bedeutung nicht überbewertet werden, da ganz ähnliche derartige Schutzbullen für diese Zeit mit fast identem Text auch für zahlreiche andere Klöster überliefert sind[33].

Mit den päpstlichen Schutzbullen und der Klärung des Konflikts um Kaumberg und den Zehent in Nöstach nach der Mitte des 13. Jh. scheint eine Konsolidierung hinsichtlich der Rechte und Besitzungen des Klosters eingesetzt zu haben. Werden im Passauer Pfarrverzeichnis um 1260 die Kapellen in Altenmarkt und St. Pankraz in Nöstach bereits als Besitz der Klosterbrüder ausgewiesen[34], war mit Beilegung des genannten Konflikts die klösterliche Zugehörigkeit der Kirchen in Kaumberg und Nöstach inkl. der Zehentrechte ebenso geregelt und damit die kirchlich-pastorale Ordnung in der Region für die kommenden mehr als 250 Jahre festgelegt[35].

---

[31] Siehe die deutsche Übersetzung des gesamten Dokuments von Rudolf Maurer im Anhang, bzw. die lateinische Fassung bei EIGNER, Geschichte 404-407; vgl. z. B. die päpstliche Schutzbulle für Seitenstetten mit identem Inhalt von 1254 VII 04, https://www.monasterium.net/mom/AT-StiASei/SeitenstettenOSB/1254_VII_04.

[32] GEHART, Archivinventar 135-180; vgl. dazu ein ähnliches Stück für Seitenstetten zu 1258 I 02, https://www.monasterium.net/mom/AT-StiASei/SeitenstettenOSB/1258_I_03.1.

[33] Vgl. z. B. Göttweig Urkunde 1256 VII 10, Herzogenburg Urkunde 1249 IV 24, Kremsmünster Urkunde 1247 I 27, alle online auf www.monasterium.net.

[34] Vgl. MAIDHOF, Urbare 215-216.

[35] Vgl. ZINNHOBLER Bistumsmatrikeln V 238-239.

Ein kleines Detail gilt es noch anzusprechen: im Konflikt um Kaumberg ging es auch um Zehentrechte der „Pfarre Nöstach", die von den Arbergern/Arnsteinern beansprucht wurden. Dies wirft die Frage auf, was sie dazu veranlasste. Fakt ist, dass es zu dieser Zeit zwei Kirchen/Kapellen in Nöstach gab, von denen jedoch nur die eine – St. Pankraz – als im Besitz der Klosterbrüder geführt wird und die andere – St. Martin – gar nicht erwähnt wird, wofür als Grund die damals ungeklärten Eigentumsrechte vermutet werden können. Nachdem St. Pankraz aufgrund der zu jungen Bausubstanz nicht die Burgkapelle der Schwarzenburg gewesen sein kann und erst im 13. Jh. entstanden ist, ebenso wie die Martinskirche unten in Nöstach[36], mit der wohl die Pfarrkirche im Zehentstreit gemeint war, stellt sich die Frage, weshalb zwei Kirchen so nahe beieinander gebaut wurden. Die Antwort könnte im Umstand liegen, dass es in Nöstach lange nach der Klosterstiftung und dem Wegzug Rapotos de facto zwei Herrschaften gab, von denen jede ihren Leuten eine Kirche/Kapelle baute. Die Klosterbrüder errichteten möglicherweise in Erinnerung an die Burgkapelle der nicht mehr existierenden oder mittlerweile in ein Bauerngut umgewandelten Schwarzenburg für ihre Bauern die Pankrazkapelle, die Arnsteiner bzw. Wichard von Vestenberg oder seine Nachfolger die Martinskirche. Dies würde auch die spätere Beanspruchung von Zehentrechten durch deren Nachfahren logisch begründen, wie sie Mitte des 13. Jh. dann erhoben wurden; eine zur Kaumberger Pfarre und Kirche analoge Entwicklung liegt hier nahe. In beiden Fällen konnte das Kloster seine Rechte durchsetzen und die ursprünglich adeligen Kirchengründungen nach 1273 an sich bringen, indem es auf seine 1155 erworbenen Rechte pochte[37].

Zu Beginn des 13. Jh. war in Lilienfeld ein weiteres bedeutendes Kloster entstanden, das über den Verkehrsweg durch Gölsen- und Triestingtal direkt mit Mariazell bzw. Heiligenkreuz verbunden war. Dieses wuchs unter maßgeblicher landesfürstlicher Förderung rasch zu einem der größten Güterkomplexe und monastischen Gemeinschaften heran. Daraus ergaben sich naturgemäß auch mit Mariazell Berührungspunkte geistlicher und weltlicher Natur. Die Necrologien erwähnen kaum Mönche des jeweils anderen Hauses[38], dafür umso mehr Laien, die beiden Klöstern verbunden gewesen zu sein scheinen[39].

Zusammenfassend lässt sich feststellen, dass dem Ausbau vom kleinen Kloster zur großen Abtei erfolgreich die Absicherung seiner Rechte und Besitzungen folgte und damit der Grundstein für eine gedeihliche Entwicklung im Spätmittelalter gelegt wurde. Diese machte es unter anderem möglich, dass Mariazell im 15. Jh. im Rahmen einer neuerlichen Klosterreform, diesmal von Melk ausgehend, eine herausragende Rolle spielen konnte – aber das ist eine andere Geschichte, Fortsetzung folgt!

---

36 Vgl. den Beitrag von REICHHALTER in diesem Band.
37 Vgl. den Beitrag von KUPFER in Abschnitt IV dieses Bandes.
38 Der Mariazeller Priestermönch wird am 27.9. in Mariazell und am 28.9. in Lilienfeld erwähnt.
39 Vgl. die Laien, die in beiden Necrologien erwähnt werden.

2. ARABURG, KAUMBERG UND MARIAZELL – KLOSTER UND ADEL ALS DYNAMISCHE ELEMENTE MITTELALTERLICHER HERRSCHAFT

VON ERWIN KUPFER

Im ausgehenden 12. Jahrhundert wird mit den Herren von Arberg (auch *Arberch* bzw. Araburg) ein neues Adelsgeschlecht im oberen Triestingtal fassbar, das die Herrschaftsverhältnisse der Folgezeit ganz maßgebend mitbestimmte. Sieht man von der märchenhaften Fälschung des Lilienfelder Bibliothekars Chrysostomus Hanthaler aus dem frühen 18. Jahrhundert und den darin zu 1190 genannten Protagonisten Wolfger und Offo von Arberg (*Arnperch*) ab[1], deren Existenz schon die ältere Forschung in das Reich der Legende verwies[2], so setzt die gesicherte datierte Überlieferung mit jenem Konrad von Arberg ein, der im Jahr 1209 hinter Hermann von Kranichberg die Bestiftung des Klosters Lilienfeld bezeugte[3]. In einer undatierten Formbacher Traditionsnotiz, die auf Grund der Erwähnung des steirischen Herzogs (Otakar) in den Zeitraum um 1180/92 einzuordnen ist, begegnet dieses Zeugenpaar aber schon früher[4]. Dort werden Hermann von Kranichberg und Konrad von Arberg in der letztwilligen Verfügung des steirischen Ministerialen Wigand (I.) von Klamm erwähnt, dessen Sohn Wigand II. das väterliche Vermächtnis zugunsten des Klosters Formbach beim Begräbnis seines Vaters vollzog[5]. Als Spitzenzeugen fungierten der Pfarrer Eberhard von Neunkirchen, der Bruder des Verstorbenen, sowie Wigands gleichnamiger Sohn, eben Wigand II.[6]. Auf sie folgten als Zeugen Hermann von Kranichberg und Konrad von Arberg sowie Wigands *milites* Ulrich *Stumphel*, Markward, During, Eckhart, Gundaker, Walter, Gunther und Heinrich

---

[1] FRA II/81 Nr. 3.
[2] TANGL, Fälschungen 13 f.
[3] BUB I Nr. 168.
[4] UBLOE I 706 Nr. 253.
[5] Zur Lokalisierung des *Wizzokel* genannten Schenkungsgutes mit dem Gut „Weißjackel" nördlich von Stuppach siehe PICKL, Klamm und Reichenau 251.
[6] *Dominus Eberh(ardus) frater ipsius W(igandi) de Neunchirchen et supra dictus Wigandus filius eius* – nach Orig., wo sich entgegen der Edition kein Beistrich nach ipsius findet!

Abb. 109 Mit der Araburg entstand Ende des 12. Jh. eine weitere mächtige Herrschaft im oberen Triestingtal – Ruine Araburg, Bergfried, Ansicht von Westen

von Rehwang. Mit Hilfe weiterer Nachrichten aus der Zeit nach 1210 lassen sich vier der Genannten mit Markward und During von Klamm bzw. Eckhart von Hirschwang und Gundaker von Brunn (am Steinfeld) identifizieren[7].

Auf vier der hier handelnden Persönlichkeiten treffen wir rund zehn Jahre später noch einmal in einem anderen Zusammenhang. Als During (von Klamm) am 9. April 1220 dem Spital am Semmering Güter bei Eichberg und Schottwien übertrug, geschah dies im Beisein Hermanns von Kranichberg und Konrads von Wartenstein, wobei der Neunkirchner Pfarrer Eberhard, hier als *prepositus Patauiensis* bezeichnet, einmal mehr als Spitzenzeuge fungierte[8]. Legen alleine schon das personelle Konsortium und die Zeugenreihung die Gleichsetzung Konrads von Wartenstein mit Konrad von Arberg nahe[9], so findet diese Vermutung insofern Bestätigung, als die Arberger später tatsächlich auch über Besitzrechte an der Burg Wartenstein und in Schottwien verfügten[10]!

Steht die Identität Konrads von Arberg mit Konrad von Wartenstein damit praktisch außer Zweifel, so ist er dennoch nicht mit jenem singulär genannten Konrad gleichzusetzen, der um 1211

---

[7] Vgl. UBLOE I 706 f. Nr. 254, BHStA München, Kloster Formbach Urkunden (Benediktiner 1114-1792) Nr. 17. Der Datierungszeitraum der letztgenannten Urkunde lässt sich aus der Amtszeit Abt Ortolfs II. (c. 1206-1230/31) und zwei im Schriftstück vidimierten Babenbergerurkunden aus den Jahren 1204 und 1210 erschließen – vgl. dazu BUB I Nr. 146, 175 bzw. CHRAMBACH, Traditionen 135. Da das letzte fix datierte Lebenszeugnis des Spitzenzeugen Wigands II. von Klamm aus dem Jahr 1211 herrührt (BUB I Nr. 181, vgl. PICKL, Klamm (wie Anm. 5) 259 f., 269 f.), ist das Schriftstück wohl zeitlich bald nach 1210 anzusetzen.

[8] StUB II Nr. 170. Die Gleichsetzung Eberhards von Neunkirchen mit dem gleichnamigen Propst erweist UBLOE I 706 f. Nr. 254.

[9] So übrigens schon Carl Plank in einer mündlichen Mitteilung an Fritz Eheim; vgl. dazu EHEIM, Burg und Herrschaft Wartenstein 13.

[10] PRATOBEVERA, Urkunden und Regesten 343 Nr. 26. Vollständige Edition in MOCHTY-WELTIN/Karin u. Thomas KÜHTREIBER/ZEHETMAYER, Wehrbauten III 363 f. Nr. 3.

als Bruder Wigands II. von Klamm bezeugt ist[11]. Gegen diese Identifizierung spricht die personelle Auflistung der letztwilligen Stiftung Wigands I. von Klamm, wo einzig Wigand II. als dessen Sohn bezeichnet ist, während Hermann von Kranichberg und Konrad von Arberg ohne weitere Verwandtschaftsbezeichnung als Zeugen hintan gereiht sind[12]. Dass aber dennoch eine Form der Verwandtschaft zwischen den an diesem „Schlussakt" beteiligten Personen bestand, steht trotzdem außer Zweifel. Der verwandtschaftliche Zusammenhang ist unschwer zu entdecken, wenn man Konrad von Arberg-Wartenstein mit Konrad von Pitten identifiziert, der um 1211 als *gener* Wigands II. bezeugt ist[13]. Dass der Begriff *gener* in diesem Fall als „Schwiegersohn" zu interpretieren ist, ist nicht zuletzt aus chronologischen Gründen wahrscheinlich, wie unten noch zu zeigen ist[14]. Die Verwandtschaft zwischen Arbergern und Pittenern findet aber auch anderwärtig eine entsprechende Bestätigung. Sie ergibt sich zum einen direkt aus einer Urkunde vom Jahr 1265[15], worin Offo von Pitten eine Güterübertragung an das Spital am Semmering mit Zustimmung seines gleichnamigen Verwandten (*nepos*) Offo vornahm, der mit Offo von Arberg zu identifizieren ist[16]. Ferner erweist sich dieser Zusammenhang an den Besitzrechten der Feste Pitten, die den Arbergern noch im 14. Jahrhundert anteilsmäßig eigneten[17]. Und schließlich spricht noch der übereinstimmende Namengebrauch für eine Verbindung zwischen Arbergern und Pitten-Stubenbergern, für die die Namen Konrad, Offo, Alber, Elisabeth, Margarete und Katharina typisch waren[18].

Stammesgleichheit zwischen Wartensteinern und Pittenern nahm auch Fritz Eheim an, wenn auch unter falscher Prämisse, indem er den landesfürstlichen Ministerialen Hermann von Pitten mit Hermann von Wartenstein gleichsetzte[19]. Nun findet sich letzterer in der testamentarischen Verfügung Wigands II. von Klamm wie auch in einer Schuldverschreibung Konrads von Arberg für das Kloster Formbach unter ritterliche Gefolgsleute gereiht, womit seine Identifizierung mit Hermann von Pitten unzulässig ist[20]. Dagegen fällt aber auf, dass Hermann von Wartenstein bei seinen urkundlichen Nennungen stets in Gemeinschaft mit Konrad von Arberg-Pitten begegnet, während er unter den *milites proprii* Wigands von Klamm fehlt[21]. Dieser Umstand wie überhaupt der Gebrauch des Namens Hermann, der bei den Pittener Ministerialen Usus war, lassen Hermann von Wartenstein als Ge-

---

[11] UBLOE I 706 f. Nr. 254; anders WELTIN, Wartenstein Geschichte. In: Wehrbauten III 344.
[12] UBLOE I 706 Nr. 253. Zeugen: *Dominus Eberh(ardus) frater ipsius W(igandi) de Neunchirchen et supra dictus Wigandus filius eius, Hermannus de Kranechberg, Chunradus de Arberc, et milites proprietatis ipsius...* (vgl. auch oben Anm. 6).
[13] UBLOE I 706 f. Nr. 254.
[14] Vgl. auch PICKL, Klamm und Reichenau 260, 270.
[15] StUB IV Nr. 169.
[16] So auch WELTIN, Wartenstein Geschichte. In: Wehrbauten III 345 Anm. 98; vgl. zudem die Zeugenreihe in StUB III Nr. 122: *... Offo de Pŭten, Albero de Arberch ...* .
[17] UBLOE VII 365 f. Nr. 355.
[18] Vgl. etwa PICKL, Klamm und Reichenau, Stammtafel 270 f., Wehrbauten III 363 f. Nr. 3, WELTIN, Wartenstein 345 m. Anm. 98.
[19] EHEIM, Burg und Herrschaft Wartenstein 11 f.
[20] Vgl. UBLOE I 706 f. Nr. 254, BHStA München, Kloster Formbach Urkunden (Benediktiner 1114-1792) Nr. 17; vgl. auch Anm. 7 oben
[21] Vgl. UBLOE I 706 Nr. 253.

folgsmann der Herren von Pitten wahrscheinlich werden[22].

Die Herren von Pitten gehörten ursprünglich zur Ministerialität der Grafen von Formbach, aus der sie bald nach dem Tod Graf Ekberts III. (1158) in die Gefolgschaft des steirischen Markgrafen Otakar III. eintraten[23]. Frühe Angehörige der Pittener Klientel sind quellenmäßig seit der 1. Hälfte des 12. Jahrhunderts fassbar[24]. Die ältesten Nachrichten über Konrad von Pitten datieren in die Zeit um 1180/90[25]. Einer Nachricht aus dem Jahr 1211 ist zu entnehmen, dass Konrad zwei Brüder namens Hermann und Rapoto hatte[26], die bis in die Jahre 1220 bzw. 1222 urkundlich nachweisbar sind[27]. Auffallend ist dabei, dass das Prädikat Pitten für Konrad – anders als für seine Brüder – nach 1180/90 nur mehr selten gebräuchlich war[28]. Das dürfte nicht zuletzt damit zusammenhängen, dass Konrad zu dieser Zeit mit der Araburg bereits einen weiteren Burgplatz besaß, und zwar definitiv vor 1192[29]. Fassen wir die quellenkundlichen Indizien zusammen, so lässt sich die Gründung der Araburg um 1190 vermuten, womit auch der bauhistorische Befund der ältesten Burgteile übereinstimmt[30]. Dem steirischen Herzog folgend, mochte Konrad von Pitten um diese Zeit in das Gölsental gekommen sein, von wo aus er schließlich die Araburg gründete. Weiterer Arberger Familienbesitz im Bereich des Gölsentals lässt sich noch im 14. Jahrhundert südlich von Hainfeld, insbesondere in Ramsau und Ramsenbach, feststellen, wo ein Konrad von Arberg noch im Jahr 1370 als Burgherr in Erscheinung trat[31].

Kann man aufgrund der bisherigen Schilderungen von der Identität Konrads von Pitten mit Konrad von Arberg-Wartenstein ausgehen, so stellt sich dennoch die Frage, ob die urkundlichen Nennungen Konrads von Arberg aus den Jahren zwischen 1222 und 1232 ebenfalls noch auf den älteren Konrad zu beziehen sind oder bereits eine jüngere gleichnamige Persönlichkeit gemeint ist[32]. Wenngleich eine definitive Beantwortung dieser Frage nicht möglich ist, so legt eine Reihe von Indizien doch die Annahme einer jüngeren Person nahe[33]. Stimmen die Lebensdaten des älteren Konrad von Arberg-Pitten (1180/90-1220) mit denen seiner Brüder Hermann und Rapoto überein[34], so unterscheidet sich der mutmaßlich jüngere Konrad von Arberg zunächst einmal in seiner Funktion als herzoglicher Truchsess, in der er wiederholt bezeugt

---

22 Vgl. die Namensbelege bei PICKL, Klamm und Reichenau 269 Nr. 17, 272 Nr. 21.
23 Dazu WELTIN, Pitten Geschichte. In: Wehrbauten I 189.
24 Vgl. die zahlreichen Belege in HAUSNER/SCHUSTER, ANB 109.
25 KRAUSEN, Die Urkunden des Klosters Raitenhaslach Nr. 31; DUMRATH, Die Traditionsnotizen des Klosters Raitenhaslach Nr. 58; NÖUB III Nr. 16[39]; BUB I Nr. 84.
26 BUB I Nr. 181.
27 Vgl. BUB II Nr. 223, 242; PICKL, Klamm und Reichenau 269 f.
28 BUB I Nr. 166 bzw. 84, UBLOE I 706 f. Nr. 254.
29 Das ergibt sich aus UBLOE I 706 Nr. 253; zur Datierung vgl. oben mit Anm. 4.
30 Mündliche Auskunft von Gerhard Reichhalter, vielen Dank!
31 FRA II/81 Nr. 725, 827, 835, 837; GEHART, Archivinventar 164 Nr. 230.
32 Ein 1232 bzw. 1241 genannter Konrad von *Asperch*, der als Zeuge in den Urkunden Herzog Friedrichs II. begegnet (BUB II Nr. 306, 375), gehört nicht hierher, sondern nach Asperhof bzw. Aspermayer in der oö. Gemeinde Sattledt – ANB 47 bzw. UBLOE III Nr. 7, 16, 93 f., 165, 170 etc.
33 So auch TWERDY, Wienerwald I 490.
34 Vgl. oben m. Anm. 26 u. 27.

ist[35]. Weitere Schlüsselindizien liefern letztendlich auch die urkundlichen Zeugenreihen, in denen sich die personellen Zusammenhänge gänzlich anders darstellen als beim älteren Konrad. Waren zuvor Kontakte zu Hermann von Kranichberg und den anderen Angehörigen der Klammer Familie signifikant, so findet man den jüngeren Konrad von Arberg auffallend oft neben Wichard von Arnstein gereiht[36]. Laut neuerer genealogischer Untersuchung handelt es sich bei ihm um Wichard III., dessen urkundliches Auftreten zwischen 1217 und 1236 auch weitgehend dem zeitlichen Kontinuum des jüngeren Konrad von Arberg (1222-1232) entspricht[37].

Dass Verwandtschaft zwischen Wichard von Arnstein und Konrad von Arberg bestand, dürfte außer Frage stehen. Für einen solchen Zusammenhang sprechen neben den besagten Zeugenreihen vor allem die Gemengelage des beidseitigen Familienbesitzes rund um Kaumberg und die Araburg[38]. Besonders evident wird das in der gemeinsamen rechtlichen Referenz an Patronat und Zehent in der Pfarre Kaumberg, was einen konsensualen Akt der Arberger und Arnsteiner in Sachen Kirchengründung vermuten lässt[39]. Weitere Merkmale der familiären Zusammengehörigkeit offenbaren sich schließlich noch in den Siegelbildern Offos von Arberg und Wulfings von Arnstein, die jeweils einen Adler mit nach rechts gedrehtem Kopf zeigen[40]. Wie die Verwandtschaft zwischen Arbergern und Arnsteinern zustande kam, geht aus den Quellen nicht hervor. Anzunehmen ist aber eine Form der Verschwägerung, am ehesten eine Ehe Konrads des Jüngeren mit einer namentlich unbekannten Arnsteinerin, worunter Konrads anonyme Gattin gemeint sein könnte, die im Kloster Heiligenkreuz ihre letzte Ruhestätte fand[41].

Das Wiedererstarken der laikalen Gewalten hinsichtlich Seelsorge in der ersten Hälfte des 13. Jahrhunderts fand mit der Gründung der Pfarre Kaumberg auch im oberen Triestingtal entsprechenden Ausdruck. War das 12. Jahrhundert noch von einer Zentralisierung der Bischofsmacht auf Kosten des adeligen Eigenkirchenwesens bestimmt, bei der man gerade in der Passauer Diözese das Verbot des Kirchenbesitzes für Laien gemäß den Lateranbeschlüssen von 1139 durchzusetzen suchte[42], so ließ die Praxis der Landeserschließung mit ihrer demographischen Entwicklung bald erkennen, dass eine ausreichende seelsorgerische Betreuung der gewachsenen Bevölkerung ohne Mithilfe der laikalen Gewalten nicht möglich war[43]. Im oberen Triestingtal war dieses Faktum seit der Errichtung der Araburg (um 1190) und der damit in Zusammenhang stehenden Gründung der Pfarre Kaumberg zur Gewissheit geworden. Als „Herren von Kaumberg"[44] galt den Arbergern eine Kirchengründung zu je-

---

[35] BUB II Nr. 252, 256; MAIDHOF, Passauer Urbare I 216.
[36] BUB II Nr. 244, 253, 232.
[37] Vgl. MAURER, Arnstein 66.
[38] Vgl. etwa HEROLD, Urkundenfund 227 ff. Nr. 1-4, GEHART, Inventar 162 Nr. 213, FRA II/81 Nr. 81, MAIDHOF, Urbare I 216, RBP 2 Nr. 1947.
[39] Ausführlich dazu in den folgenden Ausführungen, bes. m. Anm. 83-85.
[40] Vgl. DUELLIUS, Historia Ordinis 3 123 Nr. 11 bzw. Heiligenkreuz, Stiftsarchiv Heiligenkreuz, Urkunden 1285 VI 26, in: http://monasterium.net/mom/AT-StiAH/HeiligenkreuzOCist/1285_VI_26 (= FRA II/11 Nr. 268).
[41] WATZL, Verschollene Privilegienbücher 93 Nr. 61.
[42] Vgl. WEINFURTER, Ordnung 295 ff.
[43] Vgl. ERKENS, Niederkirchenwesen 73.
[44] So bereits SCHOBER, Besitzer Araburg 30.

ner Zeit als obligate Pertinenz ihrer Grundherrschaft und – ähnlich wie ihre Burg – als Zeichen ihres adeligen Selbstverständnisses schlechthin[45]. Mit der Behauptung, der Truchsess Konrad von Arberg habe die Kirche in Kaumberg vom Passauer Bischof als Lehen erhalten[46], rechtfertigte Passau die Praxis dieser Kirchengründung quasi vor sich selbst. Eine derartige Form der Lehensübertragung ist aber unwahrscheinlich, entsprach sie doch mehr der Praxis des 11. Jahrhunderts[47], und tatsächlich gibt es über eine solchartige Belehnung auch keine anderen Aufzeichnungen als die Niederschriften im Lonsdorfer Kodex nach 1250[48].

Vermutlich ist dieser Sachverhalt so zu interpretieren, dass der Diözesan dem Kirchengründer Konrad damals das Patronatsrecht für seine auf Eigengrund erbaute Kirche zuerkannte[49]. Wenn man in Passau diesen Akt dennoch als Kirchenverleihung ansah, so lag dies wohl daran, dass man im Patronatsrecht keinen eigenständigen Anspruch des adeligen Kirchengründers, sondern vielmehr einen Gnadenerweis von Seiten der Kirche erblickte[50]. Auf jeden Fall implizierte die Kaumberger Angelegenheit die Mitwirkung des Diözesanbischofs, zumal die Erhebung der örtlichen Kirche zur Pfarre dessen unbestrittenes Recht war[51]. Welcher Passauer Bischof mit der Kaumberger Pfarre damals betraut war, geht aus der betreffenden Quelle allerdings nicht hervor[52]. Vergleicht man die oben beigebrachten Lebensdaten Konrads des Jüngeren von Arberg (1222-1232) mit den allenfalls in Frage kommenden Bischöfen, so fällt aber eine zeitliche Deckung mit der Sedenz Bischof Gebhards auf, der zwischen 1221/22 und 1232 amtierte.

Ob kalkuliert oder nicht – feststeht, dass der Bischof mit seinem Handeln einen Zustand sanktionierte, der Jahrzehnte lange Streitigkeiten zwischen den Arberger Kirchenherren und dem Kloster Mariazell hervorgerufen hatte. Mochte sich

Abb. 110 Um die Kirche in Kaumberg entstand um die Mitte des 13. Jh. ein heftiger Konflikt zwischen den Arbergern und dem Kloster

---

[45] Vgl. KUPFER, Sonnberger 310, ERKENS, Niederkirchenwesen 73 f.
[46] MAIDHOF, Urbare 1 216.
[47] WEINFURTER, Ordnung 298.
[48] Vgl. dazu MAIDHOF, Urbare I Einleitung 33.
[49] In diesem Sinne auch MAIDHOF, ebd. I 216 Anm. 1722.
[50] WEINFURTER, Ordnung 299, ferner ERKENS, Niederkirchenwesen 74.
[51] FEIGL, Pfarrnetz bes. 52, 69.
[52] *Item ecclesiam in Chaumberch habuit Chun(radus) dapifer de Arberch in feodo ab episcopo Pataviensi et dominus R(udegerus) contulit eam fratribus de Cella Sanctae Marie* – MAIDHOF, Urbare I 216; vgl. auch RBP II Nr. 1947.

die Entwicklung der Pfarre Kaumberg zum Zwecke der umfassenden regionalen Seelsorge aus der Sicht des Diözesans als notwendig erwiesen haben, so bestand ein grundlegendes Problem darin, dass die Kaumberger Kirche – wie letztendlich auch die Araburg – in einem Gebiet errichtet wurden, in dem das Kloster Mariazell laut bischöflich-passauischem Privileg vom Jahr 1155 über die Zehenten aus Kultur- und Wildländereien verfügte, mithin also auch über den Neubruchzehent[53]. Mariazell sah seine diesbezüglichen Rechte durch die Zuweisung des Passauer Bischofs Konrad ausreichend legitimiert, galt dieser doch – gerade inmitten des 12. Jahrhunderts vor dem Hintergrund der Kirchenreform – als unumschränkter Oberherr über den Zehent[54]. Zu Beginn des 13. Jahrhunderts hatte sich diese Sichtweise jedoch wieder verändert[55], was dazu führte, dass die Laien – in Analogie zur Entwicklung des Patronatsrechtes – wieder mehr Einfluss auf den Zehent gewannen. Charakteristisch für diese veränderte Auffassung war auch, dass selbst der Diözesan seine Rechte am Neubruchzehent mittlerweile im Waldbesitz häufig besser begründet sah als in der bischöflichen Potestas[56]. Als besondere Erscheinungsform dieser Zeit bildete sich schließlich das Zehentlehen stärker heraus. Die nun gängige Praxis glich stark den eigenkirchlichen Gewohnheiten des 11. Jahrhunderts, wenn etwa der Bischof – freilich gegen Ablöse – den vollständigen Kirchenzehent im 2:1-Verhältnis zwischen Eigenkirchenherrn und Pfarrkirche aufteilte, wie das etwa im Jahr 1209 bei der Waldviertler Pfarre Langschlag geschah[57]. Der entscheidende Unterschied zum Eigenkirchenwesen des 11. Jahrhunderts bestand allerdings darin, dass das Rechtsverhältnis ein anderes geworden war, bei dem der Bischof seine Lehnsoberherrlichkeit entsprechend zum Ausdruck brachte, was ihn aus kirchenrechtlicher Sicht gleichermaßen zur Veräußerung der Zehenten an Laien legitimierte[58].

Es ist nicht unwahrscheinlich, dass die Verhältnisse in Kaumberg ähnlich gelagert waren wie jene in Langschlag. So mag man die bischöfliche Zuerkennung von Patronatsrecht und Zehent in der Passauer Kanzlei später so empfunden haben, als ob die Pfarre Kaumberg generell vom Bischof zu Lehen ginge[59]. Feststeht aber in jedem Fall, dass die Zehentansprüche des Klosters Mariazell in jener Gegend auf anderen Rechtsgrundlagen fußten als jene der Kaumberger Kirchenherrn. Gründeten die Zehentansprüche hier im Besitz bzw. Waldbesitz des Eigenkirchenherrn, so war für Mariazell die Zehentherrlichkeit des Diözesans ausschlaggebend. Dieses Problem zu klären, oblag aber nicht mehr Konrad II. von Arberg, sondern erst seinen Nachkommen Jahrzehnte später.

In der Generation nach Konrad sind seit dem Jahr 1256 zwei Brüder mit dem Namen Albero bezeugt[60], was als Indiz dafür gilt, dass deren mutmaß-

---

53 NÖUB II/1 Nr. 9⁴; vgl. dazu meinen Beitrag „Vom ältesten Mariazell" in diesem Band mit Anm. 25 f.
54 Vgl. dazu PÖSCHL, Neubruchzehent 191 ff., DIENST, Niederösterreichische Pfarren 39, TREMEL, Zehentwesen 9 f.
55 Vgl. MIERAU, Vita Communis 89.
56 Dazu PÖSCHL, Neubruchzehent 195 ff.

57 MB XXIX/2 68 f. Nr. 48, ferner RBP II (wie Anm. 38) Nr. 1260.
58 PLÖCHL, Zehentwesen 111 ff.
59 Vgl. oben m. Anm. 46-48.
60 HEROLD, Urkundenfund 227 Nr. 1, 228 f. Nr. 3, FRA II/81 Nr. 81.

licher Vater Konrad zweimal verheiratet war[61]. Wie bereits oben angenommen, dürfte dieser mindestens einmal mit einer unbekannten Arnsteinerin vermählt gewesen sein[62]. Für Albero waren auch die Synonyme Alberus bzw. Elblo gebräuchlich[63], doch gelingt es in der Regel nur schwer, den einen oder anderen bei Einzelnennungen zu identifizieren, wenigstens solange die beiden (Halb-) Brüder noch lebten.

Erstmals wird ein Albero von Arberg im Jahr 1253 unmittelbar hinter Offo von Pitten als Zeuge im Gefolge Přemysl Ottokars II. in Leoben erwähnt[64]. Ottokars dortiger Aufenthalt gründete im Versuch, sich als kommender österreichischer Landesherr auch in der Steiermark Anerkennung zu verschaffen, was ihm jedoch nur teilweise gelang[65]. Im Wesentlichen war es der Adel aus dem Pittener Raum, der nahezu gänzlich hinter Ottokar stand und als deren führender Repräsentant Heinrich von Haßbach eine Schlüsselrolle spielte[66], der bei Ottokars Angelegenheit in Leoben auch als Spitzenzeuge erwähnt wird[67]. Insgesamt vertrat der Adel des Pittener Gebiets seit der Ächtung Herzog Friedrichs II. (ab 1236) bis über das sog. österreichische Interregnum hinaus eine politisch ziemlich einhellige Position. Neben der Parteinahme für den abgesetzten Herzog und der späteren Hinwendung zu Markgraf Hermann von Baden, dem Gemahl der babenbergischen Herzogsnichte Gertrude, war letztendlich das Arrangement mit Přemysl Ottokar II. hierfür bezeichnend[68]. Den Umschwung zugunsten Ottokars dürfte ein bald nach dem Tod Herzog Hermanns von Baden im Jahr 1250 nach Ungarn unternommener Streifzug bewirkt haben, an dem Heinrich von Haßbach führend beteiligt war und dessen Handeln einen verheerenden Gegenschlag durch König Bela IV. von Ungarn provozierte, bei dem auch das Kloster Mariazell in Brand gesteckt wurde[69]. Wie sich die Arberger bei all dem verhielten, ist nirgendwo überliefert. Ihre Pittener Provenienz lässt aber vermuten, dass ihre Parteinahmen und Aktionen der Haltung Heinrichs von Haßbach glichen, mit dem Albero von Arberg 1253 ja auch gemeinsam in Leoben auftrat[70].

Die nächsten urkundlichen Nennungen der Arberger stehen im Zusammenhang mit den Visitationen des Passauer Bischofs Otto von Lonsdorf. War der Diözesan in dieser Angelegenheit zwischen April und Juni 1256 ins Ostland gereist[71], so stand am 10./11. Dezember 1256 die Klärung der „Mariazeller Frage" am Programm, die aber nicht in Mariazell, sondern in Wien verhandelt wurde[72]. Im Mittelpunkt des Vergleichs stand der Kaumberger Zehent, dessen Pertinenz zum Objekt einer langwierigen Streitfrage (*lis diu habita*) geworden war[73]. Mochten die Zehentansprüche beider Parteien, also des Klosters einerseits und der Arberger bzw. Arnsteiner andererseits, in jedem Falle rechtmäßig begründet sein[74], so ver-

---

61 Vgl. dazu KUPFER, Landeswerdung 51.
62 Vgl. die Ausführungen oben m. Anm. 41.
63 Vgl. etwa Wehrbauten 1 300 Nr. 6, PETTENEGG, Urkunden i Nr. 513 f. bzw. DUELLIUS, Historia 55 Nr. 7, 57 Nr. 12, HEROLD, Urkundenfund 227 ff. Nr. 1, 3, 4.
64 StUB III Nr. 122.
65 Vgl. PFERSCHY, Ottokar II. 74 f.
66 WELTIN, Landesherr 165, 168, 173 f.
67 StUB III Nr. 122.
68 Ausführlich dazu WELTIN, Landesherr 163 ff.
69 MGH SS 647, vgl. auch WELTIN, Landesfürst und Adel 256.
70 StUB III Nr. 122, PFERSCHY, Ottokar 74 f.
71 Vgl. RBP III Nr. 2118-2122.
72 Ebd. Nr. 2137-2141.
73 HEROLD, Urkundenfund 228 Nr. 2.
74 Siehe dazu oben m. Anm. 53 ff.

wundert es umso mehr, dass die Adelspartei in dieser Frage praktisch resignierte und zu einem für sich wenig vorteilhaften Abschluss fand.

Dass der Ausgleich weniger dem gefährdeten Seelenheil, dem *periculum animarum*, sondern vielmehr der Wiedergutmachung für dem Kloster zugefügte Schäden geschuldet war, macht eine in diesem Zusammenhang ausgestellte Urkunde der Arnsteiner Brüder Berthold, Otto, Wichard, Hadmar und Wulfing deutlich[75]. Diese hatten neben dem Verzicht auf die Kaumberger und Nöstacher Zehente der Abtei zusätzlich auch noch 600 Pfund abzugelten – eine Schadenssumme, die jedenfalls keinem Bagatellvergehen geschuldet war[76]. Mit den fünf Arnsteiner Brüdern und deren Verwandten Otto und Wulfing von Tribuswinkel saßen Albero von Arberg und sein gleichnamiger Halbbruder ebenfalls mit im Boot, und zwar insofern, als man auch ihnen Übergriffe auf verschiedene Kirchen zur Last legte[77]. Das hierfür vorgesehene „Strafmaß" brachte die Beschuldigten um ihre gesamten Zehenten in Kaumberg und Nöstach, ein Verzicht, den man von kirchlicher Seite in dem Sinne nivellierte, als sich das Kloster Mariazell ohnehin seit altersher (*ab antiquo tempore*) als rechtmäßiger Zehentherr in diesem Gebiet verstand.

Dass der rechtliche Sachverhalt aber doch nicht so eindeutig war, wie man ihn von kirchlicher Seite hinzustellen suchte, dessen war man sich auch in Mariazell bewusst. So sah sich das Kloster zwecks vollständigen Erwerbs des Kaumberger Zehents zuweilen zur tauschweisen Ablöse veranlasst, wie das etwa gegenüber Otto von Arnstein und dessen Verwandten Otto von Wegbach geschah[78]. Das Gleiche galt auch für den Kaumberger Zehent des Wulfing von Tribuswinkel, der zusammen mit dem Zehent in Thenneberg und Triesting ebenfalls entgeltlich erworben werden musste[79]. Welcherlei Vergehen sich die Arberger und ihre Arnsteiner Verwandten im Detail schuldig gemacht hatten, geht aus den vorliegenden Dokumenten leider nicht hervor. Ob Zusammenhänge mit dem Feldzug des Ungarnkönigs Bela IV. bestanden oder einfach „nur" mit einer der vielen Adelsfehden zur Zeit des österreichischen Interregnums, die so häufig zum Schaden der Kirchen gediehen[80], bleibt letztendlich unklar. Festzuhalten ist schließlich noch, dass die Ausgleichsverhandlungen vom Dezember 1256 nicht vor dem Hintergrund der Mariazeller Kirchenweihe stattfanden[81]. Die entscheidenden Quellen datieren dieses Ereignis in das Jahr 1257[82], und auch der Verhandlungsort Wien spricht gegen Dezember 1256 als Weihedatum Mariazells.

Nach dem Wegfall des Kaumberger Zehents als wesentliche materielle Nutzeinheit fiel es Albero von Arberg offenbar nicht mehr allzu schwer, am 11. Dezember 1256 zugunsten Mariazells auch noch auf die Rechte an der Pfarre Kaumberg zu verzich-

---

[75] HEROLD, Urkundenfund 228 f. Nr. 3, zur Datierungsfrage siehe RBP 3 Nr. 2140.
[76] So betrug vergleichsweise der Pfandsatz für die Feste Araburg rund 100 Jahre später ebenfalls 600 Pfund – QuGStW I/3 Nr. 3251.
[77] HEROLD, Urkundenfund 227 Nr. 1: *... ecclesiarum lis et impetitio...*
[78] Ebd. 228 Nr. 2.
[79] GEHART, Inventar 162 Nr. 212.
[80] Vgl. WELTIN, Landesherr 164 m. Anm. 15.
[81] Vgl. EIGNER, Geschichte 35 f.
[82] MG SS 9 647, Scriptores rerum Austriacarum, I, Hg. Hieronymus PEZ (Leipzig 1721) 461, RBP 3 Nr. 2321. Die Edition datiert fälschlich auf 1259, tatsächlich steht in der Handschrift 1257.

ten[83]. Der vollständige Erwerb der pfarrlichen Rechte mitsamt übrigem Stiftungsgut gelang dem Kloster aber erst im Jahr 1273, nachdem Abt Ulrich Albero von Arnstein mit einer Zahlung von vier Pfund abgefunden hatte, was dem Kloster neben einem Lehen in Steinbach bei Kaumberg auch noch den Zehent in der Nöstacher Pfarre sicherte[84]. Ausstellungsort der darüber ausgefertigten Urkunde war Altenmarkt an der Triesting, wo das Kloster seit spätestens 1250/53 über die örtliche Kirche verfügte[85].

Rund zehn Jahre nach der Kaumberger Resignation war einer der gleichnamigen Arberger Halbbrüder bereits verstorben. In einem am 12. Mai 1267 ausgestellten Schriftstück beurkundete Otto von Perchtoldsdorf die Übertragung einer Gülte im Wert von einem halben Pfund in Spielbach bei Kaumberg an das Kloster Lilienfeld[86], die der verstorbene Albero von Arberg dem Konvent als Abgeltung für einen von ihm verursachten 200 Pfund hohen Schaden überlassen hatte[87]. Was der Grund für diese *recompensatio dampnorum* war, geht aus der Urkunde nicht hervor[88]. Feststeht nur, dass der Versuch von Alberos Halbbruder, noch einmal in den Besitz dieser Gülte zu gelangen, keine ausreichende Rechtsgrundlage besaß, was dieser folglich mit seinem Verzicht zu quittieren hatte.

Das Heiligenkreuzer Nekrologium überliefert den 31. Oktober als Todestag des Albero von Arberg[89], wobei unklar bleibt, welcher der beiden Halbbrüder damit gemeint ist. Auch der beigefügte Hinweis, wonach dieser Albero zwei Pfund Pfennig an die Zisterze übertragen habe, hilft bei der Klärung dieser Frage nicht weiter. Geht man davon aus, dass der am 21. Juni 1262 in einer Heiligenkreuzer Angelegenheit aufgelistete Zeuge mit dem Verstorbenen des Nekrologiums identisch ist[90], dann wäre dessen Todesjahr den obigen Quellen entsprechend in den Zeitraum zwischen 1262 und 1266 zu datieren.

Alberos Halbbruder überlebte seinen gleichnamigen Verwandten um rund ein Jahrzehnt. Dieser Albero machte insbesondere in einem Zehentstreit mit dem Deutschen Orden von sich reden, der am 11. Dezember 1275 im Gericht Ottos von Haslau seinen Abschluss fand[91]. In diesem Streitfall ging es um Zehentrechte in Gumpoldskirchen, als deren Inhaber die Arberger erstmals im Jahr 1259 bezeugt sind[92]. Der Vergleich vom Jahr 1275 sah schlussendlich vor, dass der Deutsche Orden den strittigen Zehent gegen eine Ablöse von 24 Pfund besitzen solle, die an Albero von Arberg auszuzahlen seien. Die beiden über das Verfahren ausgestellten Schriftstücke sind auch insofern von Interesse, als sie wichtige genealogische Hinweise bereithalten. In einem derselben bestätigte Offo von Arberg voll inhaltlich die Streitschlichtung zwischen dem Deutschorden und seinem *patruus* Albero, womit klar wird, dass der vor 1267 verstorbene Albero von Arberg Offos Vater war.

---

83 GEHART, Inventar 162 Nr. 213.
84 HEROLD, Urkundenfund 229 f. Nr. 4.
85 MAIDHOF, Urbare I 215 f. bzw. Einleitung 33 (zur Datierung).
86 Zur Lokalisierung siehe HONB K 81 (Gehöftenamen).
87 FRA II/81 Nr. 81.
88 Vgl. auch TOBNER, Lilienfeld 1202-1902 63.
89 MGH Necrologia V 111.
90 MGH Necrologia V 111 m. Anm. 4.
91 Ebd. 56 f. Nr. 11 u. 12, QuGStW I/9 Nr. 17214 f. Vgl. HAGENEDER, Geistliche Gerichtsbarkeit 170 Anm. 182, 225 Anm. 165.
92 Wehrbauten 1 298 Nr. 4, QuGStW I/9 Nr. 17202, DUELLIUS, Historia 3 80 f. Nr. 7.

Eine der letzten Handlungen von Offos Onkel Albero erfolgte im Jahr 1276, als dieser der Johanniterkommende zu Wien einen Hof und eine Hufe in Auhof mit Holznutzungsrechten am *Hagckenberg*, der wohl bei Hacking (Wien 13) zu suchen ist, als Seelgerätstiftung überließ[93]. Die Formulierung, wonach die Schenkung *in dotem* erfolgte, könnte mit der Zerstörung der Kommende im Jahr 1258 zu tun haben, als sie einem Großbrand zum Opfer fiel[94]. Im Folgejahr nützte Albero von Arberg den Aufenthalt König Rudolfs am 5. Juli 1277 in Wien[95], um seine 1276 getätigte Stiftung mittels königlicher Bestätigungsurkunde im größtmöglichen Maß rechtlich abzusichern[96]. Für König Rudolf bot sich auf diese Weise die Möglichkeit, sich gebührend bei seinem *fidelis dilectus* zu bedanken – eine Titulatur, die wohl Alberos habsburgerfreundlichem Verhalten beim Reichsfeldzug von 1276 geschuldet war[97]. Der feierliche Akt in Wien dürfte der Schlussakkord in Alberos Leben gewesen sein. Jedenfalls ist in der Folge kein Lebenszeugnis mehr von ihm erhalten. Als sein Neffe Offo 1283 die Rechtmäßigkeit der Schenkung seines Oheims an die Johanniterkommende unter Entsagung jedweder Besitzansprüche bestätigte, wähnte man Albero bereits der frommen Erinnerung für würdig[98].

Mit Offo (I.) von Arberg beginnt die letzte Generation der Gründerfamilie, die selbst noch auf der Araburg residierte. Offos älteste Erwähnung stammt aus dem Jahr 1265, wo er in eine Güterübertragung seines Verwandten Offo von Pitten an das Spital am Semmering involviert war[99]. Die nächsten urkundlichen Nennungen Offos fallen in die Jahre 1273 und 1275, in denen er mehrfach als Zeuge begegnet und in einem Fall den Ausgleich seines Oheims Albero mit dem Deutschen Orden wegen des Zehents in Gumpoldskirchen firmierte[100]. Mit dem Kloster Mariazell stand Offo im Jahr 1277 in Verbindung, als er einen Tausch zwischen Abt Ulrich und Hermann Vising bezeugte, bei dem das Kloster ein Lehen in Hainfeld gegen ein solches in St. Veit an der Gölsen ertauschte[101]. St. Veit an der Gölsen war 1281 ebenfalls ein Thema, als Offo die Vogteiregelung zwischen Kalhoch von Hohenberg und Abt Hermann von Göttweig testierte[102]. Ferner fungierte Offo auch öfters in den Urkunden des Klosters Heiligenkreuz als Zeuge, so beispielsweise im Dezember 1279, als Wulfing von Arnstein mit seiner Frau Gertrude eine Hufe in Schwarzensee an die Abtei verkaufte[103].

Einer Nachricht aus dem Kopialbuch des Kärntner Klosters St. Paul zufolge soll Offo von Arberg am 15. März 1281 gemeinsam mit Erchenger von Landsee und Gundaker von Ternberg im eigenen wie auch im Namen ihrer Frauen versucht ha-

---

[93] WISSGRILL, Schauplatz 149 f. Nr. 1.
[94] Vgl. FEUCHT, Bemerkungen 2.
[95] BÖHMER, Regesta Imperii 1246-1311 86 Nr. 384, ferner HLAVACEK/HLEDIKOVA, Nichtbohemikale Originalurkunden 104.
[96] WISSGRILL, Schauplatz 1 150 Nr. 2, QuGStW I/3 Nr. 2819, vgl. auch TWERDY, Wienerwald I 490.
[97] Vgl. dazu WELTIN, König Rudolf 108 f., zur Titulatur DEUTINGER, Königsherrschaft 104.
[98] WISSGRILL, Schauplatz I 150 f. Nr. 3, ferner HLAVACEK, Originalurkunden 107.

[99] StUB IV Nr. 169; vgl. dazu oben m. Anm. 16.
[100] DUELLIUS, Historia 3 56 f. Nr. 11 + 12, QuGStW I/9 Nr. 17214 f., vgl. ferner HEROLD, Urkundenfund 229 f. Nr. 4, FRA II/11 Nr. 210, 211.
[101] HEROLD, ebd. 230 f. Nr. 5.
[102] FRA II/51 Nr. 164.
[103] FRA II/11 Nr. 240, vgl. ferner Nr. 210, 211, 243, 284.

ben, bei König Rudolf von Habsburg bestimmte Besitzrechte an der Burg Unterdrauburg auf Grundlage des *ius hereditarium* gegen Graf Heinrich von Pfannberg zu behaupten[104]. Der darüber ausgehandelte Vergleich sah vor, dass Graf Heinrich die Kläger für deren Entgang mit einer Ablöse von 125 Mark Silber abzufinden habe[105]. Den Vermutungen der älteren Forschung entsprechend[106], scheint hier jedoch eine Verwechslung mit Offo von Emmerberg vorzuliegen. Dieser hatte nämlich am 6. Juli 1278 von Abt Hermann von St. Paul die Vogtei bei Unterdrauburg auf Lebzeiten erhalten[107], wofür nicht zuletzt die Besitzrechte seiner Verwandten Richgard von Mahrenberg ausschlaggebend waren[108]. Die Verwandtschaft mit Richgard von Mahrenberg beruhte auf der Ehe Offos von Emmerberg mit Richgards Schwägerin Beatrix von Mahrenberg[109], womit verständlich wird, warum sich Offo 1281 im Gericht König Rudolfs auf das *ius hereditatium* seiner Frau berufen konnte[110]. Wird die Verschreibung Offo von *Arberch* statt richtig Offo von Emmerberg alleine schon deswegen evident, so sind auch im Verlauf der gesamten Arberger Familiengeschichte niemals Beziehungen zum Kärntner oder untersteirisch-slowenischen Raum bezeugt, was auf Offo von Emmerberg aber sehr wohl zutrifft[111]. Natürlich wäre es reizvoll, wollte man in Richgard von Mahrenberg die gleichnamige Gattin des Offo von Araburg sehen[112]. Allerdings spricht neben der Besitzgeschichte auch der Umstand gegen diese Annahme, dass Richgard von Mahrenberg in den Jahren 1272 und 1291 als *Ricardis vidue de Marenberch* siegelte[113], wogegen Richgard von Arberg gemeinsam mit ihrem Gatten Offo und ihren Kindern Konrad, Offo, Elisabeth, Richgard, Margarete und Katharina im Jahr 1287 urkundete[114].

Am 5. Mai 1283 ist ein Aufenthalt Offos von Arberg in Wien bezeugt, wo er eine Urkunde Herzog Albrechts I. für das Kloster Aldersbach testierte[115]. Seinen städtischen Aufenthalt nützte Offo auch insofern, als er am nächsten Tag seinen Verzicht auf sämtliche Rechte an den Gütern bei Auhof beurkundete, die sein Onkel sieben Jahre zuvor an die Johanniterkommende verschenkt hatte[116].

Weitere großzügige Verzichtsleistungen waren bei den Arbergern in den Folgejahren aber nicht angebracht. Vielmehr geriet die Familie in eine finanzielle Krise, ein Schicksal, das sie gegen Ende des 13. Jahrhunderts mit vielen heimischen Standesgenossen teilte[117]. Die Veräußerung ihrer namengebenden Herrschaften Araburg und Wartenstein bzw. Teile davon künden von ihrer materiellen Not, ohne dass die Ursachen hierfür klar erkennbar sind[118]. Zunächst einmal gelangten am 29. Mai 1287

---

[104] FRA II/39 Nr. 130.
[105] FRA II/39 Nr. 131.
[106] Vgl. FRA II/39 Nr. 130 Anm. 1, TANGL, Pfannberg 155 ff., bes. 160 f.
[107] FRA II/39 Nr. 124.
[108] StUB IV Nr. 449.
[109] StUB III Nr. 93.
[110] Wie Anm. 104.
[111] Vgl. StUB IV Nr. 484, 504.
[112] Vgl. Wehrbauten III 363 f. Nr. 3, BOOR/HAACKE, Corpus Nr. 345 bzw. Regesta Habsburgica II/1 Nr. 273, 296 bzw. die Ausführungen unten.
[113] StUB IV Nr. 449, FRA II/39 Nr. 140.
[114] Wehrbauten 3 (wie Anm. 10) 363 f. Nr. 3, BOOR/HAACKE, Corpus 5 Nr. 345.
[115] MB V 389 f. Nr. 38, Reg. Habsburgica II/1 Nr. 101.
[116] HÖAVACEK, Originalurkunden 107; vgl. auch oben m. Anm. 152, 155.
[117] Vgl. dazu REICHERT, Adlige Güter- und Gültenverkäufe 364 f., 368, KUPFER, Sonnberger 319 ff.
[118] Vgl. REICHERT, ebd. 365, 368.

in einem auf der Araburg ausgehandelten Vertrag die Familienanteile an Burg und Herrschaft Wartenstein zur Veräußerung[119]. Unter Einwilligung ihrer Kinder Konrad, Offo, Elisabeth, Richgard, Margarete und Katharina verkauften Offo (I.) und seine Frau Richgard diese Liegenschaften um 70 Pfund an ihren Verwandten Heinrich von Stubenberg, allerdings unter dem Vorbehalt der Besitzungen in Schottwien und der veräußerten Lehen. In die Kaufsumme inkludiert waren auch die Wartensteiner Besitzanteile Ottos von Mainburg und seiner Frau Kunigunde, zu deren Verkauf Offo ebenfalls ermächtigt war. Dem Beispiel Offos und seiner Familie folgten am selben Tag noch Dietrich und Adelheid von Herrnbaumgarten, die ihre Wartensteiner Anteile um 20 Pfund an Heinrich von Stubenberg weitergaben[120]. Heinrich von Stubenberg war mit Adelheid von Pitten vermählt, die vermutlich ebenfalls Anteile am Schloss Wartenstein besaß, was das Interesse des Stubenbergers am anteilsmäßigen Zuerwerb dieser Herrschaft erklären dürfte[121].

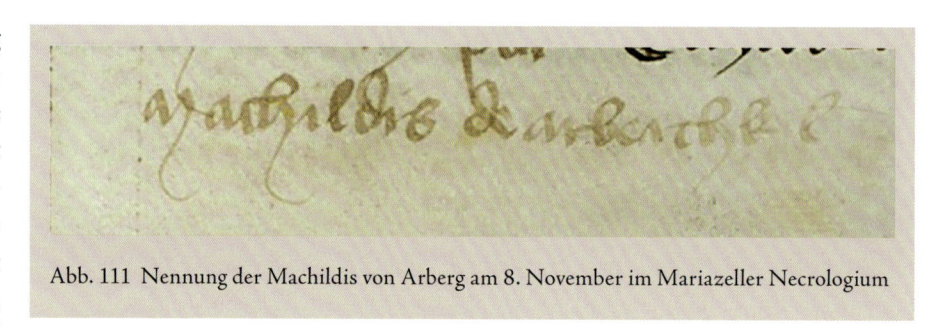

Mit dem Erlös des Wartensteiner Verkaufs war die finanzielle Zwangslage aber keineswegs vom Tisch. Das hatte zur Folge, dass Offo von Arberg am 9. Dezember 1287 mit Einwilligung seiner Hausfrau Richgard und aller sechs Kinder das ihm gehörige Viertel am *hovz ze Arberch* um 250 Pfund Wiener Münze an Herzog Albrecht I. von Österreich verkaufte[122]. Da der Herzog beim Vertragsschluss offenbar nicht ausreichend liquid war, Offo indessen aber dringend Geld benötigte, einigte man sich auf eine Vorauszahlung von 20 Pfund, der ein Restbetrag in zwei Raten zu je 115 Pfund bis Weihnachten 1287 bzw. Fasching (10. Februar) 1288 zu folgen hätte. Zu Offos verkauftem Gut gehörten auch Wald, Weide und Feld, und zwar so viel, wie sie der *Plencher und seiner housvrowen swester zu irem tail gaben*. Dieser Hinweis ist von mehrfachem Interesse, zeigt er doch, dass Offo zwei Schwestern hatte, die ebenfalls Anteilseignerinnen waren.

Gesichert ist die Identität jenes *Plencher* mit Heinrich von Plank, der in zweiter Ehe mit Gertrude von Arberg vermählt war[123]. Der Name der in der Urkunde genannten Schwester Gertruds bleibt unbekannt, doch lässt die Formulierung vermuten, dass Heinrich von Plank in der Arberger Angelegenheit für sie als Salmann fungierte. Ob dieser Verkauf ebenfalls am 9. Dezember 1287 erfolgt war, ist nicht sicher. Gänzlich unbekannt bleibt leider der vierte Anteilseigner bzw. die Anteilseignerin, wobei

Abb. 111 Nennung der Machildis von Arberg am 8. November im Mariazeller Necrologium

---

[119] Wehrbauten III 363 f. Nr. 3, Reg. Habsburgica II/1 Nr. 273.
[120] Wehrbauten, ebd. 362 f. Nr. 2.
[121] WELTIN, Wartenstein 344 f.
[122] BOOR/HAACKE, Corpus 5 Nr. 345, Reg. Habsburgica II/1 Nr. 284.
[123] SCHOPF, Besitz- und Herrschaftsgeschichte 175 ff., 317; vgl. ferner FRA II/21 Nr. 23.

man der urkundlichen Überlieferung entsprechend (d. h. aufgrund fehlender Überlieferung eines männlichen Familienmitglieds zur Zeit Offos I.) am ehesten eine dritte Schwester vermuten würde.

Die Frage, ob nach den Verkäufen Offos und seiner Verwandten die Araburg um 1287/88 bereits zur Gänze an den Herzog gelangt war, bleibt dennoch offen. Auffallend ist jedenfalls, dass Seifried von Plank, der Sohn aus der Ehe Heinrichs mit Gertrude von Arberg, am 3. März 1310 das mütterliche Erbgut um Kaumberg und Araburg um 100 Pfund an Herzog Friedrich von Österreich veräußerte[124], was dieser mehr oder weniger umgehend dazu nützte, um am 28. April 1310 die Araburg mit allem Zubehör und weiteren genannten Örtlichkeiten an den Wiener Juden Abraham Wurisch um 520 Mark Silber zu verpfänden[125]. Spätestens jetzt verfügte der Herzog im vollen Umfang über die Araburg. Offo I. blieb dieser Schlussakt wohl erspart. Seine letzte gesicherte Erwähnung stammt vom 18. September 1288[126], während eine undatierte Heiligenkreuzer Urkunde mit Offo von Arberg als Spitzenzeugen in den Zeitraum um 1284/89 zu datieren ist[127].

Entgegen älterer Vermutung gelangte die Araburg in der Folgezeit nicht mehr in die Hände ihrer Gründerfamilie zurück[128]. Vielmehr diente sie den österreichischen Herzögen im 14. Jahrhundert mehrfach als Pfandobjekt, so 1331 Albrecht II. für seinen Getreuen Ortolf von St. Veit und 1367 Albrecht III. für seinen Kellermeister Alber, der die Araburg um 600 Pfund zu Pfand nahm[129]. Zwar benützten die jüngeren Angehörigen der Gründerfamilie auch noch nach der Veräußerung ihrer namengebenden Feste das Prädikat Arberg, doch lagen ihre nunmehrigen Besitzschwerpunkte in der Gegend um St. Pölten und Hainfeld[130]. Den übrigen Familienbesitz um Kaumberg und Araburg, der noch im 14. Jahrhundert in einem durchaus bemerkenswerten Ausmaß vorhanden war, nützten die Arberger indessen vorzugsweise als Verkaufs-, Leihe- oder Tauschobjekt[131].

Zusammenfassung

Gegen Ende des 12. Jahrhunderts tritt mit den Herren von Arberg ein neues Geschlecht im oberen Triestingtal in Erscheinung. Um das Jahr 1190 kam es zur Errichtung der namengebenden Burganlage, die in der ersten Hälfte des 13. Jahrhunderts mit der Pfarre Kaumberg ihr geistliches Pendant erhielt. Was für die Arberger vielversprechend begonnen hatte, endete allerdings schon 100 Jahre später mit deren Resignation. Eine entscheidende Zäsur dürfte das österreichische Interregnum, also die Zeit zwischen 1246 und 1253, eingeleitet haben, dessen Folgewirkungen für die Arberger drückend blieben. Eine erste Konsequenz war der Ausgleich mit dem Kloster Mariazell (1256), der für die sie den Verlust der Kaumberger Pfarre und des dortigen Zehents

---

[124] LICHNOWSKY, Beiträge Geschichte 3 330 Nr. 55, SCHOPF, ebd. 176 Anm. 4.
[125] CHMEL, Friedrich 526 f. Nr. 31, LICHNOWSKY, ebd. Nr. 62; vgl. LACKNER, Pfandschaften 195.
[126] Wehrbauten 1 303 f. Nr. 9.
[127] FRA II/11 Nr. 284. Die Datierung „1284/89" ergibt sich aus der Amtszeit Abt Sieghards.
[128] Vgl. SCHOBER, Araburg 453, 455.
[129] QuGStW I/3 Nr. 3251, QuGStW II/1 Nr. 134, ferner FRA II/81 Nr. 524.
[130] Vgl. FRA II/51 Nr. 702, FRA II/81 Nr. 725, 827, 835, 837, FRA II/89 Nr. 46, LAMPEL, Urkundenbuch Sanct Pölten i Nr. 481, 2 Nr. 791, 796, GEHART, Inventar 163 f. Nr. 227, TWERDY, Wienerwald I 490.
[131] Vgl. HEROLD, Urkundenfund 232 f. Nr. 7, 235 ff. Nr. 10-13, 253 Nr. 31, GEHART, Inventar 164 Nr. 230-231.

zur Folge hatte, was neben dem Prestigeverlust zwangsläufig auch den materiellen Nutzen der Herrschaft Araburg ins Wanken bringen musste[132]. Weitere Streitigkeiten mit dem Kloster Lilienfeld und dem Deutschen Orden sorgten in der Folgezeit für eine zusätzliche finanzielle Schwächung der Arberger. Die mehrheitlich sichtbaren Vorzeichen liefen im Jahr 1287 schließlich auf die Teilveräußerungen der Festen Wartenstein und Araburg hinaus, wobei die Araburg spätestens im Frühjahr 1310 vollständig verkauft war.

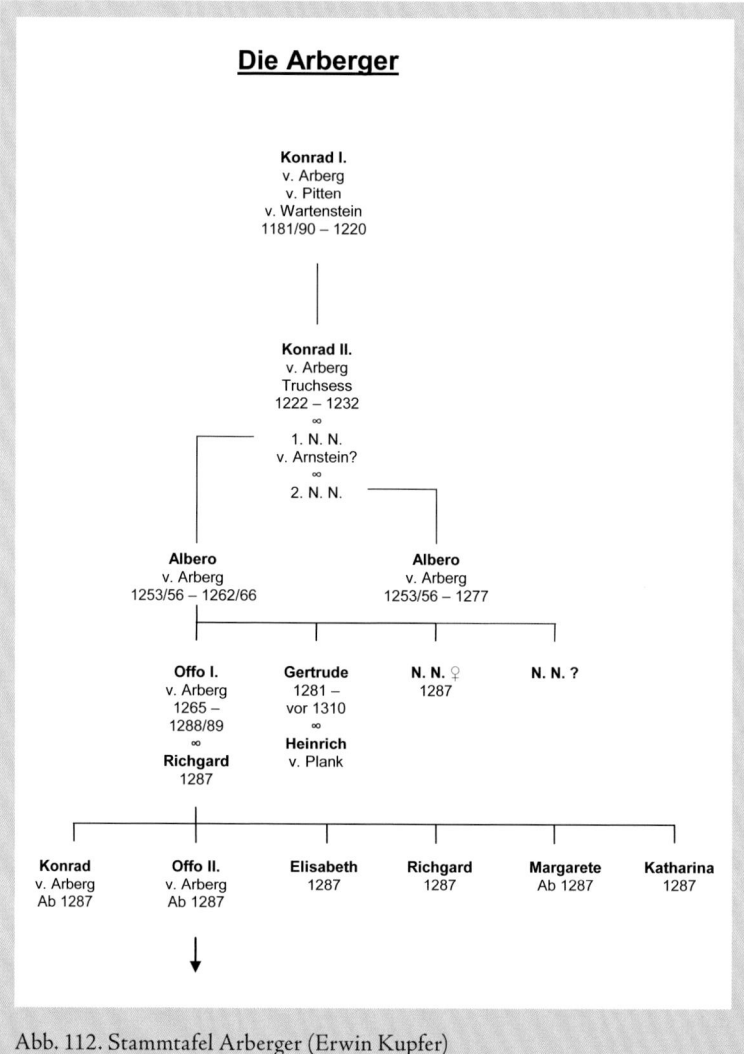

Der Niedergang der Arberger war indessen von einem bemerkenswerten Aufschwung des Klosters Mariazell begleitet, woran die Ausgleichszahlungen von 1256 und der unumstrittene Erwerb der Zehenthoheit im oberen Triestingtal gewiss keinen unbedeutenden Anteil hatten. Dem entsprechend urteilt auch der Verfasser der Mariazeller Stiftsmonographie, dass der unter Abt Ulrich (1256-1284) einsetzende Aufschwung unter dessen Nachfolger Herbord (1297-ca.1331) eine bedeutende Mehrung des klösterlichen Hausbesitzes erfuhr[133]. Das war genau auch der Zeitpunkt, zu dem die Araburg gänzlich in die Hand der österreichischen Herzöge gekommen war.

Abb. 112. Stammtafel Arberger (Erwin Kupfer)

---

[132] Vgl. auch ERKENS, Niederkirchenwesen 76 ff.
[133] So EIGNER, Geschichte 45, vgl. auch 35.

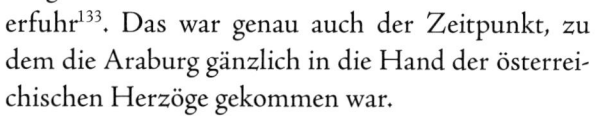

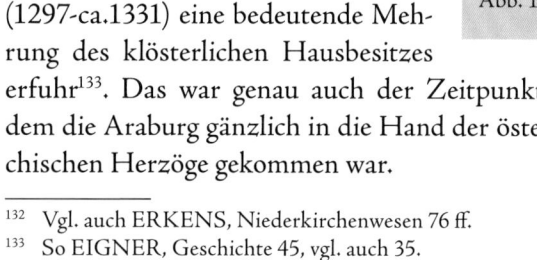

3. DER AUSBAU ZUR GROSSEN ABTEI – NORM UND PRAXIS IM 13. JH.
VON BARBARA SCHEDL

Unmittelbar mit der Gründung der Klostergemeinschaft in Mariazell nach benediktinischer Tradition dürfte eine Saalkirche und das Mönchshaus entstanden sein. Aus dem Totenbuch geht hervor, dass der Gemeinschaft neben Mönchen und Konversen später für eine bestimmte Zeit auch Nonnen und wohl auch Laienschwestern angehörten. Die Lebensgewohnheiten richteten sich bald nach dem Reformkloster Hirsau, was sich auch im architektonischen Konzept der Kirche widerspiegelt. Denn die Saalkirche wurde, um die strikte Klausurierung einzuhalten, mit einem nördlichen Betchor – wohl für die weiblichen Religiosen – erweitert. Wie weit diese erste Klosteranlage mit Kreuzgang, Unterkünften, Versorgungstrakten usw. ausgebaut war, lässt sich mangels Quellenbefund nicht bestimmen.

Erst im 2. Viertel des 13. Jahrhunderts ändert sich die Quellenlage dahin gehend, dass dem Kloster zahlreiche landesfürstliche Privilegien ausgestellt wurden und dass beträchtliche Teile der Bausubstanz dieser Zeit, wie die Kirche und der im Süden anschließende Kreuzgang, wenn auch in umgeformtem Zustand, erhalten geblieben sind. Zwei Jahre nach Übernahme der Regierung beginnt mit der Schenkung des Dorfes Taubitz eine Serie zahlreicher Zuwendungen und Privilegierungen durch den Babenberger Herzog Friedrich II., den Streitbaren (reg. 1230-1245).[1] Unter den Mariazeller Äbten Albero (reg. ca. 1236-1243) und Gottschalk (1243-?) erfolgten weitere landesfürstliche Privilegien.[2] Die damit einhergehende gute wirtschaftliche und stabile kirchenpolitische Situation des Klosters machte es möglich, und wohl auch notwendig, das Gotteshaus und die Klausurbauten zu vergrößern. Es ist davon auszugehen, dass relativ bald nach 1232 mit dem Projekt begonnen wurde. Planungsprozess und Baufortgang lassen sich zu einem guten Teil rekonstruieren und dürften ihren Abschluss in den großen Renovierungsarbeiten Abt Herbords (reg. 1297-1331) zu Beginn des 14. Jahrhunderts gehabt haben.

Der Ausbau der Klosterkirche

Wie im mittelalterlichen Baubetrieb allgemein üblich, dürfte nach Vermessung und Absteckung der Mauerfluchten mit der Aushebung der Gräben sowie mit der Fundamentierung für das neue Gottes-

---

[1] BUB II, Nr. 301.
[2] BUB II, Nr. 531, 532, 536, 541, 542.

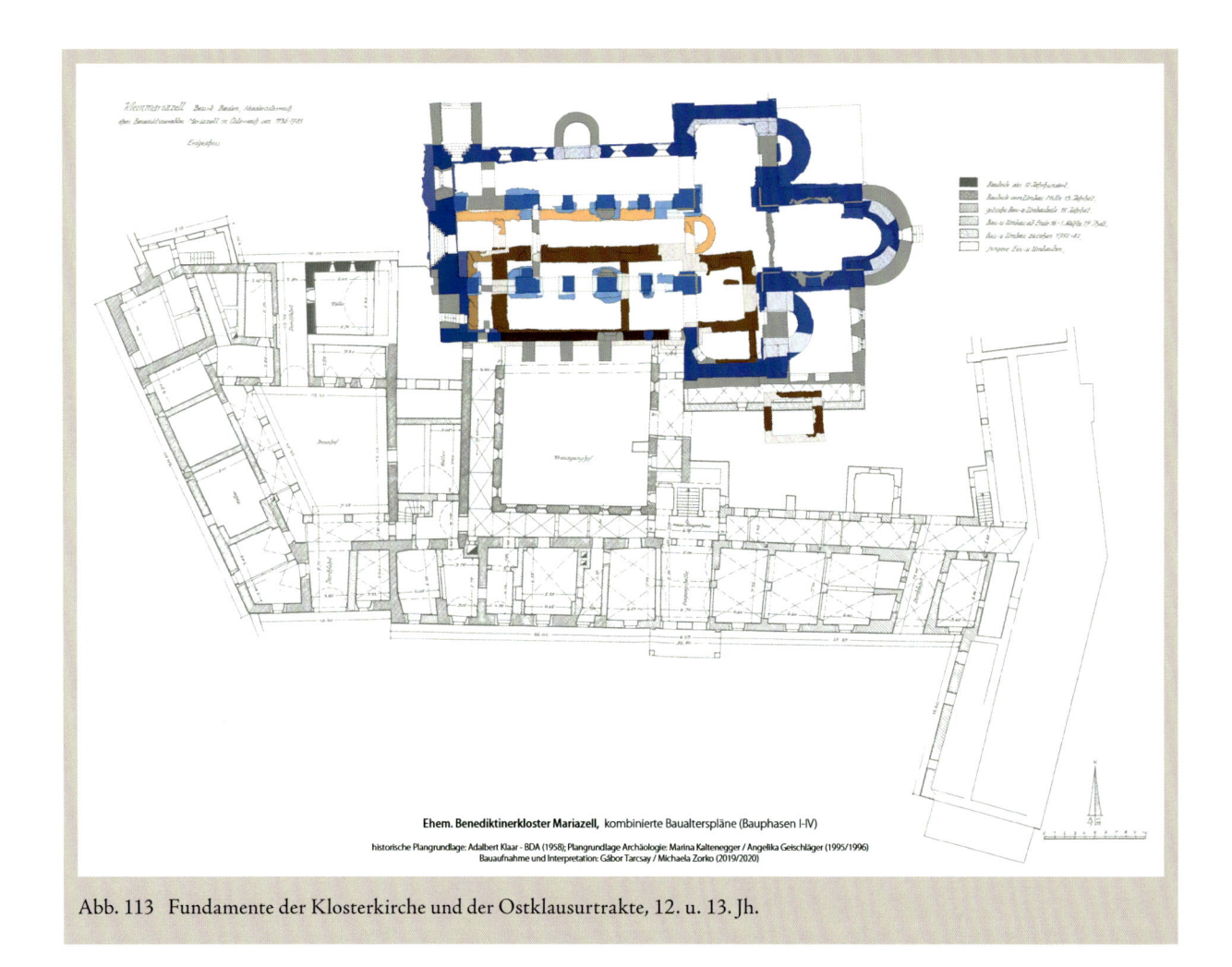

Abb. 113 Fundamente der Klosterkirche und der Ostklausurtrakte, 12. u. 13. Jh.

haus rund um den alten Sakralbau, der weiterhin für Chorgebet und Messfeier in Verwendung war, begonnen worden sein. (siehe Abb. 113) Das Bauvorhaben konzentrierte sich zunächst auf die Errichtung der liturgisch bedeutsamen Ostteile. Gebaut wurden ein Querschiff mit jeweils einer Rundapside im Norden und Süden sowie ein Chorquadrat mit einem runden apsidialen Abschluss.[3] Die Ausdehnung der alten Saalkirche, respektive ihres Rechteckchores, gab die Tiefe des Querhauses vor. Mit der Fertigstellung des Querschiffes und des Hochchores der neuen Kirche rund um den alten Rechteckchor dürfte dieser nun gänzlich abgetragen worden

---

[3] Vgl. den Beitrag von TARCSAY/ZORKO.

sein, um die östlichen Pfeiler des neuen Langhauses hochziehen zu können. Mit dieser Vorgangsweise – sie lässt sich an zahlreichen Kirchenbauten nachweisen – war eine kontinuierliche Bespielung der so bedeutenden Ostteile möglich. Die klösterliche Liturgie konnte fortan in den bereits neuen Raumkompartimenten des Gotteshauses gefeiert werden – freilich mit einer provisorischen Wand aus Holzlatten gegen die Baustelle abgetrennt. In der Folge konnte der alte Sakralbau kontinuierlich von Ost nach West weiter abgebrochen und die neuen Binnenpfeiler sowie die nördliche Außenmauer hochgezogen werden. Das Langhaus wurde in einem gebundenen System mit drei mächtigen Pfeilern und jeweils einer dazwischen liegenden Stütze errichtet. Die bindende Maßeinheit war das Vierungsquadrat mit ca. 6,65 cm Seitenlänge. Die schrittweise Abtragung der alten Bausubstanz ermöglichte eine Wiederverwendung des Materials, die Beschaffung und Transportkosten der Steine für den Neubau waren doch extrem kostspielig.

Bei der Gestaltung des westlichen Kirchenabschlusses dürfte es allerdings zu einer Planänderung gekommen sein, wie an der heutigen Bausubstanz und der Gestaltung des Kirchenvorplatzes zu beobachten ist. (Abb. 114) Dieser mutet ungewöhnlich an, ist doch ein Teil der Kirchenschaufront von einem mächtigen Baukörper verstellt. Die Fassade des Gotteshauses ist entsprechend dem dreischiffigen basilikalen Langhaus dreiteilig gegliedert, jedoch heute unsymmetrisch ausgebildet. Sie hat mittig eine Giebelfront; an der Nordseite sitzt über dem Seitenschiff ein Turm, der in der Barockzeit ausgebildet wurde.[4] Ihre Südseite ist von den Konventgebäuden heute gänzlich verbaut; sodass das in der Achse des Mittelschiffes gelegene trichterförmige Hauptportal in die Ecke gedrängt wird. Aufgrund der ausgeprägten schmalen Fensterform und der Baustruktur ist der vor dem südlichen Teil der Westfassade errichtete Baukörper in das 13. Jahrhundert zu datieren. Nach der Bauaufnahme von Adalbert Klaar aus dem Jahr 1958, die vor den umfangreichen Umbau- und Abbrucharbeiten zwischen 1964 und 1968 aufgenommen wurde, sowie einem historischen Foto, lässt sich erkennen, dass die lichte Weite dieses Raumkörpers mit ca. sechs Metern den Innenmaßen der ehemaligen Saalkirche bzw. den Pfeilerabständen des neuen Langhauses entsprochen hat und dass dieses fast quadratische

Abb. 114 Kirchenvorplatz auf einer Aufnahme aus der Zeit um 1930

---

[4] 1765 wurde der alte hölzerne Dachreiter abgetragen. FREY, Denkmale Baden 323.

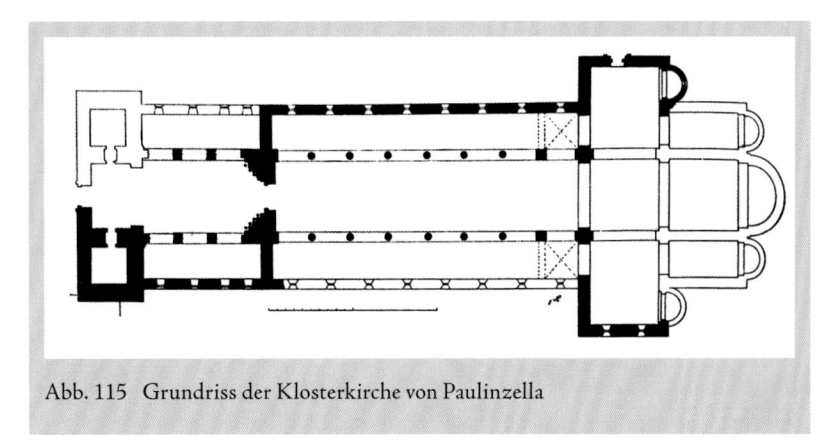

Abb. 115 Grundriss der Klosterkirche von Paulinzella

Gebäude in ca. sechs Meter Entfernung zur Kirchenfassade errichtet war.⁵ (siehe Abb. 47 und 114)

Überblickt man den Entwurf des neuen romanischen Gotteshauses, wird man unweigerlich an Kirchenbauten erinnert, die weit bis ins 12. Jahrhundert hinein errichtet das mehr oder weniger einheitliche Bild hirsauisch gegründeter oder reformierter Klöster bieten. Diese orientierten sich an der Baugestalt der Klosterkirche von St. Peter und Paul, die wie bereits ausgeführt, vor allem durch die gehäuften Aufstellungsorte für Altäre im Osten, einen abgeschrankten Bereich in der Vierung und im östlichen Langhaus als Mönchschor sowie einer Vorkirche mit Türmen charakterisiert sind. (siehe Abb. 45) Wie es scheint, war eine solche Vorkirche mit Westturmpaar auch in Mariazell geplant und vermutlich zumindest an der Südseite bereits ausgemessen. Das Konzept könnte dem der Hirsauer Klosterkirche St. Peter und Paul beziehungsweise der von Hirsau besiedelten Klosterniederlassung in Paulinzella entsprochen haben. (siehe Abb. 115) Beiden Bauwerken war vor der Kirchenfront im Westen eine Vorkirche oder Vorhof in Form eines Atriums und ein westliches, den Eingang flankierendes Turmpaar vorgelagert. Auch bei der von Hirsauer Mönchen besiedelten Klosterniederlassung in St. Paul im Lavanttal wurde ein entsprechendes hirsauisches Baukonzept umgesetzt. Dort entstand gegen Ende des 12. Jahrhunderts und in den ersten Jahrzehnten des 13. Jahrhunderts eine ungewölbte dreischiffige Pfeilerbasilika mit Querschiff und Chorquadrat, drei Ostapsiden sowie einem westseitig vorgelagerten Turmpaar, das eine Vorhalle einschloss.⁶

Warum eine solche Vorkirche mit Doppeltürmen in Mariazell nicht zur Ausführung kam, ist nicht belegt. Vielleicht war der plötzliche Tod des Herzogs als mögliche treibende Kraft hinter dem Projekt im Jahr 1246 oder eine Verwüstung durch die Kumanen 1250 die Ursache dafür.⁷ Anstelle der Vorkirche mit einem Westturmpaar wurde offenbar nur der südliche quadratische Baukörper hochgezogen. Seine Entfernung von ca. sechs Metern zur Kirchenfassade entspricht jedenfalls – wie erwähnt – den Abständen der Langhauspfeiler in der Kirche, aber auch der Bauflucht des Westportals und nimmt damit die Gliederung und die Proportionen des Kirchenraumes auf. (siehe Abb. 116) Die im Mariazel-

---

5   Heute ist das Gebäude mit der ehemaligen Durchfahrt zu einem Baublock zusammengefasst; die ehemals getrennte Raumstruktur lässt sich an der Außenfassade heute nicht mehr erkennen.

6   SCHWARZ, Baukunst 64-65.
7   Vgl. den Beitrag von AIGNER in Abschnitt IV; Auctarium Mariae Cellense, in: MGH, SS9 647- 648, hier: 647.

Abb. 116 Grundriss mit Bausubstanz des 13. Jh.

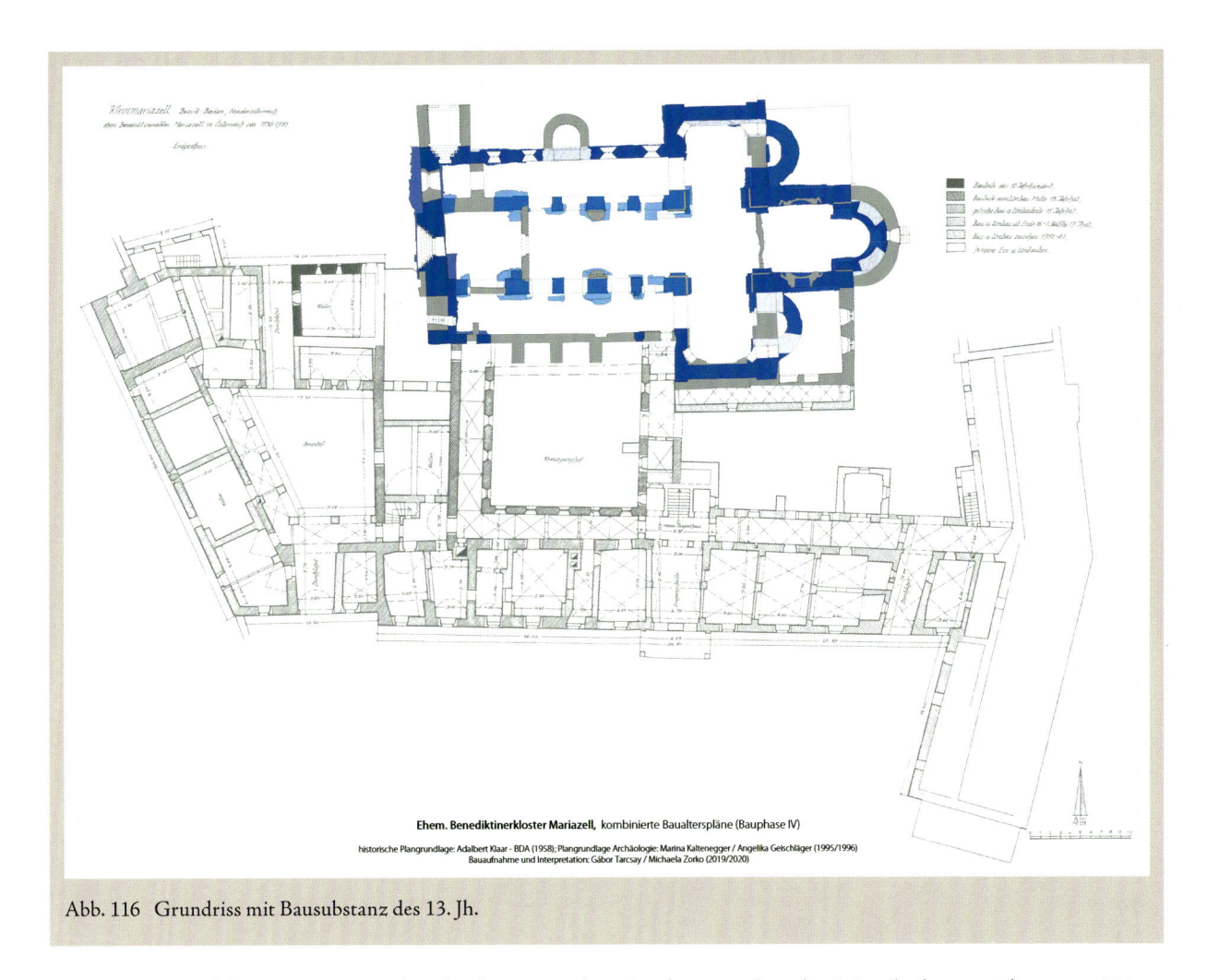

ler Bauentwurf konzipierte Vorkirche hätte nach dem im Langhaus umgesetzten gebundenen System eine Zwischenstütze besessen und richtete sich damit an die Ausdehnung des Vierungsquadrats von ca. 6,65 m Seitenlänge. Die geplanten Doppeltürme, die bei einer dreischiffigen Basilika benediktinischer Verfassung durchaus üblich gewesen waren, wurden auf einen „Turmaufsatz" reduziert, der allerdings als Dachreiter über der Mittelachse errichtet war. Diese gegenüber des Vorkirchenentwurfes sparsamere Variante belegt ein Detail aus der Mitteltafel des sogenannten Babenbergerstammbaumes, der zwischen 1489 und 1492 entstanden ist. (Abb. 117) Barocke Stiche bzw. Gemälde lassen einen mittig aufgesetzten (hölzernen) Dachreiter im Westen ebenfalls unmissverständlich erkennen (vgl. Abb. 118). Dieser

Abb. 117 Medaillon des Babenberger Stammbaums mit Darstellung Markgraf Leopold III., Detail, um 1490

Abb. 118 Stiftskirche mit Dachreiter, Pfarrkirche St. Thomas und Kapelle St. Michael auf einem Kupferstich von Schlegel 1699

wurde erst 1765 durch den gegenwärtigen Turm ersetzt.[8] Ein Glockenturm war generell für den mittelalterlichen Alltag unersetzlich; besonders in der monastischen Liturgie war das Geläute zum Stundengebet unverzichtbar. Die Glocken hierfür befanden sich zumeist im Osten, beim Chor der Mönche, und wurden nicht selten als offener Glockenstuhl belassen oder einfach als hölzerner Dachreiter über der Vierung errichtet. Diese Situation dürfte zumindest bis in das 15. Jahrhundert auch für Mariazell anzunehmen sein. Einen Hinweis darauf gibt die Darstellung des Klosters auf dem bereits erwähnten Babenbergerstammbaum, die wohl am deutlichsten den mittelalterlichen Zustand der Dachlandschaft der Kirche einfängt.[9] (vgl. Abb. 117) Dort erkennt man neben dem Turm an der Westfassade über der Vierung einen Dachreiter. Mit einem Glockengeschoß über bzw. gleich in der Nähe des Mönchchores in der Kirche entsprach Mariazell damit cluniazensischen und hirsauischen Neuerungen.[10]

Nicht nur mit dem Entwurf zu Vorkirche und Westturmpaar, sondern auch in der Gestaltung des Ostbereiches entsprach die neue Mariazeller Klosterkirche Hirsauer Baukonzepten. (vgl. Abb. 116) Jetzt schuf man in Mariazell mit drei Apsiden deutlich mehr Raum für die Aufstellung von Altären. Grabungsbefunde lassen es sehr wahrscheinlich machen, dass die Vierung sowie das östlichste Halb-

---

[8] FREY, Denkmale 323. Das Protokoll über die Neuerrichtung des Turmes wurde bei der Restaurierung 1876 in der kugelförmigen Turmbekrönung gefunden; vgl. dazu EIGNER, Geschichte 379.

[9] Babenbergerstammbaum, 1489-1492, Stiftsmuseum Klosterneuburg.

[10] BINDING/UNTERMANN, Kunstgeschichte 117.

joch des Mittelschiffs vom übrigen Kirchenraum mit Schranken abgetrennt waren. Dort muss sich, ähnlich dem Hirsauer Vorbild, der Mönchschor befunden haben. Über die Altarausstattung der Kirche des 13. Jahrhunderts lässt sich keine Aussage machen. Ein Ablassbrief aus dem Jahr 1344 nennt neben nicht näher bezeichneten Altären (*singula altaria*) drei Kapellen: je eine des hl. Benedikt, der Apostelfürsten Peter und Paul sowie der Märtyrer Stephanus und Laurentius.[11] Möglicherweise gab es auch in der Klosterkirche einen Marienaltar; eine Marienkapelle könnte nach Hirsauer Vorbild im Klausurostflügel bestanden haben.

Anders als der Sakralbau im 12. Jahrhundert besitzt das neue Gotteshaus keinen gesonderten Raum für weibliche Religiosen mehr. Dies darf als ein Hinweis dafür gelten, dass der Nonnenkonvent in Mariazell bereits im 13. Jahrhundert nicht mehr existierte.[12] Der Niedergang des weiblichen Konvents in einer Doppelklosteranlage im 13. Jahrhundert lässt sich an zahlreichen Beispielen beobachten[13]. Gründe dafür waren vor allem die Haltung der kirchlichen Autoritäten, aber auch die Forderung der Kleriker, keine religiösen Frauen in die Klöster aufzunehmen.

Neben der klösterlichen Liturgie, die in Mariazell auch noch im 13. Jahrhundert offensichtlich nach Hirsauer Richtlinien durchgeführt wurde – dafür spricht nicht nur das Baukonzept, sondern auch der damals im Kloster vorhandene Codex mit Hirsauer Normtexten[14] – feierte man in der Klosterkirche auch Gottesdienste für die zur Klostergemeinschaft gehörenden Laien, zu denen vor allem Taufzeremonien, Eucharistiefeiern und Begräbniszeremonien zu zählen sind. 1283 wird in einer Urkunde ein Heinrich, *capellanus domini abbatis*, genannt. Ab wann genau eine Klosterpfarre existierte, ist nicht bekannt. Später im 15. Jh. wird an der Nordseite der Klosterkirche ein zweiter Sakralbau errichtet, der ausschließlich dem Pfarrgottesdienst gewidmet war[15].

Nach einem Eintrag in den Mariazeller bzw. Klosterneuburger Annalen soll die Mariazeller Abtei im Jahr 1257 geweiht worden sein.[16] Es ist allerdings zu bezweifeln, dass zu diesem Zeitpunkt die Klosteranlage mitsamt der Kirche und den Klau-

---

[11] *Capella s. Benedicti* meint in dem Kontext des Urkundentextes einen Altar, der wohl in einer Nische (Apsidennische?) stand. EIGNER, Geschichte 412 Nr. VIII. Möglicherweise sind mit den drei Kapellen Hochaltar und Altäre der Seitenapsiden gemeint.

[12] Die im Totenbuch genannten *sorores* oder *monialis* – auch in der jüngeren Handschrift – beziehen sich auf weibliche Religiosen anderer Konvente, deren im Sinne der Gebetsverbrüderung gedacht wurde. Lediglich in der ältesten Schicht finden sich sieben weibliche Religiosen mit der Bezeichnung „unserer Kongregation", *nostrae congregationis*. Vgl. dazu AIGNER und SCHEDL in Abschnitt III.

[13] Vgl. dazu die Ausführungen von MARTI, Neuorientierung 308-309.

[14] Constitutiones Hirsaugienses, Institutio monastica des Guilelmus Hirsaugiensis, 13. Jh., Stiftsbibliothek Lilienfeld, CLi24, 54v-147v.

[15] FRA II/11 CCLV; EIGNER, Geschichte 391-392; vgl. auch den Beitrag von WEISSENSTEINER in Abschnitt III. Eine eigene Pfarrkirche, dem Hl. Thomas geweiht, gleich nördlich neben der Klosterkirche errichtet, lässt sich in den Quellen erst im 15. Jahrhundert nachweisen. So auf der Darstellung des Babenbergerstammbaumes, um 1489 (Abb. 117); 1466 wurde nach den Weiheregistern die Pfarrkirche St. Thomas in Mariazell nach den Plünderungen und Beschädigungen durch die „ungarischen Brüder" von Weihbischof Wolfgang von Hippo wiedergeweiht. EIGNER, Geschichte 109 und 394. LEIDL, Püchler 556-557.

[16] MGH SS IX 647- 648, hier: 647.

surtrakten, den Wohn-, Beherbergungs- und Wirtschaftsgebäuden bereits fertiggestellt war. Hier wird es sich vielmehr um eine Teilweihe der Kirche handeln, die nach den bereits erwähnten „Kumaneneinfällen" im Jahr 1250, soweit wiederhergestellt war, dass sie liturgisch genutzt werden konnte.[17]

Die Klausurtrakte
Mit dem Baufortschritt der Klosterkirche sind – wie bereits kurz angesprochen – wohl auch die Klausurbauten errichtet worden, die sich im Süden um einen fast quadratischen Klosterhof gruppierten. Auf den ersten Blick scheint die Raumaufteilung des östlichen, südlichen und westlichen Traktes benediktinischer Bautradition zu folgen, die im St. Galler Klosterplan erstmals visualisiert wurde. (Abb. 44) Dort war im Osttrakt im Erdgeschoß ein Wärmeraum untergebracht; darüber befand sich das Dormitorium. Im Süden befand sich der Speisesaal und darüber die Kleiderkammer; der westliche, ebenfalls zweigeschossig angelegte Flügel, war für die Vorräte vorgesehen. Ebenerdig sind die Trakte durch einen Kreuzgang verbunden. Wie bereits erwähnt, wurde dieses Bauschema vor allem in Reformzeiten im 11. und 12. Jahrhundert immer wieder aufgegriffen; erfuhr aber auch zahlreiche Weiterentwicklungen und Veränderungen. Das betraf vor allem den Ostflügel, dessen Erdgeschoß nicht allein einen beheizbaren Arbeitsraum aufwies, sondern durch mehrere unterschiedliche Funktionsräume wie Sakristei, Bibliothek, Kapitelsaal, Kapelle oder Durchfahrt untergliedert werden konnte. Nicht immer schloss der Osttrakt direkt an die Flucht des Querschiffes, um vom Obergeschoß einen direkten Zugang über die Dormitoriumstreppe in die Kirche zu erhalten.

Die in Cluny erneuerte monastische Lebensform war – wie bereits dargelegt[18] – ausschlaggebend für die Hirsauer Reformer. So sind die Klausurgebäude in Hirsau in Nachahmung der Verhältnisse von Cluny II angelegt worden, wie dem übereinstimmenden Wortlaut der *consuetudines* zu entnehmen ist. Dort lag im Obergeschoß des Ostflügels das Dormitorium, das nur vom Kreuzgang aus zugänglich war; darunter der Kapitelsaal, durch den man in die östlich von diesem anschließende Marienkapelle gehen konnte (*ecclesia infirmorum*), neben der das Krankenhaus lag. Durch ein Sprechzimmer konnte man wieder zurück in den Kreuzgang gelangen. Im Ostflügel befand sich auch die Unterkünfte der Novizen (*cella noviciorum*); daneben ein Waschraum und eine Wärmestube (*stupa*). Im Südflügel lagen Refektorium und Küchen für Mönche und für Laien. Im Westflügel war ein Vorratsraum (*cellerarium*), untergebracht; ein Raum, in dem Almosen verteilt wurden (*eleemosynaria*) und dann die Klosterpforte. In Hirsau sind die Klausurbauten neben der Klosterkirche nur teilweise bauarchäologisch gesichert und bekannt (Abb. 45). Auffallend ist die kirchenseitige Ecklösung des Kreuzganges, der in dieser Form auch in Cluny nachweisbar ist. Sowohl in Cluny als auch in Hirsau sind die Osttrakte deutlich nach Osten verschoben. Sicher bestimmbar ist in Hirsau der Kapitelsaal im Ostflügel und die östlich daran anschließende Marienkapelle (jetzt als spätgotischer Nachfolgebau). Allgemein ist festzustellen, dass sich Kapellen im Ostflügel seit dem 12. Jahrhundert in benediktinischen Klöstern

---

17   MGH SS IX 647- 648, hier: 647.

18   Siehe Beitrag SCHEDL in Abschnitt III.

nachweisen lassen.¹⁹ Diese war dem „Mönchsvater", dem Hl. Benedikt geweiht; bei den Zisterziensern dem Hl. Berrnhard von Clairvaux. In Cluny III hat man um 1155 das Sanktuarium der älteren unter Abt Odilo († 1049) erweiterten Klosterkirche von Cluny II, St. Peter und Paul, in den Klausurostflügel integriert.

Nach dem bauarchäologischen Befund schließt in Mariazell in Fortsetzung an die Querschiff-Flucht ein quadratischer Raum mit halbrunder Apsis an; südlich daran befindet sich eine Durchfahrt und schließlich folgt ein zweiter rechteckiger Raum, in dem ein Ofen gefunden wurde. An diesem setzt schräg Richtung Südosten ein weiterer Trakt an. Der nächst der Kirche liegende, fast quadratische Kapellenraum ist wohl (auch) als Kapitelsaal anzusprechen. Der beheizbare längsrechteckige Raum wohl als Calefaktorium, Wärmestube, in der Tätigkeiten wie Waschen und Reparieren der Kleidung, die nur während der Sprechzeit ausgeführt werden durften, verrichtet worden sind. Naheliegend ist auch, dass dort während der Winterzeit Bücher geschrieben und gelesen wurden. Ob über

Abb. 119   Fenstersäulchen Mitte 13. Jh., vermauert in Kreuzgang-Ostwand

dem gesamten Osttrakt ein Schlafsaal angelegt war, bleibt mangels Quellenbefund unbeantwortet; ebenso fehlen Befunde zur Dormitoriumstreppe – ob bei der Durchfahrt oder wandparallel zum (noch ungewölbten Kreuzgang) oder direkt in den Querschiffarm, ist nicht festzustellen. Sowohl in der Disposition der Klausurtrakte als auch in der Raumaufteilung unterscheidet sich Mariazell von Hirsau. Zum einen in der „Doppelfunktion" des quadratischen Raumes nächst der Kirche als Kapelle und Kapitelsaal; zum anderen in der Anlage des Traktes direkt in der Flucht des Querschiffes.

In den Schriftquellen indirekt belegt ist bereits für die 2. Hälfte des 13. Jahrhunderts ein Krankentrakt. 1283 wird ein Infirmarius names Ulrich erwähnt.²⁰ Dieser sollte sich nach der Regula Benedicti (RB 36, 7) um die kranken Mitbrüder kümmern. 1311 wird die Infirmarie in den Quellen abermals genannt und zwar im Zusammenhang mit Pflichtverletzungen, die der sehr geschäftige Abt Herbord, er stand dem Kloster von 1297 bis 1331 vor, nach einer 1311 durchgeführten Visitation begangen haben soll.²¹ Nach den Baugepflogenheiten eines benediktinischen Klosters müsste die Infirmarie östlich der Mönchsunterkünf-

---

19   UNTERMANN, Mönchshaus 233-257; BINDING/UNTERMANN, Kunstgeschichte 118; Zur Entwicklung des Kapitelsaals siehe auch: STEIN-KECKS, Quellen 226 und Anm. 87 und 88.

20   EIGNER, Geschichte 40-41.
21   EIGNER, Geschichte 409 Nr. VII.

te zu verorten sein. Die Hirsauer Consuetudines beschreiben, wie bereits gesagt, den Krankentrakt im Osten, gleich bei der Marienkapelle. Möglicherweise ist der vom Wärmeraum abschwenkende Flügel in Mariazell als Krankenbereich zu bezeichnen.

Es ist anzunehmen, dass nach der Mitte des 13. Jahrhunderts auch der Kreuzgangostflügel mit den in den Hof geöffneten Arkaden angelegt wurde. Die Ausbildung eines Fenstersäulchens mit oktogonalem Schaft im östlichen Flügel spricht für eine Entstehung zu dieser Zeit. (Abb. 119) Möglicherweise entstand damals auch der südliche Klausurtrakt in dem das Refektorium und die Küche untergebracht waren, sowie sein hofseitig vorgelegter Gang; allerdings gibt es dafür keine Belege. Der Westtrakt mit *cellarium* sowie der Kreuzgangflügel könnten hingegen bereits im Zuge der Errichtung der Saalkirche im 12. Jahrhundert baulich vorbereitet worden sein. Wohl im 13. Jahrhundert erfolgte sein Ausbau, indem dieser längsrechteckige tonnengewölbte Raum mit einer mächtigen Quergurte versehen wurde, was als Indiz für eine Überhöhung des Gebäudetraktes spricht.

Schriftquellen berichten, dass erwähnter Abt Herbord (1297-1331) die Klosteranlage mit einer Wasserleitung zum Waschhaus modernisierte, Schlafsaal, Speisesaal, Gästetrakt vergrößerte und renovierte sowie Fischbehälter anlegen ließ.[22] Überdies errichtete er eine neue mit besonderen Bauschmuck ausgestattete Kapelle. Bei dieser Kapelle dürfte es sich um eine Erweiterung der im Osttrakt gelegenen Kapelle handeln. Ihr gotischer Chorgrundriss wurde archäologisch aufgefunden. Eine Abbildung ihres getreppten Westgiebels, findet sich in dem Medaillon des Babenbergerstammbaumes. (Abb. 117)

Offenbar wurde unter der Führung von Abt Herbord die gut fünfzig Jahre alte Klausur modernisiert, respektive vergrößert. Diese Veränderungen lassen sich wohl an der kreuzgangseitigen Ostwand ablesen. Dort konnten Spolien geborgen werden, deren plastischer blattförmiger Dekor stilistisch mit dem Rahmenschmuck der Grabtumba des Babenbergerherzog Friedrich II. († 1246) im Kapitelsaal des Stiftes Heiligenkreuz bzw. mit der Kapitellgruppe des nordwestlichen Kreuzganges im Stift Heiligenkreuz oder mit den Querhauskapitellen der Wiener Michaelerkirche vergleichen.[23] (Abb. 120 und 121) Möglicherweise befand sich dieser bauplastische Schmuck ehemals in dem quadratischen mit Apsis versehenen Raum nächst der Kirche (Kapitelsaal)

Offenbar dürfte nun unter dem Abbiat Herbords das Kloster zu einer stattlichen Anlage ausgebaut gewesen sein. Neben dem Gotteshaus, einem modernen Gebetsraum in der östlichen Klausur, den Unterkünften für die Mönche gab es einen Bereich für Gebrechliche und kranke Geistliche, Versorgungs- und Vorratskammer, ein modernes Wasserleitungssystem und einen Gästetrakt – auch für ranghohe Besucher. In ihrem Testament, ausgestellt im Jahre 1328, stiftete Königin Elisabeth (Isabella) von Aragonien (1300-1330), Gemahlin des Habsburger Königs Friedrich des Schönen (1289-1330), sieben Mark Silber *„zur Entschädigung, damit die*

---

[22] EIGNER, Geschichte 47-48; FREY, Denkmale 322.; MGH SS IX 719.

[23] DAHM, Grabmal 70-71; THOME, Kirche 158-160.

Geistlichkeit wegen der Bewirtung ihres Hofstaates keinen Schaden hätte".²⁴

Baudekor, Begräbniskult und Bauleute

Von der mittelalterlichen dekorativen Ausstattung der Klosteranlage sind lediglich einige wenige bauplastische Fragmente erhalten geblieben. Diese sind nicht immer in ihrem ursprünglichen Kontext aufgefunden, sondern oft als Spolien verbaut oder zerstreut in der Umgebung entdeckt worden. Auch existieren keine Bildwerke oder gar Kultobjekte, wie Altäre, Taufbecken²⁵, Kanzel, Reliquienschätze oder gar Paramente oder Altargerät; abgesehen von Fragmenten haben sich lediglich liturgische Handschriften vornehmlich aus der Zeit der Melker Reform im 15. Jh. erhalten²⁶. Selbst Schriftquellen geben diesbezüglich kaum Auskunft. So bedauerlich die Verluste an Ausstattungsgut auch sind, so sehr überrascht die Qualität des in situ überlieferten Baudekors. Konkret geht es um den einzigartigen Bauschmuck der mittelalterlichen Kirchenzugänge – dem heutigen Nordportal, dem Haupteingang in die Kirche im Westen sowie den Durchgang von der Kirche in den östlichen Kreuzgang. Zudem konnten zwei beeindruckende Fragmente von einer Doppelsäule – das eine mit Kapitell, das andere mit einem raffiniert gestalteten

Abb. 120   Säulenbasis um 1240, aus Kreuzgang-Ostwand 1997 geborgen

Knotenschaft – sowie ein Teil einer Kämpferzone mit reich ausgestalteten Blattkapitellen aufgefunden werden. Unmissverständlich lassen sich diese und die genannte Knotensäule als Bestandteil eines oder zweier weiterer Portale mit aufwändigem Zierschmuck rekonstruieren. Deren Verortung bleibt aber unbekannt.

Das **Westportal, der Haupteingang in die Kirche**, ist mit einer Gesamthöhe von 5,77 m das größte Tor der Klosteranlage und dürfte wohl von Anbeginn an als Kircheneingang konzipiert worden sein.²⁷ (vgl. Abb. 126). Allerdings wurde es 1951/1952 grundlegend restauriert. Dabei wurde um die Mitte des 19. Jh. zugefügter segmentbogiger Einbau mit einer Statuennische entfernt, weiters u.a. fehlende Kapitelle und Säulenschäfte

Abb. 121   Blattförmiges Kapitell um 1240, aus Kreuzgang-Ostwand 1997 geborgen

---

²⁴ EIGNER, Geschichte 47. Testament der Königin: QGStW, 1/5, Nr. 4800; Das Testament abgedruckt bei MAUERER, Wohltäterinnen 41-42.

²⁵ Möglicherweise lassen sich oktogonal ausgebildete Fragmente, die bei den archäologischen Grabungen 1995 bis 1997 gefunden wurden, zu einem Wasserbecken bzw. Taufbrunnen ergänzen.

²⁶ Siehe die Beiträge von NOVAK und ROLAND in Abschnitt IV.

²⁷ FEUCHTMÜLLER, 1969; FILLITZ 1998, Kat Nr. 94 (Schwarz); SCHWARZ, Baukunst 257-259.

Über der schulterbogenartig ausgebildeten Türöffnung befindet sich ein – heute – schmuckloses Tympanon mit einer umlaufenden Inschrift.[28] Die Archivolten des Portalbogens sind mit Kehle, Wulst, Diamantband, Rundstäben und einem à jour gearbeiteten Rankenwerk dekorativ ausgestaltet. Die Archivolten enden zum Kämpferprofil mit Hornabläufen und zeigen Blattornamentik und Tierköpfe. Im Jahr 1964 wurde das **Südportal der Kirche**, das in den Kreuzgang führt, freigelegt.[29] (Abb. 122) Das Rechteckportal besitzt einen eigentümlich reliefierten Rahmen an Türpfosten und Sturz. Die senkrechten Reliefplatten zeigen einen Fries von herzförmig ineinander geflochtenen Palmetten zwischen Stableisten. Der Türsturz besitzt ein Relief mit Akanthusblättern mit diamantierten Stängel, die aus einer Rosette sprießen. Das Motiv wird seitlich von je einem geflügelten Greifen flankiert. Die Profile von Türpfosten und Türsturz greifen ungenau ineinander über; ebenso stoßen die Kanten der Stabmotive unregelmäßig aufeinander. Während der letzten archäologischen Untersuchungen in den 90er Jahren des 20. Jahrhunderts wurden diese plattenförmigen Gewändeverkleidungen abgenommen.[30] Dabei zeigte sich eine etwas größere rundbogige Toröffnung, die offensichtlich in späterer Zeit durch den Einbau der Türpfosten auf seine heutige Form verkleinert und mit dem Reliefschmuck versehen wurde. Die unregelmäßig zusammengesetzten Reliefplatten lassen es sehr wahrscheinlich ma-

Abb. 122   Südportal der Klosterkirche, um 1240, heutiger Zustand

ergänzt, durch Abgrabung des Fußbodenniveaus die Basen wieder sichtbar gemacht. Das Westportal besitzt vier Abstufungen mit beidseitig je vier Portalsäulen, von denen die äußeren im Verband mit den Türpfosten gemauert sind. Die Säulen stehen auf Postamenten mit teils unterschnittenen profilierten Basen und sie besitzen Knospenkapitelle. Darüber verläuft ein stark profiliertes Kämpfergesims.

---

28   Zur Inschrift siehe den folgenden Beitrag von ZAJIC in Abschnitt IV.
29   SCHWARZ 1981, 88; FILLITZ 1998, Kat Nr. 94 (Schwarz); FEUCHTMÜLLER, 1964, 271.
30   Siehe dazu Beitrag von KALTENEGGER in Abschnitt III.

chen, dass es sich bei diesem Türschmuck um Spolien handelt. Über die ursprüngliche Verwendung der Platten lassen sich lediglich Vermutungen anstellen. Bei den aufwändig durchgeführten Grabungen konnten Fundamente von Trennmauern im Vierungsbereich und im östlichsten Teil des Langhauses festgestellt werden. Diese Schranken fassten einen räumlich klar definierten Bereich für die Chormönche in der Kirche ein und waren gerade dort von großer Bedeutung, wo die monastische Gemeinschaft mit Laien einen Kirchenraum teilte. Zahlreich überlieferte auch in situ belassene Chorschranken zeigen, dass diese Grenzwände nicht steinsichtig belassen wurden, sondern mit figürlichen oder ornamentalen Reliefs geschmückt waren.[31] So könnten die ehemals senkrechten Reliefplatten mit den herzförmig ineinander geflochtenen Palmetten, aber auch die längsrechteckige Platte mit Akanthusblättern und Greifen von diesen Chorschranken stammen.

Besonders erstaunt **der reiche Dekor des Nordportals**, das mit einer Gesamthöhe von 3,86 m deutlich niedriger als der Haupteingang der Kirche ist und in seinen Proportionen viel wuchtiger wirkt. (Abb. 123) Auf den ersten Blick ungewöhnlich scheint seine Anbringung im westlichsten Joch der Nordseite. Der Grabungsbefund an den Mauern der Nordwestecke der Klosterkirche hat ergeben, dass die obersten Schichten des Fundamentes der Nordmauer den Fundamentvorsprung der Westmauer überlagern und dass ein Unterschied in der mauertechnischen Ausführung der beiden erwähnten Fundamente zu beobachten ist.[32] Dies hat zuletzt zu der Annahme geführt, dass das Portal an diese Stelle versetzt wurde.[33] Das Portal

Abb. 123 Nordportal der Klosterkirche, um 1240, heutiger Zustand

---

[31] SCHMELZER, 2004, 19-29.
[32] Fundberichte 1996, Nr. 35, 20 und siehe Beitrag TARCSAY/ZORKO.
[33] In Unkenntnis der Vorgängerbauten der heutigen Kirche und der Lokalisierung des mittelalterlichen Kreuzganges im Süden der Klosterkirche, hat die ältere Forschungsliteratur das Nordportal unterschiedlichen Funktionen zugewie-

Abb. 124 Doppelsäulenfragmente, um 1240

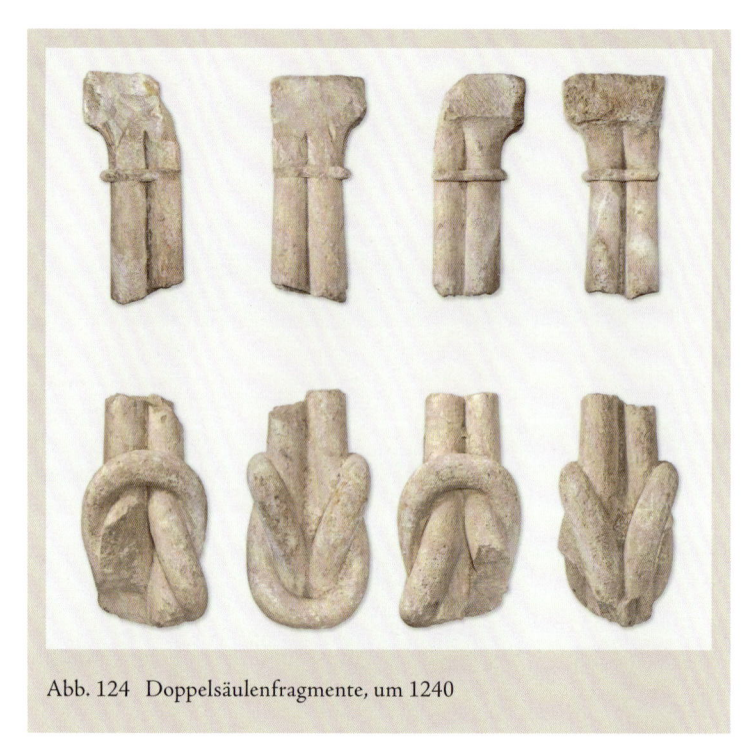

hat drei Gewändeabstufungen mit jeweils drei Portalsäulen. Die äußeren Säulen sind im Verband mit dem Portalpfosten; die monolithischen Schäfte der beiden inneren Säulen sind bei der Restaurierung von 1956 ergänzt worden. Über den Knospenkapitellen der Portalsäulen verläuft ein äußerst plastisch profiliertes Kämpfergesims. Die Archivoltenzone ist vierfach getreppt. Sie besitzt unterschiedliche geometrische Musterungen, wie ein Zackenband mit runden Aussparungen, Zierleisten mit Kugelendungen, ein Rundbogenband mit gekuppelten Lilien, ein Musterband mit versetzt ineinandergreifenden Zähnen und Knospen und schließlich Schlingenband. Zu erwähnen sind hier auch die sekundär verwendeten Knospenkapitele des Vorbaues des Nordportals. Ihre tatsächliche Herkunft ist ungewiss. Im Tympanon sind noch Reste einer Malerei erkennbar, die heute jedoch nicht mehr genau bestimmbar ist.

Die Dekorationsformen der in situ erhaltenen Portale sowie die bislang erwähnten Spolien im Kreuzgang (oktogonales Fenstersäulchen, Blattrankenkapitell) und der Nordportalvorhalle (Knospenkapitele) entsprechen stilistisch dem Baudekor, der im Herzogtum Österreich ab den 40er Jahren des 13. Jahrhunderts auftritt.[34] (vgl. Abb. 120-125) Das betrifft die ornamentale Rankengestaltung der Reliefplatten des südlichen Portals[35] ebenso, wie die Schmuckformen der Archivolten des nördlichen und westlichen Einganges, die unter den Namen „normannische Zierelemente" Eingang in die kunsthistorische For-

---

sen. Man meinte das Portal habe ehemals in den Kreuzgang des Konvents bzw. in den Kapitelsaal des Klosters oder in die Kapelle des Abtes Herbord geführt. DONIN, 1951 65-71; SCHWARZ, 1981, 112; EIGNER, Geschichte 48. Das Versetzen eines romanischen Portals ist aus steinmetztechnischen Gründen, ohne die Substanz zu beschädigen kaum möglich. Für diese Information bedanke ich mich herzlich bei den Steinmetzen der Dombauhütte von St. Stephan.

[34] SCHWARZ, Baukunst 243, 257-265.
[35] Die verschlungenen Palmettenschranken der Türpfosten entsprechen den Gewänden des Westportals von Gurk; ähnliche Motive finden sich am Kreuzgang des Zisterzienserklosters Zwettl. Die Formen der Akanthusblätter des Türsturzes finden sich in der Pfarrkirche und am Karner von Bad Deutsch-Altenburg. Der naturalistisch gestalte Greif zeigt sich auch im Gurker Propsteihof und deren Diamantbesatz der Stäbe findet sich im Kreuzgang des Zisterzienserklosters Heiligenkreuz: SCHWARZ, 1981, 113-114.

schung gefunden haben.[36] Besonders die plastische und ornamentale Gestaltung des Nordportals weist zahlreiche enge Bezüge zur zeitgleichen Portalgestaltung im Herzogtum Österreich auf. So gleichen die Zierleisten der Archivolten des Nordportals jenen des Eingangs am Mödlinger Karner; zwei der geometrischen Bänder finden sich am Riesentor der Wiener Pfarrkirche St. Stephan; das Schlingenornament zeigt sich auch am Tullner Karner. Dieser dekorative Bauschmuck ist generell ein gesamteuropäisches Phänomen der ersten Hälfte des 13. Jahrhunderts; zahlreiche Baukünstler von Italien bis auf die britischen Inseln beherrschen diese raffinierte Steinmetzkunst und setzten derartige Motive nicht nur in der Ausstattung sakraler Anlagen, sondern auch im profanen Bereich ein.

Zu den außergewöhnlichen dekorativen Steinmetzarbeiten, die besonders am Nordportal der Mariazeller Kirche zu finden sind, reihen sich auch zwei zufällig aufgefundene Säulenfragmente. Es handelt sich dabei einmal um das obere Drittel einer **Doppelsäule**, dessen Dekoration – wohl Knospen – abgeschlagen wurden und den abgebrochenen unteren Teil der Säule, dessen Schaft zu einem Doppelknoten verschränkt ist. (Abb. 124) Die Größe, sowie die Art und Weise der Bruchstelle legen nahe, dass es sich dabei ehemals um eine Gewändesäule eines Portals gehandelt haben muss. Das Knotenmotiv als Zierelement findet sich in Steinmetzarbeiten vorwiegend im Baudekor der „normannischen Zierelemente". Grundsätzlich widerspricht ein verknoteter Schaft der tektonischen Funktion der Säule, also dem Tragen von Last. Das Knotenmotiv ist in der hellenistisch-römischen Antike bekannt als „Heraklesknoten", dem Unheil abwehrende Kräfte zugesprochen wurden.[37] Im 10. Jahrhundert ist dieses Motiv in Konstantinopel an kleinformatigen Objekten und in der Buchmalerei nachweisbar, fand rasche Verbreitung in Byzanz und wurde schließlich in das Großformat übertragen. Fragmente von Knotensäulen aus dem 12. Jahrhundert sind bei Ausgrabungen der Chora-Kirche aufgefunden worden. Von Byzanz gelangte dieses Motiv nach Oberitalien wie z.B. am Dom von San Giorgo in Ferrara oder am Dom von Lucca und Modena zu sehen ist. Von besonderer Bedeutung sind die Knotensäulen der ehemaligen Vorhalle des Würzburger Domes, da sie durch ihre Beschriftung Hinweise zur Ikonographie dieses einzigartigen Motivs der Steinmetzkunst geben.[38] Sie entstanden um 1230, flankierten ehemals das Hauptportal. Eine Säule ist eine achtfache Bündelsäule und hat zwei übereinanderliegende Verknotungen in der Mitte des Schaftes und im Kapitell. Sie trägt auf der Deckplatte die Inschrift IACHIN. Die zweite Säule ist als Vierfachbündelsäule ausgebildet, hat zwei Verknotungen und wird mit BOOZ beschriftet. Die Namen beziehen sich auf die Säulen beim Eingang des Tempels Salomons und stehen für Festigung und Stärke.[39] Paarweise auftretende Knotensäulen, das Portal flankierend, heben den Sakralbau somit in die Nachfolge des Tempels Salomons.

---

[36] SCHWARZ, Baukunst 243, 257-265; FILLITZ 1998, Kat Nr. 94 (Schwarz).
[37] PIANA, 2006, 51-66.
[38] Abbildung der Säulen: https://de.wikipedia.org/wiki/Jachin_und_Boas#/media/Datei:W%C3%BCrzburg_Dom_St._Kilian_9653.jpg (Zugriff Juli 2019)
[39] „Er stellte die Säulen an der Vorhalle des Tempels auf. Die eine Säule stellte er auf die rechte Seite und nannte sie Jachin, die andere stellte er auf die linke Seite und nannte sie Boas."1 Kön 7,21; So bedeutet IACHIN „Gott möge Stärken" und BOOZ „in ihm ist Stärke"

Allerdings ist auch ein gewisser Bedeutungsverlust im 13. Jahrhundert zu beobachten; denn das Motiv findet sich auch in Profanbauten oder tritt in Ziervarianten bzw. nur singulär an einer Portalseite auf.

Das Mariazeller Knotensäulenfragment erinnert an die Portalgestaltung des Mödlinger Karners, der bereits im Zusammenhang mit dem Zierleistenschmuck am Kirchennordportal genannt wurde. In Mödling stand in unmittelbarer Nähe zur Pfarrkirche St. Othmar seit dem Ende des 12. Jahrhunderts ein dem Hl. Pantaleon geweihter Karner, der im 2. Viertel des 13. Jahrhunderts mit einem neuen Portal und einem den Rundbau bekrönenden Lilienfrieses dekorativ ausgestattet wurde.[40] Am Portal des Mödlinger Karners rahmen zwei Vierfachsäulen mit einer mittigen Verknotung den Eingang. Sie sind – wie dies im Historismus bei vielen mittelalterlichen Bauwerken üblich war – im 19. Jahrhundert überarbeitet worden; ihr Grundmotiv stammt aber aus dem Mittelalter. Eine Knotenvariante zeigt die äußere Säule des linken Portalgewände des Tullner Karners. Dort ist der Schaft von parallelen Rundstäben besetzt, die in der Mitte in zwei übereinander liegenden Reihen verknotet sind.

In welchem Kontext das Mariazeller Knotensäulenfragment zu rekonstruieren ist, lässt sich nicht mit Bestimmtheit sagen. Aufgrund des Auffindungsortes nördlich der Kirche und in Anlehnung an die auffällig ähnliche Situation wie beim Mödlinger Karner könnte es sich um einen Portalüberrest des ehemaligen Ossariums von Mariazell handeln. Der dem Hl. Michael geweihte Mariazeller Karner wird in den mittelalterlichen Quellen

Abb. 125 Kämpferzonen-Fragment, um 1240

nicht erwähnt. Erstmals wird dieser in der Passauer Bistumsmatrikel von 1666 erwähnt und einige Jahre später auf den Kupferstichen von Vischer (1672) und Schlegel (1699) überliefert. (Abb. 118) Die Bildlegende des zuletzt Genannten verweist unter Nr. 3 auf eine Kapelle des Erzengels Michael, *Sacellum S. Archangelis Michaelis* und bildet hierfür nördlich der Klosterkirche und der im 15. Jahrhundert errichteten Pfarrkirche St. Thomas einen Rundbau mit Kegeldach und drei großflächigen Rundbogenfenstern ab. Das in einer größeren Detailgenauigkeit angefertigte Ölgemälde um 1730 zeigt, dass dieser Zentralbau polygonal ausgebildet und mit kleinteiligeren Rundfenstern versehen war. Mit dieser Baugestalt entspräche der Mariazeller Karner dem ehemaligen Karner in Tulln, südlich der Pfarrkirche gelegen und wäre damit ins 13. Jahrhundert zu datieren.

Dass sich nördlich und nordöstlich der Klosterkirche seit dem 12. Jahrhundert ein Friedhof befand, ist, wie bereits erwähnt, durch Grabungsbefunde belegt. Auch mit der Erweiterung der Klosterkirche im 13. Jahrhundert wurde die Kirchennordseite als Bestattungsort nicht aufgegeben;

---

[40] SCHWARZ, Baukunst 259-265.

ostseitig sind keine archäologischen Untersuchungen durchgeführt worden. Allerdings ist zu vermuten, dass dieser Bereich die Gräber der Kleriker, Mönche und Priester aufnahm. Die benediktinische Tradition sieht jedenfalls den Bereich östlich der Klausur – und hier sind auch die Ostbereiche der Kirche mit Mönchschor, Querschiff und Hochchor zu zurechnen – als Friedhof der monastischen Gemeinschaft vor. Der Bedarf an Begräbnisstätten – auch für Laien – dürfte sich im 13. Jahrhundert nicht zuletzt auch aufgrund der zahlreichen im und beim Kloster lebenden Laien stark ausgeweitet haben, was die Errichtung eines Beinhauses durchaus plausibel erscheinen lässt. Im 13. Jahrhundert entstehen im Herzogtum Österreich neben den Pfarrkirchen zahlreiche runde oder polygonale Karnerbauten, zumeist mit dekorativem Portalschmuck versehen, wie u.a. in Wien, Mödling, Tulln, Bad Deutsch-Altenburg, Hainburg. In diesem Zusammenhang sollte der nordseitige Eingang in die Klosterkirche, die ja auch als Pfarr- bzw. Laienkirche fungierte, als Friedhofsportal für die Laien angesprochen werden. Auch wenn die Fundamentierung des westlichen Portaltrichters über den Fundamenten des nordwestlichen Mauerecks liegt, muss dies nicht zwingend bedeuten, dass das Portal versetzt oder in einem zeitlichen Abstand zum Kirchenbau errichtet bzw. nachträglich eingesetzt wurde.[41] Meines Erachtens gehörte die Anlage des Portals an dieser Stelle zum ursprünglichen Baukonzept. Die Abweichung von dem (hirsauerischen) Entwurf, auch eine Vorkirche zu errichten, zwängte das Nordportal – aus heutiger Sicht – in diesen äußeren westlichen Winkel. Mit dieser Positionierung wurde für die Laien ein eigener Zugang für die pfarrrechtliche Begräbnisliturgie in und aus der Kirche geschaffen. In diesem Kontext ist auch ein mächtiges Kämpferzonen-Fragment zu erwähnen, das außerhalb der Klosteranlage aufgefunden wurde und stilistisch in das 13. Jahrhundert datiert werden kann. Aufgrund seiner Größe könnte es von einem Eingangsportal möglicherweise von dem Karner stammen; mangels Quellen ist dies jedoch nicht zu belegen. (Abb. 125)

Über die Bauleute und Baukünstler, die in Mariazell die Bauarbeiten durchführten und die künstlerische Gestaltung der Bauplastik übernahmen, lässt sich wenig sagen. Aufgrund der vergleichbaren stilistischen und motivischen Ausfertigung des Portalschmucks, Säulenformen oder Reliefdarstellungen mit Bauprojekten in der weiteren Umgebung sind sie wohl in diesem Umfeld zu suchen. Offenbar hatte die Mariazeller Klostergemeinschaft Verbindungen zu Bauherren in Mödling, Tulln, nach Wien oder auch zu den Zisterziensern.

Stilistisch lassen sich die bauplastischen Objekte (Portale, Spolien) zumindest in zwei Gruppen unterscheiden. Zum einen gibt es eine sehr plastische, bewegte Ornamentik (Nordportal, Spolie Nr. 276) zum anderen eine ruhige, linearere Ausführung (Westportal, oktogonales Fenstersäulchen, Knospenkapitelle). Das bedeutet nicht zwingend, dass hier eine chronologische Reihung der Objekte vorgenommen werden kann. Es ist wahrscheinlicher, dass mehrere Baukünstler über einen längeren Zeitraum wohl um die Mitte des 13. Jahrhunderts in Mariazell arbeiteten.

Ein Eintrag im Nekrologium zum 13. Oktober nennt einen *Hainricus Murator* im Laienstand.

---

41 Vgl. Beitrag TARCSAY/ZORKO.

Da es sich um eine Textpassage der ältesten Schicht handelt, könnte damit ein planender Architekt oder der leitende Baumeister des Klosters des 13. oder der unter Abt Herbord in Auftrag gegebenen Ausbauten des 14. Jahrhunderts gemeint sein. Dieser machte sich offenbar derart verdient, dass er Eingang in die Gebetsleistung der Mariazeller Klostergemeinschaft fand.

Zusammenfassend soll festgehalten werden, dass schon der durch archäologische Bodenuntersuchungen bekannte Vorgängerbau der heutigen Mariazeller Kirche sich mit seinem mehrteiligen Sakralbau an Hirsauer Reformkonzepten orientiert hatte, die eine Klausurierung der im Kloster lebenden Personengruppen vorgab. Im 13. Jahrhundert wurde die Anlage durch einen größeren Kirchenbau ersetzt, der sich ebenfalls auf die in der Hirsauer Reform geprägten liturgischen Bestimmungen konzentrierte. Kennzeichen dafür sind die vermehrten Altarstellungen im Osten, sowie die Abschrankung des Mönchschores von dem Bereich der Laien. Dieser Mönchschor ist im Bereich der Vierung zu verorten und erstreckte sich bis in das erste Langhausjoch. Ein weiteres Merkmal hirsauisch geprägter Klosterbauten war eine Vorkirche mit einem Westturmpaar, das aber in Mariazell wohl nur in den Fundamentgräben angelegt wurde und im aufgehenden Mauerwerk nicht zur Ausführung kam. Daraus resultiert wohl die heutige Vorplatzsituation, die unkonventionelle Fassadengestaltung und möglicherweise auch die ungewöhnliche Ausrichtung des vor der Fassade stehenden südwestlichen Baukörpers. Die eindrucksvolle bauplastische Ausstattung der Kirchenportale zeigt, dass sich die Mariazeller Bauherrn an zeitgleichen in der weiteren Umgebung errichteten Bauprojekten orientierten, die alle um die Mitte des 13. Jahrhundert errichtet wurden. Von dort wurden wohl Baukünstler angeworben. Im 13. Jahrhundert entstanden auch die Klausurtrakte. Nachweisbar sind im Osten ein Sakralraum, der wohl als Kapitelsaal und Kapelle genutzt wurde, eine Wärmestube sowie eine Infirmarie; auch der Westtrakt ist – doppelgeschossig – belegbar. Zu Beginn des 14. Jahrhunderts kam es zu größeren Modernisierungsarbeiten und zu einem Ausbau der Anlage; jetzt verfügte das Kloster auch über eine moderne Wasserleitung, Fischbehälter und Gästetrakte.

4. HEILSVERSPRECHEN UND MARIANISCHE SELBSTVERGEWISSERUNG. ANMERKUNGEN ZUR INSCHRIFT AM WESTPORTAL DER EHEMALIGEN KLOSTERKIRCHE VON MARIAZELL IN ÖSTERREICH

VON ANDREAS ZAJIC

Portale markieren als Architekturglieder in mehrfacher Hinsicht Schwellensituationen: Sie vermitteln im Baugefüge faktisch den Zugang zum Rauminneren bzw. umgekehrt den Ausgang aus dem Gebäude, stellen also die Verbindung zwischen „Innen" und „Außen" her, darüber hinaus aber trennen oder verbinden sie Raumsituationen unterschiedlicher Öffentlichkeit bzw. Abgeschlossenheit und mehr oder weniger restringierter Zugänglichkeit. Durch ihre immanent programmatische Position im

Abb. 126 Westportal, heutiger Zustand

Architekturverband befördern sie die Anbringung von Symbolen und Zeichen, die das Besondere dieser liminalen Übergangs- und Verbindungsfunktion kommentieren und eine konkrete Handlungsanweisung ebenso wie den programmatischen Schlüssel zum Gesamtverständnis des Bauwerks und von dessen Funktion bieten können.[1] Inschriften kommt in diesem Zusammenhang eine zentrale Rolle zu.[2] Signifikant oft wurden – diese Aussage lässt sich selbst angesichts des stark dezimierten Bestands an original überlieferten Objekten verifizieren – Portale romanischer Kirchen mit Inschriften versehen, die im weitesten Sinn eine Deutung der Gebäude und ihrer Funktionen ermöglichen sollten bzw. überhaupt erst mithalfen, durch ihre Präsenz die Aussonderung des Kirchenraums als sakralen Raum aus dem allgemeinen Umgebungsraum zu unterstützen, also eine Art von semiotischer Grenzziehung zu bewerkstelligen.[3] Gerade aus dem 13. Jahrhundert sind – so meint man feststellen zu müssen – im Kontext von Sakralgebäuden in Europa erstaunlich viele Portalinschriften überliefert, von denen die wenigsten im engeren Sinn als Bauinschriften zu bezeichnen sind. Mit ein Grund für diese Überlieferungsdichte mag die (relative) Ortsfestigkeit der Texte an Baugliedern im Architekturverband sein – dislozierte Portale stellen eher eine Seltenheit dar, auch wenn wenigstens in manchen Fällen die (Neu-)Inszenierung sekundär verwendeter mittelalterlicher Portale in frühneuzeitlichen Kontexten identitätsstiftend ins Werk gesetzt wurde.[4]

---

[1] Zur symbolischen, medialen, performativen und liturgischen Aufladung des Kirchengebäudes in der mittelalterlichen (theologischen und kirchenrechtlichen bzw. kunsttheoretischen) Literatur vgl. allgemein die quellengesättigte umfassende Monographie IOGNA-PRAT, Maison Dieu; aus rezenter deutschsprachiger Literatur CZOCK, Gottes Haus (mit Hinweisen auf die Bedeutung und Performativität des Portals im frühmittelalterlichen Kirchweihritus bzw. als Reliquienbehälter, etwa 158, 165 und 196); allgemein RÜFFER, Werkprozess; speziell zu romanischen Türstürzen im deutschen Sprachraum KALBAUM, Türstürze. Für den vorliegenden Beitrag nicht mehr zugänglich war mir FOLETTI u. DOLEŽALOVÁ (Hgg.), The Notion of Liminality – Für eine kritische Lektüre des Manuskripts zu diesem Beitrag danke ich herzlich Edith Kapeller und Gustav Pfeifer.

[2] Vgl. als anregende und kenntnisreiche Einführung in den reichen Themenkomplex DEBIAS, Writing. Die bislang umfangreichste Abhandlung zu den metrischen Inschriften romanischer Portale ist die handbuchartige Monographie KENDALL, Allegory; zur Bedeutung von Versinschriften an spätantiken und frühmittelalterlichen Kirchen für die Konstitiuierung sakralen Raums bes. 33-48. Die philologisch und theologisch kompetente Arbeit beschränkt sich jedoch geographisch weitgehend auf einen Katalog einschlägiger Objekte aus West- und Südwesteuropa; wichtig weiters FAVREAU, Le thème.

[3] KENDALL, Allegory 33: „They […] served to create and delineate sacred space". Zur Konstruktion von sakralem Raum mittels Inschriften vgl. neben der bereits genannten Literatur jetzt, wenn auch verstärkt unter dem Gesichtspunkt „absichtsvoller Unsichtbarkeit", mehrere Beiträge im Sammelband KEIL u. a., Zeichentragende Artefakte, etwa DIES., Präsenz; THEIS, Präsenz; KRAUS, Archäologische Artefakte; für den indo-islamischen Kontext REDLINGER, Text.

[4] S. WEIGL, Monastische Kunst 41-49 (auf 46f. [Abb. 11] der Fall des 1618 aus romanischen Spolien, etwa des im Jahr zuvor abgebrochenen Lettners, neu zusammengesetzten Südportals der Stiftskirche von St. Paul im Lavanttal); KUNZ, Inszenierte Vergangenheit. Eine ganze Reihe an Publikationen zu mutmaßlichen „historisierenden" Neuinszenierungen mittelalterlicher Bauplastik und Architekturglieder im Barock regte die Auseinandersetzung von Erika Doberer mit dem monumentalen Innicher Südportal an, dessen heutige Gestalt sie mit einer Neuarrangierung romanischer Spolien im 15. Jahrhundert (konkret nach 1470) in Verbindung bringt, s. DOBERER, Portalschauwand; DIES., Zum Lettnerproblem; DIES., Abendländische Skulpturen. Die Überzeugung Doberers, die Innicher Inschrift sei erst im ausgehenden 15. Jahrhundert entstanden, lässt sich inschriftenpaläographisch allerdings nicht leicht nachvollziehen. S. jetzt ANDERGAS-

Auch das Westportal der ehemaligen Klosterkirche von Mariazell im Wienerwald (Abb. 126) trägt – wie das gesamte Westwerk früh- und hochmittelalterlicher Kirchen ein signifikanter Ort epigraphischer Kommunikation[5] – eine Inschrift, deren freie Sichtbarkeit zum Anbringungszeitpunkt mutmaßlich intentional uneingeschränkt gegeben war, deren Wahrnehmbarkeit also prinzipiell keiner Restriktion durch Anbringungsort und -zusammenhang unterlag.[6] Ob das heute steinsichtige und nicht reliefierte lünettenförmige Tympanon innerhalb der beiden Schriftbänder – am Oberrand halbkreisförmig, am Unterrand waagrecht das Binnenfeld rahmend – ursprünglich bemalt war oder gar (heute abgearbeiteten) skulpturalen Schmuck trug,[7] lässt sich nicht mehr feststellen. Falls ja, dann läge es wohl nahe, an einen mit dem Text der Inschrift kongruenten bzw. im Sinne einer Text-Bild-Kombination[8] komplementären ikonographischen Sachverhalt, also in erster Linie an eine wie immer geartete Mariendarstellung, zu denken. Da dieser jedoch nicht näher nachzuforschen ist, müssen sich die folgenden Bemerkungen ganz auf die Inschrift beschränken, selbst wenn die Rezeption des Texts als von einer etwaigen ursprünglichen bildlichen Darstellung isolierte Schriftäußerung kaum dem originalen Konzept der Wahrnehmung des Programms des Portals entsprechen dürfte[9]. Ob die Inschrift in Mariazell in Österreich ursprünglich farblich hervorgehoben wurde – etwa durch Ausmalung der Schriftfurchen und damit Absetzung von der umgebenden

---

SEN, Bauplastik 283–287. Zur mehr oder weniger ostentativen oder pragmatischen Verwendung von Inschriftenspolien vgl. auch FORSTER, Inschriftenspolien. In Freising wurde offenbar zwischen 1621 und 1624 in die romanische Bausubstanz und -plastik am Westportal stark verändernd eingegriffen, wenn auch anscheinend eher aus technisch-statischen Gründen als Sicherungsmaßnahme infolge des Einbaus einer massiven Orgelempore, s. Inschriften Freising, Kat.-Nr. 13; DEUTINGER u. SCHMITZ-ESSER, Wie Freising zu Barbarossa kam 245.

[5] Vgl. beispielhaft aus der reichen Literatur zum Westwerk der ehemaligen Klosterkirche von Corvey NEUMÜLLERS-KLAUSER, Westwerktafel 131; LOBBEDEY, Inschriftentafel; DERS., Vergoldeter Buchstabe; DERS. u. WESTPHAL, Beobachtungen; LOBBEDEY, Herrscher. Zur inschriftenpaläographischen Beurteilung der Corveyer Inschrift vgl. im Übrigen KOCH, Inschriftenpaläographie 104f. (mit Abb. 85).

[6] Vgl. aber mehrere Beiträge im Sammelband FRESE, KEIL u. KRÜGER, Verborgen, etwa FRESE, „Denn der Buchstabe tötet"; KEIL, Überlegungen. Dass sich jedoch auch gut sichtbare Inschriften an Westwerken frühmittelalterlicher Kirchen dem Verständnis der kaum oder nicht alphabetisierten Betrachter/Lesenden entziehen konnten, meint KRÜGER, Nicht verborgen. – Die Kleinmariazeller Inschrift lag offenbar nur zwischen spätestens 1875 und 1950 unter dem Verputz einer weitgehenden Vermauerung des Tympanons, s. SOMMEREGGER, Studien 62 (Anm. 306).

[7] KALBAUM, Romanische Türstürze 32f., verzeichnet für ihr Untersuchungsgebiet eine hohe Zahl an offenbar bereits ursprünglich „glatten", also nicht reliefierten Tympana, deren Schmuck nach Maßgabe einzelner Polychromiereste vielleicht in einer bauzeitlichen farbigen Fassung bestanden haben dürfte.

[8] Zu Text-Bildkombinationen, zur Bildhaftigkeit von Inschriften bzw. zur Semiotik und Semantik von Inschriften als Bilder im intermedialen Kontext romanischer Plastik vgl. zuletzt DEBIAIS, Images. Zuletzt hat DERS., In Kendall's Footsteps, auf zwei mit leoninischen Hexametern beschriftete, einer bildlichen Darstellung entbehrende hochmittelalterliche Portale in Vieu und Poitiers (Museum Sainte-Croix, aus Sainte-Radegonde) hingewiesen, bei denen die Inschriften alleine den gesamten Mitteilungsinhalt transportieren: „the ordering of language and the visual display of its sound" seien „two of the intrinsic properties of verse, independent of its possibe interactions with images or architectural decoration. That is the reason why some of these texts were carved on church doors without further decoration or ornamentation [...] writing in its poetic deployment shows its content and make it act in the epigraphic context" (11 und 13).

[9] Vgl. zur Theorie der Wahrnehmung mittelalterlicher Bauplastik durch die Zeitgenossen RÜFFER, Werkprozess.

Steinoberfläche – lässt sich ebenso nicht mehr entscheiden.[10] Eingelegte Metallbuchstaben, wie sie manche mittelalterliche Steininschriften aufwiesen, hat sie zweifellos nicht gehabt,[11] zumal auch die ausgeprägte Dünnstrichigkeit der Schrift, auf die weiter unten einzugehen sein wird, einer solchen Ausführung entgegensteht.

1. Zum Text der Inschrift

Der Text der Inschrift lautet:[12]

PORTA ⋅ MARIA ⋅ POLI ⋅ MESSYE ⋅ P(ER) VIA[a)] ⋅ SOLI ⋅
+ NOBIS ⋅ CLAUE ⋅ PRECVM ⋅ RESERA ⋅ BONA ⋅ CELICA ⋅ TECVM + /
STELLA[b)] ⋅ PARENS ⋅ SOLIS ⋅ REGE ⋅ CELLAM ⋅ NVMINE ⋅ PROLIS[c)] ⋅ +

a) durch den Kürzungsstrich des *P(ER)* verläuft der das gesamte Tympanon im linken Drittel steil schrägrechts durchziehende Sprung.
b) durch den Schaft des *E* verläuft der das gesamte Tympanon im linken Drittel steil schrägrechts durchziehende Sprung.
c) Trennzeichen kreisrund eingebohrt.

Übers.: Maria, Himmelspforte, durchschreitbar alleine dem Messias, öffne uns durch den Schlüssel des Gebets die himmlischen Güter bei Dir! Morgenstern, Mutter der Sonne (des Lichts), lenke dieses Kloster nach dem göttlichen Willen Deines Sohnes!

Zweisilbig rein gereimte leoninische Hexameter.

Bezeichnend für die Hinwendung von vielen mittelalterlichen Portalinschriften an die die Kirche Betretenden ist ihre oft als Apostrophe, also als direkte Anrede, abgefasste sprachliche Form, wobei häufig eine moralisierende Handlungsanweisung für die Eintretenden ausgedrückt wird.[13] Andere romanische Portalinschriften nennen als Bauinschriften im engeren Sinn[14] Bau- und Weihedaten, Stifter und Ausführende des Gebäudes.[15] Eine dritte große

---

[10] Das Westportal von Mariazell in Österreich wird bei HALBGEBAUER, Polychromie, leider nicht behandelt.

[11] Weder die Breite noch die Form der Schriftfurchen würden sich für die Aufnahme von Metallbuchstaben eignen, auch die sonst typischen Bohrlöcher zur Aufnahme metallener Stifte an der Rückseite der Buchstaben fehlen hier.

[12] Für die Transkription wurden mit geringen Vereinfachungen die Richtlinien der Wiener Reihe des interakademischen Editionsunternehmens „Die Deutschen Inschriften" (vgl. www.inschriften.net; https://www.oeaw.ac.at/imafo/forschung/editionsunternehmen-quellenforschungmir/inschriften-wien/) beachtet, s. ausführlich KOCH, Bearbeitungs- und Editionsgrundsätze. Die Textwiedergabe folgt buchstabengetreu der Vorlage, Fehlstellen werden mit eckigen Klammern [ ] gekennzeichnet, wobei Punkte [..] die ungefähre Zahl entfallener Zeichen angeben, größerer Textverlust wird durch drei Halbgeviertstriche [– –] angezeigt. Kürzungen werden in runden Klammern ( ) aufgelöst, Zeilenumbrüche bzw. Übergang des Textes in ein anderes Schriftfeld wird mit Schrägstrich / markiert. Unsichere Lesungen stehen unterpungiert …, Nexus litterarum wird durch Strich unter den betreffenden Buchstaben angegeben.

[13] Mehrere Beispiele dafür, oft Ermahnungen zur Demut, Bußfertigkeit bzw. Reue und sittlichen Umkehr der Eintretenden, s. bei FAVREAU, Le thème épigraphique 555-558; KENDALL, Allegory 35f. und 92-98; KALBAUM, Romanische Türstürze 101-106. KENDALL, Allegory, 122-138, bezeichnet diesen Typ als „Admonitory Portals".

[14] S. zur engen Definition des Begriffs „Bauinschrift" ZAJIC, Inschriften 1097. Bauinschriften als weitgespannte Textsorte berichten in sehr unterschiedlicher Ausführlichkeit, in der Regel jedoch sehr konkret von konkretem Baugeschehen, und können dabei von der bloßen Jahreszahl (Bauzahl) bis hin zu ausführlichen narrativen Bauberichten reichen.

[15] Vgl. aus überreicher Literatur CLAUSSEN, Künstlerinschriften; DIETL, In Arte Peritus; CLAUSSEN, Nachrich-

Abb. 127 Tympanon mit Portalinschrift

Gruppe von Texten ist dagegen um die im Einzelnen sehr variantenreiche Nennung oder Umschreibung des Patroziniums bzw. Weihetitels der Kirche herum aufgebaut. Die Inschrift aus Mariazell in Österreich gehört am ehesten in die letztgenannte Inschriftengruppe.[16] Sie initiiert mittels einer Gebetsanrufung an Maria einen Dialog mit der Patronin des Konvents.[17] Dabei wird die – auch und gerade im Kontext von Inschriften an Kirchenportalen – geläufige Auffassung des Gotteshauses als Tor zum Himmel (nach Gen 28,17) in ebenfalls wiederum topischer Weise auf Maria selbst übertragen: Die Gottesmutter ist – zugleich in paradoxer Anspielung auf das geläufige marianische Attribut des versiegelten Tors[18] – die Pforte, die – Allusion auf die Inkarnation Christi – alleine dem Messias offensteht.[19] Maria wird somit – sinnreicher- und beziehungsvollerweise am Kirchenportal[20] – als Heilsvermittlerin,

---

ten; VERZAR, Text (1992); DIES., Text (1994); DIETL, Künstlerinschriften; D'EMILIO, Inscriptions; DIETL, Sprache.

[16] Aus philologischer Blickrichtung wurde die durchaus bemerkenswerte Inschrift bislang anscheinend nur von SMOLAK, Nulli non sua forma placet 119, gewürdigt; unkommentierter Textabdruck auch bei SMOLAK u. KLECKER, Austria 27.

[17] Ähnliche, als Gebetsanrufungen an die Kirchenpatrone, besonders oft eben an Maria, formulierte Inschriften bieten die Tympana von Sainte-Foy in Conques oder Ancona, vgl. KENDALL, Allegory 47f., 61 202.

[18] Zu den „Tor"-Attributen Mariens vgl. SALZER, Sinnbilder 541-545.

[19] Mehrere romanische Portalinschriften beziehen sich linearer auf das Kirchenportal selbst als materieller Schlüssel zur Heilsvermittlung, das den Gläubigen offensteht; die Wörter *porta (poli/celi)*, *pervia*, *patere* und ihre Junkturen begegnen dabei häufig, s. FAVREAU, Le thème épigraphique 551-561, bes. 553f.; KENDALL, Allegory 51-68 und 110-121 sowie 204; KALBAUM, Romanische Türstürze 106 (San Prudencio in Armentia bzw. Puilampa: *Porta per hanc celi fit pervia cuique fideli* bzw. St-Sauveur in Nevers: *Porta poli pateat huc euntibus intus et extra*). FAVREAU, Le thème épigraphique (553f.) leitet dieses Motiv aus den Texten der Kirchweihliturgie ab.

[20] Ein textlicher Zusammenhang zwischen dem konkret als Anbringungsort fungierenden Kirchenportal und der metaphorisch gedachten Junktur der *domus dei/porta coeli* (nach Gen 28, 10-22, angelehnt auch an Io 10,9) wird in nicht wenigen Inschriften romanischer (und jüngerer) Portale hergestellt, vgl. KENDALL, Allegory 110f., HALLOF u. HALLOF, Inschrift; DEBIAIS, Writing 285. Inhaltlich Naheliegendes hatte Alkuin bereits um 800 in einem Epigramm für das Portal von Saint-Hilaire-le-Grand in Poitiers entworfen, s.

konkret als Heilspforte angesprochen, ein Attribut, das die Kirchenlehrer der Spätantike und die theologische Literatur des Frühmittelalters regelmäßig Christus beigaben. Entsprechend häufig wird in den Inschriften romanischer Kirchenportale Christus als Himmelstor adressiert, bisweilen wird aber auch Maria als *porta/ianua/ostium coeli* angesprochen.[21] Auch der übrige Text der Kleinmariazeller Inschrift bedient sich nicht ohne Geschick einschlägiger Assoziationen aus dem Wortfeld des Öffnens und Schließens: Maria als Schlüssel zur Gnade Gottes soll den Gläubigen diesen Gnadenschatz des Heils aufschließen. An weiteren sprachlichen Gestaltungselementen ist neben dem kunstvollen Wechsel von jeweils mit *M* und *P* beginnenden Wörtern in der ersten Zeile und eindrucksvollen klanglichen Effekten – man vermeint bei *porta, poli,* und *pervia* geradezu onomatopoetisch das Pochen der Gläubigen an die Heils- und Himmelspforte zu hören – auf das ansprechende Spiel mit den Homonymen *soli* (Dativ zum pronominal deklinierenden Adjektiv *solus*) bzw. *solis* (Genitiv zum Substantiv *sol*) hinzuweisen. In V. 3 wird mit der eröffnenden Junktur *stella parens solis* ein weiterer dichter Sinnhorizont eröffnet. Maria, der Morgenstern der lauretanischen Litanei, wird nochmals als Mutter Christi eingeführt. Der Text gestattet dabei gleichzeitig einen Bezug von *solis* auf *stella*, also eine freie Umschreibung von Morgenstern („Stern der Sonne"), als auch einen nicht nur der Wortstellung nach freilich näherliegenden Verweis auf den Sohn der Gottesmutter, Christus als Sonne, das wahre Licht.[22] *Parens* musste jedenfalls aus metrischen Gründen zwischen *stella* und *solis* eingeschoben werden.

Zumindest diese Verszeile ist ganz zweifellos keine genuine Neuschöpfung für die Inschrift des Portals von Mariazell in Österreich. Wenigstens seit dem 12. Jahrhundert findet sich die Junktur *Stella parens solis,* mit austauschbaren weiteren Wörtern und dem Reimwort *prolis* zu einem vollständigen leoninischen Hexameter geschlossen, in (west-)europäischen Inschriften unterschiedlichen Anbringungszusammenhangs.[23] Im 13. Jahrhundert wurde die dreigliedrige Junktur in nicht-epigraphischer literarischer Produktion auch in nicht länger leoninisch endgereimte Hexameter transferiert,[24] tritt je-

---

KENDALL, Allegory 42f.; DEBAIS, Writing 292, ausführlicher FAVREAU, Le thème épigraphique, bes. 551-565.

[21] S. FAVREAU, Le thème épigraphique 559-565.

[22] SMOLAK, Nulli non sua forma placet 119 übersetzt: „Maria, Himmelspforte, allein dem Messias durchgängig, eröffne uns kraft des Schlüssels deiner Bitten die himmlischen Güter zusammen mit ihm […] Stern, Mutter der Sonne, lenke Zell (d. i. das Kloster Mariazell) mit der Kraft deines Sohnes".

[23] Zu dem oft besprochenen elfenbeinernen Nodus eines Pedums aus dem 12. Jahrhundert, heute Lyon, Musée des Beaux-Arts, u. a. mit der Inschrift *Stella parens solis cultores dirige prolis,* siehe zuletzt DEBAIS, Images 12-15 (mit der älteren Literatur und weiterführenden Hinweisen); zu einem um 1160/80 datierten rotmarmornen Relief der thronenden Gottesmutter mit dem Jesusknaben (Hodegetria) und (u. a.) der Inschrift + STELLA · PARENS · SOLIS […]RES · [- - - PROLIS] / + VIRGO · DEI · SEDES · CELI · NOS · TRAFFER AD EDES, noch um 1880, wohl bereits sekundär, im Stiegenhaus zwischen der Kathedrale und der bischöflichen Residenz von Cremona, seit 1913 durch Ankauf aus dem Londoner Antiquitätenhandel (Durlacher) im Victoria & Albert Museum London, Inv.-Nr. A.6-1913, s. das Katalogisat im Online-Sammlungskatalog des Museums unter https://collections.vam.ac.uk/item/O96292/virgin-and-child-relief-unknown/.

[24] Das in der in Österreich im 13. Jh. entstandenen, aus der Bibliothek des Salzburger Domkapitels stammenden Sammelhandschrift ÖNB Cod. 1520, fol. 205r-206v, enthaltene Mariengedicht in Hexametern beginnt mit dem Vers *Stella*

doch noch im 15. Jahrhundert als offenbar weitverbreitetes marianisch-poetisches Gemeingut in der ursprünglichen Reimform auf.[25] Naturgemäß begegnet die Junktur *Stella parens solis* auch in zahlreichen mittelalterlichen Marienhymnen.[26] Auch die Junktur *pervia soli*, naheliegenderweise meist als Hexameterklausel benützt, darf als Gemeingut mittelalterlicher (keineswegs nur marianischer) Dichtung gelten.[27] Im engeren epigraphischen Kontext begegnet sie etwa in der zweiten Hälfte des 13. Jahrhunderts in der gemalten Inschrift des Hauptportals der Kathedrale von Chur.[28]

Gleich mehrere sprachliche Bilder und Gedankengänge der Inschrift – einschließlich der Junktur *pervia soli* – scheinen grundgelegt in einem hochmittelalterlichen Responsorium zum Hochfest Mariä Geburt, *Porta serata viro domino sed pervia soli progrediens hodie porta caeli reseravit,* das etwa in einem Antiphonar des 12. Jahrhunderts aus dem Klosterneuburger Chorfrauenkloster St. Magdalena überliefert ist.[29]

Vielleicht mehr als der Inhalt setzen Form und Länge des Textes die Mariazeller von einer großen Zahl an zeitnahen Tympanoninschriften ab. Zwar scheint ein schwer zu quantifizierender Teil der Inschriften romanischer Portale ganz wie der Großteil anderer epigraphisch ausgeführter epigrammatischer Dichtung des Mittelalters in leoninischen Hexametern abgefasst gewesen zu sein und auch die Dreizahl der Hexameter scheint in diesem Kontext keinesfalls singulär.[30] Allerdings dürften metrische

---

parens solis placido iam lumine lustra, s. das knappe Katalogisat in HMML's Legacy Catalog unter http://18.235.151.129/detail.php?msid=14862.

25 Etwa im Kolophon des Schreibers John Stell – ein beziehungsvolles Wortspiel mit dessen Namen scheint wohl dafür den Ausschlag gegeben zu haben – im Kopialbuch der Abtei Furness in Nordengland, heute British Library MS Additional 33244 bzw. London, National Archives, MS D/L.42/43, fol. 2r (*Stella parens solis John Stell rege munere prolis*), s. FRIEDMAN, Northern English Books 115.

26 Vgl. etwa die Belege bei BLUME, Sequentiae.

27 Liutprand von Cremona verwendete die Junktur für eine angeblich an der Mauer seines Hauses bzw. einem Holztisch ausgeführte Versinschrift nach seiner Legatio ad Nicephoram Phocam c. 57, s. HARRINGTON, Medieval Latin 337, v. 12. Auch Francesco Petrarca benützte diese Klausel in seinem metrischen Brief 2,4, v. 65, s. Petrarca, Epistulae 132. Zur Verwendung der Junktur in marianischer Dichtung vgl. SALZER, Sinnbilder 28.

28 Le iscrizioni dei cantoni Ticino e Grigioni Kat.-Nr. 66: O REGINA [P]OLI ⋅ [TV CHRISTO PER]VIA SOLI [PO] SCIMV[S VT PER] ⋅ TE ⋅ NOBIS ⋅ PATEAT ⋅ VIA ⋅ VIT[E].

29 S. den Nachweis in der Cantus-Datenbank, http://cantusindex.org/id/601806. Zur bedeutenden Handschrift Klosterneuburg, Stiftsbibliothek, CCl 1012 vgl. KLUGSEDER, Studien; RAUSCH u. HILSCHER, Klosterneuburg.

30 FAVREAU, Le thème épigraphique 555, spricht nicht zu Unrecht von „La vogue du vers léonin riche pour les inscriptions de qualité au XIIe et au début du XIIIe s."; Neben den von Kendall gesammelten Beispielen wäre eine Vielzahl an Einzelbelegen anzuführen; vgl. etwa HALLOF u. HALLOF, Inschrift; SEILER, Richterlicher Furor 143 (zur Inschrift des Tympanonreliefs der Kathedrale von Jaca in Aragón, E. 11. Jh.); KALBAUM, Romanische Türstürze 83 (Tympanon von Jaca (um 1100): drei zweisilbig rein gereimte leoninische Hexameter; vgl. auch 101); 66f. (Tympanon von Huy: drei ein- bis zweisilbig rein gereimte leoninische Hexameter), 100 (Tympanon von S. Zeno in Verona: drei zweisilbig rein gereimte Hexameter; Tympanon von St-Pierre in Vienne: zwei zweisilbig rein gereimte leoninische Hexameter), 101 (St-Orens in Larreule: zwei zweisilbig rein gereimte leoninische Hexameter); 102 (je eine zweisilbig rein gereimte Hexameterzeile in der Servatiuskirche Maastricht bzw. in Santa Maria in Santa Cruz de La Serós und in Vieu/Ain; drei zweisilbig rein gereimte leoninische Hexameterzeilen bietet das Altarkreuz von Saalborn, s. KALBAUM, Romanische Türstürze 85; vier leoninische Hexameter umfasst die Inschrift des Westportals von St. Kastulus in Moosburg (um

Inschriften des Mittelalters an Kirchenportalen in Mitteleuropa – nach dem auf Südwesteuropa konzentrierten Katalog Kendalls scheinen Versinschriften in nachkarolingischer Zeit an Zahl mit Prosainschriften gleichzuziehen, um spätestens im Lauf des 12. Jahrhunderts, besonders in Gestalt leoninischer Hexameter, erstere quantitativ zu überflügeln[31] – nach Ausweis der Datenbank DIO (Die Deutschen Inschriften Online) klar in der Minderzahl gegenüber Prosatexten zu sein.[32] Eine hypothetische Erklärung für die Wahl der offenbar vergleichsweise doch seltenen Dreizahl der Hexameterzeilen in Ma-

---

1180), s. DEUTINGER u. SCHMITZ-ESSER, Wie Freising zu Barbarossa kam 243f. (Abb. 3); (mit älterer Literatur). Aus fünf stichischen leoninischen Hexametern besteht eine der Inschriften des Weltgerichtsportals von Sainte-Foy in Conques, zwei leoninische Hexameter bietet die Inschrift des Portals von Saint-Lazare, s. HICKISCH, Weltgerichts-Tympana 27 und 43, ebenso viele die von St. Zeno in Isen und die von S. Giorgio in Ferrara (KALBAUM, Romanische Türstürze 99f.). Die Tympanoninschrift von Petershausen mit sechs zweisilbig rein gereimten leoninischen Hexametern (s. KALBAUM, Romanische Türstürze 97f.) gehört zu den umfänglicheren Portalinschriften der Romanik, an deren Spitze vielleicht diejenige des Tympanons von Jaca mit acht fast durchwegs zweisilbig rein gereimten leoninischen Hexametern steht, s. KALBAUM, Romanische Türstürze 101. Jeweils lediglich einen einzelnen Hexametervers mit ein- bzw. zweisilbigem leoninischem Binnenreim bieten dagegen das Tympanon von Vornbach und jenes der Martinskirche von Colmar s. KALBAUM, Romanische Türstürze 80, 99, 108. Breitere Auswertungsmöglichkeiten, von denen hier aus Platzgründen kein Gebrauch gemacht werden konnte, böten die Bände bzw. Datenbanken des Corpus des Inscriptions de la France Médiévale (CIFM) sowie des Deutschen Inschriften-Unternehmens (DI).

31 Vgl. die Andeutungen von KENDALL, Allegory, 46, über einen Rückgang epigrammatischer Dichtung von Gebäudeinschriften im 11. Jh. und bald nach 1100 ein Wiedereinsetzen der Produktion, nun häufig in leoninisch gereimten Hexametern anstelle elegischer Distichen oder stichischer Hexameter ohne Binnenreim. An anderer Stelle, bes. 51-53, bringt Kendall den eigentlichen Beginn des Anbringens von Portalinschriften mit dem Erstarken lokaler und überregionaler Pilgerfahrten im 12. Jahrhundert in Zusammenhang, die eine programmatische epigraphische Kommentierung des Kirchenportals erst begünstigt hätte. An wieder anderer Stelle, 69, konstatiert Kendall eine de facto exklusive Verwendung des daktylischen Hexameters für die versifizierten romanischen Portalinschriften, findet dafür aber keine Begründung außer der damals bereits Jahrhunderte alten Tradition dieses Metrums im epigraphischen Kontext. Neben den schier omnipräsenten leoninischen Binnenreimen kann ich die von KENDALL, Allegory 71, genannten (zweisilbigen) Endreime (10% in seinem Material, s. 74, 202) kaum wahrnehmen. Vgl. im Übrigen hier, 72-75, zu leoninischen Hexametern in den romanischen Portalinschriften; signifikant die statistische Auswertung des von Kendall bearbeiteten Katalogs (73f.): von den 607 aufgenommenen Verszeilen weisen 83 % verschiedene Reimformen auf, 74 % zeigen ein- oder zweisilbig gereimte leoninische Reime, 42 % stellen zweisilbige leoninische Reime (254 von 607 Verszeilen). Nur 17 % der Inschriften dagegen bestehen aus Hexametern ohne Reim bzw. aus elegischen Distichen. Die Auswertung des bei Kendall gebotenen reichen Materials bietet jedoch insoferne Probleme, als nicht immer klar nachvollziehbar ist, wie eng einzelne Hexameterzeilen auf den Portalen räumlich und layoutmäßig miteinander in Beziehung stehen. So bleibt beispielsweise unklar, ob fünf Hexameterzeilen, die an unterschiedlichen Bauteilen eines Portals eingehauen sind, als eine fünfzeilige Inschrift zu werten sind oder als fünf einzeilige Hexameter. – Im Übrigen blieben leoninische Hexameter bis weit gegen 1500 herauf in ganz Europa eine von vielen metrischen Möglichkeiten inschriftlicher Dichtung in sepulkralem Kontext, vgl. etwa LAMP, Florilegium (zu metrischen Grabinschriften des 15. Jahrhunderts aus England).

32 Unter den 275 Treffern, welche die Datenbank DIO (www.inschriften.net) derzeit (27.8.2019) unter dem Suchbegriff „Portal" in einer Volltextsuche auswirft, befinden sich lediglich drei versifizierte Inschriften an mittelalterlichen Kirchenportalen bzw. Tympana: DI 30 (Landkr. Calw), Kat.-Nr. 10 (Bad Herrenalb, Klosterkirche St. Maria, um 1200: zwei zweisilbig rein gereimte leoninische Hexameter); DI 28 (Hameln), Kat.-Nr. 2+ (St. Bonifatii, 1. H. 13. Jh.: drei ein- bzw. zweisilbig gereimte leoninische Hexameter); DI 78 (Stadt Baden-Baden und Lkr. Rastatt), Kat.-Nr. 73+ (Schwarzach, Abteikirche St. Peter und Paul, 1411-1454: fünf zweisilbig rein gereimte leoninische Hexameter).

riazell in Österreich könnte in den Layout-Gegebenheiten des zu beschriftenden Rundbogenfelds/Tympanons liegen: Während die längere rundbogige obere Rahmenleiste zwei Zeilen aufnehmen konnte, ließ sich im waagrechten unteren Schriftband eben wenig mehr als ein Hexameter ausführen. Eine Bestätigung dieser Mutmaßung fällt allerdings schon deshalb nicht leicht, weil das Layout der original erhaltenen romanischen Portalinschriften sehr inhomogen ist und etwa keineswegs eindeutig in der Beschriftung zunächst des oberen Bogenfeldrands und dann der unteren Zeile besteht. Auch existieren zahlreiche – teilweise unten knapp vorzustellende – zeitnahe Beispiele für gleichartig lünettenförmige Tympana, die mit nur zwei Hexameterzeilen beschriftet wurden.

Die durchaus gelungene sprachliche Lösung der Aufgabe, eine „programmatische" Portalinschrift für Mariazell in Österreich zu entwerfen, ließe Neugier hinsichtlich der Person des Dichters aufkommen. Dass metrische Texte für entsprechend anspruchsvolle epigraphische Spezialsituationen als eigenes Genre epigrammatischer Gelegenheitsdichtung immer wieder bei namhaften Schriftstellern und Dichtern in Auftrag gegeben wurden, lässt sich zwar exemplarisch seit der Spätantike und dem Frühmittelalter nachweisen.[33] Angesichts der doch recht dichten Belege für qualitativ mitunter sehr ansprechende Gelegenheitsdichtung in den österreichischen Klöstern der ersten Hälfte und der Mitte des 13. Jahrhunderts[34] darf man die Mariazeller Inschrift jedoch wohl getrost auch einem Konventualen des Wienerwaldklosters zubilligen. Prosodisch im Wesentlichen sauber gelöst,[35] syntaktisch korrekt und vom Vokabular her durchaus gewählt formuliert, entspricht sie in Metrum und Form einer zeitgenössischen Mode, deren Konventionen dem Autor bestens vertraut waren. Da Originalität im Sinne genuiner Autoreninvention im Mittelalter

---

[33] KENDALL, Allegory 33 mit Hinweis auf die Tätigkeit der drei Dichter Constantius, Secundinus und Sidonius Apollinaris für die Bauinschriften der Kathedrale von Lyon im Auftrag von Bischof Patiens (um etwa 490); andere Hinweise auf von namhaften Dichtern bzw. Dichter-Klerikern (darunter Paulinus von Nola, Prudenz, Venantius Fortunatus u. a.) im 5. und 6. Jh. in Frankreich angefertigte Epigramme, die wenigstens prinzipiell für eine reale epigraphische Ausführung in und an Kirchengebäuden – sei es als Portalinschrift oder als Tituli zu bildlichen Darstellungen – geeignet gewesen wä-

ren, ebenso wie Verweise auf metrische und Prosa-Inschriften karolingischer Zeitstellung für Klöster (von Alkuin, Bonifatius, Theodulf von Orléans, Hrabanus Maurus, Walafried Strabo, Sedulius Scotus, Fredegar, Hinkmar von Rheims u. a.) ebd. 35, 45f. u. ö. Zum immer wieder diskutierten Einsatz von versifizierten Inschriften als politisches Propagandainstrument im langobardischen Italien und karolingischen Frankenreich (unter Bezug auf Paulus Diaconus als „Chefepigraphiker" der letzten langobardischen Könige) s. jüngst HARTMANN, Karolingische Gelehrte. Vgl. im Übrigen zu den vielfältigen Funktionen und zur Intermedialität karolingischer Inschriften generell TREFFORT, Paroles inscrites.

[34] Als zeitlich wie regional einigermaßen naheliegendes Beispiel dürfen die – rein literarischen – Epitaphien auf die (angeblich) in Melk bestatteten Babenberger gelten, die wohl in den 1240er Jahren in den Melker Annalenkodex eingetragen wurden. Mit der Mariazeller Portalinschrift verbindet das Melker Gedicht die Dreizahl der (in Melk nicht vollständig) rein zweisilbig rein gereimten Hexameter für eine der „Inschriften", ansonsten sind die Reimformen der Gedichte aus Melk komplexer als die aus dem Wienerwaldkloster; vgl. jetzt ausführlich ZAJIC, Von echten Gräbern.

[35] Da im Hochmittelalter kaum mit weiter Verbreitung von lateinischen Lexika zu rechnen ist, in denen die Quantitäten der Lemmata angegeben waren, sind kleinere Irrtümer eher gering zu bewerten, s. auch den Befund von KENDALL, Allegory 74 zu den Inschriften seines Katalogs. Vgl. aber im Übrigen zur Bedeutung rhythmisch-akzentuierenden Lesens gegenüber „schulmäßig" quantitierendem Lesen von Dichtung schon in der Antike ZELENY, Itali Modi.

kein Kriterium zur Bewertung lateinischer dichterischer Praxis darstellte und auch ein negativer Plagiatsbegriff irrelevant war, ist die Wiederverwendung versatzstückartig geläufiger Textbausteine aus vorbildhafter Dichtung durch den Verfasser der Portalinschrift keineswegs als Mangel an Eigenständigkeit oder dichterischer Qualifikation zu werten, sondern lediglich als – nicht weiter überraschender – Beleg für die Vertrautheit des Textdichters mit einem entsprechend großen Vorlagenrepertoire.[36] Es lässt sich annehmen, dass all diese Kenntnisse und poetischen Fertigkeiten einem der Mariazeller Konventualen durchaus zu Gebote standen. Erstaunlicherweise wurde der Text in der Vergangenheit jedoch mit einem nicht näher bezeichneten Offizium der Diözese Passau in Verbindung gebracht, eine Annahme, die man als Indiz für die Datierung der Portalinschrift vor 1256, dem (falschen) Jahr der Rekonziliierung der Klosterkirche durch Bischof Otto von Passau, heranzog und aufgrund derer man in Otto auch gleich den Urheber des Textes vermutete.[37] Es erübrigt sich klarzustellen, dass für diese Annahme Grund und Wahrscheinlichkeit gleichermaßen fehlen.

2. Zur Funktion der Inschrift

Als (potentielle) Adressaten von Inschriften an Westportalen mittelalterlicher Klosterkirchen sind unter Berücksichtigung der Erschließungssituation der Gebäude naheliegenderweise zunächst Kirchenbesucherinnen und -besucher „von außen" vorzustellen, die – anders als die Konventualen, die die Klosterkirche in der Regel vom Kreuzgang/Kapitelsaal her betraten – eben durch das Westportal in das Langhaus eintraten[38] oder an jenen zahlreichen Handlungen und Vorgängen teilnahmen, die unter Beteiligung entsprechender Öffentlichkeit eben vor dem oder am Portal einer mittelalterlichen Kirche stattfanden – seien es liturgische (wie Beisetzungsfeiern oder Taufen) oder – freilich vor allem in urbanen Siedlungen – kommerzielle wie Märkte und rechtliche wie die Durchführung und Beurkundung von Rechtsakten.[39] Wem von ihnen sich eine versifizierte lateinische Inschrift inhaltlich erschließen konnte, ist nicht zu ermitteln.[40] Es darf jedoch ange-

---

[36] Zur Rezeption und Adaption von längeren handschriftlich überlieferten Gedichten für Inschriften an romanischen Portalen vgl. am Beispiel Silos BROWN, Verse inscription.

[37] SCHWARZ, Baukunst 313: „Die Wiedereinweihung nahm Bischof Otto von Passau im Jahre 1256 vor. Auf ihn dürfte die Inschrift auf dem Tympanon zurückgehen, die einen Vers aus dem Offizium des Hochstifts Passau zitiert". Die hierhergehörige Anm. 1060 verweist auf eine entsprechende Mitteilung des 2004 verstorbenen Passauer Musikwissenschaftlers Leopold M. Kantner an Schwarz. Eine Verifizierung dieser apodiktischen Annahme ist mir nicht gelungen.

[38] So zu Recht SOMMEREGGER, Studien 8 („Eine weitere Annahme ist, dass Kleinmariazell einen öffentlichen Besucherkreis besaß, zudem [!] neben Pilgern und Gästen auch die Besucher des Kirchensprengels zählten. Diese Öffentlichkeit war gleichsam Rezipientenkreis der reich geschmückten Bauplastik in Kleinmariazell (Nord-Westportal [!])"), ähnlich auf 90; vgl. analoge Überlegungen bei KRÜGER, Verborgen 75.

[39] Vgl. FAVREAU, Le thème épigraphique 547; KALBAUM, Romanische Türstürze 21 und 126; EBNER, „…in cimiterio"; BRUNNER, „Atrium". 1223 November 8, Krems, wird als Handlungsort der Übertragung eines Hauses in Krems an St. Nikola bei Passau durch die Witwe und Kinder des Kremser Priesters Markward die Vorhalle bzw. das Gewölbe des Westportals der *matrix ecclesia* in Krems (*sub testudine ianue occidentalis matricis ecclesie Chrems*) angegeben, s. demnächst ZAJIC, Quisquilia parrochialia.

[40] Die Mutmaßungen von KRÜGER, Verborgen 77, über eine vor Ort „von Konventsmitgliedern" erteilte Lesehilfe bzw. Übersetzung der berühmten Inschrift des Westwerks von

nommen werden, dass der Hauptzweck solcher Inschriften gar nicht in erster Linie in der unmittelbaren Belehrung der Kirchenbesucher bestand, also im stets aufs Neue konkret vollzogenen Lese- und Verständnisprozess als performativem Akt lag, sondern dass diese vor allem als Schlüsseltexte der Selbstvergewisserung der Konvente durch ihre bloße Präsenz an programmatischer Stelle, eben am Portal, der *designatio* der Gebäude dienten, also durch Eröffnung eines weiteren theologischen Deutungshorizonts auf deren Zweck verwiesen, ohne dass die Inschriftentexte von Fall zu Fall im Wortsinn erschlossen und „übersetzt" werden sollten. Diese Annahme stützt sich in Bezug auf die Inschrift von Mariazell in Österreich auch auf die Tatsache, dass ihr Text, wie oben ausgeführt, sich eben nicht an ihre (potentiellen) Leserinnen und Leser richtet, sondern vielmehr die Patronin des Klosters adressiert. In Mariazell in Österreich scheint also, gerade unter Würdigung der oben angedeuteten engen inhaltlichen Beziehung des Textes zu einem älteren Responsorium, ein bezeichnendes Beispiel für jene intermedial verschränkende Verweisfunktion von Portalinschriften gegeben zu sein, durch die eine kurze konkrete Inschrift beim Betrachter/Leser eine Assoziation zu weiteren (liturgischen) Texten hervorrufen sollte, die gleichsam den Metatext zur epigraphischen Schriftäußerung am Portal darstellten und den erweiterten Interpretationsrahmen aufspannten.[41] Die Portalinschrift von Mariazell in Österreich diente also wohl einerseits der Selbstvergewisserung des Konvents, der sein Tun – epigraphisch eben am Hauptportal der Klosterkirche als Kulminationsort der liturgischen *vita communis* der Gemeinschaft ausgedrückt – dem Gebet zur Gottesmutter und in weiterer Folge deren Interzession bei Gott gewidmet sehen und verstanden wissen wollte. Dem Konvent stand im Sinne der Inschrift ganz zweifellos die *clavis precum* zu Gebote, der im Gebet und im religiösen Leben liegende Schlüssel zum Heil, das Maria als Klosterpatronin, der man die Geschicke der Abtei anvertraute (*rege cellam*), vermitteln konnte. Andererseits

---

Corvey „für leseunkundige Besucher des Klosters" sind anregend, aber hochspekulativ.

[41] Vgl. dazu sinngemäß die von REDLINGER, Text 267, für arabische Bauinschriften gemachten Beobachtungen: „Durch die bloße Präsenz des Arabischen manifestiert sich in ihnen das Sinnbild des Wortes Gottes. Bauinschriften sind somit für muslimische Gläubige, die auf Grund ihrer religiösen Erziehung Zugang zu diesem exklusiven Kommunikationssystem haben, ein System von Verweisen auf religiöse Narrative. Besonders die religiösen Inhalte, die in den Inschriften einen großen Raum einnehmen, beziehen sich – maßgeblich auf orale Traditionen gestützt – auf eine komplexe Erfahrungs- und Gedankenwelt". DEBIAIS, Images 11, weist zurecht darauf hin, dass etwa die Inschriften des Portals von Sainte-Foy in Conques sowohl dem Blick der Lesenden durch große Distanz als auch breitem Verständnis durch die komplexe sprachliche Gestaltung weitgehend entzogen seien und knüpft daran die bedenkenswerte und mit der oben geäußerten Mutmaßung kongruente Einschätzung: „Writing in the image is thus more a question of creation than of reception", ganz ähnlich ebd., 15: „The crucial point for these inscriptions is not to be read, but to be materialized [...] The artist did not seek to clarify the image, but rather to deepen its meaning. Questions of readability then become very relative, and the terms of the encounters of texts and images serve another purpose". Ganz analog zu Inschriften des pharaonischen Ägypten FITZENREITER, (Un)Zugänglichkeit 179-208. Ähnlich versteht BROWN, The verse inscription 91, gleichsam interaktive Inschriften vom Typ des romanischen Portals von Silos „as mnemonic devices designed to evoke longer texts and to trigger devotional and performative responses to works of art". Vgl. weiters DEBIAIS, In Kendall's Footsteps 12f., der dafür plädiert, elegische Distichen als Versform hochmittelalterlicher metrischer Portalinschriften als Reflexe der liturgischen Sprechakte Antiphon/Responsorium zu bewerten und somit die Wirksamkeit von Portalinschriften im Mittelfeld zwischen *agency* und Performanz zu sehen.

stellt der Text auch allen eintretenden Gläubigen – durchaus nicht unkonventionell – die an diesem Ort in erster Linie anzurufende Gottesmutter als Vermittlerin zur Erlangung des Heils dar, wobei auf thematisch verwandte bzw. vorbildhafte liturgische Texte angespielt wird, die wiederum den Konventualen vertraut waren und die beim Durchschreiten des Portals als interpretativer Referenzrahmen abgerufen werden konnten.

3. Zur paläographischen Bewertung und Datierung der Inschrift

Über die Datierung des Portals – meist in Zusammenschau mit dem Nordportal und der Klosterkirche insgesamt diskutiert – besteht im Wesentlichen Einigkeit, akzeptiert man eine Schwankungsbreite der einzelnen Ansätze von etwa einem Vierteljahrhundert.[42]

Zum Verständnis der folgenden inschriftenpaläographischen Ausführungen ist zunächst eine knappe Vorbemerkung vorauszuschicken[43]: Das 13. Jahrhundert und besonders dessen zweite Hälfte stellt auch in Österreich die Zeit eines weitgehenden Wandels epigraphischen Schreibens dar.[44] Um mit den eingeführten Begriffen der inschriftenpaläographischen Forschung zu sprechen, umfasst dieser Zeitabschnitt die Transformation der Romanischen Majuskel hin zur Gotischen Majuskel, eine Entwicklung, die grob um 1300 jedenfalls in Ostösterreich im Wesentlichen zum Abschluss kommt. Charakteristisch für die Alphabete der Inschriften des 13. Jahrhunderts ist das Nebeneinander von „eckigen" (oft dem Grunde nach kapitalen) und „runden" (bisweilen prinzipiell unzialen, bisweilen „rund" ausgeführten kapitalen) Doppel- und Mehrfachformen derselben Buchstaben, vor allem von *A, D E, H, M, N, T* und *U/V*, wobei die allmähliche Durchsetzung „runder" Formen neben den in der Folge zu besprechenden Merkmalen der allgemeinen Gestaltung einen der Gradmesser bei der Beurteilung der Modernität und somit Datierung konkreter Schriftäußerungen darstellt. Dazu kommt noch bei der Analyse der Einzelformen eine zunehmende Neigung, die offenen Bogenlinien an den jeweils rechten Seiten des *C* analog zum bereits seit dem 12. Jahrhundert sehr häufig derart geschlossenen unzialen *E* durch senkrechten Haarstrich zu schließen. Dieser, entweder tatsächlich senkrecht gestellt, dann

---

[42] Vgl. v.a. den vorangehenden Beitrag von SCHEDL. Guter und detaillierter Überblick über die Datierungsansätze bei SOMMEREGGER, Studien 2-7; auf 62-64 Beschreibung und Einordnung des Westportals in das zweite Drittel des 13. Jahrhunderts; SCHWARZ, Baukunst 18 (Donin: nach 1250 bzw. 1252 [Annahme einer kompletten Zerstörung des älteren Baubestands durch die Kumanen]). Schwarz selbst (243: Parallelen zwischen dem Kreuzgang von Heiligenkreuz und dem Westportal von Mariazell; ausführlicher 257-265 und 311f.) tritt für eine Entstehung des Nordportals in spätbabenbergischer Zeit (1230er/1240er Jahre), des Westportals dagegen erst zwischen 1252 und 1256 (Neuerrichtung nach Brandschatzungen durch die Ungarn) ein. Ähnlich HALBGEBAUER, Polychromie 69 (Nordportal 1241-46). EIGNER, Geschichte 376, behauptete ohne nähere Begründung eine Errichtung des Nordportals gegen Ende des 13. Jahrhunderts, des Westportals noch einige Jahre später. Wenig ergiebig KUCHAR, Stilentwicklung 90 (referiert abermals [nach Schwarz] eine Datierung des Westportals „zwischen 1252 und 1256").

[43] Der folgende Absatz entspricht wortgleich einem Abschnitt meines Beitrags zur dzt. im Druck befindlichen Publikation der Wandmalereien in der Johannes- und Katharinenkapelle der sogenannten Gozzoburg in Krems, die 2020 in der vom Bundesdenkmalamt herausgegebenen Reihe Fokus Denkmal erscheinen wird.

[44] Zum Folgenden vgl. überblicksweise KOCH, Paläographie; DERS., Auf dem Wege. – DERS., Inschriftenpaläographie 201-216; BORNSCHLEGEL, Die gotische Majuskel.

Abb. 128a-c Details der Portalinschrift

meist auch über Basis- und Oberlinie hinaus nach unten bzw. oben ziehend, oder als leicht nach links durchgebogene Linie ausgeführt, entwickelt sich in der zweiten Hälfte des 13. Jahrhunderts aus einem allmählichen Zusammenwachsen der immer breiter ausgezogenen Sporen an den beiden freien Bogenenden. Bis gegen 1300 hin, manchmal (und besonders auch in Inschriften in Stein) auch erst später, werden die durchgebogenen Sporen nach beiden Seiten hin stärker ausgezogen, sodass die nach innen gerichteten Sporenenden tendenziell immer stärker zusammenlaufen. Schließlich berühren sie einander und ergeben tatsächlich eine durchgebogene Linie, die letztlich zum senkrechten Abschlussstrich umgeformt wird, der kaum mehr seine Genese verrät. Diesen Zug zur optischen Abschließung vollziehen dann im weiteren Verlauf des 14. Jahrhunderts noch mehrere andere Buchstaben nach. Im allgemeinen Eindruck ist während des 13. Jahrhunderts eine Entwicklung von einer eher linearen Buchstabengestaltung hin zu einem flächigeren, fetteren Schreiben mit kräftigen Bogenschwellungen und betonten,

dreieckigen bis keil- oder spachtelförmigen Sporen an freien Schaft-, Balken- und Bogenenden festzustellen. Nach übereinstimmender Ansicht einschlägiger Forschungsmeinungen lässt sich dieser Umformungsprozess in gemalten Inschriften, deren Ausführung mit dem Pinsel größere Nähe zu den vielfach vorbildhaften Majuskelauszeichnungsschriften gleichzeitiger Codices[45] bedingt, tendenziell etwas früher greifen als in den vergleichsweise überwiegend retardierenden, in Stein gemeißelten Inschriften. Unter diesen Prämissen ist die Mariazeller Inschrift zu beurteilen, wobei zunächst der allgemeine Eindruck zu beschreiben ist.

Die insgesamt mehr oder weniger sorgfältig ausgeführte Inschrift (Abb. 127 und 128a-c) zeigt an sich einen harmonischen Wechsel von schmäleren und etwas breiter proportionierten Buchstaben, deren Orientierung an der Senkrechten (angesichts der durchgebogenen oberen Schriftzeile richtigerweise bezogen auf die Senkrechte auf die Basisli-

---

[45] Vgl. dazu KOCH, Paläographie 20f. (Anm. 12).

nie im jeweiligen Abschnitt des Schriftbands) allerdings mangelhaft ausgefallen ist. Dieser Umstand ist zweifellos der ungünstigen und ermüdenden Körper- und Handhaltung des ausführenden Steinmetzen oder Bildhauers auf dem Gerüst zuzuschreiben, da die Inschrift erst in die im Mauerverband versetzten Steinquader eingehauen wurde und somit eine Drehung des Inschriftenträgers unmöglich war. Die gesamte Inschrift ist recht linear ausgefallen, doch fällt auf, dass die Buchstaben zu Beginn, also in der am Oberrand des Bogenfelds verlaufenden Zeile noch deutlich linearer, im Vergleich zu den wenigstens mit kräftigeren Sporen versehenen Buchstaben in der unteren waagrecht verlaufenden Zeile geradezu prononciert dünnstrichig ausgeführt wurden. Von Bogenschwellungen im eigentlichen Sinn kann nicht gesprochen werden, bisweilen sind moderate Bogenverstärkungen zu beobachten. An freien Schaft-, Balken- und Bogenenden sitzen entweder schlanke Basis- bzw. Deckstriche oder kleine, nicht sehr exakt dreieckig ausgeformte Sporen. Nur ausnahmsweise kann etwa der Mittelbalken des *E* andeutungsweise spachtelförmig ausfallen, an einzelnen Bogenenden des offenen *C* sitzen gespaltene bzw. gabelförmige Sporen. Der durch die sehr lineare Schriftgestaltung vorgegebene konservative Eindruck bestätigt sich in den Einzelformen, die weit überwiegend kapital bzw. eckig sind (Abb. 129, Nachzeichnungen):

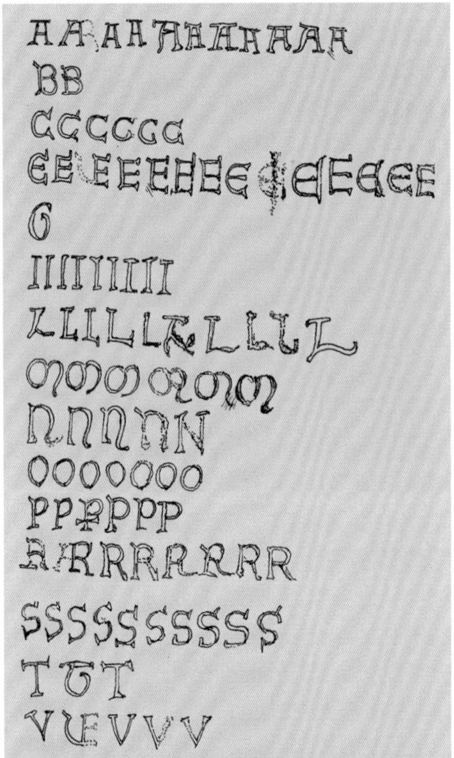

Bei *A* überwiegt klar die konservative – hier meist recht schmale – Trapezform mit beiderseits überstehendem Deckbalken, lediglich zwei *A* sind als die auf dem Weg zur Gotisierung der Romanischen Majuskel prominent werdende Form des pseudounzialen *A* zu bezeichnen, bei der der linke Schrägschaft durchgebogen wird (hier noch ohne eine Bogenschwellung zu zeigen) und der Deckstrich nur noch links übersteht. Bei *C* bleibt die Bogenlinie an der rechten Seite durchwegs offen. Nur einmal nähern sich die dreieckigen bzw. leicht gegabelten Sporen deutlich aneinander an, ohne jedoch eine Schließung herbeizuführen. Besonders konservativ ist *E* ausgefallen. Der großen Zahl an kapitalen *E* – an manchen Balkenenden sitzen immerhin ausgeprägte Serifen, die nahe aneinander heranreichen – stehen deutlich in der Minderzahl befindliche unziale *E* gegenüber, von denen drei trotz kräftiger Sporen bzw. Serifen auch noch rechts offen bleiben. Nur drei unziale *E* sind rechts bereits regelrecht durch Abschlussstriche geschlossen, von denen einer durchgebogen ist, während zwei andere

Abb. 129 Nachzeichnung der Buchstabenformen der Portalinschrift (Andreas Zajic)

als recht fetter senkrechter Abschlussstrich ausgeprägt sind. Das einzige G der Inschrift ist eingerollt und recht schlank proportioniert. Beim sehr vielgestaltigen *L* zeigt sich deutlich, dass der Ausführende bemüht war, modernere Formen als Zweitformen einzusetzen, deren Detailgestaltung ihm jedoch bisweilen Probleme bereitete. Neben konservativem *L* in eckiger Grundform kommen mehrere *L* vor, bei denen der Balken „gotisch" durchgebogen und vereinzelt auch mit wenigstens angedeuteter Bogenschwellung versehen ist. Gerade diese Bogenschwellung als modernes Gestaltungselement hat aber bei *L* in *STELLA* zu einer schwer anders als entgleist zu nennenden Form geführt. Im Vergleich zum übrigen Buchstabenbestand dürfen *M* und *N* als tendenziell progressiver gelten: *M* begegnet ausschließlich in links geschlossener unzialer Form, wobei der rechte Bogen entweder nach links unten spitz ausgezogen oder unterhalb der Basislinie nach rechts umgebogen wird. Neben die runden *N*, deren rechtes unteres Schaftende analog zum *M* gestaltet wird, tritt lediglich einmal ein kapitales *N*. Bei *O* zeigen sich häufig Schwierigkeiten, die Bogenlinie tatsächlich vollrund zu schließen, meist ergibt sich so ein leicht spitzovaler oder mandelförmiger Buchstabe. Bei den durchwegs sehr dünnstrichigen *P* sitzt links oben am Schnittpunkt von Schaft und Bogen gern ein steil linksschräg gerichteter Serif. Auch *R* ist im Detail erstaunlich variantenreich gestaltet. Die Form der Cauda changiert zwischen gerade und durchgebogen nach rechts, deutlich über der Basislinie, auslaufend, einmal ist auch eine regelrecht stachelförmige Cauda dabei. Singulär bleibt ein *R*, bei dem die Cauda annähernd viertelkreisbogig direkt am Schaft ansetzt, sodass der Bogen etwa auf Mittellinie auf die Cauda, nicht auf den Schaft trifft. *S* ist sehr einheitlich gestaltet, wobei fast durchwegs die Schwierigkeit manifest ist, den Verlauf der Bogenlinie im Mittelteil des Buchstabens ohne Brechung und Knick zu gestalten. Neben den zwei kapitalen *T* begegnet einmal ein rundes *T* mit G-artig eingerolltem sichelförmigen Schaft, das in der bisherigen Literatur stets falsch als *S* gelesen wurde (*TECVM*). Auch bei *V* überwiegt wiederum die reguläre kapitale bzw. eckige Form, unziales *U* begegnet nur im Nexus Litterarum *UE* (*CLAUE*). Sowohl der Gesamteindruck der sehr linearen, nennenswerter Bogenschwellungen völlig entratenden Inschrift, als auch deren weit überwiegend eckige bzw. kapital geprägte Einzelformen zeigen die Portalinschrift als Romanische Majuskel ohne signifikante Bewegung hin zur Gotischen Majuskel. Wie weit fortgeschritten demgegenüber schon bald nach der Jahrhundertmitte gemalte Inschriften hochrangiger Stilisierung in Ostösterreich ausfallen konnten, zeigen als Gegenbeispiel die Alphabete der um 1260/80 anzusetzenden Beischriften zu den Wandmalereien der Johannes- und Katharinenkapelle der „Gozzoburg" sowie der von Gozzo gestifteten Wandmalerei im nördlichen Seitenschiff der ehemaligen Dominikanerkirche in Krems[46], die sowohl in Bezug auf die Flächigkeit der Buchstaben im allgemeinen Eindruck als auch den Anteil der progressiveren „runden" und geschlossenen Formen – trotz einzelner sogar extrem konservativer Buchstaben – einen deutlichen Entwicklungsschritt hin zu einer nun bereits als solcher zu bezeichnenden (frühen) Gotischen Majuskel darstellen (Abb. 130, Nachzeichnungen).

---

[46] Vgl. Anm. 44.

Im Vergleich mit den Kremser Inschriften darf die Inschrift aus dem Wienerwaldkloster schon vorab als deutlich älter gelten. Da Material des Schriftträgers und Ausführungstechnik unserer Portalinschrift – in Stein gemeißelt statt mit Pinsel auf Putz gemalt – jedoch generell mit einem retardierenden Element der Schriftentwicklung im Vergleich zu den dynamischer sich verändernden gemalten Inschriften assoziiert werden, erscheint noch ein Abgleich mit Steininschriften aus der ersten Hälfte bis Mitte des 13. Jahrhunderts angebracht. Aus dem zwar nicht allzu dünnen, aber nur selten absolut (also durch in der Inschrift selbst überlieferte Zeitangabe) datierten Material aus dem heutigen Österreich seien hier nur die sachlich und inhaltlich naheliegenden und auch in der Vergangenheit bereits aus inschriftenpaläographischer Sicht kompetent bewerteten romanischen Tympanoninschriften aus Salzburg ausgewählt und knapp betrachtet. Gegenstand bisweiligen kontroversieller Beurteilung und Datierung waren das mit einer metrischen Inschrift versehene marianisch gestimmte Südportal der Salzburger Franziskanerkirche[47] und ein disloziertes Marientympanon unbekannter Herkunft mit zwei knappen Prosainschriften im Salzburg Museum[48] sowie das

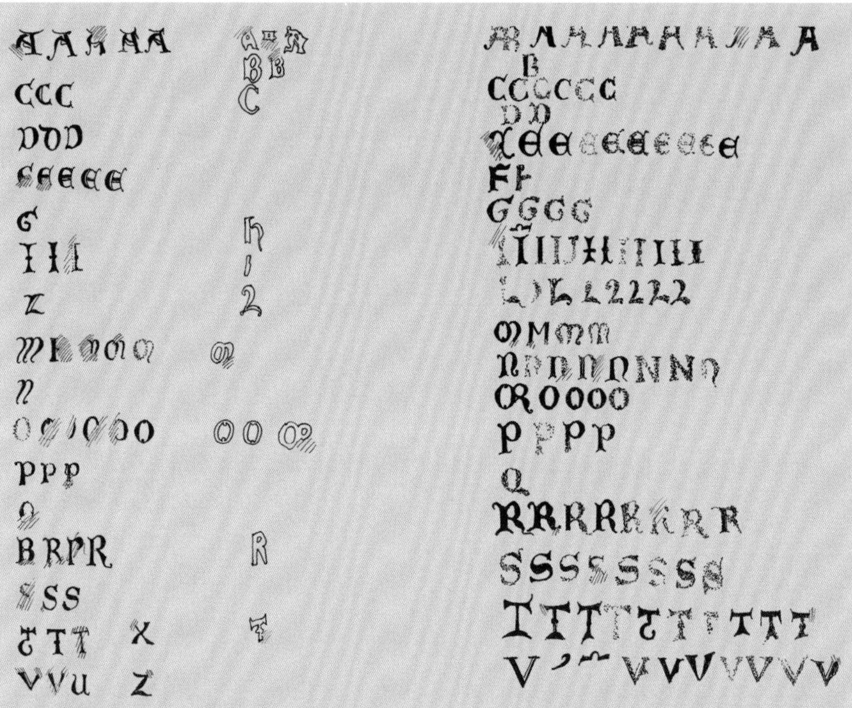

Abb. 130 Nachzeichnung der Buchstabenformen der Wandmalereien im nördlichen Seitenschiff der Kremser Dominikanerkirche (links) und der Johannes- und Katharinenkapelle in der Kremser „Gozzoburg" (rechts). (Andreas Zajic)

---

[47] SIRACUSANO, Madonna, mit Datierung um 1230; WEITGASSER, Anteile 40–42.
[48] Das Marientympanon (Inv.-Nr. 154/32) befand sich vor seiner Einbringung in das Museum 1873 im sogenannten Theophrastushaus/Paracelsus-Haus (Platzl 3); als ursprünglicher Standort wurden sowohl das Westportal der Salzburger Franziskanerkirche als auch der mittelalterliche Dom reklamiert. Aus inschriftenpaläographischen Rücksichten hat KOCH, Epigraphische Bemerkungen, das Relief unter Bezug auf die knappen Texte der Schriftbänder der dargestellten Fi-

Tympanon des Westportals von St. Peter in Salzburg, dessen Inschrift zwei zweisilbig rein gereimte leoninische Hexameter bietet[49]. Die Buchstaben des letztgenannten sind ebenso linear ausgeführt wie die der Inschrift von Mariazell im Wienerwald, im Unterschied zu diesen sind sie tendenziell noch schmäler proportioniert, zudem werden hier auch anders als in Niederösterreich Enklaven, also Einschreibungen von verkleinerten Buchstaben in andere, eingesetzt. Gegenüber dem Marientympanon des Salzburg Museums weist übrigens die aus stilistischen Rücksichten in die Nähe der ersteren gerückte Inschrift der Franziskanerkirche sehr viel breitere Buchstabenproportionen und deutlich mehr runde (unziale) Formen auf. Das Westportal von St. Peter zeigt bei mit der des Wienerwaldklosters gut vergleichbarer Linearität des Schreibens anders als die niederösterreichische Inschrift nur kapitale M und N, auch das unziale E ist hier durchwegs noch nicht geschlossen.

Die aus einem elegischen Distichon bestehende Inschrift des in das erste Viertel des 13. Jahrhunderts datierten Westportals der Stadtpfarrkirche von St. Veit an der Glan[50] zeigt mit jenen der Inschrift des Wienerwaldklosters gut vergleichbare Merkmale: eine trotz konsequent eingesetzter leichter Bogenverstärkungen noch überwiegend lineares Schreiben sowie einen Wechsel von kapitalen und unzialen Formen bei E und M (allerdings nur kapitales N).

Unter Würdigung aller oben angeführten Kriterien und Argumente und im unmittelbaren Vergleich mit den beschriebenen zeitnahen Portalinschriften ist die Inschrift des Westportals von Mariazell in Österreich in die Zeit um 1230/50 zu setzen. Dieser Datierungsansatz würde – versucht man die Frage nach den übergeordneten Rahmenbedingungen für diese epigraphisch-programmatische Standortbestimmung des Konvents zu beantworten – mit dem auch von anderer Seite umrissenen Zeitraum einer umfassenden Neuausstattung des Klosters korrelieren,[51] das sich offenbar auf allen Ebenen neu zu definieren versuchte.

4. Anstelle einer Zusammenfassung

Sowohl die romanischer Bauplastik immanente Funktion als Bedeutungsträger[52] als auch die oben skizzierten „performativen" Aspekte des Westportals der ehemaligen Klosterkirche von Mariazell in Österreich und seiner Inschrift wurden in einem originellen Theaterstück von Walter Rieck[53] intuitiv erfasst und als zentrales Motiv verarbeitet. Tatsächlich dürfte das anlässlich des 850-Jahr-Jubiläums der ehemaligen Benediktinerabtei am 17. August 1986 uraufgeführte Laiendrama, das an entsprechende barocke, besonders jesuitische Schuldramen eben-

---

guren auf die Zeit „nahe oder in der Mitte des 13. Jahrhunderts" (118) datiert. In neuerer Zeit hat SIRACUSANO, Die „Madonna der Ertrunkenen", einen oberitalienischen Bildhauer als Ausführenden vorgeschlagen, ohne die Datierung gegenüber Koch wesentlich zu verändern (1. H. 13. Jh. bzw. ca. 1230). Demselben Bildhauer (Adamo d'Arogno) schreibt Siracusano auch das Portal der Franziskanerkirche zu.

[49] IANVA · SVM · VITE · SALVANDI · QVIQ(VE) · UENITE · // · P(ER) · ME · TRANSITE · VIA · NON · EST · ALTERA · VITE, s. SIRACUSANO, Madonna 196, der dieses Portal einem österreichischen Bildhauer zuschreibt; WEITGASSER, Anteile 44–46 (um 1244).

[50] KRITZER, Studien 85–87; Inschriften St. Veit Kat. Nr. 9, online unter: hw.oeaw.ac.at/inschriften/kaernten-2/teil1/kaernten-2-obj9.xml.

[51] Vgl. etwa auch den Beitrag von Martin ROLAND zum Handschriftenbestand des Klosters in diesem Band.

[52] Vgl. RÜFFER, Werkprozess.

[53] RIECK, Portal.

so wie an Historiendramen Grillparzers erinnert, eines von nur wenigen Schauspielen sein, die explizit die Entstehungsgeschichte einer romanischen Portalanlage erzählen wollen. Die auf der Grundlage der älteren kunsthistorischen Forschung und ihrer Datierung und funktionalen Interpretation der beiden Kirchenportale entwickelte Handlung kreist in mehrfacher Hinsicht um die architektonische Funktion der beiden Bauglieder,[54] um ihre sinnstiftende künstlerische Gestaltung[55] und um den „Einsatz" des neuen Westportals, das anlässlich seiner feierlichen Weihe durch den Abt im Frühjahr 1251 als Brautportal für die Verehelichung eines in die Rahmenhandlung eingebauten Paars fungiert, schließlich aber auch noch in Einlösung einer lange vorbereiteten Schlusspointe zum Abschlussort des Ehevertrags zwischen Herzogin Margarete und Přemysl II. Otakar und damit gleichsam ein zweites Mal zur Braut- und Ehrenpforte wird.

Es scheint, dass sich dem manieristischen Theaterstück – wenn auch nur unbewusst – ein unmittelbareres Verständnis der ursprünglichen Funktion des Westportals von Mariazell in Österreich mitgeteilt hat als dies der älteren kunsthistorischen Forschung gelungen war.

---

[54] Grundlegend ist die ältere kunsthistorische Annahme, das Nordportal habe den Zugang zur Klosterkirche vom Kapitelsaal her vermittelt, während das um einige Jahre jüngere Westportal als neuer Haupteingang einem bestehenden älteren Eingang aufwendig vorgeblendet worden sei.

[55] RIECK, Portal 14: Der ausführende Steinmetz Ambros erklärt der von ihm seit Kindheitstagen verehrten Ursula den Zweck des geplanten neuen Hauptportals: „Schau hin zum Kirchentor, wie schmucklos es da steht! – / Und keiner dreht sich danach um, / wenn er vorübergeht, / geschweige denn, daß es ihn lockt, / die Schwell'n zu übertreten, / um kurz und andachtsvoll zu unser'm Herrn zu beten. (Ursula): Ihr meint, der Eingang wär' zu schlicht? (Ambros): Was heißt zu schlicht? – Das sieht doch jedes Kind. / Es fehlt ein richtiges Portal, / das würdig in die Richtung weist / hinein zum Allerheiligsten, / um jedem, der den Raum betreten will, / im voraus schon / ein gutes Maß an Ehrfurcht abzuringen!". Auf 44 folgt eine ausführliche Erklärung des Portals durch den Steinmetzen selbst.

5. ENTWICKLUNG VON KIRCHE UND KLOSTER IM 13. JAHRHUNDERT: BAUHISTORISCHER BEFUND

VON GÁBOR TARCSAY UND MICHAELA ZORKO

1. Einleitung

Das Erscheinungsbild des Klosters wird im 13. Jahrhundert durch den Neubau der Klosterkirche (einer Pfeilerbasilika) und der im Süden angrenzenden Klostergebäude – dem Klausurbereich – dominiert. Diese, zum Teil bis heute erhaltenen Baustrukturen, stellen das zentrale Thema des vorliegenden Artikels dar.

Die Erforschung des mittelalterlichen Klosterkomplexes – in diesem Fall seiner Bau- und Nutzungsgeschichte – bedient sich dabei unterschiedlicher Quellen. Von besonderer Bedeutung sind die archäologischen Untersuchungen der späten 1990er Jahre. Während der Grabungstätigkeiten in den Jahren 1995 bis 1996 wurden außer den bereits von Marina Kaltenegger und Iris Winkelbauer vorgestellten Befunden auch Teile des Fundamentes der dreischiffigen Basilika sowie deren aufgehendes Mauerwerk freigelegt und dokumentiert. Parallel dazu kam es zur Öffnung einer direkt im Süden des Kirchengebäudes (an den Querhausarm und die ehemalige Sakristei) anschließenden Grabungsfläche sowie zur fotografischen und zeichnerischen Erfassung des Kreuzgangs. Baubegleitend zur Sanierungskampagne im Jahr 1997 wurden noch Einzelabschnitte der mittelalterlichen Klosteranlage – im Fokus stand der westlich gelegene Gebäudekomplex – dokumentiert. Im Jahr 2004 gaben geplante Bauarbeiten erneut Anlass für eine archäologische Untersuchung im Südosten des Kirchengebäudes.

Die Aufarbeitung der genannten „Altgrabungen" stellt das umfangreichste Kapitel des (noch laufenden) Forschungsprojektes MCellA dar, seit 2019 wurde das Projekt durch eine bauhistorische Untersuchung nach modernen Methoden und Richtlinien erweitert. Die Bauforschung umfasst neben der Auswertung der noch bestehenden Klosterbauten (des Istbestandes) auch die Analyse einer Vielzahl von historischen Aufnahmen und Bestandsplänen des Gebäudekomplexes[1],

---

[1] Den Autoren standen rund 600 historische Aufnahmen sowie Planunterlagen (darunter detaillierte Bestandspläne von A. Klaar) der Klosteranlage vor ihrem (Teil-)Abbruch aus

die diesen vor seinem (Teil-)Abbruch in den Jahren 1965 bis 1968 zeigen. Durch die Verschränkung der unterschiedlichen Quellengattungen war es nun möglich, die Baugeschichte von Kloster und Klosterkirche näher zu beleuchten und die komplexe Entwicklung der Gesamtanlage im 13. Jahrhundert teilweise zu rekonstruieren.

Gleichzeitig zeigte sich aber, dass noch viele Fragen – vor allem zu jüngeren Um- und Ausbauten – offengeblieben sind, beziehungsweise ganze Themengebiete noch unbearbeitet bleiben mussten. Das Potenzial der vorhandenen Dokumentation, auch in Kombination mit aktuellen Untersuchungsmethoden unterschiedlicher Disziplinen, wurde noch nicht vollständig ausgeschöpft und bietet Spielraum für weitere Analysen.

2. Die Klosterbauten von heute und ihre spätromanischen Bestandteile

Nähert man sich dem Sakralbau von Westen, fällt der Blick zunächst auf die asymmetrische, mit einer Ausnahme relativ schlicht gestaltete Westfassade der dreischiffigen Basilika. Der südliche Abschnitt des westlichen Kirchenabschlusses wird durch einen rechteckigen Baukörper (einem Teil des mittelalterlichen Klosterkomplexes) verstellt, ein Umstand, der die Fassadengliederung noch unregelmäßiger erscheinen lässt. Im mittleren Abschnitt befindet sich das Hauptportal, ein aus der Mauerflucht vorspringendes, aufwändig gestaltetes Stufenportal, von dem aus über eine Vorhalle und in der direkten Verlängerung das Mittelschiff erschlossen wird. Der nördliche Fassadenabschnitt wird durch einen barocken Turm, welcher auf dem westlichsten Joch des Seitenschiffes ruht, und einen nach Norden kragenden, sekundären Anbau (der ehemaligen Taufkapelle) dominiert. (Abb. 131)

Als ähnlich einfach kann auch die Fassadengestaltung der nördlichen Außenmauer des Langhauses, des Querhauses sowie des gesamten Ostabschlusses, einem Chorquadrat mit angefügter korbbogenförmiger Apside, beschrieben werden. Eine Gliederung der Mauerflächen erfolgt lediglich durch die Fensteröffnungen sowie durch Lisenen im Bereich von Querhaus und Presbyterium. Bei der, etwa mittig aus der Mauerflucht des nördlichen Seitenschiffes nach Norden hervorspringenden, Apside handelt es sich um eine neuzeitliche Erweiterung, eine der Hl. Maria geweihte Seitenkapelle. Nördlich des Presbyteriums wurde in jüngster Zeit (nach 1996) ein rechteckiger Baukörper, der derzeit als Sakristei genutzt wird, angefügt. In der westlichen Randzone der ansonst so schlicht gehaltenen Nordfassade befindet sich ein weiterer Zugang in Form eines prunkvoll gestalteten Stufenportals – das Nordportal. Seine aufwendige Gestaltung wird durch einen sekundären Anbau teilweise verdeckt und kann vom heutigen Betrachter erst nach Annäherung über besagten Zubau erfasst werden. (siehe Abb. 123)

Der südliche Abschluss des Kirchengebäudes wird im Gegensatz zu den bereits beschriebenen Abschnitten durch teils historische, teils moderne Klostergebäude verdeckt. So schließt im Bereich des südlichen Querhausarmes und der ehemaligen Sakristei ein moderner Gebäudekomplex an, das

---

unterschiedlichen Archiven (u.a. Fotoarchiv Bundesdenkmalamt, Plan- und Messbildarchiv Bundesdenkmalamt, Archiv Forstverwaltung Klein-Mariazell, private Bildarchive, etc.) zur Verfügung.

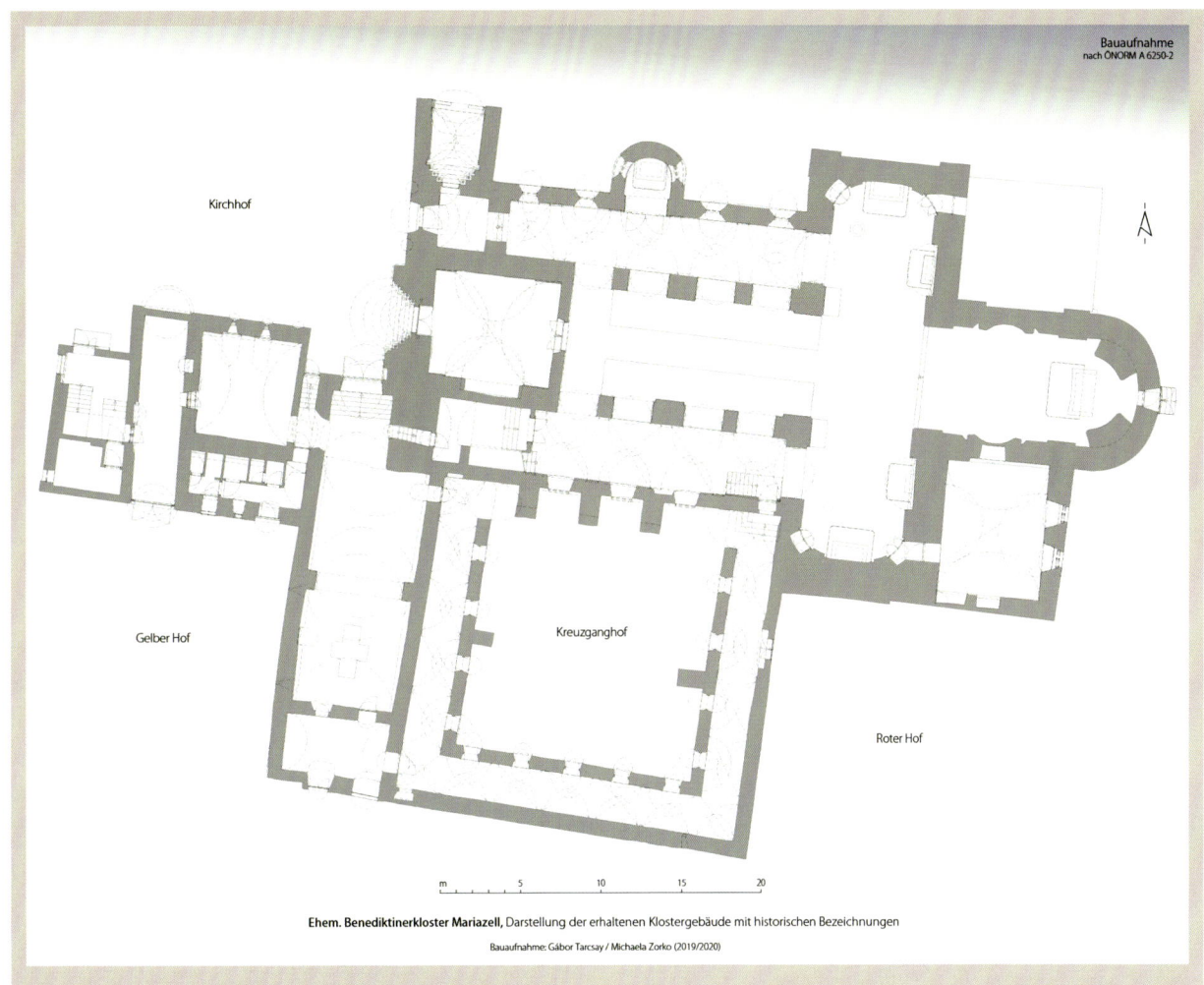

Abb. 131 Gesamtplan der Klosteranlage. Dargestellt wird der heutige Bestand auf Basis der Vermessung der Jahre 2019/2020

Kloster der Brüder Samariter FLUHM[2]. Der partiell erhaltene, mittelalterliche Kreuzgang mit Innenhof grenzt im Süden direkt an das Langhaus. Um den Kreuzgang gruppierten sich im Mittelalter die einzelnen Klausurtrakte, deren Erschließung über die Kreuzgangflügel erfolgte. Zudem führten vom nördlichen Arkadengang im Laufe der Jahrhunderte mehrere Portale in die Klosterkirche, im unteren Abschnitt der Fassade können insgesamt vier Zu-

[2] An dieser Stelle wollen wir uns ganz herzlich für die Unterstützung der Forschungsarbeiten durch die Brüder FLUHM, ganz besonders bei Pater Alois Hüger, bedanken.

gänge unterschiedlicher Zeitstellung identifiziert werden. Die obere Wandfläche der Kirchensüdmauer weist noch weitere Portalöffnungen auf, die das Obergeschoß der Klausurtrakte mit dem Kirchenbau verbanden. Das heute in Verwendung stehende Portal in der östlichen Randzone wurde erst im Zuge der Umbauarbeiten in den 1960er Jahren wieder freigelegt, es handelt sich dabei um eine sekundär in die Südmauer der 1. Kirche (Bauphase I) eingebrochene Türöffnung, die den Kreuzgang mit dem südlichen Seitenschiff der Basilika verbindet. (siehe Abb. 122)

Entgegen der mittelalterlichen Kreuzgangflügel hat sich von den Klausurtrakten auf den ersten Blick lediglich ein im südwestlichen Abschnitt situierter, Nord-Süd orientierter Baukörper (das ehemalige *Cellarium*) erhalten. Bei näherer Betrachtung des Ost- und Südabschlusses wurde aber deutlich, dass sich die Raumabschlüsse der Kreuzgangflügel dem Baubestand der ehemals angrenzenden Klausurost- und Klausursüdtrakte bedienen und somit (spärliche) Reste der Klausurbauten bis dato bestehen.

Über das *Cellarium* gelangt man in den bereits eingangs erwähnten, dem Kirchengebäude im Westen vorgelagerten Baukörper. Beide Gebäudeabschnitte wurden durch die jüngsten Sanierungsmaßnahmen einer modernen Nutzung zugeführt.

Betritt man die Basilika über das Hauptportal, das Stufenportal in der Westfassade, gelangt man heute in eine (ehemals) quadratische Vorhalle. Von dieser führt ein einfaches Portal in das Mittel-

Abb. 132 Überblick des Kircheninnenraums. Blick Richtung Osten.

schiff (Hauptschiff), in dessen Verlängerung Querhaus und Chorquadrat mit Apsis angefügt sind. Das Mittelschiff ist im Grundriss annähernd doppelt so breit ausgeführt als die im Norden und Süden anschließenden Seitenschiffe,[3] auch in der Höhe überragt es die seitlich anschließenden Bauteile. Die einzelnen Schiffe des Langhauses werden durch Pfeilerarkaden voneinander getrennt respektive miteinander verbunden. Bedingt durch die Position besagter Pfeiler, sowie die Kuppel- und Gewölbeanordnung wird das Hauptschiff in drei, werden die Seitenschiffe in sechs Joche geteilt. (Abb. 132) Der westlichste Abschnitt des Langhauses ist in seiner ursprünglichen Gestalt nicht mehr erkennbar, da die ehemals durch spitzbogige Arkaden mit dem Lang-

---

[3] Mittelschiff: Die lichte Weite zwischen dem nördlichen und südlichen Pfeiler beträgt im östlichsten Joch max. 6,66 m; Seitenschiff: Die lichte Weite zwischen nördlicher Außenmauer und desselben Pfeilers beträgt max. 3,72 m.

haus verbundene Vorhalle (mit darüber anschließender Empore) durch jüngere Umbaumaßnahmen überformt wurde. Die bauzeitliche Gewölbekonstruktion kann hier durch die Grabungsergebnisse rekonstruiert werden. Auch im Bereich der Seitenschiffe hat sich die mittelalterliche Einwölbung erhalten. Ähnlich wie im Hauptschiff werden der nördliche und südliche Querhausarm, die Vierung sowie das Chorquadrat von je einer weiteren Kuppel abgeschlossen. Ihre Konstruktion und Gestaltung kann der barocken Umbauphase unter Abt Jacob Pach (ca. 1757–1759)[4] zugeordnet werden.

Von der Klosteranlage des 13. Jahrhunderts haben sich im heutigen Erscheinungsbild bedeutende bauliche Reste, speziell im Bereich der Basilika, erhalten. So können neben weiten Teilen des dreischiffigen Langhauses auch das Querhaus und die nördliche und südliche Außenmauer des Presbyteriums zum spätromanischen Baubestand gezählt werden. Der ehemals in Form von drei Apsiden gestaltete Ostabschluss wurde hingegen im Zuge späterer Umbauphasen abgebrochen und durch jüngere Bauformen ersetzt. Von den bauzeitlichen (wandfesten) Ausstattungselementen des Kirchengebäudes lassen sich ebenfalls unterschiedliche Architekturdetails fassen, darunter fallen neben dem beschriebenen West- und Nordportal auch einzelne, teils vermauerte Fensteröffnungen (Doppeltrichterfenster) und die, das Mittelschiff von den Seitenschiffen trennenden Pfeiler mit den darüber anschließenden Arkaden. Die, den Hauptpfeilern vorgelagerten Pilaster, das umlaufende Gesims, das Putzsystem samt Wandmalereien sowie der Stuckmarmor wurden im Barock geschaffen und prägen das Erscheinungsbild des Kircheninnenraums maßgeblich. Das Grundrisskonzept sowie die Raumanordnung geben dem Betrachter aber dennoch einen sehr guten Einblick in die Konzeption und Wirkung einer spätromanischen Basilika. Ein Großteil der im Süden anschließenden Klosterbauten des 13. Jahrhunderts sind hingegen Um- und Abbrucharbeiten der letzten Jahrhunderte zum Opfer gefallen. Die Ausnahme bilden der Klausurwesttrakt und jene baulichen Reste der südlichen und östlichen Klausurtrakte, welche sich durch die Integration in die Kreuzgangflügel erhalten haben. Über den ehemaligen Aufbau und dessen Gestalt geben hier vor allem schriftliche und bildliche Quellen Aufschluss. Ob die Errichtung des Kreuzgangs und des im Westen der Basilika vorgelagerten Baukörpers ebenfalls noch in das 13. Jahrhundert fallen, wird erst im Zuge der weiteren Forschungstätigkeiten geklärt werden.

3. Der Ausbau der Saalkirche zu einer dreischiffigen Pfeilerbasilika – Bauabfolge und Baufortschritt

Schwerpunkt des ersten Artikelabschnittes (der zweite Abschnitt befasst sich mit dem Bauprozess der Klausurtrakte) ist der Bau der dreischiffigen Basilika in der Spätromanik, ein Großbauprojekt, welches die bis zu diesem Zeitpunkt bestehende Klosterkirche samt ihren Ausbauphasen weitgehend ersetzte.

Durch die umfangreichen Grabungen, gepaart mit der detaillierten Aufarbeitung, ist dies einer der seltenen Fälle, wo sich neben der bauhistorischen Entwicklung des gesamten Bauwerks auch die

---

[4] AIGNER, Klostergemeinschaft 256-257.

Baufortschritte innerhalb einer Bauphase, die Abfolge der Bauetappen zur Errichtung eines monumentalen Kirchenbaus nachvollziehen lassen. Der Baubeginn wird mutmaßlich vom südwestlichen Bereich der Basilika – im Anschluss an die Saalkirche (Bauphase I) – gebildet. Der Neubau zitiert an dieser Stelle die Lage und Orientierung des älteren Kirchengebäudes, die südliche Seitenmauer des Primärbaus wurde sogar bei der Errichtung der dreischiffigen Basilika miteinbezogen. Vom besagten südwestlichen Eckbereich ausgehend dürfte es zunächst zur Errichtung des unteren Abschnittes der Westfassade gekommen sein. Zeitgleich bzw. zeitnah wurde am östlichen Ende mit der Errichtung der Apsiden und des Querhauses begonnen. Die Ausrichtung der Westfassade (um 90° gedreht) ist dabei mit jener des Ostabschlusses nahezu ident. Vom nördlichen Querhausarm ausgehend, setzten sich die Bautätigkeiten Richtung Westen fort, es erfolgte der Bau der nördlichen Langhausmauer. Mit/nach dem Abschluss der Außenmauern dürfte nun auch mit dem Bau der Pfeiler im Innenraum begonnen worden sein. Der mittlere und obere Abschnitt der Westfassade sowie die Errichtung der Hochschiffwände stellen die jüngsten Bautätigkeiten dar, wobei im Bereich der Hochschiffwände erneut ein Baufortschritt von Ost nach West erkennbar ist.

Bedingt durch den Baufortschritt kann auch eine (Teil-)Nutzung der älteren Kirchenanlage während des Baubetriebs zur Diskussion gestellt werden, zumal die Schleifung des Vorgängerbaus erst in einem weit vorangeschrittenen Baufortschritt (mit der Errichtung der Pfeiler) notwendig wurde. Weiters konnte durch Baubefunde zumindest eine Planänderung während des Baubetriebes beobachtet werden. Sowohl die Analyse der Bauphasen, der Bauetappen, aber auch die Einordnung der Architekturdetails in den Bauprozess, dienen als Grundlage für weitere kunst- und kulturhistorische Überlegungen.

Als Basis für die Rekonstruktion der Bauphasen und der Bauetappen dient die relativchronologische Bauabfolge, welche anhand von eindeutigen Baufugen und Baunähten, aber auch durch typologische Unterschiede in der Mauerwerksstruktur zweier aneinandergrenzender Abschnitte erkennbar ist. Neben der Identifizierung der spätromanischen Bauphase (Bauphase IV) im heutigen Baubestand konnte auch eine feinere Differenzierung innerhalb besagter Bauphase erfolgen: So zeichnen sich durch die relative Abfolge einzelne Bauetappen ab, welche in weiterer Folge auf den Baufortschritt dieses Großbauprojektes schließen lassen. Über den Zeitraum der Errichtung gibt die Relativchronologie keine Auskünfte, die Bauphasen sowie die einzelnen Bauetappen können entweder in sehr kurzfristiger Abfolge oder auch nach (jahre-) langen Abständen aneinandergefügt worden sein. Die uns zur Verfügung stehenden absolutchronologischen Datierungsansätze[5] werden gesondert im Kapitel „Überlegungen zur absolutchronologischen Einordnung des Bauprozesses" vorgestellt. Die nun folgende, detaillierte Beschreibung der Bauetappen und des Baufortschrittes gibt – mit einer Ausnahme[6] –

---

[5] Die absolute Chronologie bezieht sich auf eine Zeitskala (wie dem gregorianischen Kalender) und erlaubt es, das Alter eines Gegenstandes oder Objektes in absoluten Zahlen (Jahreszahlen) anzugeben (zur relativen und absoluten Chronologie im archäologischen Kontext vgl. EGGERS, Einführung).

[6] Aufgrund der fehlenden physischen Verbindung zwischen dem Westabschluss und dem südlichen Querhaus der Bau-

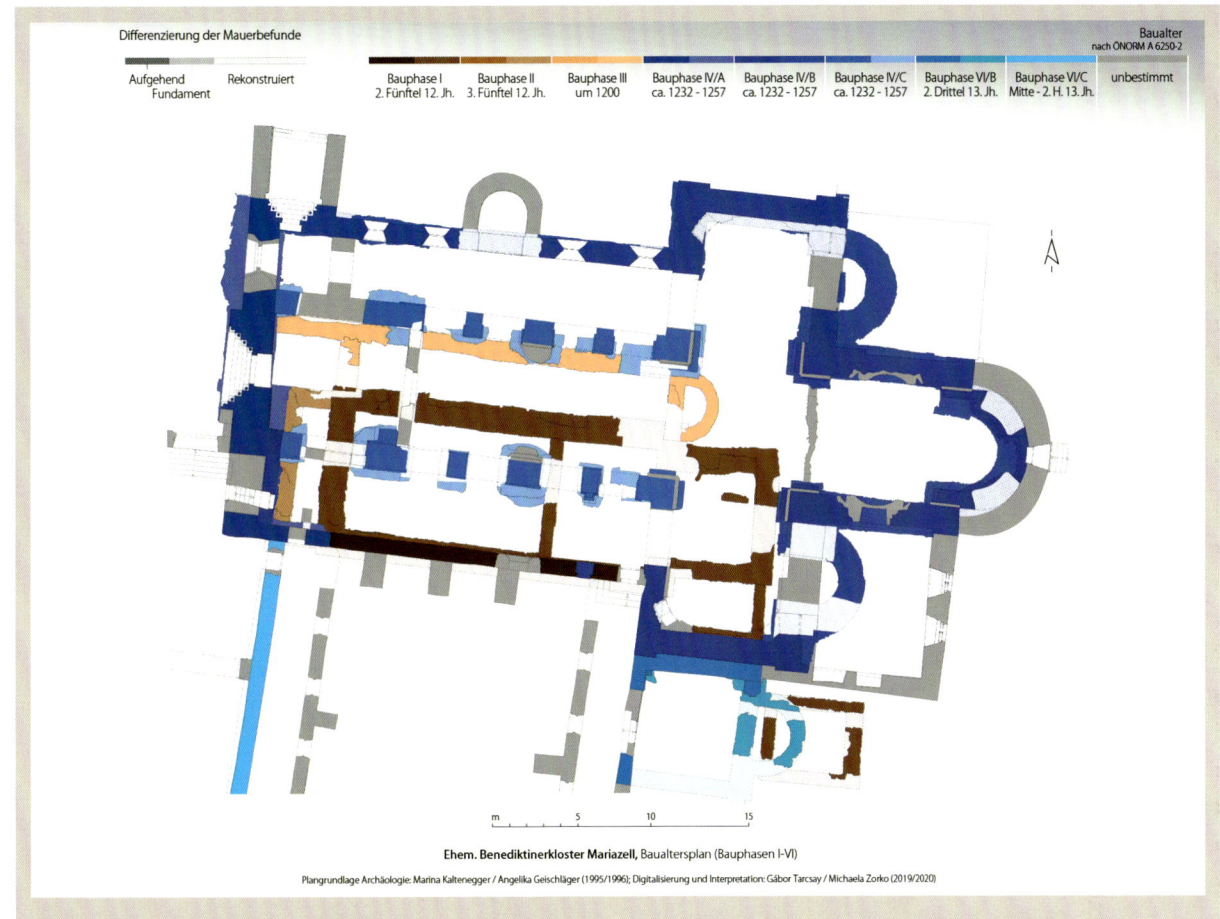

Abb. 133 Grundriss des Kirchengebäudes. Baualtersplan der Pfeilerbasilika und ihren Vorgängerbauten (Bauphasen I-IV), im Vordergrund der Darstellung steht die romanische Basilika (Bauphase IV)

die anhand der Befunde fassbare, relativchronologische Bauabfolge innerhalb des Großbauprojektes wieder.

---

phase IV (die dazwischen liegende südliche Langhausmauer zählt noch zum primären Baubestand der Chorrechteckkirche (Bauphase I) und wurde in den Neubau integriert) ist eine Beurteilung der chronologischen Abfolge besagter Bauteile nicht möglich.

Die Errichtung des Südwest- und Westabschlusses

Für die Errichtung des Südwest- und Westabschlusses der Basilika musste zunächst die erste Westerweiterung der Chorrechteckkirche geschleift werden[7], so wurden im Süden das Fundament und das

---

7 Vgl. Beitrag KALTENEGGER in Abschnitt III.

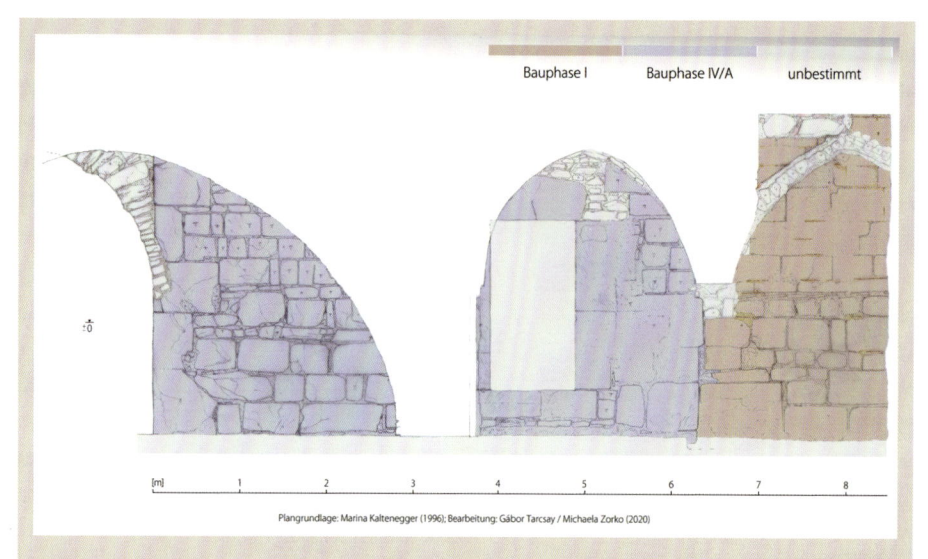

Abb. 134 Ansicht (Handaufmaß) der Kirchensüdfassade, Übergang zwischen Bauphase I und Bauphase IV (die unterschiedlichen Bauphasen wurden farbig hervorgehoben). Das Mauerwerk der Bauphase IV verfügt über eine Eckbetonung, welche zwei bis drei Einzellagen zusammenfasst. Blick Richtung Norden.

In die komplexe Befundsituation im Bereich des westlichen Abschlusses der Bauphase IV – der Westfassade mit ihrem markanten Hauptportal – geben die archäologischen Grabungen in der Vorhalle, dem Kirchenvorplatz sowie dem nördlichen Seitenschiff Einblick. So wurde der Neubau direkt westlich, parallel zu den Fundamentresten der Bauphase II verlaufend, errichtet. Exakt an der nordwestlichen Gebäudeecke des älteren Sakralbaus (Bauphase II), in der Vorhalle gelegen, ist zudem ein Rücksprung im Verlauf erkennbar; die Fortsetzung des Mauerzuges nach Norden – bis zur Nordwestecke des nördlichen Seitenschiffes – erfolgt um rund 1,0 m nach Westen versetzt. (siehe Abb. 135 und Abb. 71) Die maximale Breite des aufgehenden Mauerwerks reduziert sich in diesem Abschnitt von 3,85 m auf noch bemerkenswerte 2,65 – 2,85 m, die massive Ausführung ist dabei auf die Lage und die Gestaltung des Westportals (mit einem Portalrisalit) zurückzuführen. Aber auch die Mauerstärke der im Norden und Süden anschließenden Westmauer überragt mit 2,85 m im Süden und 1,88 m im Norden die im Bereich der restlichen Basilika vorherrschenden Mauerstärken zwischen 1,20 und 1,64 m.

aufgehende Mauerwerk vollständig entfernt, im Westen blieben spärliche Reste der Nord-Süd verlaufenden Grundierung erhalten (Abb. 133). Anstelle der Südmauer der ersten Westerweiterung trat eine in Struktur und Material der Bauphase I (Saalkirche) deutlich ähnelnde Außenmauer, welche im Westen direkt an die südliche Außenmauer des Langhauses der Bauphase I anschließt. Die Außenmauer des primären Kirchengebäudes ist – durch eine Baufuge von der westlichen Erweiterung getrennt – in den Bau der Basilika integriert worden und blieb bis heute bestehen. (Abb. 134) Die Südmauer des Neubaus (der Basilika) orientiert sich dabei streng an der durch den Primärbau vorgegebenen Gebäudeflucht.

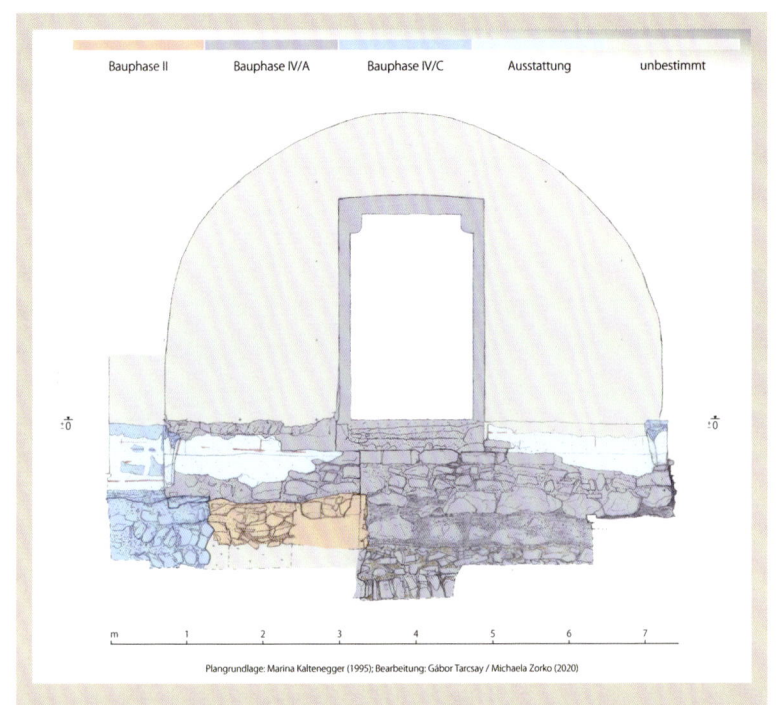

Abb. 135 Ansicht (Handaufmaß) der westlichen Außenmauer im Bereich der heutigen Vorhalle, die Bauphasen (Bauphase II-IV) wurden farbig hervorgehoben. Blick Richtung Westen.

Rund 1,30 m unter dem heutigen Begehungsniveau der Vorhalle befindet sich der Übergang vom Fundamentbereich[8] zum aufgehenden Mauerwerk, aufgrund der Materialwahl und der Versatzart sind die beiden Abschnitte deutlich voneinander zu differenzieren. Neben dem baukonstruktiven Unterschied zwischen Gründungsbereich und Aufgehenden, lässt sich aber auch ein Unterschied im Erscheinungsbild von Innen- und Außenschale des aufgehenden Mauerwerks erkennen. Der Bereich des südwestlichen Abschlusses des Langhauses ist als Quadermauerwerk ausgeführt. Die Gebäudeecke weist zudem eine Eckbetonung (in Form von großformatigen Werksteinen) auf, diese fasst jeweils zwei bis drei Quaderlagen zusammen. (siehe Abb.134) Eine ähnliche Struktur lässt sich auch in der unteren Zone der Westfassade beobachten. Im Gegensatz zur Außenschale besteht die Innenschale aus quaderhaftem Mauerwerk bis hin zu lagig versetztem, hammerrecht bearbeitetem Bruchsteinmauerwerk. (Abb. 136 und Abb. 137) Ein qualitativer Unterschied von Innen- und Außenschale ist dabei keine Seltenheit, sondern lässt sich vermehrt an romanischen Bauwerken[9] beobachten. Die mittlere und obere Zone der Westfassade (jener Abschnitt, welcher über dem Scheitel des Hauptportals anschließt) ist hingegen einer jüngeren Bauetappe zuzuordnen, dies wird durch die Bauabfolge zwischen den Hochschiffwänden und des Westabschlusses sowie der Mauerwerksstruktur verdeut-

---

[8] Die Untersuchungen konnten belegen, dass die Gründungsbereiche des Westabschlusses (vom westlichen Abschnitt der Südmauer bis zum nördlichen Abschnitt der Westmauer) von einem charakteristischen Aufbau geprägt werden. Eine zeitnahe Errichtung bzw. ein kontinuierlicher Fortschritt sowie die Interpretation als Bauetappe ist daher möglich.

[9] Wie die Beispiele von Hohensalzburg – Hoher Stock (KALTENEGGER, Stift Heiligenkreuz 166, Anm. 7; KÜHTREIBER, Mauerwerk 191, Anm. 24.), Burg Dunkelstein – Palas (KÜHTREIBER, Mauerwerk 191, Anm. 25), Burg Eckhardstein, Palas (KÜHTREIBER, Mauerwerk 191, Anm. 25), Stift Heiligenkreuz – Westwand Kreuzgang (KALTENEGGER, Stift Heiligenkreuz 166); Klosterneuburg – *Capella speciosa*, ergrabener Vorgängerbau (KALTENEGGER, Stift Heiligenkreuz 166, Anm. 7).

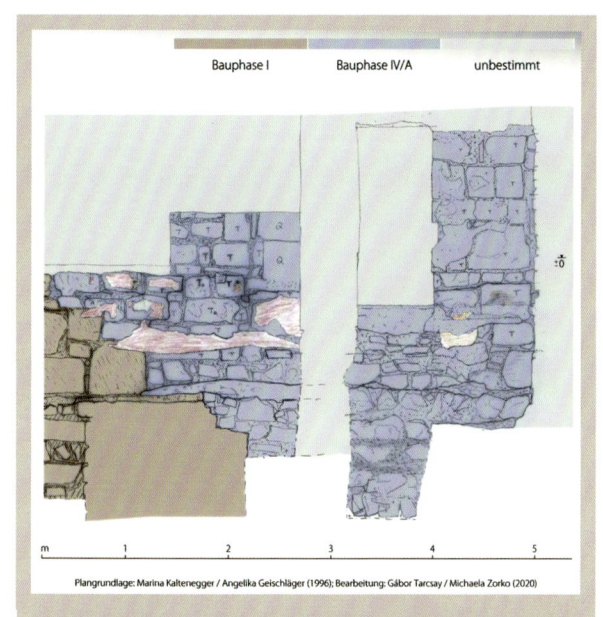

Abb. 136 Ansicht (Handaufmaß) des westlichsten Abschnittes der südlichen Außenmauer im Kircheninnenraum, die Struktur des aufgehenden Mauerwerks der Bauphase IV (farbig hervorgehoben) zeichnet sich durch den Versatz von quaderhaften Mauersteinen aus. Blick Richtung Süden.

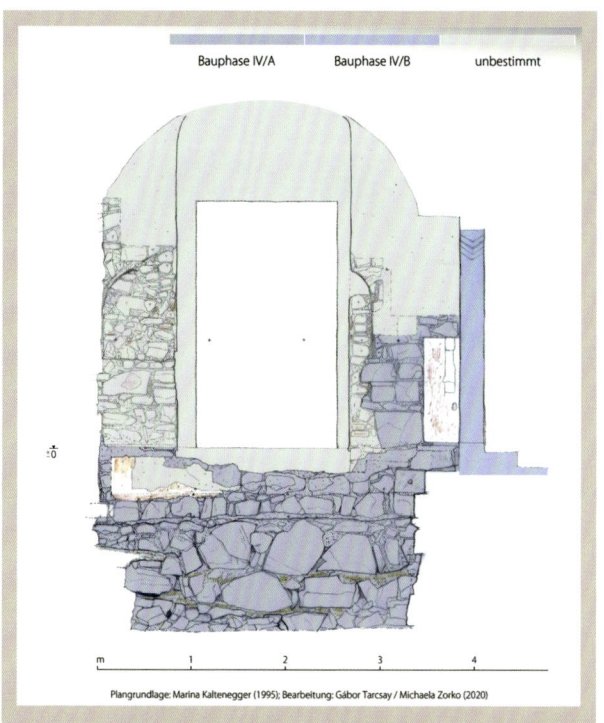

Abb. 137 Ansicht (Handaufmaß) der westlichen Außenmauer im Bereich des nördlichen Seitenschiffes, die Struktur des aufgehenden Mauerwerks der Bauphase IV (farbig hervorgehoben) zeichnet sich durch den lagerhaften Versatz von Bruchsteinen aus. Der Bereich, der zu rekonstruierenden Portalöffnung wurde durch jüngere Einbauten verändert. Blick Richtung Westen.

licht und im Kapitel „Errichtung der Pfeiler und der Hochschiffwände" thematisiert.

Zu den primären Ausstattungselementen des beschriebenen Gebäudeabschnittes zählt neben einer einfachen rechteckigen Türöffnung in der Südmauer auch das zentral in der Westfassade positionierte, repräsentative Stufenportal. (siehe Abb. 126) Die nach der Vorlage der ersten Grabungsergebnisse postulierte Annahme[10], dass der Baublock des Westportals sekundär in die Westfassade eingesetzt wurde, konnte im Zuge der Auswertung der Befunde nicht bestätigt werden. Ganz im Gegenteil, es zeigte sich, dass das Portal bauzeitlich mit der Westfassade entstand. Die Gewändenischen desselben, je vier an der Nord- und Südseite, werden durch Säulen mit Knospenkapitellen geziert. Die äußerste Portalsäule wurde mit den Werksteinen des Gewändes hergestellt, die tiefer liegenden sind der Mauerfläche vorgelagert. Auf den Portalsäulen ruht, getrennt durch ein profiliertes Gesims, die ebenfalls trichterförmig ausgebildete Bogenlai-

---

[10] Vgl. KALTENEGGER/OFFENBERGER, KG Kleinmariazell (1996) 20; SCHWARZ, Kleinmariazell (NÖ.) 335.

bung des Rundbogens. Die fünf Archivolten setzen sich aus einer einfach gestalteten Abfolge von Wulst und Kehle zusammen. Der innerste und äußerste Stab wird zudem durch ein Diamantband begleitet, im Bereich der äußersten Archivolte ist anstelle eines Rundstabes ein filigranes Rankenwerk eingearbeitet. Die einzelnen Stäbe werden im Bereich der Kämpferzone von Hornanläufen mit floralen Zierelementen zusammengefasst bzw. aufgenommen. Umlaufend um das Tympanon – dem Bogenfeld – befindet sich eine Portalinschrift.[11]

Während das bereits angeführte, einfache Rechteckportal den direkten Zugang von den im Süden angrenzenden Klostergebäuden – konkret über den Westflügel des Kreuzgangs[12] – ermöglichte, stellt das Westportal den Hauptzugang in die Basilika (in eine Vorhalle und das direkt anschließende Mittelschiff) dar. Die Baubefunde weisen zudem auf die Ausbildung von weiteren Gliederungselementen der Westfassade im Bereich des südlichen und nördlichen[13] Seitenschiffes hin. Konkret wurden je Abschnitt zwei vertikal verlaufende Fugen (Laibungen respektive Gewände (?)) doku-

Abb. 138 Ansicht (Handaufmaß) des südlichen Abschnittes der westlichen Außenmauer. Der Baubefund zeigt die Ausbildung einer Laibung/eines Gewändes im unteren und oberen Abschnitt der ehemaligen Westfassade. Blick Richtung Osten.

---

[11] Vgl. Beitrag ZAJIC in Abschnitt IV.
[12] Eine Untersuchung des Kreuzganges und dessen angrenzende Klostergebäude hinsichtlich ihres Baualters ist derzeit im Laufen, im unteren Abschnitt des Artikels werden erste Erkenntnisse dazu präsentiert.
[13] Jüngere Umbaumaßnahmen und die damit einhergehende Zerstörung älterer Befundsituationen lassen im nördlichen Abschnitt keine zweifelsfreie Interpretation zu.

mentiert. (Abb. 138, Abb. 139) Dass es sich hierbei um die Ansätze von Strebepfeilern oder Lisenen handelt – wie diese am Ostabschluss beobachtet werden können – ist aufgrund der Befundsituation auszuschließen. So zeigt die Vermessung des Westabschlusses deutlich, dass es sich um ein von der Hauptebene der Fassade rückspringendes Gliederungselement handeln muss und nicht – wie bei einem Strebepfeiler oder einer Lisene – um einen vorkragenden Mauerabschnitt. Zudem beschränken sich die Befunde nur auf den unteren Abschnitt der Wandfläche und lassen sich nicht über die gesamte Höhe der Westfassade[14] verfolgen, im direkt anschließenden Bereich der Süd- und Nordfassade fehlen Strebepfeiler/Lisenen gänzlich.[15] Hinzu kommt, durch den zeitnahen Anbau des westlichen Klausurtraktes (dem *Cellarium*), die fehlende Notwendigkeit für die Ausbildung eines Strebepfeilers aus rein baukonstruktiver Sicht.

Die Baubefunde sprechen vielmehr für die Annahme, dass in beiden Abschnitten die Errichtung einer Wandnische bzw. eines weiteren (Stufen-)portals zur Erschließung des jeweiligen Sei-

Abb. 139 Ansicht des nördlichen Abschnittes der westlichen Außenmauer. Der Baubefund zeigt mutmaßlich eine Laibung/ein Gewände im unteren Abschnitt der Westfassade, durch den Einbau einer jüngeren Portalöffnung großteils zerstört. Blick Richtung Osten.

tenschiffes geplant wurde. Die Westfassade wäre demnach durch zwei Wandnischen bzw. zwei Seitenportale und ein zentral liegendes Hauptportal (oder einer Kombination von beiden Elementen) gegliedert worden. Für die Ausbildung einer Wandnische spricht das Richtung Süden abfallende Gelände des Kirchenvorplatzes, dieses liegt im Süden rund 1,0 m tiefer als im Bereich des Hauptzugangs. Eine Verwendung als Portal wäre nur dann möglich, wenn im Vorfeld Stufen bzw. eine Geländeaufschüttung den Höhenunterschied überbrückt hätten, dafür gibt es bislang aber keine Hinweise. Gegen die Interpretation als Wandnische sprechen die im Bereich der Innenschale

---

[14] Die historischen Aufnahmen zeigen die Westfassade teilweise unverputzt, eine Fortsetzung im oberen Abschnitt (speziell im Bereich des Mittelschiffes) kann daher ausgeschlossen werden.

[15] Wenngleich, wie an der Dominikanerkirche von Krems an der Donau sichtbar, es Beispiele mit dieser Form der Strebepfeilerlösung geben kann (freundlicher Hinweis Patrick Schicht).

der Westmauer erkennbaren, sekundären Vermauerungen, diese wären bei der Ausbildung einer Nische im Fassadenbereich nicht notwendig gewesen. Auch der bis heute existierende Verbindungsraum zwischen dem Obergeschoß des im Südwesten angrenzenden Klostergebäudes und der Westempore weist indirekt auf eine durchgehende Wandöffnung hin, da dessen Raumbreite exakt die durch die Baufugen vorgegebenen Dimensionen einnimmt. Die Schaffung eines nachträglichen Durchbruchs der 2,85 m starken Westmauer – ohne dabei an den seitlichen Wandflächen einen unregelmäßigen Abbruch zu erzeugen – erscheint hingegen äußerst unwahrscheinlich. Neben den Befunden im aufgehenden Mauerwerk stützt die massive Mauerstärke[16] des gesamten Westabschlusses im Allgemeinen eine derartige Interpretation. Die Stärke der Westmauer im Bereich des Mittelschiffes kann auf das in diesem Abschnitt situierte Stufenportal (und die für seine Ausführung benötigte Mauerstärke) zurückgeführt werden. Wäre für die im Norden und Süden anschließenden Bereiche ein ähnliches Konzept geplant gewesen, würde dies die massive Ausführung der gesamten Westmauer erklären. Die Vorbilder für die Errichtung von sogenannten „Drei-Portal-Anlagen" stammen aus der französischen Baukunst.[17] In Niederösterreich lässt

Abb. 140 Stiftskirche Zwettl, Rekonstruktionszeichnung der romanischen Westfassade (vor 1722).

---

[16] Für die postulierte Annahme (KALTENEGGER/OFFENBERGER, KG Kleinmariazell (1996) 20), dass es sich bei dem scheinbar überdimensionierten Westabschluss um ein geplantes, aber nicht ausgeführtes Westwerk handelt, konnten im Zuge der Auswertung keine Hinweise gefunden werden. Sowohl die nördliche als auch die südliche Außenmauer sind für die Errichtung eines Westwerkes unterdimensioniert, für die Rekonstruktion eines im Westen des heutigen Kirchenbaus vorgelagerten Westwerks konnten ebenfalls keine unterstützenden Befunde beobachtet werden. Im Falle einer Planänderung müsste diese bereits vor der Fertigstellung der Außenhülle erfolgt sein.

[17] Zu den bedeutendsten romanischen Beispielen der klassischen „Drei-Portal-Anlage" zählen die Abteikirche Saint-Gilles (Datierung um 1135), Abteikirche der Abbaye aux Dames in Saintes, Abteikirche Saint-Amant de Boixe (KOCH, Baustilkunde 122). Aber auch die Abteikirche Cluny III (Bauzeit 1088-1135) und Autun (12. Jahrhundert [KOCH, Baustilkunde 116]) verfügen über drei Zugänge in der Westfassade, diese werden durch den sekundären Anbau der Vorkirche verdeckt. Zur gotischen Baukunst zählt die Kathedrale von Laon (Bauzeit 1155-1235 [KOCH, Baustilkunde 144]), die Kathedrale von Saint-Denis (Bauzeit 1137-13. Jahrhundert [KOCH, Baustilkunde 168]), die Kathedrale Notre-Dame de Paris (Bauzeit ab 1163 [KOCH, Baustilkunde 168])

sich mutmaßlich die romanische Kirche des Stiftes Zwettl zu diesem Bautyp zählen, auch hier findet man eine dreiteilige Gliederung der Westfassade durch ein zentrales Hauptportal, flankiert von zwei in Wandnischen sitzenden Seitenportalen.[18] (Abb. 140)

Entgegen dem Hauptportal wurden die im Süden und Norden positionierten Ausstattungselemente jedoch nicht vervollständigt bzw. dürfte es vor ihrer Fertigstellung zu einer Planänderung gekommen sein. So wurde anstelle einer repräsentativen Wandnische beziehungsweise eines Portals – wie auch durch die Bauabfolge belegt werden kann – die vorbereitete Wandöffnung im Bereich des südlichen Seitenschiffes noch während des Bauprozesses der Basilika (vor der Errichtung des westlichen Pfeilers) vermauert und ein einfaches Rundbogenportal eingesetzt. Eine ähnliche Vorgangsweise ist auch für den Bereich des nördlichen Seitenschiffes anzunehmen, die heute erkennbare Mauerwerksstruktur – eine sekundäre Vermauerung – mit Wand-/ Fensternische sowie die eingebrochene Türöffnung sind jedoch jüngeren Zeitstellungen zuzuordnen und überformen die bauzeitliche Gestaltung der Wandfläche. (siehe Abb. 137)

Im südwestlichen Abschnitt der Basilika dürfte besagte Planänderung Teil einer umfangreichen Neukonzeption gewesen sein: Mit der Vermauerung kam es – wie bereits ausgeführt – zum Versatz eines einfachen Rundbogenportals, das

Abb. 141 Grundriss des Kirchengebäudes, Detail des südlichen Querhausarmes. Baualtersplan der Pfeilerbasilika und ihren Vorgängerbauten (Bauphasen I-IV).

---

und die Kathedrale von Reims (Bauzeit 1211-1311 [KOCH, Baustilkunde 170]).

[18] Vergleiche Stiftskirche Zwettl, Rekonstruktionszeichnung der Westfassade (vor 1722, StiAZ Plansammlung V) sowie die Grundrisszeichnung der Stiftskirche Zwettl (vor 1722, Stiftskirche Zwettl, Grundriss, vor 1722, StiAZ Plansammlung/III).

Abb. 142 Ansicht des Fundamentes der südlichen Querhausmauer, in der Südostecke mit einer provisorischen statische Sicherung. Blick Richtung Süden.

Abb. 143 Ansicht der Südostecke des Querhauses nach der statischen Sicherung. Blick Richtung Südosten.

Steingewände ist zur Rauminnenseite (dem Kircheninnenraum) gewandt, im Bereich der westlich anschließenden Türlaibung ist ein Verschlusssystem[19] dokumentiert. Aufgrund der Position des Portals und des Sperrriegels muss davon ausgegangen werden, dass man vom südlichen Seitenschiff einen weiteren Raum[20] betrat. Eine Erschließung des Kirchengebäudes über besagte Türöffnung (im Sinne eines Außenzugangs) ist hingegen unwahrscheinlich.

Erweiterung nach Osten – Bau des südlichen Querhausarmes

Ähnlich wie im Westen erfolgte auch im Osten der Bau der Basilika unter Einbeziehung der südlichen Außenmauer der Saalkirche (Bauphase I). So schließt eine Nord-Süd verlaufende Mauer (die westliche Querhausmauer) im Süden an die Schulter des Primärbaus an, nach rund 3,95 m verschwenkt besagte Mauer um 90 Grad und bildet den Südabschluss des Querhauses. (Abb. 141) Der östliche Abschluss des Querhauses ist im Fundamentbereich durch eine Baufuge von der südlichen Außenmauer getrennt und kann daher einer eigenständigen Bauetappe zugeordnet werden[21].

Der ehemals im Süden des Rechteckchors der Saalkirche (Bauphase I) angrenzende, rechteckige Baukörper musste spätestens für die Errichtung des Querhauses abgebrochen werden. Auf seine Exis-

---

[19] Die Dokumentation zeigt ein rund 80 cm tiefes, primäres Balkenloch für die Aufnahme eines horizontal verlaufenden Sperrriegels.

[20] Aufgrund der derzeitigen Forschungslage kann die Bauentwicklung in diesem Bereich noch nicht vollständig aufgelöst werden. Möglich wäre, dass die Türöffnung zur Erschließung eines im Westen angrenzenden Baukörpers oder eines in der Mauer geführten Stiegenaufganges (welcher die Erschließung der Empore ermöglichte) diente.

[21] Siehe Kapitel „Die Errichtung des Ostabschlusses (Drei-Apsiden-Abschluss)".

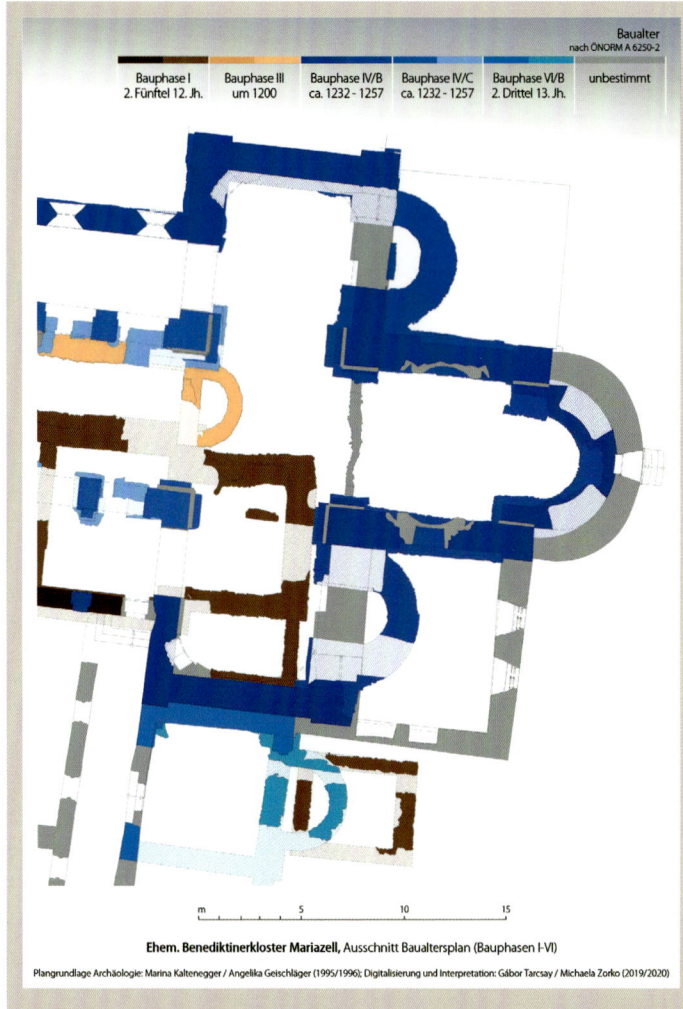

Abb. 144 Grundriss des Kirchengebäudes, Detail des Ostabschlusses der Bauphase IV. Der nördliche und südliche Querhausarm verfügt über eine Seitenapside, an die Vierung schließt der Chor mit eingezogener Hauptapside an.

Rechteckchors der Bauphase I war hingegen erst mit der Errichtung der das Mittel- vom südlichen Seitenschiff trennenden Pfeiler notwendig dieser könnte somit während der Bauzeit des Querhauses noch bestanden haben. Die Struktur des Fundaments der Querhaussüdmauer (aufgrund jüngerer Einbauten kann jenes der Querhauswestmauer nicht beurteilt werden) unterscheidet sich dabei deutlich von den im Bereich der Querhausostmauer freigelegten Befunden: Trotz des direkten Aufeinandertreffens beider Bauabschnitte[22] kann die relative Bauabfolge – nicht zuletzt aufgrund der rezenten, statischen Sicherung – nicht (mehr) beurteilt werden. (siehe Abb. 51, Abb. 142 und Abb. 143) Für die Rekonstruktion der Bauabfolge und somit auch des Baufortschrittes zwischen dem Ostabschluss und der südlichen Querhausmauer bieten sich zwei Lösungsmodelle an. Zum einen könnte mit dem Bau des Ostabschlusses inklusive der Südostecke des Querhauses – bis zum Baukörper der Bauphase I – begonnen worden sein, der Rechteckchor des primären Sakralbaus (Bauphase I) sowie der südliche Anbau waren zu diesem Zeitpunkt noch intakt.[23] In

tenz weisen heute nur noch Reste seines Fundamentes, welche wiederum als Unterkonstruktion in den Neubau integriert wurden. Die Schleifung des

[22] Die Bauabschnitte können nicht nur durch einen markanten Unterschied in der Mauerwerkstechnik differenziert werden, sondern sind auch durch eine Baufuge voneinander getrennt.

[23] Die Position respektive der Verlauf des Ostabschlusses berücksichtigt das ältere Kirchengebäude mit seinen Erweiterungen (Bauphase I-Bauphase III), ein Fortbestehen und eine Nutzung der Chorrechteckkirche während des Bauprozesses

Abb. 145 Detail des südlichen Chorfundamentes mit eingezogener Apsis (Dokumentation während der archäologischen Grabung). Blick Richtung Südosten.

Abb. 146 Detail der verstärkten Fundamentzone des nordöstlichen Vierungspfeilers (Dokumentation während der archäologischen Grabung). Blick Richtung Osten.

einem zweiten Schritt wurde der rechteckige Baukörper der Bauphase I abgebrochen und die Querhaussüd- und Querhauswestmauer geschaffen. Alternativ wäre aber auch eine umgekehrte Bauabfolge denkbar, die südliche Außenmauer des Querhauses könnte bereits bestanden haben als der Ostabschluss errichtet wurde. Die Errichtung der Basilika wäre in diesem Fall von der Südmauer der Chorrechteckkirche ausgehend, Richtung Osten (gegen den Uhrzeigersinn) erfolgt.

Eine Beurteilung des aufgehenden Mauerwerks ist aufgrund jüngerer Um- und Ausbauphasen nur an der Ostmauer des heutigen Kreuzganges möglich, ein lagiger Versatz von grob behauenen Bruchsteinen sowie die Betonung der Gebäudeecken durch großformatige, quaderhafte Mauersteine ist charakteristisch. In den beiden untersten Lagen finden sich fast ausschließlich großformatige

der Basilika wäre aus konstruktiven Gründen möglich gewesen.

Steine, diese kennzeichnen den Übergang vom Fundament zum aufgehenden Mauerwerk. (siehe Abb. 162)

Die Errichtung des Ostabschlusses (Drei-Apsiden-Abschluss)

Der Ostabschluss der Basilika bestand aus drei Apsiden, die beiden seitlichen Apsiden schließen direkt an die Seitenarme des Querhauses an, die mittlere Hauptapside ist dem quadratischen Chor angefügt. Über die Gestaltung des aufgehenden Mauerwerks und der wandfesten Ausstattung gibt es kaum Hinweise, der spätromanische Baubestand wurde im Zuge mittelalterlicher und neuzeitlicher Umbauarbeiten großteils abgebrochen bzw. überformt.

Aufschluss über den Mauerverlauf brachten erst die archäologischen Grabungen in- und außerhalb des heutigen Kirchengebäudes: So konnten die Fundamente der nördlichen und südlichen Chormauer sowie der im Osten anschließenden, einge-

Abb. 147 Ansicht des Ostfundamentes des nördlichen Querhausarmes, die Aussparung im Fundamentbereich deutet die Raumöffnung zur ursprünglich gegen Osten gewandten Seitenapside an (Dokumentation während der archäologischen Grabung). Blick Richtung Osten.

zogenen Apsis vollständig freigelegt werden.[24] (Abb. 144, Abb. 145) Die heute den Baukörper abschließende, korbbogenförmige Apsis stellt eine sekundäre Ergänzung dar und dürfte den bis in die Barockzeit bestehenden halbrunden Abschluss ersetzt haben. Die nördliche und südliche Presbyteriumsmauer haben sich hingegen über ihren Fundamentbereich hinaus erhalten und bilden im Westen mit dem Seitenarm des nördlichen und südlichen Querhauses die Vierungspfeiler. Im Gründungsbereich sind diese zusätzlich verstärkt, eine Maßnahme die wohl die höhere Lasteinwirkung nach der Fertigstellung der Deckenkonstruktion berücksichtigt. (Abb. 146) Nach etwa 2 m (entspricht der Mauerstärke im Gründungsbereich) verschwenken die Mauerzüge des Presbyteriums um 90 Grad und setzten sich als Querhausarme Richtung Norden und Süden fort. Gleichzeitig kommt es zu einer Verjüngung der Fundamentabschnitte.

Sowohl für den nördlichen, als auch für den südlichen Querhausarm lässt sich eine idente Grundrisssituation rekonstruieren. Nach der Ausbildung des südöstlichen Vierungspfeilers ändert das Nord-Süd verlaufende Querhausfundament erneut seine Richtung um 90 Grad und formt den Ansatz der südlichen Seitenapsis aus. Besagte Apside mündet nach 2,65 m wieder in die Nord-Süd verlaufende Gründung, der Mauerzug setzt sich Richtung Süden fort, bis er auf das Südfundament des Querhauses trifft. Bedingt durch die Befundsituation konnte die Bauabfolge und somit auch der Baufortschritt zwischen dem Ostabschluss und der südlichen Querhausmauer nicht eindeutig bestimmt werden[25]. Der Ostabschluss, aber auch die westliche und südliche Querhausmauer könnten gleichermaßen die relativchronologisch jüngere Bauetappe darstellen.

Entgegen der Befundsituation im Süden kann die Bauabfolge im Norden eindeutig rekonstruiert werden. Von der Nordostecke der Vierung ausgehend, lässt sich Richtung Norden die Grundierung der Ostmauer des Querhauses weiter nachvollziehen, bis sie schließlich durch die Ausformung einer Ecke um 90 Grad Richtung Osten umbiegt und eine Apsis – den bauzeitlichen Ostabschluss des Querhauses – ausbildet. (Abb. 147) Nach rund 2,95 m[26] ändert sich die Richtung des

---

[24] Kennzeichnend für den Fundamentbereich ist der lagige Versatz von Feld- und Bruchsteinen, das Fugenbild wird durch einen hohen Lehmanteil geprägt.

[25] Die beiden Lösungsmodelle wurden im Kapitel „Erweiterung nach Osten – Bau des südlichen Querhausarmes" ausführlich beschrieben.

[26] In Fl. XIV, also innerhalb der Apsis, ist der Zwischenraum 3,06 m breit.

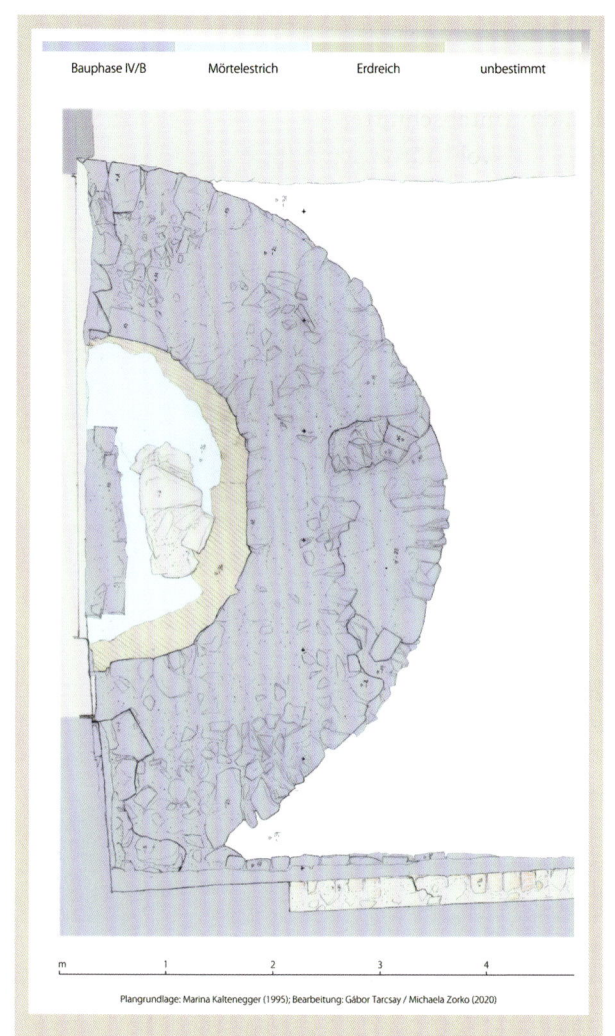

Abb. 148 Grundrissausschnitt (Handaufmaß, Draufsicht). Die Dokumentation zeigt die Mauerreste der nördlichen Apside und eines Altarfundamentes sowie einen teilweise erhaltenen Kalkestrich der Bauphase IV (farbig hervorgehoben).

Abb. 149 Ansicht des nördlichen Abschnittes der Querhausostmauer (Fassadenbereich). Der Baubefund zeigt die bauzeitliche Querhausschulter (re. im Bild) sowie den abgebrochenen und überformten Maueransatz der Seitenapside (li. im Bild), im Vordergrund ist die freigelegte Seitenapside erkennbar. Blick Richtung Westen.

(halbkreisförmigen) Apsisfundamentes erneut und schwenkt um 90 Grad nach Norden um. Im Inneren des Querhausarmes ist die Fortsetzung im Gründungsbereich der Ostmauer daher wieder erkennbar, bis diese im Bereich der Nordostecke um 90 Grad Richtung Westen umschwenkt und in die nördliche Außenmauer des Querhauses übergeht. Im Zentrum der freigelegten Apsis befinden sich zudem Reste eines Altarfundamentes sowie eines Kalkestrichs, welcher die ehemalige Fußbodenkonstruktion darstellt. (Abb. 148) Diese Befunde können bereits zu jenen Bautätigkeiten gezählt werden, die unmittelbar vor der Vollendung der Basilika ausgeführt wurden und beantworten somit auch die in der Forschung diskutierte Frage, ob der Ostabschluss des Massivbaus mit drei Apsiden fertiggestellt und genutzt wurde.[27]

---

[27] Der Befund spricht gegen die von Johann Offenberger vorgeschlagene These, dass die Basilika mit einem Drei-Apsiden-Abschluss nicht fertiggestellt bzw. während des Bauprozesses durch die Kumanen (1250) und Ungarn (1252) zerstört

Das aufgehende Mauerwerk im Inneren der Querhausarme sowie der Ostfassade des Querhauses konnte aufgrund jüngerer Umbaumaßnahmen (barocke Wandgestaltung) nicht beurteilt werden bzw. wurde dieses in jüngeren Bauphasen bereits ersetzt. Eine Ausnahme stellt der äußere, nordöstliche Abschnitt des nördlichen Querhausarmes dar, konkret die Wandflächen, welche die nördliche Schulter des Apsisansatzes und die nordöstliche Gebäudeecke bilden.[28] (Abb. 149) Die Dokumentation zeigt im Fassadenbereich große, quaderhaft bearbeitete Mauersteine (darunter Tuffstein) als Betonung der Nordostecke. Die südlich anschließende Zone besteht aus lagerhaft versetzten Bruchsteinen, wobei zwei bis drei der beschriebenen Einzellagen an die Mauersteine der Eckbetonung anlaufen. Ab einer Höhe von über 2,00 m wird die Struktur des Mauerwerks deutlich unregelmäßiger, die in den unteren Lagen noch zu beobachtende Lagerhaftigkeit löst sich zunehmend auf, die Eckbetonung ist weiterhin vorhanden.

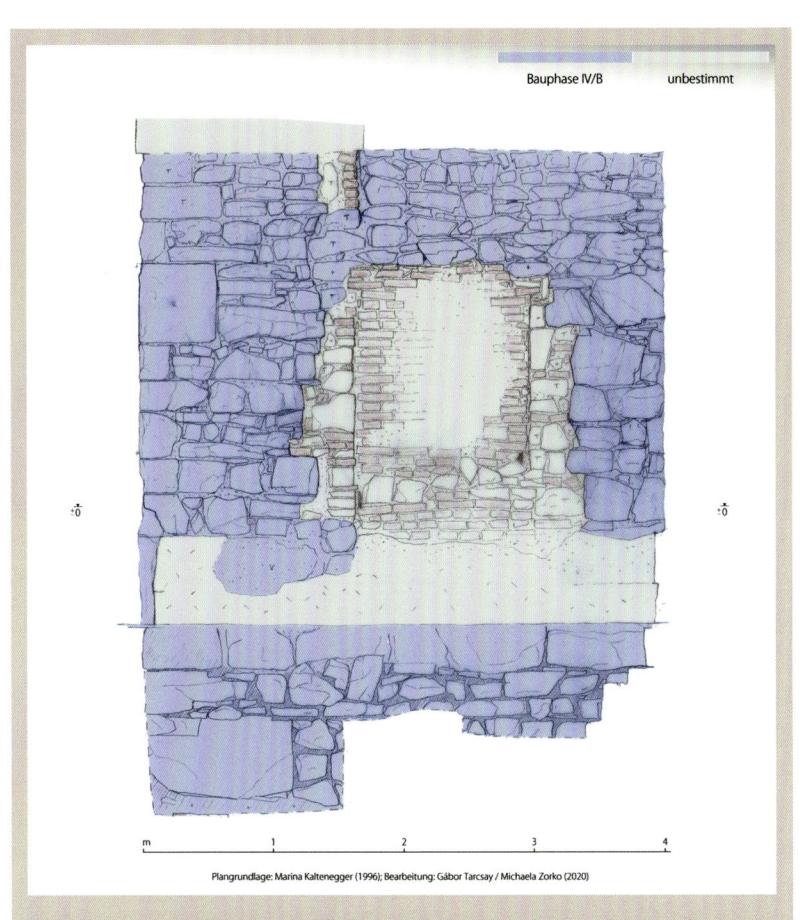

Abb. 150 Ansicht (Handaufmaß) des nördlichen Abschnittes der Querhauswestmauer, Fassadenbereich. Das Mauerwerk der Bauphase IV (farbig hervorgehoben) verfügt über eine Eckbetonung, welche zwei bis drei Einzellagen der Binnenstruktur zusammenfasst. Blick Richtung Osten.

---

wurde (vgl. OFFENBERGER/GEISCHLÄGER, Erste Ergebnisse 36–39; sowie OFFENBERGER/GEISCHLÄGER, Erste Ergebnisse – Millennium 17–18).

[28] Nach 1,60 m bis 1,70 m – von der Nordostecke gemessen – trennt eine vertikale Baufuge den spätromanischen Baubestand von jüngeren Bauphasen.

Bauabschnitte, respektive ein detaillierter Nachweis des Baufortschrittes – wie diese im folgenden Kapitel „Der Baufortschritt von Ost nach West (Querhauswest- und Seitenschiffnordmauer)" vorgestellt werden – konnten im Bereich des Ostabschlusses nicht beobachtet werden; ein Umstand, welcher mitunter durch den Erhaltungszustand er-

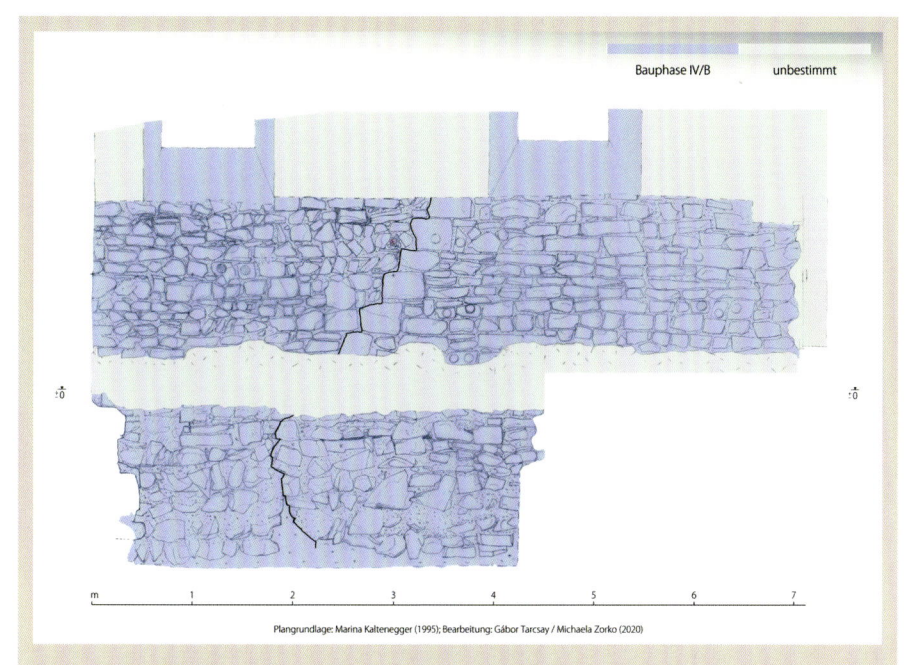

Abb. 151 Ansicht (Handaufmaß) des westlichen Abschnittes der nördlichen Außenmauer im Bereich des nördlichen Seitenschiffes. Der Baubefund zeigt sehr deutlich die abgetreppte Baufuge im aufgehenden Mauerwerk sowie eine vertikale Baufuge/Zäsur im Fundamentbereich der Bauphase IV, siehe Markierung in der Abbildung. Blick Richtung Norden.

näheren Beurteilung. Die Fortsetzung der Auswertung kann daher erst wieder mit der Westmauer des Querhauses beginnen. Wobei an dieser Stelle exemplarisch eine detailliertere Beschreibung des Mauerwerksbefundes (und vor allem deren Unterscheidungskriterien) der beiden östlichsten Bauetappen erfolgen soll.

Das Fundament der Westmauer des Querhauses besteht im Außenbereich der nordwestlichen Gebäudeecke aus massiven, quaderhaften Mauersteinen, in der nach Süden anschließenden Wandfläche aus kantigen Bruch- und Lesesteinen, wobei zwei bis drei der horizontal verlaufenden Einzellagen durch eine Eckbetonung zusammengefasst werden. (Abb. 150) Den Abschluss bzw. den Übergang der Gründung hin zum aufgehenden Mauerwerk bildet eine einzelne Lage aus großformatigen Bruchsteinen. Im Bereich der angrenzenden, im Verband errichteten Nordmauer des Seitenschiffes ist die Mauerwerksstruktur ident, selbst der zonale Wechsel in Form einer Lage aus überdurchschnittlich großen Bruchsteinen ist vorhanden. Auch sind die genannten Mauerabschnitte miteinander verzahnt. Die Betonung der nordwestlichen Ecke des Querhauses in Kombination mit der

klärt werden kann, möglicherweise aber dadurch, dass dieser in einer umfangreichen Bauetappe – aus einem Guss – hergestellt wurde.

Der Baufortschritt von Ost nach West (Querhauswest- und Seitenschiffnordmauer)

Für die Nordmauer des Querhauses ist ein ähnlicher Aufbau wie im Bereich der Querhausost- und – wie noch dargestellt wird – der Querhauswestmauer des nördlichen Querhausarmes anzunehmen. Da besagte Nordmauer im Rahmen der archäologischen Untersuchungen nicht begutachtet wurde (und heute vollständig verputzt ist), entzieht sich diese einer

lagigen Binnenstruktur setzt sich auch im aufgehenden Mauerwerk fort. Bei den beschriebenen Merkmalen handelt es sich zudem um Charakteristika, welche ebenso am südlichen Querhausarm zu beobachten sind[29].

Im Bereich der Seitenschiffnordmauer ist nach wenigen Metern sowohl im Fundamentbereich als auch im aufgehenden Mauerwerk ein Wechsel in der Struktur – dem Erscheinungsbild – erkennbar. Wurden im Osten noch große, eher kantige Bruchsteine versetzt gehen diese abgestuft in ein lagiges, kleinteiliges Mauerwerk mit punktuell auftretendem *Opus spicatum* (einer Zone aus schräg versetzten Mauersteinen) über. Im Fundamentbereich zeichnet sich die Zäsur nicht nur im Formatwechsel, sondern auch sehr deutlich durch einen leichten Sprung in der Fundamenttiefe und einen Versatz in der Mauerflucht ab. Die Fensteröffnungen (doppeltrichterförmige Rundbogenfenster) entstanden gleichzeitig mit dem kleinteiligen Mauerwerk und zählen daher zu den bauzeitlichen Ausstattungselementen.

Abb. 152 Detail des Fundamentes des Wandabschnittes aus Abbildung 36 (westlicher Abschnitt der Außenmauer des nördlichen Seitenschiffes), die Zäsur der Bauetappen ist im Gründungsbereich deutlich erkennbar (Dokumentation während der archäologischen Grabung). Blick Richtung Norden.

Der Verlauf der Baufuge – treppenförmig von Osten nach Westen abfallend – erlaubt den Rückschluss, dass der Ostabschnitt (mit dem anschließenden Querhaus) älter sein muss. So kam es zunächst zur Errichtung des Fundamentes sowie des unteren Abschnittes des aufgehenden Mauerwerks. Durch die Konstruktionsweise der Baufuge wurde der weitere Baufortschritt Richtung Westen, in Form eines optimierten Bauanschlusses, vorbereitet. Die Bildung einer vertikalen Stoßfuge (und somit eines konstruktiven Schwachpunktes) wurde bewusst vermieden. In einer eigenen Bauetappe (!) wurde mit der Errichtung der Nordmauer des Seitenschiffes fortgefahren. In welchem zeitlichen Abstand – ob Tage, Wochen oder Monate – die Bautätigkeiten wieder aufgenommen wurden, ist nicht nachvollziehbar, die Mauerwerksstrukturen lassen aber einen nicht allzu langen Zeitabstand zwischen den Etappen vermuten.

Nach rund 16 Metern (vom Übergang des Nordschiffes zum Querschiff gemessen) ist eine weitere Bauetappe in der Seitenschiffnordmauer erkennbar, die ebenfalls durch eine Baufuge getrennt (treppenförmig abfallend, Ost-West

---

29 Vgl. die Beschreibung der Südwestecke im Kapitel „Erweiterung nach Osten – Bau des südlichen Querhausarmes".

verlaufend)³⁰ sowie durch unterschiedliche Versatzarten gekennzeichnet ist. (Abb. 151, Abb.152) Die Grabungen im Norden der Basilika sowie jene im Kircheninneren (dem nördlichen Seitenschiff) zeigen, dass sich der jüngste Mauerabschnitt bis zum Westabschluss erstreckt. Entlang der Nordmauer des Seitenschiffes können daher insgesamt drei Bauetappen nachgewiesen werden. Der Übergang von der Nord- zur Westmauer (der jüngsten Bauetappe der Außenmauer) wird aufgrund der komplexen Befundsituation gesondert im nachfolgenden Kapitel beschrieben.

Die Vollendung der nördlichen Außenmauer und die Errichtung des Nordportals

Die Fortsetzung der westlichsten Bauetappe der Nordmauer erstreckt sich bis in den heutigen Vorraum des nördlichen Seitenschiffes, bis zur Westmauer der Basilika. Der Übergang zwischen der nördlichen Außenmauer und dem

Abb. 153 Detail der Fundamentabfolge im Bereich der nordwestlichen Gebäudeecke (nördlicher Vorraum, ehemaliges nördliches Seitenschiff), Bauabfolge zwischen der Westmauer und der angestellten Nordmauer (Dokumentation während der archäologischen Grabung). Blick Richtung Nordosten.

Westabschluss ist für die Baugeschichte ein neuralgischer Punkt: Das Fundament der nördlichen Außenmauer stößt stumpf an jenes der Westmauer an (Abb. 153), die obersten Lagen des Nordfundamentes überlagern den Fundamentvorsprung der Westmauer, auch in der Mauertechnik ist ein Unterschied zwischen den beiden Abschnitten feststellbar. Eine zeitgleiche Errichtung der beiden Fundamentabschnitte ist auszuschließen. Aufgrund der konstruktiven Details ist davon auszugehen, dass das Westfundament (inklusive Gebäudeecke) bereits bestand, als die Fertigstellung des westlichen Abschnittes der Nordmauer, der jüngsten fassbaren Bauetappe der nördlichen Gebäudehülle, erfolgte. Im Zuge dieser Bauetappe wurde auch das in der westlichen Randzone der Außenmauer situierte Nordportal eingebaut. Der Einbau des Nordportals zählt somit zu einer der jüngsten Bautätigkeiten im Massivbaubereich. Auffällig erscheint auch der Verlauf der nördlichen Außenmauer, diese weicht deutlich von dem innerhalb der Basilika fassbaren Orientierungssystem ab. (Abb. 154) Mit besagter Abweichung wurde wohl versucht, die Positionierung des Portalrisaliten des Nordportals hinter der, durch die Westfassade vor-

---

30 Zwei bis drei Einzellagen des östlichen Abschnittes werden von großformatigen, quaderhaften Mauersteinen zusammengefasst, die Anordnung besagter Mauersteine bilden dabei eine treppenförmige, Ost-West verlaufende Baufuge und geben dadurch die Richtung des Baufortschrittes an.

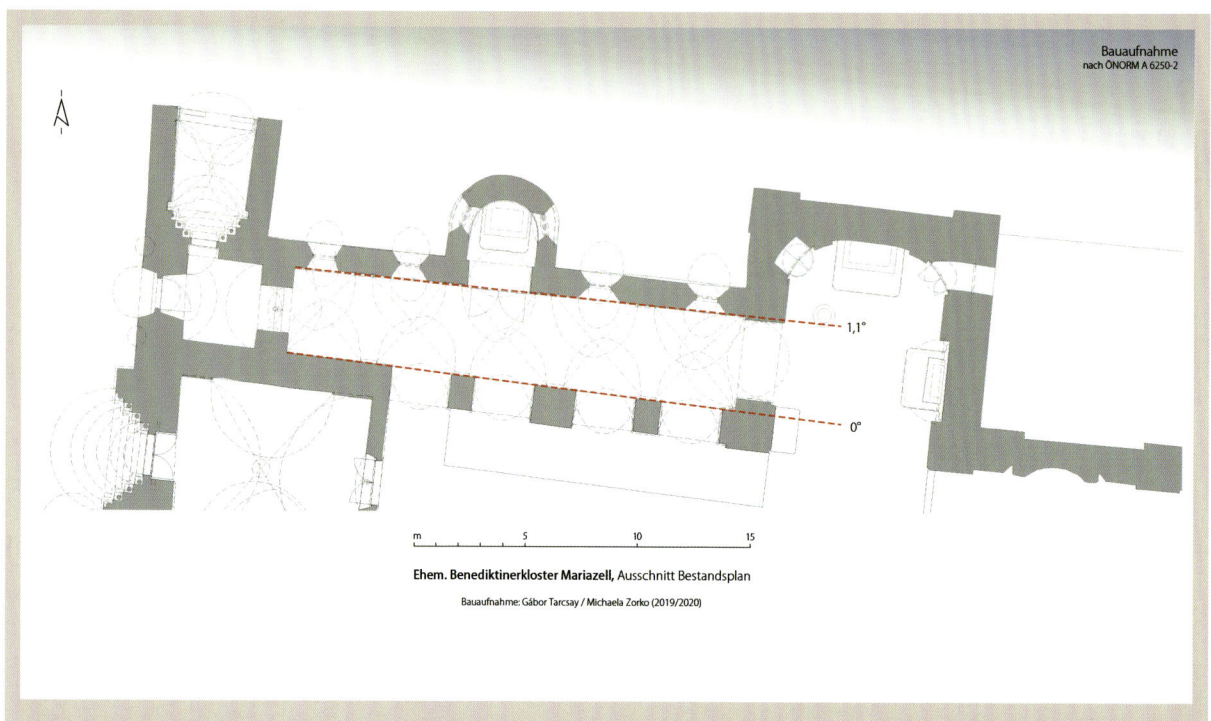

Abb. 154 Grundriss des Kirchengebäudes, Detail des nördlichen Seitenschiffes. Der Abweichende Verlauf der Außenmauer wird besonders durch die Darstellung der Gewölbeanordnung deutlich.

gegebenen Gebäudebreite zu ermöglichen. Der Einbau des Portals wurde demnach bereits mit der Errichtung der nördlichen Außenmauer vorbereitet, die aus dem Orientierungssystem fallende Mauerflucht hatte jedoch zur Folge, dass sich die lichte Weite des nördlichen Seitenschiffes Richtung Westen deutlich verschmälert.

Auf die aufwändige Gestaltung des Portals soll an dieser Stelle nur kurz hingewiesen werden.[31] (siehe Abb. 123) Im Gegensatz zur schlichten Ausführung im Innenraum ist das Gewände an der ehemaligen Fassade als repräsentatives Stufenportal ausgeführt. Die Gewändenischen, je drei an der Ost- und Westseite, werden durch Säulen mit Knospenkapitellen geziert. Die äußerste Portalsäule wurde mit den Werksteinen des Gewändes hergestellt, die beiden tiefer liegenden sind der Mauerfläche vorgelagert. Auf diesen ruht die ebenfalls trichterförmig ausgebildete Bogenlaibung des Rundbogens, die vier Archivolten setzten sich aus unterschiedlich gestalteten, geometrischen Zierelementen zusammen. Von der ehemals im Bogenfeld

---

[31] Eine detaillierte Beschreibung und stilistische Analyse erfolgte durch M. Schwarz (SCHWARZ, Kleinmariazell (NÖ.) 335; SCHWARZ, Baukunst 257-265); vgl. auch Beitrag SCHEDL in Abschnitt IV.

(Tympanon) liegenden Wandmalerei haben sich nur noch spärliche Farbreste erhalten.

Betrachtet man die Position des Nordportals – im westlichsten Randbereich der Nordmauer[32] – kann diese im Vergleich zu anderen Kirchenbauten der Spätromanik als untypisch beschrieben werden. Hinzu kommt, dass für den Versatz des Steingewändes der Türöffnung die westliche Wandfläche im Innenraum des Seitenschiffes leicht abgeschrägt werden musste. Auch die – oben angeführte – Abweichung im Orientierungssystem der nördlichen Außenmauer zum vorherrschenden System der Basilika erscheint ungewöhnlich. Weiters ist auffällig, dass die Größe des Portals (die maximale Breite des aus Werksteinen gearbeiteten Stufengewändes) mit der Lichtweite der im südlichen und nördlichen Seitenschiff dokumentierten vermauerten Wandöffnung exakt übereinstimmt. Zudem entspricht bzw. übertrifft die Mauerstärke der Westmauer die durch die Portalstufen benötigte Mindesttiefe. All diese Indizien könnten als Argument für die These herangezogen werden, dass das nördliche Portal ursprünglich für den südlichen oder nördlichen Zugang im Bereich der Westfassade – in Form einer Drei-Portal-Anlage – konzipiert war und erst durch eine Planänderung während des Bauprozesses[33] an seinem heutigen Standort errichtet wurde. Einen konkreten Beweis gibt es für diese Interpretation aber nicht (zumal bis dato die Gestaltung des Westabschlusses nicht mit Sicherheit rekonstruiert werden konnte).

Abb. 155 Überblick des Mittelschiffes. Die Fundamente der Pfeiler überlagern die Baustrukturen der älteren Klosterkirche.

Die Errichtung der Pfeiler und der Hochschiffwände

Zu den jüngsten Bautätigkeiten der spätromanischen Basilika ist durch die relative Bauabfolge der Bau der Pfeilerarkaden samt den darüber anschließenden Hochschiffwänden zu zählen. Zu Beginn der Arbeiten war die Außenschale des Kirchengebäudes vermutlich bereits fertiggestellt. Der (Teil-)Abbruch der romanischen Chorrechteckkirche inklusive deren Erweiterungen (Bauphase I bis III) muss ebenfalls bereits erfolgt sein, da die Pfeilerfundamente die Mauerreste des älteren Kirchenbaus überlagern. (Abb. 155) Die einfachen, rechteckigen Pfeilerstellungen gliedern den Kircheninnenraum, sie trennen das höhere Mittelschiff von den niedrigeren Seitenschiffen. Insgesamt handelt es sich um zwölf eigenständige Stützen (6 Pfeiler je Seite), welche die Arkaden und die darüber anschließenden Hochschiffwände,

---

[32] Hierbei ist nicht die Position im westlich gelegenen Joch gemeint, sondern die Lage exakt an der Nordwestecke des Raumes.

[33] Wie diese auch belegt werden kann, siehe Kapitel „Die Errichtung des Südwest- und Westabschlusses".

sowie die Decken- respektive Gewölbelasten aufnehmen. (siehe Abb. 132) Die Errichtung der östlichsten, die Vierung bildenden Stützen (die Vierungspfeiler) erfolgte zeitgleich mit dem Bau des Ostabschlusses und bereitete den späteren Ausbau des Innenraums vor. Dem gegenüber wurden die westlichsten Pfeiler (die heute in die Vorhalle integriert und nicht mehr als eigenständige Elemente erkennbar sind) sekundär an die westliche Außenmauer angestellt, der Westabschluss muss zum Zeitpunkt des Innenausbaus bereits im Bereich des Erdgeschoßes bestanden haben. (Abb. 156)

Trotz der barocken Überformung der Pfeiler, welche heute ihr Erscheinungsbild prägt, konnte durch die archäologischen Grabungen ihr ehemaliges Aussehen dokumentiert werden. Es handelte sich um im Grundriss rechteckige, aus Sandsteinquadern erstellte Pfeiler. Die Basis wird durch eine auskragende Sockelzone gebildet, das Punktfundament der Pfeiler besteht hingegen aus Bruchsteinmauerwerk. Die unterschiedlichen Größen der Pfeilerquerschnitte sowie die noch erhaltene Gewölbeeinteilung lassen zudem eine primär geplante Ausführung als gebundenes System[34]

---

[34] Als grundlegende „Maßeinheit" gilt das Vierungsquadrat, seine Dimension findet sich sowohl im Chor, dem Querhaus als auch dem Mittelschiff wieder, die Quadrate der Seitenschiffe besitzen die halbe Länge des Vierungsquadrates.

Abb. 156 Nordwestecke des (ehemaligen) südlichen Seitenschiffes. Anbau des Mauerpfeilers an die bereits bestehende, westliche Außenmauer (Dokumentation während der archäologischen Grabung). Blick Richtung Nordwesten.

annehmen, ein für eine romanische Basilika typisches Konstruktionsschema, das sich – mit Ausnahme der Vorhalle – über den gesamten Grundriss erstreckt.

Über die Konstruktionsweise der Hochschiffwände gibt die Befundsituation im Dachstuhl des südlichen Seitenschiffes Aufschluss. (Abb. 157) Betrachtet man die unverputzte Außenschale der Mauer, lässt sich neben Resten von bauzeitlichen Fensteröffnungen – die der Belichtung des Mittelschiffes dienten – erneut ein Baufortschritt von Ost nach West feststellen. Die Mauertechnik (der Versatz von Bruchsteinen in annähernd horizontalen Lagen, welche je Bauabschnitt von treppenförmig angeordneten, großformatigen Mauersteinen zusammengefasst werden) erinnert dabei frappant an die bereits in Kapitel „Der Baufortschritt von Ost nach West (Querhauswest- und Seitenschiffnordmauer)" beschriebene Vorgehensweise, wenngleich die Mauerwerksstruktur bereits ein unregelmäßigeres Erscheinungsbild besitzt. Im Bereich der unverputzten Mauerfläche (auf rund 25 Laufmeter) lassen sich insgesamt fünf Bauetappen identifizieren, die relativchronologisch gesehen jüngste Etappe wird von der westlichen Randzone gebildet. Diese stellt gleichzeitig die Südwestecke des Mittelschiffes, den westlichen Gebäudeabschluss dar und

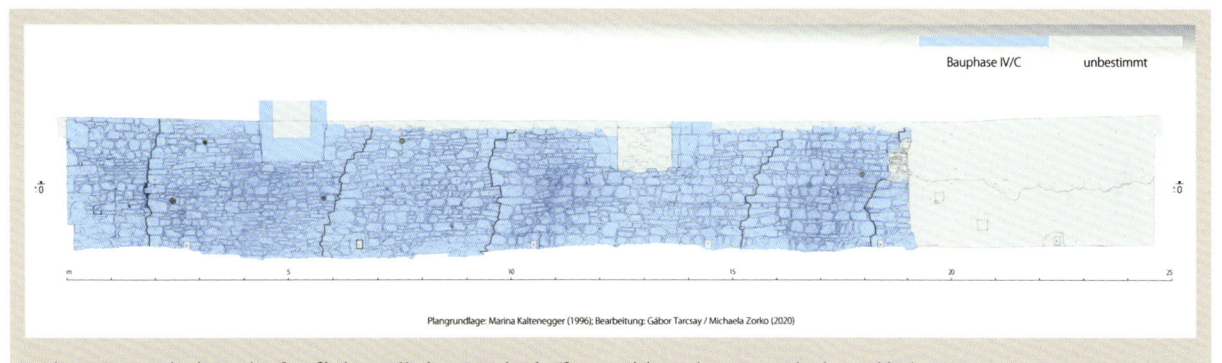

Abb. 157 Ansicht (Handaufmaß) der südlichen Hochschiffmauer (ehemaliger Fassadenbereich), der Mauerzug trennt das Mittelschiff vom Dachstuhl des südlichen Seitenschiffes. Die Baubefunde zeigen mindestens fünf von Ost nach West abfallende Baufugen, durch die Markierungen hervorgehoben. Blick Richtung Norden.

ist – im Obergeschoß – als verzahnter Übergang zur Westfassade ausgeführt. Die Gebäudeecke selbst wurde durch den Versatz von großformatigen Mauersteinen, welche zwei bis zu drei Einzellagen zusammenfassen, betont.

Aufgrund fehlender Informationen zur Errichtung der nördlichen Hochschiffwand (diese wurde im Rahmen der archäologischen Grabungen nicht untersucht, da flächig verputzt), kann für den Baufortschritt in diesem Gebäudeabschnitt nur gemutmaßt werden. Das wiederkehrende Element, dass im Rahmen dieses Großbauprojektes eine Errichtung der Längsmauern von Ost nach West erfolgte, lässt aber auch für diesen Gebäudeabschnitt dieselbe Vorgehensweise vermuten. Folgt man dieser Hypothese, würde das obere Geschoß des Westabschlusses (die über dem Hauptportal anschließende Zone) den finalen Bauabschnitt des Rohbaus der spätromanischen Basilika darstellen. Die Unterschiede in der Mauertechnik zu der als Quadermauer errichteten, unteren Fassadenfläche untermauern diese Interpretation. (Abb. 158) Mit dem Bau der Pfeiler und Hochschiffwände sowie mit dem Einbau der Decken- bzw. Gewölbekonstruktionen erfolgte die Vollendung des steinernen Massivbaus.

Abb. 158 Historische Ansicht der Kirchenwestfassade (Dokumentation während des Abbruchs im Jahr 1965). Die Fehlstellen im Außenputz zeigen im oberen Abschnitt der Westfassade ein Bruchsteinmauerwerk anstelle des Quadermauerwerks des unteren Abschnittes. Blick Richtung Südosten.

Bauzeitliche Gestaltung der Wandflächen

Die im Zuge der archäologischen Untersuchungen freigelegten Wandflächen trugen noch Reste von älteren Putz- und Fassungssystemen. So konnte im Bereich der Vorhalle (entlang der Westmauer sowie der Mauerpfeiler) die primäre Oberflächengestaltung in Form eines einlagigen Putzes mit weißer Grundierung und roter Quaderlinierung (Quadermalerei) freigelegt werden. Im nördlichen und südlichen Seitenschiff findet sich hingegen ein einlagiger, rot gefasster Putz als älteste erfasste Form der Wandgestaltung. Trotz der geringen Restputzflächen ist von einer ehemals flächigen Ausstattung der Innenräume auszugehen. Die Abfolge der dokumentierten Putzsysteme ist leider nicht bekannt.

Rote Fugenbänder – wie im Falle einer Quadermalerei – auf weißem Grund gelten im Mittelalter dabei als typische Wandgestaltung im sakralen (und profanen) Raum. Ein vermehrtes Auftreten kann für den mittleren Abschnitt des 13. Jahrhunderts[35] beobachtet werden. Vergleichsbeispiele sind u.a. aus dem nahegelegenen Stift Heiligenkreuz[36], der Pfarrkirche von Altenmarkt an der Triesting[37] (siehe Abb. 086), dem ehem. Kollegiatsstift Ardagger[38], dem Augustiner-Chorherrenstift St. Florian,[39] der Pfarrkirche von Hainburg[40], der Pfarrkirche von Wiener Neustadt sowie in Form von Doppellinien aus der Virgilkapelle in Wien[41] und dem Dominikanerkloster in Krems an der Donau[42] bekannt. Ein Zusammenhang zwischen der malerischen Ausstattung und dem Stiftungs- bzw. Wirkungsbereich von Herzog Friedrich II. wurde in der Forschung bereits betont[43] und dürfte auch im Fall der Basilika von Mariazell tragend sein.

4. Überlegungen zur absolutchronologischen Einordnung des Bauprozesses der Basilika

Die absolutchronologische Einordnung, die Datierung des Bauprozesses der Basilika in absoluten Zahlen[44] erfolgt auf Basis unterschiedlicher Kriterien, darunter fallen Mauerwerksstrukturen, Architekturdetails (von Bauplastiken bis hin zur Oberflächengestaltung der Wandflächen), archäologische Befunde ebenso wie eine vergleichende Analyse mit historischen Schriftquellen und den historischen Rahmenbedingungen. Bedingt durch die Unterschiede im äußeren Erscheinungsbild zwischen dem Westabschluss und den übrigen Mauerzügen der Basilika werden diese zunächst gesondert betrachtet.

---

[35] Eine Aufarbeitung dieses Themengebietes sowie eine Zusammenstellung von Beispielen des 13. Jahrhunderts erfolgte kürzlich durch P. Schicht (KALTENEGGER/SCHICHT, Virgilkapelle 108-112).

[36] In der Kreuzkapelle, dem angrenzenden Gang und der Fraterie, Datierung um 1244 (KALTENEGGER/SCHICHT, Virgilkapelle 108).

[37] Im Kirchturm wurde eine Spolie mit Quadermalerei verbaut (siehe Abb. 86).

[38] In der Hallenkrypta, Datierung zwischen 1224 und 1240 (SCHWARZ, Ardagger (NÖ.) 294-295).

[39] In der Krypta, Datierung zwischen 1235 und 1250 (SCHWARZ, Baukunst 253-255).

[40] Auf romanischen Spolien aus der Pfarrkirche erhalten (heute im Museum Mannersdorf ausgestellt), Datierung um 1236 (KALTENEGGER/SCHICHT, Virgilkapelle 108).

[41] Die Wandflächen des Tiefgeschoßes werden durch Doppellinien (doppelte Quaderlinierung) gestaltet, nach 1239 bzw. um 1240/1246 (KALTENEGGER/SCHICHT, Virgilkapelle 108, 121-122).

[42] DEHIO, Krems an der Donau 562-564.

[43] KALTENEGGER/SCHICHT, Virgilkapelle 108-112.

[44] Zur relativen und absoluten Chronologie im archäologischen Kontext vgl. EGGERS, Einführung.

Zeitliche Einordnung der Westfassade

Der westliche Bereich der Südfassade und der Hauptabschnitt der Westfassade (Bauphase IV) setzt sich – wie bereits beschrieben – aus Quadermauerwerk zusammen, im Innenraum dominiert der lagige Versatz von quaderhaft bis hammerrecht bearbeiteten Mauersteinen. Aufgrund der Größe der einzelnen Mauersteine[45] könnte eine Zuordnung zu einer Übergangsvariante vom Klein- zum Großquadermauerwerk erfolgen: einer Mauerwerksart welche ab Mitte/2. Hälfte des 12. Jahrhunderts in Ostösterreich belegt ist und allmählich das klein- bis mittelformatige Quadermauerwerk ablöst.[46] Das charakteristische Großquadermauerwerk – zum Teil mit Formaten über 40 x 80 cm – findet sich ab der 2. Hälfte des 12. Jahrhunderts sowie im 13. Jahrhundert.[47] Reiht sich der Westabschluss der Klosterkirche von Mariazell aufgrund der Formatgröße der einzelnen Mauersteine noch in die angeführte Übergangsvariante der Mauerwerkstypen ein, so unterscheidet sich diese in ihrer Versatzart und dem Vorkommen einer Eckbetonung – die mehre-re Einzellagen der Binnenstruktur zusammenfasst – jedoch deutlich. Bei Letztgenanntem handelt es sich um ein Konstruktionsmerkmal, welches im gesamten Bauprozess der Basilika Anwendung findet. Das Erscheinungsbild des westlichen Abschlusses der Südfassade sowie der Westfassade (Bauphase IV) ähnelt – trotz Unterschieden in der Struktur – stark dem Quadermauerwerk der Südfassade der Saalkirche (Bauphase I), die Mauersteine (ihr Bearbeitungsgrad, ihre Größe und das verwendete Steinmaterial) sind optisch durchaus vergleichbar.

Dies wirft die Frage nach einer möglichen Wiederverwendung von Steinmaterial des älteren Kirchenbaus (Bauphase I bis Bauphase III) nach seinem (Teil-)Abbruch auf. Dass die Mauersteine erneut (als Spolien) verwendet wurden, ist nach Meinung der Autoren nahezu gesichert, bildet das Steinmaterial doch eine wesentliche Ressource bei Bauarbeiten. Aufgrund des derzeitigen Forschungsstandes kann jedoch nicht bestimmt werden, wo besagtes Material zum Einsatz kam. Wenn Spolien im Bereich des neu errichteten Westabschlusses Wiederverwendung fanden, würde dies das ähnliche Erscheinungsbild erklären. Gleichzeitig würde dies aber bedeuten, dass bereits mit dem Abbruch des älteren Kirchengebäudes begonnen wurde, diese Vorgehensweise ist zumindest für die Westerweiterung (Bauphase II) gesichert. Für die Saalkirche mit Rechteckchor ist ein (Teil-)Abbruch spätestens mit dem Innenausbau der Basilika (Errichtung der Mauerpfeiler) belegt, der Ostabschluss des spätromanischen Neubaus scheint den Kirchengrundriss der Bauphase I hingegen zu berücksichtigen. Ein alternativer Lösungsansatz wäre daher, dass eine bewusste, intentionelle Angleichung des Erschei-

---

[45] Formate Quader (Auswahl): 34 x 22 cm, 95 x 33 cm, 61 x 55 cm.

[46] Als früheste Beispiele von „Übergangsvarianten" werden bei T. Kühtreiber mehrere Beispiele von Sakralbauten deren Errichtung in die Mitte des 12. Jahrhunderts fällt, genannt, dazu zählen die Pfarrkirche von Thernberg (Datierung um/vor 1144/1158), die Pfarrkirche von Scheiblingkirchen (Datierung vor 1189/wahrscheinlich um 1160) und das Kloster Gurk (Datierung nach 1131, vor 1179/80, nach Zuweisung der Bauinschrift am S-Portal um 1150). Siehe KÜHTREIBER, Mauerwerk 194.

[47] Als Beispiele können die Burgkapelle von Ottenstein (Datierung nach 1159, vor/um 1170/80), die Pfarrkirche Alt-Weitra (Datierung nach 1182, vor 1196) sowie für das 13. Jahrhundert die Probsteikirche von Zwettl (Datierung vor 1214) genannt werden (siehe KÜHTREIBER, Mauerwerk 194).

nungsbildes der westlichen Südfassade sowie der Westfassade an jenen des ersten Kirchenbaus (Bauphase I) erfolgte.

Die typologischen Merkmale des Mauerwerks ergeben keinen klaren Datierungsansatz. Unter Berücksichtigung des älteren Kirchenbaus und seiner Erweiterungen (Bauphase I bis Bauphase III), dem stilistischen Datierungsansatz der Portale[48], der Portalinschrift[49] sowie den historischen Rahmenbedingungen[50], kann eine Errichtung im ausgehenden 12. Jahrhundert ausgeschlossen werden. Vielmehr fällt der Baubeginn des Südwest- und Westabschlusses der Basilika (vermutlich unter Verwendung von Spolien) in die 1. Hälfte des 13. Jahrhunderts. Die Werksteine suggerieren dabei den Eindruck eines Quadermauerwerks, gleichzeitig weist die Versatztechnik aber bereits typische Merkmale einer jüngeren Mauertechnik auf, jener Mauertechnik welche den gesamten Baukörper der Basilika (Langhaus, Querhaus, Ostabschluss, Hochschiffwände) prägt. Kombiniert man die Datierungsansätze der Baubefunde mit den historischen Daten kann eine feinere Chronologie erstellt werden. Die Zuwendungen Herzog Friedrichs II. (1230-1246) in Form von Begünstigungen und Schenkungen[51] und das Anwachsen einer an das Kloster Abgaben leistenden Bevölkerung machen einen Neubau bzw. Ausbau des Sakralbaus erst möglich.[52] Die Vermutung, dass die Planung und der Baubeginn der spätromanischen Basilika in diesen Zeitraum fällt, ist aufgrund der wirtschaftlichen- und finanziellen Grundlagen daher anzunehmen.

Zeitliche Einordnung von Langhaus, Querhaus und Ostabschluss

Der Großteil des Baukörpers (Langhaus, Querhaus und Ostabschluss) wird durch den lagigen Versatz von hammerrecht bearbeiteten Bruchsteinen gekennzeichnet, die Gebäudeecken werden zudem durch großformatige Mauersteine betont, welche sich über zwei oder mehrere Einzellagen erstrecken. An einzelnen Stellen lassen sich zudem Einschübe von *Opus spicatum*[53] feststellen.

Die Struktur und das verwendete Baumaterial unterscheiden sich dabei deutlich von den im Bereich des Westabschlusses freigelegten Befunden. Ob eine zeitliche Differenz in ihrer Errichtung, die Ausführung durch einen anderen Bautrupp oder die Wiederverwendung von Steinmaterial eines älteren Baukörpers für den Unterschied in der Konstruktionsweise verantwortlich sind, muss derzeit unbeantwortet bleiben. Anhand der relativen Bauabfolge kann jedoch mit Sicherheit bestimmt werden, dass zum Zeitpunkt der Fertigstellung der nördlichen

---

[48] Die Zierformen des Westportals, aber auch jene des heutigen Nordportals weisen auf eine Errichtung im 2. Drittel des 13. Jahrhunderts hin (SCHWARZ, Kleinmariazell (NÖ.) 335; SCHWARZ, Baukunst 257-265). Vgl. Beitrag SCHEDL, Abschnitt IV.

[49] Eine Datierung der Portalinschrift kann in die Jahre 1230/1250 erfolgen. Siehe Beitrag ZAJIC, Abschnitt IV.

[50] EIGNER, Mariazell in Österreich 27-36.

[51] Die älteste Schenkung an das Kloster Mariazell in Österreich durch Herzog Friedrich II. erfolgt im Jahr 1232. In den Folgejahren (bis 1246) kam es zu weiteren Zuwendungen durch den Herzog, welche eine umfangreiche Vergrößerung des Klosterbesitzes sowie von dessen Rechten und Freiheiten mit sich brachte (EIGNER, Mariazell in Österreich, 27-32). Zur Quellenlage siehe Beiträge AIGNER, Abschnitt I und Abschnitt IV.

[52] Vgl. Beitrag AIGNER in Abschnitt IV.

[53] Als *Opus spicatum* wird der Versatz von schräg gestellten, meist plattigen Mauersteinen- oder Ziegel verstanden, diese Versatztechnik ist auch unter dem Begriff Ähren- oder Fischgrätmuster bekannt.

Außenmauer (des nördlichen Seitenschiffes) der Hauptabschnitt der Westfassade bereits bestand. Die beschriebene Versatzart gilt dabei als charakteristische Mauerwerkstechnik des ausgehenden 12. Jahrhunderts bzw. der 1. Hälfte des 13. Jahrhunderts und löst das Quadermauerwerk des Hochmittelalters ab. Einen passenden Vergleich bietet beispielsweise das Querhaus des Klosters Lilienfeld aus dem 1. Drittel des 13. Jahrhunderts.[54] Als Beispiele[55] mit Eckbetonung und dem Auftreten von *Opus spicatum* können die Burg Rastenberg (NÖ), die Frauenburg (Stmk) und die Stadtmauer von Enns angeführt werden. All die angeführten Vergleiche wurden noch vor 1250 errichtet, eine zeitliche Einordnung der Außenmauern (Langhaus, Querhaus und Ostabschluss) der Basilika von Mariazell kann über Analogien in die 1. Hälfte des 13. Jahrhunderts erfolgen. Auf die Einbeziehung des Nordportals in die Datierungsfrage wurde an dieser Stelle bewusst verzichtet.[56]

Zeitliche Einordnung der Pfeiler, Hochschiffwände und des oberen Westabschlusses

Wie bereits durch die relative Bauabfolge dargestellt werden konnte, zählt der Bau der Pfeiler mit den darüber anschließenden Hochschiffwänden und des oberen Abschnittes des Westabschlusses zu den jüngsten Bautätigkeiten im Rahmen dieses Großbauprojektes. Dies wird auch durch die Versatztechnik verdeutlicht: So besitzt das Mauerwerk neben der charakteristischen Eckbetonung eine unregelmäßigere, teilweise noch lagerhafte Binnenstruktur mit punktuell vorkommenden Abgleichungen. Dieses Konstruktionsmerkmal wird einer in der 2. Hälfte des 13. Jahrhunderts auftretenden Änderung in der Mauertechnik zugeordnet,[57] zu den frühen Beispielen[58] zählen die Dominikanerkirche in Friesach (Ktn), die Stadtbefestigung von Hainburg (NÖ) sowie jene von Marchegg (NÖ). Vergleicht man die Baubefunde mit den historischen Daten könnte der Abschluss der Arbeiten im Massivbaubereich vor/im Jahr 1257 (Kirchenweihe durch den Passauer Diözesanbischof Otto von Lonsdorf)[59] einzuordnen sein. Gleichzeitig muss aber auch in Betracht gezogen werden, dass der Bauprozess zum Zeitpunkt der Kirchenweihe noch nicht vollständig abgeschlossen gewesen sein muss, auch diese Möglichkeit würde mit der Datierung des Mauerwerks übereinstimmen. Von der im Jahr 1250[60] historisch überlieferten Brandschatzung des Klosters (durch die Kumanen und Ungarn) ließen sich keine Hinweise im Baube-

---

54 KÜHTREIBER, Mauerwerk 197.
55 Rastenberg (Datierung 1197/1205); Frauenburg (Datierung um 1230/40); Stadtmauer von Enns (Datierung vor 1212). Siehe KÜHTREIBER, Mauerwerk 198.
56 Die Zierformen des Nordportals weisen auf eine Errichtung im 2. Drittel des 13. Jahrhunderts hin (SCHWARZ, Kleinmariazell (NÖ.) 335; SCHWARZ, Baukunst 257-265). Vgl. Beitrag SCHEDL, Abschnitt IV.
57 KÜHTREIBER, Mauerwerk 200.
58 Dominikanerkirche in Friesach (Datierung nach 1255, vor 1265/68); Stadtbefestigung von Hainburg (Datierung des Wienertors um/nach 1266/70); Stadtbefestigung von Marchegg (Datierung des Wienertors ab 1268); Siehe KÜHTREIBER, Mauerwerk 200.
59 Siehe Beitrag AIGNER, Abschnitt IV. Bei EIGNER, Mariazell in Österreich 35 wird irrig das Jahr 1256 als Jahr der Kirchenweihe genannt.
60 In den Primärquellen ist nur eine Brandschatzung 1250 bezeugt (Mariazeller bzw. Klosterneuburger Annalen), eine weitere für 1252 beruht nur auf Annahmen, vgl. EIGNER, Mariazell in Österreich 33-35.

stand⁶¹ finden, wenngleich der Tod Friedrichs II. in der Schlacht an der Leitha gegen den Ungarnkönig Béla IV. sowie die folgenden kriegerischen Auseinandersetzungen mit Sicherheit Einfluss auf den Bauprozess und die Fertigstellung der Pfeilerbasilika hatten. Der Abschluss der Bauarbeiten – und somit die Vollendung der Pfeilerbasilika – muss in die Jahre um/nach 1257 (Kirchenweihe) fallen, die Bauzeit des Sakralbaus hätte sich demnach über einen Zeitraum von über 20 Jahren erstreckt.

5. Die baugeschichtliche Entwicklung des Klosters – Die Errichtung der Klausurtrakte

Das Erscheinungsbild des Klosters wird in der 2. Hälfte des 13. Jahrhundert nicht nur durch den soeben vollendeten Neubau der Klosterkirche (der Pfeilerbasilika), sondern auch maßgeblich durch die baulichen Veränderungen der im Süden angrenzenden Klosterbauten – dem Klausurbereich – geprägt. Diese, zum Teil bis heute erhaltenen Baustrukturen, stellen das zentrale Thema der folgenden Ausführungen dar. (Abb. 159) Die im Folgenden beschriebenen Klausurbauten, vom *Capitulum* bis zum *Cellarium*, werden nach ihrer relativen und absoluten Zeitstellung präsentiert. Dass diesen, über Jahrzehnte andauernden Bautätigkeiten, ein übergeordnetes Konzept und eine umfassende Planung zu Grunde lag, wird dabei vorausgesetzt. Dennoch kann der Bauvorgang, die Errichtung des mittelalterlichen Klausurbereiches bis zur Fertigstellung des zentralen Kreuzgangs, in einzelne Bauetappen und übergeordnete Bauphasen (Bauphase V-VI) unterteilt werden.

Der Beginn der Bautätigkeiten ist im südlichen Klausurtrakt lokalisierbar. Ein im Südwesten des Areals situierter Baukörper (Bauphase V) wurde durch einen im Osten angefügten Rechteckbau (Bauphase VI/A, dem *Refektorium*) erweitert. Möglicherweise zeitgleich/zeitnah kam es auch zum Bau des östlichen Kreuzgangflügels (Bauphase VI/B), dieser schließt bündig an die westliche Mauerflucht des Querhausarmes an und beherbergt neben dem im Norden liegenden *Capitulum* (Kapitelsaal) auch einen West-Ost orientierten Durchgang sowie ein beheiztes *Auditorium/Calefactorium* (Wärmeraum). Basierend auf typologischen Merkmalen kann die Errichtung des westlichen Klausurtraktes – des *Cellariums* – als jüngste Ausbauphase des Klausurbereiches (Bauphase VI/C) definiert werden. Der Baukörper schließt an die Kirchensüdfassade an, springt jedoch in westlicher Richtung um 4,90 m (Außenmaße) aus der, durch die Westfassade der Klosterkirche vorgegebenen Bebauungsflucht vor (und zitiert in seiner Lage den rekonstruierten Westabschluss des Klausursüdtraktes). Durch einen West-Ost orientierten Durchgang wird der Baukörper (Bauphase VI/C) vom südlichen Klausurtrakt (Bauphase V) getrennt. Gemeinsam mit der Klosterkirche bilden die beschriebenen Gebäudetrakte eine um einen Innenhof gruppierte, geschlossene Bebauung, den Klausurbereich.

Neben den beschriebenen Bautätigkeiten im Bereich der Klausurtrakte dürfte es im Laufe des 13.

---

[61] Die einzelnen Hinweise auf Brandspuren erlauben keine gesicherte Zuordnung in die Jahren 1250/1252 angeführten Brandstiftungen (diese könnten auch von jüngeren Brandschäden stammen). Die bei OFFENBERGER/GEISCHLÄGER, Erste Ergebnisse 36-39 formulierte These einer Zerstörung (oder Teilzerstörung) des Massivbaus findet in den Baubefunden keine Bestätigung.

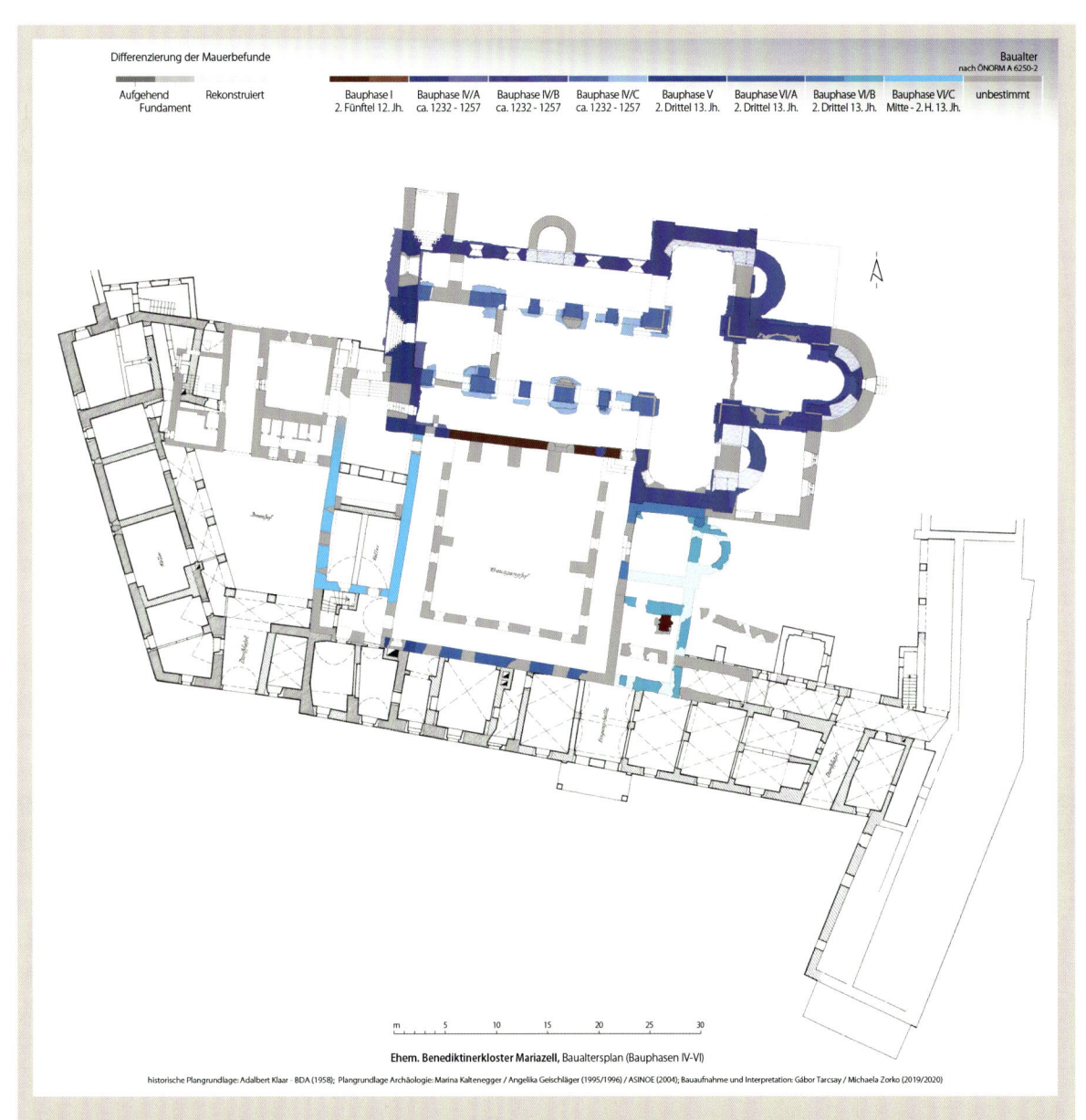

Abb. 159   Grundriss des historischen Benediktinerklosters. Darstellung der Pfeilerbasilika sowie der im Süden angrenzenden Klostergebäude vor ihrem Abbruch in den Jahren 1965-1967. Im Vordergrund des Baualtersplans stehen die romanische Basilika und die Klausurtrakte (Bauphasen IV-VI).

Jahrhunderts, spätestens in der ersten Hälfte des 14. Jahrhunderts noch zu weiteren Ausbauten gekommen sein. Zu diesen kann u.a. der im Nordwesten liegende, der Basilika vorgelagerte Baukörper, sowie eine umfangreiche Erweiterung Richtung Osten (die Errichtung eines Infirmariums (?)) gezählt werden. Der Bau der bis heute bestehenden Kreuzgangflügel dürfte ebenfalls diesem Zeithorizont zuzuordnen sein.[62] Für die Form/Gestaltung des romanischen Kreuzgangs fehlen bislang jegliche Hinweise. Auch die Errichtung eines provisorischen Kreuzgangs – als Zwischenlösung bis zum Bau der heute noch erhaltenen Struktur – wird zur Diskussion gestellt.

Die Errichtung des südlichen Klausurtraktes – Küche und Refektorium

Die, dem ehemaligen Klausursüdtrakt zuzuordnenden Baubefunde (bilden heute den Südabschluss des südlichen Kreuzgangflügels) lassen die Entwicklung des Ost-West orientierten, parallel zum Kirchenbau verlaufenden Gebäudetraktes teilweise rekonstruieren (Bauphasen V-VI/A). Die bauliche Abfolge zum Klausurosttrakt (Bauphase VI/B) kann aufgrund neuzeitlicher Umbaumaßnahmen und der massiven Abbrucharbeiten in den Jahren 1965 bis 1968 jedoch nicht mehr nachvollzogen werden. Auch die im Jahr 2004 durchgeführte Grabung brachte keine gesicherten Aufschlüsse über die Superposition der beiden Gebäudetrakte, sodass die rekonstruierte Bauabfolge derzeit nur auf einer Vermutung basiert. Ähnliches gilt für das bauliche Verhältnis zum westlichen Klausurtrakt, hier liefern aber Unterschiede in der Struktur des Mauerwerks ein Indiz für die zeitliche Einordnung.

Als relativchronologisch ältester fassbarer Bauteil des Südtraktes ist ein ehemals eigenständiger Baukörper – Bauphase V – im westlichen Abschnitt der (heutigen) südlichen Kreuzgangaußenmauer festzustellen.[63] (Abb. 160) Von besagtem Objekt haben sich aufgrund jüngerer Umbaumaßnahmen und dem Teilabbruch der Klosteranlage nur noch spärliche Reste des aufgehenden Mauerwerks (des Nord- sowie Ansätze des Ostabschlusses des Gebäudes) und seines bauzeitlichen Putzsystems erhalten. Über die Grundrissform lassen sich daher nur Vermutungen anstellen, die Analyse der Baubefunde in Kombination mit den Bestandsplänen von Adalbert Klaar (aus dem Jahr 1958) könnten – unter Vorbehalten – auf einen West-Ost gerich-

---

[62] Eine Detailuntersuchung der zuletzt genannten Baukörper ist derzeit noch ausständig, die Aussagen besitzen daher den Charakter einer Ersteinschätzung und müssen im Zuge der Auswertung noch überprüft werden.

[63] Im Bereich der den Baukörper der Bauphase V von dem im Osten anschließenden Mauerzug trennenden Baufuge haben sich Restputzflächen erhalten. Diese erlauben nicht nur eine gesicherte Rekonstruktion der Bauabfolge zwischen den Objekten, sondern ermöglichen auch die Aussage, dass das Gebäude bereits zum Zeitpunkt seiner Errichtung durch einen flächigen Verputz gestaltet wurde. Bedingt durch die Befundsituation (im Bestandsplan von Adalbert Klaar unterscheidet sich beispielsweise der mutmaßlich ältere Baukörper durch die Mauerstärken von seiner östlichen Erweiterung) wurde derzeit der Interpretation als relative Bauabfolge zwischen zwei Baukörpern der Vorzug gegeben. Es kann jedoch nicht ausgeschlossen werden, dass es sich um die Laibung einer Türöffnung bzw. eines Nord-Süd orientierten Durchgangs handelt. Neben den fehlenden Hinweisen einer zweiten Laibung konnten im Bereich der zum Kreuzgang gewandten Wandfläche auch keine Baubefunde, die für die Ausbildung einer notwendigen Bogenkonstruktion oder eines Überlagers sprechen, beobachtet werden. Möglicherweise liefert die Fortführung der bauhistorischen Untersuchung neue Erkenntnisse.

teten, rechteckigen Baukörper hinweisen. Die Befundsituation im Bereich des Nordabschlusses – im oberen Abschnitt der Wandfläche wurde eine Wandöffnung (siehe Detailbefund A, Abb. 160) dokumentiert – lässt zudem ein zweigeschoßiges Gebäude rekonstruieren. Über die bauzeitliche Raumaufteilung und Funktion des Gebäudes gibt es hingegen keine baulichen Hinweise. In der jüngsten Nutzungsphase diente ein Teil des Gebäudes als Küche.

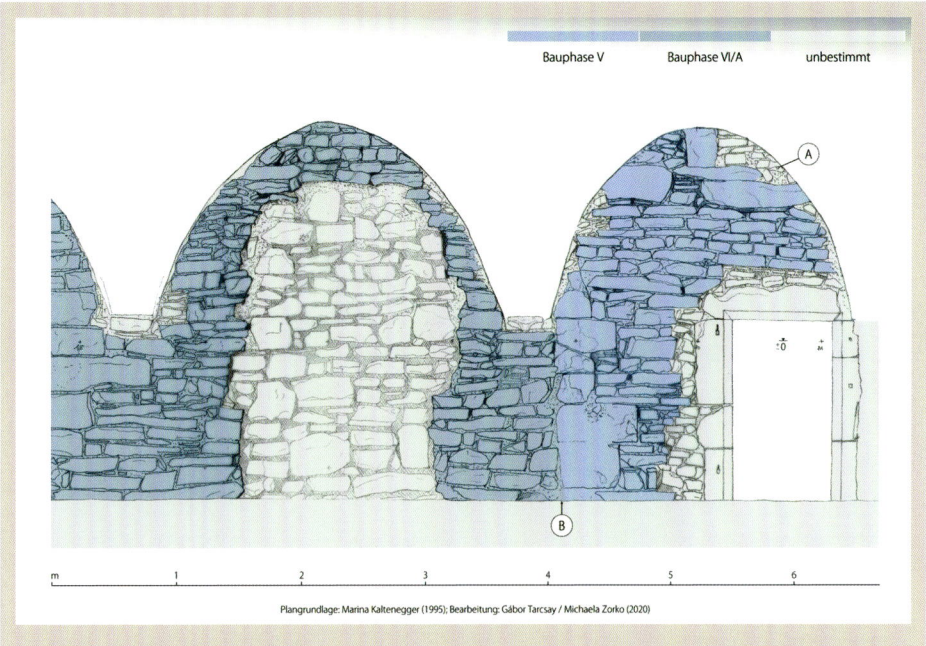

Abb. 160 Wandabwicklung der Nordmauer des Klausursüdtraktes (bildet heute die südliche Außenmauer des Kreuzgangs). Der Baukörper der Bauphase V und VI/A (farbig hervorgehoben) wird durch eine Baufuge getrennt.

Im Zuge einer Ausbauphase wurde an diesen älteren Baukörper (Bauphase V) im Osten ein langgestreckter Neubau (Bauphase VI/A) angefügt. (siehe Detailbefund B, Abb. 160) Diese Erweiterung orientiert sich an der bereits bestehenden, nördlichen Gebäudeflucht (die Mauerzüge bilden gemeinsam die heutige Südmauer des südlichen Kreuzgangflügels), beide Gebäudeabschnitte verlaufen dabei parallel zum Kirchengebäude. Über die Ausdehnung nach Süden und Osten, sowie über die Raumgliederung kann wieder nur spekuliert werden, denn auch in diesem Fall blieben nach den Abbrucharbeiten in den 1960er Jahren – mit Ausnahme des Nordabschlusses – keine baulichen Reste im Aufgehenden erhalten. Der Bestandsplan aus dem Jahr 1958 liefert aber auch hier Anhaltspunkte zur Rekonstruktion des Gebäudes: Dieser zeigt einen exakt an den primären Baukörper anschließenden, sich in seiner Mauerstärke jedoch von den umliegenden Gebäudeabschnitten unterscheidenden Baukörper. Die, die Nordmauer bis in ihre jüngste Nutzungsphase durchbrechenden Türöffnungen wurden alle sekundär eingebrochen und stehen mutmaßlich im Zusammenhang mit den in jüngeren Umbauphasen eingestellten Zwischenmauern.[64] Über die Ausdeh-

---

[64] Aufgrund der Analyse von Adalbert Klaar gehören die im Jahr 1958 fassbaren Nord-Süd verlaufenden Zwischenwän-

nung des Gebäudes nach Osten gab es – der Interpretation von Adalbert Klaar folgend – zum Zeitpunkt der Dokumentation keine Hinweise, da der östliche Abschnitt des Südtraktes bereits durch eine jüngere, neuzeitliche (?) Bauphase ersetzt worden war.

Dass sich der südliche Klausurtrakt des mittelalterlichen Klosters über den im Jahr 1958 bestehenden Baubestand hinaus fortsetzte, erscheint aufgrund der Einbeziehung des erhaltenen Nordabschlusses[65] sowie der Grabungsergebnisse des Jahres 2004 gesichert. Eine exakte Rekonstruktion des Grundrisses bleibt aber dennoch schwierig, da nicht die gesamte Fläche archäologisch untersucht wurde und die dokumentierten Befunde der Grabung nur wenige Anhaltspunkte für eine zeitliche Einordnung der einzelnen Mauerzüge bieten. Eine – wenn auch derzeit nicht belegbare Interpretation – wäre, dass sich die Erweiterung (die Bauphase VI/A) zumindest bis zum Ostabschluss des Klausurosttraktes (Bauphase VI/B) fortsetzte. Sofern die von Adalbert Klaar beobachtete Bauabfolge der Zwischenwände zutrifft, kann man in der Erstphase des Objektes von einem langgestreckten Saal ausgehen, die Interpretation als *Refektorium* (als Speisesaal) wäre daher naheliegend. Durch die Umnutzung des Gebäudes in der Folgezeit wurde der Saal in mehrere Einzelräume unterteilt.

Zeitliche Einordnung des südlichen Klausurtraktes

Aufgrund umfangreicher Umbaumaßnahmen und den in den Jahren 1965 bis 1968 erfolgten Teilabbruch der Klosteranlage bietet der südliche Klausurtrakt nur noch spärliche Anhaltspunkte für eine zeitliche Einordnung. Bauzeitliche Ausstattungselemente fehlen gänzlich, auch die Superposition der einzelnen Klausurtrakte geben aufgrund jüngerer Baumaßnahmen keinen aussagekräftigen Anhaltspunkt. Einzig die Struktur des Mauerwerks – gerade im Vergleich zu anderen Baukörpern der Klosteranlage – erlaubt die Definition eines zeitlichen Rahmens für die Entstehung des Traktes.

Der im Westen situierte, relativchronologisch betrachtet älteste Baukörper (Bauphase V), verfügt über ein lagig versetztes, hammerrecht bearbeitetes Bruchsteinmauerwerk. Drei bis vier Einzellagen der Binnenstruktur werden im Bereich der (nordöstlichen) Gebäudeecke von großformatigen Werksteinen zusammengefasst. Diese Form der Mauerwerkstechnik tritt erstmals ab 1200[66] auf und gilt dabei als charakteristisch für die 1. Hälfte des 13. Jahrhunderts, in der Klosteranlage von Mariazell lässt sie sich an unterschiedlichen Baukörpern bzw. Bauabschnitten beobachten. Neben diesem Datierungsansatz liefert der Baubefund aber noch weitere Informationen zur Baugeschichte. Denn im Übergang zwischen dem Primärbau und einer sekundären (noch in hochmittelalterlicher Mauerwerkstechnik ausgeführten) Erweiterung haben sich Restputzflächen erhalten. Der Baukörper dürf-

---

de, sowie die darauf ruhenden Gewölbekonstruktionen einer sekundären Umbauphase an.

[65] Der Nordabschluss des Gebäudes kann bis in das östlichste Gewölbejoch verfolgt werden, ehe der Mauerzug – vermutlich zugunsten der offenen Eingangshalle des Schlosses – abgebrochen wurde.

[66] KÜHTREIBER, Mauerwerk 197-198. Zur Mauerwerksstruktur vgl. auch den ersten Abschnitt des vorliegenden Beitrages „Der Ausbau der Saalkirche zur einer dreischiffigen Pfeilerbasilika – Bauabfolge und Baufortschritt".

te demnach zeitnah zu seiner Errichtung durch ein flächiges Putzsystem gestaltet worden sein. Dies widerspricht der gängigen Forschungsmeinung[67], dass hochmittelalterliches Mauerwerk in der Regel als Sichtmauerwerk (als unverputztes Mauerwerk) ausgeführt wurde. Zudem lässt sowohl die Schaffung einer verputzten Fassade, aber auch die Ausbildung einer Eckbetonung annehmen, dass das Objekt zunächst als eigenständiger Baukörper[68] geplant war und erst durch eine Erweiterung nach Osten Teil eines langgestreckten Gebäudetraktes wurde.

Sekundär, mit einem zeitlichen Abstand von mehreren Monaten oder Jahren, erfolgte die Errichtung der im Osten anschließenden Erweiterung (Bauphase VI/A), dem mutmaßlichen *Refektorium*. Auch hier ist erneut der lagige Versatz von hammerrecht bearbeiteten Bruchsteinen zu beobachten. Je nach Zone kamen klein- bis großformatige Mauersteine zum Einsatz. Im oberen Abschnitt der Wandfläche lassen sich zudem einzelne Lagen in *Opus spicatum* Technik beobachten. Diese Struktur des Mauerwerks findet sich nicht nur im Bereich des Klausursüdtraktes, sondern ähnelt stark dem Erscheinungsbild der nördlichen Langhausmauer bzw. der Innenschale des südlichen Abschnittes der Basilikawestmauer. Die Überlegung, dass parallel zum Bauprozess der Pfeilerbasilika auch das Kloster weiter aus- und umgebaut wurde – hin zu einer großen Abtei[69] – erscheint dabei naheliegend. Aus Sicht der Baugeschichte würde zumindest die Ähnlichkeit in der Mauerwerksstruktur diese Hypothese unterstützen, von einer zeitlichen Einordnung des Gebäudes in die 1.Hälfte/Mitte des 13. Jahrhunderts ist auszugehen. Vergleicht man das Erscheinungsbild des südlichen Klausurtraktes mit jenem des Klausurost- und Klausurwesttraktes fallen jedoch Unterschiede auf. Beim Bau des Klausurosttraktes kamen vermehrt Spolien zum Einsatz (diese fehlen im Bereich des südlichen Gebäudetraktes vollständig). Der westliche Klausurtrakt unterscheidet sich hingegen durch eine deutlich unregelmäßigere Versatztechnik, was (im Vergleich zum Klausursüdtrakt) mitunter für eine jüngere Zeitstellung sprechen könnte. Die sich innerhalb des Klosterkomplexes ergebende Feinchronologie, lässt – mit aller gebotenen Vorsicht – eine Errichtung in der 1. Hälfte des 13. Jahrhunderts, parallel zu den Bautätigkeiten der Pfeilerbasilika (ab 1232) annehmen.

Die Errichtung des östlichen Klausurtraktes – Vom Capitulum bis zum Auditorium/Calefactorium

In der Verlängerung des südlichen Querhausarmes der Basilika, direkt an den Südabschluss desselben angrenzend, befinden sich die Reste eines Nord-Süd orientierten, rechteckigen Baukörpers (Bauphase VI/B). Teile der nördlichen, sowie Teile der westlichen Außenmauer haben sich im Baubestand (im Bereich des Kreuzgangs) bis heute erhalten. Die östliche Außenmauer sowie die Zwischenmauern des Objektes konnten hingegen nur aufgrund der archäologischen Grabungen der Jahre 1995 bis 1996 sowie 2004 erfasst werden. Über den Südabschluss geben die Untersuchungen keine gesicherte Aus-

---

[67] KÜHTREIBER, Mauerwerk 200.
[68] Dies betrifft zumindest den Anschlussbereich im Osten, über die Bebauung im Westen und Süden liegen keine Informationen vor.
[69] Siehe Beitrag AIGNER, Abschnitt IV.

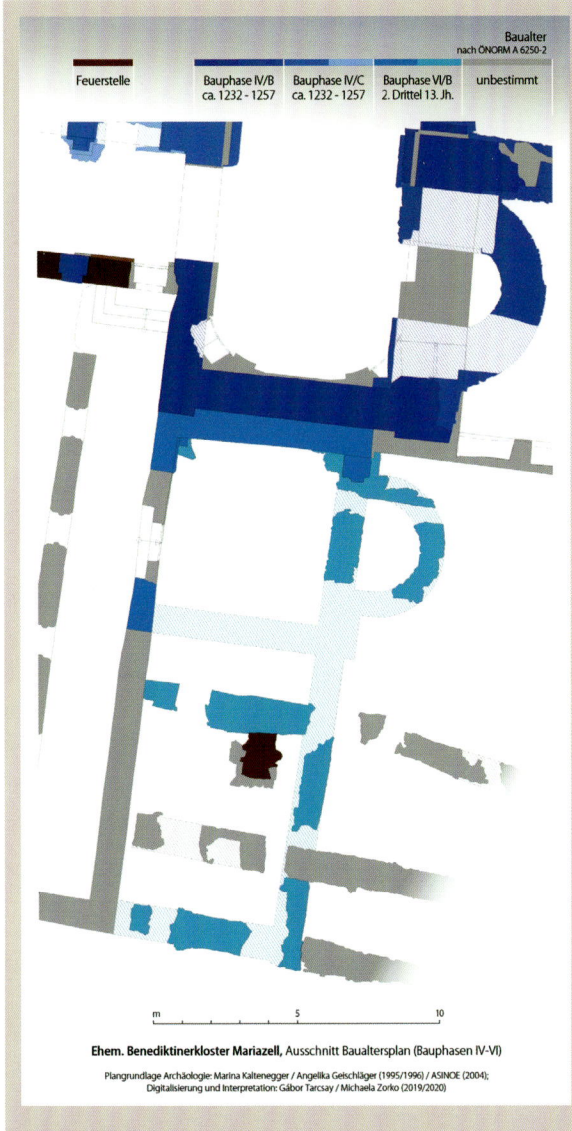

Abb. 161 Grundrissausschnitt des Klosters, Detail des Klausurosttraktes (Bauphase VI/B). Im Norden des Traktes befand sich der Kapitelsaal, Richtung Süden folgt eine West-Ost orientierter Durchgang, im Süden lag die Wärmestube.

kunft. Möglich wäre, dass das Objekt bereits primär mit dem Südtrakt eine Einheit einging, oder aber eine zeitliche Differenz zwischen der Errichtung beider Trakte bestand[70]. Der Klausurosttrakt setzte sich – soweit ergraben – aus vermutlich drei (möglicherweise vier), jeweils die gesamte Gebäudebreite einnehmenden Einzelräumen zusammen.

Die Grundrisssituation, der Baubestand mit seinen partiell erhaltenen wandfesten Ausstattungselementen, sowie die, durch die Grabungen freigelegten Befunde, erlauben nicht nur eine zeitliche Einordnung des Objektes, sondern geben auch Rückschluss auf die Funktion/Nutzung der Einzelräume. Von Norden nach Süden ergibt sich dabei folgendes Bild: Der nördliche Abschnitt wird durch einen annähernd quadratischen Raum (Rauminnenmaße: 6,15 x 5,83 m) mit einer eingezogenen Apside im Osten gebildet. Lässt die Grundrissform zunächst an eine romanische Kapelle denken, so spricht die Position des Raumes (im Bereich des Osttraktes gelegen, direkt an das Querhaus der Basilika anschließend), vor allem aber die noch erhaltenen architektonischen Details im Bereich des Westabschlusses für eine Identifizierung als Kapitelsaal. (Abb. 161, Abb. 162) So wurde die westliche Außenmauer durch einen mittig situierten Zugang, flankiert von zwei Fensteröffnungen, durchbrochen. Dies stellt eine gerade für den Kapitelsaal typische Gestaltungsform dar. Hinzu kommt, dass im österreichischen Raum – wie durch archäologische Grabungen im Benediktinerkloster Mondsee[71], sowie im

[70] Siehe Kapitel „Ein eigenständiger Baukörper und seine Erweiterung zum südlichen Klausurtrakt":
[71] OFFENBERGER, Archäologische Untersuchungen Mondsee 95, 116 u. Baualtersplan als Beilage.

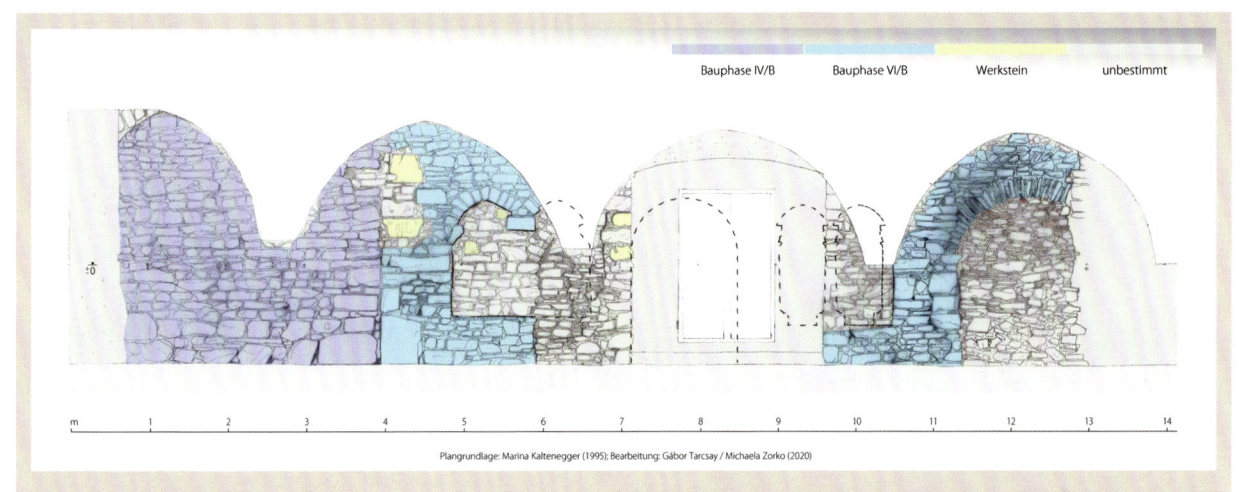

Abb. 162 Wandabwicklung der Westmauer des Klausurosttraktes (bildet heute die östliche Außenmauer des Kreuzgangs). Der Baukörper der Bauphase VI/B farbig hervorgehoben, Rekonstruktion der bauzeitlichen Ausstattungselemente des Kapitelsaals (mittig des Raumes ein Durchgang, flankiert von zwei Biforien).

Benediktinerkloster Altenburg[72] belegt ist – bereits in der Spätromanik bzw. Frühgotik Kapitelsäle mit Apside vorkommen. Eine zusammenhängende bzw. kombinierte Nutzung als Marienkapelle, wäre zudem denkbar.

Betrachtet man die Befundsituation des westlichen Raumabschlusses im Detail, fällt auf, dass der nördliche Fensterbefund zudem die Ansprache als Biforium (Zwillingsfenster) erlaubt. Neben der nördlichen Laibung haben sich auch das nördliche Kämpfergesims (nimmt die gesamte Mauerstärke ein, mit leicht auskragendem, gewundenem Schaft) sowie Teile der spitzbogig ausgeführten Fensterbögen (aus Tuffstein) erhalten. Die Mittelsäule, sowie die südliche Laibung des Fensters wurden hingegen durch jüngere Umbaumaßnahmen – einem neuen Erschließungssystem – ersetzt. Ebenfalls zerstört wurde die in der Mitte zwischen den Fensteröffnungen zu rekonstruierende, bauzeitliche Türöffnung[73] sowie der Großteil des südlichen Fensters. Dennoch lassen sich anhand der Dokumentation des Jahres 1996 auch für die südliche Fensteröffnung wesentliche Konstruktionsmerkmale und Dekorelemente beschreiben. Die südliche Laibung wird durch eine in der Mitte der Mauerstärke eingestellte Stütze gestaltet, diese nimmt den darüber anschließenden Fensterbogen auf. Die Stütze setzt sich aus Plinthe, Basis mit Eckspornen, achteckigem Schaft und rundem Halsring mit darüber anschließendem, weit ausladendem Sattelkämpfer/Kämpferkapitell[74] zusammen. Sowohl Plinthe als auch Basis bestehen aus einem einzelnen, intentionell bis zur Hälfte ausgearbeiteten Werkstein, die südliche Hälfte des Quaders blieb unbearbeitet und wur-

---

[72] SCHÖN/KRENN/TUZAR, Archäologische Untersuchungen Altenburg 34-51.
[73] Die bis heute teilweise erhaltenen Portale sind jüngeren Bauphasen zuzuordnen und stellen nicht die primäre Zugangssituation dar.
[74] Halsring und Kämpfer sind aus einem Werkstein gearbeitet.

Abb. 163 Archäologisch fassbarer Baubestand des abgebrochenen Klausurosttraktes (Dokumentation während der Grabung des Jahres 2004).

de mit dem, die Laibung bildenden Bruchsteinmauerwerk verzahnt. (siehe Abb. 119) Schaft, Halsring und Kämpfer wurden hingegen vollständig ausgearbeitet. Der Kämpfer besitzt an der (sichtbaren) Seitenfläche ein Relief in Form eines, aus dem Halsring entwachsenen Lilienbündels (drei geschlitzte Blätter werden von einem Band zusammengehalten). Die Unterseite verfügt über einen mittig situierten, zur Stirnseite laufenden Taustab, die Stirnseite wird durch Voluten gebildet. Die Position der Stütze – als Wandvorlage im Bereich der südlichen Laibung – wirkt auf den ersten Blick vielleicht ungewöhnlich, ist dieses Konstruktionsmerkmal im überwiegenden Fall der Biforien und Triforien doch als Mittelsäule anzutreffen. Dennoch lassen sich bei näherer Betrachtung auch für diese Anordnung diverse Beispiele finden, wobei die Bi- und Triforien des Salzburger Hofes in Regensburg[75] aufgrund ihrer formalen und stilistischen Ver-

wandtschaft wohl den treffendsten Vergleich bieten. Für die Form und die Verzierung des Kämpferkapitells bieten ein Schallfenster am Kirchturm der Pfarrkirche von St. Marein bei Neumarkt[76] deutliche Analogien, wenngleich die Ausführung des Dekors (u.a. der Lilie) weniger detailliert ausfiel.

Aufgrund der Bauabfolge ist davon auszugehen, dass es relativ zeitnah nach der Fertigstellung des Kapitelsaales erneut zu Umbaumaßnahmen im Bereich der Zugangssituation kam. Konkret wurde ein größerer Zugang[77] geschaffen, dies hatte wiederum zur Folge, dass die beiden Fensteröffnungen teilweise abgebrochen und vermauert wurden. Aber auch diese Erschließungssituation dürfte nicht allzu lange bestanden haben, da die Errichtung des mittelalterlichen Kreuzganggewölbes zumindest eine Teilvermauerung für die Schaffung des Gewölbeauflagers in Form einer pyramidenförmigen Konsole, notwendig machte.

Neben den bereits genannten, erhaltenen Architekturdetails lassen sich auch Reste von wiederverwendetem Baudekor im Bereich der Wandflächen – dabei handelt es sich um Spolien – beobachten. Viele dieser Werksteine sind bis heute im Mauerwerksverband verblieben und bieten daher keine bzw. nur geringe Möglichkeiten, Aussagen über ihre Form und ehemalige Funktion zu treffen. Daneben gibt es aber auch Beispiele, welche im Zuge der Untersuchungen im Jahr 1996 aus dem Mauer-

---

[75] Biforium Westflügel, Datierung um 1210/1220 (STROBEL, Salzburger Hof 244; ZAISBERGER Salzburger Hof 230, Abb. 29 Pohlig Nr. 10). Fensterformen (Triforien) im Nordflügel, Datierung 1170/1180 (STROBEL, Salzburger Hof 251).
[76] Freundliche Mitteilung Martin Aigner.
[77] Vom Zugang hat sich die nördliche Laibung/ das nördliche Gewände sowie ein Teil der Bogenkonstruktion (aus Tuffstein mit breit abgefaster Kante) erhalten.

werksverband gebrochen wurden. Zu den wohl repräsentativsten Objekten zählen die Basis[78] und das Kapitell[79] einer Doppelsäule. (siehe Abb. 162, Detailbefund B sowie Abb. 120 und 121) Beide Fälle könnten dabei Auskunft über die Gestaltung bzw. das Dekor eines nicht mehr erhaltenen Baukörpers bieten. Darüber hinaus liefern Spolien im Regelfall einen Terminus post quem für die Errichtung jenes Baukörpers, in dem sie Wiederverwendung fanden, in diesem Fall wäre das der Klausurosttrakt. Bei genauer Betrachtung der Befundsituation fallen jedoch Widersprüchlichkeiten auf, die damit verbundene Problematik wird im Folgenden noch detaillierter thematisiert (siehe „Zeitliche Einordnung des östlichen Klausurtraktes").

Unmittelbar im Süden des Kapitelsaales schließt ein schmaler, West-Ost orientierter Raum an. Der Westabschluss zeigt eine bauzeitliche Wandöffnung mit einer durch großformatige Werksteine betonten Laibung und einem, den Durchgang überfangenden Keilsteinbogen. (siehe Abb. 162, Detailbefund C) Grundrissform[80] und Lage des Raumes lassen vermuten, dass es sich um einen Flur – zur ebenerdigen Erschließung des im Süden angrenzenden Raumes -, und/oder einen Durchgang handeln könnte. Auch die Interpretation als Stiegenaufgang – in ein nicht mehr fassbares Obergeschoß – ist anhand der Befundsituation gleicherma-

Abb. 164 Detailaufnahme des im Nordosten des Raumes situierten Heizsystems.

ßen denkbar. Die beschriebene Grundrisssituation ist auch von anderen Klosterbauten bekannt, eine gesicherte Ansprache der Funktion ist im Falle von Mariazell mangels erhaltener Befunde aber nicht möglich.

Der südlich gelegene Gebäudeabschnitt des Osttraktes wurde aufgrund jüngerer (neuzeitlicher) Umbaumaßnahmen[81] bereits weitgehend zerstört. Durch die archäologischen Grabungen des Jahres 2004 konnten jedoch Reste von mehreren Mauerzügen freigelegt werden, welche die Rekonstruktion eines, möglicherweise zweier Räume ermöglicht.[82]

---

[78] Fundnummer der Spolie KMZ 277.
[79] Fundnummer der Spolie KMZ 276.
[80] Leider ist die vollständige Grundfläche des Raumes weder bei den Grabungsarbeiten der Jahre 1995-1996 noch im Jahr 2004 erfasst worden, die Ausdehnung des Raumes ist nur indirekt – durch die Befundanschlüsse im Norden und Süden – sowie durch den bis heute im Aufgehenden erhaltenen Westabschluss bekannt.

[81] Bis zum (Teil-)Abbruch der Anlage in den Jahren 1964 bis 1968 befand sich an dieser Stelle das zentrale Stiegenhaus des „Schlosses".
[82] Eine genaue Zuordnung ist anhand der dokumentierten Befunde nicht möglich, die Grundrisssituation lässt einen primären Einzelraum, welcher in einer jüngeren Umbauphase durch eine Zwischenmauer geteilt wurde, oder bereits bauzeitlich zwei schmale, die gesamte Traktbreite einnehmende Räume vermuten. Gerade die Raumgröße wäre für die die Interpretation der Raumnutzung (ob als *Auditorium* oder *Calefactorium*) ausschlaggebend.

(Abb. 163) Eine genaue Zuordnung der Mauerzüge, eine Differenzierung der/von unterschiedlichen Bauphasen ist anhand der dokumentierten Befunde nur eingeschränkt möglich.[83] Auf Basis des Verlaufes und der Mauerwerkstechnik kann bis dato nur der Ostabschluss des Gebäudetraktes gesichert identifiziert werden. Für die Raumaufteilung des Osttraktes bieten sich hingegen zwei Modelle an: Zum einen könnte der südliche Abschnitt von einem primären Einzelraum (welcher in einer jüngeren Umbauphase durch eine Ost-West verlaufende Zwischenmauer geteilt wurde) eingenommen worden sein, zum anderen wären bereits bauzeitlich zwei schmale, die gesamte Traktbreite einnehmende Räume denkbar. Einzig die Analyse der Grundrisssituation und der darauf beruhenden Bauentwicklung spricht derzeit für die Variante mit einem bestehenden Einzelraum, welcher sekundär – vermutlich zur Schaffung einer durchgehenden West-Ost verlaufenden Erschließungsachse – geteilt wurde.

An der nördlichen, zum Flur bzw. zum Stiegenaufgang gerichteten Zwischenmauer, konnte durch die archäologische Maßnahme 2004 zudem ein Heizsystem dokumentiert werden. (Abb. 164) Eine Identifizierung des Raumes als beheiztes *Auditorium* oder *Calefactorium* (Wärmestube) ist daher naheliegend. Die Befunddokumentation zeigt neben einer gemauerten Feuerstelle einen darunterliegenden, West-Ost geführten Kanal. Die Fortsetzung des gemauerten Heizsystems Richtung Westen ist aufgrund einer jüngeren Störung nicht mehr nachvollziehbar, in Süd-östlicher Richtung kann dieses hingegen in den Räumlichkeiten der Erweiterung des Südtraktes weiterverfolgt werden.[84]

Zeitliche Einordnung des östlichen Klausurtraktes

Sowohl vom Kapitelsaal, als auch von der südlich angrenzenden Flursituation haben sich bauliche Reste im Aufgehenden erhalten. Gerade diese Abschnitte erlauben aufgrund der relativen Bauabfolge zu anderen Baukörpern und Umbauphasen[85], der architektonischen Kleinformen sowie des Erscheinungsbilds des Mauerwerks die Errichtung des Osttraktes (Bauphase VI/B) zeitlich näher einzugrenzen.

Zunächst ist festzuhalten, dass der Osttrakt baulich direkt an den südlichen Seitenarm des Querhauses (Bauphase IV) anschließt und aufgrund der relativchronologischen Bauabfolge als jünger einzustufen ist.[86] Die Westmauer des Kapitelsaales wurde bauzeitlich von einem zentral situierten Durchgang,

---

[83] Die Aufarbeitung der Grabungsdokumentation ist bis dato noch nicht abgeschlossen, möglicherweise ergeben sich bis zum Abschluss der Forschungstätigkeiten noch weitere Datierungsansätze.

[84] Der gemauerte Kanal wurde unter dem Fußbodenniveau, durch die Zwischenmauern in einen im Osten angrenzenden Raum des Südtraktes geführt, von dem aus konnte nach einer Richtungsänderung von 90 Grad seine Fortsetzung nach Süden beobachtet werden. Die, für die Durchführung des Kanals benötigte Wandöffnung in der Zwischenmauer (= Ostabschluss des Osttraktes) wurde primär mit dem Mauerwerk konstruiert. Vgl. auch Kapitel „Eine Erweiterung nach Osten (der Bau eines *Infirmariums*?) – ein Ausblick".

[85] Die Fund- und Befundsituation der Grabung des Jahres 2004 lieferten bis dato keine Hinweise für eine zeitliche Einordnung des Baubestandes.

[86] In der Dokumentation des Jahres 1996 wird der Westabschluss als Phase 2 („angesetzte Ostwand...") beschrieben, die Phase 1 wird vom Mauerwerk des südlichen Querhausarmes gebildet. Diese Beobachtung wurde für den vorliegenden Artikel übernommen, eine Bestätigung dieser Aussage konnte im Rahmen des aktuellen Bauforschungsprojektes noch nicht erfolgen.

flankiert von zwei Fensteröffnungen durchbrochen. (siehe Abb. 162) Von der südlichen Fensteröffnung (einem Biforium) wurden im Jahr 1996 bauliche Reste einer Stütze dokumentiert, welche im Bereich der südlichen Laibung verbaut wurde. (siehe Abb. 119) Die Stütze setzt sich aus einer Basis mit Ecksporn, einem oktogonalen Schaft und einem drauf ruhenden Sattelkämpfer zusammen (detaillierte Beschreibung im oberen Textabschnitt). Aufgrund von Form, Dekor (Lilienbüdel, Taustab und Voluten) sowie der Position der Stütze – im Bereich der Laibung – ist eine Verwandtschaft zu den aus dem Salzburgerhof von Regensburg bekannten Beispielen erkennbar. Diese werden zeitlich in die Jahre um 1170/1180 (Triforien im Nordflügel)[87] und 1210/1220 (Biforium Westflügel)[88] eingeordnet. Ein regionales Vergleichsbeispiel für Konstruktion, Form und Dekor des vorgestellten Biforiums von Mariazell konnte bis dato nicht ausfindig gemacht werden. Betrachtet man die einzelnen Bauteile der Stütze gesondert lassen sich jedoch mehrere Vergleichsobjekte nennen. In seiner Konstruktionsweise und seiner Verzierung ähnlich ist Beispielsweise ein Kämpferkapitell (Schallfenster) des Chorturms der Pfarrkirche von St. Marein bei Neumarkt, dieses dürfte nach jüngsten Erkenntnissen in die Zeit um 1200[89] datieren. Für das Auftreten von oktogonalen Schäften bei Biforien lässt sich ein Zwillingsfenster des 12. Jahrhunderts[90] aus dem nahegelegenen Stift Heiligenkreuz anführen, weitere Übereinstimmungen sind zwischen den Biforien jedoch nicht erkennbar. Ebenfalls in das 12. Jahrhundert (um 1140) datieren die freigelegten Arkadenfenster der Festung Hohensalzburg[91], die Mittelstütze besitzt eine attische Basis mit Ecksporen sowie einen schlanken oktogonalen Schaft, die Kapitellform weist hingegen keine Parallelen auf. Neben diesen frühen Beispielen lassen sich aber auch noch bei Biforien des 13. Jahrhunderts Basen mit Ecksporn und/oder oktogonalem Schaft beobachten. Dazu zählt ein Biforium des Wohnturms der Burganlage von Hainburg[92], dessen achteckige Mittelsäule einen Vergleich ermöglicht. Die angeführten Ausstattungsdetails bieten daher nur einen breiten Datierungsrahmen. Eine Entstehung des Biforiums bzw. des Osttraktes vor 1232 (vor dem Baubeginn der Basilika) kann aufgrund der Bauabfolge ausgeschlossen werden. Möglich wäre jedoch, dass ältere Bauelemente zur Errichtung des Biforiums wiederverwendet wurden.

Einen weiteren Datierungshinweis bietet die Konstruktionsweise des Mauerwerks. Die Mauerwerksstruktur – der lagige bis lagerhafte Versatz von hammerrecht bearbeiteten Bruch- und Tuffsteinen unterschiedlicher Formate – sowie das punktuelle Auftreten von *Opus spicatum* weist auf eine Errichtung des Baukörpers in der 1. Hälfte des 13.

---

[87] STROBEL, Salzburger Hof 251; ZAISBERGER, Salzburger Hof 233, Abb. 32 Pohlig Nr. 13, und 235, Abb. 34 Pohlig Nr. 15.
[88] STROBEL, Salzburger Hof 244; ZAISBERGER, Salzburger Hof 230, Abb. 29 Pohlig Nr. 10.
[89] Neueste Untersuchung der Pfarrkirche weisen auf die Entstehung des Ostturms, des Chorturms, um 1200 (siehe https://bda.gv.at/de/aktuelles/artikel/2018/09/pfarrkirche-sankt-marein-bei-neumarkt-steiermark-sensationsfund-himmlisches-jerusalem/).
[90] SCHWARZ, Heiligenkreuz (NÖ.), Kapitelsaal 87.
[91] SCHICHT, Hohensalzburg 227-234.
[92] Datierung um 1220/1230 (SCHICHT, Hainburg [Onlinezugriff EBIDAT- die Burgendatenbank, https://www.ebidat.de/cgi-bin/ebidat.pl?id=1513]).

Jahrhunderts⁹³ hin und ist optisch durchaus mit dem Mauerwerk des Querhauses bzw. des Langhauses der Basilika vergleichbar. Neben der Versatztechnik könnten auch die im Mauerwerk verwendeten Spolien einen Datierungsansatz liefern. Die Auswertung der Befundsituation ist jedoch nicht ohne Widersprüchlichkeiten: Unter den geborgenen Objekten befindet sich das Kelchkapitell einer Säule (bzw. einer Doppelsäule), welches durch sein florales Dekor gekennzeichnet wird. (Abb.121) Aus dem Halsring entwachsen Palmetten, deren Stängel sind miteinander verflochten, im Bereich der oberen Ecken sowie in der Mitte der Längsseite sind die Palmetten plastisch ausgebildet (Blattknospen). Dieser Kapitelltyp lässt sich anhand der Ausbildung der floralen Zierformen in zwei Gruppen unterscheiden: zum älteren Typus zählen jene Beispiele die eine stilisierte Darstellung aufweisen[94], der jüngere Typus – zu dem auch das in Mariazell geborgene Kapitell gezählt werden kann – wird hingegen durch realistischere, plastischere Ausformungen[95] geprägt. Bei näherer Betrachtung der Spolie fällt jedoch auf, dass – im Gegensatz zu den angeführten Vergleichsbeispielen – sich das Kapitell aus zwei konkaven Kelchen zusammensetzt und somit eine entwickeltere Form, hin zum frühgotischen Stil, darstellt. Eine ähnliche Konstruktionsweise findet sich bei einem Beispiel aus dem Zisterzienserstift Viktring.[96] Die Herstellung des Kapitells und der Säulenbasis dürfte wohl in der 1. Hälfte des 13. Jahrhunderts erfolgt sein. Gerade die Datierung des Objektes wirft jedoch die Frage nach seiner ursprünglichen Zugehörigkeit bzw. dem Zeitpunkt seiner Wiederverwendung (als Spolie) auf, da die Errichtung des Mauerzuges demselben Zeitraum zuzuschreiben ist. Der Baubefund erlaubt die Entwicklung von mehreren Lösungsansätzen. Keine der Interpretationen ist jedoch ohne Gegenargumente auszuführen und daher nur wenig befriedigend. Zunächst wäre es denkbar, dass die Herstellung des Kapitells in den ersten Jahrzehnten des 13. Jahrhunderts erfolgte und dieses nach nur wenigen Jahren/Jahrzehnten im Bereich des Westabschlusses des Kapitelsaals sekundär vermauert wurde. Für Bautätigkeiten im Bereich der Klosteranlage am Beginn des 13. Jahrhunderts fehlen aber eindeutige Hinweise, die Aus-

---

[93] In der 2. Hälfte des 13. Jahrhunderts wird das lagerhafte Bruchsteinmauerwerk vom so genannten Kompartimentmauerwerk abgelöst (KÜHTREIBER, Mauerwerk 200).

[94] Wie die Beispiele der Burgkirche von Oberranna – Krypta (Datierung zwischen 11120 und 1138 [SCHWARZ, Oberranna (NÖ.) 267-268) und der Pfeilerbasilika von Heiligenkeuz – hier sind speziell die bereits weiter entwickelten spätromanischen Beispiele im Bereich der Westfassade hervorzuheben (Datierung Mitte 12. Jahrhunderts, vor 1187 [SCHWARZ, Heiligenkreuz (NÖ.) 256-288]) zeigen. Eine umfassende Zusammenstellung wurde von Martin Aigner auf der Homepage www.burgenseite.com veröffentlicht.

[95] Zu den Vertretern dieses Typus gehören u.a. die Kapitele der Benediktinerstiftskirche St. Paul im Lavantal – Vierungspfeiler (Datierung 1180-1200 [SCHWARZ, St. Paul im Lavanttal (Ktn.) 252-254]), Domkirche von Gurk – Westportal (Datierung nach Rudolf Koch vor 1200 [KOCH, Gurk (Ktn.) 252]; Datierung nach Wilhelm Deurer nach 1200 bzw. um 1220/1230 [DEUER, Gurker Dom 392]), Domkirche von Gurk – Unterkonstruktion Westempore im Kircheninnenraum (freundliche Mitteilung Martin Aigner), Burg Thalberg – Bergfried (Datierung Anfang/1. Drittel 13. Jahrhundert [AIGNER, Burgenseite [Onlinezugriff http://www.burgenseite.com] sowie JEITLER, Burg Thalberg 59-96]) und der Franziskanerkirche von Salzburg – Seitenschiff (Datierung um 1200/ vor 1223 [KOCH, Salzburg Franziskanerkirche 239-240]).

[96] Für die Unterstützung bei der Suche nach Vergleichsbeispielen und der Analyse der Konstruktionsdetails möchten wir uns ganz herzlich bei Martin Aigner bedanken.

nahme könnte das nördliche Seitenschiff – eine Erweiterung der Saalkirche – bilden.⁹⁷ Alternativ kann in Betracht gezogen werden, dass das Werkstück (so wie die Säulenbasis) während des Bauprozesses von Basilika und Klausurbereich im zweiten Drittel des 13. Jahrhunderts hergestellt wurde. In diesem Fall müsste das Objekt jedoch unmittelbar nach seiner Fertigung als Spolie verwendet worden sein (ohne nachweisbare Nutzungsdauer, möglicherweise durch eine Planungsänderung (?)). Als dritter Lösungsansatz kommt der sekundäre Versatz von Kapitell und Basis in Frage. Konkret müssten diese in den bereits bestehenden Westabschluss des Kapitelsaals eingebrochen worden sein.⁹⁸ Gegen diese Interpretation spricht die Dokumentation aus dem Jahr 1996, diese zeigt einen primären Verband mit dem Mauerwerksgefüge, die plastisch gearbeitete Werksteinseite – die Schauseite – war zudem zum Mauerwerkskern gerichtet. Eine Beobachtung, die gegen einen bewussten Versatz von älterem Baudekor zur Präsentation/Erhaltung angeführt werden kann. Eine im Innenraum dokumentierte Wandnische könnte jedoch ursächlich für eine jüngere Störung sein, möglicherweise stehen die Werksteine mit der Schaffung besagter Wandnische in Zusammenhang. Aus heutiger Sicht lässt sich die Befundsituation nicht mehr eindeutig rekonstruieren.

Zusammenfassend kann festgehalten werden, dass durch die relative Bauabfolge eine Entstehung

---

⁹⁷ Einzig die Errichtung des nördlichen Seitenschiffes könnte in den Zeitraum um 1200 fallen, vgl. Beitrag KALTENEGGER in Abschnitt III.
⁹⁸ Barbara Schedl wies auf eine mögliche Primärverwendung im Bereich des Ostabschlusses des Kapitelsaals hin, nach dem Abbruch desselben für eine gotische Erweiterung könnten Reste der Doppelsäule im Westabschluss vermauert worden sein.

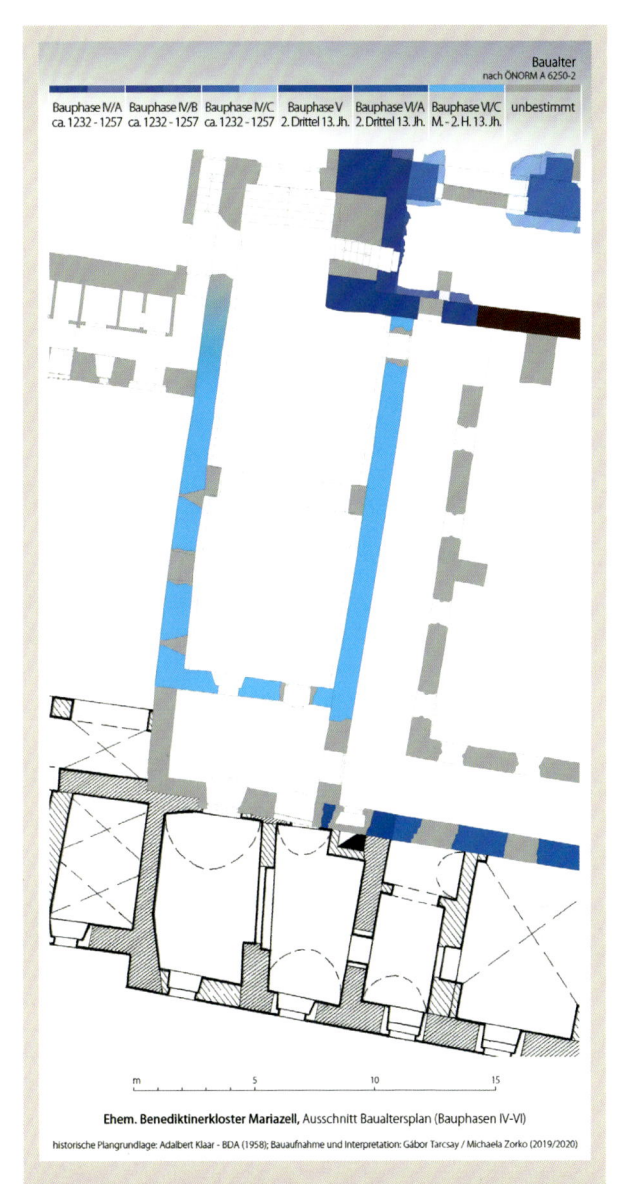

Abb. 165 Grundrissausschnitt des Klosters, Detail des Klausurwesttraktes (Bauphase VI/C). Ein West-Ost orientierte Durchgang trennt den Klausurwesttrakt vom südlich gelegenen Klausursüdtrakt.

des Osttraktes nach dem Bau des südlichen Querhausarmes der Pfeilerbasilika erfolgen musste. Die Mauerwerksstruktur spricht dabei für eine Bauperiode in der 1.Hälfte/Mitte des 13. Jahrhunderts. Die Architekturdetails des Biforiums ermöglichen hingegen keine gesicherte zeitliche Einordnung in besagten Zeitraum, sondern könnten auch älteren Ursprungs sein. Das vermehrte Vorkommen von Spolien im Mauerwerksverband kann – aufgrund der damit verbundenen Problematik (siehe oben) – nur unter Vorbehalten als Datierungshinweis herangezogen werden. Wird von einer Herstellung der Werksteine in der 1.Hälfte des 13. Jahrhunderts ausgegangen, so müssten diese relativ zeitnah als Spolien wiederverwendet worden sein, der Zeitpunkt ihrer Herstellung würde dabei zumindest nicht dem vorgeschlagenen Zeitrahmen für den Bau des Klausurosttraktes widersprechen. Eine Errichtung des Osttraktes parallel zum Bauprozess der Pfeilerbasilika (beispielsweise während der Errichtung der Langhausmauern, der Pfeiler oder Hochschiffwände) wäre – der Befundsituation folgend – durchaus möglich. Aufgrund der angeführten Überlegungen wird derzeit eine Datierung in die 1240/1250er Jahre favorisiert.

Die Errichtung des westlichen Klausurtraktes – Das Cellarium

An die Südfassade der Basilika wurde im westlichen Abschnitt ein Nord-Süd verlaufender Gebäudetrakt (Bauphase VI/C) angebaut. Betrachtet man die Grundrisssituation fällt auf, dass dieser im rechten Winkel zum Kirchenbau und dem Klausursüdtrakt errichtete wurde. Besagter Baukörper, schließt jedoch nicht bündig mit der Westfassade der Pfeilerbasilika ab, sondern ist um 4,90 m (Außenmaß) nach Westen versetzt. Damit zitiert der Baukörper exakt den rekonstruierten Westabschluss des Klausursüdtraktes. Der Klausursüd- und der sich nach Norden erstreckende Klausurwesttrakt werden dabei durch einen West-Ost orientierten Durchgang voneinander getrennt. (Abb. 165)

Lage und Ausrichtung des Gebäudes sind anhand der bis heute erhaltenen Mauerzüge eindeutig festzustellen, einzig der nördliche Abschluss des langgestreckten Rechteckbaus (bzw. ein Teil desselben) wurde zugunsten einer Erweiterung nach Norden[99] abgebrochen bzw. verändert. Der Innenraum des Objektes war ungegliedert – er wurde von einem großen Einzelraum (Rauminnenmaße:15,09 x 5,90 m) eingenommen, die auf den historischen Aufnahmen dokumentierten Zwischenwände sind sekundären Umbauphasen zuzuordnen. Die Außenmauern (Ost-, Süd- und Westmauer) blieben bis zum Übergang in das Obergeschoss erhalten,[100] auch vom besagten, im Süden anschließenden Durchgang (zwischen dem Klausurwest- und dem Klausursüdtrakt) haben sich bauliche Reste erhalten.[101] Der Ostabschluss des Baukörpers bietet aufgrund einer Zäsur im Mauerwerksverband zudem Informationen über den Baufortschritt. Zunächst wurde der südliche Abschnitt (vom Durchgang bis zur treppenförmig, nach Norden abfallenden Baufu-

---

[99] Der Baubestand der nördlichen Erweiterung ist einer jüngeren Umbauphase zuzuordnen, die archäologische Untersuchung im Bereich des Kirchenhofes weist aber auf eine ältere, nicht näher fassbare Bebauung in diesem Abschnitt hin.

[100] Eine Reduktion der Gebäudehöhe erfolgte im Zuge der Abbrucharbeiten in den Jahren 1965-1967.

[101] Eine Überbauung/Abmauerung erfolgte erst mit der Errichtung der Kreuzgangflügel und der zeitgleich errichteten Gewölbekonstruktion, eine Beibehaltung des Erschließungssystems – beispielsweise mittels Portale/Tore – ist wahrscheinlich.

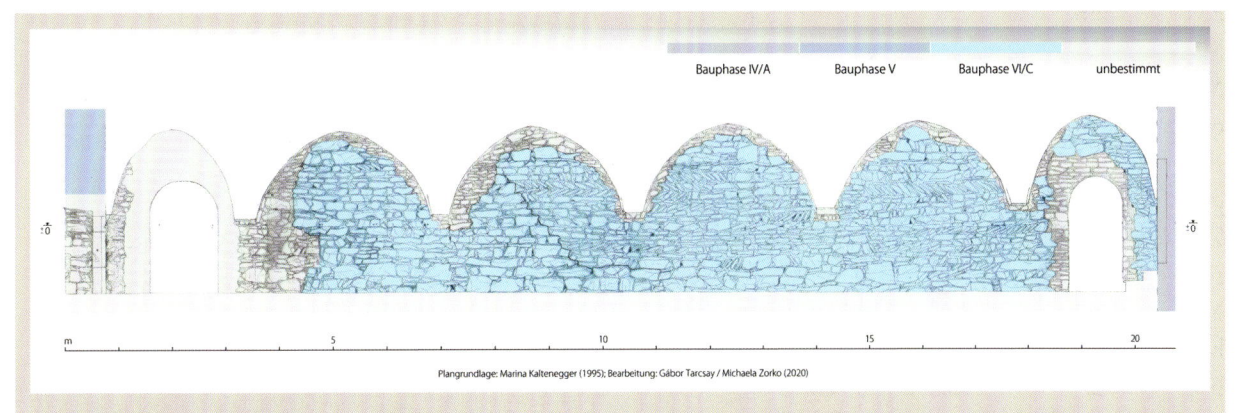

Abb. 166 Wandabwicklung der Ostmauer des Klausurwesttraktes (bildet gleichzeitig die östliche Begrenzung des Kreuzgangs). Der Baukörper der Bauphase VI/C (farbig hervorgehoben). Wie durch die abgetreppte Baufuge erkennbar, erfolgte die Errichtung des Gebäudetraktes von Süd nach Nord.

ge)[102] errichtet, in einer weiteren Etappe kam es zum Bau der mittleren und nördlichen Zone. Die Bauabschnitte lassen sich aber nicht nur durch die Baufuge, sondern auch durch eine Änderung in der Versatzart voneinander unterscheiden. (Abb. 166)

Neben dem Mauerwerksbestand haben sich auch bauzeitliche Ausstattungselemente erhalten. So befindet sich im westlichen Abschnitt der Südmauer des *Cellariums* eine primäre Türöffnung. Die im Grundriss trichterförmig ausgeführte Türnische wird durch einen gedrückten Segmentbogen überfangen (Keilsteinbogen), an der Südseite (der Außenseite) ist ein Rundbogenportal[103] eingesetzt. Dieses ermöglichte die Erschließung des Raumes über den im Süden anschließenden, West-Ost orientierten Durchgang. Von der östlichen Begrenzung des Durchgangs, sozusagen dem Übergang in den Kreuzgang, haben sich die Reste einer weiteren Portalnische erhalten. Vom ehemals an der Ostseite liegenden Steingewände sind aufgrund der Errichtung des Gewölbes (und der damit einhergehenden Vermauerung des Portals) keine Architekturdetails mehr erkennbar. Durch die Ausformung des Sturzes der Türnische kann jedoch eine Zuordnung zum Typus der Portalnischen mit Giebelbögen (Giebelsturz) erfolgen. Der aus Keilsteinen errichtete Giebelbogen tritt in Mariazell in Österreich in Kombination mit einer Betonung der Portallaibung – in Form von Orthostaten – auf und stellt somit ein markantes baukonstruktives Element dar. Weiters können im Bereich der Westfassade zwei schmalrechteckige Lichtschlitze identifiziert werden, diese wurden spätestens mit dem Einbau des, den Innenraum überspannenden Tonnengewölbes vermauert. Im Bereich der östlichen, zum Kreuzgang gerichteten Außenmauer wurden keine Wandöffnungen geschaffen. Bei der im nördlichen Abschnitt bestehen-

---

[102] Ähnliche Befunde lassen sich auch im Bereich der Pfeilerbasilika mehrfach beobachten.
[103] Eine detaillierte Beschreibung des Rundbogenportals kann aufgrund der heutigen Befundsituation (das Steingewände des Portals befindet sich hinter einer Wandverkleidung) nicht erfolgen.

Abb. 167 Ansicht der westlichen Außenmauer des Klausurwesttraktes. Die Mauerwerksstruktur wird zonal durch den Versatz von plattigen Bruchsteinen in opus spicatum Technik geprägt.

den Türöffnung (ermöglicht die Erschließung des Objektes direkt über den Kreuzgang) handelt es sich um eine sekundär eingebrochene Öffnung. Über die bauzeitliche Deckenkonstruktion gibt es keine Informationen.

Die Lage des Gebäudes im Klosterkomplex, seine Größe und Ausstattung (hier kann vor allem die spärliche Belichtung angeführt werden), erlauben einen Rückschluss auf die Funktion, es handelt sich um das *Cellarium* des mittelalterlichen Klosters. Dieses wurde im Zuge jüngerer Bauphasen in mehrere Einzelräume geteilt.[104] Während der rezenten Abbrucharbeiten in den 1960er Jahren wurden besagte Zwischenwände entfernt, sodass sich für den Betrachter wieder der ursprüngliche Bauzustand, ein offener, ungegliederter Raum fassen lässt.

[104] Siehe Bauaufnahme durch Adalbert Klaar aus dem Jahr 1958.

Zeitliche Einordnung des westlichen Klausurtraktes

Der westliche Klausurtrakt wurde, wie bereits beschrieben, durch einen West-Ost orientierten Durchgang vom südlichen Klausurtrakt getrennt errichtet. Bedingt durch diese räumliche Trennung und der in jüngeren Umbauphasen erfolgten Überformungen (u.a. durch den Bau der Gewölbekonstruktion), kann die relative Bauabfolge zwischen den genannten Gebäudetrakten nicht beurteilt werden. Die Subposition zum Kirchenbau, konkret zur Pfeilerbasilika des 13. Jahrhunderts, kann hingegen gesichert nachvollzogen werden, der Ostabschluss des *Cellariums* wurde eindeutig sekundär an die südliche Außenmauer der Basilika angestellt.

Neben der relativen Bauabfolge bieten auch Architekturdetails und die Struktur des Mauerwerks einen Datierungsansatz. Die Versatztechnik unterscheidet sich im Bereich der dokumentierten Bauetappen. Im südlichen Abschnitt herrscht ein lagiges Bruchsteinmauerwerk aus hammerrecht bearbeiteten Steinen vor. Punktuell lässt sich ein *Opus spicatum* Abschnitt erkennen. Eine Eckbetonung – wie sie u.a. bei dem nur wenige Meter südlich liegenden Südtrakt vorkommt – ist im Bereich des Westtraktes nicht vorhanden. Jedoch haben sich im Bereich des West-Ost orientierten Durchgangs die baulichen Reste einer Portalnische mit Eckbetonung und Giebelbogen (Giebelsturz) erhalten. Dieses baukonstruktive Detail ist gerade für die 2. Hälfte des 13. und das frühe 14. Jahrhundert charakteristisch. Vereinzelt tritt dieses Konstruktionsmerkmal jedoch bereits in der 1. Hälfte des 13. Jahrhunderts auf, zu diesen frühen Vertretern zählen die Beispiele im Bereich der hochmittelalterlichen

Baubestände der Burgen Thernberg und Puchberg am Schneeberg.[105] Die relativchronologisch jüngere Bauetappe wird durch eine lagerhafte, teilweise bereits unregelmäßige Versatztechnik geprägt, der Anteil von *Opus spicatum* ist deutlich erhöht (dies gilt sowohl für die östliche als auch die westliche Außenmauer). (Abb. 167)

Allgemein wird in der Forschung eine Abkehr vom lagigen Versatz hin zum unregelmäßigeren Erscheinungsbild der Mauerwerksfläche ab der Mitte des 13. Jahrhunderts angenommen. Folgt man dieser Theorie, dann könnte der westliche Klausurtrakt gerade jenen Zeitpunkt markieren, in dem ein Übergang in der Mauerwerkstechnik vollzogen wird. Das Vorkommen von *Opus spicatum* widerspricht in gewisser Weise dieser Überlegung, gilt diese Technik doch als charakteristisch für das hochmittelalterliche Mauerwerk. Als Gegenargument könnten jedoch jüngste Beobachtungen, die ein Vorkommen von Ährenmauerwerk bzw. Einschüben desselben auch noch um die Mitte[106] bis in die 2. Hälfte des 13. Jahrhunderts[107] belegen, angeführt werden. Möglicherweise reiht sich der Westtrakt des mittelalterlichen Klosters ebenfalls in diesen Zeithorizont ein, der Vergleich der Mauerwerksstruktur innerhalb der Klosteranlage und das vermehrte Auftreten von Giebelstürzen ab der 2. Hälfte des 13. Jahrhunderts würde diese Annahme zumindest unterstützen. Die Errichtung des Westtraktes stellt – mit einer möglichen Ausnahme (der Errichtung des Kreuzgangs) – die jüngste Bauetappe im Bereich der Klausurtrakte im 13. Jahrhundert dar.

Eine Erweiterung nach Osten (der Bau eines Infirmariums?) – ein Ausblick

Im östlichen Bereich der Klosteranlage lässt sich ein weiterer Baukörper (in gewisser Weise eine Fortsetzung des Südtraktes) durch archäologische Befunde verfolgen. Da die Befundaufarbeitung bis dato noch nicht abgeschlossen ist, müssen die folgenden Ausführungen noch mit Vorbehalt betrachtet werden. Das im Osten an den als Klausurosttrakt (Bauphase VI/B) definierten Bereich anschließende, sich durch seine Orientierung von den bereits beschriebenen Bauabschnitten (Bauphase VI/A und Bauphase VI/B) deutlich abweichende Gebäude, könnte einer eigenen Bauphase/Bauetappe zuzuordnen sein. Neben dem Achsknick lassen sich auch im ergrabenen Anschlussbereich zwischen dem Klausurosttrakt (Bauphase VI/B) und dem sich Richtung Südosten fortsetzenden Abschnitt des Südtraktes Baufugen im Mauerwerksbestand erahnen. Über die Bauabfolge geben diese Zäsuren keine Auskunft. Der im Osten anschließende Baukörper könnte sowohl älter, zeitnah oder in einer jüngeren, eigenständigen Bauphase errichtet worden sein. Gegen einen großen zeitlichen Abstand zwischen den Bauabschnitten spricht das

---

[105] Eine umfassende Zusammenstellung von Giebelbögen bei Fenster-, Tür- und Wandnischen erfolgte unlängst durch Karin Kühtreiber und Thomas Kühtreiber (siehe KÜHTREIBER, Thernberg 211-213).

[106] Frauenburg – Wohnturm (Datierung um 1230/1240 [KÜHTREIBER, Mauerwerk 198]); Burgruine Starhemberg – Kapelle (Datierung 1236/1240 [freundliche Mitteilung Patrick Schicht]);

[107] Pfarrkirche Marchegg (Datierung 3. Viertel 13. Jahrhunderts, nach 1260); Stadtmauer Leoben (Datierung 2.Hälfte 13. Jahrhunderts, nach 1260 [PILS, Leoben Städteatlas ohne Seiten, Onlinezugriff http://mapire.eu/oesterreichischer-staedteatlas/leoben/]). Stadtmauer Horn (Datierung Mitte bis spätes 13. Jahrhundert [REINGRABNER, Horn 64]). Für die Auflistung der Beispiele möchten wir uns ganz herzlich bei Patrick Schicht bedanken.

vom Ost- bis in den Südtrakt dokumentierte Heizsystem (sofern es sich um ein einheitliches und nicht mehrphasiges System handelt). Dieses setzt einen bereits bestehenden, einen zeitgleich errichteten, oder aber einen sich zumindest in Planung befindlichen Gebäudeabschnitt im (Süd-)Osten voraus.

Für unterschiedliche Bauphasen oder zumindest Bauetappen könnte die Abweichung in der Orientierung zwischen den Klausurtrakten und der östlichen Erweiterung sprechen. So zeigt der Grundriss deutlich, dass das gesamte Gebäude nach Süden verschwenkt und nicht parallel zu der, durch die Klausurtrakte respektive der Klosterkirche vorgegebenen Achse errichtet wurde. Es ist aber ebenso denkbar, dass der Baukörper planmäßig mit einer abweichenden Orientierung angelegt wurde und keine Hinweise auf eine bauliche Zäsur darstellt – eine These, die im Folgenden nochmals näher behandelt wird. Ebenfalls auffällig erscheint, dass sich ein weiter im östlichen Randbereich des Klosterareals gelegener, bis 1964 bestehender Baukörper dem Orientierungskonzept unterzuordnen scheint. Seine Mauerwerksstruktur – welche sich anhand historischer Aufnahmen des 20. Jahrhunderts erkennen lässt – spricht jedoch gegen eine hochmittelalterliche Zeitstellung.

Generell lassen sich im Grundriss mittelalterlicher Klosteranlagen immer wieder Gebäude bzw. Gebäudetrakte erkennen, welche von dem einheitlichen, durch den Kirchenbau und den Klausurbereich vorgegebenen Orientierungssystem abweichen. Diese vermehrt im Osten situierten Gebäude bzw. Gebäudetrakte werden häufig als Infirmeriegng und Infirmeriegebäude interpretiert[108], eine Ansprache die sich mit den historischen Quellen (konkret mit der „abgesonderten" Lage im östlichen Abschnitt des Klosterareals) decken zu scheint.[109] Auch im Fall des Klosters Mariazell ist uns bereits aus dem Jahr 1283 durch die Nennung *Ulricus infirmarius*[110] ein Krankenpfleger/Krankenmeister bekannt, sodass man – mit aller gebotenen Vorsicht – auch hier von einem frühen *Infirmarium* sprechen kann. Eine detaillierte Untersuchung des Gebäudes ist im Rahmen des gegenwärtigen Forschungsprojektes geplant, nach dem Abschluss der Gesamtauswertung lassen sich möglicherweise die angeführten Überlegungen erhärten und/oder weitere Erkenntnisse zur Bauentwicklung und der Nutzung des Objektes gewinnen.

Die Errichtung des Kreuzgangs – Ein Ausblick

Im Zentrum des Klausurbereiches, durch das Kirchengebäude im Norden, sowie die bereits beschriebenen Klausurtrakte im Osten, Süden und Westen begrenzt, befindet sich der Kreuzgang. Dieser ursprünglich aus vier umlaufenden Flügeln zusammengesetzte Baukörper (der Nordflügel wurde im Jahr 1843 abgebrochen) ermöglichte den Umgang um den zentral liegenden Innenhof (den Kreuzganghof), sowie die Erschließung der einzelnen Klausurtrakte und der Klosterkirche. Die Baubefunde erlauben dabei den Rückschluss, dass die zum Innenhof gewandten Mauerzüge samt den spitzbogigen Fensteröffnungen, aber auch das teilweise er-

---

[108] Siehe u.a. Fountains Abbey, Kirkstall Abbey, Cluny II, Cluny III, Cîteaux.

[109] Bereits in *Regula Sancti Benedicti* wird ein eigener Raum mit einem (Kranken-)Pfleger angeführt. Der St. Galler Klosterplan zeigt das Infirmeriegebäude im Nordosten der Anlage gelegen. Sehr ausführlich (wenn auch vorwiegend für Zisterzienserklöster) widmete sich diesem Thema in jüngster Zeit LINDEMANN-MERZ, Infirmarien.

[110] EIGNER, Mariazell in Österreich 41.

haltene Kreuzgratgewölbe einer Bauphase zuzuordnen sind, wenngleich einzelne Bestandteile aufgrund neuzeitlicher und moderner Veränderungen heute als Rekonstruktion präsentiert werden.

Aufgrund der favorisierten Zeitstellung des Kreuzgangs – eine Errichtung erfolgte nach derzeitigem Forschungsstand wohl im späten 13. Jahrhundert bzw. in der 1. Hälfte des 14. Jahrhunderts – soll an dieser Stelle noch auf ein Forschungsdesiderat hingewiesen werden. Die späte Zeitstellung des Kreuzgangs legt die Vermutung nahe, dass dieser eine ältere, nicht näher fassbare Konstruktion ersetzte. Ob besagter Vorgängerbau bereits als Stein- oder als Holzkonstruktion ausgeführt wurde, lässt sich aufgrund fehlender Befunde bis dato nicht näher beleuchten. Generell fehlt für den romanischen Baubestand des Klosters bislang jeglicher Hinweis auf einen frühen, jedoch zweifelsfrei notwendigen Kreuzgang. Womöglich lassen sich nach Abschluss der Befundauswertungen noch weitere Erkenntnisse zu dieser Frage und zum Baufortschritt der Kreuzgangflügel präsentieren.

6. Zusammenfassende Betrachtung des Baugeschehens im 13. Jahrhundert

Der Grundriss der Klosterkirche setzte sich zum Zeitpunkt seiner Fertigstellung aus einem dreischiffigen Langhaus, einem Querhaus mit zwei nach Osten gerichteten Apsiden sowie einem Chorquadrat mit angefügter, eingezogener Apsis zusammen. Die maximale Länge des Baukörpers – von der Westfassade bis zur Hauptapside – beträgt 48,5 m, das Querhaus nimmt eine Fläche von 27,0 x 10,1 m ein und das Langhaus erstreckt sich über 26,5 x 19,1 m.[111] Die Basilika überragt in ihrer Dimension ihren (teilweise integrierten) Vorgängerbau deutlich, wobei eine Erweiterung der Grundfläche vor allem Richtung Osten und Norden zu beobachten ist.

Durch die detaillierte Auswertung der Bau- und Grabungsbefunde konnten maßgebliche Neuerkenntnisse zur Bauentwicklung und Baugeschichte der spätromanischen Pfeilerbasilika gewonnen werden. So ließ sich neben der Differenzierung der einzelnen Bauphasen (vom ersten Kirchenbau und seinen Erweiterungen (Bauphase I bis Bauphase III) hin zur dreischiffigen Basilika (Bauphase IV)) auch der Baufortschritt innerhalb des spätromanischen Neubaus nachvollziehen. Die Bauetappen und der Baufortschritt geben dabei Einblick in die Organisation und den Ablauf eines mittelalterlichen Großbauprojektes. Die zeitliche Einordnung des Bauprozesses lässt sich anhand unterschiedlicher Datierungskriterien in die Jahre ab 1232 bis um/nach 1257 eingrenzen, es dürften über 20 Jahre zwischen dem Beginn der Bauarbeiten und der Vollendung des Sakralbaus vergangen sein. Besonders hervorzuheben ist die Rekonstruktion des Bauvorgangs im Bereich der Westfassade: Das ursprüngliche Baukonzept sah für diesen Bereich eine deutlich aufwändigere Gestaltung in Form eines Hauptportals, flankiert von zwei Wandnischen, drei Zugängen beziehungsweise eine Kombination besagter Architekturelemente vor. Während des Bauprozesses kam es – wie durch die Bauforschung belegt werden kann – jedoch zu einer Planänderung. Anstelle der Ausführung einer dreiteiligen Fassadengliederung erfolgte schlussendlich nur die Umsetzung des in das Mittelschiff führenden Haupt-

---

[111] Bei den angegebenen Abmessungen handelt es sich um die Außenmaße.

portals. Die beiden im Bereich des nördlichen und südlichen Seitenschiffes situierten Architekturelemente wurden, noch bevor der Neubau vollendet war, vermauert (bzw. verkleinert).

Durch die detaillierte bauhistorische Untersuchung des mittelalterlichen Klausurbereiches konnten aber auch umfangreiche Neuerkenntnisse zur Entwicklung des Klosterkomplexes gewonnen werden. Die Errichtung eines Gebäudes im Süden der am Ende der Entwicklung baulich geschlossenen Klausur, stellt dabei mutmaßlich den ältesten fassbaren Bauabschnitt (Bauphase V) dar. Von diesem ausgehend – jedoch durch einen zeitlichen Abstand getrennt – erfolgte eine Erweiterung nach Osten (Bauphase VI/A), der südliche Klausurtrakt entstand. Beide Bauabschnitte lassen sich der 1. Hälfte des 13. Jahrhunderts zuordnen. Der Ausbau erfolgte vermutlich zeitgleich zum Bauprozess der Pfeilerbasilika (Baubeginn nach 1232). Dass es sich bei den genannten Bauten um die Küche sowie das im Osten angrenzende *Refektorium* handelt, lässt der Vergleich mit anderen Klosterbauten annehmen. Im Gegensatz zum Südtrakt erlaubt der Klausurosttrakt (Bauphase VI/B) neben der Rekonstruktion der Baugeschichte auch jene der Nutzungsgeschichte. Der Gebäudetrakt wurde an den bereits bestehenden Querhausarm der Basilika angebaut, eine Beurteilung der relativen Bauabfolge zum Südtrakt muss aufgrund jüngerer Überformungen jedoch ausbleiben. Eine vergleichende Analyse des Mauerbestandes und der wandfesten Ausstattungselemente lässt aber auch hier eine Errichtung in der 1. Hälfte des 13. Jahrhunderts annehmen. Neben dem *Capitulum* (Kapitelsaal) im Norden verfügte der Gebäudetrakt anschließend über einen schmalen Durchgang bzw. Stiegenaufgang und – wie durch die archäologische Grabung belegt werden kann – über ein beheiztes *Auditorium/Calefactorium* (Wärmeraum). Als jüngster fassbarer Klausurtrakt ist jener im Westen (Bauphase VI/C) zu nennen. Seine Errichtung fällt wohl in die Mitte/das 2. Drittel des 13. Jahrhunderts. Eine Nutzung als *Cellarium* erscheint durch die bauliche Gegebenheit und die Lage des Objektes gesichert. Die Klausurtrakte dürften somit weitgehend parallel zum Bauprozess der Basilika entstanden sein und spiegeln den Ausbau des einfachen Klosters hin zu einer vollwertigen Abtei wider. Die Ausnahme bilden hingegen die Kreuzgangflügel, diese unterscheiden sich deutlich in ihren konstruktiven (der Mauerwerkstechnik) und stilistischen Formen von den älteren Bauten, aufgrund der vorhandenen Datierungsansätze kann für die Errichtung aber nur ein breiter Zeitrahmen von der 2. Hälfte des 13. Jahrhunderts bis in die Mitte des 14. Jahrhunderts angegeben werden.

Wie anhand der Auswertung, der Rekonstruktion der Bau- und Nutzungsgeschichte gezeigt werden kann, handelte es sich bei dem Baukomplex des mittelalterlichen Klosters um einen über mehrere Jahrzehnte andauernden Wachstumsprozess. Dass dieser Großbaustelle ein übergeordnetes Raum- und Planungskonzept, sowie liturgische Überlegungen zugrunde lagen, ist als Voraussetzung anzunehmen.

6. BIBLIOTHEK UND SCHRIFTLICHKEIT IM 13. JAHRHUNDERT
VON EUGEN NOVAK

Einführung

„Ein Bibliothekskatalog oder in diesem Falle, Reste von Handschriften-Codices einer Bibliothek sind direkte Zeugen des Geistes und der Geschichte der Gemeinschaft, die ihn entwickelt hat". Mit dieser etwas modifizierten gedanklichen Annahme möchte ich meinen Betrag eröffnen, der die vorhandenen Handschriftenbestände des 13. Jahrhunderts des Klosters im Fokus hat.[1] Zu analysierende Themen wie Buchbesitz, Buchgebrauch, Bestandsaufbau und -entwicklung, Wirkungsgeschichte (Marginalien, Unterstreichungen, Kommentare) und die daraus resultierenden Fragen, ob der bloße Buchbestand bereits Indiz für seinen tatsächlichen Gebrauch, oder über die Existenz bestimmter Bücher in einer Klosterbibliothek zugleich auf deren Rezeption und Prägekraft innerhalb der klösterlichen Gemeinschaft zu schließen ist, kann ich auf Grund der wenigen Quellen des 13. Jhs nur am Rande streifen. Dazu gibt es in Fachkreisen auch unterschiedliche Meinungen und Ansätze.[2]

Bevor wir zu der näheren Betrachtung der Handschriften von Mariazell kommen, ein kurzes Blitzlicht auf die Buchbestände, welche nach der Aufhebung durch Hofdekret vom 18. Oktober 1790, als Ersatz für dort erlittene Verluste in die Stiftsbibliothek Lilienfeld transferiert wurden.[3] Insgesamt umfasste der Bestand damals um die 2000 Bände.[4] Mitgezählt wurden dabei auch die geringen mittelalterlichen Handschriftenbestände, von denen heute noch 49 Einheiten in Lilienfeld erhalten sind. Bei Conrad Schimek werden insgesamt 48 Signaturen genannt.[5] Übersehen wurde die Handschrift CLi 70, bei der auf fol. 1r ein handschriftlicher Besitzvermerk steht, der dem beginnenden

---

[1] Dieses Zitat im Original „un catalogue de bibliotheque est un témoin direct de l'esprit et de l'histoire de la communaute qui l'a élabore" findet sich in GERZ VON BÜREN/NEBBIAI-DALLA, Les catalogues de bibliothèques 298-299.

[2] BRUNNER, Adelsbibliotheken 281-293; WOLFRUM, Speinshart; SHEVCHENKO, Eine historische Anthropologie; MÜLLER, Habit und Habitus; NEUHEUSER, Panorama der Spuren 1-30.

[3] EIGNER, Geschichte 323.

[4] RABL, Lilienfelder Stiftsbibliothek 209-210.

[5] SCHIMEK, Handschriften Lilienfeld; http://manuscripta.at/diglit/xenia_1/0489.

Abb. 168 Besitzvermerk 15. Jh. (CLi 68, fol.127v)

17. Jahrhundert zuzuordnen ist.⁶ Die Signaturen der Mariazeller Handschriften sind bei Martin Roland zusammengestellt.⁷ Allerdings behandelte Rolands Studie zum Buchschmuck nur in Lilienfeld entstandenes Material, jenes aus Mariazell blieb daher unberücksichtigt.⁸ Online finden sich erweiterte Kurzkatalogisate zu sämtlichen Lilienfelder Codices, welche auf dem manuscripta.at Portal der ÖAW, inklusive der Verlinkung zu den Volldigitalisaten verfügbar sind.⁹ Parallel dazu sind die Lilienfelder Handschriften auch in der „Manuscriptorium digital library of written cultural heritage" der Tschechischen Nationalbibliothek aufgenommen.¹⁰ Die wenigen Lilienfelder Inkunabeln mit Mariazeller Besitzeinträgen dürfen wir an dieser Stelle nicht vergessen.¹¹ Aktuelle Untersuchungen zu einigen der vorhandenen 53 Inkunabeln, die aus Mariazell stammen und heute in Lilienfeld aufbewahrt sind, wurden in einem Beitrag von Carmen Rob-Santer und Michaela Schuller-Juckes (2015) behandelt.¹² Besonders berücksichtigt wurden bei dieser Sichtung Inhalt, Provenienz, zeitliche Einordnung, Buchschmuck und Bucheinband.¹³

In Band 6 der Reihe MCellA, Teil II, Abschnitt 1 finden sich Beschreibungen der Handschriften und Fragmente, nach heutigem Aufbewahrungsort und Signaturen aufsteigend geordnet¹⁴. Bereits vorhandene, ältere Katalogisate werden dort ergänzend kompiliert oder gänzlich neu erstellt nach den üblichen Richtlinien und Terminologien für Schrift- und Buchwesen des Mittelalters.¹⁵ Hilfreich sind dabei, wie bereits im Überblick erwähnt, der gedruckte Katalog von Conrad Schimek, die Anmerkungen und Ergänzungen von Alois Haidinger und Franz Lackner, sowie die online Handschriftenbeschreibungen des ÖAW Instituts für Mittelalterforschung, Abteilung Schrift- und Buchwesen manuscripta.at, der von Friedrich Simader und Martina Pippal (Projektleitung) erstellten Datenbank „Illuminierte Handschriften aus Österreich (ca. 780 – ca. 1250)" und des Hill Museum & Manuscript library Projektes, OLIVER legacy catalog der Saint

---

6 HAIDINGER/LACKNER, Handschriften Lilienfeld 49-80.
7 ROLAND, Buchschmuck 14, Anm. 12 (CLi 9, 14-19, 21, 24, 27, 29, 33, 35, 38, 39, 43, 68, 70, 73-75, 77, 84, 85, 89-91, 93, 94, 105-107, 109-115, 119, 121, 124, 132-134, 141, 162, 167, 218).
8 Vgl. ROLAND, Buchschmuck.
9 http://manuscripta.at/lib_digi.php?libcode=AT5400.
10 http://www.manuscriptorium.com/apps/collections.php?direct=collection&pid=16338&envLang=en
11 SCHIMEK, Wiegendrucke Lilienfelds.
12 ROB-SANTER/SCHULLER-JUCKES, Inkunabelsammlung Lilienfeld 220, 244-245 Anm. 12.
13 ROB-SANTER/SCHULLER-JUCKES, Inkunabelsammlung Lilienfeld: 221, 223, 225, 228-230, 232, 238-239, 240-241, 244-245 Anm. 12, 246 Anm. 30, 247 Anm. 51
14 Vgl. umfassend dazu NOVAK, Handschriften und Fragmente.
15 MAZAL, Handschriftenbeschreibung 135-139.

John's University, Collegeville Minnesota/USA.[16] In den Inkunabeln mit Besitzvermerken sind als Vor- oder Nachsatzblätter, bzw. als Einband auch Fragmente des 13. Jahrhunderts erhalten. Allerdings haben wir bei den Inkunabeln das Problem, dass einige ganz woanders zu verorten sind, sei es durch frühere Besitz- und Schenkungsvermerke oder Identifizierbarkeit von Ort und Werkstatt des Buchbinders. Darin enthaltene Fragmente sind also nur sehr vage in Verbindung mit Mariazell zu bringen, wie etwa Stift Lilienfeld Ink. 25, 65 und 78.

Buch-Bestandsanalyse

Eine inhaltliche Analyse der vorhandenen Bestände der ehemaligen Stiftsbibliothek von Mariazell sollte nicht nur die handschriftliche Textüberlieferung berücksichtigen. Vielmehr sind Handschrift und Druck gleichwertige Informationsträger, die als beständig wachsendes Ganzes gesehen werden müssen.[17] Ein Großteil der Mariazeller Bestände sind Drucke nach 1500, die sich aber derzeit noch in der Erschließungs- und Katalogisierungsphase befinden. Im Folgenden möchte ich versuchen, die wenigen Reste des 12. und 13. Jahrhunderts so gut es geht zu ordnen.

Da wir davon ausgehen, dass Mariazell schon seit seiner Gründung stark von der Hirsauer Reformbewegung beeinflusst war, hat sich das sicherlich auch in der mittelalterlichen Bibliothek bemerkbar gemacht. Die *Constitutiones* des Abts Wilhelm von Hirsau (um 1090) nennen als liturgische Buchtypen Missale, Offiziale, Evangeliar, Lektionar, Nokturnenlektionar, Antiphonar und Graduale, sodann die Regel (des heiligen Benedikt), ferner Hymnar und Psalter, anschließend das Buch der Propheten, die Paulusbriefe und das Buch Hiob, ferner Glossar, Homeliar, Kollationes und Litaneien, nicht zu vergessen Brevier und Gebräuche.[18] Dazu kommen Philosophie, Kirchengeschichte, Chronistik, Geographie, Astronomie, weltliches und kanonisches Recht, sowie alle anderen Disziplinen des Fächerkanons von Trivium und Quadrivium[19]. Ein kurzes Verzeichnis der Handschriften und Fragmente findet sich im Abschnitt V, Anhang 3.

Betrachten wir den noch vorhandenen Bestand näher, ergibt sich immerhin ein kleiner Eindruck wie sich zur Zeit der Klostergründung bis ins 13. Jahrhundert hinein der spirituelle und intellektuelle Geist und die Geschichte der benediktinischen Ordensgemeinschaft auf den Handschriftenbestand ausgewirkt hat. Bei den theologischen Werken vermissen wir Bibelhandschriften, die zum primären Bestand einer Klosterbibliothek gehören. Eine Ausnahme bleibt hier nur ein Bibelfragment mit Psalmen und eine *Versbibel* des Petrus de Riga, französischer Geistlicher, Dichter und Kanoniker an der Kathedrale von Reims. Die Kompendien der Bibelkommentare sind immerhin mit einigen Codices vertreten, ebenso Werke von Gregor dem Grossen aus dem 6. Jahrhundert, gefolgt von Alcuin, dem frühmittelalterlichen Gelehrten des 8. Jahrhunderts und den Vertretern der Frühscholastik, u.a. Hilde-

---

[16] https://manuscripta.at/lib_digi.php?libcode=AT5400; https://homepage.univie.ac.at/Martina.Pippal/Lilienfeld.htm; https://www.vhmml.org/

[17] EMBACH, Unbekannte Frühdrucke 351-381; von BLOH, Hostis Oblivionis 29-120; RAUTENBERG, Medienkonkurrenz 167-202.

[18] ENGELBERT, Constitutiones Hirsaugiensis.

[19] siehe komprimierte Inhaltsübersicht mit Gliederungsschema und Kategorieeinteilung. NOVAK, Handschriften und Fragmente, Teil II, Abschnitt 2

Abb. 169 Einbandfragment 3. Viertel 13. Jh.
Raimundus de Pennaforte: Summa de poenitentia et de matrimonia
(NÖLA, Kreisgericht Wr. Neustadt 39/09)

werk für Beichtväter, *Summa de poenitentia et de matrimonio* des Raimundus de Pennaforte, war unentbehrlich. Leider sind davon nur wenige Fragmente des 13. Jahrhunderts erhalten geblieben.

Aszetik und Moraltheologie sind durch zwei bekannte Autoren vertreten: Innocentius III. mit seinem *Liber de corruptione mundi* und Bernhard von Clairvaux mit *De contemptu mundi*.

Liturgische Bücher aus dem 12. und 13. Jahrhundert sind nur noch fragmentarisch vorhanden. Echte Missalefragmente gibt es nicht. Auch bei Sakramentar und Evangeliar sind nur geringfügigste Reste vorhanden. Die Fragmente von Gradualien und Antiphonarien mit Notation sind, rein mengenmässig betrachtet, besser plaziert, Dennoch bleibt es schwierig, einen umfassenden Eindruck der Liturgieausübung in Mariazell in Östereich zu gewinnen.

Ein etwas umfangreicheres Bild machen die Texte zur Hagiographie. In Mariazell war ab dem 13. Jahrhundert der Lesestoff zu Heiligenviten sehr gefragt und mehrere Handschriften zu diesem Themenkomplex sind vorhanden. Besonders ordenseigene Autoren mit chronistischem und hagiographi-

bertus Turonensis, der sich im frühen 12. Jahrhundert einen Namen als Kirchenreformvertreter und Prosaschriftsteller machte.

Homiletik ist für den geistlichen Alltag innerhalb wie auch außerhalb des Klosters ganz wesentlich. Zu den offiziellen Lehrtexten verwendeten die Priester und Ordensprofessen Handbücher zum geistigen Leben, Predigtsammlungen, sowie Tugend und Lasterkataloge. Immerhin sind es 13 Werke und Sermonessammlungen von neun Autoren. Einer davon ist der im 12. und 13. Jahrhundert hochgeschätzte bayerische Kirchenreformer, Theologe und Regularkanoniker Gerhoch von Reichersberg (1092/1093-1169). Das 1238 verfasste Standard-

schem Oeuvre waren bevorzugt. Genannt sei hier als modernerer benediktinischer Autor für das 12. und 13. Jahrhundert Arnold von Prüfening mit seiner *Vox de propitiatorio* in Handschrift CLi 89. „Mittelalterlicher Bestseller" war die Beschreibung der *Jenseitsreise* des Iren Tnugdal aus Cashel (Irland) und seine sadistischen Traumerscheinungen, die er während eines dreitägigen Komas erlitt. Als erste nachweisbare Fassung schrieb 1149 der irische Mönch

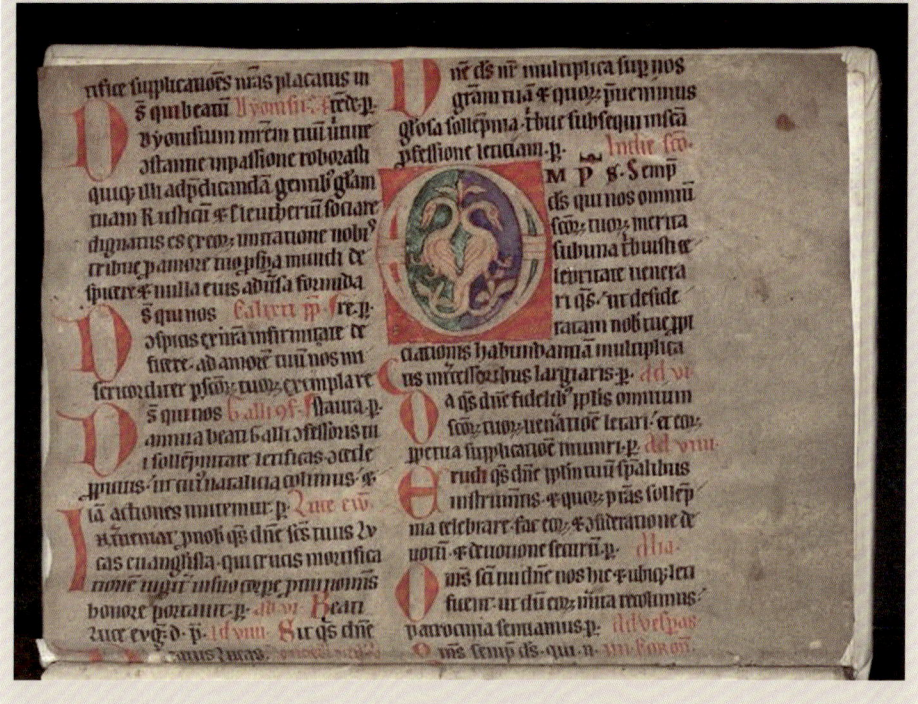

Abb. 170 Sakramentarfragment 13. Jh. (CLi 121 Vorsatzblatt recto)

Marcus die Vision in lateinischer Prosa nieder auf Bitten der Gisela, Äbtissin des Benediktinerinnenklosters Mittelmünster (St. Paul) in Regensburg.[20]

Auch Editionen aus der Gelehrtenschule eines der bedeutensten Klöster der Karolingerzeit auf der Insel Reichenau durften nicht fehlen. Deshalb finden wir auch zwei Autoren des 8./9. Jahrhunderts wie Walafridus Strabo mit seiner *Vita S. Galli et miracula eius* und *Vita S. Othmari*, sowie Heito, Abt von Reichenau, mit der *Visio Wettini*. Natürlich waren die für Bayern, Salzburg, Passau und Niederösterreich typischen Heiligenviten Pflichtlektüre. Vorhanden sind die Viten zu Severin und Koloman und von Aribo von Freising (8. Jh.) die *vita s. Corbiniani*, des bayerischen Missionsbischofs. Ein weiterer süddeutscher Autor, Wolfhard, Priester und Mönch im Kloster Herrieden bei Ansbach hat um 895 eine *Vita der heiligen Walburgis* verfasst. Wegen des Patroziniums von Mariazell waren Schriften zur Jungfrau Maria und Mutter Gottes obligatorisch, deshalb in CLi 134 zwei Berichte über Marienmirakel, *Miracula Beatae Virginis* und nochmals ein Autor

---

[20] https://www.geschichtsquellen.de/repOpus_04539.html?pers_PND=Gisela,%20C3%84btissin%20des%20Klosters%20Mittel m%C3%BCnster; LEHNER/NIX, Marcus von Regensburg.

aus karolingischer Zeit, Paulus diaconus Neapolitanus mit der Übersetzung zu Eutychianus Adanensis, *Miraculum Mariae de Theophilo*. Zutiefst benediktinisch und im Umfeld der Hildegard von Bingen befindet sich in der Handschrift CLi 91 der *Kanonisationsprozess* zur deutschen Benediktinerin und Mystikerin Elisabeth von Schönau (1129-1164) und eine *Visio S. Elisabeth inclusae*. Interessant ist an dieser Stelle die typische Überlieferungsform solcher Schöpfungen für das Mittelalter. Das Phänomen des Sammelbandes mit Einzelschriften. Hier verbergen sich zum Beispiel hinter den buchbinderischen Einheiten der Handschriften CLi 132 und 134 bis zu 28 Texte. Das ist auch für Mariazell völlig selbstverständlich, nicht ordensspezifisch oder ungewöhnlich, einfach gesagt, handelt es sich um kleine „Bibliotheken zwischen zwei Einbanddeckeln".[21]

Ordensregeln sind ein absolutes Muss. Glücklicherweise sind zwei grundlegende Werke in den Handschriften erhalten. Zum Ersten, ein aus karolingischer Zeit stammendes Exemplar der *Regel des heiligen Benedikt*, geschrieben in Bayern im 9. Jahrhundert und wohl schon seit dem ersten Drittel des 12. Jahrhunderts in Mariazell.[22] Zum Zweiten, Wilhelm von Hirsau *Constitutiones Hirsaugienses*, *Institutio monastica* als Handbuch der Hirsauer Reformbewegung, geschrieben im 13. Jh.

Auch Spuren des gelehrten Rechts, das neben der Seelsorge eine wichtige Position im Ordensstudium innehatte, lassen sich in Mariazell nachweisen. Es sind dies eine Vollhandschrift von Papst Innozenz III., *Constitutionum libri*, wenige päpstliche Dekretalen-Fragmente: Clemens V., *liber decretalium*; Bonifatius VIII., *liber sextus decretalium*, sowie Bernardus Parmensis mit Fragmenten seines *Casus Longi*, einer weitergehenden Kommentierung einzelner Dekretalen von Papst Gregor IX., ihrer tatbestandlichen und rechtlichen Probleme. Zum weltlichen Recht findet sich nur ein Fragment des *Corpus juris civilis cum glossa ordinaria des Accursius* von Justinianus.

Die klassische Rhetorik ist durch kurze Excerpte einer *Modus Praedicandi* Ausgabe vertreten. Briefe behandeln Themen wie Theologie, Moral, Politik, Diplomatie, Mönchtum, bischöfliche und päpstliche Verwaltung. Inhaltlich sind diese auch meist hervorragende Belege der angewandten Rhetorik. Gregorius Magnus mit *Epistolae quaedam* in CLi 94 und Papst Leo I., *Responsiones ad Rusticum episcopum Narbonensem und die Fragen durch Bischof Rusticus von Narbonne, Interrogationes ad Leonem papam* in ÖNB Cod. 2232, sind Beispiele dafür.

Geschichte, geschichtliche Themen und historische Ereignisse sind unter anderem auch eine Art Materialsammlungsfundgrube, die zur Vorbereitung von Predigten genutzt werden konnten und z.B. bei der Vita zum Hl. Martin auch ein hagiographischer Bestandteil sind. Daher findet sich auch in der Sammelhandschrift CLi 132 Gregor von Tours mit einer *Historia Francorum* und Alcuin mit einer *Disputatio Pippini regalis et nobilissimi juvenis cum Albino scholastico*. Eine wichtige Quelle für die Wirtschafts-, speziell die Agrar- und Gartenbaugeschichte ist das *Capitulare [de villis vel curtis imperii] primum*; *Capitulare [de villis vel curtis imperii] quartum* von Karl dem Grossen, zu finden in der Handschrift ÖNB Cod. 2232. In derselben Handschrift sind auch Beiträge zur Konzilsgeschichte, *Epitome cano-*

---

[21] GEISS, Petrarca-Rezeption 15.
[22] HANSLIK, Herkunft 117-130.

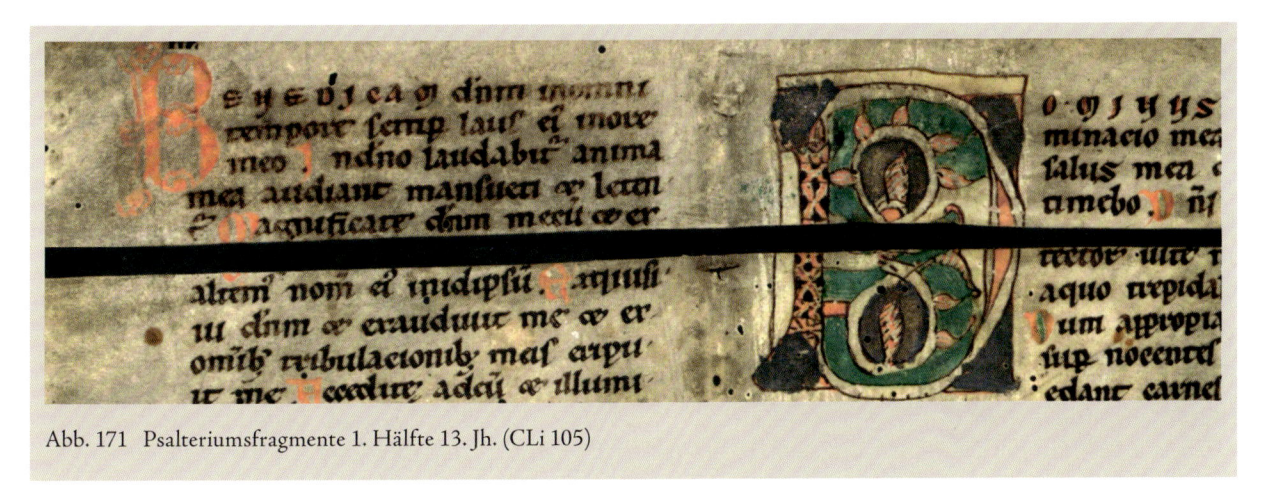

Abb. 171   Psalteriumsfragmente 1. Hälfte 13. Jh. (CLi 105)

num conciliorum Niceni, Arelatensis, Ancyrani, Antiocheni, Valentini, Carthaginensis et Aurelianensis. Eine ganz besondere Geschichtsquelle, die möglicherweise zum Handschriftenbestand von Mariazell gehörte, sind *Österreichische Annalen* (retrospektiv ab dem Jahr 218 bis 1348).[23] Geschrieben wurden die Annalen im Zeitraum von 1265 bis nach 1348. Die Handschrift befindet sich seit 1923 in der Österreichischen Nationalbibliothek ÖNB Cod. Ser.n. 4189.[24]

Zum Studium und als ideales Wissenskompendium des Mittelalters war Isidorus Hispaliensis mit seinem *Liber sententiarum de summo bono* eigentlich in jeder Klosterbibliothek vorhanden, so auch in Mariazell.

Künstlerische Ausstattung der Handschriften

Buchmalerei und Bucheinband als Elemente der individuellen Ausgestaltung und Ausstattung von Handschriften sind wichtige Teilaspekte der Forschungsarbeit. Deshalb wird der Buchschmuck in einem Beitrag von Martin Roland behandelt. Zu den Einbänden gibt es derzeit noch keine Untersuchungen, sodass zumindest einige kleine Bemerkungen dazu sinnvoll wären. Die Menge an erhaltenen mittelalterlichen Einbänden der Handschriften aus Mariazell ist erstaunlich groß. Von den 49 Codices sind noch 29 mit spätgotischen Einbänden ausgestattet.[25] Diese sind teilweise gut erhalten, oder konnten bei der Restaurierung zumindest fragmentarisch durch Reinigung und Regenerierung gerettet werden.[26]

Bei den Buchrestaurierungen, die von 1974 bis 1980 vom Stift Lilienfeld in Auftrag gegeben

---

[23] WATTENBACH, Edition der österreichischen Annalen in: MGH, SS. Bd. 9.
[24] FINGERNAGEL/ROLAND, Mitteleuropäische Schulen I 17-19.
[25] CLi 9, 14, 16, 17, 18, 19, 24, 29, 33, 38, 43, 73, 74, 75, 89, 90, 91, 93, 105, 107, 109, 113, 114, 115, 132, 133, 134, 162, 218.
[26] NOVAK, Handschriften und Fragmente, Teil II, Abschnitt 3.

wurden, sind bei den Bindearbeiten zahlreiche Vor- oder Nachsatzblätter, Spiegelblätter der Einbanddeckel innen und Falze zur Unterfütterung der Lagen entnommen und gesondert in einer Fragmentensammlung archiviert worden. Während der Buchbindekampagnen, die in der zweiten Hälfte des 15. Jahrhunderts im Stift Mariazell stattfanden, wurde unter anderem als Bindemakulatur eine zerschnittene Psalteriumshandschrift aus der ersten Hälfte des 13. Jahrhunderts verwendet. Diese Fragmente befanden sich in acht Provenienzbänden.[27] Paläograpischer Befund und Vergleiche mit dem Buchschmuck des 13. Jahrhunderts der Handschriften aus Mariazell deuten darauf hin, dass es zu diesen Psalteriumsfragmente, betreffend dortigem Herstellungsort keine Bezüge gibt. Als schwerwiegendes Argument dient auch die Tatsache, dass gerade Psalteriumshandschriften dieses Qualitätsniveaus als „Massenware" galten und daher gerne als Verschleissmaterial verwendet wurden.[28]

Zusammenfassung

Erfassung und Katalogisierung der Handschriftenbestände der ehemaligen Bibliothek des Benediktinerstiftes Mariazell werden begleitet durch Quellenarmut, Störung, Verlust und Zufallsfunde von fragmentarisch erhalten gebliebenen Resten. Bei allem wirft sich die Frage auf, ob die vorhandenen Handschriften und Fragmente zum Teil im Stift Mariazell selbst produziert, oder von anderen Skriptorien zugekauft oder in geringem Ausmaß durch Konventsmitglieder eingebracht wurden. Auch die historischen Berichte über Gewalt und Zerstörung lassen annehmen, dass die Bibliothek immer darunter gelitten hat.[29] Dennoch sind kleine Spuren von Schichtungen, Strukturen, Entstehungsprozessen und Funktionen im Ansatz wahrnehmbar, insbesondere, da es wohl in der ersten Hälfte des 13. Jahrhunderts eine Zeit von zielstrebiger klösterlicher Entwicklung und Konsolidierung in alle Richtungen gab. Ich gehe davon aus, wenn der Rekonstruktionsbestand in seiner Gesamtheit, also auch die Handschriften und Fragmente des 14. und 15. Jahrhunderts wissenschaftlich gesichtet und gesichert sind, sich weiterreichende Erkenntnisse ergeben.[30]

---

[27] CLi 24 (Doppelblatt 189 x 179), CLi 38 (Doppelblatt 248 x 197), CLi 39 (2 Doppelblätter 257/261 x 188/190), CLi 68 (2 Blätter 135 x 184/186), CLi 94 (Doppelblatt 258 x 172), CLi 105 (3 Doppelblätter 248/250/252 x 199/200/148 und 4 Falze 248/35/32/33 x 45/119/121/63), CLi 124 (Doppelblatt 283 x 201 und 2 Falze 47/32 x 40/202), CLi 141 (2 Falze 242/178 x 62/35).

[28] Für diesen Hinweis danke ich Martin ROLAND.

[29] EIGNER, Geschichte 32-34, 109, 139-140.

[30] MITTLER, Bibliotheksforschung 497-505.

7. BUCHMALEREI IN HANDSCHRIFTEN AUS MARIAZELL – DIE ENTWICKLUNG BIS CA. 1300

VON MARTIN ROLAND

Mariazell gehört sicher nicht zu den bekanntesten monastischen Zentren in Österreich. Aus Sicht des Buchhistorikers würde man die Gründung erst in der Zeit um 1200 vermuten, denn es gehört zu den Binsenweisheiten, dass gemeinsames monastisches Leben eine gewisse Grundausstattung an Büchern benötigt. Die ersten schriftlichen Zeugnisse aus dem Benediktinerstift Mariazell, Antiphonarfragmente,[1] werden um 1200 datiert. Überlieferung auf breiter Front folgt in der ersten Hälfte des 13. Jahrhunderts. Die Grundausstattung an Büchern – dies betrifft sowohl den liturgischen Bereich, also den Chor, als auch die Bibliothek im engeren Sinn als Ort des Studiums – kann aus dem Mutterkloster kommen, diese kann (oft vom Stifter) ‚zusammengeschnorrt' werden, oder diese kann selbst angefertigt werden. In der Regel wirken alle Komponenten, je unterschiedlich gewichtet, zusammen.

Um Bücher selbst herstellen zu können, benötigt das neu gegründete Kloster ein eigenes Skriptorium. Wie dies in Mariazell ablief und was man darüber aus dem Buchschmuck lernen kann, wird hier untersucht. Als Vergleich bietet sich – um ein benachbartes Beispiel zu nennen – die Zisterze Lilienfeld an: Die Gründung erfolgte im ersten Jahrzehnt des 13. Jahrhunderts. Paralleles gibt es bei der inneralpinen Lage und beim Zeitpunkt des ersten Aufblühens der Bibliothek in der ersten Hälfte des 13. Jahrhunderts. Auch die spätromanischen Rankeninitialen, zumeist rot gezeichnet und oft mit farbigem Grund, entsprechen demselben Zeitstil. Als Unterschiede sind zum Beispiel der viel größere Abstand der Blütezeit zur (Erst-)Gründung zu benennen und die Stifter, bei Lilienfeld der Herzog von Österreich, während beim nahegelegenen Mariazell lokale Adelige diese Funktion innehatten.

1. Bestand, Besitzvermerke, Bibliothekskataloge, Schreiber und Katalogisierungsarbeiten

Aus Mariazell sind 49 Handschriften in der Stiftsbibliothek Lilienfeld erhalten.[2] Weitere Codices mit

---

[1] Diese weisen keinen Buchschmuck auf, werden daher hier nicht behandelt: siehe in diesem Band NOVAK, Liturgie S. 179-181 (mit Abb.).

[2] Siehe http://manuscripta.at/index.php, „Kleinmariazell" bei der Detailsuche unter „Vorbesitzer/Provenienz" eingeben. Diese Liste auch schon bei HAIDINGER/LACKNER, Lilienfeld – Handschriftenliste (Version 2 von Januar 1997):

Bezügen zum Stift befinden sich in der Österreichischen Nationalbibliothek in Wien, in Melk und in Zwettl.³ Den kurzfristig aufgehobenen Lilienfeldern (März 1789 bis April 1790) wurde als Entschädigung für erlittene Verluste nach der Wiederherstellung der Bestand aus dem endgültig aufgelösten benachbarten Benediktinerstift übergeben. Wir wissen bloß von wenigen Codices, die sich schon vor dem 18. Jahrhundert außerhalb der Klostermauern befanden:⁴ Zwei kanonistische Codices⁵ gelangten im 16. Jahrhundert in die Hofbibliothek,⁶ drei weitere Bände hatten je individuelle Buchschicksale (siehe Anm. 3).

Für die hier vorliegende Studie sind jene 21 Handschriften wichtig, die dem 13. Jahrhundert zuzurechnen sind und von denen 14 mit Rankeninitialen geschmückt sind.⁷ Der in dieser Zeit entstandene Bestand ist in Lilienfeld um die Hälfte größer.⁸ Bei den in den Anmerkungen fett ausgewiesenen Codices mit spätromanischen Rankeninitialen, also dem etwa in der ersten Hälfte des 13. Jahrhunderts entstandenen Bestand, ist der Unterschied deutlich kleiner, aber auch in dieser Periode des primären Bibliotheksaufbaus übertreffen die Lilienfelder Zisterzienser die erhaltene Produktion der benachbarten Benediktiner. Größter Unterschied ist jedoch nicht dieser graduelle in der Gründungsphase der jeweiligen Bibliotheken, sondern die Tatsache, dass in Mariazell Produktion und Erwerb von Büchern schon in der zweiten Hälfte des 13. Jahrhunderts enden,⁹ während in Lilienfeld die sehr lebendige eigene Buchproduktion und das Erwerben von Büchern von außerhalb bis nach der Mitte des 14. Jahrhunderts ungebrochen weitergehen.

---

http://www.ksbm.oeaw.ac.at/lil/hss_v02.htm (Suchbegriff „Kleinmariazell": ohne CLi 121, und bei ROLAND, Buchschmuck 14.

³ Wien, ÖNB, Cod. 2149, Cod. 2232 (siehe Anm. 102) und Cod. Ser. n. 4189 (siehe Abschnitt 2g); Zwettl, Stiftsbibliothek, Cod. 184; Melk, Stiftsbibliothek, Cod. 836 (Nekrolog des Stiftes; siehe Anm. 19).

⁴ Siehe auch Anm. 18.

⁵ Wien, ÖNB, Cod. 2149: 13. Jh. [ohne Dekor] und Cod. 2232: 9. Jh. Cod. 2232 enthält die Regula Benedicti und anschließend kirchenrechtliche Texte: siehe Abschnitt 2f und zur Provenienz HANSLIK, Herkunft 118f.

⁶ Die beiden Bände erregten wohl das Interesse von im Namen des Kaisers reisenden Humanisten, die – vielfach getarnt als Entlehnungen – den damals auf Grund der Reformation darniederliegenden Klöstern Codices, die für die „Jäger" von besonderem inhaltlichem Interesse waren, abpressten.

⁷ Lilienfeld, Stiftsbibliothek, CLi 24 (BV 14. Jh.), **38**, 39, 68 (BV 15. Jh.), **77, 89** (BV) 90 (Frankreich), **91**, 93 (BV 15. Jh.), **94, 105** (BV), **109** (BV), **121** (Fragmente in einem späteren Codex), **124** (BV), **132, 134, 141, 162** (BV), **167** (BV); zusätzlich Wien, ÖNB, Cod. 2232 (9. Jh.), Cod. 2149 (BV) und Cod. Ser. n. 4189. Weiters ist auf Codices aus dem 14. Jahrhundert zu verweisen: CLi 27, 35, 70, 73, 84, 114, 218. Fett ausgewiesen sind Codices mit spätromanischen Rankeninitialen; mit „BV" sind jene Codices ausgewiesen, die einen zeitnahen bzw. mittelalterlichen Besitzvermerk aufweisen.

⁸ Aus Lilienfeld sind 46 (nicht offensichtlich importierte) Handschriften des 13. Jahrhunderts bekannt: Lilienfeld, Stiftsbibliothek, CLi 7, 28, 32, 34, 37, **42**, 44, **51, 52, 54**, 55, 56, **58, 59**, 60, 63, 76, 78, 82, 83, **87**, 88, 92, **96, 99, 101**, 103, 108, **116**, 129, **131**, 139, 140, **163, 165, 168**, 171, 181, **185, 189, 195, 196**, 216, **228**; zusätzlich Wien, ÖNB, **Cod. Ser. n. 2594** (ehem. CLi 191). Als Import aus Frankreich (bis um 1300) werden von HAIDINGER/LACKNER, Handschriftenliste 2, 16 Handschriften angegeben: CLi 10, 11, 12, 41, 138, 152, 157, 158, 159, 166, 188, 190, 217, 220, 222, 223; als Import aus Italien 7: CLi 25, 86, 102, 122, 123, 139 (tw.), 224; Wien, ÖNB, Cod. Ser. n. 2595 (ehem. CLi 6) entstand im 13. Jahrhundert in Niedersachsen. – Vor die Gründung des Stifts werden von Haidinger, Lackner, fünf Handschriften datiert: CLi 72, 156, 157, 159, 160.

⁹ Zur endenden Produktion im Stift siehe den Abschnitt 2d zum Fleuronnée; dort auch ein Hinweis auf einen aus Frankreich importierten Codex und auf italienische Fragmente, die im 15. Jahrhundert in eine Inkunabel geklebt wurden.

Dass die im späten 18. Jahrhundert aus Mariazell nach Lilienfeld gelangten Bestände auch schon im Mittelalter in diesem Benediktinerstift waren, kann nicht – wie in Lilienfeld – durch den Abgleich mit mittelalterlichen/älteren Bibliothekskatalogen überprüft werden.[10] Stattdessen gibt es eine vergleichsweise dichte Überlieferung von in die Codices eingetragenen Besitzvermerken (Abb. 172/1-7). Auf dem oberen Rand vieler Incipit-Seiten steht in klarer frühgotischer Buchschrift *Iste liber pertinet ad cellam sancte Marie*.[11] Diese Vermerke können aus paläographischen Gründen der ersten Hälfte des 13. Jahrhunderts zugewiesen werden. In CLi 167 ist ein entsprechender Vermerk auf fol. 225r als Teil des rot geschriebenen Colophons des Schreibers wiederholt (Abb. 172/2). Dieser, wie es scheint, unikale Fall verbindet Vermerk und Entstehung des Codex unmittelbar. Damit wird auch klar, dass alle Codices mit solchen Vermerken einer ersten Phase der Entstehung der Bibliothek angehören. Das Vorhandensein oder das Fehlen ist daher durchaus auch als Hinweis zu deuten, wann während des 13. Jahrhunderts ein Codex entstand bzw. wann ein Codex von außen in die Bibliothek gelangte.[12]

Nach dieser ersten Welle an Vermerken folgen der Vermerk in CLi 24 auf fol. 1r, der aus dem 14. Jahrhundert stammt, und jene in CLi 68 (foll. 127v [Abb. 168] und 135v)[13] und CLi 93 (fol. 2r) aus dem 15. Jahrhundert.[14] Eine weitere Welle von Besitzvermerken ist wohl dem beginnenden 17. Jahrhundert zuzuordnen.[15] Es ist zu beobachten, dass Codices, die spätere Besitzvermerke tragen, vielfach am Anfang beschädigt sind.[16] Bei Handschriften des 13. Jahrhunderts ist daher durchaus wahrscheinlich, dass einige davon ursprünglich einen Vermerk der Gründungsphase aufwiesen. Dem Abbruch bei der Erweiterung der Bibliothek, den wir konstatiert ha-

---

[10] Aus Lilienfeld haben sich zwei (Teil-)Verzeichnisse des Buchbesitzes erhalten. Eines davon (CLi 52, fol. 247v) ist wohl schon um 1230 zu datieren: vgl. GOTTLIEB, Bibliothekskataloge 1 122-132: online: http://nbn-resolving.de/urn:nbn:de:hbz:061:1-15031. Die Datierung nach HAIDINGER/LACKNER, Handschriften Lilienfeld 49-80 (Handschriftenliste, Version 3), 62.

[11] CLi 89, fol. 1r, CLi 105, fol. 1v, CLi 109, fol. 1r, CLi 124, fol. 1r, CLi 162, fol. 1r, CLi 167, fol. 1r und 225r, Wien, ÖNB, Cod. 2149 (Der Vermerk auf dem abgelösten Fragment ÖNB, „Fragm. 133").

[12] Dies spielt bei der karolingischen Handschrift Wien, ÖNB, Cod. 2232, eine wichtige Rolle (siehe Abschnitt 2f).

[13] Fol. 135v ist eine ursprünglich leere Seite nach dem Ende des Textes, die mit diversen Federproben gefüllt wurde (unter anderem auch die flüchtige Zeichnung eines Lammes Gottes). In der Mitte steht in auffallend qualitätvoller Bastarda: *Iste liber pertinet ad cellam Marie virginis / et vocatur Ysydorus*. Darunter ist der Inhalt in inverser Reihenfolge und in deutlich qualitätloserer Schrift wiederholt. Die Formen machen auf den ersten Blick eine Datierung noch ins 13. Jahrhundert möglich, doch sind die Schlaufen an den Oberlängen des „l" und die Form des runden „d" eindeutig dem 15. Jahrhundert zuzuweisen.

[14] Auf dem aus CLi 74 ausgelösten Spiegelblatt des Vorderdeckels befindet sich ein (erstaunlich unspezifisch formulierter) Besitzvermerk des 15. Jahrhunderts (Hinweis Eugen NOVAK): *Iste libellus est monasterii sancte Marie*. Siehe NOVAK, Handschriften und Fragmente. Aus Lilienfeld sind, bemerkenswerter Weise, keine Besitzvermerke überliefert. Einzige Ausnahme ist CLi 210, fol. 1r (wohl Mitte 14. Jh.). ROLAND, Buchschmuck 11 und 39 (Kat. 2/3/2) sieht die Funktion dieses Vermerks weniger im Sichern des Besitzes, sondern als Dokumentation einer Schenkung an das Stift.

[15] *Sum monasterii ad cellas Mariae*: CLi 39, fol. 1r, CLi 90, fol. 1r (Abb. 226), CLi 91, fol. 1r, CLi 132, fol. 1r, CLi 134, fol. 1r, CLi 141, fol. 1r. Für die paläographishe Einordnung danke ich Andreas Zajic. – Besitzvermerke des 18. Jahrhunderts: CLi 38, fol. 1r, CLi 77, fol. 2r, CLi 94, fol. 1r (Vermerke in Codices mit älteren Besitzvermerken nicht angeführt).

[16] Bei folgenden Codices fehlt der Beginn: CLi 38, CLi 94, CLi 132, CLi 134.

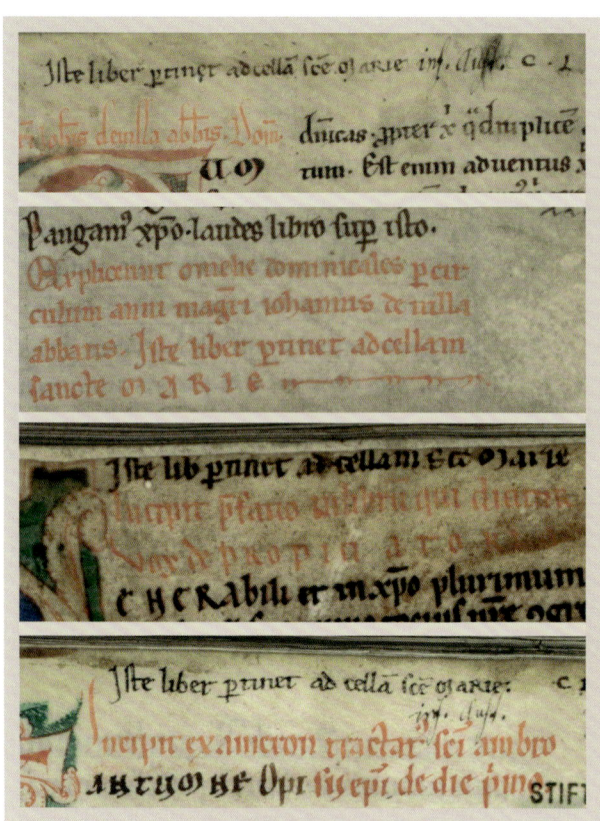

Abb. 172/1-7 Besitzvermerke aus der Aufbauphase der Bibliotheken 1 u. 2) CLi 167, foll. 1r u. 225r – 3) CLi 89, fol. 1r – 4) CLi 124, fol. 1r 5) CLi 162, fol. 1v – 6) CLi 104, fol. 1v – 7) CLi 109, fol. 1v

ben, folgten also offenkundig auch Phasen, in denen der Bibliothek im Stift – auch schon während des Mittelalters[17] – nicht die Obsorge zuteilwurde, die sie verdient hätte.[18]

[17] Der Blindstempeleinband des CLi 134 belegt, dass zumindest in diesem Einzelfall bereits bei der Neubindung im 15. Jahrhundert der Anfang gefehlt hat.

[18] Der Bestand an mittelalterlichen Codices aus Mariazell ist in Lilienfeld geschlossen erhalten. Es gibt keine Hinweise, dass Material im Zuge der Klosteraufhebung 1782 entfremdet wurde und sich an anderen Orten erhalten hat. Wie vollständig der Bestand freilich zum Zeitpunkt der Aufhebung noch war, ist, da Bibliothekskataloge fehlen, schwer zu bestimmen (zu entfremdeten Handschriften vgl. Anm. 5f.).

Schreiber – Die Blütezeit während der ersten Hälfte des 13. Jahrhunderts muss mit Personen verbunden gewesen sein, die für den Buchbestand Interesse hatten. Namen sind freilich, bis auf eine Ausnahme, keine bekannt. Auf fol. 41r von CLi 162, wird ein Gundramus genannt: *HOC SCRIpSIT D[omi]N[u]S GVN / DRAMUS* (Abb. 173).[19] Die-

[19] Im Nekrolog des Stiftes werden zwei Namensträger erwähnt, die Priester und Mönche (des Konvents) waren: MGH Nec V, 146 (Oktober 19) und 147 (November 18). Grundlage ist Melk, Stiftsbibliothek, Cod. 836, foll. 113r-138v. Für Abbildungen siehe https://kloster-mariazell.topothek.at/, Suchbegriff „Necrologium".

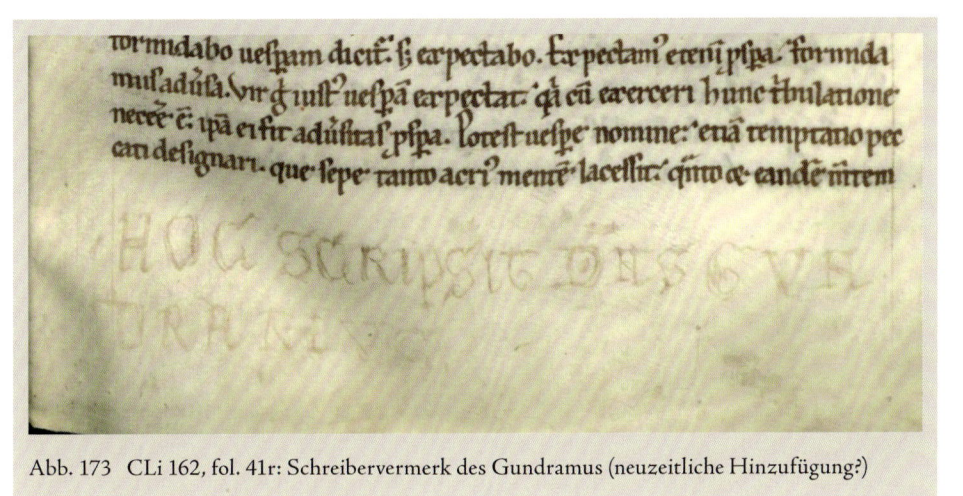

Abb. 173   CLi 162, fol. 41r: Schreibervermerk des Gundramus (neuzeitliche Hinzufügung?)

ser Vermerk ist höchst ungewöhnlich, denn er steht nicht – wie für einen Schreibervermerk zu erwarten – am Textende, sondern am unteren Rand einer gewöhnlichen Textseite. Statt der üblichen Tinte wird ein Metallstift verwendet. Der Duktus der artifiziellen Majuskelschrift ist unsicher. Der sonderbare Vermerk wird durch einen Schreiberspruch (ohne Namensnennung) auf fol. 192v ergänzt, der freilich nicht unmittelbar nach dem Textende steht, sondern erst nach einer von anderer Hand und in anderem Schriftgrad beigefügten deutschsprachigen pharmazeutischen Notiz. Diese beiden Elemente hält Andreas Zajic mit guten Gründen für „antiquarische" Addenda der Neuzeit. Ob auch der Vermerk auf fol. 41r eine neuzeitliche Ergänzung ist, muss derzeit noch unbeantwortet bleiben.

Katalogisierungsarbeiten zum Bestand aus Mariazell erfolgten in der Regel gemeinsam mit allen anderen Handschriften in der Stiftsbibliothek Lilienfeld. Während die Kataloge Hanthalers aus dem 18. Jahrhundert diese Codices naturgemäß noch nicht enthalten konnten, kommen sie in dem von Conrad SCHIMEK 1891 publizierten Katalog vor.[20] Als Metaportal zu allen verfügbaren Informationen (inklusive Links zu Digitalisaten und Bibliographie) ist manuscripta.at der optimale Einstieg.[21] Weiters sind die Arbeiten von Alois HAIDINGER, Franz LACKNER heranzuziehen.[22]

Für den Bestand an romanischem Buchschmuck ist auf die Erfassung von Friedrich SIMADER hinzuweisen.[23] Auf der Plattform manuscriptorium.com stehen Digitalisate für alle Codices aus Lilienfeld zur Verfügung.[24] Die dort von Eugen NOVAK zusammengestellten Metadaten beabsichtigen, alle verfügbaren Informationen (siehe oben) zusammenzuführen. Aufbau der Datenbank (in Tschechisch und Englisch) und die Suchmöglichkeiten sind komplex und bieten noch Verbesserungspotential.

---

[20] SCHIMEK, Handschriften Lilienfeld 481–561: http://manuscripta.at/diglit/xenia_1/0489.
[21] http://manuscripta.at/lib.php?libcode=AT5400.
[22] HAIDINGER/LACKNER, Handschriftenliste (Version 2: Januar 1997): http://www.ksbm.oeaw.ac.at/lil/hss_v02.htm; HAIDINGER/LACKNER, Handschriften Lilienfeld 49–80 (Handschriftenliste, Version 3).
[23] SIMADER, Illuminierte Handschriften: https://homepage.univie.ac.at/Martina.Pippal/Lilienfeld.htm. Der aus Mariazell stammende Anteil jeweils mit Kleinmariazell bezeichnet.
[24] http://www.manuscriptorium.com/en/node/16332.

2. Buchschmuck in Handschriften aus Mariazell bis ca. 1300

Die hier zu behandelnden Codices enthalten Dekor verschiedenen Charakters. Der im Haus entstandene Grundbestand ist jedoch vergleichsweise einheitlich, was sich in einem Datierungsansatz „um 1220/40" ausdrückt. Selten ergeben sich Hinweise, die auf eine etwas frühere oder spätere Ansetzung deuten.

2a. Figürlicher Dekor[25]

Der Bestand an figürlichem Dekor ist klein. Zu nennen sind das Autorenportrait in CLi 124 und ein Band der *Moralia in Job* (CLi 162),[26] die beide den originalen Besitzvermerk aufweisen. Bei CLi 134, einer vor allem hagiographischen Sammelhandschrift fehlt der Beginn, ob die vielen vor allem an den Rand gezeichneten Figuren der ersten Phase der Bibliothek angehören, ist daher nicht zu überprüfen. Der zweite Band der *Expositiones morales in Job* des Gregor des Großen (CLi 141) hat jedenfalls keinen originalen Besitzvermerk, sondern einen des 17. Jahrhunderts, was ein weiteres Argument für die sich aus dem Stil ergebende etwas spätere Entstehung darstellt.

Die Incipitseite (fol. 1r) von CLi 124 zeigt den hl. Ambrosius als Autor des im Codex überlieferten Exameron (Abb. 174).[27] Er ist schreibend an einem Pult im Binnenfeld einer Rankeninitiale dargestellt. Der gleichzeitige Besitzvermerk über dem Textbeginn sichert die Provenienz ab und weist den Band der Gründungsphase der Bibliothek zu.

Dass der schriftstellerisch tätige Kirchenvater als schreibender Autor dargestellt wurde, nimmt nicht wunder, denn das Bildmuster spinnt in letzter Konsequenz eine mit den Evangelistenbildern frühmittelalterlicher Evangeliare beginnende Tradition weiter. Als Zwischenschritte sei auf zwei französische Beispiele verwiesen: einen Codex aus Mont-Saint-Michel aus dem mittleren 11. Jahrhundert, in dem in einer Miniatur auf fol. 182v der heilige Bischof von Mailand als Schreiber dargestellt ist,[28] und einen Codex aus Signy aus dem Ende des 12. Jahrhunderts,[29] bei dem Ambrosius bereits in die Initiale T, mit der das Exameron beginnt, gewandert ist (fol. 1r – Abb. 175).

Spannender als dieser Blick auf die doch konventionelle Ikonographie sind die weiteren unfigürlich ausgestatteten Initialen. Auf fol. 1v folgt eine Vogelinitiale (Abb. 176), die in einer Dracheninitiale in CLi 77, fol. 2r, eine durchaus ernst zu nehmende Entsprechung hat (Abb. 177).[30] Die Rankeninitiale auf fol. 30r folgt – so wie die oben bereits besproche-

---

[25] Im folgenden Abschnitt werden jene figürlichen Motive des Dekors behandelt, die sich auf den Inhalt beziehen, also „historisiert" sind. Belanglose, also rein dekorative zoomorphe oder anthropomorphe Motive, etwa Begleitlinien, die ein Profil ergeben, bleiben unberücksichtigt.

[26] In CLi 162 sind die Bücher 6 bis 16 überliefert, in CLi 141 (siehe unten) die Bücher 17-26. – Ein zeitnaher Satz dieses Textes ist auch aus Lilienfeld erhalten: CLi 163 (Bücher 1-5), CLi 216 (Bücher 6-16), CLi 168 (Bücher 27-35).

[27] Vgl. https://manuscripta.at/hs_detail.php?ID=32333 (mit Link zum Digitalisat und Bibliographie). Der Codex (und CLi 134) wurden schon 1963 in einer Zusammenstellung der niederösterreichischen Buchmalerei kurz erwähnt: SCHMIDT, Buchmalerei 98 (bei Nr. 11 als Vertreter aus Mariazell). Vgl. NOVAK, Handschriften und Fragmente.

[28] Avranches, Bibliothèque municipale, Ms. 72: vgl. http://initiale.irht.cnrs.fr/codex/736/1942.

[29] Charleville-Mézières, Bibliothèque municipale, Ms. 212: vgl. http://initiale.irht.cnrs.fr/codex/1495/4688.

[30] Die Rankeninitiale, mit der der Text beginnt, wird in Abschnitt 2b2 besprochen.

Abb. 174 CLi 124, fol. 1r:
Historisierte Rankeninitiale mit hl. Ambrosius
Mariazell, 1220/40

Abb. 175 Charleville-Mézières, Bibliothèque municipale, Ms. 212, fol. 1r, Examerom des hl. Ambrosius, Signy, Ende 12. Jahrhundert

ne historisierte Initiale – dem romanischen Grundtypus mit Rankenästen, die sich im Binnenfeld verteilen und in reich gelappten Halbpalmetten enden. Vergleichbare Rankeninitialen schließen sich zu einer Gruppe zusammen, die sowohl im Mariazeller Bestand vertreten ist als auch in vielen Beispielen aus Heiligenkreuz (und Lilienfeld), wo diese Gruppe wohl auch geprägt wurde (siehe Abschnitt 2b2). Die weiteren Initialen (z. B. fol. 55v) zeigen sehr eigentümliche Formen, die ebenfalls in anderen Codices des Bestandes vorkommen und in Abschnitt 2c besprochen werden.

Zusammenfassend betrachtet ist der Codex im Bestand sehr gut vernetzt. An einer Entstehung im Skriptorium muss, obwohl die historisierte Initiale heraussticht, nicht gezweifelt werden. Friedrich Simader hatte die Initialen für Heiligenkreuz in Anspruch genommen.[31] Die Zusammenhänge beziehen sich aber nicht auf den Figurenstil sondern auf die oben erwähnten Blattmotive.[32] Soweit die Entwicklung dieser Gruppe überblickt werden

[31] FINGERNAGEL/SIMADER, Ergänzungen bei ÖNB, Cod. Ser. n. 121 und https://homepage.univie.ac.at/Martina.Pippal/Lilienfeld.htm #CLi 124
[32] Die Zuweisung von Simader wurde von Alois HAIDINGER nicht übernommen: vgl. scriptoria.at (https://www.scriptoria.at/cgi-bin/index.php), wo die Schreibstube von Heiligen-

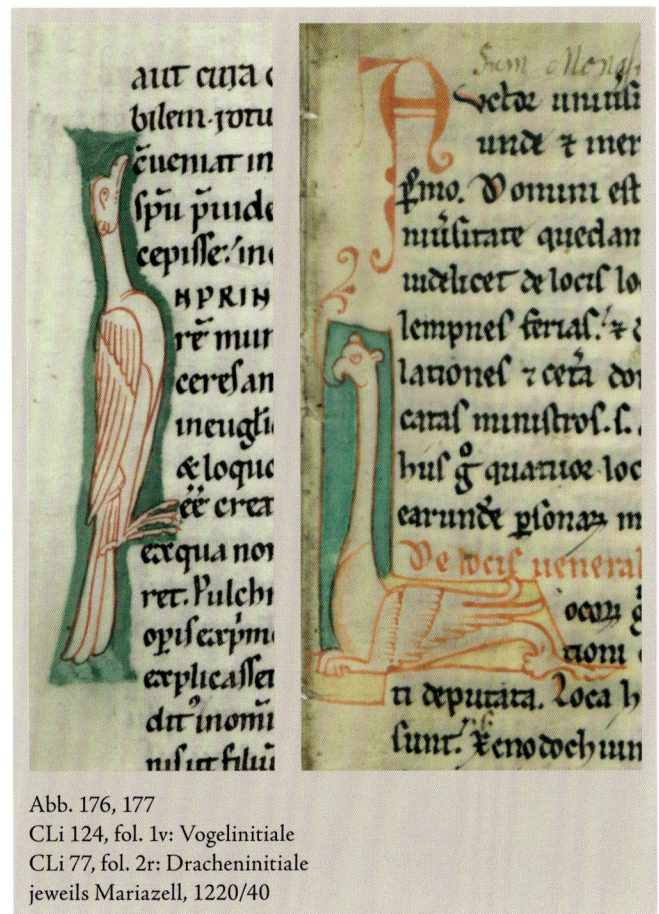

Abb. 176, 177
CLi 124, fol. 1v: Vogelinitiale
CLi 77, fol. 2r: Dracheninitiale
jeweils Mariazell, 1220/40

kann, sind keine stilistischen Details namhaft zu machen, die es erlauben, Initialen einem der beteiligten Stifte zuzuweisen.[33]

Die Ausstattung einer vor allem **hagiographischen Sammlung (CLi 134)**[34] ist unsystematisch und vielfältig. Wie der Codex den Leser empfing, wissen wir nicht mehr, denn die erste Lage fehlt.[35] Der erhaltene Text beginnt auf fol. 1r (alt 19r) mit einer ganz kleinen Initiale F(uit vir quidam),[36] neben der am schmalen inneren Rand der Seite eine kleine mit roter und brauner Tinte gezeichnete Figur eines Mönches steht (Abb. 32). Eine vergleichbare kleine Gestalt bildet die Figureninitiale I(n Gallica regione) auf fol. 6v (alt 25v). Wen der tonsurierte Mönch oder Kleriker mit Schlüssel darstellen soll, ist unklar (Abb. 178). Auf fol. 9v (alt 28v) ist seitlich neben der kleinen Initiale ein matter (languidus) Mann mit „Krücken" an den Unterarmen zu sehen (Abb. 179), auf fol. 10r (alt 29r) eine (alte?) Nonne (Abb. 37).

Die stehende Maria mit Rankenstab auf fol. 10v (alt 29v) ist deutlich größer, auch die Falten des Gewandes sind nun schon sehr differenziert (Abb. 180). Die Legenden zum hl. Apostel Andreas beginnen fol. 17r (alt 36r) mit einer unfigürlichen I-Initiale zur Einlei-

---

kreuz (und anderer österreichischer Zisterzienserstifte) aufgearbeitet wird.

[33] Siehe auch Abschnitt 2b2.

[34] http://manuscripta.at/hs_detail.php?ID=32343; SCHMIDT, Buchmalerei 98 (Nr.11); HAIDINGER/LACKNER, Handschriftenliste 2 gehen von kleineren Teilen aus, die bereits Ende des 12. Jahrhunderts bzw. zur Wende 12./13. Jh. entstanden seien, während der Großteil des Bestandes „Anfang 13. Jh." datiert wird; bei HAIDINGER/LACKNER, Handschriften 54, fehlt (wohl zu Recht) diese Differenzierung. Vgl. NOVAK, Handschriften und Fragmente; Siehe NOVAK, Handschriften und Fragmente.

[35] Auf fol. 1r (alt 19r) steht unten die Reklamante II. Die Foliierung des frühen 17. Jahrhunderts beginnt mit 19. Die nächste Kustode (III) folgt auf „alt 27" (die heute gültige Foliierung ist nur sporadisch vermerkt). Achtzehn Blätter sind freilich eine sehr ungewöhnliche Anzahl für eine Lage; zudem setzt sich die Lagenzählung nicht kontinuierlich fort.

[36] Miracula beatae Virginis: PONCELET, Miraculorum 241-360, hier Nr. 647 = BHL 5357, cap. 29. – Wann das der Initiale vorhergehende Textende radiert wurde, ist nicht mehr feststellbar.

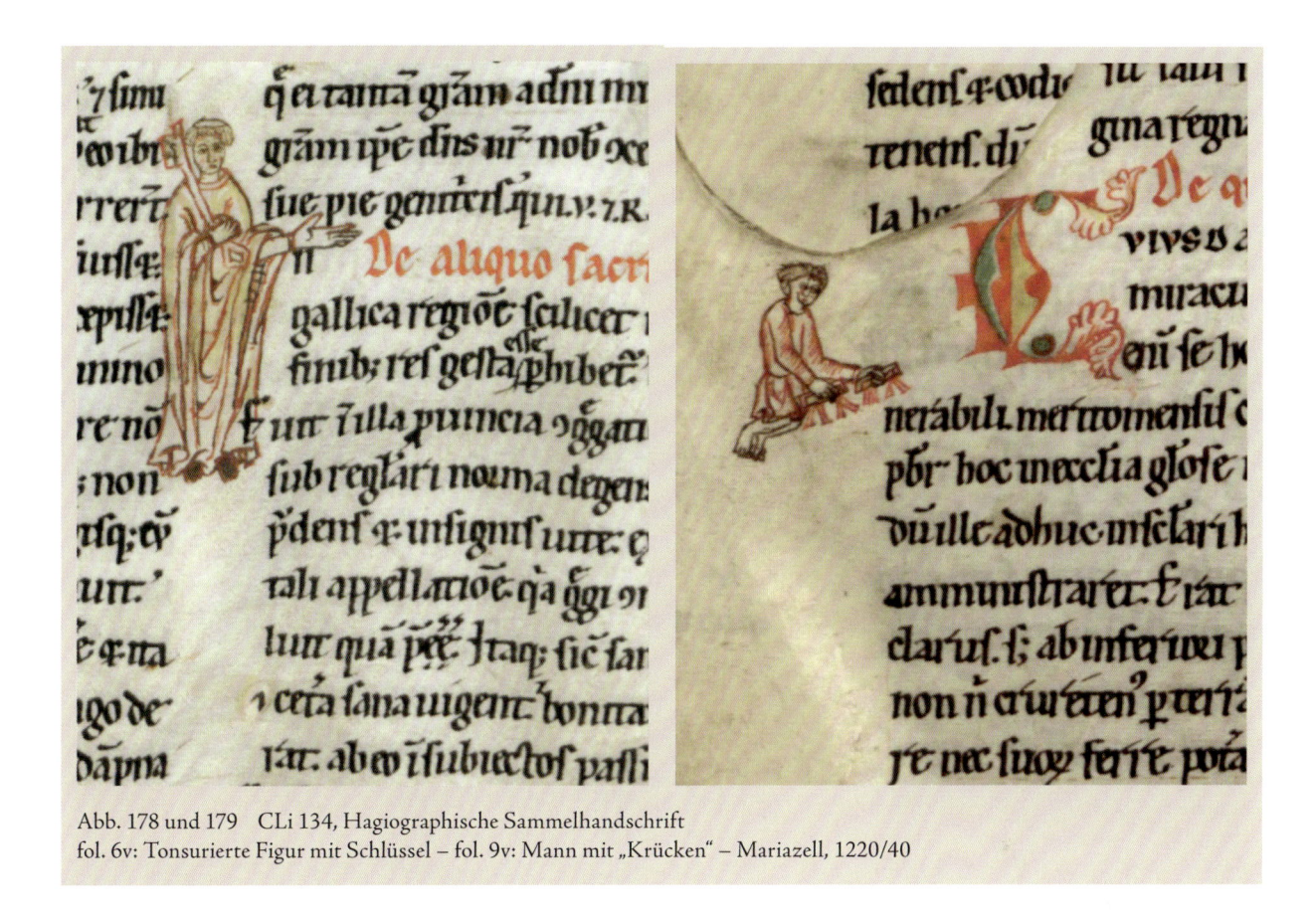

Abb. 178 und 179   CLi 134, Hagiographische Sammelhandschrift
fol. 6v: Tonsurierte Figur mit Schlüssel – fol. 9v: Mann mit „Krücken" – Mariazell, 1220/40

tung und mit einer I-Initiale, die als Figur des Heiligen geformt ist, beim Textbeginn (Abb. 181). Die Figur ist erstaunlich bewegt und schreitet beschwingt in den Text hinein. Der neben der Initiale stehende hl. Bischof Epiphanus (alt 43v) ist hingegen ohne spezielle Besonderheiten.

Aus lokalem und ikonographischem Interesse muss der hl. Koloman (fol. 31v [alt 50v]) erwähnt werden (Abb. 182). Er steht neben einer kleinen Rankeninitiale als frontale Figur mit einem Umhang aus Fell und einem (Pilger-)Stab mit einer Tasche mit Pilgermuschel.[37] Ältere Darstellungen des Heiligen sind aus Melk bekannt: Eine Initiale auf einem Fragment eines um 1200 zu datierenden sehr üppig ausgestatteten Breviers ist so stark beschädigt, dass nicht erkennbar ist, ob die stehende Figur identifizierende Attribute hält.[38] Aussage-

---

[37] Die Darstellung erwähnt bei: NIEDERKORN-BRUCK/DUBSKI, Koloman.
[38] Melk, Stiftsbibliothek, Frag. 227. Zu Datierung und weiteren Fragmenten dieser Handschrift siehe GLASSNER/HAIDINGER, Anfänge der Melker Bibliothek 109f.

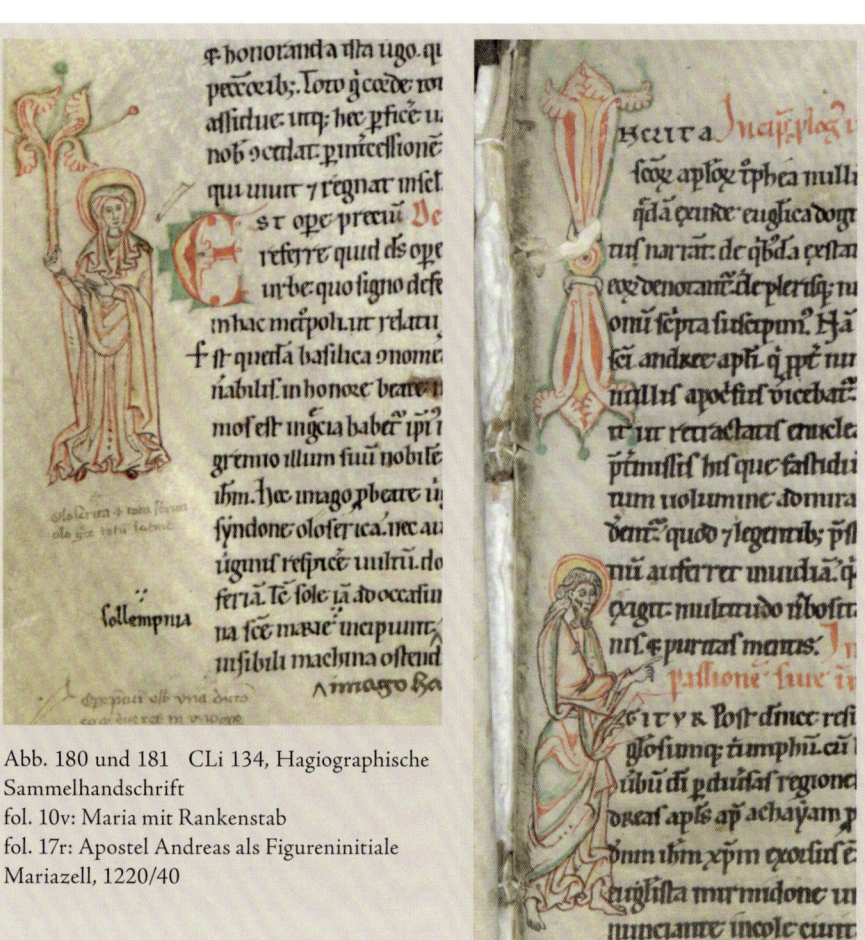

Abb. 180 und 181   CLi 134, Hagiographische Sammelhandschrift
fol. 10v: Maria mit Rankenstab
fol. 17r: Apostel Andreas als Figureninitiale
Mariazell, 1220/40

als bei der Figur aus Mariazell ist Koloman hier als Märtyrer (mit Palme) und mit einem Pilgerstock in der anderen Hand gegeben (Tasche und Muschel als Attribute fehlen). In etwa gleichzeitig mit dem Codex aus Mariazell entstand eine Abschrift des *Magnum Legendarium Austriacum* in Zwettl, die eine ganz unspezifische Darstellung des Heiligen als Märtyrer im Schaft einer Rankeninitiale stehend zeigt[40] und damit

kräftiger ist ein Melker Siegel (Abb. 183).[39] Anders

---

[39] Prag, Nationalarchiv (Národní archiv), Bestand Malteserritter (Maltézští rytíři – české velkopřevorství), Jo XXXIII Mail. 233 (Nr. 1487: 1208 Dezember 15 [?]): https://www.monasterium.net/mom/CZ-NA/RM/1487/charter: Abt Renoldus und der Konvent von Melk verzichten zu Gunsten der Johanniter auf den Zehent in Mailberg. Die Datierung ist jedenfalls uneindeutig, auch der 23. Dezember wäre möglich; die Urkunde ins Jahr 1218 bzw. 1268 zu stellen, ist hingegen unwahrscheinlich, da die juristische Auseinandersetzung mit den Johannitern für das Jahr 1208 gut belegt ist. Zum Vorgang vgl. KEIBLINGER, Geschichte Melk I 302f., und vor allem Nachträge 3f., sowie zuletzt Dagmar WELTIN, Johanniterkommende Mailberg 20-24 (Editionen; das hier zentrale Stück auf S. 23 [Nr. 6b]), S. 68-72 (zum gesamten Vorgang; 71f. zur hier zentralen Urkunde [jedoch ohne Erwähnung des Siegels]): http://othes.univie.ac.at/497/1/12-11-2007_0002309.pdf. Zum Siegel vgl. SAVA, Siegel der Abteien 41. In der jüngeren Forschung ist dieses Siegel in Vergessenheit geraten, das Siegel von Abt Walther und das gleichzeitige Konventsiegel von 1232 gelten als älteste Belege: vgl. HUEBER, Austria, Taf. 3 bzw. https://www.monasterium.net/mom/AT-StiAM/MelkOSB/1232_VIII_22/charter.

[40] Zwettl, Stiftsbibliothek, CZw 14, fol. 46r. Zum Codex siehe die Beschreibung von Susanne Rischpler auf http://manu-

Abb. 182　CLi 134, fol. 31v: hl. Koloman – Mariazell, um 1220/40

Abb. 183　Melker Konventssiegel mit hl. Koloman, nicht nach 1208

wohl der Ikonographie des ältesten Fragments folgt. Die auch für die Mariazeller Handschrift prägende Ikonographie als Pilger taucht über hundert Jahre später beim Hauptmeister der *Concordantiae caritatis* (Lilienfeld, Stiftsbibliothek, Cod. 151, fol. 219v) wieder auf, bloß wird in diesem szenischen Medaillon das Martyrium Kolomans, der Heilige also an einem Baum hängend, dargestellt. Ohne Bedeutung für unsere ikonographischen Überlegungen ist eine etwa 1310 entstandene Figur eines hl. Emmeram in einem Regensburger Graduale, die, nach Melk gelangt, zu einem Koloman verändert wurde (fol. 113v).[41] Da Emmeram als Bischof dargestellt war, passt die Darstellung trotz aller Bemühungen ikonographisch nicht zum neuen Text.

scripta.at/hs_detail.php?ID=31625 (mit umfassender Bibliographie).

41　Melk, Stiftsbibliothek, Cod. 109: http://manuscripta.at/hs_detail.php?ID=8931.

CLi 134: Hagiographische Sammelhandschrift
Abb. 184a
fol. 37v: Apostel Matthias
Abb. 184b
fol. 66r: Rankeninitiale zum hl. Basilius
Abb. 184c
fol. 86r: Figureninitiale zur Praefatio zu Haitos Vita Wettini
Mariazell, um 1220/40

Die in CLi 134 überlieferte Darstellung des ehemaligen österreichischen Landespatrons Koloman, des Vorgängers des 1485 heiliggesprochenen Markgrafen Leopold, verdient jedenfalls wesentlich größere Beachtung als ihr bisher zuteil wurde.

Die Gastgeberin Jesu, Martha (fol. 33v [alt 52v]), wird groß als Frau mit Kopfschleier dargestellt, die mit einer Maske, die zur Initiale neben ihr gehört, zu kommunizieren scheint.[42] Der hl. Apostel Matthias (fol. 37v [alt 56v]) ist zwar als Figur nicht außergewöhnlich (mit Buch aber ohne Beil), da er jedoch als Erster im Binnenfeld einer Initiale steht, muss er erwähnt werden (Abb. 184a).

Ab dem Beginn der eigentlichen Passio des Apostels (fol. 38r) ändert sich das Ausstattungskonzept und es dominieren unfigürliche (Ranken-)Initialen. Besonders groß ist z. B. die Initiale auf fol.66r zur Vita des hl. Basilius (Abb. 184b). Ganz klassisch sind die in Spiralen angeordneten Rankenäste im Binnenfeld, die Halbpalmetten als Abschlussmotive, der grün und hellbeige ausgemalte Grund und die plastisch gebildeten Spangen am Schaft des „B". So traditionell bleibt die Ausstattung freilich nicht, denn es mischen sich Elemente des Fleuronnée-Dekors dazu. Auf fol. 85v ist in einem Fortsatz einer Fleu-

---

[42] Der Text ist, grob gleichzeitig, in Wien, Schottenstift, Cod. 189, fol. 135r-141v überliefert, einem Codex der dem Skriptorium von Baumgartenberg zugeordnet wird.

ronnée-Initiale ein bärtiges Gesicht versteckt. Besonders interessant sind die Mischformen, denn Vergleichbares wird uns noch öfter in Codices aus Mariazell begegnen (siehe Abschnitt 2c).

Dass es nicht um einen während des Arbeitsprozess sich weiterentwickelnden Stil handelt, belegen zwei Initialen, die wieder zum Figürlichen zurückkehren: Ein eindeutig weltlich gekleideter Jüngling (kein Mönch) steht am Rand und bildet die Initiale I(*n provincia Alamanorum*) der Praefatio von Haitos *Visio Wettini* (fol. 86r – Abb. 184c). Ob die Figur den stehenden Visionär Wettinus, oder den Autor, der zuletzt Bischof von Basel war, oder jemanden anderen darstellen soll, muss unbeantwortet bleiben. Der Zeichner hatte wohl selbst keine genaueren Kenntnisse weder über den Autor noch über den Visionär. Abgeschlossen wird das Bildprogramm mit einer großen Rankeninitiale, vor die der stehende hl. Gallus geblendet wurde (fol. 102r).[43]

Der Figurenstil zeichnet sich durch oft extrem kleine Köpfe aus. Die Falten sind im Saumbereich aufgestaut, die Gewänder durch viele Linien strukturiert. Unmittelbare stilistische Bezüge zu der Figur im CLi 124 sind nicht zu beobachten. Auch bei den unfigürlichen Elementen sind die Beziehungen nicht so eng wie bei CLi 124. Ob der Codex dem Skriptorium von Mariazell zugeordnet werden kann, darf zwar vermutet werden, die Sachlage bleibt jedoch vielschichtig.

Im Bereich des Figürlichen sind auch die beiden Bände der **Moralia in Job** ohne nähere Beziehungen zu dem bisher vorgestellten Material. Beim unfigürlichen Dekor gibt es jedoch Berührungspunkte.

Für den Band, der mit Buch 6 beginnt (**CLi 162**)[44], sichert die bekannte Form der Besitzvermerke die Herkunft ab. Der Leser wird mit einer klassischen Rankeninitiale (fol. 1r) empfangen (siehe Abschnitt 2b1), die Initialen zu den folgenden Büchern sind bloß als rote Lombarden gestaltet. Bei jenen zu den Büchern 9 und 16 (fol. 61v und vor allem fol. 176r) sind einfache rote ausgebogte Begleitlinien beigefügt, die, trotz der bescheidenen Qualität, bereits eindeutig dem Spektrum des Fleuronnée zuzuordnen sind. Figürlich ist bloß die Q(*uia amici*)-Initiale zu Buch 15 (fol. 158r – Abb. 185). Die Initiale verfügt über einen Drachen als Cauda und zeigt im Binnenfeld die nackte Dreiviertelfigur des aussätzigen Ijob und daneben die Köpfe der drei im Incipit benannten Freunde des biblischen Dulders. Als Vergleich in Bezug auf die Technik, nicht jedoch in Bezug auf die Qualität, bietet sich ein höchst qualitätvoller Kopf an, der das Binnenfeld einer Lombarde eines aus CLi 167 abgelösten liturgischen Fragments füllt.[45] Der folgende Band (**CLi 141**)[46] ist etwas größer – 31 cm hoch statt 29 – und vom Layout abweichend (zweispaltig). Die Incipitseite (fol. 1r), die ja gleichsam das Schaukästchen des Buches darstellt, ist mit einer achtzeiligen – wie schon beim vorheri-

---

[43] Zu Walahfrid Strabos *Vita sancti Galli*. Die Bildtradition verbindet Gallus schon ganz früh mit seinem „Attribut" dem Bären. Hier fehlt das Tier und Gallus ist nicht als Mönch (wie oft) sondern als junger Abt mit Tonsur und Stab dargestellt. Gut hundert Jahre später wird er in einer Avignoner Sammelindulgenz weitgehend identisch wiedergegeben: https://www.monasterium.net/mom/IlluminierteUrkunden/1342-03-28_Stuttgart/charter.

[44] https://manuscripta.at/?ID=32370. Vgl. NOVAK, Handschriften und Fragmente.
[45] Siehe S. 384 mit Abb. 225.
[46] https://manuscripta.at/?ID=32350. Hier in diesem Band siehe NOVAK, Liturgie, S. 181-183 sowie NOVAK, Handschriften und Fragmnente.

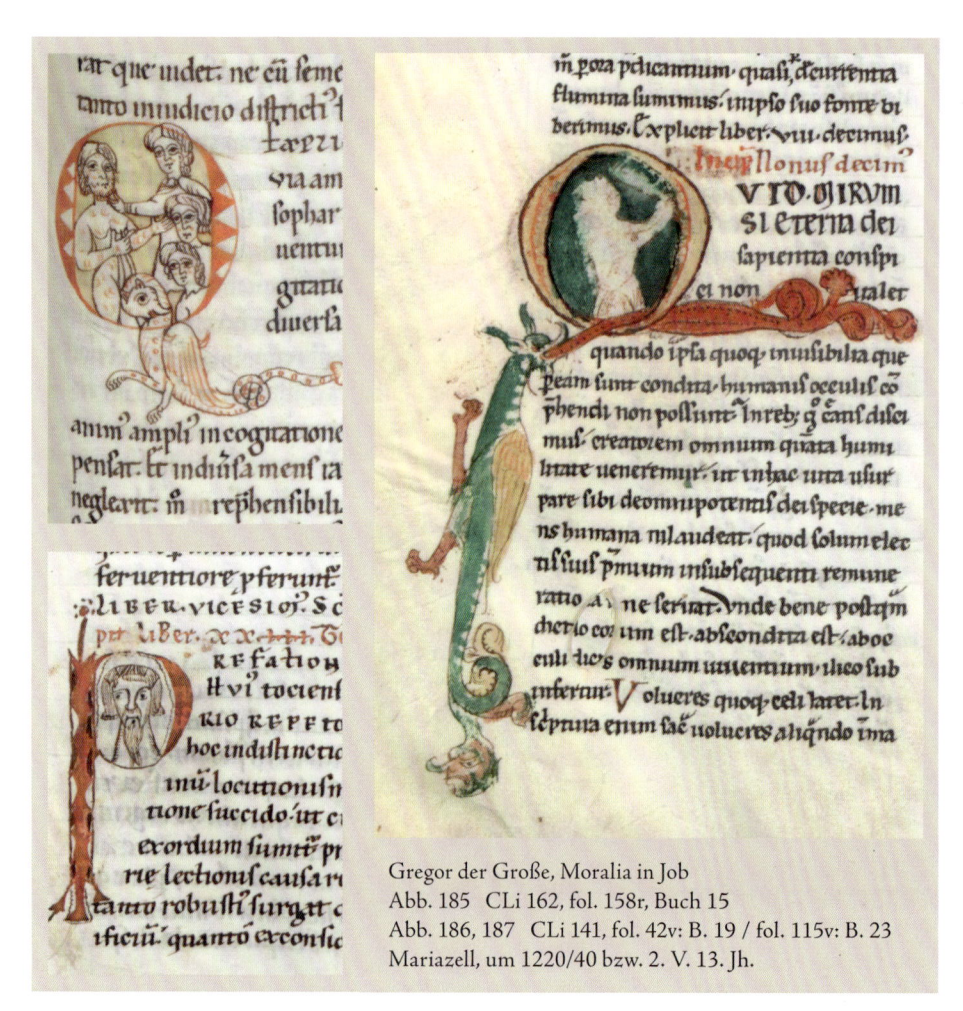

Gregor der Große, Moralia in Job
Abb. 185   CLi 162, fol. 158r, Buch 15
Abb. 186, 187   CLi 141, fol. 42v: B. 19 / fol. 115v: B. 23
Mariazell, um 1220/40 bzw. 2. V. 13. Jh.

gen Band – unfigürlichen Initiale Q(*uotiens in sancti viri*) zum 17. Buch ausgestattet. Deren Motive sind zwar aus der Rankeninitiale bekannt, die hier jedoch vergrößert und von der Rankenstruktur befreit und gleichsam vereinzelt präsentiert werden. Dieser Typus ist im Stift gut verankert (siehe Abschnitt 2c).

Figürlich ist bloß die Initiale Q(*uid mirum*) zum 19. Buch gestaltet (CLi 141, fol. 42v – Abb. 186). Sie verfügt, wie jene im CLi 162, fol. 158r, über eine zoomorphe Cauda, die kniende Dreiviertelfigur im Binnenfeld ist jedoch weitgehend zerstört. Was die Gestalt hochhält, ist nicht mehr zu erkennen.

Ganz unbedeutend ist der ganz starr und leblos gezeichnete, noch ganz der Romanik verhaftete bärtige Männerkopf, der das Binnenfeld der Lombarde zum 23. Buch füllt (fol. 115v – Abb. 187).[47] Dieser zeichnerischen Ausstattungsschiene sind auch die von der Schrift ausgehenden zoomorphen Fortsätze zuzuordnen (foll. 146v, 160r).

Friedrich Simader datiert beide Bände erstaunlich früh um 1200/20.[48] Wahrscheinlicher ist eine Differenzierung, wobei CLi 162 der Hochphase um 1220/40 zuzuordnen und CLi 141 erst ins

[47] Vgl. den in der vorhergehenden Anmerkung genannten Vergleich. – Alle weiteren Initialen sind als einfache rote Lombarden gestaltet.
[48] https://homepage.univie.ac.at/Martina.Pippal/Lilienfeld.htm, zu CLi 141 und 162 (die jeweilige Zuordnung zu CLi 132 irrig).

2. Viertel des 13. Jahrhunderts zu datieren wäre. Dies findet in der unterschiedlichen Form der Besitzeinträge eine Bestätigung, denn der zweite Band verfügt nicht mehr über einen Vermerk der ersten Phase, sondern trägt einen Eintrag des frühen 17. Jahrhunderts.

Insgesamt ist der Bestand an figürlichen Motiven im Bestand aus Mariazell bescheiden und uneinheitlich. Die mitüberlieferten unfigürlichen Initialen lassen es jedoch zumindest bei dem Ambrosius-Band und bei den Gregor-Bänden wahrscheinlich erscheinen, dass die Bände im Klosterskriptorium entstanden.

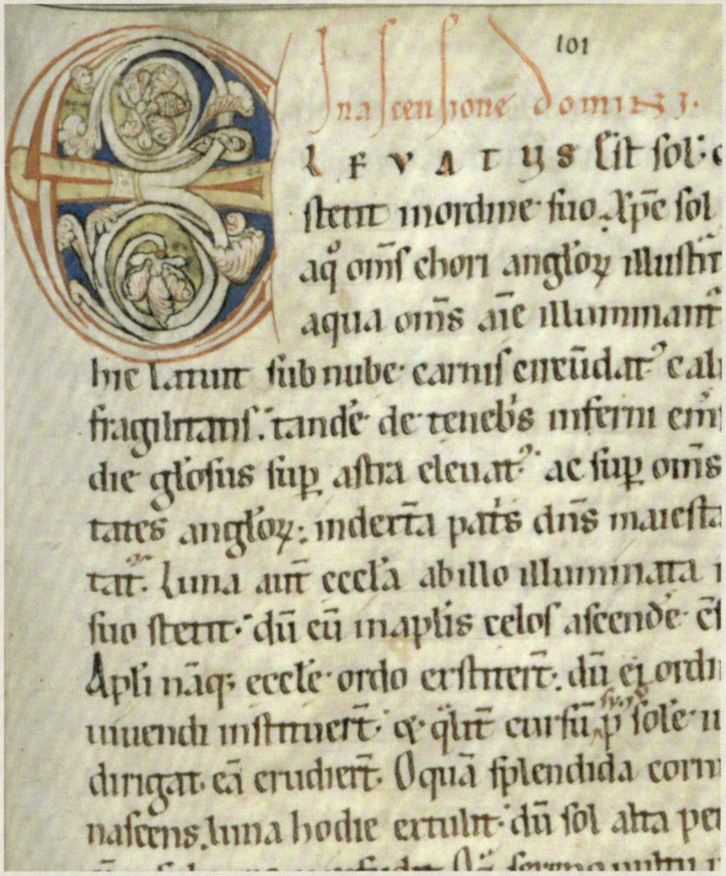

2b. Rankeninitialen

Die „normalen" Rankeninitialen, die keine historisierten Elemente aufweisen,[49] bieten einerseits eine breitere Vergleichsbasis als der figürliche Dekor, andererseits sind die Formen oft unspezifisch. Der Überblick beginnt mit drei Codices, die jeweils für sich stehen und daher wohl nicht für das Skriptorium von Mariazell in Anspruch genommen werden können.

Die traditionellsten Formen begegnen in **CLi 38**,[50] auf fol. 24r, bei der Initiale zur Himmelfahrtspredigt des Honorius Augustodunensis (Abb. 188). Da die ersten 75 Blätter fehlen (vgl. die Foliierung des frühen 17. Jahrhunderts) kann weder überprüft werden, ob der Codex einen originalen Besitzvermerk trug, noch sind Aussagen zum Dekor der Incipitseite möglich.[51] Die Blattformen sind vielfäl-

Abb. 188 CLi 38, Honorius Augustodunensis, fol. 24r, Himmelfahrtspredigt
Rankeninitiale – Niederösterreich/Steiermark (?), um 1200/50

---

[49] Zum Begriff „historisiert" siehe Anm. 25.
[50] https://manuscripta.at/?ID=32249, bzw. NOVAK, Handschriften und Fragmente.
[51] An weiteren Stellen, an denen man höherrangigen Dekor erwarten würde – etwa zur Pfingstpredigt (fol. 27v) – stehen nur einfache rote Lombarden.

Abb. 189 und 190   CLi 105, foll. 1r und 1v
Niederösterreich/Steiermark (?), um 1200/40

Neben traditionellen Formen wie auf fol. 24r[52] finden sich auch deutlich modernere Elemente, die Zajic zu einer Datierung ins 2. Viertel des 13. Jahrhunderts führen. Eine sehr allgemeine Einordnung „Niederösterreich/Steiermark (?), um 1200–1250" trägt diesem uneinheitlichen Befund Rechnung.[53]

CLi 105 überliefert Werke des (Pseudo-)Augustinus und ist auf Grund des frühen Besitzvermerks (fol. 1v) der ersten Phase der Bibliothek zuzuweisen[54]. Bemerkenswert ist das mit einem Rahmen eingefasste Inhaltverzeichnis (fol. 1r – Abb. 189), dessen Palmetten reich gelappt sind. Die Initiale zu Textbeginn (fol. 1v – Abb. 190) ist ebenfalls mit brauner Tinte gezeichnet und der Grund ist hellbeige und rot ausgemalt. Der Buchstabenkörper ist als Drache gestaltet. Eine stilistisch entspre-

tig, mitunter sind sie muschelartig eingerollt. Ganz traditionell ist der Grund in mehreren Farben ausgemalt, ein die Initiale umgebender Außengrund fehlt. Auch beim sekundären Dekor finden sich traditionelle Formen, wie der in einer (Halb-)Palmette endende Fortsatz auf fol. 75v bei der Predigt zum hl. Nikolaus zeigt. Freilich finden sich auch schon gebogte Begleitlinien, also Motive des frühen Palmettenfleuronnée, zum Beispiel auf fol. 40v zur *Translatio sancti Benedicti*. So wie hier bei den kunsthistorischen Elementen hat Andreas Zajic auch bei den Schriftformen eine breite Streuung festgestellt.

---

[52] Hinzuweisen ist auf die durchgängige Verwendung von e-caudata.
[53] Da vermutet wird, dass im Zuge der Gründung enge Beziehungen zu Göttweig bestanden (siehe z. B. in diesem Band S. 28, 37, 46-52, 57f., 61, 70f., 113-116, 130-135), wurde der dortige Bestand besonders gründlich auf Vergleichbares geprüft. Das Ergebnis ergibt keine spezifischen Ähnlichkeiten.
[54] https://manuscripta.at/?ID=32316. Vgl. NOVAK, Handschriften und Fragmente.

Abb. 191 CLi 105, fol. 29v – Niederösterreich/Steiermark (?), um 1200/40

chende Initiale findet sich auch auf fol. 29v (Abb. 191). Stilistische Parallelen zu anderen Initialen aus Mariazell haben sich bisher nicht gefunden,[55] da-

her muss die Einordnung – Niederösterreich/Steiermark (?), um 1200–1240 sehr allgemein bleiben.[56]

In zahlreichen Einbänden – unter anderem in jenem des eben besprochenen CLi 105 – befanden sich **Fragmente eines Psalters** ehe diese ausgelöst und zusammen verwahrt wurden.[57] Die Schrift weist an den Beginn des 13. Jahrhunderts. Kunsthistorisch relevant ist die Initiale zu Beginn von Psalm 26, deren Qualität freilich bescheiden ist (Abb. 192). Die schwarzen Konturen sind unsicher gezeichnet, die Ranken im Binnenfeld wirken beinahe wie eine Kinderzeichnung. Die rote, grüne und graue Kolorierung verstärkt den Eindruck des unprofessionellen. Der Psalter verzichtet auf niederrangigen Dekor, etwa Fleuronnée-artige Begleitlinien, die unter Umständen Hinweise auf den Entstehungszusammenhang hätten geben können. Eine Entstehung im Augsburger Umfeld könnte überlegt werden, weil Elisabeth Klemm auf die unglaublich dichte (und oft sehr bescheidene) dortige Produktion

---

55   Die Zuweisung von Friedrich SIMADER an das Skriptorium von Heiligenkreuz (https://homepage.univie.ac.at/Martina.Pippal/Lilienfeld.htm) wurden von Alois HAIDINGER und Franz LACKNER nicht übernommen: nicht erwähnt bei scriptoria.at (https://www.scriptoria.at/cgi-bin/index.php), wo die Schreibstube von Heiligenkreuz (und an-

derer österreichischer Zisterzienserstifte) aufgearbeitet wird.

56   SIMADER (siehe oben) datiert „um 1200/1220", Andreas ZAJIC hingegen auf Grund paläographischer Beobachtungen ins 2. Viertel des 13. Jahrhundert.

57   Fragmente befanden sich in CLi 24, 38, 39, 68, 94, 105, 124 und 141. Im Detail siehe in diesem Band bei NOVAK, Schriftlichkeit, 351, Anm. 27, dem ich auch den Hinweis auf diese Gruppe verdanke. Das Blatt mit Initiale wurde aus CLi 105 ausgelöst.

Abb. 192   Psalter-Fragment aus CLi 105 ausgelöst, Psalm 26 Rankeninitiale – Umfeld Augsburg (?), Anfang 13. Jh.

in der ersten Hälfte des 13. Jahrhunderts hingewiesen hat und einige allgemein vergleichbare Initialen vorstellt.[58]

Bei diesen drei Stücken wird es sich um Werke handeln, die von außen zum Aufbau der Bibliothek zur Verfügung gestellt wurden. Sie sind in der Zeit des Bibliotheksaufbaus entstanden und auch aus dem großen kulturellen Umfeld, das diesen prägte. Woher genau sie kamen, muss freilich weitgehend offenbleiben. Zu Codices, die aus ganz anderen zeitlichen bzw. kulturellen Kontexten nach Mariazell gelangten, siehe Abschnitt 2f.

2b1. Langstielige Blattformen

Der ersten Phase der Bibliothek gehört der bereits behandelte **CLi 162** (Gregor der Große, *Moralia in Job*) an. Die achtzeilige Rankeninitiale S(ervata) (fol. 1r – Abb. 193) ist eher flüchtig mit roter Tinte gezeichnet, das Binnenfeld ist grün ausgemalt. Langstielige Blattformen dominieren gegenüber der Rankenstruktur. Die Blattformen sind gut mit der Initiale auf fol. 1r von **CLi 89** vergleichbar (Abb. 194)[59], einem weiteren Codex, der einen frühen Besitzvermerk trägt.[60] Die weiteren Rankeninitialen dieser Handschrift (foll. 2v, 21r, 39v) wirken nicht ganz einheitlich, werden jedoch wohl von derselben Hand stammen. Eine Initiale mit vergleichbaren Blattformen findet sich auch in CLi 94 auf fol. 26v, die zusammen mit den weiteren Initialen dieses Codex in Abschnitt 2b2 besprochen wird.

Verstörend ist, dass sich sehr ähnliche Blattformen in einem aus Lilienfeld stammenden Codex (CLi 228) finden. Und zwar nicht zu Beginn sondern bei den Buchstaben G bis N dieses alphabetisch ge-

---

[58] KLEMM, Handschriften, Kat.-Nr. 151 und 155-160 (Abb. 440, 445, 448).

[59] https://manuscripta.at/?ID=32300. Siehe den Katalog der Handschriften in NOVAK, Handschriften und Fragmente.

[60] Überliefert ist die *Vox de propitiatorio* des Arnold von Prüfening (VL², Bd. 1, Sp. 480-483 [Hans D. OPPEL]). Wie der inhaltliche Zusammenhang mit dem am Beginn unvollständigen Anfang von CLi 134 (siehe S. 360-365, 378) ist, konnte hier nicht untersucht werden.

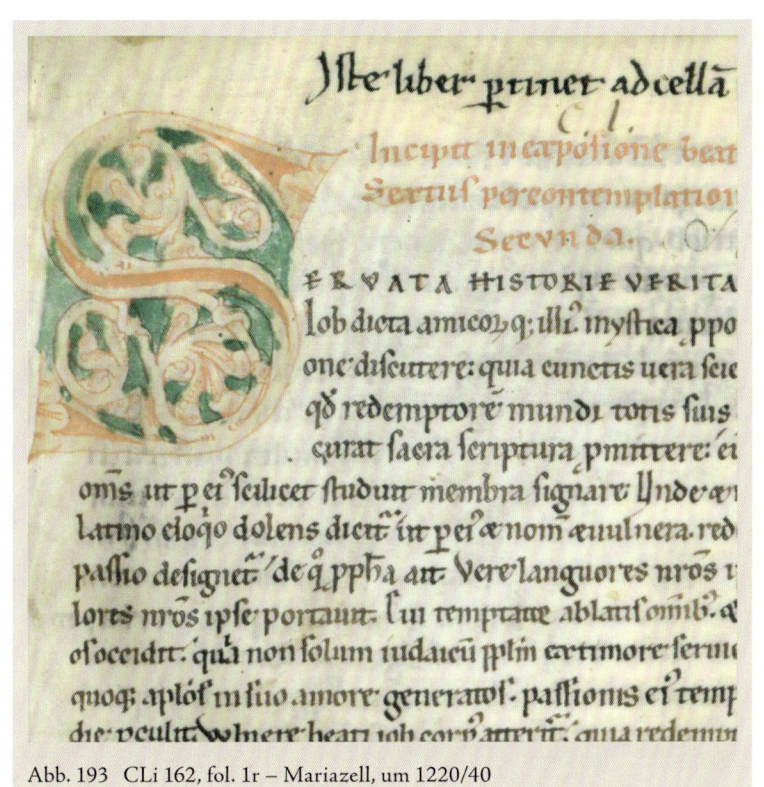

Abb. 193   CLi 162, fol. 1r – Mariazell, um 1220/40

Abb. 194   CLi 89, fol. 1r
Mariazell, um 1220/40

Abb. 195   CLi 228, fol. 69r
Lilienfeld, Mitte 13. Jh.

ordneten Werks.[61] Diese Initialen sind von einer dekorativen Grundhaltung bestimmt (Abb. 195), Flächen sind oft mit Streumusterdekor gefüllt. Vieles wirkt modern, vor allem die rot/blau gespaltenen Buchstabenkörper, die ohne die entsprechenden Vorlagen aus dem Fleuronnée so nicht vorstellbar sind. Bei der Besprechung der Hauptgruppe dieses Lilienfelder Codex (siehe nächster Abschnitt S. 375f., die ebenfalls mit Mariazell in Verbindung steht, wird der Vorschlag gemacht, dass ein Künstler aus dem kleinen Benediktinerstift, wo die Tradition bald abbricht,

---

[61]   CLi 228, foll. 69r (Abb. 195), 75v, 79v, 89r, 90r, 98v, 110v.

Abb. 196 CLi 124, fol. 30r
Mariazell, um 1220/40

Abb. 197 CLi 109, fol. 27r
Mariazell, um 1220/40

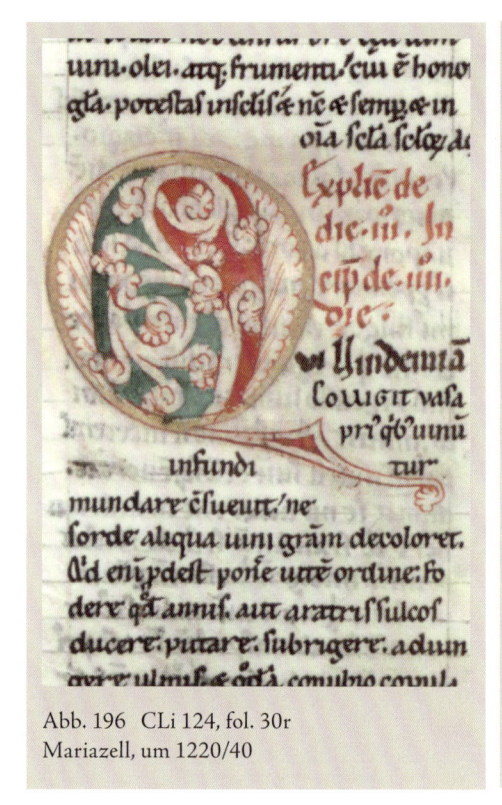

Die reich gelappten Halbpalmetten und der oft spiegelsymmetrische Aufbau der Ranken haben in Heiligenkreuz und Lilienfeld Entsprechungen.[63] Grundlage dieser Stilschicht ist demnach kein im Mariazeller Klosterskriptorium entwickelter Stil, sondern ein Phänomen der Jahre 1220/40, das sich nicht auf ein einzelnes Stift eingrenzen lässt.

Aus dem Mariazeller Bestand sind neben CLi 124 folgende Handschriften zu nennen:

CLi 109 weist einen originalen Besitzvermerk auf (fol. 1r)[64], die fünf großen Rankeninitialen wirken auf den ersten Eindruck sehr unterschiedlich. Offenbar kam es zu einer nachträglichen Überarbeitung, aber auch der Grundbestand war nicht einheitlich: Der traditionellsten Stufe gehören die

in das benachbarte Zisterzienserstift übersiedelt sein könnte. Ähnliche Motive treten auch bei der in Abschnitt 2c behandelten, für Mariazell typischen Untergruppe auf, bei der die Motive gleichsam vereinzelt, wie herausvergrößert auftreten.

2b2. Rankeninitialen mit reich gelappten Blättchen/Halbpalmetten

Ausgangspunkt dieser Gruppe ist der bereits wegen seiner historisierten Initiale genannte CLi 124 (fol. 1r) und die Rankeninitiale auf fol. 30r (Abb. 196).[62]

---

[62] Zur historisierten Initiale siehe Abschnitt 2a und zu weiteren Initialen siehe Abschnitt 2c.

[63] Vgl. ROLAND, Buchschmuck 18f. (z. B. CLi 54, fol. 1r, und CLi 101). Vergleichbares findet sich auch im Skriptorium von Heiligenkreuz. Dort ist auch der Ursprung dieser Gruppe zu vermuten. Dazu siehe FINGERNAGEL/ROLAND, MeSch I, Kat. 1 (Andreas FINGERNAGEL) zu Wien, ÖNB, Cod. Ser. n. 2594, bes. 5.

[64] https://manuscripta.at/?ID=32320. Vgl. NOVAK, Handschriften und Fragmente.

beiden etwas kleineren Initialen auf foll. 27r und 99r an, die als reine rote Federzeichnungen ausgeführt sind und kein Initialfeld aufweisen. Die Ranken im Binnenfeld sind dicht, die Blättchen haben eine kleinteilig gebogte Kontur. Bei der Initiale auf fol. 27r (Abb. 197) insinuiert die (doppelte!) Cauda des Q einen Drachenkörper, doch geht der zu erwartende Kopf im Rankendickicht des Binnenfeldes unter. Die Initiale fol. 1r steht, wie in dieser Gruppe üblich, vor einem mehrfarbigen getreppten Initialfeld, auch das Binnenfeld ist von grünen, hellbeigen und roten Flächen hinterblendet (Abb. 198). Diese Initiale steht gleichsam als Vertreter des Standards dieser Gruppe innerhalb des Skriptoriums von Mariazell. Die Buchstabenkörper und Ranken der Initialen auf fol. 1v (ohne Initialfeld) und fol. 43r (mit rot/hellbeigem Initialfeld – Abb. 199) wurden in einem zweiten Schritt grün übermalt und gewinnen dadurch ein fremdartiges Erscheinungsbild.

Bei **CLi 77** ist die I-Initiale zu Textbeginn (fol. 1v – Abb. 200) die einzige, die hier relevant ist.[65]

Abb. 198, 199 CLi 109, foll. 1r und 43r, Mariazell, um 1220/40
fol. 43r spätere grüne Kolorierung des Buchstabenkörpers und der Ranken

Sie entspricht dem Grundmuster und weist keine Besonderheiten auf.

Bei **CLi 94** ist[66], wie schon bei einigen anderen Codices beobachtet, der Beginn in Verlust geraten. Über die Gestaltung der Incipitseite sind daher keine Aussagen möglich und auch, ob ein Besitzvermerk vorhanden war, der den Codex der ersten Phase der Bibliothek zuordnen würde, wissen wir nicht Bescheid. Die Rankeninitialen stammen von unterschiedlichen Händen. Die Initiale auf fol. 26v ver-

---

[65] https://manuscripta.at/?ID=32288. Vgl. NOVAK, Handschriften und Fragmente. CLi 77 wurde schon wegen der Dracheninitiale (fol. 2r, siehe S. 358-360) erwähnt. Die fol. 121r beginnende die *Passio sancti Blasii*, die von einer unor-thodoxen, formal aber ganz eindeutig dem Fleuronnée zuzuordnenden Initiale eingeleitet wird, wurde erst im 14. Jahrhundert angefügt.

[66] https://manuscripta.at/?ID=32305. Vgl. NOVAK, Handschriften und Fragmente.

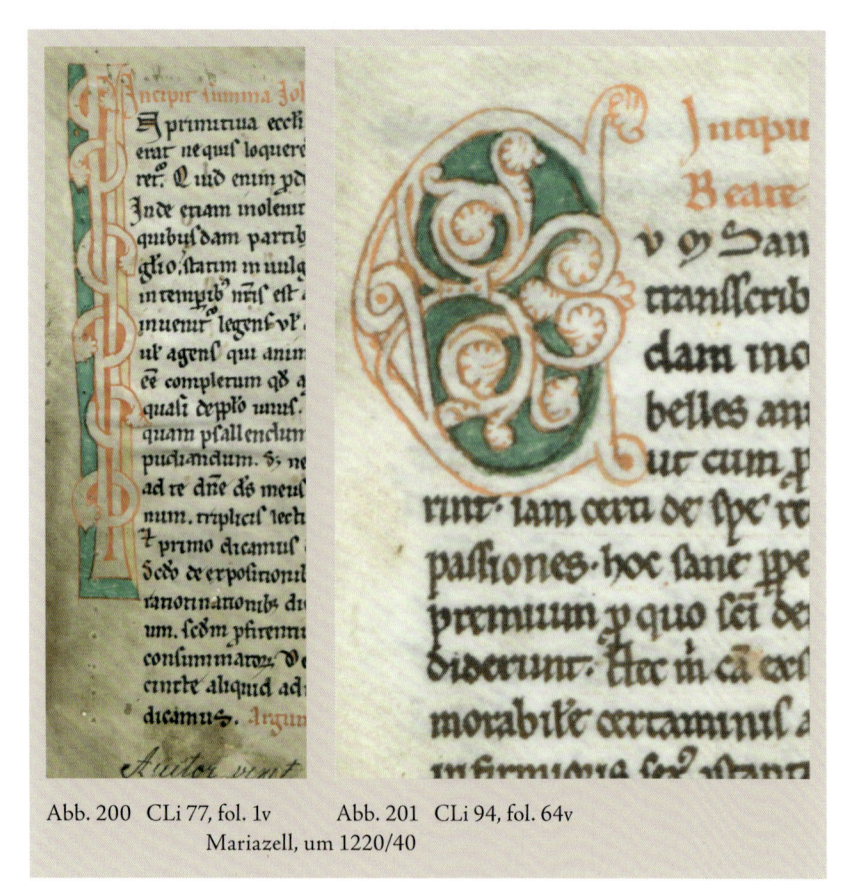

Abb. 200 CLi 77, fol. 1v   Abb. 201 CLi 94, fol. 64v
Mariazell, um 1220/40

besetzte Initiale auf fol. 2r über ein der Kontur angepasstes Initialfeld.

CLi 94 ist aber auch in Bezug auf die Schrift ein Beispiel des Umbruchs. Während zu Beginn noch traditionelle Formen (langes Schluss-s, keine Bogenverbindungen) vorkommen, wandelt sich der Charakter zum Gotischen, doppelte Schaftbrechungen, Bogenverbindungen und rundes Schluss-s werden zur Regel. Die erwähnten Initialen gehören jedoch noch nicht in diese paläographisch entwickelte Phase.

Anzuschließen ist auch **CLi 91**[67]. Der Text des Alanus de Insulis beginnt ungewöhnlicherweise auf einer Versoseite (fol. 1v – Abb. 202) mit einer großen Rankeninitiale vor rotem und grünem reich getreppt der Kontur der Initiale folgendem Initialfeld.[68]

Die kleinteilig gelappten Blättchen treten auch im **CLi 167** auf.[69] Die sehr große Initiale auf

fügt über langstielige Blattformen, wie wir sie bereits kennengelernt haben (siehe Abschnitt 2b1). Freilich ist diese Initiale sicher von einer anderen Hand ausgeführt als jene in CLi 89 und 162 (siehe oben). Nicht nur der Duktus sondern auch das quadratische Initialfeld, das den Buchstaben umgibt, unterscheidet die Initiale. Dem hier thematisierten mit kleinteilig gelappten Blättchen besetzten Typus ist die Rankeninitiale auf fol. 64v zuzuordnen (Abb. 201). Während diese Initiale noch ohne Initialfeld auskommt, verfügt die mit identischen Blättchen

---

[67] https://manuscripta.at/?ID=32302. Vgl. NOVAK, Handschriften und Fragmente.
[68] Die zweite, deutlich kleinere Rankeninitiale (fol. 13v) entzieht sich wegen ihrer bescheidenen Qualität weitgehend der Beurteilung.
[69] https://manuscripta.at/?ID=32375. Vgl. NOVAK, Handschriften und Fragmente. Zu einem aus CLi 167 abgelösten Gradualfragment siehe S. 383f, bzw. in diesem Band NOVAK, Liturgie, S. 183, 187-189, bzw. NOVAK, Handschriften und Fragmente.

der Incipitseite (fol. 1r – Abb. 203) folgt als einzige dem Mainstream der hier behandelten Gruppe. Bei den folgenden Initialen[70] ist die Struktur zumeist kleinteiliger, die Detailformen sind verspielter. Die Buchstabenkörper werden bis zur Unkenntlichkeit aufgelöst und werden Teil des Rankengeflechts des Binnenfeldes. Ein Leitmotiv sind die spiralig gedrehten Konturbänder der Initialen (Abb. 204). Diese eigene Ästhetik wird ab fol. 81v besonders augenfällig, denn nun verzichtet der Künstler auf die kleinteilig gebogte Blattkontur (Abb. 206),[71] die bisher oft in abweichender Tinte, also gesondert, eingetragen wurde.

Diese Sonderform hat eine Parallele in den Initialen des aus Lilienfeld stammenden CLi 228.[72]

Abb. 202 CLi 91, fol. 1v
Mariazell, um 1220/40

Abb. 203 CLi 167, fol. 1r
Mariazell, um 1220/40

Die farbliche Differenzierung der gebogten Konturlinien, die Auflösungstendenzen der Buchstabenkörper und die kleinteilig wirkende Struktur sind Elemente, die übereinstimmen. Diese Übereinstimmungen haben wohl auch Haidinger und Lackner dazu veranlasst, CLi 167 dem Lilienfelder Skriptorium zuzuweisen.[73] Dass tatsächlich derselbe Künstler am Werk war, kann ein Detail wahrscheinlich machen, das im CLi 167 nur auf fol. 89r vorkommt: Hier werden die beiden Konturbänder des Buchstabenkörpers von einer durchaus räumlich wirkenden Schnalle umschlossen, die im CLi 228 zu

---

[70] CLi 167, foll. 21r, 49v, 81v, 86v und 95v.
[71] CLi 167, foll. 81v, 86v, 89r, 98r, 100v, 127r und 132r. Einzig die Initiale auf fol. 95v zeigt die gewohnte kleinteilig gelappte Blattkontur. Die skurril abstrahierte zoomorphe Initiale auf fol. 91r (Abb. 205) entzieht sich der Einordnung, stammt aber zweifellos von derselben Hand.
[72] ROLAND, Buchschmuck 19f., 24 (Kat. 1/10). Die Initialen von CLi 228 stammen sicher nicht alle von einer Hand; hier relevant z. B. CLi 228, foll. 25v, 29v, 51r, 61r, 115v.

[73] HAIDINGER/LACKNER, Handschriftenliste Version 2.

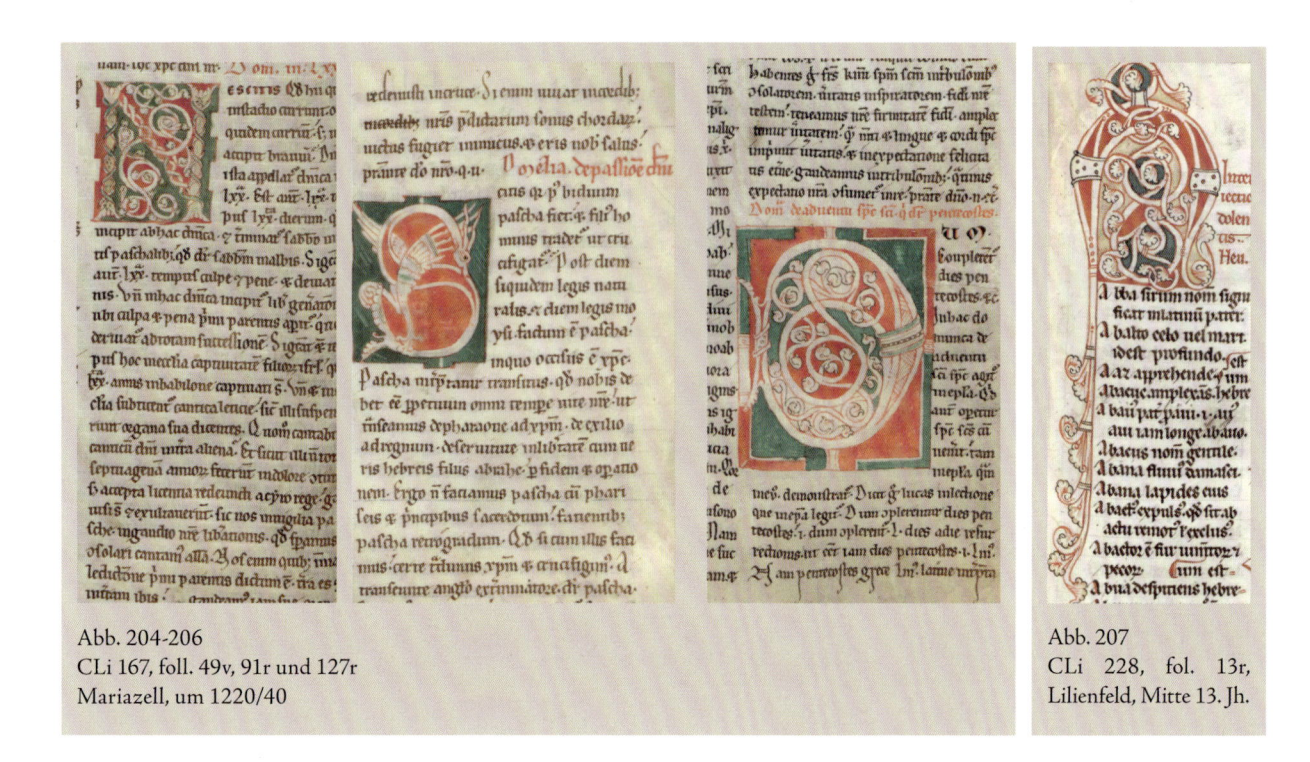

Abb. 204–206
CLi 167, foll. 49v, 91r und 127r
Mariazell, um 1220/40

Abb. 207
CLi 228, fol. 13r,
Lilienfeld, Mitte 13. Jh.

einem Grundmotiv gehört (Abb. 207).[74] Im Lilienfelder Bestand kommt dieser Zeichner noch in der einzigen Initiale (fol. 82r) der zweiten Handschrifteneinheit von CLi 96 vor.

Ob jedoch die Entwicklung tatsächlich, wie zu erwarten, von Lilienfeld nach Mariazell verlief, ist keineswegs sicher. Die Schrift wirkt in den Lilienfelder Beispielen noch moderner, noch einheitlicher gotisch als im CLi 167.[75] Es wäre also vorstellbar, dass das Ende der Tradition in Mariazell mit einem Exodus in Richtung Lilienfeld zu tun hat.

Abschließend muss noch eine streng spiegelsymmetrisch aufgebaute Rankeninitiale vor quadratischem rotem Initialfeld erwähnt werden, die auf einem als Vorsatz in **CLi 121** eingebundenen Blatt (fol. Iv) steht und dem Allerheiligenfest zugeordnet ist.[76] Aus dem grünen bzw. blauen Grund des Binnenfeldes sind zwei vogelartige, einander den Rücken zuwendende Drachen ausgespart (Abb. 208).[77]

---

74   CLi 228, z. B. foll. 13r, 42v, 140r, 162v, 178r.
75   ROLAND, Buchschmuck 24 (Kat. 1/10) datiert daher auch „Mitte 13. Jh."

76   Das fragmentierte Buch diente der Liturgie. Es sind Offizien des Stundengebets zu Lukas, zu Allerheiligen, zu Martin, Othmar und zum Apostel Andreas überliefert (Der hl. Koloman ist nicht erwähnt), sowie Gebete zur Messe für die Zeit nach Ostern.
77   Eine kleinere Initiale nur mit Begleitlinien mit Ausbogungen und grün ausgemalten Binnenfeldern zum hl. Andreas auf der Rückseite des Fragments (fol. Ir). Zugehörig auch das Nach-

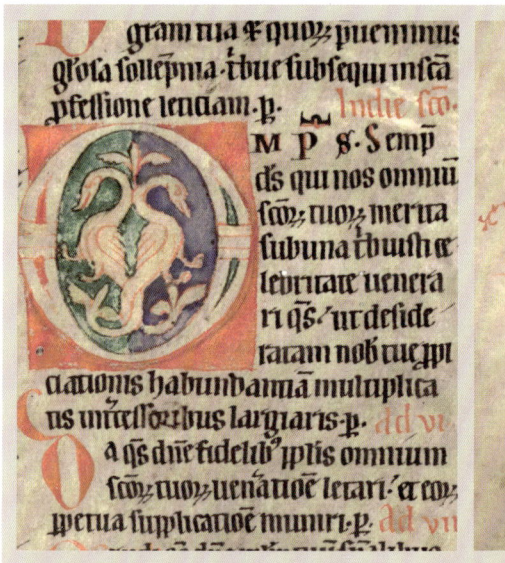

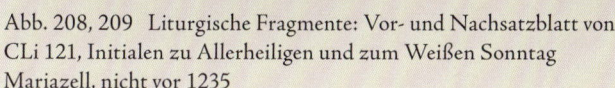

Abb. 208, 209   Liturgische Fragmente: Vor- und Nachsatzblatt von CLi 121, Initialen zu Allerheiligen und zum Weißen Sonntag
Mariazell, nicht vor 1235

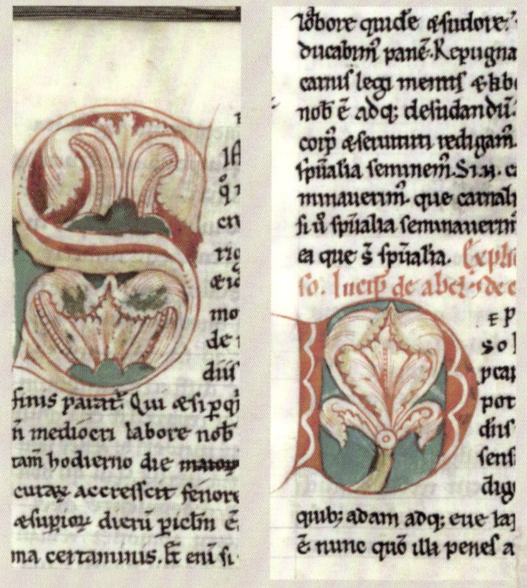

Abb. 210, 211   CLi 124, foll. 55v und 89v
Initialen mit vereinzelten Blattmotiven
Mariazell, um 1220/40

Die schlanken Körperformen haben gewisse, freilich nicht wirklich spezifische Gemeinsamkeiten mit der aus einem Drachen geformten S-Initiale auf fol. 91r in CLi 167 (Abb. 205). Die sehr stark schaftbetonte Schrift hat Parallelen in einem Bibelfragment (siehe S. 382). Als Terminus post quem für das Vorsatzblatt von CLi 121 steht 1235 fest, da ein Gebet zum Offizium der in diesem Jahr heiliggesprochenen hl. Elisabeth enthalten ist.

2c. Initialen mit vereinzelten Blattmotiven – eine Mariazeller Sonderform

Bei **CLi 124**, dem Codex, mit dem wir unsere Betrachtungen begonnen haben (siehe Anm. 27), finden sich ab fol. 55v (Abb. 210, 211) sehr spezifische Motive.[78] Es handelt sich um Palmettenfragmente, die zwar aus dem Formenrepertoire der Rankeninitialen bekannt sind, nun aber gleichsam herausvergrößert werden und so präsentiert, fleischig und dynamisch wirken. Es werden Buchstabenkörper, die ganz vom Ornament getrennt für sich stehen (und daher das Lesen erleichtern), und Kombinationen großer Halbpalmetten nebeneinandergestellt.

So ungewöhnlich die Initialen auf den ersten Blick scheinen, es gibt im Mariazeller Bestand unmittelbare Entsprechungen:

---

satzblatt (fol. I*). mit einer ganz unspezifischen Rankeninitiale zum Sonntag nach dem Weißen Sonntag (Abb. 209).

[78]   CLi 124, foll. 55v, 70r, 89v (Abb. 211), und 100v. – Zur historisierten Initiale siehe Abschnitt 2a, zu den Rankeninitialen Abschnitt 2b2.

Initialen mit vereinzelten Blattmotiven
Abb. 212, CLi 134, fol. 77v (Vorform des Motivs), Abb. 213, CLi 141, fol. 1r
Mariazell, um 1220/40, bzw. 2. Viertel 13. Jh.

Am Beginn dieser bemerkenswerten Entwicklung könnten Initialen im **CLi 134** stehen (siehe Anm. 34), dessen figürlichen Dekor wir bereits behandelt haben: Auf fol. 76r (alt 95r) stehen zwei Initialen, bei denen Buchstabenkörper und Ornament deutlich geschieden sind. Das Ornament der zweiten Initiale zeigt aber noch Halbpalmetten, die auf Rankenäste montiert sind. Dasselbe gilt für die Initiale auf fol. 77v (alt 96v), wo die Halbpalmetten zwar noch aus Rankenästen hervorsprießen, den ihnen zugewiesenen Platz im Binnenfeld jedoch sprengen und den Buchstabenkörper teilweise überdecken und oben sogar ins Umfeld auswuchern (Abb. 212). Dass wir hier am Beginn der Entwicklung stehen, macht auch die Tatsache wahrscheinlich, dass Buchstabenkörper und Palmetten noch nicht ganz konsequent voneinander geschieden sind (so besonders deutlich fol. 48v [alt 67v]).

Bemerkenswert ist die Initiale der Incipitseite (fol. 1r) von **CLi 141** (siehe Anm. 46), denn beim zweiten Band der *Moralia in Job*-Abschrift handelt es sich – wie bei CLi 124 – um eine durchaus prominente Aufgabe (Abb. 213). Die hier vorgestellte Sonderform kann keineswegs als abseitiges Nebenprodukt beiseite geschoben werden.

Vergleichbare Formen finden sich auch in **CLi 132**[79], einer weiteren hagiographischen Handschrift, deren Dekor höchst ungewöhnlich verteilt ist. Die erste Vita beginnt mit einer roten Lombarde, die mit gebogten Begleitlinien dekoriert ist (fol. 1r). Dies beruht jedoch darauf, dass – wie häufiger – zu Beginn Blätter in Verlust geraten sind.[80] Der Fleuronnée-Dekor war jedoch zu Beginn des Codex durchaus der Standard (vgl. fol. 13r), dann folgt eine undekorierte rote Lombarde (fol. 20v), ehe auf foll. 26r und 46r (Abb. 214) Initialen folgen, die dem hier besprochenen Typus ge-

---

[79] https://manuscripta.at/?ID=32341. Vgl. NOVAK, Handschriften und Fragmente.
[80] Auf dem heutigen fol. 2r steht die Anfang des 17. Jahrhundert eingetragene Foliierung 10, was belegt, dass davor neun Blätter in Verlust geraten sind.

Abb. 214, 215, 216, CLi 132 – foll. 46r, 99v, 132r, Mariazell, um 1220/40

nau entsprechen.⁸¹ Doch das Ausstattungsprinzip wird erneut verändert, denn auf fol. 99v folgt eine mit schwarzer Tinte gezeichnete Initiale, die beige und grün koloriert ist (Abb. 215). Zwar werden gewisse Motive übernommen, die Hand ist jedoch eine ganz andere. Vergleichbares findet sich im Bestand nicht. Die Initiale fol. 120r stammt von demselben Zeichner, der zweifarbig gespaltene Buchstabenkörper und die Begleitlinien gehören jedoch schon dem Formkanon des Fleuronnée an. Wie flexibel diese Hand ist, belegen die letzten beiden Initialen, die ganz dem Formenkanon der romanischen Rankeninitiale verpflichtet sind (foll. 132r – Abb. 216, 136v).

Wir beobachten nicht nur die Vielfalt der Gestaltungsmöglichkeiten, sondern auch die Rückbesinnung auf traditionelle Formen am Ende des Projekts.

Es bleibt zu fragen, woher die vorgestellten Motive kommen. Darauf ist derzeit keine endgültige Antwort möglich. Der Blick auf einen Codex aus dem Lilienfelder Bestand weist in eine plausible Richtung: CLi 185 ist ein gut im zweiten Viertel des 13. Jahrhunderts in Lilienfeld verankerter Codex.⁸² Dieser beginnt mit Tabellen, die gezeichnete Umrahmungen in der Art von Kanontafeln aufweisen

---

81   Die Prolog-Initiale auf fol. 45v stellt eine Mischung aus Fleuronnée-Motiven und Gestaltungsprinzipien der hier beschriebenen Gruppe dar.

82   ROLAND, Buchschmuck 18f. (zu einer Lilienfelder Gruppe von Rankeninitialen, die auch nach Mariazell in Österreich wirkt; vgl. Abschnitt 2b2), 23f. (Kat. 1/7), 62f. und 65 (zum figürlichen Dekor).

Abb. 217 Admont, StiB, CAd 18, fol. 1r, Admont, 1180

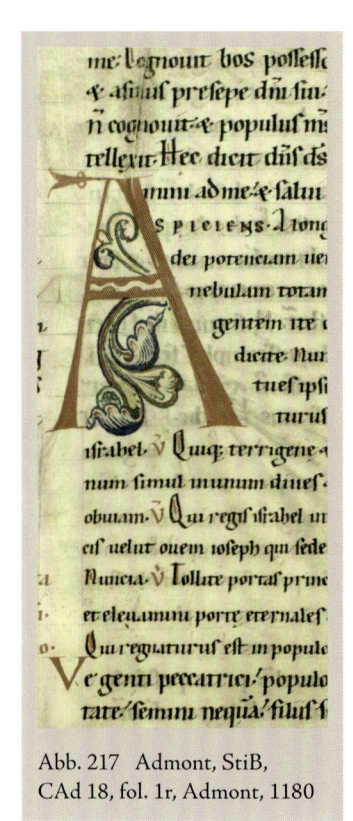

Abb. 218 CLi 185, fol. 3v – Lilienfeld, 2. Viertel. 13. Jh.

(foll. 1r–4v). In den Bogenfeldern befinden sich mitunter figürliche Motive (auch mit Bezug zum Inhalt), hier interessant sind jedoch die vereinzelten Blattmotive, die als Hauptmotiv die Flächen füllen (vgl. z. B. foll. 3r, 3v – Abb. 218, 4v). Die Rankeninitialen, die dann folgen, entsprechen dem Typus der reich gelappten Blattkonturen, der, wie bereits dargestellt wurde, auch in Mariazell rezipiert wurde.

Diese Herausvergrößerung von Einzelformen ist jedoch auch schon davor zu beobachten. So findet sich auf fol. 1r von Admont, Stiftsbibliothek, CAd 18, ein rotes A, in dessen Binnenfeldern je ein sehr vergleichbares Palmettenmotiv mit blauen und grünen Tinten eingezeichnet wurde (Abb. 217). Der Codex ist 1180 in Admont (weiblicher Teil des Doppelklosters) fixiert.[83] Trotz der Ähnlichkeit der Vorgangsweise ist nicht mit einem unmittelbaren Zusammenhang zu rechnen.[84]

Sehr ähnliche Motive gibt es freilich auch, überraschender Weise, in einer anderen Technik. Barbara Schedl bespricht eine Steinplatte, die heute dem Südportal der Stiftskirche aus Türsturz dient (S. 268f. und Abb. 122). Die Einzelformen dieses Steines, der ursprünglich vielleicht zur Chorschranke im Innenraum gehörete, sind verblüffend ähnlich. Das Lilienfelder Beispiel (Abb. 218) und Abb. 210f. aus Mariazell können dafür als Belege dienen.

[83] MAIROLD, Handschriften Steiermark 33f. und Abb. 34f. Weitere vergleichbare Formen auch an anderen Stellen. Dass diese nachgetragen sein könnten, wird durch die auch in klassischen Rankeninitialen und als Grund von historisierten Initialen auftretenden Farbtönen unwahrscheinlich. Für weitere Angaben und eine umfassende Bibliographie siehe http://manuscripta.at/hs_detail.php?ID=26856.

[84] Thomas AIGNER macht auf enge Beziehungen zu Admont aufmerksam: siehe dazu Anm. 86.

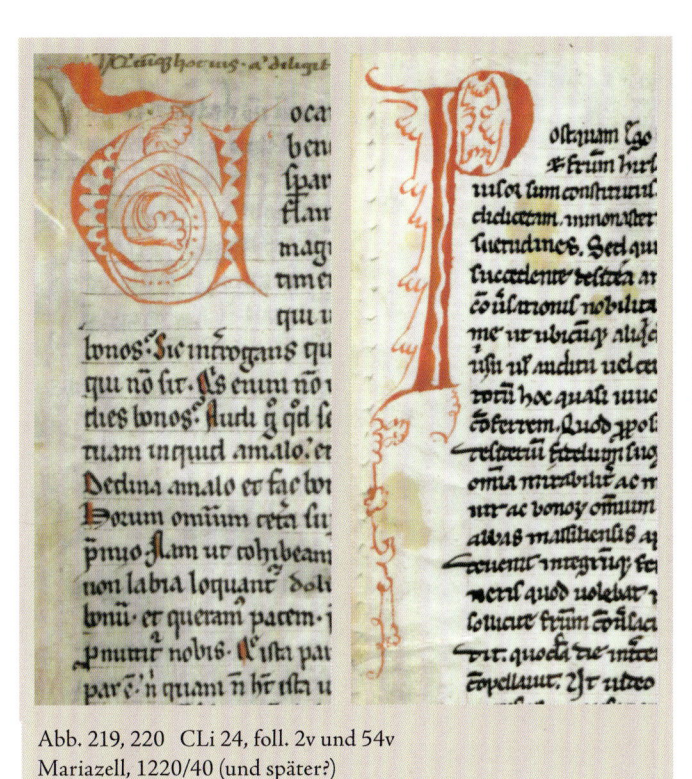

Abb. 219, 220 CLi 24, foll. 2v und 54v
Mariazell, 1220/40 (und später?)

Abb. 221 CLi 68, fol. 73v
Mariazell, 1220/40

2d. Fleuronnée als Hauptdekor und das Ende des Skriptoriums

Im Unterschied zur Entwicklung in Lilienfeld, wo eine lebendige, vielfältige und weit gegen die Mitte des 14. Jahrhunderts reichende Fleuronnée-Tradition festzustellen ist, gibt es aus Mariazell fast nichts mehr zu berichten. Um die Jahrhundertmitte scheint die Handschriftenproduktion aufgehört zu haben. Dem Fleuronnée kommt daher nur eine sehr untergeordnete Rolle zu.

Zu nennen ist der kleinformatige **CLi 24**[85], dessen Textbeginn (fol. 2v – Abb. 219) von einer großen roten Lombarde hervorgehoben wird, aus deren Buchstabenkörper eine zick-zack-Linie ausgespart ist und in dessen Binnenfeld eine graphisch reduzierte Rankenspirale so etwas wie den Übergang vom Rankendekor zu Fleuronnée-artigen Formen markiert. Die kleine Lombarde auf fol. 54v hat dann den Schwenk zum Fleuronnée bereits vollzogen (Abb. 220).[86]

---

[85] https://manuscripta.at/?ID=32235. Vgl. NOVAK, Handschriften und Fragmente.

[86] Freilich beginnt mit fol. 54 eine neue Handschrifteneinheit, die eine neu beginnende Lagenzählung aufweist (Kustode *I* auf fol. 61v). Weitere Unsicherheit bei der Beurteilung bedeutet, dass Teile des roten Dekors (Rubriken, Lombarden) offenkundig erst später hinzugefügt wurden. Thomas AIGNER (S. 119 und 121 in diesem Band) geht davon aus, dass

Abb. 222, 223 Fragmente in Lilienfeld, Ink. 58 – Mariazell (?), 2. Viertel 13. Jh.

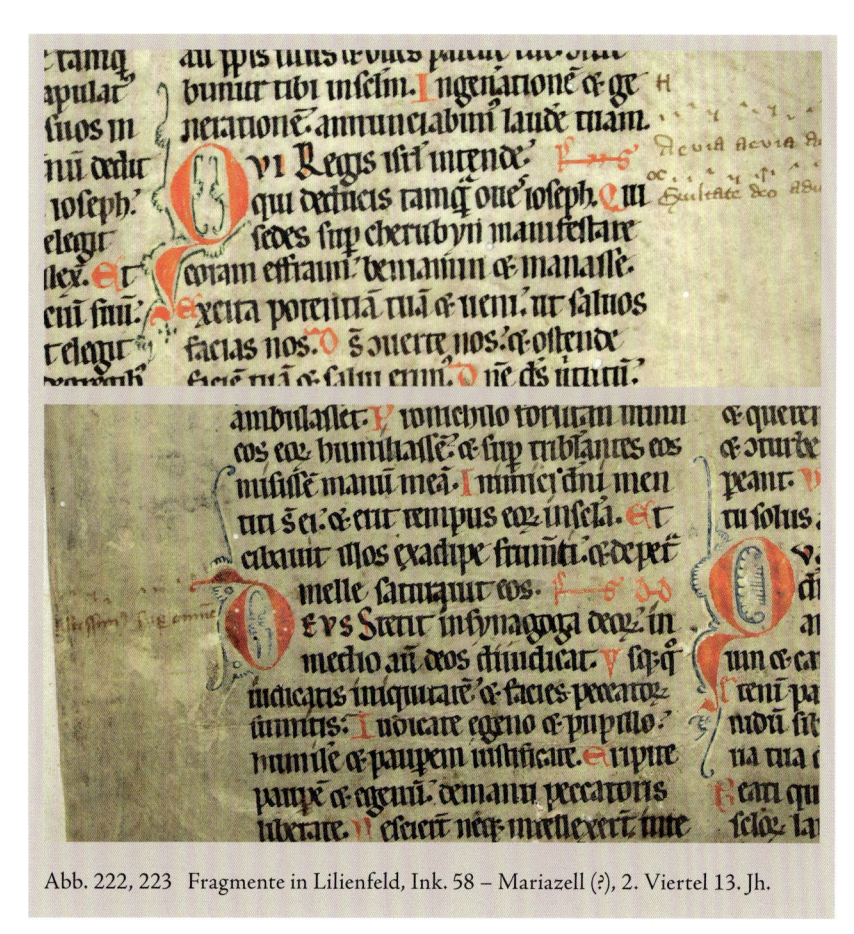

Noch bescheidener ist die Ausstattung des noch kleineren **CLi 68**[87]. Der Textbeginn der Sentenzen des Isidor ist ganz unauffällig (fol. 1v), erst die Initiale zum 3. Buch (fol. 73v – Abb. 221) weist ganz bescheidenes Fleuronnée-artiges Linienwerk im Binnenfeld auf.

Ein Rätsel hält ein großformatiges Fragment bereit, auf das mich Eugen Novak hingewiesen hat. Heute dient es als Nachsatzblatt einer Inkunabel, die einen Besitzvermerk von Mariazell trägt.[88] Drei Zeilen hohe Lombarden, die von Begleitlinien mit Ausbogungen begleitet sind, markieren den Beginn ‚normaler' Psalmen, die in großer Textualis geschrieben sind (Abb. 222, 223). Es handelt sich wohl um den **Rest einer großen Bibelhandschrift**. Seitlich wurden um oder nach der Mitte des 14. Jahrhunderts notierte (Alleluja-)Verse angefügt.[89] Vergleichbare Fragmente – in Bezug auf Schrift und Dekor – sind bisher aus Mariazell nicht bekannt geworden. Vergleichbare gebogte Begleitlinien, ein freilich weitgehend unspezifisches Motiv, kommen in CLi 132, fol. 1r vor.[90] Eine deutlich dichtere Überliefe-

---

die Vorlage der hier überlieferten Hirsauer Constitutiones aus Admont stammt.

[87] https://manuscripta.at/?ID=32279. Vgl. NOVAK, Handschriften und Fragmente.

[88] Lilienfeld, Stiftsbibliothek, Ink. 58. Der Druck von 1478 weist Dekor auf, den ROB-SANTER/SCHULLER-JUCKES, Inkunabelsammlung 238-239, einer Gruppe aus dem Stift zuweisen können. Vgl. NOVAK, Handschriften und Fragmente.

[89] Das deutlich in die Oberlänge ausgreifende Minuskel-a erlaubt diese Einordnung. Robert Klugseder ordnet die Gesänge eindeutig dem „österreichischen" Umfeld zu (Benediktiner, Chorherren und Diözesen): vgl. Graz, UB, Cod. 29 (Antiphonar aus dem Benediktinerstift St. Lambrecht), fol. 77r.

[90] Zum weiteren Dekor dieses Codex siehe Abschnitt 2c.

rungslage gibt es in Lilienfeld.[91] Ob das Fragment vielleicht in Lilienfeld entstand, muss offenbleiben. Ebenso unbeantwortet muss die Frage bleiben, wie der höherrangige Schmuck dieser Bibel aussah. Der Vergleich aus Lilienfeld verfügt über prächtige Rankeninitialen, einzelne davon sogar mit historisiertem Dekor.

2e. Musik und Dekor

Musikliturgische Handschriften (siehe Eugen NOVAK, Liturgie und Musikpflege) haben den großen Vorteil, dass man in der Regel aus ihrem Inhalt, den gesungenen Texten zu Chorgebet und Messe, auf deren Entstehungsort schließen kann. Zudem sind sie oft repräsentativ ausgestattet. Diesen Vorteilen steht der Nachteil gegenüber, dass die Liturgie als etwas performativ Lebendiges dem Wandel der Zeit unterworfen ist. Spätestens seit dem Konzil von Trient waren mittelalterliche Liturgica daher ohne praktischen Nutzen. Sie wurden, da auf Pergament geschrieben, nicht einfach weggeworfen, sondern von Buchbindern für andere Bände verwendet.

Genau dies geschah im Benediktinerstift Mariazell wohl schon ab der Melker Reform (ab ca.

Abb. 224   Fragmente ausgelöst aus CLi 107
Mariazell, gegen die Mitte 13. Jh.

1425).[92] Einer ersten Schicht, die um 1200 (1190–1220) entstanden sein mag, gehören schmucklose Fragmente zum Chorgebet an (Abb. 80f.),[93] einer späteren Graduale-Fragmente.[94] Leider hat sich kein Graduale-Blatt erhalten, das den Beginn ei-

---

[91] Zu verweisen ist auf Wien, ÖNB, Cod. Ser. n. 2594, eine großformatige Bibel aus Lilienfeld: FINGERNAGEL/ROLAND, MeSch I, Kat. 1 (Andreas FINGERNAGEL), die kurz vor der Mitte des 13. Jahrhunderts datiert wird. Zu den Fleuronnée-Formen siehe auch ROLAND, Buchschmuck 26f., die in Lilienfeld eine durchaus breite Verwendung fanden: Etwa CLi 54, fol. 1r (ROLAND, 23) oder CLi 185, fol. 10r (und mitunter; ROLAND, 23f.).

[92] Der Fall des in der der Folge zu behandelnden Fragment aus CLi 167 wirft einige Fragen auf, denn es ist ungewöhnlich, dass sich Fragmente in einem in etwa zeitgleich zu datierenden Band befinden (zu dessen Dekor siehe oben S. 375f.). Leider wissen wir nicht über den Einband Bescheid, denn dieser wurde im 20. Jahrhundert erneuert. Das Vorhandensein der Fragmente macht wahrscheinlich, dass der Einband, so wie der Großteil der anderen Einbände aus Mariazell, im 15. Jahrhundert angefertigt wurde. Darauf weisen auch die aus Messing gefertigten Schließenbeschläge hin, die wohl vom erneuerten Einband übernommen wurden.

[93] Zu diesen siehe in diesem Band bei NOVAK, Liturgie 180f..

[94] Zu diesen siehe in diesem Band bei NOVAK, Liturgie 181-183.

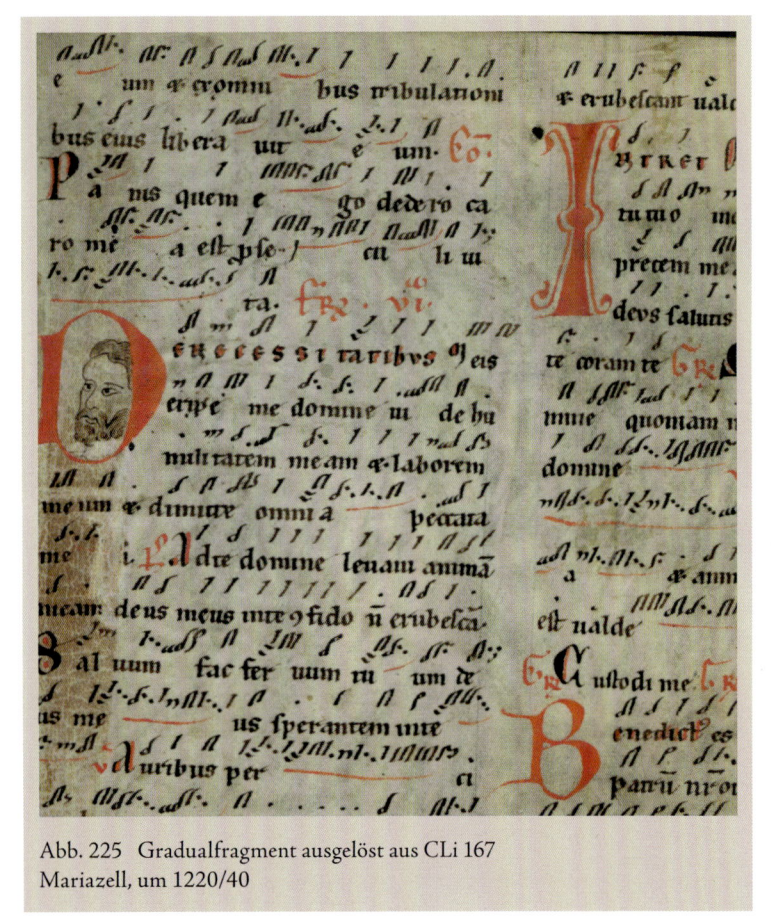

Abb. 225 Gradualfragment ausgelöst aus CLi 167
Mariazell, um 1220/40

nes Hauptfestes überliefert. Daher kann man nicht sagen, wie aufwändig der Dekor war. Dass es doch höherrangigen Dekor gab, macht die rote Lombarde zum Weißen Sonntag wahrscheinlich (Fragment aus CLi 107)[95]. Das „Q" ist vier Notensysteme (linienlose Neumen) hoch, steht vor einem grünen Initialfeld und zeigt im Binnenfeld eine konturbegleitende rote Linie, die Palmettenformen insinuiert

und die ein hellbeige ausgemaltes mittleres Farbfeld abgrenzt (Abb. 224). Eine Datierung gegen die Mitte des 13. Jahrhunderts ist aus paläographischen (doppelte Brechung) und kunsthistorischen Gründen (Fleuronnée) wahrscheinlich.

Außerhalb einer systematisch strukturierten Ausstattungshierarchie steht ein lebendig gezeichneter Kopf, der das Binnenfeld einer Lombarde füllt (abgelöstes Fragment aus CLi 167),[96] die aus einer zweispaltig angelegten Graduale-Handschrift stammt und das Messoffizium des Quatemberfreitags in der Fastenzeit überliefert (Abb. 225). Die drei Notensysteme hohe (linienlose Neumen) rote Lombarde war ursprünglich wahrscheinlich ohne weiteren Dekor und wurde, wohl sehr zeitnah, mit einem Kopf gefüllt: Ein bärtiger Mann im besten Mannesalter blickt, differenziert gezeichnet und physiognomisch durchaus glaubhaft charakterisiert schräg aus dem Binnenfeld, gleichsam wie aus einem Fenster. Andere gezeichnete Gesichter, etwa in CLi 162 (fol. 158r) oder CLi 141 (fol. 115v: Abb. 187), fallen demgegenüber qualitativ deutlich ab (siehe S. 366), werden jedoch grob zeitgleich entstanden sein (um 1220/40).

Zusammenfassend bleibt zu konstatieren, dass die üblicherweise sehr qualitätvolle Schnitt-

---

95 Zur Handschrift siehe NOVAK, Handschriften und Fragmente.

96 Im Detail NOVAK, Liturgie, S. 183, 187–189,, bzw. NOVAK, Handschriften und Fragmente. Die Rückseite wurde vollständig radiert.

menge aus Handschriften, die musikliturgisch relevant sind, und aufwändigem Dekor in der untersuchten Zeitspanne in Mariazell keine signifikanten Spuren hinterlassen hat.[97]

2f. Importe aus anderen Kulturen und Zeiten

In einer anderen Kategorie spielt das Fleuronnée von **CLi 90**[98]. Es befindet sich in einem moraltheologischen Traktat des Guilelmus Peraldus, der nicht in unserem Kulturraum entstand, sondern um die Mitte des 13. Jahrhunderts in **Frankreich,** wohl in Paris. Die Incipitseite (fol 1r – Abb. 226) ist mit einer rot/blau gespaltenen Fleuronnée-Initiale ausgestattet, das Ornament gehört der Umbruchsphase zwischen dem älteren Palmettenfleuronnée und dem stärker stilisierten Knospenfleuronnée an. Der Band ist ab dem beginnenden 17. Jahrhundert im Kloster nachweisbar,[99] ob er schon im 13. Jahrhundert vorhanden war, ist nicht zu belegen. Der Codex ist hier auch deshalb erwähnenswert, weil er dokumentiert, wie wenig, gerade auch im Vergleich zu Lilienfeld, an importierten Codices aus Mariazell auf uns gekommen ist.

Abb. 226 CLi 90, fol. 1r – Frankreich (Paris?), Mitte 13. Jh.

Im 15. Jahrhundert muss sich im Stift auch eine offenkundig in **Italien** angefertigte glossierte Abschrift des *Corpus iuris civilis* (oder sogar mehrere) befunden haben,[100] denn Fragmente sind als Spiegel- bzw. Vor- und Nachsatzblätter in Inkunabeln ein-

---

[97] Vergleiche auch die aus Lilienfeld, Stiftsbibliothek, Ink. 58, abgelösten Fragmente, die bei Abschnitt 2d behandelt wurden.

[98] https://manuscripta.at/?ID=32301. Vgl. NOVAK, Handschriften und Fragmente.

[99] Vermerk fol 1r; vgl. dazu Anm. 15.

[100] Auch das ist freilich nicht ganz sicher, denn natürlich könnte die Inkunabel, in der sich die Fragmente befinden, auch erst später vom Kloster erworben worden sein.

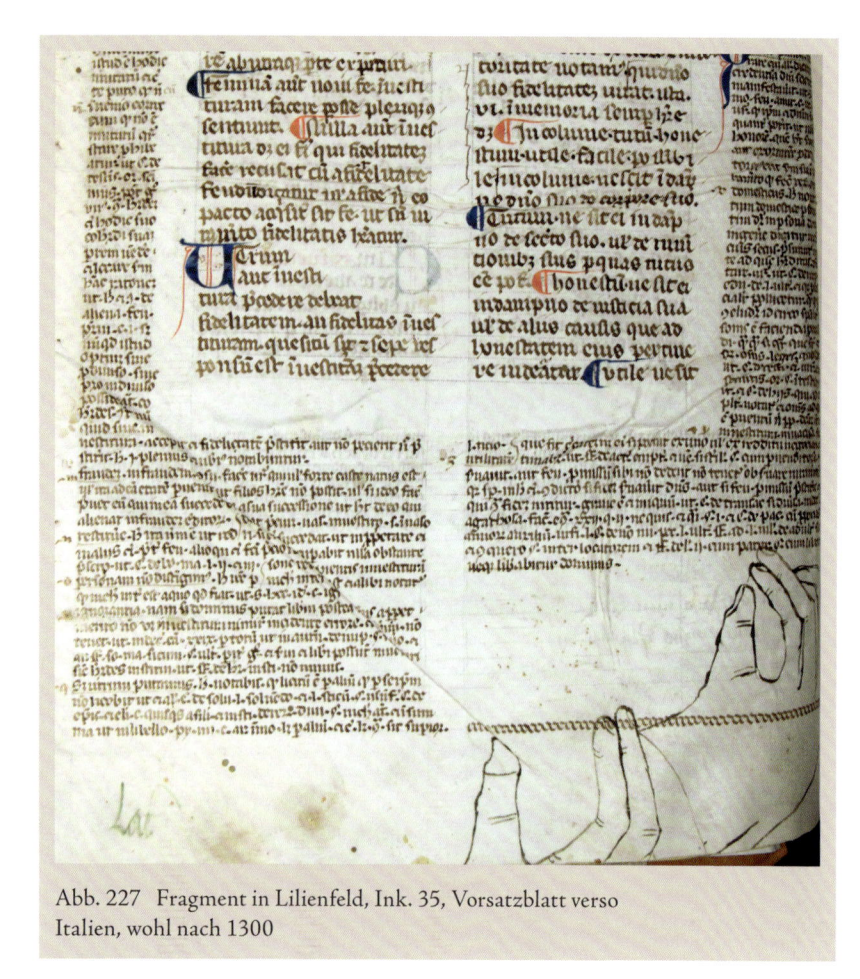

Abb. 227 Fragment in Lilienfeld, Ink. 35, Vorsatzblatt verso
Italien, wohl nach 1300

etwas kürzere Glosse rechts gewesen zu sein, die Platz ließ. Der naturalistische Beobachtungswille weist darauf hin, dass die Zeichnung schon in Italien eingetragen wurde. Dass dies noch im 13. Jahrhundert geschah, ist freilich unwahrscheinlich. Der Band kann sich daher im 13. Jahrhundert nicht in Mariazell befunden haben. Das erhaltene Fragment muss daher aus unseren Beobachtungen ausgeschieden werden.

Cod. 2232 der Österreichischen Nationalbibliothek stellt ein vertracktes Problem dar.[102] Die karolingische Handschrift ist zwar im bayerisch-österreichischen Kulturraum entstanden, durch ihr Alter mag sie den Mönchen jedoch so fremd erschienen sein, wie die hier behandelten Codices aus Frankreich und Italien. Die Incipitseite (fol. 2v) ist mit einer großen Flechtwerkinitiale geschmückt (Abb. 5), sie darf, wenn der Codex tatsächlich im Mittelalter in Mariazell gewesen sein sollte, hier keineswegs fehlen.[103]

geklebt.[101] Der Dekor auf den erhaltenen Blättern beschränkt sich auf minimales, freilich typisch italienisches Fleuronnée und auf zwei durchaus nicht ungeschickt gezeichnete, erstaunlich große Hände am Rand der Versoseite des Vorsatzblattes von Ink. 35 (Abb. 227). Grund für die Zeichnung scheint die

---

[101] Lilienfeld, Ink. 35. Weitere italienische Fragmente in Ink. 26, die freilich wahrscheinlich einer anderen Handschrift angehörten.

[102] Wien, ÖNB, Cod. 2232: http://data.onb.ac.at/rep/101F-6CBD (Digitalisat).

[103] Der Buchschmuck wurde 1923 von HERMANN, Frühmittelalterliche Handschriften 108–110, beschrieben: http://www.manuscripta-mediaevalia.de/hs/katalogseiten/HSK0757_b108_jpg.htm. Vgl. auch BISCHOFF, Südostdeutsche Schreibschulen Teil 2 5, 49, 190f., 248: Südöstli-

Dass der Codex Mariazeller Besitz war, ergibt sich aus Fragmenten, die als Vor- und Nachsatzblätter eingebunden wurden (Abb. 80).[104] Dies ist auf eine buchbinderische Kampagne des 15. Jahrhunderts zurückzuführen. Bereits im 16. Jahrhundert gelangte der Codex in die Hofbibliothek nach Wien.[105] Gehörte der Band, der eine Benedikt-Regel und juristische Texte enthält, tatsächlich schon zur angeblich existierenden Mariazeller Bibliothek des 12. Jahrhunderts, so wie dies in diesem Band allenthalben vermutet wird?[106] Eindeutigen Beweis gibt es jedenfalls keinen.

Von keinem der zwei in diesem Abschnitt vorgestellten Bände (und den Fragmenten in Inkunabeln) ist belegt, dass sie sich im 13. Jahrhundert in Mariazell befunden haben.

2g. Eine Karte des Heiligen Landes aus Mariazell?

Cod. Ser. n. 4189 der ÖNB enthält auf foll. 1r–67v den einheitlich angelegten Grundstock von Annalen, der bis ins Jahr 1265 reicht, der dann in mehreren Schichten ergänzt wurde (zuerst bis 1278, dann

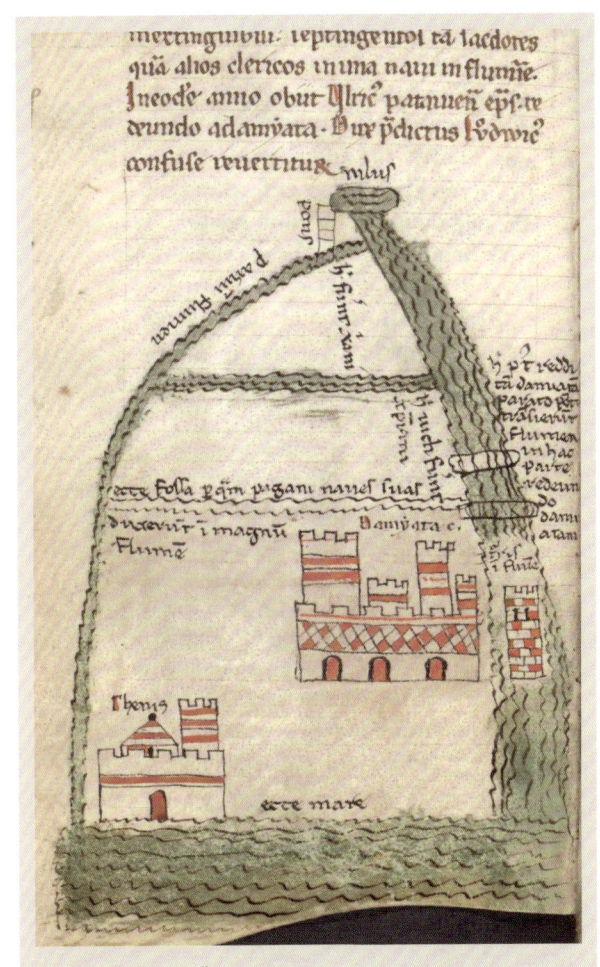

Abb. 228 Wien, ÖNB, Cod. Ser. n. 4189, fol. 53v
Karte der Nilmündung (zu 1221) – Wien (?), um 1265

bis 1302).[107] Teil des Grundstocks ist nicht nur eine Abschrift der heute verschollenen „Gründungs-

---

ches Bayern (ohne genaue Lokalisierung) Beginn 9. Jh., und HANSLIK, Herkunft 117-130.

[104] https://www.cantusplanus.at/common/fragmentphp/fragmente/signaturGET.php?Signatur=cod02232: siehe in diesem Band, NOVAK, S. 180, 185f.. HANSLIK, Herkunft, 118f. kam bereits 1957 mit ganz anderen Methoden zu demselben Ergebnis, nämlich dass der Codex im 15. Jahrhundert (um 1446) in Mariazell war. Argumente, der Codex sei bereits im 12. Jahrhundert in Mariazell gewesen, bringt Hanslik nicht.

[105] Siehe Anm. 5 und die auf Abb. 5 sichtbare Signatur und Titelangabe des Hofbibliothekars Sebastian Tengnagel (gest. 1636).

[106] S. 26f. (Thomas AIGNER), 132 (Udo FISCHER), 147, 149 (Barbara SCHEDL), 180 (Eugen NOVAK).

[107] Wien, ÖNB, Cod. Ser. n. 4189: http://data.onb.ac.at/rep/10036253 (Digitalisat). Zum Codex siehe FINGERNAGEL/ROLAND, MeSch I, 17-19 (Kat.-Nr. 5: Martin ROLAND). Zu den Annalen siehe KLEBEL, Fassungen 43-185, bes. 56-58, 73, 95-105, 175. Über die Provenienz des Codex ist nur bekannt, dass er im 17. und 18. Jahrhundert im Besitz

387

urkunde von 1136"[108], sondern auch eine beinahe ganzseitige „Landkarte" der Nilmündung (fol. 53v – Abb. 228). Die rot und grün kolorierte Federzeichnung dient zur Illustration des Verlusts von Damiette im Jahr 1221[109]. Der kartenmäßige Grundriss der Nilmündung wird von grün kolorierten Wellenlinien, die Wasser bezeichnen, und kastellartigen Piktogrammen für Städte ergänzt. Wichtige Elemente sind, wie auf Karten üblich, bezeichnet. 1265 oder kurz danach entsteht ein außergewöhnliches kartographisches Denkmal, das zudem in einem höchst bemerkenswerten Kontext steht, denn Annalen sind fast nie mit Illustrationen versehen.[110]

Der Codex wird unhinterfragt für Mariazell in Anspruch genommen.[111] Dafür scheinen die erwähnte sehr ausführliche Notiz zu 1136, eine Notiz zu einem „Kumaneneinfall" des Jahres 1250[112] und eine Notiz zur Weihe 1257[113] zu sprechen. Ein spezifisches Interesse an dem Kloster ist zweifelsfrei, die Entstehung ebendort freilich eher unsicher, da die Formulierungen in keinem Fall einen persönlichen Bezug herstellen.

Zusammenfassend spricht einiges dafür, dass Cod. Ser. n. 4189 trotz des Interesses an Mariazell nicht dort sondern in Wien entstand. Ob der Codex mit jemandem in Verbindung steht, der länger als Herzog Leopold VI. am Kreuzzug teilnahm – dieser nahm 1218/19 an der Belagerung von Damiette teil, verließ das Heer jedoch kurz vor der Eroberung der Stadt und war daher auch nicht an den folgenden Niederlagen (bis 1221) beteiligt – müsste noch untersucht werden. Dass der Codex in der österreichischen Annalistik eine zentrale Rolle spielt, machte Ernst Klebel bereits 1925 deutlich,[114] eine Rolle,

---

der Wiener Erzbischöfe war. Ältere Hinweise fehlen (KLEBEL, 56; FINGERNAGEL/ROLAND, MeSch I, 17).

[108] Wien, ÖNB, Cod. Ser. n. 4189, foll. 43v-44r: Druck: MGH SS IX 479-843 Wilhelm WATTENBACH, Annales Austriae, 647, und NÖUB II-1 368-371 [Nr. 9²] und Kommentar 376-379. Alle Schriftstücke werden im NÖUB, 379, einer Redaktion des 13. Jahrhunderts zugeordnet. Zum Gründungsvorgang im Detail siehe S. 15-25, 35f., 58-60, 69-73, 113-115, 125f., 146-148 und 425-428 (Übersetzung).

[109] Vgl. die Edition des Textes in MGH, SS 9, 623 (WATTENBACH), KLEBEL, Fassungen 175.

[110] Eine gewisse Ausnahme stellt Matthew Paris, ein Mönch aus St. Albans, dar, der in der ersten Hälfte des 13. Jahrhunderts historiographische Darstellung und Illustrationen verbunden hat.

[111] MGH, SS 9 (Wilhelm WATTENBACH), KLEBEL, Fassungen 56, und FINGERNAGEL/ROLAND, MeSch I, 17-19 (Martin ROLAND) seien hier an vorderster Stelle genannt.

[112] *Mº CCº Lº: Eodem anno in die sancti Jacobi (25. Juli) combustum est claustrum Celle sancte Marie a Komanis et Ungaris ...*: Wien, ÖNB, Cod. Ser. n. 4189, fol. 64r: vgl. das Digitalisat: http://data.onb.ac.at/rep/10036253 bzw. die Edition MGH, SS 9, 647. Dieser Eintrag steht so wie jener zu 1136 im Fließtext des Grundstocks. Die Formulierung ist neutral, dass der Autor/Schreiber in Mariazell tätig war, kann daraus nicht abgeleitet werden. Der seitliche Vermerk des 14. Jahrhundert *Combustio monasterii Celle sancte M(arie) pat(aviensis) diocesis)* legt von seiner Formulierung, dass nämlich das Kloster in der Diözese Passau sich befinde, eher eine Außensicht nahe.

[113] *M CCº LVIIº: ...* (im Eintrag Verweiszeichen und zeitnaher Nachtrag am unteren Blattrand): *Eodem anno consecratum est monasterium Celle sancte Marie a venerabili Ottone Pataviensi episcopo* (Abb. 107): Wien, ÖNB, Cod. Ser. n. 4189, fol. 65r: vgl. das Digitalisat: http://data.onb.ac.at/rep/10036253 bzw. die Edition MGH, SS 9, 647 [irrig zu 1259]). Der Schreiber des Nachtrags von KLEBEL, Fassungen 56, mit jenem identifiziert, der die Nachträge von 1279-1302 eingetragen hat; ihm folgt Roland in FINGERNAGEL/ROLAND, MeSch I, 17. Ob dieser Schreiber in Wien, arbeitete, was sein Auftreten im Cod. 352 der ÖNB nahelegt (dazu KLEBEL, Fassungen 58), oder in Mariazell, muss unentschieden bleiben. Die neutrale Formulierung der Weihenotiz spricht nicht unbedingt für das Kloster.

[114] KLEBEL, Fassungen passim; vgl. vor allem das Kapitel „Der Codex von Klein-Mariazell und seine Quellen" (95-105). Kle-

Abb. 229 CLi 77, fol. 1v, Mariazell, um 1220/40

Abb. 230: St. Paul/Lavanttal, Cod. 49/3, Liber ordinarius der Passauer Diözese, fol. 1r

bel stellt die Herkunft von Cod. Ser. n. 4189 aus Mariazell freilich nie in Frage, obwohl er viele Argumente liefert, die dies nahelegen.

3. Vergleiche mit anderen Klöstern

Der Vergleich mit dem benachbarten, 1202/1206 gegründeten/besiedelten Zisterzienserstift Lilienfeld lief immer parallel mit.[115] Dies lässt sich mit dem gleichzeitigen Aufbau der Bibliothek und mit der geographischen Nähe begründen, denn Mariazell liegt als ideale Station auf dem Weg zwischen dem Mutterkloster Heiligenkreuz und der Neugründung Lilienfeld. Dass es daher auch stilistische Übereinstimmungen gibt, darf nicht verwundern. Der fundamentale Unterschied besteht in der Kürze der Blüte, die wir in Mariazell beobachten können, während die Produktion in Lilienfeld bis nach der Mitte des 14. Jahrhunderts verfolgt werden kann.

Ein weiterer Vergleich wäre mit dem 1190 gegründeten Spital am Pyhrn möglich. Die inneralpine Lage, die Kleinheit der Institution und die geschlossene Erhaltung der Bestände sind vergleichbar (heute in St. Paul im Lavanttal, Bestandsgruppe 3). Eine von Christine Glaßner 2002 zusammengestellte Liste ermöglicht den Einblick.[116] Der Bestand umfasst 126 Nummern, doppelt so viele wie aus Mariazell, aber bloß halb so viele wie aus Lilienfeld. Drei

die nur im Zentrum der politischen Macht vorstellbar ist. Dass Annalen eben nicht nur klösterliches Publikum interessieren und daher auch in weltlichem Kontext entstehen können, blendet Klebel vollkommen aus.

---

[115] Zum Bestand siehe ROLAND, Buchschmuck 16-29 (nur der im Mittelalter in Lilienfeld befindliche Bestand). Zu weiteren Katalogisierungsbemühungen siehe S. 345-347 mit den entsprechenden Angaben. Bei http://www.scriptoria.at (Alois HAIDINGER, Franz LACKNER) steht das Skriptorium von Heiligenkreuz im Zentrum, es findet sich aber auch eine Liste zum mittelalterlichen Lilienfelder Bestand und paläographischen Studien, die einen Hauptschreiber ergeben, der offensichtlich im Skriptorium von Heiligenkreuz ausgebildet wurden: https://www.scriptoria.at/cgi-bin/rel_scribes.php?scribe_name=LIL%20181%20A (Schreiber A des CLi 181); weitere Schreiber mit beschränkterem Oeuvre treten hinzu.

[116] http://www.ksbm.oeaw.ac.at/stpaul/inv/mss3.htm.

Codices stammen aus dem 12. Jahrhundert,[117] aus dem 13. Jahrhundert stammen 31 Bände.[118] Glaßner erwähnt bei sieben der nicht offensichtlich importierten Handschriften Rankeninitialen:[119] 45/3 (auch Federzeichnungen), 70/3, 82/3 (Randzeichnungen; Geschenk von 1491), 83/3, 104/3, 125/3 und 126/3. Der Bestand ist im Vergleich mit Mariazell und mit Lilienfeld noch etwas kleiner. Inhaltlich und strukturell ist er sehr verschieden: Der Anteil an liturgischen Handschriften ist wesentlich größer als in Mariazell, trotzdem gab es wohl kein eigenes Skriptorium. Darauf weisen die nicht selten genannten Vorbesitzer und der äußere Anschein hin.

Stellte man den *Liber ordinarius* der Passauer Diözese, der sich im Bestand aus Spital am Pyhrn erhalten hat (83/3), und CLi 77 nebeneinander (Abb. 229, 230), dann gibt es viel Ähnliches. Die klare Fokussierung auf den Text, die durchaus gediegenen Rankeninitialen „I" zu Textbeginn, der Farbklang aus roter Zeichnung und grünem und hellbeigem Grund. Auch inhaltlich gibt es Berührungspunkte, denn Johannes Beleths *Summa de divinis officiis* behandelt, wenn auch gleichsam theoretisch, ebenfalls den Gottesdienst, den der *Liber ordinarius* abbildet. Die Unterschiede wiegen jedoch schwer: Der Codex aus Mariazell ist gut in die Produktion des Skriptoriums eingebunden, über die Entstehungsumstände des *Liber ordinarius* ist trotz intensiver Bemühungen wenig bekannt.[120]

4. Zusammenfassung

Der Bestand aus Mariazell ist klein, kunsthistorische Höhepunkte fehlen. Trotzdem, man kann klare Zusammenhänge erkennen, die auf ein während der ersten Hälfte des 13. Jahrhunderts etabliertes Skriptorium schließen lassen, dessen produktivste Phase wohl um 1220/40 anzusetzen ist. Es ist freilich nicht in jedem Fall möglich, zu entscheiden, ob ein Codex im Stift oder für das Haus entstand oder ob Bestehendes (auf welchem Weg auch immer) erworben wurde. Dies hängt auch damit zusammen, dass das Benediktinerstift Mariazell damals offenbar aktiver Teil eines kreativen Netzwerks der Buchherstellung und -ausstattung war, dem unter anderem auch die benachbarten Zisterzen Heiligenkreuz und Lilienfeld angehörten.

Mit gewissem Recht darf man vermuten, dass die genannte Zeitspanne mit einer Blütezeit des Stiftes in der ersten Hälfte des 13. Jahrhunderts zusammenfällt, wie dies der historische wie auch der bauhistorische Befund nahelegen.[121]

---

[117] St. Paul im Lavanttal, Stiftsbibliothek, 53/3 (um 1100), 87/3 (ab fol. 17) und 123/3 (2. Hälfte).
[118] Davon stammen aus Frankreich: 4/3, 48a/3 (Deckfarbendekor = DF), 67/3 (Fleuronnée), aus Italien: 2/3 (DF), aus Norddeutschland: 49/3 (Missale mit Rankeninitialen und Kanonbild).
[119] Grundlage der Beurteilungen ist in der Regel: HOLTER, Bibliothek 340–441.
[120] KLUGSEDER, Liber ordinarius Pataviensis XXXIII-XXXV und öfter.
[121] Vgl. in diesem Band der Beitrag von Barbara SCHEDL (S. 257–274) sowie jenen von Gábor TARCSAY und Michaela ZORKO (S. 293–344).

8. BURGEN UND HERRSCHAFTSSITZE DER UMGEBUNG

VON GERHARD REICHHALTER

1. Die Burgen der Arnsteiner – Arnstein, Raisenmarkt (und Vestenberg?)

Die Vorgeschichte: Gaaden, Stiefern und Wurmbrand

Die Herren von Stiefern – Gaaden – Arnstein gehörten zu den bedeutendsten Ministerialenfamilien des babenbergischen Österreich, die nicht nur aufgrund ihrer Bedeutung und Ämter (als landesfürstliche Forstmeister) hervorragen, sondern auch aufgrund ihrer Mobilität und der einhergehenden extensiven Herrschaftspolitik. In den engeren Rahmen dieser Betrachtung gehören die im südlichen Wienerwald und somit im Umfeld bzw. Einzugsgebiet des Klosters Mariazell gelegenen Herrschaften Arnstein und Vestenberg.

Die Anfänge der Familie im babenbergischen Österreich liegen derzeit noch im Dunkeln. Erwin Kupfer vermutet, dass sie möglicherweise im Gefolge der Grafen von Lambach schon in den ersten Dezennien des 11. Jahrhunderts in den südlichen Wienerwald gelangen, wo sie in Gaaden ein erstes Herrschaftszentrum gründen[1].

Sie dürften jedoch bald ein neues Interessensgebiet ins Auge gefasst haben, das untere Kamptal, wo sie in Stiefern eine neue Herrschaft gründen. Dies steht wohl mit dem Auftreten des Babenbergers Leopold II. in Gars in Zusammenhang, der nach der verlorenen Schlacht bei Mailberg 1082 zusammen mit verbündeten Adelsgeschlechtern dem befürchteten Vordringen der Böhmen nach Süden entgegenwirken musste. In diesem Zusammenhang erscheint es möglich, dass die Gaadener bald nach 1082 mit der Errichtung einer Burg in Stiefern beginnen[2].

Ulrich (I.) von Stiefern-Gaaden

Als erster Stieferner wird Ulrich (I.) um 1130 in Klosterneuburger Traditionen greifbar[3]. Als Ulrich von Gaaden erscheint er hingegen 1136 in der sogenannten Stiftungsurkunde des Klosters Heili-

---

[1] KUPFER, Herren von Stiefern 96; REICHHALTER, Burg Stiefern 179-189, hier 180.

[2] KUPFER, Herren von Stiefern 96; zumindest Teile der erhaltenen Mauern könnten überregionalen, mit Vorsicht aber auch regionalen Beispielen zufolge in das ausgehende 11. Jahrhundert datieren: REICHHALTER, Burg von Stiefern 182 f u. Abb. 5, 188.

[3] FRA II/4, Nr. 100: [...] *dominus Odalricus de Stiuene* [...] dotiert die Kirche in Gaaden (*dotis ecclesie Gademensis*); FRA II/4, Nr. 477: [...] *Ozo de Stiuene* [...].

genkreuz⁴. 1137/39 gibt Ulrich mit Erlaubnis Markgraf Leopolds (IV.) Weingärten bei Gainfarn an das Kloster Admont⁵, was erstmals Beziehungen der Stieferner zum steirischen Konvent verrät. 1139/41 bezeugt Ulrich die Schenkung zweier Zensualen durch Herzog Leopold (IV.) von Baiern an Klosterneuburg⁶. Als 1139/40 Herzog Leopold die Schenkung seines Ministerialen Hugo an Heiligenkreuz vollzieht, ist unter den Zeugen erneut Ulrich von Stiefern⁷. 1143 bezeugt Ulrich eine Schenkung Herzog Heinrichs (II.) an das Kloster St. Peter in Salzburg, hier benennt er sich ebenfalls nach Gaaden⁸.

In herzoglichen Urkunden um 1150 bzw. aus 1156 begegnet er allerdings wieder als Ulrich von Stiefern⁹. In einer Admonter Traditionsnotiz von 1156/62, nach der Herzog Heinrich auf Bitten seines Ministerialen Ulrich von Stiefern dem Kloster Admont eine halbe Hufe bei Gainfarn (ein Lehen des Herzogs) gibt, wird er in einer Randnotiz zugleich mit dem Beinamen „von Gaaden" bezeichnet¹⁰.

Weiterer Besitz der Stiefern-Gaadener lag im westlichen Waldviertel, im Gebiet um Groß Gerungs, wo Ulrich früh als Herrschaftsträger auftritt. Laut einer Urkunde Herzog Heinrichs II. aus dem Jahr 1162 gibt Wichard von Stiefern gemeinsam mit seinen Geschwistern einen Teil des Waldes Wurmbrand an das Kloster Lambach als Seelgerät für seinen dort begrabenen Onkel Berthold¹¹. Wichards Vater Ulrich (I.) hatte dieses Land zuvor von König Konrad III. auf Veranlassung von Herzog Heinrich erhalten, nachdem er er sich bei der Belagerung der Burg Wallerstein ausgezeichnet hatte. Zeitlich ist die königliche Schenkung wohl um 1150 anzusetzen¹². Es ist jedoch anzunehmen, dass Ulrich (I.) bereits vorher in dieser Gegend ansässig bzw. begütert war, was wohl auch für das Kloster Lambach gilt, dessen regionale Kolonisierungstätigkeit durch Wichards Schenkung Unterstützung erhielt¹³.

Für die weitere Herrschaftstätigkeit der Familie im Raum Groß Gerungs fehlt bis 1255 jeder Beleg¹⁴. Während von der Stieferner Burg noch ansehnliche Reste erhalten sind¹⁵, fehlen solche im Gebiet von Wurmbrand. Hier finden sich zwar mehrere Burgstellen¹⁶, die als Stützpunkte der Stieferner in Frage kämen, doch liefern die schriftlichen Über-

---

4   FRA II/11, Nr. 1: [...] *Otto de Leusdorf, Vlricus de Gadmen, Vlricus de Sigenvelde*, [...]; BUB I, Nr. 5.
5   BUB IV/1 Nr. 701.
6   BUB IV/1 Nr. 712: [...] *Ŏdalricus de Stiuene* [...].
7   BUB IV/1 Nr. 718: [...] *Otto de Machlant, Vdalricus de Stiuene, Iugurta, Ebergerus*. Bei dem nicht näher bezeichneten herzoglichen Ministerialen Hugo könnte es sich um den zeitgleich nachweisbaren Hugo von Liechtenstein handeln.
8   BUB IV/1 Nr. 748: [...] *Liutoldus iunior de Pleigin, Ŏdalricis de Gademe, Hartunc de Rŏhinecce*, [...].
9   FRA II/11, Nr. 4, *Vlricus de Stieuen*; BUB IV/1 Nr. 801; BUB I, Nr. 23.
10 UBSt I, Nr. 226; BUB IV/1 Nr. 735: [...] *Oudalricus de Stivene (et de Gadme[a]) ministerialis Liupoldi marchionis de Oriente* [...]; KUPFER, Landeswerdung und Ministerialensiedlung 22-28, hier 30.
11 BUB I Nr. 32.
12 BUB IV/1 Nr. 725; http://www.regesta-imperii.de/id/1150-00-00_2_0_4_1_2_713_711 (Abgerufen am 28. 11. 2017); KUPFER, Landeswerdung 30.
13 Die hier ersichtlichen Beziehungen zum Kloster Lambach könnten auf der eingangs angesprochenen Gefolgschaft zu den Grafen von Lambach gründen.
14 Laut einer Entschädigungsurkunde Heinrichs von Kuenring für Meinhard Troestel sollen dessen Untertanen die gleichen Rechte innehaben wie jene der Herren von Arnstein: GB 11, 412f; GB 12, 620; FRIESS, Herren von Kuenring XXXIf Reg. 267; noch 1295 erscheint Otto von Arnstein als Pfarrer von Gerungs: AT-OeStA/HHStA UR AUR 2667.
15 REICHHALTER, Lage und Kernzone 102-107.
16 KUPFER, Landeswerdung 31 Anm. 56.

lieferungen dazu keine ausreichenden Belege[17]. Allerdings liegt nahe, dass der Name der Burg *Weickharczeckh* (=Wichardseck) auf Wichard von Stiefern zurückgeht, der heutige Ortsname Großpertholz auf seinen 1162 verstorbenen Onkel Berthold[18]. Ulrich (I.) von Stiefern ist zwischen 1156 und 1162 gestorben[19]. Er hat drei Söhne, Ulrich (II.), Wichard und Berthold (II.), sowie zwei Töchter, von denen nur Hazecha namentlich bekannt ist. Während Ulrich (II.) wieder auf Gaaden sitzt, ist der in der Urkunde von 1162 genannte Wichard für den massiven weiteren Herrschaftsausbau verantwortlich. Auf Berthold (II.) gehen hingegen die jüngeren, zum Teil stark verzweigten Generationen der Arnsteiner zurück[20].

Ulrich (II.) von Gaaden

Ulrich (II.) verlegt sein Interessensgebiet nach Gaaden, dem ursprünglichen Besitz im Wienerwald, wonach er sich 1156/76 bis 1188 nennt – erstmals in einer undatierten Urkunde Herzog Heinrichs[21] sowie in mehreren Klosterneuburger Traditionsnotizen[22]. In zwei dieser Notizen wird Ulrich zusammen mit seinem Bruder Wichard genannt, der sich bereits nach Arnstein benennt[23]. Ulrich (II.) ist mit einer Adelheid verheiratet, mit der er vier Kinder hat: Wichard, Ulrich, Herrat und Judith[24]. Wichard ist ab 1182/85 urkundlich genannt[25], Ulrich ab 1188, letztmalig treten beide 1206 in Erscheinung[26]. Die beiden Töchter treten nur (um) 1185 anlässlich ihres Eintritts in das Frauenkloster zu Neuburg urkundlich in Erscheinung[27]. Nach deren Tod erlischt die Gaadener Linie, Besitznachfolger werden die verwandten Esel, die sich ab den 20er- bzw. 30er-Jahren des 13. Jahrhunderts nach Gaaden nennen. 1188 ist Ulrich (II.) letztmalig bezeugt, zunächst mit seinem Sohn Wichard in der zuvor erwähnte Urkunde Herzog Leopolds betreffend das Gut Roreck[28], weiters in einer am selben Tag ausgestellten herzogli-

---

[17] In Betracht kommt zunächst der Burgstall „Zwettlberg" östlich von Wurmbrand (OG Groß Gerungs), in dessen Vorfeld sich eine (heute zum Wochenendhaus umgebaute) romanische Kirche befindet, die die Norm einer Burgkapelle deutlich überschreitet und einen – zumindest geplanten – umfangreicheren Herrschaftsaufschluss erwarten lässt: GB 14, 80, der Sitz zeigt hingegen einen eher inkonsequenten Ausbau; DEIMER, St. Pankrazkapelle Wurmbrand 65-71, DERS., Zur Geschichte der St. Pankrazkapelle 14-24, REICHHALTER /KÜHTREIBER, Zwettlberg 179f; die beiden weiteren Anlagen befinden sich in Kehrbach, westlich von Groß Gerungs (OG Langschlag), wovon eine bis zur Unkenntlichkeit zerstört ist, die nördliche jedoch in Form einer ausgeprägten Hausberganlage (mit Resten von Massivbebauungen) erhalten und mit dem 1431 genannten *Burgstall zu Cherbach genannt Weickharczeckh* identifizierbar ist: REICHHALTER, Kehrbach I/Kehrbach II 284-286; REICHHALTER, Burg von Stiefern.
[18] KOPPENSTEINER, Geschichte Großpertholz 11f.
[19] 1156 ist Ulrich (*Ōdalricus de Stiuina*) in einer zugunsten des Klosters St. Peter in Salzburg ausgestellten Urkunde Herzog Heinrichs als dessen Ministeriale als Zeuge genannt: BUB I Nr. 23; KUPFER, Landeswerdung 30.
[20] KUPFER, Landeswerdung 32-40; MAURER, Arnstein – Steinhof – Tachenstein 55-133, hier 57-74.

[21] BUB IV/1 Nr. 793.
[22] FRA II/4, Nr. 545: [...] *dominus Vlricus de Gadmi ministerialis ducis* [...].
[23] FRA II/4, Nr. 340: [...] *Wichardus de Arnstaine. Vlricus frater eius de Gadem* [...]; FRA II/4, Nr. 518.
[24] KUPFER, Landeswerdung 31.
[25] 1188 in der Urkunde Herzog Leopolds über die Restitution des Prediums Roreck: *Vlricvs de Gadme et filius eius Wichardus* [...] : FRA II/11, Nr. 17; BUB I Nr. 72.
[26] KUPFER, Landeswerdung 32.
[27] FRA II/4, Nr. 545; WATZL, in loco 90.
[28] BUB I Nr. 72.

chen Urkunde mit seinem Sohn Wichard und seinem Neffen Berthold[29].

Wichard von Arnstein

Wichard, dem schon erwähnten Bruder Ulrichs (II.) und Sohn Ulrichs (I.) kommt nunmehr eine erhöhte Bedeutung zuteil. Während er sich 1162 noch nach Stiefern nennt, begegnet er kurze Zeit später, in der Regierungszeit Herzog Heinrichs II. als Wichard von Arnstein[30], wonach er als Gründer der Burg Arnstein zu sehen ist. Um 1177 bezeugt Wichard gemeinsam mit seinem Sohn Berthold eine Urkunde Herzog Leopolds (V.) zugunsten von Heiligenkreuz[31]. Wichard ist bis etwa 1185 nachweisbar, so testiert er 1177/1185 gemeinsam mit seinem Bruder Berthold eine Urkunde Herzog Heinrichs d. Ä. von Mödling[32]. Der in einer Urkunde Herzog Leopolds für Heiligenkreuz aus dem Jahr 1188 mit seinem Bruder Ulrich von Gaaden begegnende Wichard von Arnstein ist der Sohn Ulrichs II. von Gaaden[33] und gehört demnach der Gaadener Linie an.

Die späteren Arnsteiner bis zum Verkauf der Burg im Jahr 1329

Die Arnsteiner Linie setzt Wichard (II.), der Sohn Bertholds von Arnstein fort. Wichard ist erstmals 1217 in einer Urkunde Herzog Heinrichs d. Ä. von Mödling fassbar[34]. 1222 testiert er gemeinsam mit Konrad von Arberg eine Urkunde Herzog Leopolds VI.[35] und 1232 ist Wichard zusammen mit seinen Brüdern Otto und Wulfing Zeuge einer Urkunde Herzog Heinrichs von Mödling[36]. Wichard (II.) ist bis 1239 urkundlich belegt[37].

Der folgenden vierten Generation gehören die Brüder Berthold, Wulfing, Wichard (III.), Hadmar und Otto, die Söhne Wichards (II.) an[38]; Wulfing und Wichard benennen sich später auch nach Tribuswinkel[39]. Wichard setzt die Hauptlinie der Arnsteiner fort; schon als der Ältere bezeichnet ist er letztmalig 1287 anlässlich eines Güterverkaufs an Heiligenkreuz urkundlich belegt[40].

Der ab 1276 nachweisbare Wulfing von Arnstein, der bereits der fünften Generation angehört und der Neffe des oben genannten Wulfing ist, kommt durch Heirat mit Gertrud von Wasserberg in den Besitz dieser Herrschaft[41]. 1279 verkauft er

---

[29] BUB I Nr. 73: [...] *Pertholdus de Arnsteine, Albertus de Horne, Wichardus de Gadme, Vlricus de Gadme* [...].
[30] FRA II/4, Nr. 340.
[31] FRA II/11, Nr. 7: [...] *Wichardus de Arnstaine et filius ejus Pertholdus,* [...].
[32] BUB IV/1 Nr. 854: [...] *Perthold er frates eius Wichart de Arnstain,* [...]; vgl. BUB I, 80f Nr. 60.
[33] FRA II/11, Nr. 16: [...] *ministeriales nostros Wichardum scilicet de Arnsteine et Vlricum de Gadme* [...].
[34] BUB IV/2 Nr. 1041: *Wichardus de Arnesteine.*
[35] Monasterium.net – AT-StiASF – StFlorianCanReg – 1222 XII 07.
[36] Monasterium.net – AT-StAH – HeiligenkreuzOCist – 1232 VIII 20, Folgezeuge ist Konrad von Arberg.
[37] Monasterium.net – AT-StAH – HeiligenkreuzOCist – 1239: *dominus Wichardus de Arnstein*; Monasterium.net – AT-OOeLA – GleinkOSB – 1239 IX 06.
[38] KUPFER, Landeswerdung 34.
[39] Z.B.: Monasterium.net – MZOe 211: [...] *Wlfingus de Tribanswinchel et Otto frater suus, Albertus de Arberch et Albertus frater suus, Pertholdus, Otto, Weichardus et Hadmarus et Wlfingus fratres de Arnstain* [...]; Monasterium.net – AT-StiAH – HeiligenkreuzOCist 1268: *domini Wichardi de Triwanswinchel*; Monasterium.net – AT-StiAH – HeiligenkreuzOCist 1275 IV 03: [...] *dominus Wichardus de Tribanswinchel, dominus Hadmarus de Arnstein* [...].
[40] Monasterium.net – AT-StiAH – HeiligenkreuzOCist 1287 XII 08.
[41] KUPFER, Landeswerdung 34f.

als Wulfing von Arnstein einen Mansen zu Schwarzensee an Heiligenkreuz[42]. Wulfing ist 1285 verstorben[43]. Das letzte bedeutende Mitglied der Arnsteiner Linie ist der 1286 bis 1329 nachweisbare Wichard (IV.), der Sohn Hadmars von Arnstein und der Neffe Wulfings von Arnstein-Wasserberg[44].

Die Zeit nach den Arnsteinern

Die Arnsteiner besitzen die Burg bis 1329, als Wichard (IV.) sie an Karl von Eckartsau verkauft[45]. In weiterer Folge kommt die Burg in die Hände Herzog Albrechts II., der sie zunächst als Pfandobjekt einsetzt. Im Jahr 1355 verpfändet der Herzog die Burg um 1000 Pfund Wiener Pfennige an Friedrich von Wallsee-Drosendorf[46]. 1367 löst Hans (Jans) von Tyrna dem schwerverschuldeten Wallseer mit Erlaubnis des Herzogs die Herrschaft Arnstein gegen Erlag der Pfandsumme ab[47]. 1392 nennt sich Hans von Tyrna auch nach Arnstein, als er seinem Schwiegersohn Ortolf dem Stockhorner die Mitgift für seine Tochter Dorothea gibt[48].

1393 erscheint Ulrich Innprucker als Inhaber der Herrschaft[49]. Die Innprucker erwerben in dieser Zeit auch die Herrschaften Neuhaus und Fahrafeld[50].

Um 1423 wird Hans von Winden als Vormund der Brüder Wolfgang, Jörg und Hans von Winden durch Herzog Albrecht V. mit dem *Haus zu Arnstain* belehnt, was um 1428 zugunsten Wolfgangs von Winden und seiner Brüder erneuert wird[51]. Anlässlich einer Erbteilung zwischen den Brüdern Georg, Wolfgang und Hans von Winden im Jahr 1452 kommt Arnstein neben einer Reihe weiterer Besitzungen an Georg[52]. 1455 belehnt Herzog Ladislaus Postumus Georg (Jörg) von Winden zusammen mit seinem Bruder Hanns und seinem Vetter Wenzel mit der *Veste zu Arnstain*[53]. König Maximilian I. belehnt 1504 Wenzel von Winden mit Arnstein, bei dem es sich wohl um den Sohn des 1455 erwähnten Wenzel handelt[54].

1522 belehnt Erzherzog Ferdinand seine Räte Gabriel *de Salamanco*, Felician Potschacher und Marx Treytzsaurwein u. a. mit dem Haus zu

---

42   Monasterium.net – AT-StiAH – HeiligenkreuzOCist 1279 XII 15: [...] *Opho de Arberch, Henricus de Chranchperch, Hadmarus de Arenstain frater meus, Wichardus de Triwanswinchel, Chunradus filius fratres mei,* [...], Konrad ist der Sohn Ottos von Arnstein, des Bruders Wulfings: KUPFER, Landeswerdung 39.

43   1285 verpfändet Gertrud, Wulfings Witwe, einen Mansen zu Guntramsdorf an Heiligenkreuz: Monasterium.net – AT-StiAH – HeiligenkreuzOCist 1285 VII 08, unter den Zeugen ist *Hadmarus de Arnstain*; im selben Jahr vollzieht Gertrud eine Jahrtagsstiftung im Stift Heiligenkreuz: Monasterium.net – AT-StiAH – HeiligenkreuzOCist 1285 XI 22.

44   Die Geschichte wurde nur insofern berücksichtigt, als sie für die Burg Arnstein relevant erscheint, umfassend zu den späteren Arnsteinern: KUPFER, Landeswerdung 33-40.

45   HALMER, Burgen Baden 15.

46   LICHNOWSKY, Habsburg III, Nr. 1775; DOBLINGER, Herren von Wallsee. 235-582, hier 376; TWERDY, Beiträge zur Geschichte 485.

47   AÖG Notizenblatt 4, 388; DOBLINGER, Wallsee 377.

48   Monasterium.net – AT-NOeLA – HA Seefeld-HardeggerUrk 0129.

49   KRYSPIN, Ruine Arnstein 37; HALMER, Burgen Baden15; WOLZOGEN, Wolzogen 196 besitzt bereits 1392 Wilhelm Innprucker Neuhaus und Arnstein.

50   WOLZOGEN, Wolzogen 196; HALMER, Burgen Baden 62.

51   CHMEL, Lehenbuch 259.

52   NÖLA Landrechtsurk 022.

53   CHMEL, Lehenbuch 426; AT-OeStA/HHStA UR AUR, 1455 VIII 09.

54   TWERDY, Wienerwald 486.

Arenstain, das alles eil. Wenzel von Wynnden lehensweise innehatte und nach seinem und seiner Schwestern Tod heimgefallen ist[55].

Während der ersten Wiener Türkenbelagerung 1529 wird Arnstein von den Türken zerstört, ist in sämtlichen Schriften über die Burg zu lesen, obwohl keinerlei Belege genannt werden und der Grad der Zerstörung offen bleibt[56]. Für die nachfolgenden Besitzer sind nur noch die Erträge der Herrschaft von Bedeutung. 1598 belehnt Kaiser Rudolf II. Wolf Stubenvoll und seinen Bruder Johann mit den von Wenzel von Winden herrührenden Lehensstücken, die zuvor Graf Ernst von Ortenburg innehatte[57]. 1607 kommt die Herrschaft im Kaufweg von Urban Stubenvoll an seinen Vetter Michael Stubenvoll, noch im selben Jahr belehnt Kaiser Rudolf II. Wolf Stubenvoll mit dem Haus Arnstein und weiteren Lehenstücken, die vorher Wenzel von Winden gehörten[58].

König Mathias II. (von Ungarn) belehnt 1609 Hanns Christoph Freiherrn von Wolzogen u. a. mit dem Haus *Arnstain*[59]. 1620 belehnt Kaiser Ferdinand II. Hanns von Wolzogen und seine Brüder Hanns Ludwig, Hanns Sigmund und Hanns Karl mit genannten Gütern, u. a. dem Haus *Arnstain*[60]. Zur Zeit der Gegenreformation, im Jahr 1631, verkauft Hanns Paul Freiherr von Wolzogen die vom Kaiser lehenrührigen Schlösser Neuhaus und Arnstein mit dem Freihof Fahrafeld um 60.000 Gulden rhein. an Kaiser Ferdinand II., für welchen Zweck auch ein Urbar angelegt wird[61].

1633 verpfändet Kaiser Ferdinand I. den Besitz, den bisher Maximilian Freiherr von Breuner innehatte, um 40.000 Gulden an Bruno Graf von Mansfeld, wobei nur noch vom Ort Arnstein gesprochen wird[62].

1693 verkauft die Landschaft des Erzherzogtums Österreich unter der Enns den Besitzkomplex an den Hofkammerrat und niederösterreichischen Waldmeister Johann Christoph Rechberger von Rechcron[63]. Arnstein ist seither Teil der Herrschaft Neuhaus-Fahrafeld, die nach einer Reihe weiterer Besitzer, die wohl in erster Linie ein Spekulationsobjekt sehen, 1835[64] an die Familie Sina[65] und 1836 an die Familie Wimpfen kommt. Nach 1945 steht der Grundbesitz unter USIA-Verwaltung und wird 1955 von den Österreichischen Bundesforsten übernommen[66].

Eingangs ein Vergleich: Die Gaadener Burg

Von diesem Sitz der Stiefern-Gaaden-Arnsteiner blieben Teile im heutigen Pfarrhof von Obergaaden

---

55 Monasterium.net – AT-HKA – Urkunden 1522 VIII 15.
56 TWERDY, Wienerwald 486; KRYSPIN, Arnstein 18 berichtet über eine bei den Grabungen aufgedeckte, fußhohe Aschen- und Kohlenschicht, die den ursprünglichen Boden bedeckte und auf eine Brandzerstörung schließen lassen könnte.
57 Monasterium.net – AT-HKA – Urkunden 1598 IV 14.
58 Monasterium.net – AT-HKA – Urkunden 1607 I 31 u. 1607 V 19.
59 Monasterium.net – AT-HKA – Urkunden 1609 XII 31.
60 Monasterium.net – AT-HKA – Urkunden 1620 XII 16, *mit den von weil. von Wünden herrührenden Lehenstücken, […]*.
61 Monasterium.net – AT-HKA – Urkunden 1631 V 14; AT-OeStA/FHKA AHK VDA Urbare 917 (*Urbarium über das Guett Arnstein*).
62 Monasterium.net – AT-HKA – Urkunden 1633 X 06; TWERDY, Wienerwald 489.
63 Monasterium.net – AT-HKA – Urkunden 1693 XII 16.
64 Bei WOLZOGEN; Wolzogen 194 und KRYSPIN, Arnstein 42 ist das Jahr 1833 genannt.
65 TWERDY, Wienerwald 489.
66 HALMER, Burgen Baden 15.

erhalten. Er steht gemeinsam mit der Pfk. hl. Jakobus d. Ä. im Westen der Siedlung auf einer niedrigen Spornterrasse oberhalb des Mödlingbachs. Der von Natur aus wenig geschützte, siedlungsnahe Platz bot eine einigermaßen repräsentative Überhöhung zum Dorf.

Der knapp nördlich der Kirche situierte Pfarrhof ist eine zweiflügelige Anlage, die trotz wiederholter Umgestaltungen die Entstehung aus mehreren Baukörpern erkennen lässt. Spätestens seit den Forschungen Adalbert Klaars (1957) ist bekannt, dass am Schnittpunkt von Nord- und Osttrakt ein hochmittelalterlicher Bauteil integriert ist. Der heute noch zweigeschossige Bau nimmt eine Fläche von 11,72 x 9,83 m ein, seine Mauern sind im Erdgeschoß (Ost- und Westmauer) rund 2,50 m stark, im Obergeschoß (Ostmauer) 1,71 m. Es ist daher von einem mehrgeschossigen Turm auszugehen, dessen Dimensionen über dem Durchschnitt liegen.

Anlässlich der Restaurierungen ab 1994 wurde das Mauerwerk des Turms über große Flächen sichtbar belassen. Die äußeren Sockelzonen der Süd- und Westseite zeigt sehr homogen, ohne zonale Gliederungen und Lagerfugensprünge versetzte Großquader. Im Inneren zeigen sich die Quader im Format etwas reduziert, doch kommt hier aufgrund kaum vorhandener Verwitterungseinflüsse die Bearbeitungsqualität besonders hervor[67].

Bei den 1994 erfolgten bauhistorischen und archäologischen Untersuchungen[68] wurden an der Ostseite des Turms Mauerreste freigelegt, die mit dem Turmfundament verzahnten und als Reste eines (sekundären?) Entsorgungsschachts bzw. einer Abtrittanlage gedeutet wurden, da sich am Boden neben Keramikbruch auch Küchenabfälle fanden. Der Schacht war vom Obergeschoß des Turms zu betreten, wo eine kleine quadergerahmte Luke Licht spendete.

Die nur wenige Meter südlich parallel dazu stehende Kirche präsentiert sich mit Ausnahme des Chorbereichs als relativ geschlossen wirkender Barockbau mit 3-schiffigem, basilikalem Querschnitt, der durch die westliche 2-Turm-Fassade akzentuiert wird. Durch die archäologischen Untersuchungen konnte nachgewiesen werden, dass das heutige Mittelschiff dem primären, innen 10,00 x 5,30 m großen Langhaus folgt, der Chor aber einen wesentlich kleineren Vorgänger besaß.

Da nur die weitgehend ausgerissenen Fundamentzonen angetroffen wurden, sind Aussagen zur Mauerstruktur des Primärbaues nicht möglich. Es könnte sich jedoch naheliegend um den schon in obenerwähnter Klosterneuburger Tradition belegten Bau handeln[69], der ursprünglich als adelige Eigenkirche entstand. Die weitere Baugeschichte der Kirche, die um 1300 mit der Errichtung des heute erhaltenen Rechteckchors beginnt, zeigt sich insbesondere im Dachboden relativ komplex und bedarf noch einer eingehenden Klärung.

Im Zuge der archäologischen Untersuchungen wurden auf der Fläche zwischen Pfarrhof und Kirche Fundamentgräbchen von hölzernen Siedlungsobjekten, Pfostenlöcher, Gruben sowie Mau-

---

[67] STEFFEK, Kirche und Pfarrhof Gaaden 133-137, hier 133, berichtete von „uralten Steinquadern".
[68] Für wertvolle Informationen zu diesen, sowie für gemeinsame Begehungen von Pfarrhof und Kirche möchte ich Marina Kaltenegger herzlich danken.

[69] FRA II/4, Nr. 100.

erreste gefunden, die z. T. von den Turmmauern überlagert wurden. Am Ostabfall des Burgareals ließen sich künstliche Geländeeingriffe und ein Palisadengräbchen nachweisen, das möglicherweise von der einstigen Befestigung herrührte. Auf dieser Fläche sowie im Inneren der Kirche fanden sich zudem zahlreiche Bestattungen unterschiedlicher Zeitstellung. Der hochmittelalterlichen Burg sind bislang nur der Turm und der Primärbau der Kirche zuzuweisen, weitere Massivbauten aus dieser Bauphase ließen sich nicht feststellen. Hinsichtlich der politischen und sozialen Stellung der Stiefern-Gaaden-Arnsteiner überrascht eine derart einfache Sitzstruktur, möglicherweise ruhen jedoch noch weitere Bauteile im Boden[70]. Aufgrund des Mauerwerks und in Anbetracht der historischen Daten – einschließlich der um 1130 fassbaren Kirche – dürfte eine Datierung der ältesten erhaltenen Teile der Gaadener Burg in das 12. Jh. außer Zweifel stehen, wobei das Jahr 1130 wohl als obere Grenze zu sehen ist.

Die Burgruine Arnstein

Mit Wichard, dem Sohn Ulrichs I. findet sich die erste schriftliche – wenn auch indirekte – Erwähnung der Burg Arnstein. Die ersten Belege sind leider nicht datiert, sie sind jedoch in die Zeit Herzog Heinrichs II. (†13. Jänner 1177) zu setzen. Während die älteren Herrschaftsmittelpunkte Stiefern und Gaaden – wohl auch durch das Erlöschen der jeweiligen Familienzweige – ihre Bedeutung verlieren, wird Arnstein nun zum Interessensmittelpunkt der Familie.

Arnstein ist heute eine von jahrhundertelangem Verfall geprägte und von der Natur eroberte Burgruine auf den nordöstlichsten Ausläufern des Peilsteinmassivs, die die Bezeichnung „Schloßberg"[71] führen. Der hier bereits voralpin geprägte südwestliche Wienerwald bot einen ungewöhnlichen und ausgesetzten Bauplatz, eine etwa Süd-Nord verlaufende, stark strukturierte Felsklippe, die an der Westseite mit einer rund 40 m hohen senkrechten Felswand abbricht[72].

Das Gelände bot Raum für eine relativ ausgedehnte Burganlage, die nicht nur horizontal, sondern auch vertikal stark gegliedert war, also auch einzelne Felsformationen und verschiedene Niveaus besetzte. Durch den fortgeschrittenen Verfall ist eine Rekonstruktion der Anlage nur mehr teilweise möglich (Abb. 231). Die Burg bestand aus einer anfangs noch bescheidenen Kernburg auf dem höchsten Teil der Felsklippe im Südwesten und einer mehrteiligen Vor- bzw. Unterburg, die sich über die tieferen Niveaus bzw. Felsformationen im Norden und Osten ausdehnte. Im Süden, wo die felsigen Ausläufer des Peilsteins fast niveaugleich bis an die Kernburg heranreichen, wurde begonnen, zwei Halsgräben aus dem Fels zu schrämen. Zur Burg ist schließlich noch die am Südfuß der Klippe gelegene, in die Befestigung einbezogene „Arnsteinhöhle" zu zählen.

Die Kernburg nahm eine Nord-Süd orientierte Fläche von rund 45 m Länge und maximal 17 m Breite ein. Der ehemalige Bering ist nur noch anhand von Resten bzw. Spuren zu erfassen. Über

---

[70] Durchaus vergleichbar ist die Burg von Stiefern mit der im Vorfeld situierten Burgkirche und der geringen Überhöhung gegenüber der Siedlung.

[71] KRYSPIN, Arnstein 20.
[72] Eine vergleichbare Lage besitzen neben der noch zu besprechenden Araburg etwa auch Schrattenstein (VB Neunkirchen) oder Rabenstein (VB St. Pölten-Land).

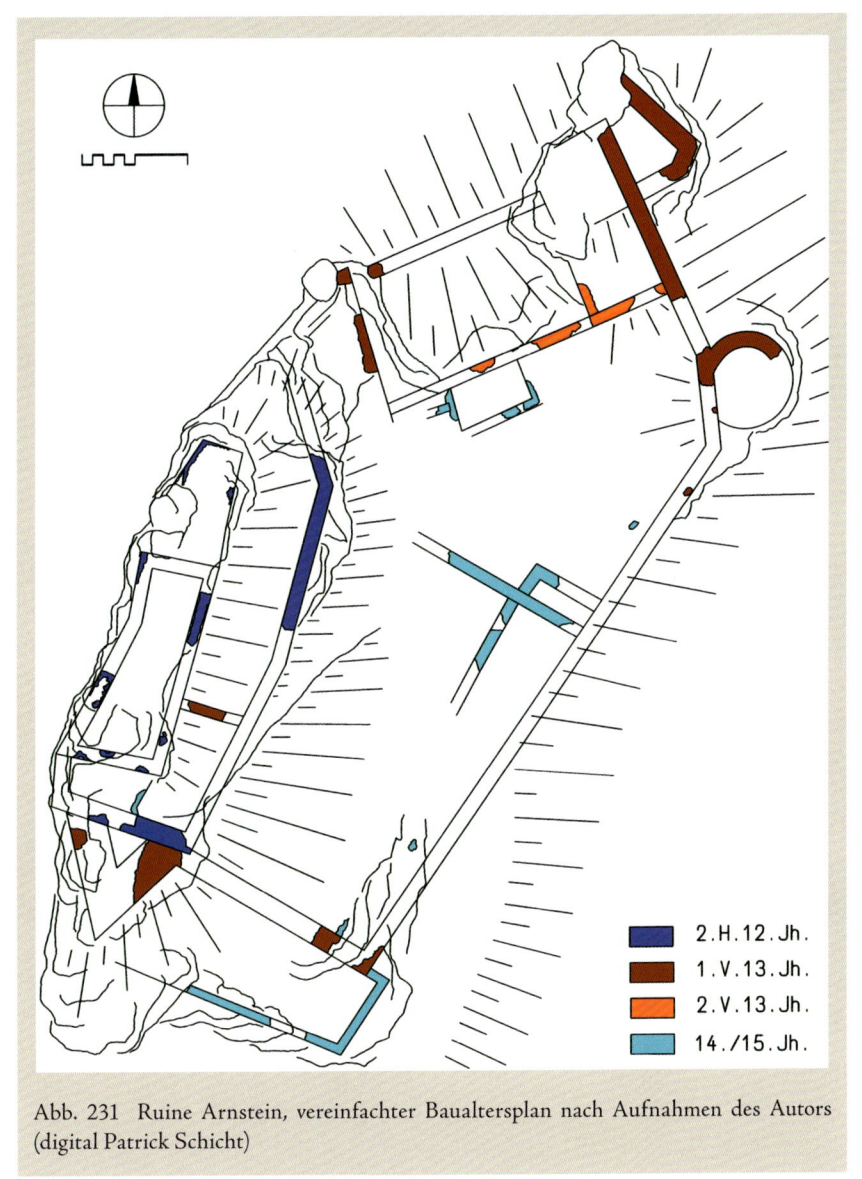

termauer (Mauerstärke 1,40 m) erhalten (Abb. 232). Ein weiterer Abschnitt (Mauerstärke rund 1,80 m) ist an der südlichen Stirnseite erhalten, an die sekundär der Bergfried angebaut wurde und die noch den Ansatz der Ostmauer erkennen lässt (Abb. 233). Am westlichen Felsabbruch sind mehrfach Reste des einst kühn fundamentierten Berings oder aber entsprechende Ausschrämungen zu beobachten.

Das höchste, ganz am westlichen Steilabbbruch befindliche Plateau wurde wohl für die Errichtung des Wohngebäudes genutzt. Mit Vorbehalt lässt sich ein Nord-Süd orientierter hallenartiger(?) Bau mit einer Länge von rund 20 m und einer Breite zwischen 7 und 9 m erschließen. Maßgebend für die Länge dürfte die über dem Steilabbruch sichtbare Nordwestecke des Gebäudes sein, während von der zum Hof gewandten Ostmauer ein rund 5 m langer Rest als Futtermauer ohne Mauerschale erhalten ist und die Breite angibt (Abb.

Abb. 231 Ruine Arnstein, vereinfachter Baualtersplan nach Aufnahmen des Autors (digital Patrick Schicht)

dem Felsabbruch zur Unterburg im Nordosten hat sich ein rund 16 m langes und mehrere Meter hohes Stück mit einer stumpfen Abwinkelung als Fut-

234). Auf dem nördlichen, zunehmend schmäler werdenden Fortsatz des Plateaus zeichnen sich anhand von Bearbeitungen im Fels und niedriger Mauerreste

Abb. 232 Ruine Arnstein, Detail der primären Ringmauer an der Nordostseite der Kernburg

Abb. 233 Ruine Arnstein, Blick auf die Anstellzone des Bergfrieds an den Bering der Kernburg

Abb. 234 Ruine Arnstein, Mauerzug des ehemaligen Wohnbaus (?) mit abgeplatzter Mauerschale

Abb. 235 Ruine Arnstein, Rest der Südostmauer des Bergfrieds

weitere bauliche Strukturen ab. Möglicherweise handelte es sich um einen Annex des Wohnbaus, der sich über teilweise polygonalem Grundriß dem Gelände entsprechend stark verschmälerte.

Östlich des angenommenen Wohnbaus erstreckte sich vermutlich eine tiefergelegene, offene Hoffläche, deren Nutzung aufgrund der heutigen Geländesituation – ein stark abfallender, mit Schutt durchsetzter humoser Boden – schwer vorstellbar ist. Der aufgehende Rest einer sekundären Quermauer, die Wohnbau und östlichen Bering verband, sowie die marginalen Reste einer unterhalb des Wohnbaus – parallel zu diesem – verlaufenden Mauer sind daher schwer einzuordnen. Insbeson dere der gut erhaltene Abschnitt des Berings im Nordosten weist ein Mauerwerk aus sauber bearbeiteten Kalksteinquadern auf, die quer- bis hochrechteckig formatiert sind und einen homogenen Versatz ohne Nonnen und ohne wesentlich wechselnde Lagenhöhen zeigen (Abb. 232). Eine analoge Ausbildung zeigen – soweit erhalten – auch die anderen primären Mauerreste der Kernburg. An den Resten der Ostmauer des Wohnbaus ist durch die abgeplatzte Quaderschale gut der innere Aufbau der Mauer aus kleineren, blockigen bis plattigen Bruchsteinen zu erkennen, die in abgemörtelten, wohl auf die Quaderverkleidung bezugnehmenden Einzellagen hoch- bzw. schrägversetzt wurden (Abb. 234). Das Quadermauerwerk gehört der Gründungsanlage an, die unterstützt durch die historischen Daten wohl in die Zeit um 1150/70 zu setzen ist.

Im Rahmen eines groß angelegten Ausbaus, der möglicherweise in einzelnen, jedoch zeitnahen Etappen stattfand, wurde die mäßig große Burganlage beträchtlich erweitert. Nach Abschluss dieser Bauarbeiten erstreckte sich die Anlage über eine Nord-Süd orientierte Fläche von rund 90 m Länge und 40 m Breite (Abb. 231). Die vom zerklüfteten Vorgelände teilweise überhöhte und daher wohl als gefährdet erachtete Südfront der Kernburg wurde mit einem mächtigen dreieckigen Bergfried verstärkt, dessen Grat gegen das Vorgelände gewendet war. Vom Turm sind ein Mauerzahn der Südostmauer (Abb. 235) und in den Fels gegründete Fundamente (Abb. 236) erhalten, woraus Seitenlängen von 12-13 m zu erschließen sind; die Mauerstärke betrug mindestens 3 m[73]. Der Turm wurde ohne rückwärtige Mauer vor die Front des Berings gestellt, sodass er sie in gesamter Breite deckte.

Der Bering der Unterburg verzahnte mit der Ostecke des Turms, überbaute die Südostecke der Kernburg und sicherte über steiles Gelände talwärts laufend (hier 1,90 m stark) die Südfront der neu gewonnenen Fläche. Erhalten sind nur der Ansatz am Turm (Abb. 233, 237) und talwärtige Teile, an denen noch der Ansatz des östlichen Berings der Unterburg erhalten ist (Abb. 238). Der einst rund 60 m lange Bering der Ostseite ist nahezu vollständig verfallen und nur anhand von punktuellen Schuttanhäufungen zu verfolgen. Er dürfte jedoch mit mehreren schwachen Abwinkelungen nach Norden gelaufen sein und dort an die Tormauer angeschlossen haben.

Die über einem steilen felsigen Abhang errichtete Tormauer sperrte die gesamte Zugangsseite. Von der einst rund 25 m langen Mauer (Mauerstärke 1,50 m), die nordwestlich an einen isolierten Felsstock anschloss, haben sich nur niedrige Reste mit Teilen, der linken Torwange, des ehemaligen Tors erhalten. Das Gewände des Tors ist aus sauberen Werksteinen gebildet und zeigt feldseitig einen 9 cm tiefen Falz (Abb. 239). Die Lage des Tors an der steil abfallenden Talseite überrascht; ein Graben war hier zu entbehren, doch war wahrscheinlich eine hölzerne Konstruktion bzw. Rampe erforderlich, um den Zugang zu erreichen.

Der Torbereich weist eine weitere Besonderheit der Burg auf: Er wurde beiderseits von Flanki-

---

[73] Die seltene Form des dreieckigen Bergfrieds findet eine regionale Parallele im ähnlich dimensionierten und ebenfalls der älteren Ringmauer vorgesetzten Turm der Burg Rauheneck (Bez. Baden); eine Reihe dreieckiger Türme findet sich in der Steiermark, auf Forchtenberg, Strechau, Waldstein, Pflindsberg und Salla/Klingenstein, wobei für Strechau eine Entstehungszeit im frühen 13. Jahrhundert und für Waldstein erst im 14. Jahrhundert anzunehmen ist.

Abb. 236   Ruine Arnstein, Rest der in den Fels gegründeten Südwestmauer des Bergfrieds

Abb. 237   Ruine Arnstein, Ansatz des Berings der Unterburg am Bergfried, rechts der überbaute Bering der Kernburg mit einem Eckquader der Südostecke

Abb. 238   Ruine Arnstein, vom angebauten spätmittelalterlichen Zwinger (Baunaht) überlagerter Rest des Berings der Unterburg

Abb. 239   Ruine Arnstein, Reste des ehemaligen Tors (Feldseite)

erungsbauten geschützt, die mit dem Bering primär verzahnten, also zeitgleich entstanden. Der nordwestliche dieser Bauten wurde über polygonalem Grundriss angelegt und schloss wie der Bering an den Fels an (Abb. 240). Jener im Südosten, der dem Tor näher stand, gibt sich auf den ersten Blick als Rundturm mit rund 9 m(?) Durchmesser zu erkennen (Abb. 250). Erhalten hat sich lediglich ein Mauerzahn (Mauerstärke rund 1,40 m) der Nordseite, der im Inneren die Balkenlöcher für das Obergeschoß erkennen lässt. Richtung Süden könnte der Bau jedoch abweichende Formen (Oval, Polygonal?)

Abb. 240   Ruine Arnstein, Reste des nordwestlichen Flankierungsbaus mit stark abgeplatzter Mauerschale, rechts die nördliche Felsformation der Unterburg

Abb. 241   Ruine Arnstein, teilweise lagiges Mauerwerk des Ausbaus (Bergfried)

Abb. 242   Ruine Arnstein, Mauerfüllung des Ausbaus (Bergfried)

Abb. 243   Ruine Arnstein, spätmittelalterliche Erweiterung im Süden (Zwinger?)

angenommen haben. Von beiden Bauten aus konnte das Tor flankiert und Angreifende unter Beschuss genommen werden. Regional betrachtet findet sich für diese Situation kein Vergleich.

Im Nordwesten umfasst die Unterburg zwei Felsplattformen bzw. -formationen, die mit einem – den Resten nach – relativ komplexen Gefüge von Mauern gesichert bzw. umgeben waren. Die nördliche Felsformation, an die auch die Tormauer anschließt (Abb. 240), springt mit senkrechten Wänden spornartig gegen Westen vor und wies eine rund 15 x 9 m große umbaute Fläche auf. Ob es sich um ein Gebäude handelte, muss offen bleiben. Am Nordfuß der Kernburg, unterhalb senkrechter Felswände, befindet sich eine kleinere Plattform, die im Westen und Norden senkrecht abbricht, im Osten jedoch durch einen Mauerzug zusätzlich gesichert war, der als hohe Futtermauer den Fels verkleidete. An der Westseite wird der Platz durch eine aus dem Fels geschrämte Brustwehr geschlossen. Hier ragt die von weitem sichtbare „Arnsteinnadel", eine turmförmige, später jedoch gekappte Felsformation empor.

Die breite schluchtartige Kluft, die die beiden Felsplateaus trennt, wurde vermutlich schon von Beginn an durch einen Mauerzug abgesichert, der aufgrund von Resten eine beträchtliche Höhe besaß und (nach vorhandenen Resten zu schließen) zumindest die Höhe des nördlichen Felsens erreichte.

Selbst innerhalb der Unterburg lassen sich keine Hinweise auf eine Kapelle bzw. einen Sakralraum feststellen, eine solche wurde wohl durch die am Fuß des Burgbergs stehende Kirche (heute Pfarrkirche) ersetzt, die wohl als Eigen- bzw. Herrschaftskirche der Arnsteiner entstand.

Die Mauerstrukturen des umfassenden Ausbaus der Burg zeigen ein relativ einheitliches Bruchsteinmauerwerk aus meist großen, blockhaften bzw. rundlichen, mitunter hammerrecht bearbeiteten Formaten (Abb. 241). Beim Versatz war man (an prominenten Stellen) um Lagigkeit bemüht, doch ist wiederholt das Abgleiten zur Regellosigkeit zu beobachten. Der vielfach sichtbare Mauerkern zeigt ähnlich wie die Ostmauer des Wohnbaus der Kernburg den relativ lagigen, auf die Mauerschale bezugnehmenden(?) Versatz kleinerer, blockhafter Formate in weitgehendem Hoch- oder Schrägversatz (Abb. 242).

Die Futtermauer des südlichen Felsplateaus der Unterburg zeigt einen auffälligen Materialwechsel von plattigen hammerrechten Formaten im unteren Teil zu blockhaftem Material oben, was wohl lediglich auf der Verfügbarkeit des Materials basiert. Am Rundturm östlich des Tors haben sich Teilflächen des ehemaligen steinsichtigen Konstruktionsmörtels (ohne Kellenstrich) erhalten, in seinem Inneren ein feiner, direkt auf dem Mauermörtel aufgetragener und daher möglicherweise primärer Flächenputz.

Das Mauerwerk weist auf eine Errichtung der Unterburg im frühen 13. Jahrhundert, wobei kleinere Bautätigkeiten vielleicht noch im 2. Viertel des 13. Jahrhunderts durchgeführt worden sind. Bauherr könnte demnach Wichard (II.) von Arnstein gewesen sein, der 1217 bis 1239 urkundlich belegt ist.

Bauteile des späten Mittelalters sind nur in bescheidenem Umfang erhalten geblieben. Ein kleines mehrräumiges(?) Gebäude lehnte sich an die westliche (innere) Umfassungsmauer der Unterburg. Eine weitere mehrteilige Bebauung, die Baunähten zufolge in mehreren Phasen entstand, war an den östlichen Bering der Unterburg angebaut. Zu ihr gehörte möglicherweise eine die Unterburg in zwei Abschnitte trennende Quermauer. Der einzige Bauteil, der den Umfang der hochmittelalterlichen Anlage sprengte, war ein der Südfront der Unterburg vorgelegter Zwinger(?), der tief in den zweiten Halsgraben gesetzt wurde und die Südostecke der Unterburg mit einer kurzen Flanke umgriff (Abb. 238). Die durchaus in beachtlicher Höhe erhaltene grabenseitige Mauer schließt westlich an den überhöhenden Fels mit dem Bergfried an (Abb. 243).

Durch das Fehlen entsprechender Details (Zinnen, Scharten) ist die Funktion des Bauteils aber nicht näher einzuordnen.

Die wenigen sekundären Bauteile der Burg zeigen ein lagerhaftes bis regelloses Bruchsteinmauerwerk aus kleinen bis mittelgroßen, meist blockhaften Formaten, das wenig Datierungsansätze[74] bietet aber mit einiger Rechtfertigung ins 14./15. Jahrhundert gestellt werden kann.

Aufgrund des überhöhenden Bergkamms im Vorfeld der Burg ist hier durchaus von einem Gefährdungspotenzial auszugehen. Ein ursprünglich wohl natürlicher Einschnitt an der Bergseite der Burg wurde daher – wahrscheinlich auch durch Materialgewinnung – zu einem tiefen, sehr breiten Halsgraben ausgebaut. Er endet westlich jedoch an einer hohen Felswand und durchschneidet den im Vorfeld der Kernburg und des Bergfrieds situierten Bergkamm nicht, wodurch man ohne schwieriges Klettern bis zum Turm gelangen hätte können. Wenige Meter davor wurde begonnen, einen zweiten, äußeren Graben anzulegen, dessen Eskarpen senkrecht aus dem Fels geschlagen wurden. Doch wurde auch hier verzichtet, den obersten Teil des Kamms zu durchbrechen (Abb. 244). Möglicherweise erklärt sich dieser Umstand durch eine ältere Zuwegung, andererseits hätte ein komplettes Durchschneiden des Kamms einen kaum vorstellbaren Arbeitsaufwand verursacht.

Unterhalb der Kernburg öffnet sich am Westfuß der Felsklippe die „Arnsteinhöhle" (Abb. 245), eine große, teilweise tiefe Naturhöhle[75], an deren

Abb. 244 Ruine Arnstein, der flachere äußere Graben von Osten

Wänden örtlich Spuren von Bearbeitungen erkennbar sind, die von Balkenkonstruktionen bzw. einem inneren Ausbau stammen. Im Schutt des Höhlenbodens steckt eine Gewändespolie mit Anschlag für einen Tür- oder Fensterflügel, die jedoch auch von der Kernburg herabgestürzt sein kann. Das Bemerkenswerteste ist jedoch, dass die Höhle (ähnlich einer Höhlenburg) durch eine gerade verlaufende, rund 30 m lange Frontmauer geschlossen war, die als Futtermauer teilweise noch bis zu 1 m hoch ist. Aufgrund der Mauerstruktur entstand die Abmauerung der Höhle während des großen Ausbaus der Unterburg im frühen 13. Jahrhundert.

Für die Baugeschichte sind zuletzt die Maßnahmen zur touristischen Erschließung ab dem frühen 19. Jahrundert relevant. So schrieb etwa Schweickhardt: *Wider alles Vermuthen findet man den Weg gebahnt, und an den steilen Absätzen Stufen und Geländer abgebracht*[76]. Dies geht auf die In-

---

[74] Ein einzelner Dachziegel als Zwickelmaterial am südlichen Zwinger ist während des gesamten Spätmittelalters denkbar.
[75] LEBER/FEIL, Burgenbeschreibungen 40-182, 48f endete sie mit einem *unterirdischen Gange*, der knapp 20 m (10 Klafter) in den Fels führte und dann verschüttet war und der bis ins Tal geführt hätte.
[76] SCHWEICKHARDT, Darstellung 32; ähnlich bei SCHMIDL, Wien`s Umgebungen 3 (1839) 542.

Abb. 245 Ruine Arnstein, die Arnsteinhöhle, Blick gegen Norden, links Reste der Frontmauer des frühen 13. Jahrhunderts

itiative des Heiligenkreuzer Kaplans Benedikt Gedler zurück, der 1806/12 Wege zur Ruine anlegen ließ[77]. Karl Kryspin, Volontär im Forstamt der Grafen Wimpffen in Fahrafeld, war von der Ruine fasziniert und ließ im Herbst 1889 Grabungen durchführen, die auch die Höhle einbezogen und neben baulichen Details (wie dem Burgtor, Abb. 220) auch Metall- und Keramikfunde sowie Menschen- und Tierknochen zutage förderten[78]. Kryspin versuchte auch, die Anlage planlich zu rekonstruieren und auch das Tor instand setzen zu lassen; Letzteres wurde nach Vandalismus aufgegeben[79].

---

[77] LEBER/FEIL, Burgenbeschreibungen 49, von den *menschenfreundlich* angelegten Pfaden und Geländern waren zu dieser Zeit nur noch schwache Spuren vorhanden .
[78] KRYSPIN, Arnstein 17–20; in der Höhle wurden (auch bei späteren Grabungen) Knochen des Höhlenbären und weiterer Tiere gefunden, die zumindest zum Teil in die Sammlungen des Wiener Naturhistorischen Museums gelangten: Badener Zeitung 29/97, 2. Dez. 1908, 1f.
[79] KRYSPIN, Arnstein 20–24 u. Planbeilage im Anhang.

Raisenmarkt

Der am Fuß des Arnsteiner Burgbergs gelegene Ort Raisenmarkt war Sitz eines Arnsteiner Gefolgsmannes. 1285 erscheint in der Urkunde Gertruds, der Witwe Wulfings von Arnstein, nach der sie Heiligenkreuz einen Mansen zu Guntramsdorf verpfändet, ein Ulrich von Raisenmarkt (*Vlricus de Rœzzenmarcht*). Ulrich ist als Letzter in der Zeugenreihe, nach Hadmar von Arnstein und Gundaker von Wasserberg gereiht, was die verwandtschaftlichen Beziehungen zwischen den Arnsteinern und Wasserbergern (Gertrud war eine Wasserbergerin) zeigt. Die Reihung Ulrichs erscheint für einen Gefolgsmann charakteristisch[80]. Es bleibt zudem bei dieser einzigen Nennung.

Von einem Sitz finden sich heute keine offensichtlichen Spuren mehr. Wie schon Watzl vermutete, wäre von einem Standort im Bereich der heutigen Wallfahrts- bzw. Pfarrkirche hll. Philipp und Jakobus auszugehen, die einen niedrigen Hügel inmitten des Dorfs, auf den letzten Ausläufern des Arnsteiner Burgbergs besetzt. Watzl verwies auf das Haus Nr. 6 südlich der Kirche, das nach einer früheren Besitzerfamilie „Tempelhof" genannt wurde und an dessen Stelle heute der Pfarrhof bzw. das Pfarrheim steht[81]. Das Gebäude zeigt heute jedoch keinerlei entsprechenden Hinweise mehr, auch im Gelände finden sich aufgrund der starken Überbauung des Areals keine Spuren einer befestigten Anlage.

Die Kirche stellt sich als romanischer Chorquadratsaal dar, der in josephischer Zeit zeitgemäß umgebaut wurde, als das Stift Heiligenkreuz 1783

---

[80] WATZL, in loco 348; Monasterium.net – AT-StiAH – HeiligenkreuzOCist 1285 VII 08.
[81] WATZL, in loco 348.

eine Lokalkaplanei einrichtete[82]. Eine umfassende Restaurierung des sattel- bzw. walmgedeckten Baus mit westlichem Dachreiter und Sakristei im südlichen Chorwinkel erfolgte 1883/89[83]. Bei der letzten Restaurierung im Jahr 1983 wurden an der Ostseite des Chors und an der Nordseite des Langhauses je ein romanisches Rundbogenfenster freigelegt und sichtbar belassen. An der Südseite blieb ein niedriger Streifen des Mauerwerks sichtbar, das trotz mangelnder Sorgfalt dem 13. Jahrhundert zuzuweisen ist. Es erscheint nicht unwahrscheinlich, dass auch die Kirche – als Herrschaftskirche der Arnsteiner – während des großes Ausbaus des frühen 13. Jahrhunderts entstand.

Vestenberg

In einer Urkunde des Passauer Bischofs Konrad aus dem Jahr 1157 erscheint unter den Zeugen ein Wichard von Vestenberg[84], der laut Erwin Kupfer mit Wichard von Arnstein identisch sein dürfte[85]. Der in der Zeugenreihe folgende Stieferner gehört hingegen nicht mehr den ursprünglichen Stiefern – Gaadenern an[86].

Wichard hätte sich somit innerhalb einer kurzen Zeitspanne nach Stiefern, Arnstein und Vestenberg genannt, wobei Vestenberg ein gutes Jahrzehnt vor Arnstein in den Quellen erscheint und daher vielleicht sogar die ältere der beiden Burgen ist.

Jüngst wird die Gleichsetzung des gut belegten Wichard von Vestenberg mit Wichard von Arnstein hinterfragt und sowohl dafür als auch dagegen sprechende Indizien[87] ins Spiel gebracht, so dass – als Worst Case – möglicherweise nur eine Verwandtschaft oder Besitznachbarschaft bestand[88].

Wichard von Vestenberg ist weiterhin in einer Reihe von Dokumenten vertreten; zunächst als Zeuge in einer undatierten Klosterneuburger Tradition, die wohl um 1163 anzusetzen ist[89]. Als Herzog Heinrich 1165/71 dem Kloster Admont auf Bitten seines Ministerialen Erchenbert von Gars Güter zu Achau schenkt, finden wir unter den Zeugen Wichart von Vestenberg[90].

1171/77 gibt Wichard mit Erlaubnis Herzog Heinrichs und seines Sohnes Leopold, anlässlich des Eintritts seiner Töchter Adelheid und Gertrud in das Kloster Admont, sein Predium zu Vösendorf an das Kloster[91].

---

82 LANZ, Kirche Raisenmarkt 47; FREY, Denkmale 216.
83 DEHIO Niederösterreich 1336.
84 Monasterium.net – AT-StiALi – LilienfeldOCist 1157 XI 28, als Laien zeugen: *Heinrich de Ernstingen, Perhtolt de Liehtenowe, Wichart de Vestenberhc, Ercenbreht de Stiuenem, Albreht de Phafesteten, Otto Trvnt*; NÖUB III, 570–572.
85 KUPFER, Landeswerdung 2 u. Anm. 66.
86 KUPFER, Stiefern 98 verweist auf Erchenbert als Leitnamen der Burggrafen von Gars; DERS., Spätere Besitzerfamilien 100.
87 Dafür spräche, dass beide über Besitz zu Vösendorf und Beziehungen zu Admont verfügten: NÖUB III, 440f, 484–489; dagegen etwa, dass Wichard von Arnstein einmal mit seinem Sohn Berthold genannt wird, Wichard von Vestenberg jedoch nicht: NÖUB III, 528.
88 NÖUB III, 528f.
89 FRA II/4, Nr. 599: [...] *Albertus de Horn. Wichardus de Vestenberch. Albertus et Ölricus frater eius Strune.* [...]; vgl.: MEILER BR, 46 Nr. 61.
90 BUB IV/1 Nr. 835: [...] *Heinricus de Gundrammestorf, Weichart de Vestinperch, Rapoto praefectus de Medeliche,* [...], die Zeugenschaft für Erchenbert weist erneut auf Beziehungen zu den Burggrafen von Gars; NÖUB III, 433.
91 UBSt 1, Nr. 578: [...] *Wichardus de Vestenbruch* (sic!) *ministerialis ducis Austrie* [...]; BUB IV/1 Nr. 847, der Kommentar, es solle sich um die steirische Festenburg handeln, ist nicht zutreffend; vgl.: HALMER, Burgen Baden (wie Anm. 5) 157; NÖUB III, 440f., 528.

Wichard ist in der Folge in einer Urkunde Herzog Leopolds V. von 1183 fassbar, auch hier als herzoglicher Ministeriale (*ministerialibus nostris*)[92]. Am 13. Juli 1183 entschädigt Erzbischof Konrad von Salzburg das Bistum Gurk für Zehente zu *Saikenwerde*, mit denen er Wichard von *Uettenberg* (sic!) belehnt hatte. Wichard ist als Wichard von Vestenberg zu lesen[93].

Spätere Quellen (um Mitte des 14. Jahrhunderts) beziehen sich eindeutig auf die steirische Vestenburg (OG St. Lorenzen am Wechsel), womit sich die Spuren zur Burg Vestenberg noch im ausgehenden 12. Jahrhundert verlieren[94].

Nur knapp 3,5 Kilometer westlich von Arnstein erhebt sich der markante, 593 m hohe Vestenberg, auf dem sich die Reste der gleichnamigen Burg befinden. Die durch bewaldete, teils felsdurchsetzte Steilhänge geprägte Höhe fällt rund 100 m gegen den nördlich gelegenen Ort Hafnerberg ab, zum westlichen Tal der Triesting rund 200 m. Das Burgareal befindet sich am östlichen Ende des Gipfelkamms, wo sich – quer dazu – eine breite ebene Fläche ausdehnt.

Soweit Mauer- und Geländebefunde ein Urteil zulassen, war das Nord-Süd orientierte, ca. 50 x 27 m große Burgareal mit einem einfachen Be-

Abb. 247 Ruine Vestenberg, Blick vom westlichen Vorgelände auf die Kernanlage

ring umschlossen, dessen Fronten zu großen Teilen gerade verliefen, geländebedingt (wie im Süden) aber auch polygonal abgewinkelt waren. (Vom Bering zeugen meist nur noch geringste Mauerspuren oder Schuttformationen an den deutlich abgegrenzten Rändern des Burgareals. Lediglich an der westlichen Zugangsseite blieben aufgehende Teile des Berings erhalten (Abb. 16, 247). Beginnend im Norden blieben über eine Strecke von rund 11 m Teile der feldseitigen Mauerschale erhalten, die im Verlauf gegen Süden zunehmend fehlt und den Blick auf die durchwegs schrägversetzte Mauerfüllung frei gibt. Die Hofseite der Mauer liegt hingegen komplett unter Schutt. Die Mauer ist durchschnittlich 1 m hoch und rund 1,30 m stark. Die Schale besteht aus hammerrechten, lagig verlegten, mittelgroßen Blöcken aus anstehendem Kalk.

Im Nordosten des Areals war ein mehrere Quadratmeter großes, erhöhtes Felsplateau eingebunden, das als Zugang eine aus dem Fels geschrämte Stiege erkennen lässt und daher möglicherwei-

---

[92] MEILER BR, 60f Nr. 23; BUB I, Nr. 63: [...] *Hademarus de Chunringen. Vdalricus de Stvze. Wichardus de Seuelt. Wichardus de Vestenberch.* [...].

[93] MEILER SR, 142 Nr. 62; AÖG 11 (Wien 1853) 327; vgl.: MC 1, Nr. 327 (ohne Erwähnung Wichards); vgl.: MEILER SR, 141 Nrr. 55, 56; Monasterium.net – AT-KLA – AUR 418-B-C 1230 St. (ohne Erwähnung Wichards); NÖUB III, 528.

[94] Vgl. eine 1355 datierte Urkunde des Alber von Puchheim (*haus Vestenburch*): UBOE VII, Nr. 387; bereits HALMER, Burgen Baden zog die steirische Festenburg in Betracht.

se eine Bebauung trug. Südlich anschließend deuten Einsenkungen im Gelände und Schuttanhäufungen möglicherweise auf ein ehemaliges randständiges Gebäude. Die nördliche Hälfte des Burgareals ist zum Teil mit losen Steinen bedeckt, sodass man hier verstürzte, aufgelöste Mauern zu erkennen glaubt. Im Nordwesten scheint sich sogar ein Nord-Süd orientiertes, rund 15 x 10 m großes Gebäude mit über 2 m starken Mauern abzuzeichnen. Die „Mauern" zeigen jedoch weder einen Mauerverband noch eine Mörtelung, sodass lediglich von Steindeponien auszugehen ist. Einige der losen Steine zeigen eindeutige Bearbeitungs- bzw. Werkzeugspuren, Teile eines gefalzten Gewändes (?) waren beim letzten Besuch (2017) nicht mehr auffindbar. Künstliche Annäherungshindernisse gegen das flache westliche Vorgelände fehlen. Etwa 5 m vor der Westmauer verläuft eine niedrige Bodenwelle, die davor verlaufende flache Senke könnte von einem verschütteten Graben herrühren.

Die Veränderungen des Geländes und die Steindeponien rühren von „Grabungen" her, die im Jahr 1926 vom damaligen Grundeigentümer, dem Thenneberger Tierarzt Dr. Kurt Hart, durchgeführt wurden. Bei den unprofessionell durchgeführten Arbeiten wurden die heute sichtbaren Teile der Westmauer freigelegt[95]. Das westlich vorgelagerte, ca. 75 m lange und nur 11 m breite Plateau des Gipfelkamms (Abb. 247), über das noch heute der Zugang führt, mag einst diverse Wirtschaftsstrukturen aufgenommen haben. Eine Erhöhung am westlichen Ende könnte auf einen kleinen Turmhügel zurückgehen, der Sicht ins obere Triestingtal bot[96]. Hier befand sich einer historischen Abbildung zufolge bereits im frühen 19. Jahrhundert eine Aussichtswarte[97]. Diese wurde um 1900 durch die „Luisenwarte" ersetzt, 1926 errichtete man eine neue hölzerne Aussichtswarte, die 1930 durch einen Sturm zerstört wurde[98] und deren Fundamente noch heute zu sehen sind. Geländeveränderungen im Zug der touristischen Erschließung müssten somit berücksichtigt werden.

Aufgrund des Mauerwerks steht eine Errichtung im 12. Jahrhundert außer Zweifel, wobei kaum Bedenken entstehen, sie in Bezug zur ersten urkundlichen Nachricht von 1157 zu setzen. Die kurze Dauer der Besiedlung ist allenfalls nur mit einer Generation der Arnsteiner in Beziehung zu bringen und schließt Ausbauten in größerem Umfang aus. Zu den oben gestellten Fragen nach der Identität Wichards von Vestenberg (der als einfachste und naheliegendste Lösung wohl mit dem Arnsteiner identisch ist) stellt sich auch jene nach der Bedeutung der Burg – war sie ein Filiationssitz der Arnsteiner oder aber eine kurzlebige, durch ungünstige herrschaftspolitische Faktoren ausgelöste Fehlgründung?

---

[95] Österreichische Touristen-Zeitung, 47/8, 1927, 108: *Erst in der jüngsten Zeit ist man bei Grabungen auf dem Gipfel zur Aufdeckung weitläufiger Burgmauerreste gestoßen*; BARTAK, Heimatbuch Hafnerberg-Nöstach 79; über den Verbleib einer Dokumentation bzw. von Funden ist nichts bekannt. Einzelne von Alfred Bartak gemachte Funde befinden sich in dessen Nachlass.

[96] SCHWAMMENHÖFER, Archäologische Denkmale 1 Nr. 50.
[97] NÖLB Topogr. Sammlung Inv. Nr. 79.
[98] WIRTNER, Festschrift Altenmarkt 36.

3. Die Burgen um Kaumberg

Die Araburg

Die Früh- und Gründungsgeschichte Kaumbergs und der Araburg hat Erwin Kupfer im vorliegenden Band ausführlich erläutert. Als Bauherr gilt Konrad von Arberg/Araburg, der in der Stiftungsurkunde Herzog Leopolds VI. für das Kloster Lilienfeld aus dem Jahr 1209 hinter Hermann von Kranichberg als Letzter der Zeugenreihe erscheint[99]. Neben dieser ersten datierten Nennung ist dieses „Zeugenpaar" jedoch schon um 1180/92 fassbar. Erwin Kupfer konnte belegen, dass es sich bei unserem Konrad um Konrad von Wartenstein-Pitten handelt, der vor 1192 den neuen Sitz bei Kaumberg, die Araburg gründet. Erwin Kupfer weist weiters darauf hin, dass die weitverzweigten Arberger, die sich bis an die Wende zum 16. Jahrhundert verfolgen lassen, seit Offo II. nicht mehr auf der Araburg sitzen, was durch den schrittweisen Übergang des Sitzes an die österreichischen Landesfürsten und deren Pfandnehmer begründet sein dürfte. Nach der Teilveräußerung vom Jahr 1287[100] ist die Araburg spätestens 1310 vollständig in der Hand Herzog Friedrichs des Schönen; in diesem Jahr verpfändet er *di purch ze Arberch* zur Tilgung einer Schuld von 520 Mark Silber dem Juden Wurisch Abraham[101].

Die Araburg bleibt weiterhin herzogliches Pfandobjekt und ist an landesfürstliche Hofamtsträger verpfändet, so etwa 1367 an den Keller-

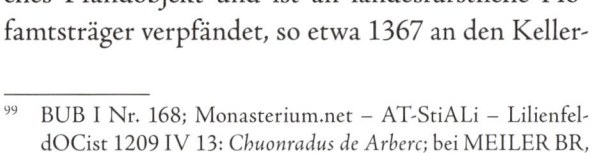

Abb. 248 Ruine Araburg, Bergfried, Ansicht von Westen

meister Albrecht den Schenk[102]. Ab dem späten 14. Jahrhundert sind auf der Burg verschiedene Verwaltungsbeamte nachweisbar. 1391 ist Niklas der Mer als Burggraf zu *Arberkch* bezeugt[103], 1429 Ulrich Eibesbrunner als *castellano in Arbergk*[104].

1438 belehnt Herzog Albrecht Wolfgang von Ruckendorf und dessen Brüder Hanns, Ulrich, Lambrecht und Jörg mit zahlreichen Lehen in Niederösterreich, darunter auch der Araburg[105]. Schon 1418 erscheint Georg Ruckendorfer anlässlich eines Streits mit dem Stift Lilienfeld um das Gericht auf den Klostergütern in Kaumberg. Georg behauptet, dass schon sein Vater und die Vorbesitzer das Gericht ausgeübt hätten, doch entscheidet Herzog Albrecht zugunsten des Konvents[106]. 1455 belehnt Ladislaus Postumus Wolfgang *Rukhendorffer* und seine Brüder Hans und Georg mit der Veste Arberg

---

[99] BUB I Nr. 168; Monasterium.net – AT-StiALi – LilienfeldOCist 1209 IV 13: *Chuonradus de Arberc*; bei MEILER BR, 101 Nr. 75: *Chunradus de Arberck*.
[100] AT-OeStA/HHStA UR AUR 2135.
[101] CHMEL, Geschichte Friedrichs des Schönen 526.
[102] QGW I/3, Nr. 3251.
[103] FRA II/81, Nr. 927.
[104] FRA II/52, Nr. 1145; ebenfalls 1430: *Vlreich Eybesprunner, Pfleger zu Orberg*: FRA II/81, Nr. 1056.
[105] NÖLA StA Urk 2423.
[106] FRA II/81, Nr. 1016.

samt Gericht, Vogtei, Stock und Galgen und aller anderen Zugehörung[107]. Wolfgang Ruckendorfer wird die Errichtung der Kapelle zugeschrieben, da sich über dem Eingang einst die Jahreszahl 1457 befunden haben soll. Als Pfleger der Ruckendorfer ist 1472 Christoph Rueber bezeugt[108]. Laut einer 1477 auf *Arwergk* ausgestellten Urkunde schwört Wolfgang Ruckendorfer Kaiser Friedrich III. wegen seiner Teilnahme am „Aufruhr" Ulrichs von Grafeneggs Urfehde[109]. Wolfgang ist um 1487 verstorben, kurz davor erscheint Sigmund Prüschenk im Besitz der Araburg[110], 1491 wird hingegen Benesch von Ebersdorf als Inhaber der Herrschaft genannt, der Barbara, die Tochter des Hans Ruckendorfer geheiratet hatte[111].]

Im Jahr 1528 kommt die Araburg durch Kauf an Sebald Pögl[112], der sich (wie seine Nachfolger) nunmehr Freiherr von Reifenstein und Arberg nennt[113]. Die durch Waffenproduktion im steirischen Thörl zu Vermögen gekommenen Pögl betreiben in der Steiermark und in Niederösterreich eine extensive Herrschaftspolitik, wohl auch um gewisse Adelsrechte bzw. -ansprüche zu erwerben. Nach dem Tod Adam Pögls 1575 wird der Wert der Herrschaft mit 30.000 bis 35.000 Gulden veranschlagt[114]. Die anschließende Regelung der Besitzansprüche zog sich über mehrere Jahre hin, bis schließlich Bernhard Jörger den Besitz 1589 erwirbt. Nach Bernhards Tod 1599 übernimmt sein Sohn Ferdinand den Besitz, der 1617 ohne Nachkommen stirbt. Die Araburg kommt nun an seinen Cousin Helmhart Jörger (d. J.), unter dem der Protestantismus um Kaumberg eine Blütezeit erlebt, dem jedoch kurz danach fast sämtliche Besitzungen – darunter auch die Araburg – konfisziert werden[115].

1626 verkauft Kaiser Ferdinand II. Abt Ignatius von Lilienfeld die von Helmhart Jörger angefallenen Lehen, das *Gut Arnberg*, die Herrschaft Kreisbach und den Sitz Pergau um 75.000 Gulden[116]. 1635 überträgt Ferdinand II. Abt Ignatius von Lilienfeld die Herrschaft *Arreberg* (zusammen mit Kreisbach) schließlich zu freiem Eigen[117]. Die teilweise schon schadhafte Burg wird durch das Stift Lilienfeld instandgesetzt und zum Zufluchtsort bestimmt[118]. Wie der Stich Vischers aus dem Jahr 1672 zeigt, dürfte sie noch ein stattlicher und verteidigungsfähiger Bau gewesen sein[119]. 1683 wird die Burg nach Abzug der Besatzung von den Türken verwüstet. Von einer kompletten Zerstörung ist wohl nicht auszugehen, denn 1710 ist sie von einem Torwart bewohnt und noch mit einigen Waffen (Musketen und Doppelhaken) ausgerüstet[120].

Bis ins ausgehende 18. Jahrhundert ist die Burg Wohnung für arme Leute und bis Anfang des 19. Jahrhunderts (überliefert durch zeitgenössische Darstellungen) noch tlw. unter Dach. Erst in dieser Zeit verläßt der letzte Bewohner, ein alter Taglöh-

---

[107] CHMEL, Lehenbuch Ladislaus P. 282.
[108] FRA II/81, Nr. 1186.
[109] http://www.regesta-imperii.de/id/1477-04-27_1_0_13_0_0_7116_7116 (Abgerufen am 22. 11. 2018).
[110] TWERDY, Wienerwald I 491.
[111] Ebd.
[112] Ebd.
[113] FRA II/81, Nr. 1297; vgl. FRA II/81, Nr. 1307: *Anndre Pögl, Freiherr zu Reiffenstain und Arberg* (...).
[114] TWERDY, Wienerwald I 91f.
[115] LEHNER, Araburg 32-34.
[116] FRA II/81, Nr. 1418.
[117] FRA II/81, Nr. 1437.
[118] WIRTNER, Heimatbuch Kaumberg 27f.
[119] VISCHER, Topographia Nr. 134/9.
[120] WIRTNER, Kaumberg 28.

ner, die Burg[121]. 1811 wird in der Burgkapelle angeblich die letzte Messe gehalten.[122] Um 1820 plant ein englischer Adeliger (!) die Wiederherstellung, was jedoch dem Stift Lilienfeld missfällt[123]. Im frühen 19. Jahrhundert wird die Außenmauer des „Knappentrakts" für den Schulbau in Kaumberg abgetragen, Materialraub und Schatzgräber hinterlassen weitere Schäden[124]. 1851 stürzt ein großes Mauerstück (wohl die Nordmauer des inneren Burghofs) ein. Damals wird auch berichtet: *Die Burg ist sehr zerstört, ihre Bauart sehr kühn und der Zugang unbequem.*[125] Im späten 19. Jahrhundert setzen erste Initiativen zur touristischen Nutzung ein, 1901 baut die Gesellschaft „D´ Arberger" den Turm zur Aussichtswarte aus, indem auf den Turmstumpf zwei verjüngte Geschoße aufgesetzt werden. Als „Sicherheitsmaßnahme" brachte man jedoch die noch mehrgeschossig erhaltene Hofmauer des Palas zum Einsturz, die auch Teile der Küche mitriss. 1945 wird durch Kriegshandlungen die bis dahin gut erhaltene Kapelle teilweise zerstört[126], 1948 und 1976 lösen Blitzschläge Brände aus. Alle Schäden wurden in der Zwischenzeit behoben, leider – wie schon bei der Aufstockung des Bergfrieds – durch meist die Optik störende Ergänzungen. Noch heute im Eigentum des Stifts Lilienfeld, wird die Ruine von der Gesellschaft „Freunde der Ruine Araburg" des Österreichischen Touristenclubs betreut.

Die Anlage der Burg

Die Araburg erhebt sich südwestlich von Kaumberg auf dem östlichen Absatz des Arbergs, eines West-Ost verlaufenden Bergkamms. Aufgrund ihrer bemerkenswerten, aussichtsreichen Lage in rund 800 m Höhe[127] zählt sie wohl zu den herausragendsten Burganlagen des südlichen Wienerwalds. Auf einer vorgelagerten Hügelkuppe, 800 m nordöstlich, liegt der «Mayerhof», der zu den einstigen Wirtschaftsstrukturen des Sitzes gehörte.

Hinsichtlich der oben kurz dargestellten Geschichte des Verfalls erstaunt, dass die Anlage noch heute eine reiche Architektur mit zahlreichen, teils qualitätsvollen baulichen Details besitzt. Der Bauplatz war sicherlich eine Herausforderung; die durch einen wohl künstlich vertieften Einschnitt vom Arberg isolierte Felsformation bewirkte zudem eine starke Vertikalgliederung. Die Anlage umfasst drei Höfe, wovon die beiden inneren der Kern- und Gründungsburg angehören, der äußere der Vorburg (Abb. 230).

Die Kernburg nimmt eine Fläche von rund 60 x 35 m ein. Die Gebäude des inneren Hofs schmiegen sich an eine im Süden emporragende, West-Ost verlaufende schmale Felsklippe, deren Plateau rund 23 m über dem ersten Tor liegt. Auf dem Plateau befinden (bzw. befanden) sich die ursprünglichen Hauptgebäude der Burg, der Bergfried und der Palas. Der an die äußerste westliche Kante des Plateaus gerückte Bergfried, ein mäßig dimensionierter Rundturm mit 8,30 m Durchmesser, besitzt insgesamt 5 Geschoße. Zum Erstbau gehören jedoch nur

---

[121] HORMAYRS Archiv 17 (1826) 650.
[122] WIRTNER, Kaumberg 28.
[123] PETROSSY, Ruine Arberg 6; LEHNER, Araburg 40.
[124] WIRTNER, Kaumberg 28.
[125] GETTINGER, Baden und seine Umgebungen 197f.
[126] WIRTNER, Kaumberg (wie Anm. 140) 29.

[127] Sie wird daher als höchstgelegene Burgruine Niederösterreichs bezeichnet, doch gilt dieser Superlativ für die ehemalige Burg auf dem 1041 m hohen Weinsberg im Waldviertel (VB Zwettl).

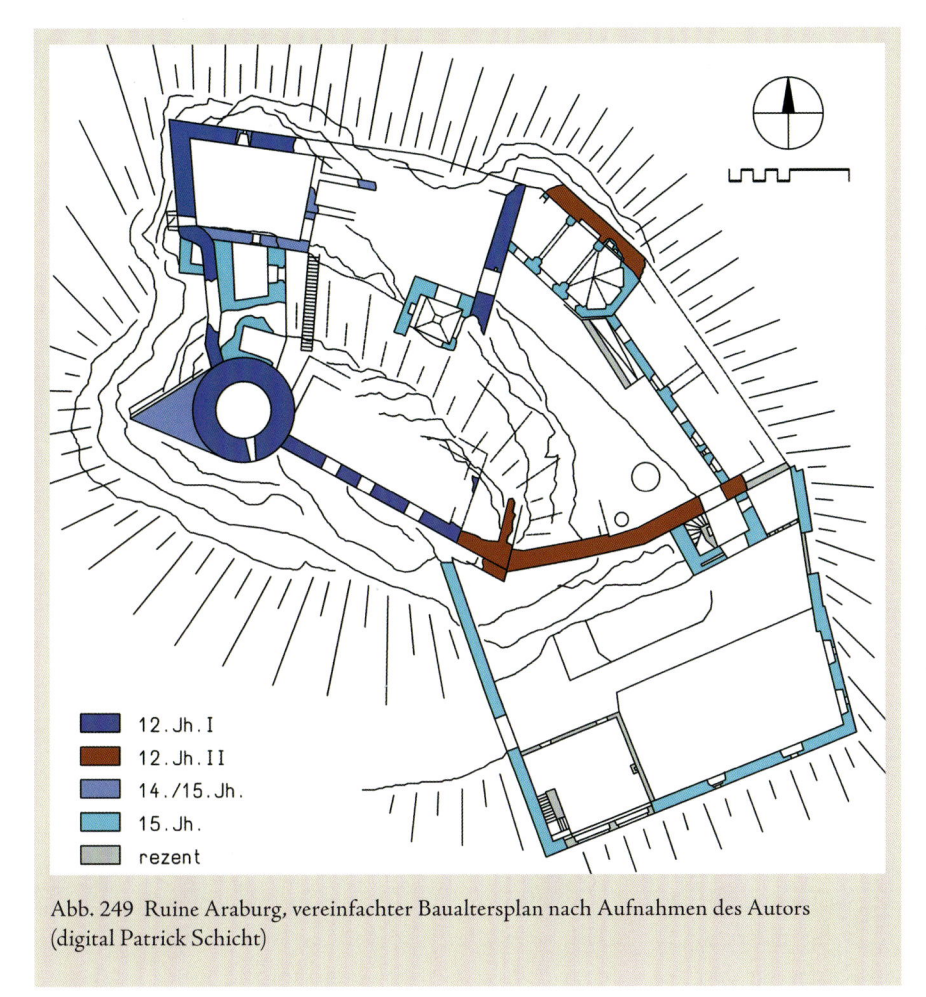

Abb. 249 Ruine Araburg, vereinfachter Baualtersplan nach Aufnahmen des Autors (digital Patrick Schicht)

Legende:
- 12. Jh. I
- 12. Jh. II
- 14./15. Jh.
- 15. Jh.
- rezent

Östlich schloss der etwa rechteckige, ehemals rund 17 x 7 m große Wohnbau bzw. Palas an. Von dem einst wahrscheinlich dreigeschossigen Gebäude ist lediglich die unverzahnt an den Turm gestellte Südmauer (zugleich der Bering) erhalten, die im Erdgeschoß drei später ausgebrochene Öffnungen besitzt (Abb. 248). Die beiden oberen Geschoße sind fensterlos und teils sehr niedrig. Lediglich neben dem Turm wurde später eine kleine Schlüssellochscharte eingebaut, die die Wehrhaftigkeit wohl nicht bedeutend erhöhte. Von der hofseitigen Mauer des Palas sind nur geringe Reste vorhanden, die im steil abbrechenden Fels kleben. Ein Maueransatz mit Resten eines Werksteingewändes(?) an der Ostseite des Turms gehörte wohl zu einer Mauer des Palas und zeigt, dass Turm und Wohnbau strukturell im Verband standen, der Turm daher direkt vom Wohnbau aus zu betreten war.

Von Turm und Palas liefen die Flanken des Berings talwärts und bildeten am Nordfuß der Felsklippe einen halbwegs rechteckigen, vom Fels die drei unteren, die beiden oberen entstanden beim Ausbau zur Aussichtswarte. Obwohl der Turm nicht mehr seine ursprüngliche Höhe besitzt, bestimmt er – als Element mittelalterlicher Herrschaftsarchitektur – noch heute das Bild der Anlage. Anfangs bildete er das gegen den westlichen Bergkamm gerichtete Hauptbollwerk der Burg, das sekundär mit einem massiven Keil verstärkt wurde (Abb. 109).

eingeengten Hofraum. Die Mauern mussten dabei zum Teil über schwieriges, steil abfallendes Gelände geführt werden. Vielleicht um Raum zu gewinnen springt die Westflanke des Berings am Fuß des Felsens nach außen. In der Ostflanke des Bering liegt das nunmehr stark veränderte Tor zum inneren Hof. Der Bering des äußeren Hofs läuft vom Palas über den Abfall des Felsens abwärts und umschließt – ebenso am Fuß des Felsens – einen etwa dreieckigen Hof, der ebenso an der Südseite durch den Fels eingeengt wird. Das Tor zum äußeren Hof befindet sich an der Ostseite und liegt somit in der Achse des Tors zum inneren Hof.

Zeitnahe mit der Errichtung des Berings des äußeren Hofs wurde an der östlichen Stirnseite des Palas ein nur wenige Meter tiefer Anbau hinzugefügt, der offensichtlich die Nutzfläche ein wenig vergrössern sollte (Abb. 250). Die Baunaht zwischen dem ursprünglichen Palas und dem Bering des äußeren Hofs (und somit auch dem Anbau) ist deutlich erkennbar, auch Bering und Anbau standen ursprünglich nicht im Verband[128]. Von dem Gebäude, das nach alten Abbildungen gegen den Hof rund abschloss und (wie der Palas hofseitig) mit kleinen Fensterluken belichtet war[129], sind nur die Ansätze am Bering und Fundamente am Steilabbruch des Felsens zum äußeren Hof erhalten.

Durch jüngst durchgeführte Entholzungen des felsigen Steilhangs unterhalb bzw. feldseitig des Palas kam eine massive Hangpflasterung aus großen, blockhaften Bruchsteinen zum Vorschein, die wohl zur statischen Absicherung des Geländes bzw. des Gebäudes diente, zeitlich jedoch nur weitgespannt einzuordnen ist.

Das Mauerwerk der Kernburg mit Bergfried, Palas (mit Anbau) und den Beringabschnitten beider Höfe ist grundsätzlich ähnlich. Es ist stark vom regional verfügbaren Gutensteiner Dolomit geprägt, der eine exakte Bearbeitung sehr aufwändig macht und einen lagigen Versatz daher ausschloss oder sehr erschwerte. Das vorhandene Bruchsteinmauerwerk besteht aus blockigen bis flachen Formaten und zeigt hinsichtlich der Versatzqualität eine große Bandbreite, von relativer Lagigkeit bis zur völligen Regellosigkeit (Abb. 251, 252). Eine Differenzierung ist zudem hinsichtlich der Wertigkeit der Bauteile vorhanden, ebenso differenziert ist ein örtlicher Hoch- und Schrägversatz feststellbar, der zwischen kleinen Einschüben aus mehreren Steinen und großflächigeren Zonen[130] schwankt.

Der Verlust der traditionellen Lagigkeit des Mauerwerks im Hochmittelalter ist hier daher in erster Linie material- und nicht entwicklungsbedingt[131]. Unterstützt wird dies durch die neuen Er-

---

[128] Ein Foto von Felix HALMER aus dem Jahr 1943 lässt zwischen Bering und ablaufender Hofmauer des Anbaus eine deutliche Baunaht erkennen: NÖLB Topograph. Sammlung Inv. Nr. 14.306; „großzügige" rezente Putzschließungen tragen heute zur Verunklärung der Situation bei.

[129] LEHNER, Araburg 76: Foto aus der Zeit vor der Zerstörung der hofseitigen Palasmauer; aussagekräftig ist eine Zeichnung von Franz KUTSCHERA aus dem Jahr 1878, wo die hofseitige Baunaht zwischen Palas und Anbau deutlich hervorgehoben ist: NÖLB Topograph. Sammlung Inv. Nr. 125.

[130] Zum Beispiel am Bering des äußeren Hofs im Bereich der Kapelle.

[131] Regional vergleichbar erscheint das stark materialabhängige Mauerwerk der ältesten Bauteile von Gutenstein (wohl Ende des 12. Jahrhunderts) oder von Schrattenstein (wohl ebenfalls gegen Ende des 12. Jahrhunderts), auch auf Aggstein zeigen die der ersten Bauphase des späten 12. Jahrhunderts (bzw. um 1200?) zuweisbaren Bauteile ein mitunter regelloses Bruchsteinmauerwerk mit Einschüben von Schrägversatz.

Abb. 250 Ruine Araburg, Palas mit Abbruchkante der ehemaligen Hofmauer, links die schmale sekundäre Erweiterung

Abb. 251 Ruine Araburg, hochmittelalterlicher westlicher Bering mit teilweisen Einschüben in Schrägversatz

Abb. 252 Ruine Araburg, hochmittelalterlicher Bering des äußeren Burghofs (Hofseite, rechts vom Torturm)

gebnisse Erwin Kupfers, nach denen die Errichtung der Burg durch Konrad von Arberg vor 1192 erfolgte. Nach den Ergebnissen der Bauforschung gehört auch der Bereich des äußeren Hofs – obwohl von einer sekundären Bautätigkeit ausgegangen werden kann – der Gründungsanlage Konrads an; im ausgehenden 12. Jahrhundert bestand somit eine zweihöfige bzw. zweitorige Abschnittsanlage.

Im späten Mittelalter wurde die Anlage in mehreren Phasen erweitert und die Bebauung geschlossen. Die Ausbauten folgten den Strukturen der hochmittelalterlichen Anlage mit ihrer zweitorigen Zugangssituation. Sowohl der innere als auch der äußere Burghof der Kernburg wurden entlang der freien Abschnitte des Berings randständig verbaut; die Gebäude zeigen sich durchaus komplex und in unterschiedlichen Erhaltungsstadien. Zunächst wurde in die Nordwestecke des inneren Hofs, am Fuß des vom Bergfried herabziehenden Felsgrats, ein halbwegs rechteckiges, mehrgeschoßiges Gebäude gestellt, dessen Ausstattung (Hinweise auf eine hölzerne Stube im zweiten Obergeschoß, zwei Abtritte[132]) auf die vorrangige Wohnfunktion weist (Abb. 253). Die Westmauer und die unteren Teile der Nordmauer, im Bereich des Erdgescho-

---

[132] Einer der Abtritte wurde mittels eines feldseitig in einen Rücksprung des Berings gestellten Schacht entsorgt.

Abb. 253 Ruine Araburg, spätmittelalterlicher Wohnbau im Nordwesten, links der hochmittelalterliche Bering, rechts die teilweise sekundär angestellte Nordmauer des Wohnbaus, die Hinweise auf einen älteren Fensterhorizont (Erker?) und eine beheizbare Stube zeigt

Abb. 254 Ruine Araburg, talseitige Nordmauer des Wohnbaus

ßes des Gebäudes werden vom hochmittelalterlichen Bering gebildet, der an der Westseite (schildmauerartig) wesentlich höher ausgebildet war als an der geschützten nördlichen Talseite, wo er eine tiefe Felskluft überbrücken musste und aufgrund der Fundamentierung eine beträchtliche Höhe erreichte. Die Baunaht zwischen dem ursprünglichen höheren Bering und der Aufzonung für den Wohnbau an der Nordseite ist deutlich zu sehen (Abb. 253, 254)[133]. Die fast gänzlich eingestürzte Ostmauer des Wohnbaus überbaut die schmächtige (Mauerstärke 0,61 m) Stirnmauer(?) eines schmäleren, ursprünglich vielleicht isolierten Gebäudes, das mangels erhaltener Details lediglich relativchronologisch und kaum funktionell einzuordnen ist[134].

Wann schließlich der Nordtrakt des inneren Hofs errichtet wurde, der die Verbindung zwischen dem nordwestlichen Wohnbau und der Tormauer mit dem zweiten Tor herstellte, wie dieser strukturell beschaffen war, bleibt nach dem Absturz zusammen mit dem nördlichen Bering 1851 unbekannt.

Möglicherweise gleichzeitig (obwohl von anderer Seite später datiert) wurde der Bergfried mit dem Keil verstärkt, der ungewöhnlich spitzwinkelig ausgebildet ist und sich in fast aggressiver Weise gegen den westlichen Berggrat richtet, von wo man offensichtlich einen Angriff bzw. Beschuss erwartete (Abb. 255)[135].

In der Nordwestecke des äußeren Hofs, im spitzen Winkel zwischen nördlichem Bering und

---

[133] LEHNER, Araburg 53 führt die Baunaht auf einen möglichen Absturz der gesamten Nordmauer zurück, von der Talseite ist jedoch die primäre Zeitstellung der Mauer (anhand des Mauerwerks) und die Verzahnung ihrer unteren Bereiche mit der Westmauer gut zu erkennen.
[134] Ebd. 52.
[135] Runde Spontürme bilden im europäischen Burgenbau (im Gegensatz zu fünfeckigen Türmen) eher die Ausnahme, hierzulande sind sie äußerst selten, zu verweisen ist auf den frühgotischen Turm von Forchtenstein (Bez. Mattersburg) oder den hochmittelalterlichen Torturm von Dürnstein (Bez. Murau), bei beiden ist der Sporn jedoch der Erstphase zuzuweisen.

Abb. 255
Ruine Araburg, die wehrhafte Angriffsseite der Burg

Abb. 256
Ruine Araburg, Chorpolygon der Burgkapelle

Tormauer zum inneren Hof, knapp das Tor flankierend, erhebt sich die einst dem hl. Georg geweihte Burgkapelle. Der für eine beengte Höhenburg repräsentative, qualitätsvolle Sakralbau besteht aus einem 5/8-Chor und einem gleich breiten, zweijochigen Schiff, wobei die spitzwinkelige Verzahnung der älteren Mauern im Westen zusätzlich ein dreieckiges Halbjoch bedingte. Das einstige Rippengewölbe ist bis auf die Wandvorlagen mit den Schildbögen zerstört, es zeugt jedoch zusammen mit den weiteren Ausstattungsresten (Sakramentshäuschen, mehrere große Maßwerkfenster, Schrägsockel) von hohem architektonischen Anspruch (Abb. 256). Die Kapelle wird Georg von Ruckendorf zugeschrieben, da *über der Thür die Jahreszahl 1457 zu lesen war*[136]. Wenn der einstigen Inschrift auch mit Vorsicht zu begegnen ist, so dürfte der Zeitraum aufgrund der Stilistik des Baus plausibel sein.

Die eingemeißelte Jahreszahl 1460 findet sich hingegen am linken Türpfosten des Spitzbogenportals der Küche, die zu einer zweiflügeligen, das Tor einschließenden Bebauung an der Nord- und Ostseite des inneren Hofs (mit dem abgestürzten Nordtrakt) gehörte. Der kleine zweigeschossige Ökonomiebau blieb nach Verfall und diversen Zerstörungsaktionen der anderen Baulichkeiten dieses Bereichs als einziger erhalten[137]. Auch dieser Jahreszahl ist zu mißtrauen, da schon der Ort der Anbringung völlig atypisch ist. Doch erscheint auch diese Datierung im Hinblick auf die Kapelle nicht unglaubwürdig, möglicherweise gehörten Kapelle, Küche und weitere Bauteile im Bereich des inneren Tors ein und derselben Bauphase an.

Zum Schutz des Tores zum äußeren Burghof wurde vor dieses ein schlanker viergeschossiger

---

[136] SACKEN, Archäologischer Wegweiser 18; vgl. LEHNER, Araburg 102; von der Inschrift findet sich heute keine Spur mehr.

[137] Eine Zeichnung von Josef von SCHEIGER aus dem Jahr 1826 zeigt die Küche mit dem Pyramidenschlot und den Resten der anschließenden Gebäude: NÖLB Topograph. Sammlung Inv. Nr. Scheiger Nr. 4; vgl. PIPER, Burgen 1 3f u. Fig. 4.

Abb. 257
Ruine Araburg, spätmittelalterlicher Torturm (Feldseite)

Torturm gestellt, dessen obere Ebenen bewohnbar waren und der im ersten Obergeschoß eine Schlüsselscharte zur Flankierung des südlichen Berings besitzt (Abb. 257). Die Bewohnbarkeit unterstreichen schlanke Fenster mit profilierten Gewänden, an der geschützten Hofseite des obersten Geschoßes befindet sich ein analog profiliertes Kreuzstockfenster.

Mit dem zwischen Kapelle und Torturm eingespannten „Knappentrakt" (auch „Verwaltertrakt") wurde die Bebauung des äußeren Hofs geschlossen. Der dreigeschoßige, im Gesamten nur 5,50 m breite, im Inneren mehrfach unterteilte Bau gewährleistet die Funktion des Fensters im Kapellenpolygon sowie die Befahrbarkeit des Tores. Nach Abtragen der äußeren Mauer bzw. des Berings im frühen 19. Jahrhundert[138] ist nur noch die Hofmauer erhalten, die regelmäßig angelegte Fenster mit zarten grauen Putzfaschen, im obersten Geschoß kleine Fensterluken zur Belichtung besitzt, die sowohl auf Wohn- als auch auf Speicherfunktion schließen lassen. Bemerkenswert erscheint ein kleines trichterförmiges Rautenfenster im östlichen Raum des Erdgeschoßes, dessen Funktion unklar ist.

Sichtlich spätmittelalterlich ist der am westlichen Bering des inneren Hofs zwischen Bergfried und nordwestlichem Wohnbau situierte Bau, der bisweilen als „Schildmauer" interpretiert wurde. Der trapezförmige Bau musste auf steil abfallenden Terrain errichtet werden und verstärkte natürlich den Bering der westlichen Angriffsseite. Die interpretation als Schildmauer ist aber relativierbar, da aufgrund des Geländes insbesondere in den unteren Ebenen nur teilweise gewölbte Räume eingebaut werden konnten, die teilweise mit dem benachbarten Wohnbau in Verbindung standen, und der obere Abschluss verfallsbedingt nicht rekonstruierbar ist[139].

An der Südostseite entstand auf abfallendem Gelände eine relativ regelmäßige, vermutlich mit zwei Toren (im Nordosten und Südwesten) ausgestattete Vorburg, die einen erweiterten Schutz des Zugangs und Raum für einen rund 30 m langen, hallenartigen Bau bot. Der multifunktionelle Bau besaß über dem Keller Wohn- bzw. Verwaltungsräume mit großen Sitznischenfenstern, darüber ein wehrhaftes Geschoß mit wechselnd angeordneten Fensterluken und Scharten (Abb. 258).

Die Mauerwerksstrukturen der spätmittelalterlichen Bauphasen zeigen generell ein kleinteiliges lagerhaftes Bruchsteinmauerwerk aus Material vom Burgberg, das mitunter nur regellosen Versatz zu-

---

[138] Köpp von FELSENTHAL zeigt um 1814 das Gebäude ohne Außenmauer: NÖLB Topograph. Sammlung Inv. Nr. 121.

[139] Ebd., das Gebäude besitzt hier zum Turm aufsteigende Treppenzinnen; LEHNER, Araburg 81f.

ließ und für Steinmetzarbeiten – für Tür- und Fenstergewände – wenig geeignet war. Die engere zeitliche Zuordnung dieser Bauteile nach dem Mauerwerk ist daher problematisch, Unterstützung bieten relativchronologische Überlegungen, historische Daten und die doch bereits entwickelten Detailformen.

Zu den ältesten spätmittelalterlichen Baumaßnahmen gehört der fast turmartige Wohnbau im Nordwesten, der einen kleineren Vorgängerbau überbaut. Aufgrund der Detailformen ist von einer Errichtung im 14. Jahrhundert auszugehen, auch die Ausstattung mit einer hölzernen Stube, was anhand der waagrechten, durch ihre Negative rekonstruierbaren Konstruktionshölzer anzunehmen ist, ist mit zahlreichen Beispielen dieser Zeit in Verbindung zu bringen (Abb. 253). Im 15. Jahrhundert dürfte ein relativ umfassender Ausbau stattgefunden haben, zu dem die Kapelle, die Küche und wohl auch der Torturm zu zählen sind, was aufgrund der zahlreich erhaltenen architektonischen Details wahrscheinlich ist und vielleicht auch durch die umstrittenen Jahreszahlen (1457 und 1460) unterstützt wird. Es dürften daher die bis im späten 15. Jahrhundert im Besitz der Burg befindlichen Ruckendorfer um 1450/60 als Bauherren gewirkt haben. Möglicherweise gehörte auch der 1851 abgestürzte Nordtrakt gegenüber der Küche diesem Ausbau an. Der „Knappentrakt" ist nach seinen Detailformen – insbesondere den einfach gefasten Fenstergewänden – als „spätgotischer" Bauteil anzusprechen und relativchronologisch nach der Kapelle und dem Torturm einzuordnen. Wer die Errichtung veranlasste, muss offen bleiben, es könnte sowohl noch an die Ruckendorfer, aber auch an die nachfolgenden, allerdings rasch wechselnden Besitzer bis ins frühe 16.

Abb. 258 Ruine Araburg, Einblick in den spätmittelalterlichen Bau der Vorburg (Ostseite)

Jahrhundert gedacht werden, wozu noch die ab 1528 hier nachweisbaren Pögl gehören könnten[140]. Erschwert einzuordnen ist das an der Westseite zwischen Bergfried und Nordwesttrakt eingebaute Bauwerk, dem aufgrund der Felsgestaltung nur wenig Entwicklungsmöglichkeit zu Verfügung stand, wohl kaum Wohnflächen umfasste und auch keine datierbaren Detailformen zeigt. Vermutlich entstand der Bau erst nach den Ruckendorfern ab dem späten 15. Jahrhundert.

Des Weiteren ist die Vorburg als spätgotische Baumaßnahme einzuordnen und ähnlich wie der „Knappentrakt" zwischen dem ausgehenden 15. Jahrhundert und dem frühen 16. Jahrhundert zu datieren. Die Ausbildung der Fenster des Wohn- und Speichertrakts mit einfach gefasten Gewänden und bequemen, holzbelegten Seitensitzen tradiert spätmittelalterliche Formen, lediglich das wehrhafte

---

[140] LEHNER (Ebd.) 26 datiert den Bau in die 2. Hälfte des 16. Jahrhunderts, was aufgrund des Baubefunds unwahrscheinlich ist.

Obergeschoß mit seinen – teils getrichterten – Öffnungen erweckt einen moderneren Eindruck, sodass möglicherweise die obere Grenze des Zeitrahmens zu berücksichtigen ist (Abb. 258).

Der Hof am Stein (auch Haus am Stein oder Brandlhof)

Neben der Araburg befindet sich in Kaumberg ein weiteres Objekt, das in engem Zusammenhang mit der mittelalterlichen Herrschaftsgeschichte des Ortes und mit den Arbergern steht und das in gewissem Maß wohl auch Sitzfunktion ausübte. Es ist der Hof am Stein (auch Brandlhof) rund 400 südlich der Pfarrkirche auf einer rechts des Laabenbachs vorspringenden flachen Rückfallkuppe, die durch einst versumpften Talgrund zusätzlich geschützt war.

Urkundlich ist der Hof erstmals im Jahr 1316 nachweisbar; in diesem Jahr stiften Seifried und Agnes von Plank dem Kloster Mariazell den halben Hof *auf dem Stain datz dem Chaumberge* zu einem Seelgerät[141]. Seifried war der Sohn Gertrudes, einer Schwester Offos von Arberg[142]. Die andere Hälfte des Hofes überlassen 1362 Hans der Schärdinger und seine Frau Anna dem Kloster Mariazell, dem sie sich mit einer Burgrechtsleistung von jährlichen 42 Wiener Pfennige verpflichten[143]. 1364 verkaufen Hans der Schärdinger und seine Frau Anna den Hof am Stein (… *unsern Hof, gelegen zu Khaunberg und haist auf dem Stain und ist unser ledigs purckhrecht gewesen, …*) dem Kloster Mariazell unter Abt Johann[144]. Schon 1367 verkauft Abt Johann den Hof zu Burgrecht an Leopold von Baden, den Pfarrer zu Kaumberg[145]. Der Hof kam mit dem Verkauf der Kaumberger Klostergüter 1534 an Sebald Pögl-Reifenstain und danach – bis zur Konfiskation im Jahr 1621 – an die Jörger und gelangte schließlich mit der gesamten Herrschaft Arberg 1626 an das Stift Lilienfeld.

Die Anlage des Hofs

Das Zentrum der Kuppe nimmt ein stark modernisierter Bauernhof ein, der aus einem mehrphasigen, mittelalterlichen bis frühneuzeitlichen Altbau hervorgeht. Im Westen integriert der Hof einen rund 8,00 x 6,70 m großen, 2-geschoßig erhaltenen, turmartigen Bau. Er war ursprünglich nur mit kleinen Lichtscharten versehen und über einen östlich vorgesetzten gewölbten Kellergang zu betreten, der zugleich den Zugang zum Obergeschoß herstellte. Der Bau besteht aus kleinteiligem Bruchsteinmauerwerk in durchwegs lagigem (tlw. auch schrägem) Versatz mit plattigen Ausgleichslagen, das eine Datierung in das 13. Jahrhundert ermöglicht. An der Westseite waren mehrere vertikale Baunähte zu sehen, die vermutlich von zugesetzten Primäröffnungen herrühren[146].

An der Südseite wurde sekundär ein schmälerer, rund 6,00 x 4,00 großer, 2-geschoßiger Bau hinzugefügt, der im Erdgeschoß ein Tonnengewölbe enthält und ebenfalls nur durch kleine Lichtschlitze bzw. Fensterluken erhellt wird. Der Bauteil zeig-

---

[141] HEROLD, Urkundenfund 231f; Monasterium.net – MZOe 216.
[142] SCHOPF, Besitz- und Herrschaftsgeschichte 186.
[143] GEHART, Archivinventar 135-180, Ders., Archivinventar 163 Nr. 225; Monasterium.net – MZOe 225.
[144] GEHART, Archivinventar 163 Nr. 226; Monasterium.net – MZOe 226.
[145] GEHART, Archivinventar 164 Nr. 229; Monasterium.net – MZOe 229.
[146] Befund Verfasser 1999.

te ein sehr kleinteiliges Bruchsteinmauerwerk, das eine Datierung in das 14./15. Jahrhundert ermöglicht (Abb. 259).

Der gesamte östliche Teil des Hofs zeigt ein charakteristisches bäuerliches Raumgefüge mit beheizbarer Stube im Norden und Küche – Kammer – Verbund im Süden. Die Verbindung zu den Altbauten im Westen stellt ein zentral durchlaufender Flur her. Die östlichen Teile des Hofes sind komplett verputzt und hinsichtlich ihrer Zeitstellung nur erschwert einzuordnen; obwohl mittelalterliche Substanz nicht ausgeschlossen werden kann, ist eher von einer Errichtung in der frühen Neuzeit auszugehen. Das ausgedehnte, teilweise von Felskuppen geprägte Areal um den Hof dürfte frühzeitig befestigt gewesen sein, doch fehlt den heute vorhandenen Strukturen vor Ort und im digitalen Geländemodell die nötige Aussagekraft.

Schwammenhöfer beschreibt einen dreifachen Wallring, der das Gelände an der Talseite im Norden in großem Bogen umschloss, der jedoch zu Stufen verebnet und für Wege genutzt wurde. An der Bergseite im Süden schützte ein (heute verebneter) Halsgraben das Areal. Eine Felskuppe im Osten, die terrassiert nach Norden abfällt, vermutet Schwammenhöfer als einstiges Vorwerk[147].

Bei einer archäologischen Untersuchung im Jahr 1966 durch das Institut für Ur- und Frühgeschichte wurden Teile einer Befestigung aufgedeckt, Reste eines Palisadenzauns(?) am Nordfuß der Kuppe und Teile eines Sohlgrabens. In einem Suchschnitt im Westen des Hofs wurden zwei auf dem Fels sitzende Kulturschichten nachgewiesen, wobei die ältere Keramik enthielt, die ins 11. Jahrhundert datiert wurde, die jüngere neben neuzeitlichem Material auch einige Scherben des 14. und 15. Jahrhunderts[148]. Weiss schloss seiner ausführlichen, vielleicht etwas phantasievollen und nicht mehr zur Gänze nachvollziehbaren Beschreibung eine Planskizze an, die die Ausdehnung der (einstigen) Geländesubstruktionen mit einem Durchmesser von rund 150 m zeigt[149].

Abb. 259 Hof am Stein, Ansicht der Altbauten von Südwesten, links der ursprüngliche Turm, rechts der spätmittelalterliche Anbau, Foto um Mitte des 20. Jahrhunderts (Sammlung Reichhalter)

Wie mehrere Objekte der Region, zeigt auch der Hof am Stein das Einbeziehen eines mittelalterlichen Baues, dessen Funktion sich in einer Grauzone zwischen Kleinadelssitz und Speicher bewegt, in ein bäuerliches Gehöft[150]. Fast zur Regel gehört eine Zugangssituation in Form eines angesetzten Keller-

---

[147] SCHWAMMENHÖFER, Archäologische Denkmale II Nr. 61.
[148] FÖ 9 (1966-70) 36.
[149] WEISS, Hausberge 54-80, hier 76-78.
[150] Ein als „Turmhof" kategorisiertes Leitfossil ist der Einbacherhof bei Nöstach; der benachbarte Steinkellnerhof ist nach erfolgter Bauaufnahme durch den Verfasser in ebendiese Reihe zu stellen, vergleichbar sind wohl der Lenzenhof in Nöstach und der Steinbacherhof bei Kaumberg.

halses, der im Idealfall auch den Zugang zum Obergeschoß vermittelt[151]. Ein Indikationsbefund für die Funktion als Kleinadelssitz, die einstige Beheizbarkeit, ist beim vorliegenden Fall (spätestens nach rezenten Umbauten) nicht mehr vorhanden. Zudem löst auch die auffallend geringe Mauerstärke von 0,70 m Zweifel aus.

Die Kaumberger
Während sich die Araberger/Arberger oder deren Verwandte, die um Kaumberg reich begütert sind, niemals nach dem Ort nennen, sind im 14. Jh. nach Kaumberg genannte Personen fassbar. Im Jahr 1329 verleiht Offo von Arberg dem *beschaiden manne* Meinhard von Kaumberg und seiner Frau Berta einen Hof in Laabach bei Kaumberg zu Burgrecht[152].

Meinhard ist 1331 als Inhaber einer von Albert von Mainburg lehensrührigen Gülte zu Kaumberg genannt[153] und noch im selben Jahr bestätigt Abt Heinrich von Mariazell, dass Meinhard eine Ewiglichtstiftung am St. Nikolausaltar in der Kaumberger Kirche vollzogen hat[154]. Im Jahr 1335 verkauft Offo von Arberg einen Wald im Laabach an Meinhard und Berta von Kaumberg und ihre beiden Erben[155].

Meinhard von Kaumberg ist letztmalig am 25. März 1341 genannt, als ihm Offo von Arberg zwei Höfe *under dem Khaunberg in dem Spilbach* und *zu Pruckh und dem Stolwerch* sowie einen weiteren Hof zu *Khaunberg in dene Lebpach* (Laabach) zu Burgrecht verleiht[156]. Nach den beiden Urkunden von 1341 ist Meinhard in zweiter Ehe mit Kunigunde verheiratet, die darin vermerkten beider *erben* scheinen jedoch nicht namentlich auf.

Ein 1353 für seinen Schwager Ulrich von Eppendorf siegelnder Peter von Kaumberg könnte ein Nachkomme Meinhards sein[157]. Fraglicher erscheint dies für Niklas den Schott zu Kaumberg, der 1377 sein Burgrecht auf einem behausten Gut in der Kaumberger Pfarre verkauft[158] oder für Jans *Chawnperger*, der 1380 in einer Heiligenkreuzer Urkunde begegnet[159]. Damit endet die Reihe der nach Kaumberg benannten Personen. Es erscheint gewiss, dass der als Sitz des Niederadels kaum befestigte Sitz im Ortsverband lag und nicht mit dem Hof am Stein identisch ist. Wo er sich allerdings befand, bleibt unbekannt. Rudolf Maurer erwähnt einen Bernhard Schott v. Kaumberg, der Anf. 15. Jh. in den Besitz eines Badener Freihauses mit eigener Thermalquelle kam (heute Engelsbad), und wohl erklärt, wohin die Familie verschwunden ist![160]

---

[151] Solche sind sowohl für Kleinadelssitze, als auch für reine Speicherbauten nachgewiesen.
[152] HEROLD, Urkundenfund 232f Nr. 7; Monasterium.net – MZOe 217.
[153] HEROLD, Urkundenfund 233f Nr. 8.
[154] HEROLD, Urkundenfund 234 Nr. 9.
[155] HEROLD, Urkundenfund 235 Nr. 10; Monasterium.net – MZOe 220a.
[156] HEROLD, Urkundenfund 235-237 Nr. 11, 12; Monasterium.net – MZOe 220, 221.
[157] Monasterium.net – StPCanReg 1353 V 24.
[158] GEHART, Archivinventar 165 Nr. 237; Monasterium.net – MZOe 237.
[159] FRA II/16 Nr. 294; möglicherweise ist er identisch mit dem 1397 genannten *Hanns der Chawnperger*: Monasterium.net – AT-StiAM – MelkOSB 1397 IV 16.
[160] Vgl. MAURER, „Ein heiterer Tempel" 5.

V. ANHANG

Rankeninitiale zur Vita des hl. Basilius,
Mariazell, 1220/40 (CLi 134 fol. 66r),
vgl. den Beitrag von Martin ROLAND

1. DIE WICHTIGSTEN URKUNDEN IN DEUTSCHER ÜBERSETZUNG
VON RUDOLF MAURER

Übersetzungen können den Originalwortlaut niemals ersetzen, doch können sie sehr wohl auch der Fachfrau / dem Fachmann (und nicht zuletzt dem Übersetzer selbst!) als erste Interpretation des Originaltextes nützlich sein. In diesem Sinn sind auch die vorliegenden Übersetzungen einiger zentraler Mariazeller Urkunden zu verstehen und mit ständiger Rückversicherung am Original zu benützen.

Abkürzungen des Originals sind in der Übersetzung in runden Klammern aufgelöst. Füllwörter und Ergänzungen, die nach heutigem Sprachgebrauch oder zur Verdeutlichung des Inhalts nötig schienen, sind in eckigen Klammern eingefügt.

Ein besonderes Problem sind bei einer Übersetzung immer die Herkunfts- und Ortsnamen. Ich habe dabei folgende Vorgangsweise eingehalten:

- Ortsnamen, die mittels der gängigen Lexika, besonders des HONB, oder des Mariazellbuchs Eigners identifiziert werden konnten, wurden in der heute gängigen Form wiedergegeben.
- Ortsnamen, die auf diese Weise nicht oder nicht überzeugend identifiziert werden konnten, habe ich mit Sternchen (*) versehen und nach den Regeln der Sprachentwicklung in neuhochdeutsche Äquivalente umgesetzt, um Vorstellungen zu wecken und die Bildhaftigkeit dieser Namen zum Ausdruck zu bringen.
- Ortsnamen, bei denen keine der beiden Vorgangsweisen zielführend schien, habe ich in der Originalform belassen und kursiv gedruckt.

1108 Mai 1
König Heinrich V. überläßt auf Intervention mehrerer Großer dem Haderich Fiskalgut in der villa Brunna[1]

Im Namen der heiligen und ungeteilten Dreifaltigkeit.

Heinrich V., durch die Gunst der göttlichen Milde König der Römer.

Wir wollen allen, die Christus und Uns getreu sind, gegenwärtigen und zukünftigen, bekanntmachen, dass Wir auf Bitte und mit Erlaubnis des Herzogs Welf,

besonders aber entsprechend der Liebe und dem treuen Dienst des Markgrafen Leopold

---

[1] Basierend auf dem lateinischen Editionstext in NÖUB II-1 367-368.

und dem würdigen Ersuchen des Bischofs Eberhard von Eichstätt und seiner Mitbischöfe Heinrich von Freising, Hartwig von Regensburg und Hermann von Augsburg, sowie des Markgrafen Diepold, des Grafen Berengar und vieler anderer unserer Getreuen,

dem Haderich in dem Dorf, das Brunn genannt wird [und] in der Grafschaft des Markgrafen Leopold [liegt], durch dieses Schreiben drei königliche Höfe mit all ihrem Zubehör zu eigen gegeben haben,

und zwar mit allen Dienern beiderlei Geschlechts, mit kultiviertem und unkultiviertem Land, mit Weiden, Wiesen, Wäldern, Jagdrechten, Gewässern, Mühlen, Fischrechten, Ausgaben und Einnahmen und allem Nutzen, der daraus zu jeder Zeit erwachsen kann.

Und damit das unverletzlich bleibe, ließen Wir darüber diese Urkunde schreiben und sie mit dem Aufdruck Unseres Siegels auszeichnen.

Zeichen [unseres] Herrn Heinrich V., des allzeit unbesiegten Königs der Römer. (H[andzeichen])

Der Kanzler Albrecht hat es an Stelle des Erzbischofs Rothard von Mainz [als gültig] bestätigt.

Unter dem Datum des 1. Mai, im 1. Jahr des Steuerzyklus, im Jahr der Fleischwerdung des Herrn 1108, im dritten Regierungsjahr Heinrichs V., Königs der Römer, im neunten Jahr seiner [ersten] Weihe [zum Mitkönig seines Vaters].

Abgehandelt wurde es in Nürnberg.

Möge es im Namen Christi Glück bringen, amen.

1136 Februar 2
Bericht über die Gründung und Bestiftung des Klosters Mariazell durch Heinrich und Rapoto von Schwarzenburg-Nöstach beziehungsweise Markgraf Leopold III.
(sog. „Stiftsbrief")[2]

Alle Söhne der Kirche, sowohl die der späteren Zukunft als auch die der gegenwärtigen Zeit, sollen wissen, und zwar [Folgendes]: dass Heinrich und sein Bruder Rapoto, die Söhne eines freigeborenen Mannes namens Haderich,

ihre Burgsiedlung, ein Eigen, das ihnen von ihren Eltern übergeben wurde,

das [heute] Schwarzenburg heißt, früher aber seit alter Zeit einen anderen Namen hatte und Nöstach hieß, mit all seinen Einkünften und allen Zugehörungen, und zwar an Dörfern, an Dienern, an Wäldern, an Äckern, an Wiesen, kultiviert und unkultiviert, fern oder nah,

in freier Machtvollkommenheit, in der Hoffnung auf die Ewigkeit und auf himmlische Belohnung, Gott und der hl. Maria übergeben haben, damit sie im Kloster der Zelle der heiligen Maria entweder nach ihrem Tod oder falls sie zuvor das weltliche Leben [mit dem geistlichen] vertauschen, mit immerwährender Rechtsgültigkeit in den Gebrauch der [Kloster-]Brüder übergehen, die dort Gott und seinen Heiligen dienen.

Und ob sie rechtmäßig heiraten oder nicht heiraten, ob sie Kinder haben oder keine [Kinder] haben – diese wohltätigen Geschenke sollen, wie wir schon

---

[2] Basierend auf dem lateinischen Editionstext in NÖUB II-1 368-370.

gesagt haben, zur Gänze und unversehrt bei dem oben genannten Kloster bleiben, und zwar:
zwei Dörfer an der Pulka [namens] Dürnbach und Obritz und alles, was bei Poigen von Rechts wegen dazugehört;
ebenso [die Güter] am Kamp, die [einst] Heinrich gehörten, mit der Kirche Hadersdorf;
ebenso [alles], was sie bei Pottenbrunn besitzen;
ebenso sieben Höfe bei Willendorf;
ebenso alles Eigentum, das sie bei Berndorf haben.
Nicht weniger haben aber die oben genannten Brüder mit derselben Glaubensglut auch andere Güter übergeben, aber unter einer anderen Bedingung:
Wenn sie [die beiden Stifter] etwa rechtmäßige Erben hervorbringen sollten, sollten diese [Erben] sie mit demselben Recht wie der Vater besitzen;
wenn [es] aber anders [kommen sollte], sollten sie wie die anderen [Güter] in der Tat und ohne Zweifel zur oben genannten Zelle gehören.

Da aber diese [beiden] Brüder über die Erbauung der Gebetsstätte schon lange nachdachten und redeten, kam ich, Markgraf Leopold, in Hinblick auf den göttlichen Lohn, nach Beratung mit den Meinen, den Zögernden zuvor und gründete diese Gebetsstätte in meinem eigenen Recht.
Dabei wurde die Bedingung vereinbart, dass ich, solange ich lebe, der Vogt dieses Ortes und von allem, was dazu gehört, sein soll, ohne dabei irgendwelche Vermögenswerte zu fordern und Menschen zu belasten, [dass] aber nach mir, wenn jemand von meinen Söhnen oder Enkeln in Zukunft die Herrschaft über dieses Land erlangt, [dieser der Vogt sein soll].

Diese Rechtshandlung der Übergabe wurde in Unserer Gegenwart in [Wr.] Neustadt feierlich durchgeführt, über den herbeigeschafften Reliquien des Ortes, am Fest der Reinigung der hl. Maria, im Jahre 1136 der Fleischwerdung des Herrn, im 14. Jahr des Steuerzyklus, am 2. Februar, in Anwesenheit des Herrn Konrad, Erzbischofs von Salzburg, gemeinsam mit Herrn Roman, seinem Suffragan und Mitbischof, und Herrn Reginmar, Bischof von Passau, und der Frau Markgräfin Agnes und ihrer drei Söhne Leopold, Adalbert und Ernst, wobei eine große Zahl von Edelleuten den Umstand[3] bildete.

Und da es unzählige Zeugen dieser Sache gab, wurden [einige] wenige aus den Vielen ausgewählt, namentlich angeführt und am Ohr gezogen.[4] Diese werden auch hier festgehalten und im Folgenden aufgeschrieben:
Graf Konrad v. Peilstein, Graf Leutold v. Plain, Adalram v. Perge und sein Bruder Adalbert, Otto v. Machland und sein Bruder Walchun, Otto v. Lengenbach und sein Bruder Hartwig, Bernhard v. Julbach, Dietmar von Enzesfeld, Konrad v. Sindelburg, Hadmar v. Kuffarn, Walter v. Traisen und sein Bruder Hartwig, Dietrich v. Algersbach, Starkfried v. Pötzelsdorf, Ulrich v. Falkenstein, Reinger v. *Tekkenbach*, Dietbrand v. Köstelwang.

Nichtsdestoweniger wird diese selbe Übergabe ein zweites und drittes Mal bei der Stadt Tulln und ebenso bei St. Pölten kundgetan und durch die Zustimmung aller Edlen bestätigt.

---
[3] d.h. den feierlichen Rahmen.
[4] d.h. formell zu Zeugen erklärt.

Zeugen dafür sind die führenden [Persönlichkeiten] des ganzen Landes.

Damit aber diese Übergabe fest und unversehrt bleibe, ließ der vorgenannte Markgraf sie durch den Aufdruck seines Siegels bekräftigen.

Im Jahr 1136 nach der Fleischwerdung des Herrn, im 14. Jahr des Steuerzyklus, am 2. Februar. (S[iegel])

Undatiert [nach 1171]
In Form einer Urkunde Herzog Heinrichs II. gekleideter Bericht über die Gründung von Mariazell mit Bestätigung später von der landesfürstlichen Familie gemachter Schenkungen.
(sog. „Heinricianum")⁵

Ich, Heinrich, von Gottes Gnaden Herzog von Österreich, gebe allen Christgläubigen bekannt, dass mein Vater, Markgraf Leopold seligen Gedenkens, diesen Ort, der St. Mariazell genannt wird, mit großer Hingabe liebte, mit Ratschlägen förderte und mit Vermögen ausstattete.

Als nämlich die Brüder Heinrich und Rapoto, Edle von Schwarzenburg, durch ein Gelübde ihre Güter Christus und seiner heiligen Mutter versprochen hatten und lange über die Erbauung einer Gebetsstätte nachdachten, da kam dem Markgrafen selbst ein göttlicher Ratschlag zu, und er kam den Zögernden zuvor und gründete dieselbe Gebetsstätte in seinem eigenen Recht unter der Bedingung, dass er selbst, solange er lebe, der Vogt dieses Ortes sein solle, ohne dabei irgendwelche Vermögenswerte zu fordern und Menschen zu belasten, [dass] aber, wenn jemand von seinen Söhnen oder Enkeln in Zukunft die Herrschaft über dieses Land erlange, [dieser der Vogt sein solle].

Nachdem er also die Gebetsstätte gestiftet hatte, bestätigte er die Übergabe der oben genannten Brüder Heinrich und Rapoto, wobei viele anwesend waren, und er selbst gab als Gegenleistung den Ort, an dem er die Gebetsstätte gestiftet hatte, mitsamt dem Wald, der ihn auf allen Seiten umgibt, Gott und der hl. Maria zum Gebrauch der [Kloster-]Brüder, die dort Gott dienen, aus eigener Hand und aus der Hand seiner Kinder und ihrer Mutter, der Markgräfin Agnes, mit ewiger Rechtsgültigkeit.

Dieser Wald wird ohne Zweifel durch folgende Orte begrenzt: In Richtung Osten hat er als Grenze einen Ort, der in [unserer] Muttersprache *Schneid heißt; dann geht [die Grenze] zum Nordrand, der *Birkensulz genannt wird; von dort wieder erstreckt sie sich zu einer Höhe, die *Ahorn heißt; ebenso neigt sie sich von diesem Ort nach Westen zu einem Ort, der *Leuprandswerd genannt wird; von dort kehrt sie über den Südrand zum ersteren Ort zurück, der, wie wir schon oben gesagt haben, von den Einwohnern [mit dem Namen] *Schneid bezeichnet wird; und dort gab er ihnen die Erlaubnis, überall zu roden und Landwirtschaft zu betreiben.

Außerdem hat die Frau Markgräfin Agnes gemeinsam mit ihren drei Kindern, nämlich Adalbert, Leopold und Ernst, als Heilmittel [für die Seele] des verstorbenen Markgrafen zwei Weingärten für das oben genannte Kloster bestimmt, als sie bei der Stadt Tulln waren, wo zur Versöhnung der zwei Brüder Leopold und Adalbert eine Versammlung

---

5 Basierend auf dem lateinischen Editionstext in NÖUB II-1 371-373.

der führenden Persönlichkeiten zusammengekommen war, die Mitwisser dieser Übergabe sind; und zwar sind diese Weingärten [frisch] ausgepflanzt in dem Ort, der in unserer Sprache Baden heißt, auf Latein aber Balneum, wobei alles wohlgeordnet und organisiert ist, was zu ihrer Bebauung gehört.
Als Zeugen dieser Übergabe wurden zahlreiche Männer, adelige und nichtadelige, an den Ohren herangezogen. Ihre Namen sind folgende:
Graf Dietrich v. Formbach, Graf Konrad v. Peilstein, Graf Leutold v. Plain, Adalram v. Pergen, die Brüder Heinrich und Rapoto [v.] Schwarzenburg, Otto v. Machland und sein Bruder Walchun, Otto v. Lengenbach und sein Bruder Hartwig, Hadmar v. Kuffarn, Starkfried v. Pötzleinsdorf, Kadold v. *Möreberg, Heinrich, Präfekt der Burgsiedlung v. Mödling, Ulrich v. Stiefern, Hadmar v. Kuenring und sein Bruder Alber, Kadold d.J. v. *Möreberg.

Sobald aber ich, Heinrich, die Herzogswürde von Österreich übernommen hatte, wollte ich die Frömmigkeit meines Vaters nachahmen und übernahm alles, was mein Vater seligen Gedenkens, meine Mutter und meine Brüder in ihrer Vorsorge den [Kloster-]Brüdern zur ruhigen Benützung übergeben hatten.
Ich hieß es gut und blieb dabei und habe es meinen Nachfolgern unter dem Aufdruck dieses Siegels hinterlassen, damit [auch] sie es wissen und schützen.

Auch habe ich dieser Kirche eine Waldparzelle übergeben, die vom *Ahorn und vom *Kahlenberg unterhalb dem Berg *Schever-Scheid und *Leuprandswart hinabläuft bis zu dem Bach, der die Trockene Triesting heißt. Unter der Zeugenschaft folgender:

Otto v. Lengenbach, Dietrich v. Algersbach, Heinrich, Präfekt der Burgsiedlung Mödling, Weikhart v. Arnstein, Ulrich Lamm, Ulrich v. Gaaden und vieler anderer.

1155 Juli 09
Bischof Konrad von Passau tauscht mit Abt Azilin von Kleinmariazell Zehentbezugsrechte gegen Liegenschaften in den Dörfern Zwischenbrunn und Zwerndorf[6]

Im Namen der heiligen und ungeteilten Dreifaltigkeit!
Konrad, von Gottes Gnaden Bischof von Passau, [wünscht] allen Gläubigen Heil in Ewigkeit, amen.
Da die Taten der Könige und Bischöfe und der Gläubigen aller Stände leicht aus dem Gedächtnis der Menschen entgleiten würden, wenn sie nicht durch das Zeugnis geschriebener Dokumente festgehalten würden, haben Wir es für nützlich und notwendig gehalten, und es schien auch Unseren Getreuen richtig, dass Wir das Tauschgeschäft, das rechtmäßig zwischen Uns und Unserem ehrwürdigen Bruder Azzilin von St. Mariazell gemacht wurde, wie es auch seine [Kloster-]Brüder mitforderten und erbaten, zur Sicherheit beider Seiten durch ein Privileg bestätigen und durch den Aufdruck Unseres Siegels bekräftigen, damit es gültig und von allen Unseren Nachfolgern unversehrt bleibe.
Das Tauschgeschäft aber ist folgendes:
Abt Azzilin hat Uns eine Hofstatt im Dorf Zwischenbrunnen und einen Hof im Dorf Zwerndorf übergeben, unter der Bedingung, dass er, wenn je-

---

[6] Basierend auf dem lateinischen Editionstext in NÖUB II-1 374-376.

mand die Absicht habe, [die beiden Güter] aus gerechten und vernünftigen Gründen wegzunehmen, Uns und Unsere Nachfolger ohne das geringste Hindernis nach kirchlichem oder weltlichem Recht verteidigen oder uns als Ersatz ein in jeder Art des Nutzens gleichwertiges Gut überlassen würde.

Im Gegenzug haben Wir den Klosterbrüdern, die in St. Mariazell nach der Regel des hl. Benedikt leben, die Zehentrechte über kultiviertes, unkultiviertes und in Zukunft zu kultivierendes Land übergeben, innerhalb der Grenzen, die wir sogleich notieren werden. Dies aber sind die Grenzen:

von *Haderichsschneid bis *Wielandswart, von *Wielandswart bis *Saalach, von *Saalach bis *Gaemez*, von *Gaemez* bis *Moderhalms-Scheid, dann bis zum *Pechsteig, vom *Pechsteig geradeaus, rechts und links zwischen den Gütern der beiden Markgrafen Heinrich von Österreich und Otachar von Steier bis zum *Kölchberg, vom *Kölchberg über den den Thenneberg, und vom Thenneberg bis zur Pfarre Pottenstein.

Wenn es jemand wagen sollte, dieses Unser Übergabeschreiben zu schwächen, zu mindern oder zu ändern, so möge er am Tag des Zorns und des Unglücks[7] dem Zorn und der Ungnade des allmächtigen Gottes verfallen.

Abgemacht wurde dies [im Jahr] 1155 nach der Fleischwerdung des Herrn, im dritten Jahr des Steuerzyklus, am 9. Juli bei St. Pölten, unter der Regierung Kaiser Friedrichs.

---

[7] Gemeint: der Jüngste Tag. – Zitat aus dem Totengebet „Libera": (...) Dies illa, dies irae, calamitatis et miseriae, dies magna et amara valde, dum veneris iudicare saeculum per ignem (...) („jener Tag, der Tag des Zorns, des Unheils und des Elends, der große und sehr bittere Tag, wenn du kommst, die Welt zu richten durch das Feuer").

Folgende Zeugen dieser Rechtssache sind verzeichnet: [unter den Geistlichen] Adalbert, Propst von St. Nikolaus, Ulrich, Propst von St. Pölten, Ulrich, Propst von Ardagger, Hartwig, Propst von St. Georgen, der Erzdiakon und Notar Otto, der Erzpriester Gebhard, der Priester Eberger, Pfarrer von Wien; unter den Laien: Pabo v. Schleinz, Dietmar v. Spielberg, Friedrich, Präfekt der Stadt Regensburg, Gebhard, Sohn des Grafen Engelbert v. Hall, Adalbert und sein Bruder Gebhard v. Stein, Hadmar v. Kuffarn, Dietrich v. *Werdan*, Berthold v. *Müre*, Hartmut v. Hag, Pernold v. St. Pölten.

1213

Herzog Leopold V. beurkundet, dass er seinen Ministerialen During von Radelberg veranlasst habe, auf die Vogtei über die Güter des Klosters in Inzersdorf zu verzichten[8]

Im Namen der heiligen und ungeteilten Dreifaltigkeit, amen!

Leopold, Herzog von Österreich und Steier, [wünscht] allen Christgläubigen [Heil] in Ewigkeit. Damit nicht veraltet, zugrunde geht und nichtig wird, was, wie man erkennen kann, aus frommem Streben und Liebe ausgehandelt wurde, schien es Uns richtig, durch den Inhalt des vorliegenden Schreibens den aktuellen und den zukünftigen [Menschen] die Nachricht zu übermitteln, dass Unser Ministeriale Thüring v. Ratelenberg auf Unsere Bitte in jeder Hinsicht auf die Vogtei verzichtet hat, die er über die Güter der Brüder von St. Mari-

---

[8] Basierend auf dem lateinischen Editionstext in EIGNER, Geschichte 403 bzw. BUB 257 n. 187 nach einer Abschrift Keiblingers aus StB Göttweig Cod. 874 (rot).

azell in einem Dorf, das Inzersdorf heißt, hatte, und [dass] wir ihm dafür 5 Pfund gegeben haben, und [dass] ihm die Brüder des vorgenannten Klosters 10 [Pfund] gaben.

Damit diese Unsere Tat so auf ewige Zeiten gültig bleibe und unversehrt bestehe, ließen Wir die vorliegende Urkunde mit unserem Siegel bekräftigen und unterschreiben.

Die Zeugen, die anwesend waren:
der Mundschenk Leopold v. Möllersdorf, Bernhard Strein, Rudolf v. Pottendorf, Heinrich v. Brunn und sein Sohn Heinrich, Heinrich v. Tribuswinkel, Rudolf v. Simmering, Heinrich v. Zakking, Weikhard v. St.Veit.

Abgehandelt wurde dies in Unserem Markt zu Wien im Jahre der Fleischwerdung des Herrn 1213. Gegeben durch die Hand Heinrichs, des Pfarrers v. Retz, [der] damals Notar [war].

1232 Juli 22, Chrotenvelde
Herzog Friedrich schenkt dem Kloster Mariazell zum Seelenheil seines Vaters, des Herzogs Leopold, die Villa Toupbehhe mit allem Zubehör und das halbe Benefizium Velgen, wobei er sich die Patronatsrechte vorbehält[9]

Rückvermerke: 1. Pro villa in Toubehhe, 2. Fridericus II. Bellicosus. Datum in Chrotenfeld 22. Jul. 1846 (!). Cop., 3.Stüfftbrieff closter Mariae Zell betr., 4. n. 26, 5. A, 6. Cop. 22. July 1232 Babenbergensis.
Vom Siegel nur die Schnur erhalten

Lateinische Originalfassung:

In nomine sancte et individue trinitatis, amen. F. Dei gracia dux Austrie, Stirie et dominus Carniole, universis Christi fidelibus salutem in perpetuum. Scripturarum memoria solent eternari, que geruntur in nostris temporibus, ut firma et inconcussa permaneant. Nam sepe tollit oblivio, quod scripture non roborat firmitudo. Eapropter presenti privilegio omnium Christi fidelium tam modernorum quam posterorum memorie transmitto,[10] quod pro remedio anime patris mei ducis Liupoldi felicis memorie de consilio meorum[11] prudentum mihi astipulantium villam nomine Toupbehhe cum redditibus eius, pratis scilicet, silvis, aquis, cultis et incultis, pascuis longe et prope positis, homines censuales et cum omnibus appenditiis predicte ville, et dimidium beneficium in Velgen super aram beate virginis Marie in Cella sollempni oblatione delegavi et fratribus inibi Deo militantibus perpetuo possidendum contradidi, apposita tali conditione, quod vis patronatus ad me et meum successorem absque omni exactione et lesione personarum spectabit. Verum ne imposterum de tam sollempni donatione possit suboriri calumpnia, siggilli mei munimine volui roborari et subscribi testes, quorum nomina sunt hec: abbas Waltherus Medilicensis, Leupoldus scriba, comes Chunradus de Hardehe, Dietmarus liber de Potenstein, Hainricus de Prunne, Irnfridus de Himperch et fratres sui Chunradus et Wͦlricus, Wichardus de Arnestein, Otto de Otenstein, qui misit eos in corporalem possessionem, Diͮringus venator, Marquardus venator.

---

[9] Neuedition der Originalurkunde im Stiftsarchiv Heiligenkreuz durch Rudolf MAURER.

[10] *Orig.* transmtto
[11] *Orig.* mrorum

Acta sunt hec in Chrotenvelde anno ab incarnatione Domini m° cc° xxx° ii°, indictione v, xi K. Augusti. Data per manum notharii Leupoldi.

Übersetzung:
Im Namen der heiligen und ungeteilten Dreifaltigkeit, amen!
Friedrich, von Gottes Gnaden Herzog von Österreich und Steier und Herr von Krain, [wünscht] allen Christgläubigen Heil in Ewigkeit.
Durch das Gedächtnis der Schrift pflegt man auf ewig festzuhalten, was in unseren Zeiten geschieht, damit es fest und unerschütterlich Bestand habe, denn oft fällt dem Vergessen anheim, was nicht schriftlich festgehalten und bekräftigt wird.
Deshalb übermittle ich durch das vorliegende Privileg dem Gedächtnis aller Christgläubigen, sowohl der aktuellen als auch der zukünftigen,
dass ich als Heilmittel für die Seele meines Vaters, Herzog Leopold seligen Gedenkens, nach dem Rat der klugen Leute, die sich um mich scharen, das Dorf namens Taubitz mit seinen Einkünften, nämlich mit Wiesen, Wäldern, Gewässern, kultivierten und unkultivierten [Flächen], den Weiden nah und fern, auch die abgabenpflichtigen Leute,[12] und auch mit allem Zubehör des vorgenannten Dorfes, und das halbe Gut in Felling feierlich auf dem Altar der hl. Jungfrau Maria in Zell geopfert und dargebracht und den Brüdern, die dort für Gott kämpfen, als Gegengabe in ihren ewigen Besitz übergeben habe, wobei ich die Bedingung hinzufügte, dass die Patronatsgewalt an mich und meinen Nachfolger fällt, [jedoch] ohne Forderung oder Schädigung an Personen.
Damit sich jedoch nicht im Nachhinein falsche Reden über die so feierliche Schenkung erheben können, wollte ich sie mit dem Schutz meines Siegels bekräftigen und die Zeugen unten dazuschreiben lassen. Deren Namen sind folgende:
Abt Walter von Melk, der Schreiber Leopold, Graf Konrad v. Hardeck, der Freie Dietmar v. Pottenstein, Heinrich v. Brunn, Irnfried v. Himberg und seine Brüder Konrad und Ulrich, Weikhard v. Arnstein, Otto v. Ottenstein, der sie in den körperlichen Besitz gesetzt hat, der Jäger Thüring, der Jäger Markwart.
Abgehandelt wurde dies in Krotenfeld, im Jahr 1232 nach der Fleischwerdung des Herrn, im 5. Jahr des Steuerzyklus, am 22. Juli.
Gegeben durch die Hand des Notars Leopold.

1260
Papst Alexander IV. nimmt das Kloster und seine Besitzungen durch feierliche Bulle in Schutz[13]

Bischof Alexander, Diener der Diener Gottes, [wünscht seinen] geliebten Söhnen, dem Abt des Klosters von St. Mariazell und seinen Brüdern, die die feierlichen Gelübde für ein klösterliches Leben abgelegt haben, gegenwärtigen wie zukünftigen, [Heil] auf ewig.

---

[12] Vermutlich setzte der Verfasser des Urkundentextes die „abgabenpflichtigen Leute" nur aus Versehen in den Akkusativ Plural – vom Sinn her sollten sie genauso im Ablativ stehen wie die restliche Aufzählung der Einkünfte von Taubitz. Um die textliche Unbeholfenheit der Urkunde auch in der Übersetzung durchscheinen zu lassen, habe ich dieses Versehen trotz seiner sprachlichen Härte wörtlich wiedergegeben.

[13] Basierend auf dem lateinischen Editionstext in EIGNER, Geschichte 404-407 nach einer Abschrift Keiblingers aus StB Göttweig Cod. 874 (rot).

Es geziemt sich, dass [Leuten], die ein klösterliches Leben wählen, der apostolische Schutz und Beistand zuteilwird, damit nicht irgendein leichtfertiger Angriff sie entweder von ihrer Absicht abbringe oder, was fern sei, die Kraft des heiligen Ordenslebens breche.

Deshalb, im Herrn geliebte Söhne, haben Wir in Unserer Milde euren gerechten Forderungen zugestimmt und nehmen das Kloster von St. Mariazell, Diözese Passau, in dem ihr euch zu Dienern des göttlichen Gehorsams gemacht habt, unter den Schutz des hl. Petrus und Unseren Schutz und bestätigen dieses Privileg durch das vorliegende Schreiben.

Vor allem legen Wir dabei fest, dass die klösterliche Ordnung, die in diesem Kloster, wie allseits bekannt ist, nach [dem Gebot] Gottes und der Regel des hl. Benedikt aufgerichtet ist, dort auf ewige Zeiten unangreifbar beobachtet werden soll.

Außerdem sollen euch und euren Nachfolgern alle Besitzungen und alle Güter, die dieses Kloster gegenwärtig nach weltlichem und kirchlichem Recht besitzt oder in Zukunft, wenn der Herr es gestattet, durch Überlassung von Bischöfen, durch Schenkung von Königen und Fürsten, durch Opfer von Gläubigen oder auf sonstige gerechte Weise erwerben kann, fest und unbeeinträchtigt verbleiben.

Unter diesen wollen wir folgende ausdrücklich unter ihren Eigennamen nennen:

den Ort selbst, an dem das vorgenannte Kloster steht, mit all seinem Zubehör: Ländereien, Wiesen, Weingärten, Wäldern, Nutzungsrechten und Weiderechten, im Waldgebirge und auf der Ebene, in Gewässern und Mühlen, auf Straßen und Wegen, und mit all seinen anderen Freiheiten und Privilegien.

Fürwahr, von euren Neurodungen, die ihr eigenhändig oder auf eigene Kosten bebaut, von denen bisher noch niemand gehört hat, oder von eurer Viehzucht soll niemand die Macht oder die Vermessenheit haben, irgendeinen Zehent von euch zu verlangen oder zu erpressen.

Es sei euch auch gestattet, Geistliche oder Laien, Freie und Freigelassene, die vor der Welt fliehen, zur Bekehrung anzunehmen und sie ohne irgendeinen Widerspruch [bei euch] zu behalten.

Wir gebieten darüber hinaus, dass keiner eurer Brüder nach Ablegung der Gelübde in eurem Kloster das Recht haben soll, ohne Erlaubnis seines Abtes diesen Ort zu verlassen, außer wenn es das Ordensleben im strengeren Sinn verlangt;[14] wenn aber einer [das Kloster] verlässt, soll es niemand wagen, ihn festzuhalten, außer er hat eine schriftliche Sicherstellung eurer Gemeinschaft.[15]

Wenn es aber einmal ein allgemeines Interdikt des Landes geben sollte, so sei euch gestattet, bei verschlossenen Türen, unter Ausschluss der Exkommunizierten und mit dem Interdikt Belegten, ohne Glockengeläut und mit unterdrückter Stimme Gottesdienst zu feiern, sofern ihr nicht selbst Anlass für das Interdikt gegeben habt.

Das Chrisma aber, das heilige Öl, die Weihen von Altären und Kirchen und die Ordination von Klerikern, die in den geistlichen Stand promoviert werden sollen, werdet ihr vom Diözesanbischof emp-

---

[14] Der Wortlaut dieses Satzes ist klar; implizit soll er aber wohl bedeuten, dass der Abt diese Erlaubnis sehr restriktiv handhaben soll: nur wenn es die Notwendigkeiten des Klosters wirklich erfordern.

[15] Das soll wohl heißen, dass man einen Mönch, der außerhalb seines Klosters unterwegs ist, nur auf schriftliche Weisung seines Klosters festnehmen darf.

fangen, sofern er katholisch ist, die Gnade und die Gemeinschaft des hochheiligen Römischen Stuhls hat und bereit ist, euch diese [Dienste] ohne Beschwerden zu leisten.

Wir gebieten darüber hinaus, dass innerhalb eurer Pfarrgrenzen niemand ohne Zustimmung des Diözesanbischofs und eure Zustimmung eine neue Kapelle oder Gebetsstätte zu bauen wage, ausgenommen Privilegien der Bischöfe von Rom.

Dazu verbieten wir gänzlich, dass euch gegenüber neue und unberechtigte Forderungen erhoben werden, [sei es] von Erzbischöfen, Bischöfen, Erzdechanten oder Dechanten und allen anderen kirchlichen und weltlichen Personen.

Wir bestimmen auch, dass an dem genannten Ort ein freies Begräbnisrecht bestehen soll, dass niemand der andächtigen Gesinnung und dem letzten Willen derer, die sich überlegt haben, dass sie dort begraben werden sollen, im Weg stehen soll, außer es sind vielleicht Exkommunizierte oder mit dem Interdikt Belegte oder auch [Leute], die öffentlich Wucher treiben, wobei aber die Rechte derjenigen Kirchen zu berücksichtigen sind, von denen die Leichname der Verstorbenen übernommen werden. Außerdem sollt ihr mit Unserer Autorität die freie Möglichkeit haben, Zehente und Besitzungen, die in den Rechtsbereich eurer Kirchen gehören, aber von Laien einbehalten sind, aus deren Händen zu befreien und sie zu den Kirchen, denen sie gehören, zurückzurufen.

Wenn aber du, der du jetzt Abt dieses Ortes bist, oder dein jeweiliger Nachfolger stirbt, soll dort niemand durch arglistige Erschleichung oder Gewalttätigkeit an die Spitze gestellt werden, sondern nur einer, den [entweder] die Brüder in allgemeinem Konsens oder die Mehrheit der Brüder mit vernünftigster Einstellung nach [den Geboten] Gottes und der Regel des hl. Benedikt durch ihre Wahl bestimmt haben.

Da Wir in väterlicher Sorge auch in Zukunft für euren Frieden und eure Ruhe vorsorgen wollen, gebieten wir, dass es niemand wagen soll, innerhalb der Klausur eurer Lokalitäten Raub oder Diebstahl zu begehen, Feuer zu legen, Blut zu vergießen, leichtfertig einen Menschen zu fangen oder zu töten oder gewalttätig zu werden.

Außerdem bestätigen wir mit apostolischer Autorität alle Freiheiten und Privilegien, die eurem Kloster von Unseren Vorgängern als Bischöfen von Rom gewährt wurden, und alle vernünftigen Freiheiten und Ausnahmen von weltlichen Forderungen, die euch von Königen, Fürsten oder anderen Gläubigen bewilligt wurden, und schützen sie durch das Privileg des vorliegenden Schreibens.

Wir bestimmen also, dass es keinem Menschen erlaubt sein soll, das vorgenannte Kloster leichtfertig zu stören oder seine Besitzungen wegzutragen oder, falls sie [schon] weggetragen wurden, zu behalten; sondern [dass] vielmehr alles unversehrt zu erhalten ist, um auf jede Weise denen zu nützen, für deren Unterhalt und Lenkung es gewährt wurde, wobei die Autorität des apostolischen Stuhls und die kirchenrechtlichen Ansprüche des Diözesanbischofs gewahrt bleiben.

Wenn also in Hinkunft irgendeine kirchliche oder weltliche Person, die diese Unsere urkundliche Anordnung kennt, leichtfertig dagegen verstoßen sollte und nach einer zweiten und dritten Ermahnung ihr angeklagtes Verbrechen nicht durch eine entspre-

chende Entschädigung wiedergutmacht, soll sie die Würde ihrer Macht und Ehre verlieren und wissen, dass sie vor dem göttlichen Gericht als Angeklagte wegen der Verübung eines Verbrechens dasteht,
sie soll vom heiligsten Leib und Blut unseres Gottes und Herrn, des Erlösers Jesus Christus, fern bleiben und bei der letzten Prüfung [seiner] gestrengen Rache unterworfen sein.
Allen aber, die diesem Ort sein Recht wahren, sei der Friede unseres Herrn Jesus Christus, damit sie hier die Frucht ihrer guten Tat empfangen und beim gestrengen Richter den Lohn des ewigen Friedens finden, amen.

Gegeben in Anagni durch die Hand des Magisters Jordanus, Vizekanzlers und Notars der heiligen römischen Kirche,

am [1.] Juli,[16] im 2. Jahr des Steuerzyklus, im Jahr 1260 der Fleischwerdung des Herrn und im 6. Pontifikatsjahr des Herrn Papstes Alexander IV.

Ich, Alexander, Bischof der katholischen Kirche
Ich, Odo, Bischof von Tusculum
Ich, Stefan, Bischof von Palestrina
Ich, Bruder Johannes, Kardinalpriester des Titels S. Lorenzo in Lucina
Ich, Bruder Hugo, Kardinalpriester des Titels S. Sabina
Ich, Riward, Kardinaldiakon von S. Angelo
Ich, Octavian, Kardinaldiakon von S. Maria in Via Lata
Ich, Johannes, Kardinaldiakon von S. Nicola im Tullianischen Kerker
Ich, Ottobonus, Kardinaldiakon von S. Adriano.

---

[16] Das bei EIGNER, Geschichte 407 wiedergegebene stilisierte Zeichen ist am ehesten als *Kls* oder *Kals* zu deuten, so dass die Datierung im Original *Kalendis Julii* lauten würde.

2. NECROLOGIUM – ÄLTESTE SCHICHT
VON THOMAS AIGNER

Das Necrologium wurde Ende des 14. Jh. neu angelegt, indem die Eintragungen aus der Vorgängerhandschrift übernommen wurden und diese sodann bis Mitte des 16. Jh. laufend von verschiedenen Schreibern fortgesetzt wurden[1]. Aufgrund der Unterschiedlichkeit in Ductus und Farbe der Schrift der übernommenen Ersteintragungen und der folgenden Fortsetzungen konnte eine Scheidung der älteren (12.-14. Jh.) von der jüngeren Schicht (15.-16. Jh.) relativ einfach vorgenommen werden. Folgende Tabelle listet die Personen der älteren Schicht nach Gruppen auf. Für eine nähere Identifizierung wurden sämtliche in den MGH Necrologia für den Bereich der ehem. Salzburger Kirchenprovinz verfügbaren Necrologien, sowie, soweit nützlich, Urkundenmaterial herangezogen. Eindeutige Identifizierungen waren im Bereich von Laien, Klerikern und Laienbrüdern schwierig, da diese oft nur mit Namen und Stand, nicht aber mit Herkunft oder Klosterzugehörigkeit, eingetragen wurden. Tagesnahe Eintragungen ein und desselben Namens in mehreren Bezugsnecrologien lassen jedoch durchaus nähere Bestimmungen zu, wenngleich sehr oft gewisse Unsicherheiten bleiben. Gibt es mehrere Personen mit Übereinstimmungen, verringert dies die Zufallswahrscheinlichkeit und erhöht die Sicherheit. In manchen Fällen eränzen sich die Angaben, indem im einen Necrologium nur der Vorname erscheint, im anderen am selben Tag auch eine Familien- oder Klosterzugehörigkeit. Zusätzlich konnten durch eine paläographische Bestimmung von Eintragungen in den Originalhandschriften besonders von St. Lambrecht und Admont auch zeitliche Eingrenzungen vorgenommen werden.

---

[1] Mehr zum Necrologium ab S. 25.

Äbte	Mariazell (19)						
	25. Mrz	12	1155	1159	1	Azelinus abbas primus n. c.	
	01. Dez	12	1170ca		sine	Hartwicus abb. n. c.	Millstatt, Nonnberg 30.11.
	07. Dez	12	1180ca		sine	Volcandus abb. n. c.	
	24. Jan.	12	1196		4	Maganus IIIItus abbas n. c.	Admont, Heiligenkreuz, Lambach, Klosterneuburg
	30. Jun	14	1204	1224vor	5	Hainricus V. abb. n. c.	Michaelbeuern 27.6. (?)
	26. Jul	13	1228		sine	Noradinus abb. n. c.	St. Lambrecht, Klosterneuburg 26.7.
	31. Mrz	13	1228	1236	7	Haynricus VIImus abb. n. c.	Ossiach 30.3.
	14. Mai	13	1236	1243	8	Albero VIII. abb. n. c.	
	12. Mai	13	1236	1243vor	sine	Iohannes abb. n. c.	
	29. Jan.	13	1243		10	Gotscalcus X abbas n. c.	
	12. Jan.	13	1256	1284	sine	Ulricus abbas n. c.	Klosterneuburg, Altenburg, St. Rupert 11.1.
	04. Mai	13	1285	1296	12	Ebergerus XII. abb. n. c.	Ebergerus cellerarius Urk. Hl+ 1283 XI 13
	18. Jul	14	1297	1331	13	Herbordus XIII. abb. n. c.	
	03. Okt	14	1331	1350	sine	Hainricus abb. n. c dictus Mutschrat	
	29. Jan.	14	1350	1354	sine	Rudolfus abbas n. c.	Heiligenkreuz 28.1., Klosterneuburg 28.1., Göttweig 29.1., Altenburg 29.1. "vigilantissimus"
	11. Nov	14	1354	1363	15	Chunradus XV. abb. n. c. dictus Hewsler agitur anniv	
	11. Apr	14	1364	1384	18	Iohannes abb. XVIII n. c.	
	04. Apr	14	1385	1395ca	sine	Lewpoldus abb. n. c.	
	08. Jun	12	?	?	sine	Hainricus abb. n. c.	Admont 6.6. (Fragment 12.Jh.)
	Andere (21)						
	05. Feb	12	1114	1125	Nanzo abbas (Göttweig)		
	02.Jan.	12	1123	1125	Hermannus abb (Kremsmünster)		Kremsmünster 31.12.
	19. Mrz	12	1095	1139	Ulricus abb. (Zwiefalten)		Zwiefalten 19.3., Kremsmünster 22.3.: Ulricus abbas S. Pauli
	29. Aug	12	1131	1146	Ulricus abb. (Kremsmünster)		Admont. 29.8., Kremsmünster 27.8.
	25. Jun	12	1138	1165	Gotfridus abb. (Admont)		Millstatt, Ossiach
	08. Okt	12	1163	1177	Sygehardus abb. (Melk)		Admont 11.10., St. Lambrecht 11.10., Seckau
	03. Aug	12	1164	1178	Wernherus abb. (St Lambrecht)		St. Lambrecht
	19. Jan	12	1168	1182	Syboto prepositus (Salzburg St. Rupert)		Klosterneuburg

	04. Jul	12	1186	1189	Albero abb. (Kladrau?)		Admont 11.07., Ziwefalten 11.07.: Albertus abbas de Cladrun
	04. Mrz	12	1184	1195	Gundachkerus ppos. (Salzburg St. Rupert)		
	23. Okt	12	1189	1199	Rudolfus abb (Admont)		
	12. Mai	13	1200	1202	Chunradus abb. (Göttweig)		Niederaltaich
	22. Aug	13	1212	1212	Albertus ppos. (Salzburg St. Rupert?)		Salzburg St. Rupert 22.11. (Irrtum in Mariazell?)
	12. Okt	13	1204	1212	Reynoldus abb. (Melk)		Melk
	21. Apr	13	1209	1213	Alramus abb. (Lambach)		St. Lambrecht
	12. Okt	13	1203	1228	Wernherus abb. (Heiligenkreuz)		
	15. Mai	13	1227	1241	Eglolfus abb. (Heiligenkreuz)		
	30. Apr	13	1224	1247	Waltherus abb. (Melk/Mariazell)		
	21. Jul	13	1259	1262	Fridricus abbas (Admont)		Admont 21.8. (Irrtum in Mariazell?)
	01. Mrz	13	1265	1279	Helmwicus abb. (Göttweig)		
	05. Mai	14	1297	1319	Syboto abb. (Altenburg)		Altenburg: Seyfridus abb. n. c.
Prioren	Mariazell (8)	(als Prioren gestorben, keine Priorenliste)					
	22. Mrz	12	1160	1210	Iohannes prior n. c.		
	25. Jan.				Ernestus pbr. et m. n. c prior		
	15. Mrz				Herwordus pbr. et m. n. prior c		St. Lambrecht 25.3.: Hebrordus m.
	14. Okt				Iohannes prior n. c.		
	07. Apr				Iohannes sac. et m. n. c prior		
	14. Nov				Nycolaus prior n. c.		
	13. Okt				Waltherus pbr. n. c prior		
	10. Jul				Syffridus prior nc		
Priester- bzw. Klerikermönche				Mariazell (137)			
	12. Jan.	12	1120	1150	Adelhun pbr et m.n.		Admont 12.1.: Adilhun Kot(wicensis) pbr et m., St. Lambrecht 13.1.: Adalhalmus m., Weltenburg 16.1.: Adelhun pbr
	22. Feb	12	1120	1130	Witmarus pbr. et m. n. c.		Weltenburg 21.2.: Wimarus pbr et m fr n ob
	26. Sep	12	1120	1150	Gerungus pbr. n. c.		Admont 26.9: Gerungus Kot(wicensis) pbr et m
	22. Sep	12	1120	1150	Wintherus pbr. et m.		Göttweig (Fragment Mitte 12. Jh.)
	01. Mai	12	1120	1150	Ulricus pbr.		Kremsmünster 30.4.: Ulricus pbr et m. Celle Beate Viriginis
	14. Jul	12	1120	1150	Ulricus pbr et m Celle Beate Viriginis (fehlt in Mariazell)		Kremsmünster

17. Feb	12	1160	1190	Chadoldus pbr. et m. n. c.		Salzburg St. Rupert 23.2.: Chadoldus pbr et m
06. Jun	12	1160	1190	Dyetricus pbr. n. c.		Salzburg St. Rupert 2.6.: Dytericus pbr et m. Celle beate virginis
10. Feb	12	1160	1210	Chunradus pbr. et m. n. c.		St. Lambrecht 10.2.: Chunradus pbr et m de Seitensteten (?)
27. Mai	12	1160	1210	Chunradus pbr. n. c.		St. Lambrecht, Admont 29.1.: Chunradus m. n. c. (?)
21. Jan.	12	1160	1170	Dyetricus pbr et m nc		St. Lambrecht
17. Aug	12	1160	1210	Fridricus pbr. et m. n. c.		Millstatt 18.8.: Fridericus pbr.
07. Feb	12	1160	1170	Hainricus pbr. et m. n. c.		St. Lambrecht
21. Jun	12	1160	1210	Iohannes pbr. n. c.		St. Lambrecht
23. Feb	12	1160	1200	Ortolfus pbr. n. c.		Seckau 27.2.: Ortolfus de Celle
06. Aug	12	1160	1170	Reynoldus pbr. et m. n. c.		St. Lambrecht 6.8.: Reimboldus pbr et m ist l
13. Mai	12	1160	1200	Rugerus pbr. n. c.		St. Lambrecht, Melk
20. Mai	12	1160	1180	Walchunus pbr. n. c.		St. Lambrecht 20.5.: Walchon; Millstatt: Walchuon m. n. c.
16. Mrz	12	1165	1171	Wezelo pbr. et m.		Admont 19.3.: Wezil pbr. m., Klosterneuburg 17.3.: Wezelo pbr.
28. Jul	12	1170	1210	Hainricus dyac. n. c.		St. Lambrecht
25. Jan.	12	1170	1180	Pernoldus pbr nc		St. Lambrecht
13. Feb	13	1200	1220	Albertus pbr. et m.		Lambach
28. Mrz	13	1200	1220	Dyetherus pbr. n. c.		Lambach 29.3.: Dietherus dyac. et m.
12. Apr	13	1200	1220	Syfridus pbr. et m. n. c.		Lambach 13.4.: Sifridus pbr. et m.
06. Mrz	13	1200	1220	Hainricus pbr et mnc		Lambach 7.3.: Heinricus pbr. et m.
06. Feb	13	1200	1220	Perchtoldus pbr. n. c.		Lambach: Pertholdus cv
27. Sep	13	1202	1300	Ulricus pbr et m n. c.		Lilienfeld 28.9.
13. Feb	13	1250nach		Paltramus custos et m. n. c.		
24. Dez	13	1283		Fridricus pbr. et m. n. c.		Urkunde Heiligenkreuz 1283 XI 13 (?)
09. Jun	13	1283		Fridricus pbr. n. c.		Urkunde Heiligenkreuz 1283 XI 13 (?)
05. Apr	13	1283		Gebhardus pbr. n. c.		Michaelbeuern 4.4., 1283 Prior - Urkunde Heiligenkreuz 1283 XI 13
28. Sep	13	1283		Syfridus pbr.		Urkunde Heiligenkreuz 1283 XI 13
02. Mrz	14?	1367nach?		fr. Georgius presb. n. c.		Urkunde Mariazell 1367: Georg Kerschbeck?
15. Okt	14?	1367nach?		Georius pbr. et m. n. c.		Urkunde Mariazell 1367, Georg Kerschbeck (?)
01. Sep	14?	1370nach		Nicolaus pbr. n. c.		Urkunde Mariazell 1370: Kustos Niklas?
19. Jul	14?	1370nach		Nicolaus sac. et m. n. c.		Urkunde Mariazell 1370: Kustos Niklas?
24. Nov	14?	1370nach		Nycolaus pbr. et m. n. c.		Urkunde Mariazell 1370: Kustos Niklas?
01. Feb				Albero pbr et m		
10. Mai				Albertus pbr. et m. n. c.		
06. Jul				Albertus pbr. n. c.		
12. Feb				Alramus m. n. c.		
15. Feb				Amandus pbr. et m. n. c.		
31. Mai				Christannus dyac. n. c.		
28. Mrz				Chunradus de Viehofen pbr. n. c.		

21. Feb			Chunradus pbr. et m		
20. Feb			Chunradus pbr. et m.		
03. Dez			Chunradus pbr. et m. n. c pleb. in Chawmperg		
09. Sep			Chunradus pbr. et m. n. c.		
03. Jan.			Chunradus pbr. et m. n. congr.		
04. Mai			Chunradus pbr. n. c.		
06. Feb			Chunradus pbr. n. c.		
22. Okt			Chunradus sac. et m. n. c.		
21. Jun			Cristannus pbr. n. c.		
19. Mai			Dyetmarus fr. n. c.		
04. Apr			Dyetmarus m. n. c.		
02. Mrz			Dyetricus pbr. n. c. et		
27. Jul			Eberbinus pbr. et m. n. c.		
28. Mai			Ekkhardus pbr. n. c.		
01. Apr			Erchengerus m. n. c.		
04. Sep			Fr. Iohannes senior n. c.		
02. Jun			Fr. Perchtoldus pbr. n. c.		
13. Mai			Fridericus pbr. et m. n. c.		
07. Dez			Gerungus dyac. n. c.		
23. Jan.			Gotfridus pbr et mnc		
04. Aug			Gotfridus pbr. et m. n. c.		
13. Aug			Grundramus pbr. n. c.		
18. Nov			Gundramus pbr. et m. n. c.		
15. Dez			Gundramus pbr. n. c.		
28. Apr			Hadmarus pbr. n. c.		
13. Jun			Hainricus pbri n. c.		
05. Nov			Hainricus m. n. c.		
07. Sep			Hainricus pbr. et m. n. c.		
28. Dez			Hainricus pbr. et m. n. c.		
07. Sep			Hainricus pbr. et m.n. c.		
20. Jul			Hainricus pbr. n. c.		
30. Jun			Hartmannus pbr. et fr. n. c		
15. Mrz			Hartwicus		
20. Aug			Hartwicus dyac. n. c.		
26. Jun			Hartwicus pbr. et m. n. c.		
10. Mrz			Heinricus pbr. et m. n. c.		
24. Mrz			Hermannus pbr. n. c.		
23. Jun			Hermannus pbr. n. c.		
18. Mai			Herrandus pbr. n. c.		
18. Mrz			Herwordus pbr. et m. n. c.		
28. Sep			Herwordus subdyac		
15. Sep			Hugo pbr. et m. n. c.		
03. Sep			Iacobus subdyac. n. c.		
04. Feb			Johannes pbr et m nc		
21. Okt			Lewpoldus pbr. et m. n. c.		

18. Aug	Lewpoldus pbr. et m. n. c.	
01. Okt	Lewpoldus pbr. et m.:	
24. Nov	Lewtoldus	
21. Mai	Lewtoldus pbr. n. c.	
11. Okt	Marquardus pbr. et m.	
29. Nov	Marquardus pbr. et m. n. c.	
27. Feb	Martinus pbr. et m. custos n. c dictus Eynpechk	
24. Jul	Michel pbr. et m. n. c.	
25. Sep	Nicolaus sac. et m. n. c.	
20. Mrz	Nycolaus subdyac. n. c.	
01. Jan.	ob. Marquardus pbr.n.c:	
23. Aug	Ortolfus cv. n. c.	
13. Mrz	Otto de Paden pbr et mnc	
01. Sep	Otto m. n. c.	
15. Jul	Otto pbr. et m.	
15. Dez	Otto pbr. et m. n. c.	
20. Mai	Paulus subdyac. n. c.	
06. Mrz	Pernoldus mnc	
16. Feb	Popo	
03. Mrz	Reinboto pbr. n. c.	
08. Mrz	Reinoldus m. n. c.	
16. Sep	Reynoldus pbr. et m. n. c.	Mondsee 17.9.: Reginoldus m.
25. Mrz	Rudolfus pbr.n. c.	
04. Jun	Ruedolfus pbr. n. c.	
13. Jun	Ryewinus	
10. Jan.	Stephanus pbr. Et m. n.c.	
24. Nov	Syboto pbr. et m. n. c.	
10. Dez	Syboto pbr. et m. n. c.	
04. Jan.	Syffridus dyaconus et m.n.c.	
12. Dez	Syfridus m. n. c.	
12. Mrz	Sygeloch cv. n. c.	
10. Dez	Symon dyac. n. c.	
15. Sep	Symon pbr. et m. n. c.	
18. Feb	Symon sac. et m. n. c.	
05. Feb	Thomas pbr. et m. et custos n. c.	
16. Feb	Ulricus pbr. et m. n. c.	
29. Dez	Ulricus m. n. c.	
24. Okt	Ulricus pbr. et m. n. c.	
25. Dez	Ulricus pbr. et m. n. c.	
03. Jun	Ulricus pbr. n. c.	
03. Mrz	Ulricus pbr. n. c.	Niederaltaich: Ulricus pbr et m
06. Nov	Ulricus pbr. n. c.	
19. Apr	Waltherus pbr. n. c.	
02. Aug	Wernherus pbr. et m. n. c.	

	13. Okt				Wezelinus pbr. et m.		
	26. Dez				Wichkhardus pbr. et m.		
	18. Apr				Wolfhalmus m. n. c.		
	11. Sep				Wolfpertus pbr. et m. n. c.		
	Andere (87, inkl. Plebane)						
	17. Dez	12	1160	1210	Chunradus dyac. (Admont)		Admont
	07. Aug	12	1160	1170	Engelsalcus pbr. et m. (St. Lambrecht)		St. Lambrecht 9.8.: Engelschalcus diac et m ist loci
	30. Aug	12	1160	1170	Syfridus m. (Admont)		Admont 30.8.: Sifridus m.n., Mondsee 2.9.: Sigifridus m., St. Lambrecht 30.8.: Sigifridus m.
	02. Jul	12	1160	1170	Chunradus pbr. (St. Lambrecht/Millstatt)		St. Lambrecht, Millstatt jeweils als Mönch des eigenen Hauses
	19. Okt	12	1160	1180	Gundramus pbr. et m.		Millstatt 13.10.
	13. Mrz	12	1160	1180	Hainricus pbr.		St. Lambrecht, Millstatt jeweils als Mönch des eigenen Hauses
	09. Sep	12	1160	1180	Pilgrimus prior		Millstatt 11.9.: Pilgrimus mnc
	07. Nov	12	1160	1210	Azelinus pbr. et m.		Admont 12.11.: Hecil m.
	28. Feb	12	1165	1171	Marquardus pbr. et m. (Admont)		Admont 1.3.: Macrhwardus cv n
	24. Aug	12	1171	1200	Lambertus pbr. et m. (Göttweig)		Admont, Altenburg: Lambertus pbr et mon Gottwicensis
	10. Sep	12	1171	nach	Rudolfus pbr. et m. (Admont)		Admont 10.9.: Rudolfus pbr et m electus Admuntensis
	12. Nov	12	1171nach		Iohannes pbr. et m. (Admont)		Admont
	10. Mai	12	1160	1210	Hermannus m. (Ossiach)		St. Lambrecht: Hermannus pbr et m de Osiach
	17. Jan.	12	1180	1200	Ascwinus pbr.		Heiligenkreuz vet.: Ascwinus S. Crucis
	12. Mrz	13	1200	1220	Perchtoldus pbr. (Lambach)		Lambach: Bertholdus m.
	03. Apr	13	1200	1220	Vezelinus pbr. et m.		Lambach 1.4.: Wezilinis pbr et m
	15. Jan.	13	1200	1210	Otto pbr. (Salzburg St. Peter?)		St. Lambrecht 14.1.: Otto pbr et m Salzburg, Göttweig 16.1.: Otto pbr et m.
	10. Nov	13	1202	1300	Hertnidus pbr. (Lilienfeld)		Heiligenkreuz 9.11.: Hertnid de Compoliliorum
	01. Mai	13	1250	1400	Rudbertus pleb. in Chawnperg (Kaumberg)		
	26. Mrz	13	1283	?	Hainricus pleb. (Nöstach?)		Heinricus pleb. De Neztah Urk Hl. 1283 XI 13
	11. Aug	13	1283	?	Hainricus pleb. (Nöstach?)		Heinricus pleb. De Neztah Urk Hl. 1283 XI 13
	27. Jan.	13	1283	?	Hainricus pleb. (Nöstach?)		Heinricus pleb. De Neztah Urk Hl. 1283 XI 13
	07. Mai	14	1300	1320	Iohannes pbr. (Altenburg)		Altenburg: Ioannes pbr et m nc
	14. Apr	14	1300	1400	Otto pbr. (St. Lambrecht/Altenburg)		St. Lambrecht 15.4.: Otto pbr et m ist l Schanar, Altenburg: 14.4. Otto pbr et m nc

21. Dez	14	1316	nach	Helmbicus pleb. de Potenstain qui dedit nobis vineam (Pottenstein)	
25. Aug	14	1320	ca.	Marquardus Hewslarius pleb. in Medlico	
21. Nov	14	1380	1400	Fr. Thomas pbr. et m. de Melico (Melk)	Melk
26. Feb				Albero pbr. et m.	Niederaltaich 26.2.: Albero pbr et m.
23. Dez				Albertus pbr. et m.	
18. Jun				Albertus pleb.	
16. Mai				Arnoldus pleb.	
30. Jan.				Chunradus plbs in Langenaw	
25. Nov				Chunradus pleb. in Langenaw qui dedit nobis 30 tal. (Langau)	
13. Sep				Chunradus subdyac.	
31. Jan.				Dietricus sacerdos	St. Lambrecht 1.2.: Dietricus de Puxxe
08. Jul				Dyepoldus pbr.	
15. Aug				Dyetricus pbr. et m.	
31. Okt				Dyetricus pleb.	
06. Mrz				Eberhardus pleb.	
15. Apr				Engelscalcus pbr.	
19. Nov				Fridricus pbr. et m.	
27. Jun				Georius acc.	
16. Jan.				Gerungus pbr et m.	
08. Sep				Gotschalcus dyac.	
13. Apr				Hainricus dyac.	
04. Aug				Hainricus dyac.	
10. Apr				Hainricus pbr.	Weltenburg 10.4.: Heinricus pbr et m
19. Jun				Hainricus pbr.	
08. Nov				Hainricus pbr.	
17. Nov				Hainricus pbr.	
09. Nov				Herbertus pbr.	
15. Aug				Hermannus pbr. et m.	
06. Jan.				Hermanus pbr.	
14. Jun				Herwordus pleb.	
21. Aug				Hugo pbr. et m.	
17. Jul				Isungo pbr.	
07. Mai				Lambertus dyac.	
16. Okt				Marquardus pbr.	
04. Okt				Meinhardus pleb.	
03. Mai				Ortlibus pbr.	
14. Mai				Ortlibus pbr.	
20. Okt				Ortolfus pbr. et m.	
16. Jul				Ortolfus pbr.	
12. Jul				Ortolfus pleb.	
09. Jul				Otto pbr.	Altenburg 10.7.: Otto pbr et m n c

	Datum				Name		Bemerkung
	20. Mrz				Otto pleb. in Chawmperg		
	18. Jun				Perchtoldus pbr.		Weltenburg 19.4.: Perchtoldus
	25. Mai				Pergerus pbr.		
	22. Sep				Pilgrimus dyac.		
	22. Mai				Pilgrimus pleb.		
	06. Jul				Pilgrimus pleb.		
	10. Jun				Poto pbr.		
	07. Sep				Regonwardus pbr.		Niederaltaich 4.9.: Reginhardus pbr et m n (?)
	24. Feb				Reynboto pbr.		
	20. Mrz				Rudolfus pbr. (St. Pölten Chorherren)		St. Pölten Chorherren 20.3.: Ruedolfus dec. n.
	05. Okt				Rudolfus pleb.		
	02. Nov				Rugerus pbr. et m.		
	09. Mrz				Rycherus dyaconus		
	15. Jan.				Trutwinus pbr.		
	02. Feb				Ulricus pbr de Rafelspach		
	18. Mai				Ulricus pbr.		
	07. Jun				Ulricus pbr.		
	22. Jul				Ulricus pbr.		
	26. Nov				Ulricus pbr.		
	11. Dez				Ulricus pbr.		
	03. Jul				Waltherus decanus		
	20. Jun				Wichhardus pleb.		
	06. Mai				Wypoto pbr.		
Konversen bzw. Laienbrüder				Mariazell (57)			
	02. Apr	12	1120	1150	Henricus cv. n. c.		
	16. Dez	12	1130	1150	Haydenricus cv. n. c. a quo habemus ecclesiam et predium Inczesdorff		
	27. Apr	12	1160	1200	Chazelinus cv. n. c.		Seckau
	21. Mrz	12	1160	1210	Ernestus cv. n. c.		Admont 24.3.
	09. Mrz	12	1160	1210	Otto cv. n. c.		Admont: Otto m. n. c. (!)
	14. Jul	12	1160	1170	Perchtoldus cv. n. c.		St. Lambrecht: 15.7.
	03.Jan.	12	1160	1210	Engelbertus cv.n.c.		St. Lambrecht: Engilherus m.
	09.Jan.	12	1160	1210	Engelingus cv.n.c.		St. Lambrecht: Engilingus cv., Admont: Engelinch cv. n. c. (!)
	01.Jan.	12	1160	1170	Heinricus cvn.c.		St. Lambrecht 2.1.
	04. Jun	12	1170	1210	Syboto cv. n. c.		St. Lambrecht 5.6.: Siboto subdiac
	11. Jun	12	1170	1210	Gotfridus cv. n. c.		St. Lambrecht 13.6.
	17. Mai	12	1170	1210	Wolfgerus cv. n. c.		St. Lambrecht 17.5.: Uvolfkerus m. ist. l. (!)
	14. Mrz	13	1200	1220	Lewpoldus cv. n. c.		Lambach

31. Mai	13	1280	nach	Hainricus cv. n. c. de Gundramstorf a quo habemus Aychaw et et Riczensdorff.
10. Jul				Adam cv. n. c.
23. Feb				Albero cv. n. c.
10. Aug				Albertus cv. n. c.
05. Mrz				Chunradus cv. et m.n.c.
18. Jul				Chunradus cv. n. c.
19. Feb				Druslibus cv. n. c.
19. Okt				Duringus cv. n. c.
10. Okt				Dyetmarus cv. n. c.
14. Okt				Ebergerus cv. n. c.
16. Aug				Eberhardus cv. n. c.
09. Mrz				Ebermannus cvi n. c,
27. Dez				Engelbertus cvi.n.c.
02. Feb				Gerungus
01. Sep				Gerungus cv. n. c.
30. Jun				Gerungus cv. n. c. de Paden
23. Jul				Heinricus cv. n. c.
18. Jan.				Hermanus cv.n.c.
26. Mrz				Lewpoldus cv. n. c.
28. Jun				Lucas cv. n. c.
14. Jun				Otto cv. n. c.
02. Feb				Otto cv. n. c.
08. Mai				Padwinus cv. n. c.
28. Nov				Perchtoldus cv. n. c.
01. Nov				Pilgrimus cv. n. c.
25. Mrz				Pittrolfus cv. n. c.
25. Feb				Rapoto cv. n. c.
29. Nov				Rapoto cv. n. c.
02. Jun				Rudolfus cv. n. c.
15. Jun				Schudanus cv. n. c.
12. Sep				Syboto cv. n. c.
16. Sep				Syboto cv. n. c.
03. Feb				Syfridus cv.
26. Jan.				Syghardus mnc
15. Mrz				Udscalcus cv.n. c.
18. Jan.				Ulricus cv.n.c.
27. Dez				Waltherus
28. Jan.				Werherus mnc
03. Dez				Wisinto cv. n. c.
09. Feb				Wolcherus cv. n. c.
22. Jan.				Wolfgerus cnc
25. Mai				Wolfhardus cv. n. c.
27. Mrz				Wolfoldus cv. n. c.
14. Dez				Wolvoldus cv. n. c.

	Andere (18)						
	21. Okt	12	1160	1210	Chunradus cv. (Admont)		Admont 22.10., Millstatt 21.10.
	20. Nov	12	1160	1210	Hartlibus cv. (Admont)		Admont 21.11. Hartlib cvnc
	08. Okt	12	1160	1210	Iordanus cv. (Admont)		Admont
	02. Sep	12	1160	1210	Wernhardus cv. (Admont)		Admont
	22. Nov	12	1160	1210	Wilherus cv. (Admont)		Admont 21.11.
	24. Sep	12	1165	1171	Hainricus cv. (Admont)		Admont 29.9.: Heinricus cv nc
	12. Jul	12	1165	1171	Rudbertus m. (Admont)		Admont
	11. Mai	13	1200	1300	Albertus cfr. n. (St. Pölten Chorherren)		St. Pölten Chorherren 11. 5.: Albertus cv et fr n
	28. Sep				Iohannes cv		
	23. Nov				Reynhardus cv.		Seckau: Reynhardus cv
	07. Jan.				Waltherus conversus		
	03. Okt				Dyetmarus cv.		
	02. Feb				Dyetricus m.		
	24. Feb				Gerungus cv.		
	26. Sep				Iacobus cv.		
	11. Jan.				Lewpoldus cv.		
	08. Jan.				Nizo cv		
Nonnen	Mariazell (7)						
	11. Jun		1150	1200	Richildis sor. n. c.		
	30. Mrz		1150	1200	Amabilia sor. n. c.		
	16. Nov		1150	1200	Gerdrudis sor. n. c.		Nonnberg 16.11.: Gerdrudis mlis. s. E. (!); Admont 21.11.: Gerdrut m. n. c. (!)
	16. Apr		1150	1200	Gysihla sor. n. c a qua habemus Symaninge		Millstatt 17.4.: Gisila m. n. c.
	01. Dez		1150	1200	Margareta sor. n. c.		Admont: Margareta cv. n. c.
	19. Dez		1150	1200	Mergardis sor. n. c.		
	16. Feb		1150	1200	Richildis sor. n. c.		
	Andere (10)						
	04. Jul				Cecilia mlis.		
	11. Apr				Egel sor.		
	29. Apr	12	1150	1200	Gerdrudis cva. (Admont)		Admont 1.5.
	08. Aug	12	1165	1171	Gerdrudis monialis (Admont)		Admont 7.8.: Gerdrut cv. n.
	11. Jul				Rihza monialis (Admont)		Admont: Richiza m. n. c.
	27. Jun				Walpurgis monialis		
	03. Feb				Elena sor.		
	09. Feb				Gerdrudis mlis. (Admont/Traunkirchen)		Admont 7.2.: Gerdrudis de Holz; Traunkirchen 8.2.: Gerdruis mlis n. c.
	08. Feb				Iewta conversa (Traunkirchen)		Traunkirchen 11.2.: Yeta
	22. Apr				Wendelburch mlis. (Nonnberg)		Nonnberg: Wiepurch mlis s. E.

Bischöfe und andere höhere Kleriker							
					keine		
Fürsten (18)							
	09. Nov	12	1098	1138	Albertus marchio		Markgraf
	12. Okt	12	1136	1141	Lewpoldus marchio		Markgraf
	24. Sep	12	1072	1143	Agnes marchionissa		Markgräfin
	11. Aug	12	1072	1143	Agnes marchionissa a qua habemus vineas in Paden agitur anniv.		Markgräfin, Jahrtag
	05. Aug	12	1120	1158	Ekbertus comes		Graf Ekbert III. von Formbach, St. Lambrecht 3.8.
	12. Jan.	12	1141	1177	Hainricus dux Austria		Herzog und Markgraf
	14. Apr	12	1194	1198	Fridricus dux Austrie		Herzog
	21. Jun	13	1177	1208	Philippus rex.		König
	21. Sep	12	1189	1221	Engelbertus com.		Graf Engelbert III Graf von Görz? Vogt von Millstatt und Aquileia?; nicht in NecMillstatt
	15. Jun	13	1230	1246	Fridericus dux Austrie a quo habemus Langenaw et Gawbesch		Herzog
	22. Jun	13	1180	1246	Theodora ducissa		Herzogin (Witwe Leopold VI)
	26. Jun	13	1220	1260	Chunradus, Otto l		Grafen von Plain; Niederaltaich: Otto et Chunradus fratres comites de Plaigen; Urk Hl +; MG SS 9 644 bzw. MG Necr. 5 40, vgl. auch 311, 396, 555 und 564
	26. Aug	13	1254	1278	Otakarus pie memorie rex Bohemie		König
	17. Feb	13	1225	1281	Anna regina Romanorum		Königin
	01. Mai	14	1255	1308	Adalbertus rex Romanorum.2		König
	14. Jan.	14	1289	1330	Fridericus rex		König
	17. Feb	14	1301	1339	Otto dux Austriae qui legavit ad cellam S. Marie 60 tl. D. pro anniversario		Herzog
	21. Aug	14	1350	1395	Albertus dux		Herzog, Zweimal eingetragen in zwei versch. Schriften
Laien							
	Stifterfamilie (siehe auch Falkenberger)						
	09. Okt	12	1100	1160	Rapoto fr. fundatoris huius m. l.		
	Amtmänner						
	30. Jun				Nicolaus officialis		
	16. Dez				Rudlo officialis		

	Name	Datum	Jh.	Jahr	Person		Quelle
	Arberger						
		01. Nov	13	1262nach	Albero l.		Necrologium Heiligenkreuz 31.10.: Albero de Arberch, qui dedit nobis redditu ad 2 tal
		30. Jul	14	1360nach	[Chunradus mil. de Arberchk fr. n. c]		Urkunde 1360
		08. Nov	13		Machildis de Arberchk la.		
	Arnsteiner						
		09. Jan.			Perchta l.		Heiligenkreuz 14.01.: Perhta de Arnstain
		24. Apr			Alhaydis la.		Necrologium Klosterneuburg 28.4.: Alheidis de Arnstein; Lilienfeld 30.4.: Alhaidis
	Au						
		08. Feb	12	1150ca	Meinhardus l.		St. Andrä 8.2.: Meinhardus
	Bote						
		07. Okt			Chunradus Cursor		
	Chuerz						
		20. Apr			Chunradus l.		Lilienfeld 20.4.: Chunradus Chuerz
	Dens						
		17. Apr			Otto l.		Lilienfeld 17.4.: Otto Dens
	Deutschpeck						
		03. Nov	14		Otto Dewschpeck Chunradus fil.		
		20. Jul			Otto Dewtschpeck l.		
	Een						
		04. Dez			Chunradus Een Gerdrudis ux. dederunt nobis pro remedio animarum eorum 4 tal. d.		
	Einpechk (Einbacher?)						
		10. Jan.	13		Lienhardus Einpech l. Melthildis uxor		
		27. Feb	13		Petrus Eynpechk Michel Margareta agitur anniv.		
		03. Nov	13?		Lienhardus Eynpechk Alhaydis ux.		
	Falkenberger						
		07. Apr	13	1221	Gysila la.		31.3. als Todestag im Zwettler Stiftungsbuch, siehe Kupfer
		16. Jun	12x13	1200um	Alhaydis la.		Necrologium Admont 14.6.: Adelheid von Falkenberg
		29. Okt		1260vor	Alhaydis la.		Heiligenkreuz 28.10.: Alhait; Lilienfeld 29.10: Fridricus, Alhaidis, Rapoto de Valchenberch
	Gastwirt						
		26. Sep			Fridricus Caupo l.		

	Geysler, Greimense					
	30. Nov			Chunradus Geyslicus Iohannes Andreas filii Agneta filia		
	11. Mrz	14?	1331nach?	Katharina l. agitur anniv. Peragitur		Urkunde 1331 (?)
	Gräul					
	12. Nov	14	1349nach	Ulricus institor et ux. sua Marg(aret)a dederunt nobis calicem pro anniviO peragendo sequenti die post Martinum		Urkunde 1349
	Hainfeld					
	06. Mrz			Eberhardus iudex de Hainveld et Gewta ux.		
	Heiligenkreuz, familiaris					
	17. Jan.	12x13		Lewpoldus l.		Necrologium Heiligenkreuz: Liupoldus monii. Famis.
	Hekler					
	14. Mrz			Fridericus l.		Lilienfeld 14.3.: Fridericus Hekler
	Hewsler					
	14. Jun	14?		Wychhardus Hewsl l.		
	17. Aug	14		Martinus Hewslarius		
	23. Sep	14		Wulfingus Hewslarius l.		
	02.Jan.	14		Dietricus Hewsler l.		
	30. Aug			Iohannes		Urkunde 1354
	Kaumberg					
	18. Sep	14	1315 nach	Agnes la agitur anniv.		Jahrtag, Agnes von Plank, Urkunde 1315
	11. Sep	14	1329 nach	Meinhardus de Chawmperg agitur anniv.		Urkunden 1329, 1331
	29. Sep	14	1329nach	Perchta		Urkunde 1329, Ehefrau Meinhard von Kaumberg
	12. Jan.	14		Hermanus e Herspechk l.		
	14. Sep	14	1358 nach	Hainricus l. dictus Cherspechk		Urkunde 1358
	Kreisbach					
	03. Sep	14?	1304nach	Engel l.		Urkunde 1304
	Leobersdorf					
	03. Apr			Eppo l a quo habemus beneficium in Lewberstorff		
	Lochler					
	17. Dez	14	1309ca	Seyfridus l. Lochler		Zahlr. Urkunden von ihm in Herzogenburg.

	Name	Jh	Jahr	Eintrag	Anmerkung
	Maurer				
	13. Okt			Hainricus Murator l.	
	Molss				
	18. Sep			Nicolaus dictus Molss	
	Mutschratt				
	17. Aug	14		Dyetmarus Mutschratt	
	Neuhaus				
	28. Jan.	14	um 1330	Thomas de Nova Domo Margareta uxor l.	
	Nöstach				
	30. Mrz	14	nach 1320	Christannus mil. de Nesdach Ofmya ux.	
	15. Nov	14		Lewpoldus Amptman de Nesdach.	
	30. Okt	14		Christannus familiaris n.	Zuordnung unsicher
	Perchtoldsdorf				
	07. Jul	13	1286nach	Otto l.	Lilienfeld 7.7.: Otto de Perhtoldsdorf, qui contulit nobis mansus in Weinprehtsdorf
	Perg				
	14. Jul	13?		Fridricus.	Melk 15.7.: Fridericus de Perge advocatus fr. n.
	Plankenstein (?)				
	31. Aug			Ulricus l.	Urkunde 1354
	Pottenstein				
	17. Jun	14	1339?	Helena la.	Necrologium Minoriten Wien 18.6.: Helena von Pottensteiin, vgl. Kirchl. Top. V 134.
	Probstel				
	21. Feb			Fridricus Probstel Peters et uxor l.	
	Radelbrunn (?)				
	23. Feb			Haynricus Sophya l.	Lilienfeld 4.3.: Sophya. leuta. Heinricus de Redenprunne
	Schärdinger				
	24. Aug	14	1364nach?	Christannus Anna l.	Urkunde 1364?
	Schaunberg				
	01. Aug	14	1329nach	Hainricus l.	Lilienfeld 1.8.: D. Hainricus de Schawnberch
	Schulmeister				
	28. Apr			Martinus scolaris	
	15. Dez			Heinricus Scolaris.	
	18. Mai			Puppo scolaris	
	30. Mai			Ob. Waltherus scolasticus.	

	Sebeck, Seustein					
	06. Okt			Ulricus Sebechk Wendel ux. agitur anniv. de vineis dictis Gebling et Drawcher		Urkunden 1402
	16. Jul	13	1271nach	Rapoto l.		Urkunde 1271
	Ulrichskirchen					
	10. Feb			Alhaydis l.		Heiligenkreuz: Adelhaidis de Uolris, que omne patrimonium.
	Vestenberg					
	30. Apr			Wichardus l.		28. April St. Lambrecht: Wichardus miles; auch Adelheid m. genannt (=Tochter?)
	Wallsee					
	10. Sep	14	1330	Hainricus de Walsee advocatus nri. Monasterii		
	11. Dez			Fridricus de Walse		
	Waltersdorf					
	28. Mrz	14		Margaretha de Waltersdorff que dedit nobis vineam in Soss.		
	Wedel					
	05. Okt			Leonhardus l. dictus Wedel famis n. c.		
	Zund					
	25. Jun	14?	1339nach	Wernhardus l.		Urk 1339, Wernhard der Zund und seine hausfrau Gertraud
	Wien					
	12. Okt			Chunigundis la de Wienna		
	Wiener Neustadt					
	06. Nov		1344nach	Wyelandus Gysila de Nova Civitate agitur anniv.		
	22. Nov			Margareta la.		Lilienfeld 23.11.: Margareta ux. Fertonis de Nova Civitate
	Ohne nähere Identifizierung					
	01. Feb	13		Chunegundis Chunradus l.		Lilienfeld 01.02.: Chunegundis
	05. Feb	13		Ulricus l.		Lilienfeld 04.02.: Ulricus
	06. Feb	13		Chunradus Alhaidis l.		Lilienfeld 05.02.: Chunradus. Alhaidis
	08. Feb			Hainricus l.		
	10. Feb			Wigbertus		
	11. Feb			Anna		
	11. Feb			Elisabeth		
	11. Feb			Nicolaus		
	12. Feb			Helena, Heinricus li.		
	13. Feb			Gerdrudis l.		
	14. Feb			Dyetricus l.		
	14. Feb			Elisabeth la.		

14. Feb			Hermannus l.		
18. Feb			Augustinus		
18. Feb			Georius		
19. Feb			Wilandus l.		
20. Feb			Alhaydis		
20. Feb			Syghardus		
25. Feb			Agnes l.		
26. Feb			Eysal, Dyetmarus	Lilienfeld 28.02.: Dietmarus	
27. Feb			Petrus Andreas lewta Iohannes Lewpoldus l.		
07. Mrz			Gotfridus Elisabeth ux.		
07. Mrz			Hainricus l. Chunigundis la.		
10. Mrz			Ruedolfus l.		
11. Mrz			Albertus l.		
12. Mrz			Chunegundis l.		
13. Mrz			Albero l.		
13. Mrz			Stephanus l.		
13. Mrz			Wentla l.		
16. Mrz			Geysla la.	St. Andrä 15.3.: Gisila	
17. Mrz			Dyemudis		
17. Mrz			Eberhardus l.		
17. Mrz			Wentila la.		
18. Mrz			Sighardus Perchta ux.	Lilienfeld 18.3.: Chunradus, Perhta	
21. Mrz			Agnes la.		
23. Mrz			Perngerus l.		
24. Mrz			Wolfgerus . et Golda ux.		
27. Mrz			Hainricus l.	Lilienfeld 26.3.: Hainricus	
28. Mrz			Chunradus l.		
29. Mrz	12?		Benedicta la.	Melk 3.4.: Benedicta la. sor. n.	
31. Mrz			Margareta l.		
06. Apr			Gerdrudis la.		
06. Apr			Ulricus l.		
08. Apr			Otto l.		
08. Apr			Scato l.		
10. Apr			Rudigerus l.		
13. Apr			Fridricus l.		
13. Apr			Kuenigundis la.	Lilienfeld 14.4.: Chunegundis	
14. Apr			Lienhardus l	Lilienfeld 14.4.: Lyenhardus	
17. Apr			Christina la.		
18. Apr	14	1300um	Hainricus l.	Lileimfeld 18.4.: Hanricus	
20. Apr			Fridricus l.		
20. Apr			Hainricus l.		
20. Apr			Perchta la.		
23. Apr			Rychildis l.		
23. Apr			Wichp(ert) l.		
24. Apr			Rugerus l.		
25. Apr			Ebermannus l.		
25. Apr			Gerdrudis la.		

26. Apr		Gerdrudis la	
26. Apr		Meinhardus l.	
27. Apr		Perchtoldus l.	
01. Mai		Perchta l.	
02. Mai		Chunradus l.	
02. Mai		Gebhardus l.	
03. Mai		Altmannus l.	
03. Mai		Dyetmarus l.	
06. Mai		Chunradus l.	
08. Mai		Gysila la.	
09. Mai		Albero l.	
09. Mai		Fridricus l.	
11. Mai		Hartwicus l.	
20. Mai		Lewpoldus l.	
21. Mai		Benedicta la	
23. Mai		Mangoldus l.	
24. Mai		Engelbertus l.	
27. Mai		Chunradus l.	
30. Mai		Chunradus l.	
01. Jun		Dyetricus l.	
03. Jun		Perchta la.	St. Andrä 4.6.: Pertha
05. Jun		Ortolfus l.	Lilienfeld 5.6.: Ortolfus
12. Jun		Chunigundis la.	
12. Jun		Meinhardus l.	
16. Jun		Gerdrudis la.	
16. Jun		Ludwicus l.	
17. Jun		Reynoldus l.	
19. Jun		Gewta la.	
20. Jun		Pernoldus l.	
23. Jun		Melthildis la.	
24. Jun		Gewta la.	
24. Jun		Melthildis la.	
24. Jun		Perchtoldus l.	
27. Jun		Dyetmarus l.	
28. Jun		Gotschalcus l.	
29. Jun		Dyemudis la.	
29. Jun		Erbo l.	
01. Jul		Meinhardus l.	
02. Jul		Thomas l.	
03. Jul		Syfridus l.	
05. Jul		Clara la.	
05. Jul		Petrus l.	
07. Jul		Adelhardus l.	
08. Jul		Dyetmarus l.	
09. Jul		Sophya la.	
11. Jul		Dyemudis la.	
13. Jul		Hartwicus l.	
13. Jul		Margareta la.	

	15. Jul				Rudolfus l.	
	17. Jul				Melthildis	St. Andrä 16.7.: Methilt
	18. Jul				Achacius l.	
	19. Jul	14			Margareta la.	Lilienfeld 18.7.: Margareta
	25. Jul				Hadoldus l.	
	29. Jul				Alhaydis	Lilienfeld 29.7.: Alhaidis
	29. Jul				Chunegundis	
	31. Jul				Pilgrimus l.	
	01. Aug				Chunradus	
	01. Aug				Perchta l.	
	09. Aug				Reynoldus l.	
	12. Aug				Otto l.	
	23. Aug				Wulfingus l.	
	24. Aug				Margareta la.	
	25. Aug				Hermannus	
	25. Aug				Wilhelmus	
	26. Aug				Lewpoldus l.	
	27. Aug				Chunradus l.	Lilienfeld 27.7.: Chunradus
	27. Aug				Ortolfus	
	28. Aug				Jewta la.	
	30. Aug				Offmya l.	
	03. Sep				Alhaydis la.	Lilienfeld 2.9.: Alhaidis
	03. Sep				Waltherus l.	
	05. Sep				Willibirgis la.	
	06. Sep				Melthildis la.	
	10. Sep				Chunradus	
	10. Sep				Marquardus l.	
	11. Sep				Dyemudis	
	11. Sep				Perchtoldus	
	13. Sep				Christina Kathe(rin)a le.	
	17. Sep				Dyetricus l.	
	17. Sep				Wentla la.	
	19. Sep				Gerdrudis la.	
	19. Sep				Perchtoldus	
	20. Sep				Margareta la	
	24. Sep				Hainricus	
	24. Sep				Rudgerus	
	24. Sep				Rudolfus	
	25. Sep				Albero	
	25. Sep				Chunradus	
	25. Sep				Dyetricus	
	26. Sep				Elisabeth l.	
	27. Sep				Ebergerus	
	27. Sep				Stephanus l.	
	27. Sep				Wichkhardus l.	
	29. Sep				Chuneguntis l.	
	30. Sep				Chunegundis la.	

Datum	Jahr	Name	Bemerkung
30. Sep		Otto l.	
01. Okt		Georius l.	
02. Okt		Perchtoldus l.	St. Andrä 1.10.: Pertholdus marescalcus
03. Okt		Fridricus l.	
03. Okt		Hedwigis l.	
05. Okt		Wichardus l.	
08. Okt		Andreas l.	
09. Okt		Albero l.	
17. Okt		Geroldus l.	
18. Okt		Alhaydis	Melk 16.10.: Alheldis la. Ob.
19. Okt		Gundoldus l.	
24. Okt		Chunradus	Lilienfeld 23.10.: Chunradus
24. Okt		Margareta	
25. Okt		Dyetmarus l.	
26. Okt		Otto l.	
27. Okt		Waltherus l.	
28. Okt		Albertus l.	
30. Okt		Artolfus l.	
31. Okt		Hademudis la.	
06. Nov	1260vor	Margaretha la.	Heiligenkreuz 9.11.: Margareta
07. Nov		Pernhardus l.	
13. Nov		Nortmanus l.	
26. Nov		Hainricus l.	
27. Nov		Chunigundis la.	Lilienfeld 28.11.: Chunegundis
27. Nov		Lewtoldus l.	
28. Nov		Geppa la.	
02. Dez		Rugerus l.	
05. Dez		Chunigundis	
05. Dez		Dyetricus	
05. Dez		Hainricus	Lilienfeld 5.12.: Hainricus
05. Dez		Wentla	
05. Dez		Wernherus Olhaidis	
06. Dez		Altmanus l.	
06. Dez		Rudegerus l.	
13. Dez		Gerhardus.	
13. Dez		Otto	
13. Dez		Perchta la.	
13. Dez		Symon l.	
14. Dez		Margareta la	
18. Dez		Ulricus, Chunigundis	
19. Dez		Hainricus l.	
20. Dez		Perchtoldus l.	
22. Dez		Wolfannus l.	
25. Dez		Christannus l. ...	
25. Dez		Dyetmarus l.	
26. Dez		Wilhalmus l.	
27. Dez		Chunradus l.	

29. Dez				Perchta la.		
30. Dez				Wolfgerus l.		
19. Jan				Gotfridus l.		
06.Jan.				Albertus Perchta l.		St. Andrä 6.1.: Pertha la.
07.Jan.				Irmgarde (?) Margarete layce		
08.Jan.				Chunrado l.		Lilienfeld 8.1.: Chunradus
08.Jan.				Heberhardus l.		
09.Jan.				Albertus l.		
10.Jan.				Mazza Chunradus Albero laici		
11. Jan.				Agnes l.		
11. Jan.				Rugerus l.		
13. Jan.				Stephanus l.		
15. Jan.				Lahardis l.		Lilienfeld 15.1.: Alhalidis (?)
18. Jan.				Gerdrudis Lewpoldus l.		
22. Jan.				Hainricus l		Lilienfeld 22.1.: Hainricus
23. Jan.				Gewta l.		
24. Jan.				Chunradus l.		
25. Jan.				Eberhardus		
25. Jan.				Lewpoldus l		
26. Jan.				Eberhardus l.		
27. Jan.				Syfridus l.		
30. Jan.				Fridricus Gerbirgis l.		
31. Jan.				Ulricus		
Jahrtage						
27. Feb				Martinus pbr. et m., custos n. c. dictus Eynpechk, Petrus Eynpechk Michel Margareta agitur anniv.		
11. Mrz				Albertus, Katharina l. agitur anniv. Peragitur		
19. Mrz				Ibi agitur anniv. videlicet Letare de custodia		
24. Mrz				Syfridus Melthildis Sighardus quorum anniv. Agitur		
01. Sep				Ibi agitur anniv. de infirmaria		Urkunde 1347
11. Sep	14	1329	nach	Meinhardus de Chawmperg agitur anniv.		Urkunden 1329, 1331
18. Sep	14	1315	nach	Agnes la agitur anniv.		Urkunde 1315
06. Okt	15	1402	nach	Ulricus Sebechk Wendel ux. agitur anniv. de vineis dictis Gebling et Drawcher		Urkunde 1402
11. Nov	14	1354	1363	Chunradus XV. abb. n. c. dictus Hewsler agitur anniv		
12. Nov	14	1349	nach	Ulricus institor et ux. sua Marg(aret)a dederunt nobis calicem pro anniv peragendo sequenti die post Martinum		Urkunde 1349
04. Dez				Chunradus Een Gerdrudis ux. dederunt nobis pro remedio animarum eorum 4 tal. d.		

3. VERZEICHNIS HANDSCHRIFTEN UND FRAGMENTE NACH SACHGEBIETEN

VON EUGEN NOVAK

A: Theologie

1. Biblica

Lilienfeld Ink 58 Bibelfragment, Buch der Psalmen, 2. Viertel 13. Jahrhundert.

ÖNB Cod. 2149 PETRUS de RIGA: Aurora seu Biblia metrica = Versbibel

2. Kommentare, Summen, Hand- und Wörterbücher

CLi 038 Expositio in psalmos

CLi 109 Honorius Augustodunensis – Expositio Canticorum veteris et novi testamenti

CLi 124 HILDEBERTUS TURONENSIS - Versus de Sacra Scriptura = Exegese AT/NT in Versen.

CLi 132 ALCUIN: Interrogationes et responsiones in Genesin.

CLi 141 GREGORIUS MAGNUS: Moralia in Iob. Expositiones morales in librum Iob. Libri 17-26.

CLi 162 GREGORIUS MAGNUS: Moralia in Iob. Expositiones morales in librum Iob. Libri 6-16.

ÖNB Cod. 2149 Glossae in libros Bibliorum.

3. Kirchenväter (Patristik) und Patrologie (Christliche Literaturgeschichte)

CLi 105 Augustinus Aurelius: Sermo de sermone Domini in monte habito;

Ad Paulinam de videndo Deo; De diversis quaestionibus ad Simplicianum libri duo. Ad Simplicianum Mediolanensem episcopum de libris regum; De octo dulcitii quaestionibus liber unus. Ad Vulticium de octo quaestionibus; Hypomnesticon contra Pelagianos et Coelestianos, vulgo libri Hypognosticon. De praedestinatione disputatio.

CLi 124 Ambrosius Mediolanensis: Hexaemeron libri sex, De paradiso liber unus, De cain et

Abel libri duo.

ÖNB Cod. 2232 Excerpta e Patribus de sacrificiis et eleemosinis pro defunctis et de paenitentia.

4. Homiletik

CLi 024 AUGUSTINUS: Homiliae. Incipiunt capitula in quinquaginta homilias S. Augustini episcopi.

CLi 038 Honorius Augustodunensis: Sermones dominicales et festivales.

CLi 039 Innocentius III.: Sermones dominicales et festivales.

CLi 068 Tractatus moralis.

CLi 077 Summula Septem Vitiorum Criminalium.

CLi 090 GUILLELMUS PERALDUS: Summa de vitiis et virtutibus.

CLi 091 Alanus ab Insulis: Summa de arte praedicandi.

CLi 094 Sermones in honorem beatae maria virginis.

CLi 124 Sermo de Nativitate Domini.

CLi 134 GERHOCHUS REICHERSBERGENSIS: Sermo de dormitione sanctae Dei genetricis et virginis Mariae cum prologo. (= Epistola ad moniales) De obitu S. Mariae

CLi 167 IOHANNES HALGRINUS DE ABBATISVILLA: Homiliae in omnes dominicae per annum.

ÖNB Cod. 2149 ALANUS AB INSULIS: Praedicamenta

NÖLA KG Wiener Neustadt 39/9-11 Raimundus de Pennaforte: Summa de poenitentia et de matrimonia (Fragmente), 2. Hälfte 13. Jh.

5. Aszetik

CLi 124 INNOCENTIUS III.: Liber de corruptione mundi.

CLi 124 BERNHARDUS CLARAEVALLENSIS: de contemptu mundi.

6. Liturgik

CLi 009 Brevierfragmente, Ende 12. Jh. (Falze)

CLi 015 Brevierfragment Anfang 13. Jh.

CLi 035 Gradualefragment 13. Jh

CLi 068 Antiphonarfragmente, ca. 1190 - 1220

CLi 074 Kalendarfragment aus einem Direktorium oder Missale, 13. Jh.

CLI 077 [Orationes] In cena domini parasceve.

CLi 084 Antiphonarfragmente, 1. Drittel 13. Jh.

CLi 091 Officium De XI millium virginum

CLi 094 Antiphonarfragment, 3. Viertel 12. Jh

CLi 105 Fragment eines Sakramentars des 12. Jhs

CLi 107 Gradualefragment 13. Jh.

CLi 113 Missalefragment [Officium de beatae Ursule], 14. Jh.

CLi 114 Antiphonarfragmente, Ende 12. Jh. / Anfang 13. Jh.

CLi 121 Sakramentarfragmente [Orationes zu Ostern, Sonntage nach Ostern, für die Monate April, Oktober, November, Dezember], 2. Viertel 13. Jh.

CLi 134 INNOCENTIUS III.: De sacro altaris mysterio = Beschreibung der Messliturgie und Eucharistie.

CLi 134 Gradualefragment, 13. Jh. und Sakramentarfragment 13. Jh.

CLi 141 Antiphonarfragmente 1190 - 1220

CLi 141 Brevierfragment, Ende 13. Jh.

CLi 167 Gradualefragment, Anfang 13. Jh.

CLi 167 Brevierfragment mit rituellen Anweisungen, ca. 1190 - 1220

ÖNB Cod. 2232 Antiphonarfragmente, 1190 -1220

7. Hagiographie

CLi 038 Visio sancti Pauli.

CLi 077 IOHANNES BELETH: Summa de divinis officiis.

CLi 077 Passio S. Blasii Episcopi et Martyris.

CLi 077 Passio S. Georgii Martyris.

CLi 089 Arnold von Prüfening: Vox de propitiatorio.

CLi 091 ELISABETH VON SCHÖNAU: Kanonisationsprozess; Visio S. Elisabeth Inclusae

CLi 093 Vitas patrum.

CLi 094 Johannes Diaconus: Vita gregorii papae.

CLi 094 Passio beatae catharinae virginis et martyris.

CLi 132 Vita Sancti Silvestri Papae et Confessoris.

CLi 132 Passio Sancti Eustachii Martyris.

CLi 132 Translatio Sancti Nicolai.

CLi 132 EUGIPPIUS: Commemorationum de vita s. Severini cum epistolis amoeboeis Eugippi et Paschasii diaconi. Vita S. Severini.

CLi 132 ARIBO: Vita S. Corbiniani.

CLi 132 Vita Sancti Nicolai.

CLi 132 SULPITIUS SEVERUS: Vita sancti Martini episcopi atque pontificis. Apologia de vita S. Martini confessoris atque pontificis.

CLi 132 SULPITIUS SEVERUS: Epistola ad Eusebium presbyterum postea episcopum; Epistola ad Aurelianum diaconum; Epistola ad Basulam; Dialogi tres. (betrifft Vita sancti Martini)

CLi 132 GREGOR VON TOURS: De miraculis sancti martini [pars: liber I, cap. IV-VI].

CLi 132 MARTINUS BRACARENSIS: Libellus honeste vitae de quatuor virtutibus cardinalibus.

CLi 132 Vita Sancti Leornardi.

CLi 134 Miracula Beatae Virginis.

CLi 134 GREGOR VON TOURS: Liber miraculorum sancti Andreae apostoli cum prologo. Prologus in passionem S. Andreae apostoli.

CLi 134 Vita Sancti Epiphanii Episcopi.

CLi 134 Passio Sancti Colomanni.

CLi 134 Vita S. Marthae.

CLi 134 Passio Sancti Matthiae

CLi 134 EUTYCHIANUS ADANENSIS / PAULUS DIACONUS NEAPOLITANUS:

Miraculum Sanctae Mariae de Theofilo poenitente interprete Paulo Subdiacono neapoleos. Gesta Theophili.

CLi 134 Passio Sancti Thomae Episcopi et Martyris et Miracula eius.

CLi 134 Miracula Sancti Thomae.

CLi 134 Celeberrimum Miraculum de Icone S. Mariae Virginis.

CLi 134 Miraculum S. Mariae de Caeco Clerico.

CLi 134 Vita S. Quirini et Filiae eius Balbinae Virginis.

CLi 134 Vita Sancti Basilii Episcopi.

CLi 134 HIERONYMUS: vita s. Pauli primi eremitae.

CLi 134 Vita Sancti Rudberti Episcopi et Confessoris.

CLi 134 MARCUS MÖNCH VON ST. PAUL in Regensburg: visio Tundali, cum prologo. Visio cuiusdam militis Hiberniensis.

CLi 134 HETTON ABT VON REICHENAU: Visio Wettini.

CLi 134 Visio Esdrae.

CLi 134 Passio Sancti Sebastiani Martyris.

CLi 134 Passio S. Sireni Martyris. Aliorumque.

CLi 134 WALAFRIDUS STRABO: Vita S. Galli et miracula eius; Vita S. Othmari.

CLi 134 WOLFHARDUS HASENRIETANUS: Vita S. Walpurgis virginis.

ÖNB Cod. 2149 Oracula prophetarum

8. Ordensregeln
CLi 024 GUILEMUS HIRSAUGIENSIS: Constitutiones Hirsaugienses. Institutio monastica.

ÖNB Cod. 2232 Benedictus de Nursia: Regulae S. Benedicti, cum annexis solitis.

B: Rechtswissenschaften

1. Kanonisches Recht
Lilienfeld Ink. 26 BERNARDUS PARMENSIS: Casus longi super decretales. Norditalien, 2. Hälfte des 13. Jhs.

ÖNB Cod. 2149 INNOCENTIUS III. papa: Constitutionum libri.

NÖLA KG Wiener Neustadt 39/9 CLEMENS PAPAE V.: liber decretalium (Fragment); BONIFACII PAPAE VIII: liber sextus decretalium (Fragment), 3. Viertel dews 13. Jhs.

2. Weltliches Recht
Lilienfeld Ink. 35 Justinianus: Corpus juris civilis cum glossa ordinaria des Accursius. Norditalien Ende 13. / Anfang 14. Jh.

C: Rhetorik, Briefliteratur

1. klassische Rhetorik
CLi 141 Modus Praedicandi

2. Briefliteratur
CLi 094 GREGORIUS MAGNUS: Epistolae quaedam.

ÖNB Cod. 2232 Leo papa I.: Responsiones ad Rusticum episcopum Narbonensem; Rusticus episcopus Narbonensis: Interrogationes ad Leonem papam

D: Geschichte
CLi 132 GREGOR VON TOURS: Historia Francorum.

CLi 132 ALCUIN: Disputatio Pippini regalis et nobilissimi juvenis cum Albino scholastico.

ÖNB Cod. 2232 CAROLUS MAGNUS: Capitulare [de villis vel curtis imperii] primum; Capitulare [de villis vel curtis imperii] quartum = wichtige Quelle für die Wirtschafts-, speziell die Agrar- und Gartenbaugeschichte.

ÖNB Cod 2232 Epitome canonum conciliorum Niceni, Arelatensis, Ancyrani, Antiocheni, Valentini, Carthaginensis et Aurelianensis = Konzilsgeschichte

ÖNB Cod. Ser.n. 4189 Österreichische Annalen

E: Wissenskompendien des Mittelalters
CLi 068 ISIDORUS HISPALIENSIS: Liber sententiarum de summo bono

ABKÜRZUNGEN, QUELLEN UND LITERATUR

AÖG = Archiv für Kunde österreichischer Geschichtsquellen, Fortsetzung als Archiv für österreichische Geschichte

BHL = Bibliotheca Hagiographica Latina (1898–1901, Reprint 1992): http://bhlms.fltr.ucl.ac.be/

BUB = Urkundenbuch zur Geschichte der Babenberger

CLi = Codex Lilienfeld, Handschrift der Stiftsbibliothek Lilienfeld

FRA = Fontes Rerum Austriacarum

JbLKNÖ NF = Jahrbuch für Landeskunde von Niederösterreich Neue Folge

JbVGStW = Jahrbuch des Vereins für Geschichte der Stadt Wien

LTHK = Lexikon für Theologie und Kirche

MB = Monumenta Boica

MGH SS = Monumenta Germaniae Historica Scriptores

MGH Nec = Monumenta Germaniae Historica Necrologia

MIÖG = Mitteilungen des Instituts für österreichische Geschichtsforschung

MÖSTA = Mitteilungen des Österreichischen Staatsarchivs

NÖLA = Niederösterreichisches Landesarchiv

NÖUB = Niederösterreichisches Urkundenbuch

ÖKT = Österreichische Kunsttopographie

ÖNB = Österreichische Nationalbibliothek

QuGStW = Quellen zur Geschichte der Stadt Wien

RBP = Regesten der Bischölfe von Passau

Stmk. UB = Urkundenbuch des Herzogthums Steiermark

SUB = Salzburger Urkundenbuch

UBLoE = Urkundenbuch des Landes ob der Enns

UH = Unsere Heimat. Zeitschrift für Landeskunde von Niederösterreich

VL² = Die deutsche Literatur des Mittelalters: Verfasserlexikon (Bd. 1–14: Berlin/New York 1978–2008)

QUELLEN

Bayerische Akademie der Wissenschaften (Hg.), Monumenta Alderspacensia. In: Monumenta Boica V (München 1765) 297-452.

Bayerische Akademie der Wissenschaften (Hg.), Diplomata Imperatorum Authentica (=Monumenta Boica XXVIII, München 1829).

Bayerische Akademie der Wissenschaften (Hg.), Codices traditionum ecclesiae Pataviensis, olim Laureacensis (=Monumenta Boica XXIX/2, Augsburg 1831).

Johann Friedrich Böhmer (Hg.), Die Regesten des Kaiserreiches unter Heinrich Raspe, Wilhelm, Richard, Rudolf, Adolf, Albrecht und Heinrich VII. (1246-1313) (=Regesta Imperii, Stuttgart 1844).

Helmut de Boor u. Diether Haacke (Bearb.), Corpus der altdeutschen Originalurkunden bis zum Jahre 1300 V (Lahr-Baden 2004).

Egon Boshof u.a. (Hgg.), Die Regesten der Bischöfe von Passau I-IV (=Regesten zur bayerischen Geschichte I–IV, München 1992-2013).

Harry Bresslau u.a. (Hgg.), Die Urkunden Heinrichs II. und Arduins (DH II). (=MGH Die Urkunden der deutschen Könige und Kaiser III, Hannover 1900/03).

Cantus Database: www.cantusdatabase.org

Cantus Planus: www.cantusplanus.at

Joseph Chmel, Das Lehenbuch K. Ladislaus für Österreich ob und unter der Enns (1453-1457). In: Notizenblatt. Beilage zum AÖG 4 (Wien 1854).

Joseph Chmel, Das Lehenbuch Herzog Albrechts V. von Österreich. In: Notizenblatt. Beilage zum AÖG 9 (Wien 1859).

Alfons Dopsch (Bearb.), Die landesfürstlichen Urbare Nieder- und Oberösterreichs im 13. und 14. Jahrhundert (=Österreichische Urbare I/1, Wien - Leipzig 1904).

Karlheinrich Dumrath (Hg.), Die Traditionsnotizen des Klosters Raitenhaslach (=Quellen und Erörterungen zur bayerischen Geschichte NF 7, München 1938).

Pius Engelbert (Hg.), Wilhelmi abbatis constitutiones Hirsaugienses (=Corpus Consuetudinum Monasticarum XV/1-2, 2010).

Maximilian Fastlinger (Hg.), Necrologium Monasterii Altahae Inferioris. In: Ders., MGH Necrologia Germaniae IV (Berlin 1920) 27-72.

Heinrich Fichtenau u. Erich Zöllner (Hgg.), Urkundenbuch zur Geschichte der Babenberger in Österreich I: Siegelurkunden der Babenberger bis 1215 (=Publikationen des Instituts für Österreichische Geschichtsforschung 3/1, Wien 1950).

Heinrich Fichtenau u. Heide Dienst (Hgg.), Urkundenbuch zur Geschichte der Babenberger in Österreich IV/1. Ergänzende Quellen 976-1194. (=Publikationen des Instituts für Österreichische Geschichtsforschung 3/4/1, Wien 1968).

Maximilian Fischer (Bearb.), Codex Traditionum Ecclesiae Collegiatae Claustroneoburgensis (=FRA II/4, Wien 1851).

Fragmentarium: www.fragmentarium.ms

Adalbert Franz Fuchs (Bearb.), Urkunden und Regesten zur Geschichte des Benedictinerstiftes Göttweig I (=FRA II/51, Wien 1901).

Adalbert Franz Fuchs (Bearb.), Urkunden und Regesten zur Geschichte des Benedictinerstiftes Göttweig III (=FRA II/55, Wien 1902).

Adalbert Franz Fuchs (Hg.), Dioecesis Pataviensis, pars altera. Austria inferior (=MGH Necrologia Germaniae V, Hannover 1913).

Adalbert Franz Fuchs (Bearb.), Die Traditionsbücher des Benediktinerstiftes Göttweig (=FRA II/69, Wien - Leipzig 1931).

Johann von Frast (Hg.), Das „Stiftungen-Buch" des Cistercienser-Klosters Zwettl (=FRA II/3, Wien 1851).

Alois Gehart, Ein Archivinventar des Klosters Kleinmariazell aus dem 18. Jahrhundert. In: JbLKNÖ NF 50/51 (Wien 1984/85) 135-180.

Dietrich von Gladiss u. Alfred Gawlik (Hgg.), Die Urkunden Heinrichs IV. (DH IV). (=MGH Die Urkunden der deutschen Könige und Kaiser VI, Berlin - Weimar - Hannover 1941-78).

Hans F. Haefele (Hg.), Notker der Stammler. Taten Kaiser Karls des Großen (=MGH Scriptores rerum germanicarum nova series XII, Berlin 1959).

Hartker, Antiphonale Officii, Stiftsbibliothek St. Gallen (Cod. 390/391). In: Paléographie musicale, 2ème série, t. 1 (Solesmes 1992).

Friedrich Hausmann (Hg.), Die Urkunden Konrads III. und seines Sohnes Heinrich (DK III). (=MGH Die Urkunden der deutschen Könige und Kaiser IX, Wien - Köln - Graz 1969).

Willibald Hauthaler (Hg.), Salzburger Urkundenbuch I: Traditionscodices (Salzburg 1910).

Siegmund Herzberg-Fränkel (Hg.), Dioecesis Salzburgensis. In: Ders., MGH Necrologia Germaniae II (Hannover 1880-1904).

Philibert Hueber, Austria Ex Archivis Mellicensibus Illustrata, Libri III (Leipzig 1723).

Edgar Krausen (Bearb.), Die Urkunden des Klosters Raitenhaslach 1034-1350 (= Quellen und Erörterungen zur bayerischen Geschichte NF 17/1, München 1959).

Friedrich Kurze u. Georg Heinrich Pertz (Hgg.), Annales Fuldenses sive Annales regni Francorum Orientalis ab Einhardo, Ruodolfo, Meginhardo Fuldensibus Seligenstadi, Fuldae, Mogontiaci conscripti cum continuationibus Ratisbonensi et Altahensibus (=MGH Scriptores rerum Germanicarum VII, Hannover 1891).

Josef Lampel (Bearb.), Niederösterreichisches Urkundenbuch. Acta Austriae inferioris. Urkundenbuch des aufgehobenen Chorherrenstiftes Sanct Pölten (976-1400) I-II (Wien 1891-1901).

Josef Lampel u. Karl Uhlirz (Bearb.), Quellen zur Geschichte der Stadt Wien I/3 (Wien 1897).

Josef Lampel u. Karl Uhlirz (Bearb.), Quellen zur Geschichte der Stadt Wien I/5 (Wien 1906).

Fürst Eduard Maria von Lichnowsky, Geschichte des Hauses Habsburg III: Von der Ermordung König Albrechts bis zum Tode Herzog Albrecht des Weisen (Wien 1838).

Adam Maidhof, Die Passauer Urbare I-III (=Veröffentlichungen des Instituts zur Erforschung des Deutschen Volkstums im Süden und Südosten in München I, Passau 1933-1939).

Manuscripta: www.manuscripta.at

Manuscriptorium: www.manuscriptorium.com

Andreas von Meiller, Regesten zur Geschichte der Markgrafen und Herzoge Oesterreichs aus dem Hause Babenberg. Aus Urkunden und Saalbüchern (Wien 1850).

Elisabeth Noichl (Bearb.), Codex Falkensteinensis. Die Rechtsaufzeichnungen der Grafen von Falkenstein (=Quellen und Erörterungen zur bayerischen Geschichte NF 29, München 1978).

Hieronymus Pez (Hg.), Scriptores rerum Austriacarum I (Leipzig 1721).

Eduard Pratobevera, Urkunden und Regesten der gräflichen Familie von Stubenberg. Aus dem Archive des Joanneums. In: Notizenblatt. Beilage zum AÖG 6 (1859).

Joachim Rössl (Bearb.), Liber fundatorum Zwetlensis monasterii. ‚Bärenhaut'. Vollständige Faksimile-Ausgabe im Originalformat der Handschrift 2/1 des Stiftsarchivs Zwettl (I: Faksimile, II: Kommentar). (Graz 1981).

Adolf Schmidt u.a. (Hgg.), Ottonis episcopi Freisingensis, Chronical sive historia de duabus civitatibus (=Ausgewählte Quellen zur deutschen Geschichte des Mittelalters. Freiherr vom Stein Gedächtnisausgabe 16 (Darmstadt 1972).

Harold STEINACKER (Hg.), Regesta Habsburgica II/1, Die Regesten Albrechts I. von 1281-1298 (Innsbruck 1934).

Erich TRINKS (Hg.), Urkundenbuch des Landes ob der Enns I-XI (1852ff.).

Wilhelm WATTENBACH (Bearb.), Annales Claustroneoburgenses, a. 1075-1139. In: Georg Heinrich PERTZ (Hg.), MGH SS IX (1851) 608-613.

Wilhelm WATTENBACH (Bearb.), Vita Altmani episcopi pataviensis. In: Georg Heinrich PERTZ (Hg.), MGH SS XII (Hannover 1856) 225-243.

Wilhelm WATTENBACH (Bearb.), Die Jahrbücher des Lambert von Hersfeld (=Die Geschichtschreiber der deutschen Vorzeit 2/43, Leipzig 1883).

Johann Nepomuk WEIS (Hg.), Urkunden des Cistercienser-Stiftes Heiligenkreuz im Wiener Walde I (=FRA II/11, Wien 1856).

Maximilian WELTIN u.a. (Hgg.), Urkunde und Geschichte. Niederösterreichs Landesgeschichte im Spiegel der Urkunden des Landesarchivs. Die Urkunden des Niederösterreichischen Landesarchivs 1109-1314 (=Niederösterreichisches Urkundenbuch. Vorausband, St. Pölten 2004).

Maximilian WELTIN u. Roman ZEHETMAYER (Hg.), Niederösterreichisches Urkundenbuch I (777-1076) (=Publikationen des Instituts für Österreichische Geschichtsforschung 8/1, St. Pölten 2008).

Gerhard WINNER (Hg.), Die Urkunden des Zistienserstiftes Lilienfeld 1111-1892 (=FRA II/81, Wien 1974).

Joseph von ZAHN (Hg.), URKUNDENBUCH des Herzogthums Steiermark I-III, IV bearbeitet von Gerhard PFERSCHY (Graz 1874-1975).

Roman ZEHETMAYER u. Dagmar WELTIN u. Maximilian WELTIN (Hgg.), Niederösterreichisches Urkundenbuch II (1058-1158) (=Publikationen des Instituts für Österreichische Geschichtsforschung 8/2, St. Pölten 2013).

Roman ZEHETMAYER u.a. (Hgg.) Niederösterreichisches Urkundenbuch III (1156–1182) (=Publikationen des Instituts für Österreichische Geschichtsforschung 8/3, St. Pölten 2017).

Rudolf ZINNHOBLER u.a. (Hgg.), Die Passauer Bistumsmatrikeln IV/1-2: Das östliche Offizialat. Die Dekanate nördlich der Donau (=Neue Veröffentlichungen des Instituts für Ostbairische Heimatforschung der Universität Passau, Passau 1991)

Rudolf ZINNHOBLER u.a. (Hgg.), Die Passauer Bistumsmatrikeln V: Das östliche Offizialat. Die Dekanate südlich der Donau (=Neue Veröffentlichungen des Instituts für Ostbairische Heimatforschung der Universität Passau, Passau 1989).

LITERATUR

Peter AICHINGER-ROSENBERGER u. Ronald WOLDRON, Die mittelalterliche Baugeschichte der Pfarrkirche „St. Peter am Moos" in Muthmannsdorf. In: Österreichische Zeitschrift für Kunst und Denkmalpflege 56/2-3 (2002) 212-225.

Martin AIGNER, Katalog romanischer Kapitelle, Onlinezugriff http://www.burgenseite.com.

Thomas AIGNER, Auf den Spuren von Mariazell in Österreich (Altenmarkt 1991).

DERS., Zur Bestätigung von Gründung und Ausstattung des Stiftes Mariazell in Österreich und der Schenkung eines Waldes durch Herzog Heinrich II. von Österreich (Proseminararbeit an der Uni-

Ders., „Zum heyligen Prun oder S. Corona genand". Beiträge zur Geschichte des Wallfahrtsortes im südlichen Wienerwald (Altenmarkt 1994).

Ders., Regesten aus dem Archiv des Stiftes (Klein-)Mariazell in Österreich. In: UH 68 (1997) 278-305.

Ders., Mariazell in Österreich. Eine Klostergemeinschaft zwischen Reformation und Aufklärung (=Thomas AIGNER (Hg.), Beiträge zur Kirchengeschichte Niederösterreichs 2, St. Pölten 1998).

Thomas Ambrózy, Der hochmittelalterliche Krummstab. Eine Untersuchung zur Klärung der Herkunft der Amtsinsignie der Bischöfe, Äbte und Äbtissinnen der römischen Kirche (Dissertation an der Universität Wien, Institut für Kunstgeschichte 1997).

Leo Andergassen, Die Patrozinien Tiroler Burgkapellen in religions- und kulturgeschichtlicher Perspektive. In: Gustav Pfeifer u. Kurt Andermann (Hgg.), Burgkapellen. Formen-Funktionen-Fragen. Akten der Internationalen Tagung Brixen, Bischöfliche Hofburg und Cusanus-Akademie. 2. bis 5. September 2015 (=Veröffentlichungen des Südtiroler Landesarchivs 42, Innsbruck 2018) 55-116.

Leo Andergassen, Die Bauplastik an der Stiftskirche in Innichen. Programm, Stilfragen, Zweitverwendung, in: Innichen im Früh- und Hochmittelalter. Historische und kunsthistorische Aspekte, hrsg. von Gustav PFEIFER (Veröffentlichungen des Südtiroler Landesarchivs 47), Innsbruck 2019, 257-323

Kurt Andermann, Die Burgkapelle – mehr als Apsis und Gewölbe. In: Gustav Pfeifer u. Kurt Andermann (Hgg.), Burgkapellen. Formen-Funktionen-Fragen. Akten der Internationalen Tagung Brixen, Bischöfliche Hofburg und Cusanus-Akademie. 2. bis 5. September 2015 (=Veröffentlichungen des Südtiroler Landesarchivs 42, Innsbruck 2018) 9-30.

Arnold Angenendt, Der Heilige: auf Erden - im Himmel. In: Jürgen Petersohn (Hg.), Politik und Heiligenverehrung im Hochmittelalter (=Vorträge und Forschungen 42, Sigmaringen 1994) 11-52.

Ders., Heilige und Reliquien. Die Geschichte ihres Kultes vom frühen Christentum bis zur Gegenwart (München 1994).

Roland Anzengruber, Lambach. In: Ulrich Faust u. Waltraud Krassnig (Hgg.), Die benediktinischen Mönchs- und Nonnenklöster in Österreich und Südtirol (=Germania Benedictina III/2, St. Ottilien 2001) 253-317.

Rainer Atzbach, Leder und Pelz am Ende des Mittelalters und zu Beginn der Neuzeit. Die Funde aus den Gebäudehohlräumen des Mühlberg-Ensembles in Kempten (Allgäu) (=Bamberger Schriften zur Archäologie des Mittelalters und der Neuzeit 2, Bonn 2005).

Heidemarie Bachhofer (Hg.), Neue Forschungen zur Geschichte der Pfarre Tulln-St. Stephan. In: Beiträge zur Kirchengeschichte Niederösterreichs17, St. Pölten 2014 (=Geschichtliche Beilagen zum St. Pöltner Diözesanblatt 34).

Alfred Bartak, Heimatbuch Hafnerberg-Nöstach (Nöstach 2006).

Le iscrizioni dei cantoni Ticino e Grigioni fino als 1300. Raccolte e studiate da Marina Bernasconi Reusser (=Corpus Inscriptionum Medii Aevi Helvetiae. Die frühchristlichen und mittelalterlichen Inschriften der Schweiz V, Freiburg 1997).

Rainer Berndt, Wider das Vergessen und für das Seelenheil. Memoria und Totengedenken im Mittelalter (=Erudiri Sapientia. Studien zum Mittelalter und zu seiner Rezeptionsgeschichte 9, Aschendorff-Münster 2013).

Susanne Bezdek, Bischofsstab und Zepter, Kathedra und Herrscherthron. Ein Vergleich ausgewählter geistlicher und weltlicher Zeichen der Herrschaft (Diplomarbeit an der Universität Wien, Institut für Geschichte 2013).

Günther Binding u. Matthias Untermann, Kleine Kunstgeschichte der mittelalterlichen Ordensbaukunst in Deutschland (Darmstadt 1993²).

Klaus Birngruber, Aspekte von Adel, Burg und Kirche im hoch- und spätmittelalterlichen Österreich. In: Gustav Pfeifer u. Kurt Andermann (Hgg.), Burgkapellen. Formen-Funktionen-Fragen. Akten der Internationalen Tagung Brixen, Bischöfliche Hofburg und Cusanus-Akademie. 2. bis 5. September 2015 (=Veröffentlichungen des Südtiroler Landesarchivs 42, Innsbruck 2018) 205-226.

Bernhard Bischoff, Die südostdeutschen Schreibschulen und Bibliotheken in der Karolingerzeit II: Die vorwiegend österreichischen Diözesen (Wiesbaden 1980).

Ute von Bloh, Hostis Oblivionis et Fundamentum Memoriae: Buchbesitz und Schriftgebrauch des Mathias von Kemnath. In: Jan-Dirk Müller (Hg.), Wissen für den Hof: Der spätmittelalterliche Verschriftungsprozess am Beispiel Heidelberg im 15. Jahrhundert (=Münsterische Mittelalter-Schriften 67, München 1994) 29-120.

Clemens Blume (Hg.), Sequentiae ineditae. Liturgische Prosen des Mittelalters aus Handschriften und Wiegendrucken, Vierte Folge (=Analecta Hymnica medii aevi, 34, Leipzig 1900).

Christa Bock u. Manfred Macek, Eine kleine Schuhgeschichte. In: Manfred Macek u.a. (Hgg.), 3000 Jahre auf Schusters Rappen. Archäologie in Obergrünburg (OÖ). Der Schuh im Spiegel von Industrie und Archäologie (=Beiträge zu Archäologie und Denkmalpflege in Niederösterreich. Historica - Austria 5, 1998) 109-132.

Franz-Albrecht Bornschlegel, Die gotische Majuskel im deutschen Sprachraum. In: Maria Encarnación Martín López u. Vicente Garcá Lobo (Hgg.), Las Inscripciones Góticas. II Coloquio Internaconal de Epigrafia Medieval, León del 11 al 15 de septiembre 2006 (León 2010) 203-235.

Egon Boshof, Königtum und Königsherrschaft im 10. und 11. Jahrhundert (= Enzyklopädie deutscher Geschichte 27, München 1997).

Sebastian Brather, Memoria und Repräsentation. Frühmittelalterliche Bestattungen zwischen Erinnerung und Erwartung. In: Sebastian Brather u. Dieter Geuenich u. Christoph Huth (Hgg.), Historia archaeologica. Festschrift für Heiko Steuer zum 70. Geburtstag (=Ergänzungsbände zum Reallexikon der germanischen Altertumskunde 70, Berlin - New York 2009) 247-287.

Joseph Braun, Bischofsstab (und Abtstab). In: Reallexikon zur Deutschen Kunstgeschichte 2 (Stuttgart 1941) 792-808.

Kai Brodersen u. Bernhard Zimmermann (Hgg.), Metzlers Lexikon Antike (Stuttgart-Weimar 2006).

Peter Scott Brown, The verse inscription from the deposition relief at Santo Domingo de Silos: word, image and act in medieval art. In: Journal of Medieval Iberian Studies 1/1 (2009) 77-111 (zugänglich unter: http://dx.doi.org/10.1080/17546550802700616).

Günter Brucher, Raabs an der Thaya (NÖ.), Pfarrkirche zu „Maria Himmelfahrt am Berge". In: Günter Brucher (Hg.), Geschichte der bildenden Kunst in Österreich II: Gotik (München - London - New York 2000) 279-281.

Karl Brunner, Zur Herkunft der Kuenringer. In: MIÖG 86 (1978) 291-309.

Ders., Die Gründungsgeschichte. In: Seitenstetten. Kunst und Mönchtum an der Wiege Österreichs (=Katalog des NÖ Landesmuseums NF 205, Wien 1988) 22-24.

Ders., Die biederen Leute der Neuen Burg. Die Familia von Herzog und Kloster im 12. und 13. Jahrhundert, in: Jahrbuch des Stiftes Klosterneuburg 16 (1997) 13-22.

Ders., Herzogtümer und Marken. Vom Ungarnsturm bis ins 12. Jahrhundert (= Herwig Wolfram (Hg.), Österreichische Geschichte 907-1156, Wien 2003²).

Ders., Vielfalt und Wende - Kultur und Gesellschaft. In: Heinz Dopsch u. Karl Brunner u. Maximilian Weltin, Die Länder und das Reich. Der Ostalpenraum im Hochmittelalter (=Österreichische Geschichte 1122-1278, Wien 2003²) 21-115.

Ders., [er]zählen. Zahlen als Mittel der Narration. In: Umgang mit Geschichte. Gesammelte Aufsätze zu Wissenschaftstheorie, Kultur- und Umweltgeschichte (=MIÖG Ergänzungsband 54, Wien - München 2009) 331-340.

Ders., Das Recht und die Güte. In: Umgang mit Geschichte. Gesammelte Aufsätze zu Wissenschaftstheorie, Kultur- und Umweltgeschichte (=MIÖG Ergänzungsband 54, Wien - München 2009) 275-290.

Ders., Leopold, der Heilige - Ein Portrait aus dem Frühling des Mittelalters (Wien – Köln – Weimar 2009).

Otto Brunner, Österreichische Adelsbibliotheken des 15. bis 18. Jahrhunderts als geistesgeschichtliche Quelle. In: Neue Wege der Verfassungs- und Sozialgeschichte (Göttingen 1968²) 281-293.Günther Buchinger, Schloss Ulmerfeld - Dendrochronologische Untersuchung (Unpublizierter Bericht 2016).

Walter Brunner, „Atrium" in steirischen Urkunden des Früh- und Hochmittelalters. In: Zeitschrift des Historischen Vereines für Steiermark 91/92 (2000/01) 233-249.

Irma Bühler, Forschungen über Benediktiner-Doppelklöster im heutigen Bayern. In: Zeitschrift für bayerische Kirchengeschichte 3 (1928) 197-207; 4 (1929) 1-13, 199-229; 5 (1930) 17-33, 229-251.

Günther Buchinger, Schloss Ulmerfeld - Dendrochronologische Untersuchung. Unpublizierter Bericht (2016).

Enno Bünz, Burg und Kirche. Grundfragen der mittelalterlichen Rechts-, Verfassungs-, Sozial- und Frömmigkeitsgeschichte. In: Gustav Pfeifer u. Kurt Andermann (Hgg.), Burgkapellen. Formen-Funktionen-Fragen. Akten der Internationalen Tagung Brixen, Bischöfliche Hofburg und Cusanus-Akademie. 2. bis 5. September 2015 (=Veröffentlichungen des Südtiroler Landesarchivs 42, Innsbruck 2018) 31-54.

Joseph Chmel, Zur Geschichte König Friedrichs des Schönen. Auszüge aus einer Handschrift des 14. Jahrhunderts im k. k. Haus-, Hof- und Staats-Archive. Verpfändungen aus den Jahren 1308 bis 1315, Nr. 1-137. In: AÖG 2/3-4 (1849) 511-557.

Eva Chrambach, Die Traditionen des Klosters Formbach (Dissertation an der Universität München 1983).

Peter Cornelius CLAUSSEN, Künstlerinschriften. In: Anton LEGNER (Hg.), Ornamenta Ecclesiae. Kunst und Künstler der Romanik (Katalog zur Ausstellung des Schnütgen-Museums in der Josef-Haubrich-Kunsthalle in Köln, Köln 1985) III 263-276.

DERS., Nachrichten von den Antipoden oder der mittelalterliche Künstler über sich selbst. In: Matthias WINNER (Hg.), Der Künstler über sich in seinem Werk: Internationales Symposium der Bibliotheca Hertziana, Rom 1989 (Weinheim 1992) 19-54.

Vincent J. CORRIGAN, Critical edition of the liturgical manuscripts. In: Vincent J. CORRIGAN u. Peter T. RICKETTS u. Barbara R. WALTERS, The feast of Corpus Christi, Pennsylvania 2006) 77-425.

Peter CSENDES, Die Straßen Niederösterreichs im Früh- und Hochmittelalter (Wien 1969).

DERS., Die Aufenthaltsorte der Babenberger in Niederösterreich und in der Steiermark. In: JbVGStW 34 (Wien 1978) 24-32.

Martin CZERNIN, Fragmentenforschung in Österreich. In: Martin CZERNIN (Hg.), Gedenkschrift für Walter Pass (Tutzing 2002) 69-80.

DERS., Aspekte der Fragmentenforschung an Wiener mittelalterlichen Quellen. In: Birgit LODES (Hg.), Wiener Quellen der ältesten Musikgeschichte zum Sprechen gebracht. Eine Ringvorlesung (=Wiener Forum für ältere Musikgeschichte 1, Tutzing 2007) 137-160.

Miriam CZOCK, Gottes Haus. Untersuchungen zur Kirche als heiligem Raum von der Spätantike bis ins Frühmittelalter (Berlin - Boston 2012).

James D'EMILIO, Inscriptions and the Romanesque Church: Patrons, Prelates, and Craftsmen in Romanesque Galicia. In: Colum HOURIHANE (Hg.), Spanish Medieval Art: Recent Studies (Tempe, Arizona, 2007) 1-33.

Friedrich DAHM, Das Grabmal Friedrichs des Streitbaren im Zisterzienserstift Heiligenkreuz. Rekonstruktion, Typus, Stil, liturgische Funktionen. In: Mitteilungen der Gesellschaft für Vergleichende Kunstforschung in Wien 47 (=Veröffentlichungen der Kommission für Kunstgeschichte 3, Wien 1996).

Lisa Fagin DAVIS, The Gottschalk Antiphonary. Music and Liturgy in Twelfth-Century Lambach (=Cambridge Studies in Paleography and Codicology 8, Cambrigde 2000).

Vincent DEBIAIS, In Kendall's Footsteps. The Agency of Verse Inscriptions on Romanesque Doors [Beitrag zum Round Table: The Agency of Inscriptions in Byzantium, in the West and in the Slavonic World beim 23rd International Congress of Byzantine Studies, Belgrade, 22-27 August 2016] 9-13.

DERS., Writing on Medieval Doors. The Surveyor Angel on the Moissac Capital (ca. 1100). In: Irene BERTI u. a. (Hgg.), Writing Matters. Presenting and Perceiving Monumental Inscriptions in Antiquity and the Middle Ages (=Materiale Textkulturen 14, Berlin - Boston 2017) 285-307.

DERS., Images of Letters - Writing and Image Making in Western Europe Romanesque Sculpture. In: Inmunkwahak. The Journal of the Humanities, Institute of the Humanities, Yonsei University, Seoul, Korea 114/3 (2018) 1-25.

DEHIO [Ohne Autor], Krems an der Donau. In: Bundesdenkmalamt (Hg.), Dehio Handbuch - die Kunstdenkmäler Österreichs. Topographisches Denkmälerinventar. Niederösterreich, nördlich der Donau (Wien 1990), 552-590.

DEHIO Handbuch. In: Bundesdenkmalamt (Hg.), Dehio Handbuch - die Kunstdenkmäler Österreichs. Topographisches Denkmälerinventar. Niederösterreich südlich der Donau (Horn - Wien 2003).

Erich Deimer, Zur Geschichte der St. Pankrazkapelle bei Wurmbrand (Ger. Bez. Großgerungs). In: Das Waldviertel 33/4-6 (1984) 65-71.

Ders., Zur Geschichte der St. Pankrazkapelle. In: Heimatbuch Groß Gerungs I: Wurmbrand (Groß Gerungs 1985) 14-24.

Wilhelm Deinhardt, Frühmittelalterliche Kirchenpatrozinien in Franken. Studien zur Frühgeschichte der Diözesen Bamberg und Würzburg (Erlangen 1933).

Wilhelm Deuer, Die romanische Sakralarchitektur Kärntens unter besonderer Berücksichtigung des Gurker Domes. In: Katalog Hemma von Gurk. Ausstellung auf Schloss Strassburg/Kärnten. 14. Mai bis 26. Oktober 1988 (Klagenfurt 1988) 230-246.

Ders., Millstatt. In: Ulrich Faust u. Waltraud Krassnig (Hgg.), Die benediktinischen Mönchs- und Nonnenklöster in Österreich und Südtirol (=Germania Benedictina III/2, St. Ottilien 2001) 759-822.

Ders., Millstatt, Frauenkloster. In: Ulrich Faust u. Waltraud Krassnig (Hgg.), Die benediktinischen Mönchs- und Nonnenklöster in Österreich und Südtirol (=Germania Benedictina III/2, St. Ottilien 2001) 823-833.

Roman Deutinger, Königsherrschaft im Ostfränkischen Reich. Eine pragmatische Verfassungsgeschichte der späten Karolingerzeit (=Beiträge zur Geschichte und Quellenkunde des Mittelalters 20, Ostfildern 2006).

Roman Deutinger u. Romedio Schmitz-Esser, Wie Freising zu Barbarossa kam. Zum Figurenprogramm am Westportal des Freisinger Doms. In: Knut Görich u. Romedio Schmitz-Esser (Hgg.), BarbarossaBilder. Entstehungskontexte, Erwartungshorizonte, Verwendungszusammenhänge (Regensburg 2014) 238-259.

Heide Dienst, Tradition und Realität. Quellenkritische Bemerkungen zu frühen „Kuenringern". In: JbLKNÖ NF 46/47 (1980/81) 40-97.

Dies., Niederösterreichische Pfarren im Spannungsfeld zwischen Bischof und Markgraf nach dem Ende des Investiturstreites. In: MÖSTA 34 (1981) 1-44.

Dies., Marktplatz und Stadtwerdung. Die Neuburger Handels- und Handwerkersiedlung (=Korneuburg) von ihrer ersten schriftlichen Erwähnung bis zur Entstehung des Landgerichtes. In: UH 54 (1983) 175-224.

Dies., Regionalgeschichte und Gesellschaft im Hochmittelalter am Beispiel Österreichs (=MIÖG Ergänzungsband 27, Wien - Köln 1990).

Albert Dietl, In Arte Peritus: Zur Topik mittelalterlicher Künstlerinschriften in Italien bis zur Zeit Giovanni Pisanos. In: Römische historische Mitteilungen 29 (1987) 75-125.

Ders., Künstlerinschriften als Quelle für Status und Selbstverständnis von Bildhauern. In: Herbert Beck u. Kerstin Hengevoss-Dürkop (Hgg.), Studien zur Geschichte der Europäischen Skulptur im 12./13. Jahrhundert (Frankfurt 1994) I 175-91.

Ders., Die Sprache der Signatur. Die mittelalterlichen Künstlerinschriften Italiens (=Italienische Forschungen des Kunsthistorischen Instituts in Florenz 6, München - Berlin 2009).

Erika Doberer, Die Portalschauwand an der Südseite der Stiftskirche von Innichen. In: Wiener Jahrbuch für Kunstgeschichte 25 (1972) 177-186.

Dies., Zum Lettnerproblem und zur Inschrift am Südportal von Innichen. In: Wiener Jahrbuch für Kunstgeschichte 28 (1974) 185-187.

Dies., Abendländische Skulpturen des Mittelalters und ihre metamorphischen Veränderungen. In: Wiener Jahrbuch für Kunstgeschichte 46/47 (1993/94) (=Festschrift für Gerhard Schmidt zum 70. Geburtstag) 161-163.

Max Doblinger, Die Herren von Wallsee. Ein Beitrag zur österreichischen Adelsgeschichte, In: AÖG 95 (1906) 235-578.

Richard Kurt Donin, Die ehemalige Stiftskirche in Kleinmariazell. In: Zur Kunstgeschichte Österreichs. Gesammelte Aufsätze. Richard Kurt Donin zum 70. Geburtstage überreicht (Wien - Innsbruck 1951) 65-71.

Heinz Dopsch, Die steirischen Otakare. Zu ihrer Herkunft und ihren dynastischen Verbindungen. In: Gerhard Pferschy (Hg.), Das Werden der Steiermark. Die Zeit der Traungauer. Festschrift zur 800. Wiederkehr der Erhebung zum Herzogtum (Graz 1980) 75-139.

Ders., Liechtenstein - Herkunft und Aufstieg eines Fürstenhauses. In: Arthur Brunhart (Hg.), Bausteine zur liechtensteinischen Geschichte. Studien und studentische Forschungsbeiträge II: Neuzeit. Land und Leute (Zürich 1999) 7-66.

Ders., Peilstein. In: Neue Deutsche Biographie 20 (Berlin 2001) 162-163.

Ders., Michaelbeuern. In: Ulrich Faust u. Waltraud Krassnig (Bearb.), Die benediktinischen Mönchs- und Nonnenklöster in Österreich und Südtirol (=Germania Benedictina III/2, St. Ottilien 2001) 655-758.

Johann Dorn, Beiträge zur Patrozinienforschung. In: Walter Goetz u. Georg Steinhausen (Hgg.), Archiv für Kulturgeschichte 13 (1917) 9-49.

Maria Dorninger, Gottschalk von Lambach. In: OÖ *Literatur in Stichwörtern* (Linz 2012).

Hubertus Drobner, Der heilige Pankratius. Leben, Legende und Verehrung (Paderborn 1988).

Ders., Pancratius von Rom. In: Lexikon der Heiligen (Freiburg-Basel-Wien 2011) 257.

Raimund Duellius, Historia Ordinis equitum Teutonicorum Hospitalis S. Mariae V. Hierosolymitani, 1-4 mit Appendix (Wien 1727).

Ernst Dümmler, Geschichte des ostfränkischen Reiches III (Hildesheim 1960, unveränderter fotomechanischer Nachdruck der 2. Auflage Leipzig 1888).

Herwig Ebner, „…in cimiterio…". Der Friedhof als Beurkundungsort. In: Helmut Bräuer u. Elke Schlenkrich (Hg.), Die Stadt als Kommunikationszentrum. Festschrift für Karl Czok zum 75. Geburtstag (Leipzig 2001) 121-128.

Hanna Egger, Altenburg. In: Ulrich Faust u. Waltraud Krassnig (Hgg.), Die benediktinischen Mönchs- und Nonnenklöster in Österreich und Südtirol (=Germania Benedictina III/1, St. Ottilien 2000) 213-289.

Hans Jürgen Eggers, Einführung in die Vorgeschichte (Berlin 2006^5).

Fritz Eheim, Burg und Herrschaft Wartenstein im Mittelalter. In: Fritz Eheim u. Gerhard Winner, Geschichte der Burg Wartenstein (New York 1958)

Otto Eigner, Geschichte des aufgehobenen Benedictinerstiftes Mariazell in Österreich. Mit Benützung des Ignaz Keiblinger'schen Nachlasses (Wien 1900).

Burkhard Ellegast, Die Melker Handschriften zur Regula Benedicti 1-3 (Ungedruckte Dissertation an der Universität Wien 1962).

Michael Embach, Unbekannte Frühdrucke aus der Bibliothek der Augustiner-Chorherren Eberhardsklausen. In: Martin Persch u. Michael Embach u. Peter Dohms (Hgg.), 500 Jahre Wallfahrtskirche Klausen (=Quellen und Abhandlungen zur mittelrheinischen Kirchengeschichte 104, Mainz 2003) 351-381.

Stefan Engels, Das Antiphonar von St. Peter in Salzburg: Codex ÖNB Ser. Nov. 2700 (12. Jahrhundert) (=Beiträge zur Geschichte der Kirchenmusik 2, Paderborn-Zürich 1994).

Ders., Der Pes mit Anstrich im Salzburger Missale Graz 444. In: Andrea Lindmayr-Brandl u. Thomas Hochradner (Hgg.), Auf eigenem Terrain. Beiträge zur Salzburger Musikgeschichte. Festschrift für Gerhard Walterskirchen zum 65. Geburtstag (Salzburg, 2004) 21-40.

Ders., Die liturgischen Handschriften aus dem Stift St. Lambrecht (Steiermark). In: Robert Klugseder (Hg.), Cantus Planus: Papers read at the 16th meeting of the IMS Study Group, Vienna, Austria 2011, Purkersdorf 2012) 135-142.

Franz-Rainer Erkens, Das Niederkirchenwesen im Bistum Passau (11.-13. Jahrhundert). In: MIÖG 102 (1994) 53-97.

Paul FABRE, Le Liber censuum de l'Église romaine II (Paris 1905)

Christa Farka, Totenbrauchtum. In: Fundort Kloster. Archäologie im Klösterreich. Katalog zur Ausstellung im Stift Altenburg vom 1. Mai bis 1. November 2000 (=Fundberichte aus Österreich, Materialheft A8, Wien 2000) 292-315.

Ulrich Faust, St. Paul im Lavanttal, In: Ulrich Faust u. Waltraud Krassnig (Hgg.), Die benediktinischen Mönchs- und Nonnenklöster in Österreich und Südtirol (=Germania Benedictina III/3, St. Ottilien 2002) 74-141.

Robert Favreau, Le thème épigraphique de la porte. In: Cahiers de civilisation médiévale 34 (1991) 267-279, wiederabgedruckt in: Études d'épigraphie médiévale. Recueil d'articles de Robert Favreau rassemblés à l'occasion de son départ à la retraite (Poitiers 1995) I: Texte, 547-567.

Helmuth Feigl, Zur Entstehung des Pfarrnetzes in Österreich unter der Enns im Zeitalter der Babenberger. In: JbLKNÖ NF 42 (1976) 52-69.

Ders., Bedeutung und Umfang der Königsschenkungen von 1002 und 1035 an die Babenberger. In: Gerhard Pferschy (Hg.), Siedlung, Macht und Wirtschaft. Festschrift Fritz Posch (Graz 1981) 51-54.

Sabine Felgenhauer-Schmiedt, Ein Brunnenfund mit Schuhen aus Klosterneuburg. (=Beiträge zur Mittelalterarchäologie in Österreich 6 (1990) 65-87.

Gerhart Feucht, Bemerkungen zur Geschichte der Johanniter-Malteserkommende St. Johannes in Wien (Wien 2016).

Rupert Feuchtmüller, Kleinmariazell. In: Romanische Kunst in Österreich. Ausstellung, veranstaltet von der Stadtgemeinde Krems an der Donau, 21. Mai bis 25. Oktober 1964, Minoritenkirche Krems-Stein (Wien 1964) 268-271.

Ders., Neue Erkenntnisse zur Baugeschichte von Klein-Mariazell. In: Mitteilungen der Gesellschaft für vergleichende Kunstforschung in Wien, 21 (1969) 1-5.

Heinrich Fichtenau. Das Urkundenwesen in Österreich vom 8. bis zum frühen 13. Jahrhundert. In: MIÖG Ergänzungsband 23 (Wien - Köln - Graz 1971).

P. Marian Fidler, Geschichte der ganzen österreichischen, klösterlichen und weltlichen Klerisey beyderley Geschlechtes 4/8 (Wien 1785).

Andreas Fingernagel, Über die Verbindung einiger Heiligenkreuzer und Zwettler Handschriften des 12. Jahrhunderts, in: Kamptal-Studien 5, 1985, S. 1-20.

Ders. u. Martin Roland, Mitteleuropäische Schulen I (ca. 1250-1350) (=Veröffentlichungen der Kommission für Schrift- und Buchwesen des Mittelalters I. Die illuminierten Handschriften und Inkunabeln der Österreichischen Nationalbibliothek 10, Denkschriften der phil.-hist. Klasse 245, Wien 1997).

Ders. u. Friedrich Simader, Ergänzungen und Nachträge zum Katalog der deutschen romanischen Handschriften (Stand Juni 2007): https://web.archive.org/web/20160908100342/http://www.onb.ac.at/sammlungen/hschrift/kataloge/ergaenzungen/ergaenzungen.htm

Eduard Fischer, Bischof Altmann von Passau und sein Doppelkloster an der Donau (Dissertation an der Universität Wien 2008).

Helmut Flachenecker, Patrozinienforschung in Deutschland. In: Concilium medii aevi 2 (1999) 145-163.

M. Fitzenreiter, (Un)Zugänglichkeit. Über Performanz und Emergenz von Schrift und Bild. In: Schriftträger – Textträger. Zur materiellen Präsenz des Geschriebenen in frühen Gesellschaften, hg. v. Annette Kehnel, Diamantís Panagiotópoulos (Materiale Textkulturen 6, Berlin/Boston/München 2014) 179-208.

Christine Fleck, Göttweig und die Anfänge einer österreichischen Ministerialität. In: JbLKNÖ NF 46-47 (1980/81) 98-110.

Ivan Foletti u. Klára Doležalová (Hgg.), The Notion of Liminality and the Medieval Sacred Space (=Convivium Supplementum 3, Brünn - Lausanne 2019).

Christoph Forster, Inschriftenspolien. Ihre Verwendung und Bedeutung im Mittelalter. In: Tobias Frese, Wilfried E. Keil u. Kristina Krüger (Hgg.), Verborgen, unsichtbar, unlesbar – zur Problematik restringierter Schriftpräsenz (=Materiale Textkulturen. Schriftenreihe des Sonderforschungsbereichs 933, 2, Berlin - Boston 2014) 143-167.

Karl Suso Frank, Cella. In: Lexikon für Theologie und Kirche 2 (1994) 987.

Tobias Frese, „Denn der Buchstabe tötet" – Reflexionen zur Schriftpräsenz aus mediävistischer Perspektive. In: Ders., Wilfried E. Keil u. Kristina Krüger (Hgg.), Verborgen, unsichtbar, unlesbar – zur Problematik restringierter Schriftpräsenz (=Materiale Textkulturen. Schriftenreihe des Sonderforschungsbereichs 933, 2, Berlin - Boston 2014) 1-15.

Ders., u. Wilfried E. Keil u. Kristina Krüger (Hgg.), Verborgen, unsichtbar, unlesbar - zur Problematik restringierter Schriftpräsenz (=Materiale Textkulturen. Schriftenreihe des Sonderforschungsbereichs 933, 2, Berlin - Boston 2014).

Dagobert Frey, Die Denkmale des politischen Bezirkes Baden (=Österreichische Kunsttopographie 18, Wien 1924).

Johannes Fried, Das Mittelalter. Geschichte und Kultur (München 2012).

John B. Friedman, Northern English Books, Owners, and Makers in the Late Middle Ages (Syracuse, NY 1995).

Jana Esther Fries, Bericht der Archäologischen Denkmalpflege 2007. Ausgrabungen und Funde (=Oldenburger Jahrbuch 108, Oldenburg 2008) 243-259.

Gottfried Edmund Friess, Die Herren von Kuenring. ein Beitrag zur Adelsgeschichte des Erzherzogtums Oesterreich unter der Enns (Wien 1874).

Adalbert Franz Fuchs, Der älteste Besitz des Stiftes Göttweig und dessen Verhältnis zu den Göttweiger Geschichtsquellen. Ein quellenkritischer Beitrag zur ältesten Geschichte von Göttweig. In: JbLKNÖ NF 9 (1910) 1-99.

Ders., Bericht über die Totenbücher Nieder-Oesterreichs. In: Neues Archiv der Gesellschaft für ältere deutsche Geschichtskunde 35 (1910) 721-766.

Franz Gall, Die „Herzoge" von Mödling. In: AÖG 120/1 (1954) 1-44.

Jürgen Geiss, Zentren der Petrarca-Rezeption in Deutschland (um 1470-1525). Rezeptionsgeschichtliche Studien und Katalog der lateinischen Drucküberlieferung (Wiesbaden 2002).

Karl Gerabek, Gewässer und Wasserwirtschaft Niederösterreichs (=Forschungen zur Landeskunde von Niederösterreich 15, Wien 1964).

Jan Gerchow, Die frühen Klöster und Stifte, 500-1200. In: Katalog „Krone und Schleier". Kunst aus mittelalterlichen Frauenklöstern. Kunst- und Ausstellungshalle der Bundesrepublik Deutschland, Bonn u. Ruhrlandmuseum Essen (Hgg.), Ausstellung 2005, 156-162.

Veronika Gerz von Büren u. Donatella Nebbiai-Dalla Guarda, Les catalogues de bibliothèques comme source pour l'histoire intellectuelle: le cas de trois bibliothèques monastiques françaises à la fin du XVe siècle. In: Bernard Chevalier u. Philippe Contamine (Hgg.), La France de la fin du XVe siècle (1985) 283-299.

Theodor Gettinger, Baden und seine Umgebungen. Dann Ausfluge in die sudwestlichen Gebirgsgegenden von Nieder-Osterreich bis nach Gutenstein (Wien 1851).

Franz Glaser, Frühes Christentum im Alpenraum. Eine archäologische Entdeckungsreise (Regensburg - Wien - Graz 1997).

Christine Glassner, Inventar der Handschriften des Benediktinerstiftes Melk I: Von den Anfängen bis ca. 1400. Katalog- und Registerband. In: Veröffentlichungen (II) zum Schrift- und Buchwesen des Mittelalters 8/1 (=Denkschriften der philosophisch-historischen Klasse 285, Wien 2000).

Christine Glassner u. Alois Haidinger, Die Anfänge der Melker Bibliothek. Neue Erkenntnisse zu Handschriften und Fragmenten aus der Zeit vor 1200 (Melk 1996).

Theodor Gottlieb, Mittelalterliche Bibliothekskataloge Österreichs 1: Niederösterreich (Wien 1915, Neudruck Aalen 1974).

Johann Gradt, Archäologische Reise-Aufnahmen aus dem Viertel unter dem Wiener Wald. In: Berichte und Mittheilungen des Alterthums-Vereines zu Wien 15 (Wien 1875) 117-122.

Francis Grew u. Margrethe de Neergaard, Shoes and Pattens (=Medieval finds from Excavations in London 2, London 1988).

Willy Groenman-van Waateringe u. L. M. Velt, Schuhmode im Späten Mittelalter. Funde und Abbildungen. In: Zeitschrift für Archäologie des Mittelalters 3, (1975) 95-119.

Karl Gutkas, Der Besitz der steirischen Otakare im oberen Traisen- und im Gölsental. In: UH 24 (1953) 198-202.

Hans Frieder HAEFELE, Studien zu Notkers Gesta Karoli. In: Deutsches Archiv für Erforschung des Mittelalters 15 (1959) 358-393.

DERS., Studien zu Notkers Gesta Karoli. In: Friedrich BAETHGEN (Hg.), Deutsches Archiv für Erforschung des Mittelalters, 15 (Köln-Graz 1959) 358-392.

Anton HÄNGGI (Hg.), Der Rheinauer Liber Ordinarius (Zürich Rh 80, Anfang 12. Jh.). In: Spicilegium Friburgense 1 (Freiburg 1957).

Othmar HAGENEDER, Die geistliche Gerichtsbarkeit in Ober- und Niederösterreich (=Forschungen zur Geschichte Oberösterreichs 10, Linz 1967).

P. Placidus HAIDEN, Des Closters Niederaltaich kurtze Chronick oder Zeit-Schrifften. In: P. Placidus HAIDEN, Tausend-Jähriges Jubel-Fest des Closters Nieder-Altaich, Regensburg, 1732).

Siegfried HAIDER, Zu den Anfängen von Pfarre und Kloster Garsten. In: MIÖG 113 (2005) 293-329.

Alois HAIDINGER, Franz LACKNER, Lilienfeld – Handschriftenliste (Version 2 von Januar 1997): http://www.ksbm.oeaw.ac.at/lil/hss_v02.htm

DIES., Die Handschriften des Stiftes Lilienfeld. Anmerkungen und Ergänzungen zu Schimeks Katalog. In: Codices Manuscripti. Zeitschrift für Handschriftenkunde 18/19, Festschrift Otto Mazal, 1997) 49-80.

Nora HALBGEBAUER, Polychromie romanischer Portale in Wien und Niederösterreich (Diplomarbeit an der Universität Wien 2008).

Kassius HALLINGER, Gorze-Kluny. Studien zu den Monastischen Lebensformen und Gegensätzen im Hochmittelalter I-II (=Studia Anselmiana 22-25, Rom 1950-1951).

Luise u. Klaus HALLOF, Die Inschrift am Westportal der Klosterkirche Thalbürgel. In: Zum Burgelin 1 (1992) 1-11; zuvor in: Philologus 134 (1990) 103-110.

Felix HALMER, Burgen und Schlösser zwischen Baden, Gutenstein, Wr. Neustadt (=Burgen und Schlösser in Niederösterreich I/2, Wien 1968).

Rudolf HANSLIK, Herkunft und Text der ältesten Handschrift der Regula Benedicti in Österreich. In: Festschrift für Karl Mras (=Wiener Studien. Zeitschrift für klassische Philologie 70, Wien 1957) 117-130.

Karl Pomeroy HARRINGTON (Hg., überarb. von Joseph PUCCI), Medieval Latin. Second Edition. With a grammatical introduction by Alison GODDARD ELLIOTT (Chicago - London 1997).

Florian HARTMANN, Karolingische Gelehrte als Dichter und der Wissenstransfer am Beispiel der Epigraphik, In: Julia BECKER u.Tino LICHT u. Stefan WEINFURTER (Hgg.), Karolingische Klöster. Wissenstransfer und kulturelle Innovation (=Materiale Textkulturen. Schriftenreihe des Sonderforschungsbereichs 933, 4, Berlin - München - Boston 2015) 255-274.

Hermann HAUKE, Überlegungen zur Bearbeitung von Fragmenten. In: Walter NEUHAUSER (Hg.), Beiträge zur Handschriftenkunde und mittelalterlicher Bibliotheksgeschichte. Referate der 7. Tagung österreichischer Handschriftenbearbeiter in Innsbruck/Neustift (Südtirol), Juni 1979 (=Innsbrucker Beiträge zur Kulturwissenschaft, Sonderheft 47, Innsbruck 1980) 27-32.

Barbara HAUSMAIR, Am Rande des Grabs. Todeskonzepte und Bestattungsrituale in der frühmittelalterlichen Alamannia. (=Unpublizierte Dissertation an der Universität Wien, an der historisch-kulturwissenschaftlichen Fakultät, Wien 2013).

Isolde Hausner u. Elisabeth Schuster (Hgg.), Altdeutsches Namenbuch. Die Überlieferung der Ortsnamen in Österreich und Südtirol von den Anfängen bis 1200 (Wien 1989-2004).

Andreas Heege u. Karl-Ernst Behre, Der Bischofsstab aus dem Grab des Erzbischofs Heinrich I. von Mainz. Holzanatomische Untersuchung. In: Einbecker Jahrbuch 46 (1999) 121-122.

Hedwig Heger, Das Lebenszeugnis Walthers von der Vogelweide. Die Reiserechnungen des Passauer Bischofs Wolfger von Erla (Wien 1970).

Felix Heinzer, Der Hirsauer „Liber Ordinarius". (=Revue Bénédictine 102, 1992) 309-347.

Ders., Kodifizierung und Vereinheitlichung liturgischer Traditionen. Historisches Phänomen und Interpretationsschlüssel handschriftlicher Überlieferung. In: Karl Heller u.a. (Hgg.) Musik in Mecklenburg. Beiträge eines Kolloquiums zur Mecklenburgischen Musikgeschichte, Rostock 24.-27. Sept. 1997 (=Studien und Materialien zur Musikwissenschaft 21, Hildesheim 2000) 85-106.

Ders., Liturgischer Hymnus und monastische Reform - Zur Rekonstruktion des Hirsauer Hymnars. In: Andreas Haug u. Christoph März u. Lorenz Welker (Hgg.), Der lateinische Hymnus im Mittelalter. Überlieferung, Ästhetik, Ausstrahlung (=Monumenta monodica medii aevi, Subsidia 4, Kassel 2004) 23-52.

Ders., Liturgischer Hymnus und monastische Reform - Zur Rekonstruktion des Hirsauer Hymnars. In: Felix Heinzer, Klosterreform und Mittelalterliche Buchkultur im deutschen Südwesten (=Mittellateinische Studien u. Texte 39, Leiden/Boston 2008) 224-256.

Klaus Herbers, Patrozinium. In: Sachwörterbuch der Mediävistik (Stuttgart 1992) 625.

Hermann Julius Hermann, Die frühmittelalterlichen Handschriften des Abendlandes (=Beschreibendes Verzeichnis der illuminierten Handschriften in Österreich 8. Die illuminierten Handschriften und Inkunabeln der Nationalbibliothek in Wien 1, Leipzig 1923).

Paul Herold, Ein Urkundenfund aus dem verschollenen Archiv des aufgehobenen Benediktinerklosters (Klein-) Mariazell. Texte zur Beziehung der Pfarre Kaumberg und der Herren von Arberg zum Kloster Mariazell in Österreich. In: Christoph Egger u. Herwig Weigl (Hgg.), Text – Schrift – Codex. Quellenkundliche Arbeiten aus dem Institut für Österreichische Geschichtsforschung (= MIÖG Ergänzungsband 35, Wien - München 2000) 224-268.

René-Jean Hesbert (Hg.), Corpus antiphonalium officii I-VI. In: Rerum Ecclesiasticarum Documenta. Series maior. Fontes 7-12 (Rom 1963-1979).

Gundula Hickisch, Romanische Weltgerichts-Tympana als Medien (ausgewählte Beispiele in Frankreich). (Diplomarbeit an der Universität Wien 2009).

Wolfgang Hilger, Mödling und Melk. Zur Geschichte der Pfarre Mödling in den Babenbergerzeit. In: JbLKNÖ NF 42 (1976) 129-151.

Helmut Hinkel, St. Martin. Patron des Bistums Mainz. In: August Leidl (Hg.), Bistumspatrone in Deutschland. Festschrift für Jakob Torsy zum 9. Juni / 28. Juli 1983 (München - Zürich 1984) 174-181.

Ivan Hlavacek u. Zdenka Hledikova, Nichtbohemikale mittelalterliche Originalurkunden in den böhmischen Ländern (=Archiv und Wissenschaft. Schriftenreihe der Archivalischen Zeitschrift NF 1, Köln - Wien 1977).

Günther Hödl, Göttweig im Mittelalter und in der Frühen Neuzeit. In: Geschichte des Stiftes Göttweig 1083-1983. Festschrift zum 900-Jahr-Jubiläum (=Studien und Mitteilungen zur Geschichte des Benediktiner-Ordens und seiner Zweige 94, St. Ottilien 1983) 1-231.

Ewald Höchtl, Die adiastematisch notierten Fragmente aus den Handschriften der Stiftsbibliothek Melk - Versuch einer Bestandsaufnahme I-II (Dissertation an der Universität Wien 1991).

Martin Hofbauer, Ausbildung und Struktur der Herrschafts- und Besitzverhältnisse des Hochstifts Passau im 13. und 14. Jahrhundert (in geographischer, wirtschaftlicher und sozialer Hinsicht), dargestellt an den Passauer Urbaren (Dissertation im Fachbereich Pädagogik an der Helmut-Schmidt-Universität – Universität der Bundeswehr Hamburg, 2005).

Philipp Hofmeister, Abtei und Celle im späteren Mittelalter. In: Historisches Jahrbuch 72 (1953) 222-237.

Kurt Holter, Die Bibliothek. Handschriften und Inkunabeln. In: Die Kunstdenkmäler des Benediktinerstiftes St. Paul im Lavanttal (=*Österreichische Kunsttopographie* 37, Wien 1969) 340-441.

Hildegard Holtstiege, Vinzenz Eduard Milde als Historiker. In: Beiträge zur Wiener Diözesangeschichte 10 (1969) **Seiten**

Joseph von Hormayr, Archiv für Geschichte, Statistik, Literatur und Kunst 17 (Wien 1826).

Waldemar Huber, Garsten. In: Ulrich Faust u. Waltraud Krassnig (Bearb.), Die benediktinischen Mönchs- und Nonnenklöster in Österreich und Südtirol (=Germania Benedictina III/1, St. Ottilien 2000) 501-560.

Alida Zwaantina Huisman, Die Verehrung des Heiligen Pancratius in West- und Mitteleuropa (Haarlem 1938).

Martin Illi, Wohin die Toten gingen. Begräbnis und Kirchenhof in der vorindustriellen Stadt (Zürich 1992).

Dominique Iogna-Prat, La Maison Dieu. Une histoire monumentale de l'Église au Moyen Âge (v. 800-v. 1200). (Paris 2006).

Carola Jäggi u. Uwe Lobbedey, Kirche und Klausur. Zur Architektur mittelalterlicher Frauenklöster. In: Katalog „Krone und Schleier". Kunst aus mittelalterlichen Frauenklöstern. Kunst- und Ausstellungshalle der Bundesrepublik Deutschland, Bonn u. Ruhrlandmuseum Essen (Hgg.), Ausstellung 2005, 89-103.

Philipp Jedelhauser, Die Edelfreien von Schwarzenburg bei Rötz (ca. 1054-1148) (=Verhandlungen des historischen Vereins für Oberpfalz und Regensburg 156, Regensburg 2016) 95-124.

Markus Jeitler, Zur Baugeschichte der Burg Thalberg. Eine Auswertung bauhistorischer Quellen. In: Schild von Steier. Beiträge zur steirischen Vor- und Frühgeschichte und Münzkunde. Kleine Schriften 19 (Graz 2002) 59-96.

Ders., Das Mittelalter von den Anfängen bis 1500. In: Das Straßertal. Geschichte und Gegenwart der Marktgemeinde Straß im Straßertale (Straß im Straßertale 2017) 53-79.

Peter Johanek, Zur rechtlichen Funktion von Traditionsnotiz, Traditionsbuch und früher Siegelurkunde. In: Peter Classen (Hg.), Recht und Schrift im Mittelalter (=Vorträge und Forschungen 23, Sigmaringen 1977) 131-162.

Ulrike Kalbaum, Romanische Türstürze und Tympana in Südwestdeutschland: Studien zu ihrer

Form, Funktion und Ikonographie (=Studien zur Kunst am Oberrhein 5, Münster 2011).

Marina KALTENEGGER, KG Kleinmariazell. In: Fundberichte aus Österreich 36 (1997).

DIES., KG Kleinmariazell. In: Fundberichte aus Österreich 37 (1998).

DIES., Der Blick hinter die Bilder... Die Kreuzgang-Nordwand (Kirchensüdwand) im Lesegang des Stiftes Heiligenkreuz. In: Santa Crux 66 (2005) 162-177.

DIES. u.a., Mariazell in Österreich: Aufarbeitung Grabung Kleinmariazell (Unpublizierter Endbericht für das 12./13. Jahrhundert, 2018).

DIES. u. Martin KRENN, Mittelalterliche Klosterböden. In: Fundort Kloster. Archäologie im Klösterreich. Katalog zur Ausstellung im Stift Altenburg vom 1. Mai bis 1. November 2000 (= Fundberichte aus Österreich, Materialheft A8, Wien 2000) 259-279.

DIES. u. Johann OFFENBERGER, KG Kleinmariazell. In: Fundberichte aus Österreich 35 (1996).

DIES. u. Patrick SCHICHT, Zu Bauforschung und Rekonstruktion der Baugeschichte. In: Michaela KRONBERGER (Hg.), Die Virgilkapelle in Wien. Baugeschichte und Nutzung (Wien 2016) 10-145.

Karl KAFKA, Wehrkirchen Niederösterreichs 2 (Wien 1970).

Katharina KASKA, Ein neugefundenes Traditionscodexfragment aus Stift Heiligenkreuz. In: MIÖG 121 (2013) 416-427.

Michael KAUFMANN, Niederaltaich. In: Michael KAUFMANN u.a. (Hgg.), Die Männer- und Frauenklöster der Benediktiner in Bayern (=Germania Benedictina II/2, St. Ottilien 2001) 1439-1468.

Ignaz Franz KEIBLINGER, Das Stift Mariazell in Oesterreich (Klein-Mariazell) und die Ortschaften Altenmarkt mit der Filialkirche zu Dornau, Hafnerberg, Nestach, St. Corona, Matzendorf, Grillenberg, Leobersdorf, Schloß Dornau nächst Leobersdorf, Lindabrunn in der Pfarre Enzersfeld (=Kirchliche Topographie von Österreich 5, Wien 1826).

DERS., Geschichte des Benedictiner-Stiftes Melk in Nieder-Oesterreich seiner Besitzungen und Umgebungen I: Geschichte des Stiftes (Wien 1868²).

Wilfried E. KEIL, Überlegungen zur restringierten Präsenz mittelalterlicher Bauinschriften. In: Tobias FRESE u. Wilfried E. KEIL u. Kristina KRÜGER (Hgg.), Verborgen, unsichtbar, unlesbar - zur Problematik restringierter Schriftpräsenz (=Materiale Textkulturen. Schriftenreihe des Sonderforschungsbereichs 933, 2, Berlin - Boston 2014) 117-142.

DERS. u. a. (Hgg.), Zeichentragende Artefakte im sakralen Raum. Zwischen Präsenz und UnSichtbarkeit (=Materiale Textkulturen. Schriftenreihe des Sonderforschungsbereichs 933, 20, Berlin - Boston 2018).

DERS. u. a., Präsenz, Sichtbarkeit und Unsichtbarkeit von Geschriebenem und Artefakten. Zur Einführung des Bandes. In: Wilfried E. KEIL u. a. (Hgg.), Zeichentragende Artefakte im sakralen Raum. Zwischen Präsenz und UnSichtbarkeit (=Materiale Textkulturen. Schriftenreihe des Sonderforschungsbereichs 933, 20, Berlin - Boston 2018) 1-15.

Calvin B. KENDALL, The Allegory of the Church. Romanesque Portals and Their Verse Inscriptions (Toronto-Buffalo-London 1998).

Anton KERN, das Offizium de Corpore Christi in österreichischen Bibliotheken (=Revue Bénédictine 64, 1954) 46-67.

Ernst Klebel, Die Fassungen und Handschriften der österreichischen Annalistik. In: JbLKNOE 21 (1928) 43-185.

Elisabeth Klemm, Die illuminierten Handschriften des 13. Jahrhunderts deutscher Herkunft in der Bayerischen Staatsbibliothek (=Katalog der illuminierten Handschriften der Bayerischen Staatsbibliothek in München 4, Wiesbaden 1998).

Edeltraud Klueting, *Monasteria semper reformanda*: Kloster+- und Ordensreformen im Mittelalter (=Historia profana et ecclesiastica. Geschichte und Kirchengeschichte zwischen Mittelalter und Moderne 12, Münster 2005).

Robert Klugseder, Studien zur mittelalterlichen liturgischen Tradition der Klosterneuburger Augustinerklöster St. Maria und St. Magdalena (=Musicologica Austriaca 27, Wien 2008) 11-42.

Ders., Liturgische Traditionen und Choralüberlieferung in Niederaltaich (=Studien und Mitteilungen zur Geschichte des Benediktinerordens und seiner Zweige 120, St. Ottilien 2009) 81-114.

Ders., Ausgewählte mittelalterliche Musikfragmente der Österreichischen Nationalbibliothek Wien (=Codices Manuscripti, Supplement 5, Purkersdorf 2011).

Ders., Quellen zur mittelalterlichen Musik- und Liturgiegeschichte des Klosters Mondsee (=Codices Manuscripti, Supplementum 7, Purkersdorf 2012).

Ders., Der mittelalterliche Liber ordinarius der Diözese Passau. Entstehungs- und Wirkungsgeschichte. In: Studien zur Musikwissenschaft. Beihefte der Denkmäler der Tonkunst in Österreich 57 (2013) 11-43.

Ders. u. Giornata Brusa, Der Liber ordinarius Pataviensis. Eine textkritische Edition des mittelalterlichen Regelbuchs der Diözese Passau (=Codices manuscripti, Supplementum 13, Purkersdorf 2019).

Rudolf Koch, Gurk (Ktn.), Pfarr- und ehemalige Domkirche Mariae Himmelfahrt. In: Hermann Fillitz (Hg.), Geschichte der Bildenden Kunst in Österreich I: Früh- und Hochmittelalter (München - New York 1998) 252.

Ders., Salzburg Franziskanerkirche. In: Hermann Fillitz (Hg.), Geschichte der Bildenden Kunst in Österreich. Band I, Früh- und Hochmittelalter (München-New York 1998) Kat. Nr. 35, 239-240.

Walter Koch, Paläographie der mittelalterlichen österreichischen Inschriften bis ca. 1350 (Teiluntersuchung). (Staatsprüfungsarbeit am Institut für Österreichische Geschichtsforschung, Wien 1968); Kurzfassung (Abschnitt zu den Freskeninschriften) im Druck unter demselben Titel in: MIÖG 77 (1969) 1-41.

Ders., Epigraphische Bemerkungen zum Marientympanon im Salzburger Museum Carolino Augusteum. In: Österreichische Zeitschrift für Kunst und Denkmalpflege 40 (1986) 114-118.

Ders., Bearbeitungs- und Editionsgrundsätze für die „Wiener Reihe" des deutschen Inschriftenwerkes (Wien 1991).

Ders., Auf dem Wege zur Gotischen Majuskel. Anmerkungen zur epigraphischen Schrift in romanischer Zeit. In: Ders. u. Christine Steininger (Hgg.), Inschrift und Material. Inschrift und Buchschrift. Fachtagung für mittelalterliche und neuzeitliche Epigraphik, Ingolstadt 1997 (=Bayerische Akademie der Wissenschaften, phil.-hist. Kl. Abh. N.F. 117, München 1999) 225-247.

Ders., Inschriftenpaläographie des abendländischen Mittelalters und der früheren Neuzeit. Früh- und Hochmittelalter (Wien/München 2007).

Wilfried KOCH, Baustilkunde. Das Standardwerk zur europäischen Baukunst von der Antike bis zur Gegenwart (Gütersloh - München 2006).

Bernhard KÖTTING, Der frühchristliche Reliquienkult und die Bestattung im Kirchengebäude (=Arbeitsgemeinschaft für Forschung des Landes Nordrhein-Westfalen. Geisteswissenschaften 123, Köln 1965).

DERS., Die Anfänge der christlichen Heiligenverehrung in der Auseinandersetzung mit Analogien außerhalb der Kirche. In: Peter DINZELBACHER u. Dieter R. BAUER (Hgg.), Heiligenverehrung in Geschichte und Gegenwart (Ostfildern 1990) 67-80.

Malachias KOLL, Topographie des Erzherzogthums Österreich, oder Darstellung der Entstehung der Städte, Märkte, Dörfer und ihrer Schicksale V: Das Decanat Pottenstein (Wien 1824).

Josef KOPPENSTEINER, Geschichte der Marktgemeinde Großpertholz (=Schriftenreihe des Waldviertler Heimatbundes 1, Großpertholz 1971).

Wilfried KOWARIK, Melk. In: Germania Benedictina III/2 (St. Ottilien 2001) 526-654.

Wilfried KOWARIK, Das vorbenediktinische „Kanonikerstift". In: Germania Benedictina III-2 (München 2001) 526f.

Björn KRAUS, Lebenswelt und Lebensweltorientierung - eine begriffliche Revision als Angebot an eine systemisch-konstruktivistische Sozialarbeitswissenschaft. In: Kontext. Zeitschrift für systemische Therapie und Familientherapie 37/2 (Göttingen 2006) 116-129.

DERS., Plädoyer für den Relationalen Konstruktivismus und eine Relationale Soziale Arbeit (=Forum Sozial 1, Leibnitz 2017).

Thomas J. KRAUS, Archäologische Artefakte mit griechischem Psalm 90 in apotropäischer Funktion. In: Wilfried E. KEIL u. a. (Hgg.), Zeichentragende Artefakte im sakralen Raum. Zwischen Präsenz und UnSichtbarkeit (=Materiale Textkulturen. Schriftenreihe des Sonderforschungsbereichs 933, 20, Berlin - Boston 2018) 121-137.

Jens-Uwe KRAUSE, Spätantike Patronatsformen im Westen des Römischen Reiches (München 1987).

Hans KRAWARIK, Weder Weiler noch Dörfer. Zur neuen methodischen Konzeption siedlungsgenetischer Forschung. In: MIÖG 110 (2002) 99-124.

DERS., Siedlungstypen und Lebensformen im Mittelalter (=LIT Austria: Forschung und Wissenschaft. Geschichte 15, Wien - Berlin 2016).

DERS., Bairische Bauernweiler im Frühmittelalter. Gegründete Gruppensiedlungen und Höfe des Adels (=Studien zur Geschichtsforschung des Mittelalters 37, Hamburg 2018).

Hubert KRITZER, Studien zur Entwicklungsgeschichte der romanischen Portale in Kärnten (Diplomarbeit an der Universität Wien 2008).

Otto KRONSTEINER, Die frühmittelalterlichen Sprach- und Besiedlungsverhältnisse Österreichs aus namenkundlicher Sicht. In: Österreichische Namenforschung 4/2 (Wien 1976) 5-24.

Lori KRUCKENBERG, Zur Hirsauer Prägung der liturgischen Musikpraxis an St. Peter in Salzburg. In: Stefan ENGELS u. Gerhard WALTERSKIRCHEN (Hgg.), Musica Sacra Mediaevalis. Geistliche Musik Salzburgs im Mittelalter. Kongressbericht Salzburg, 9. 6. 1996 (=Studien und Mitteilungen zur Geschichte des Benediktinerordens und seiner Zweige, Ergänzungsband 40, St. Ottilien 1998) 49-54.

DIES., Zur Rekonstruktion des Hirsauer Sequentiars. In: Revue Bénédictine 109 (1999) 186-207.

Kristina Krüger, Nicht verborgen, sondern goldgehöht - doch nur den Wenigsten verständlich: die Corveyer Fassadeninschrift. In: Tobias Frese u. Wilfried E. Keil u. Kristina Krüger (Hgg.), Verborgen, unsichtbar, unlesbar - zur Problematik restringierter Schriftpräsenz (=Materiale Textkulturen. Schriftenreihe des Sonderforschungsbereichs 933, 2, Berlin - Boston 2014) 59-84.

Carl Georg Kryspin, Ruine Arnstein bei Mayerling im Wiener Walde (Wien 1891).

Clara Martina Kuchar, Die Stilentwicklung der Portale aus dem 13. Jahrhundert in Niederösterreich (Master-Arbeit, Wien 2014).

Karin Kühtreiber u.a., „...der Leichenhof unter den Fenstern der Propsteiherrschaft...". Der frühneuzeitliche Friedhof auf dem Propsteiberg in Zwettl. In: Beiträge zur Mittelalterarchäologie in Österreich 30 (2014) 111-176.

Karin und Thomas Kühtreiber, Thernberg, Stanghof und Pittenau. In: Wehrbauten und Adelssitze Niederösterreichs. Das Viertel unter dem Wienerwald: Band 2 (St. Pölten 2003) 192-247.

Thomas Kühtreiber, Handwerksgeschichtliche und ideologische Aspekte mittelalterlichen Mauerwerks am Beispiel Ostösterreichs. In: Walter Melzer (Hg.), Mittelalterarchäologie und Bauhandwerk (=Soester Beiträge zur Archäologie 6, Soest 2005) 187-208.

Ders. u. Gabor Tarcsay u. Michaela Zorko, Bauhistorische Untersuchung des Gehöfts Tannbauer in Krumbach (Unpublizierter Bericht 2018).

Urban Küsters, Formen und Modelle religiöser Frauengemeinschaften im Umkreis der Hirsauer Reform des 11. und 12. Jahrhunderts. In: Hirsau. St. Peter und Paul 1091-1991 II: Geschichte und Lebens- und Verfassungsformen eines Reformklosters, bearbeitet von Klaus Schreiner (=Forschungen und Berichte der Archäologie des Mittelalters in Baden-Württemberg Band 10/2, Stuttgart 1991) 195-220.

Tobias Küss, Die älteren Diepoldinger als Markgrafen in Bayern 1077-1204. Adlige Herrschaftsbildung im Hochmittelalter (=Münchener Beiträge zur Geschichtswissenschaft 8, München 2013).

Tobias Kunz, Inszenierte Vergangenheit. Mittelalterliche Bildwerke im Kontext barocker Klöster. In: Markwart Herzog u. Huberta Weigl (Hgg.), Mitteleuropäische Klöster der Barockzeit. Vergegenwärtigung monastischer Vergangenheit in Wort und Bild (=Irseer Schriften. Studien zur Wirtschafts-, Kultur- und Mentalitätsgeschichte Neue Folge 15, Konstanz 2011) 341-365.

Erwin Kupfer, Frühe Königsschenkungen im babenbergischen Osten und ihre siedlungsgeschichtliche Bedeutung. In: UH 66 (1995) 68-81.

Ders., Landeswerdung und Ministerialensiedlung im westlichen Waldviertel. In: Stadtgemeinde Groß Gerungs. Kultur- und Lebensraum im Wandel der Zeit (Groß Gerungs 1999) 22-58.

Ders., Die Machtstellung der Sieghardinger im babenbergischen Österreich und die Anfänge von Waidhofen an der Ybbs. In: Willibald Rosner (Hg.), Waidhofen an der Ybbs und die Eisenwurzen. Die Vorträge des 18. Symposions des Niederösterreichischen Instituts für Landeskunde Waidhofen an der Ybbs, 6. bis 9. Juli 1998 (=Studien und Forschungen aus dem NÖ Institut für Landeskunde 32, St. Pölten 2004) 32-54.

Ders., Die Herren von Stiefern und das babenbergische Österreich. In: Andere Zeiten. Jubiläumsbuch 1100 Jahre Stiefern (Stiefern 2003).

Ders., Spätere Besitzerfamilien der Herrschaft Stiefern. In: Andere Zeiten. Jubiläumsbuch 1100 Jahre Stiefern (Stiefern 2003).

Ders., Die Sonnberger. Ministerialen und Landherren in Österreich. In: UH 78 (2007) 302-337.

Ders., Azilinstorf-Haugsdorf. Frage nach einer geschichtlichen Kontinuität. In: UH 80 (2009) 126-195.

Ders., Krongut, Grafschaft und Herrschaftsbildung in den südöstlichen Marken und Herzogtümern vom 10. bis zum 12. Jahrhundert (=Studien und Forschungen aus dem Niederösterreichischen Institut für Landeskunde 48, St. Pölten 2009).

Ders., Die Schallaburg und ihre Gründerfamilie. In: Die Schallaburg. Geschichte - Archäologie - Bauforschung (Weitra 2011) 21-38.

Ders., Das Weinviertel. Herrschaft, Siedlung und soziales Geflecht im Hohen Mittelalter (Wien 2017).

Christian Lackner, Die landesfürstlichen Pfandschaften in Österreich unter der Enns im 13. und 14. Jahrhundert. In: Willibald Rosner (Hg.), Österreich im Mittelalter. Bausteine zu einer revidierten Gesamtdarstellung (=Studien und Forschungen aus dem Niederösterreichischen Institut für Landeskunde 26, St. Pölten 1999) 187-204.

Johann Baptist Lackner, Memoriale seu Altachae Inferioris Memoria superstes, ex tabulis, annalibus, diplomatibus, epitaphiis aliisque antiquitatum reliquiis collecta (Passau 1779).

Reinhard Lamp, FLORILEGIUM. A Selection of Latin Inscriptions on late-medieval Brasses from English Churches. In: Pegasus-Onlinezeitschrift IX/2 (2009) 105-131 [verfügbar unter: https://www.yumpu.com/en/document/view/16876782/florilegium-a-selection-of-latin-inscriptions-on-late-pegasus-].

Ders., Florilegium: Vier Grabbildnisse Bürgerlicher. In: Pegasus-Onlinezeitschrift XIV/1 (2014) 81-115.

Miriam Landkammer u. Gábor Tarcsay u. Michaela Zorko, Bilder, die Räume erschließen. Historische und digitale Erkundung der Wandmalereien in der Göttweigerhof-Kapelle (Krems/Stein). In: MEMO 2: Digital Humanities & Materielle Kultur (2018) 122-150.

Georg Lanz, Die Kirche zu Raisenmarkt. In: Monatsblatt des Alterthums-Vereines zu Wien 13/7 (1896) 45-48 u. 53-56.

Clemens Anton Lashofer, Profeßbuch des Benediktinerstiftes Göttweig. Zur 900-Jahr-Feier der Gründung des Klosters (Göttweig 1983).

Christopher M. Lawson, Sancti Isidori Episcopi Hispalensis. De Ecclesiasticis Officiis (=Corpus Christianorum. Series Latina 113, Turnhout 1989).

Friedrich Otto von Leber u. Josef Feil, Archaeologische Beschreibungen einiger Ritterburgen und Schlossruinen im Kreise unter dem Wienerwald. In: Berichte und Mittheilungen des Alterthums-Vereines zu Wien 1 (Wien 1856) 40-182.

Gregor Martin Lechner, Göttweig. In: Ulrich Faust u. Waltraud Krassnig (Hgg.), Die benediktinischen Mönchs- und Nonnenklöster in Österreich und Südtirol (=Germania Benedictina III/1, St. Ottilien 2000) 768-843.

Ders., Die Gründungsgeschichte. In: Ulrich Faust u. Waltraud Krassnig (Hgg.), Die benediktinischen Mönchs- und Nonnenklöster in Österreich und Südtirol (=Germania Benedictina III/1, St. Ottilien 2000) 768-771.

Karl Lechner, Die Gründung des Klosters Maria-Zell im Wienerwald und die Besitzgeschichte seiner Stifterfamilie. In: JbLKNÖ NF 26 (1936) 92-118.

Ders., Die Gründung des Klosters Maria-Zell im Wiener Wald und die Besitzgeschichte seiner Stifterfamilie. In: Kurt Vancsa (Hg.), Karl Lechner. Ausgewählte Schriften. Zu seinem 50. Geburtstag, (Wien 1947).

Ders., Die Babenberger, Markgrafen und Herzöge von Österreich 976-1246 (Wien 1985).

Karl Lechner, Geschichte der Besiedelung und ursprünglichen Grundbesitzverteilung des Waldviertels. In: JbLKNÖ NF 19 (1924) 10-210

Rolf Legler, Probleme mit einem Phantom oder: seit wann gibt es einen Kreuzgang in der abendländischen Klosterarchitektur. In: Hans Rudolf Sennhauser (Hg.), Wohn- und Wirtschaftsbauten frühmittelalterlicher Klöster. Internationales Symposium, 26.9. - 1.10. 1995 in Zurzach und Müstair, im Zusammenhang mit den Untersuchungen im Kloster St. Johann zu Müstair (=Veröffentlichungen des Instituts für Denkmalpflege an der ETH Zürich 17, Zürich 1996) 85-90.

Erich Lehner, Die Araburg (=Baudenkmale in Niederösterreich, hg. von Walter Hildebrand und Erich Lehner, Wien-Baden 1991)

Hans Christian Lehner u. Markus Nix (Hgg.), Marcus von Regensburg, Visio Tnugdali - Vision des Tnugdalus. (=Fontes Christiani 74, Freiburg 2018).

August Leidl, Püchler, Wolfgang (OFM) († 1475). In: Erwin Gatz u.a. (Hgg.), Die Bischöfe des Heiligen Römischen Reiches 1448 bis 1648. Ein biographisches Lexikon, Berlin 1996) 556-557.

Die Inschriften des Politischen Bezirks St. Veit an der Glan, ges. u. bearb. v. Friedrich Wilhelm Leitner (=Die Deutschen Inschriften 65, Wiener Reihe 2/2, Wien 2008).

Alphons Lhotsky, Quellenkunde zur mittelalterlichen Geschichte Österreichs. In: MIÖG Ergänzungsband 19 (Graz - Köln 1963).

Gaby Lindenmann-Merz, Infirmarien - Kranken- und Sterbehäuser der Mönche. Eine architekturhistorische Betrachtung der Infirmariekomplexe nordenglischer Zisterzienserklöster (München 2009).

Thomas Lindermayer, Siedlungsgeschichte an der Pulkau. Von den Anfängen bis zum Ende des Hochmittelalters (Dissertation an der Universität Wien 2008).

Uwe Lobbedey, Inschriftentafel vom Westwerk in Corvey. In: Christoph Stegemann u. Matthias Wermhoff (Hgg.), Kunst und Kultur der Karolingerzeit. Karl der Große und Papst Leo III. in Paderborn (Katalog der Ausstellung in Paderborn 23. 7. - 1. 11. 1999, Mainz 1999) II, 570f.

Ders., Vergoldeter Buchstabe einer Inschrift. Ebd., 571f.

Ders. u. Herbert Westphal, Beobachtungen zur Herstellung der Monumentalinschrift am Westwerk zu Corvey. In: Hammaburg Neue Folge 12 (1998) (=Festschrift für Hans Drescher zu seinem 75. Geburtstag) 157-164.

Ders., Der Herrscher im Kloster. Corvey und die Westwerke. Bemerkungen zum Stand der Forschung in der Frage der Zweckbestimmung In: Hans Rudolf Sennhauser (Hg.), Pfalz - Kloster - Klosterpfalz. St. Johann in Müstair. Historische und archäologische Fragen. Tagung 20.-22. September 2009 in Müstair (Acta Müstair, Kloster St. Johann 2, Zürich 2011) 163-182

Klaus Lohrmann, Göttweig zwischen Bischof und Adel. Herrschaft im Südosten des Reiches zur Zeit der Bischöfe Altmann und Ulrich I. In: Adelheid

Krah u. Herbert Wilhelm Wurster (Hgg.), Die virtuelle Urkundenlandschaft der Diözese Passau. Vorträge der Tagung vom 16./17. September 2010 in Passau (=Veröffentlichungen des Instituts für Kulturraumfoschung Ostbaierns und der Nachbarregionen der Universität Passau 62, Passau 2011) 105-129.

Ders., Herrschaftsverhältnisse in der Grie 1070 bis 1170. In: JbLKNÖ NF 81 (2015) 65-198.

Ders., Die Babenberger und ihre Nachbarn (Wien 2019).

Tillmann Lohse, Stand und Perspektiven der Liber ordinarius-Forschung. In: Klaus Gereon Beuckers (Hg.), Liturgie in mittelalterlichen Frauenstiften. Forschungen zum Liber ordinarius (=Essenener Forschungen zum Frauenstift 10, Essen 2012) 215-255.

Cornelia Lohwasser u. Ingolf Ericsson u. Norbert Jung (Hgg.), Der letzte Weg - Tod und Bestattung in Mittelalter und Neuzeit (=Veröffentlichungen des Diözesanmuseums 28, Regensburg 2016).

Gottfried Loibl, Die Flurnamen im Bereich der Ortschaften Berndorf/St. Veit an der Triesting - Altenmarkt an der Triesting - Heiligenkreuz (Dissertation an der Universität Wien 1975).

Hartwig Lüdtke, Die Entdeckung einer mittelalterlichen Kirche unter dem Marktplatz von Schleswig. In: Archäologisches Korrespondenzblatt 14 (1984) 111-118.

Peter Ferdinand Lufen, Die Ordensreform der Hirsauer und ihre Auswirkungen auf die Klosterarchitektur. Die liturgisch-monastischen, ethischen und ikonographischen Quellen und ihre Einflussnahme auf die Baukunst (Dissertation an der TH Aachen 1981).

Christina Lutter, Geschlecht & Wissen, Norm & Praxis, Lesen & Schreiben. Monastische Reformgemeinschaften im 12. Jahrhundert (=Veröffentlichungen des Instituts für Österreichische Geschichtsforschung 43, Wien 2005).

Dies., Zwischen Hof und Kloster. Kulturelle Gemeinschaften im mittelalterlichen Österreich (=Stabwechsel. Antrittsvorlesungen aus der Historisch-Kulturwissenschaftlichen Fakultät der Universität Wien 2, Wien - Köln - Weimar 2010).

Manfred Macek, Ein Schuhfund aus dem ehemaligen Benediktinerkloster Mariazell in Niederösterreich. In: Ders. u.a. (Hgg.), 3000 Jahre auf Schusters Rappen. Archäologie in Obergrünburg (OÖ). Der Schuh im Spiegel von Industrie und Archäologie (=Beiträge zu Archäologie und Denkmalpflege in Niederösterreich. Historica - Austria 4, 1997) 78-85.

Ders., Schuh- und Lederfunde aus der Pfarrkirche „Hl. Georg" in Obergrünburg. In: Manfred Macek u.a. (Hgg.), 3000 Jahre auf Schusters Rappen. Archäologie in Obergrünburg (OÖ). Der Schuh im Spiegel von Industrie und Archäologie (=Beiträge zu Archäologie und Denkmalpflege in Niederösterreich. Historica - Austria 5, 1998) 96-108.

Maria Mairold, Die datierten Handschriften in der Steiermark außerhalb der Universitätsbibliothek Graz bis zum Jahre 1600. I: Text, II: Tafeln (=Katalog der datierten Handschriften in lateinischer Schrift in Österreich 7, Wien 1988)

Günter Marian, Zur Besitzgeschichte zwischen Donau und Wagram um die Jahrtausendwende. In: Roman Zehetmayer (Hg.), Die Babenbergermark um die Jahrtausendwende. Zum Millennium des heiligen Koloman (=Nöla. Mitteilungen aus dem Niederösterreichischen Landesarchiv 16, St. Pölten 2014) 116-148.

Ders., Studien zum mittelalterlichen Adel im Tullnerfeld (=Forschungen zur Landeskunde von Niederösterreich 39, St. Pölten 2017).

Susan Marti, Einleitung zu Doppelklöster. In: Jeffrey F. Hamburger u.a. (Hgg.), Frauen - Kloster - Kunst. Neue Forschungen zur Kulturgeschichte des Mittelalters. Beiträge zum Internationalen Kolloquium vom 13. bis 16. Mai 2005 anlässlich der Ausstellung „Krone und Schleier" (Turnhout 2007) 379-383.

Josef Maurer, zwei Wohltäterinnen der Minoriten. In: Berichte und Mittheilungen des Alterthums-Vereins zu Wien 26 (1890), 41-47.

Rudolf Maurer, Bäder - Badleut - Badeknecht. In: Sonia Horn u. Susanne Claudine Pils (Hgg.), Stadtgeschichte und Medizingeschichte (=Tagungsband der 2. Wiener Gespräche zur Sozialgeschichte der Medizin, Wien - München 1998) 11-18.

Ders., Besitzgeschichtliche Untersuchungen zum Heiligenkreuzer Hausgültenbesitz in Baden. In: Sancta Crux 61 (2000) 154-202.

Ders., Allandgasse-Peterhof. Ein vergessener Vorort der Stadt Baden (=Katalogblätter des Rollettmuseums Baden 23, Baden 2000).

Ders., *... ein Continuum mit Baaden*. Schloss und Herrschaft Gutenbrunn (1291-2001) (=Katalogblätter des Rollettmuseums Baden 36, Baden 2001).

Ders., Der Badnerberg. 1000 Jahre Weinbaugeschichte Badens (=Katalogblätter des Rollettmuseums Baden 64, 2007).

Ders., *Ad Padun ... in palatio* (869) - Ein Annäherungsversuch. In: Roman Zehetmayer (Hg.), Im Schnittpunkt frühmittelalterlicher Kulturen. Niederösterreich an der Wende vom 9. zum 10. Jahrhundert. Die Vorträge des 27. Symposiums des Niederösterreichischen Instituts für Landeskunde. Hainburg 3. bis 6. Juli 2007 (=Nöla. Mitteilungen aus dem Niederösterreichischen Landesarchiv 13, St. Pölten 2008) 350-374.

Ders., Große Herren, kleine Leute. Das alte Leesdorf 1114-1800 (=Katalogblätter des Rollettmuseums Baden 84, Baden 2011).

Ders., Leesdorfer Hausgeschichten I: Die vor 1800 gegründeten Häuser (=Katalogblätter des Rollettmuseums Baden 85, 2011).

Ders., „Ein heiterer Tempel". Die Geschichte des Badener Engelsbades (=Katalogblätter des Rollettmuseums Baden 51, Baden 2012).

Ders., Baden St. Stephan 1312-2012. 700 Jahre Stadtgeschichte (Baden 2012).

Ders., Vom Rauberturm zum Sauerhof. 700 Jahre „Turm" und „Thurngasse"/Sauerhofstraße (=Katalogblätter des Rollettmuseums Baden 91, 2014).

Ders., Im Tärffl oder auf der Gstätten. Vom Vorort Dörfl zum Stadtteil Friedenssiedlung (=Katalogblätter des Rollettmuseums Baden 97, 2015).

Ders., Arnstein - Steinhof - Tachenstein. Mittelalterliche Herrschaftsbildungen zwischen Baden und Rauheneck. In: JbLKNÖ NF 82 (2016) 55-134.

Ders., Die Schwarzen Mönche und die Stadt Baden. Die Badener Besitzungen und Herrschaftsrechte der Benediktiner von (Klein-) Mariazell in Österreich (1136-1782) (Berndorf 2019).

Ders., Rauheneck - Rauhenstein - Scharfeneck (unveröffentlichtes Manuskript).

Otto Mazal (Hg.), Handschriftenbeschreibung in Österreich. Referate, Beratungen und Ergebnisse der Arbeitstagung in Kremsmünster (1973) und Zwettl (1974). In: Veröffentlichungen der Kommission für Schrift- und Buchwesen des Mittelalters, Reihe 2/1 (=Denkschriften der philosophisch-historischen Klasse 122, Wien 1975).

Esther MEIER, Handbuch der Heiligen (Darmstadt 2010).

Fritz MEINGAST, Unsere bayerischen Nothelfer (München 1982).

Gert MELVILLE, Zur Semantik von *ordo* im Religiosentum der ersten Hälfte des 12. Jahrhunderts. Lucius II., seine Bulle vom 19. Mai 1144 und der „Orden" der Prämonstratenser. In: Irene CRUSIUS und Helmut FLACHENECKER (Hgg.), Studien zum Prämonstratenserorden (=Studien zur Germania Sacra 25, Göttingen 2003) 201-224. **(Bei BS 185-199 !!).**

László MEZEY, Fragmentenforschung im Schottenstift 1982-1983. In: Codices Manuscripti 10 (1984) 60-71.

Eike H. MICHL, Der Bamberger Domkranz und die mittelalterlichen Friedhöfe am Ostchor der Bischofskirche. In: Das archäologische Jahr in Bayern 2013 (2013) 155-157.

Jacobus-Paulus MIGNE (Hg.), Patrologia Latina 83, 84, 161 (Paris 1841-1855).

Josef MITTERER, Das Wesen der Königshufe in der mittelalterlichen Landnahme: die (früh)mittelalterlichen Plansiedlungen zwischen der Triesting und der Piesting und die Zumessung der nach der virga regalis gemessenen Königshufen-Gemarkung des Dorfes Tattendorf (Tattendorf 2012).

Irene MITTERMEIER, Die Deutung von Grabbeigaben des Mittelalters und der frühen Neuzeit - eine Interpretationshilfe für das frühe Mittelalter? In: Jörg JARNUT u. Matthias WEMHOFF (Hgg.), Erinnerungskultur im Bestattungsritual. Archäologisch-Historisches Forum (=MittelalterStudien des Instituts zur interdisziplinären Erforschung des Mittelalters und seines Nachwirkens 3, Paderborn-München 2003) 219-235.

Elmar MITTLER, Historische Bibliotheksforschung: Anthropologisch-kulturwissenschaftliche Ansätze und Methoden - die digitale Wende. In: Konrad UMLAUF u. Simone FÜHLES-UBACH u. Michael SEADLE (Hgg.), Handbuch. Methoden der Bibliotheks- und Informationswissenschaft: Bibliotheks-, Benutzerforschung, Informationsanalyse (Berlin 2013) 483-524.

Heike Johanna MIERAU, Vita Communis und Pfarrseelsorge. Studien zu den Diözesen Salzburg und Passau im Hoch- und Spätmittelalter (=Forschungen zur kirchlichen Rechtsgeschichte und zum Kirchenrecht 21, Köln - Weimar - Wien 1997).

Oskar von MITIS, Studien zum älteren österreichischen Urkundenwesen (Wien 1906-1912).

Herbert MITSCHA-MÄRHEIM, Hochadelsgeschlechter und ihr Besitz im nördlichen Niederösterreich des 11. Jahrhunderts. In: JbLKNÖ NF 29 (1944/48) 416-439.

DERS., zur ältesten Besitzgeschichte der Zayagegend. In: JbLKNÖ NF 28 (1938/43) 121-147.

Christina MOCHTY-WELTIN u. Karin KÜHTREIBER u. Thomas KÜHTREIBER, Alexandra ZEHETMAYER, Wehrbauten und Adelssitze Niederösterreichs. Das Viertel unter dem Wienerwald 3 (=Sonderreihe der Studien und Forschungen aus dem Niederösterreichischen Institut für Landeskunde 3, St. Pölten 2014).

Jakob MOIS, Das Stift Rottenbuch in der Kirchenreform des XI.-XII. Jahrhunderts. Ein Beitrag zur Ordens-Geschichte der Augustiner-Chorherren (=Beiträge zur altbayerischen Kirchengeschichte 19, München 1953).

Eugen MÜLLER, Die Aufhebung und Wiedererrichtung des Stiftes Lilienfeld 1789–1790, in: Analecta Cisterciensia 29 (1973) S. 96-151.

Harald Müller, Habit und Habitus. Mönche und Humanisten im Dialog (=Spätmittelalter und Reformation NR 32, Tübingen 2006).

Michael Münch, Burg und Kirche. Ein besonderes Kapitel aus dem Niederkirchenwesen. In: Archiv für mittelrheinische Kirchengeschichte 53 (2001) 137-195.

Karl August Muffat, Schenkungsbuch der ehemaligen gefürsteten Probstei Berchtesgaden. In: Quellen und Erörterungen zur Bayerischen und Deutschen Geschichte 1 (München 1856) 225-364.

Gisela Muschiol, Liturgie und Klausur. Zu den liturgischen Voraussetzungen von Nonnenemporen. In: Irene Crusius (Hg.), Studien zum Kanonissenstifte (=Veröffentlichungen des Max-Planck-Instituts für Geschichte 167 bzw. Studien zur Germania Sacra 24, Göttingen 2001) 129-148.

Hannes P. Naschenweng, Admont. In: Ulrich Faust u. Waltraud Krassnig (Hgg.), Die benediktinischen Mönchs- und Nonnenklöster in Österreich und Südtirol (=Germania Benedictina III/1, St. Ottilien 2000) 71-188.

Hanns Peter Neuheuser, Panorama der Spuren. Zur Erfassung und Erforschung von Überlieferungs- und Gebrauchsspuren in Handschriften und Historischen Buchbeständen. In: Ders. (Hg.), Überlieferungs- und Gebrauchsspuren in historischen Buchbeständen. Symposion in Düsseldorf am 10. November 2009 (=Kleine Schriften der Universitäts- und Stadtbibliothek Köln 34) 1-30.

Walter Neuhauser, Die Bearbeitung von Fragmenten an österreichischen Bibliotheken. In: Biblos. Österreichische Zeitschrift für Buch- und Bibliothekswesen, Dokumentation, Bibliographie und Bibliophilie 35/4 (Wien 1986) 235-371.

Wolfgang Neumann u. Andrea Linnebach-Wegner (Hgg.), Vom Totenbaum zum Designersarg. Zur Kulturgeschichte des Sarges von der Antike bis zur Gegenwart. Katalog zur Ausstellung des Museums für Sepulkralkultur Kassel vom 1. Oktober bis 5. Dezember 1993, Kassel 1994[2]).

Renate Neumüllers-Klauser, Die Westwerktafel der Kirche in Corvey. Ein Beitrag zur karolingischen Epigraphik. In: Westfalen 67 (1989) 127-138.

Meta Niederkorn, Die Melker Reform im Spiegel der Visitationen (=MIÖG Erg. 30, Wien/München 1994)

Meta Niederkorn-Bruck u. Rainald Dubski, Koloman 1012-2012. Tradition und Wandel in der Verehrung des Heiligen. Kontinuität und Brüche als Ausdruck der Zeit (Melk 2012).

Leopold Novak, Aufgaben der Choralwissenschaft in Österreich. In: Musica divina. Monatsschrift für Kirchenmusik und Liturgie 25 (Wien 1937) 43-46.

Eugen Novak, Handschriften und Fragmente aus dem Benediktinerkloster (Klein-) Mariazell. Katalog und Beschreibung (=MCellA 6, Berndorf 2020)

Elisabeth Nowotny u.a., Thunau am Kamp - Das frühmittelalterliche Gräberfeld auf der Oberen Holzwiese (=Mitteilungen der Prähistorischen Kommission 87, Wien 2018).

Otto Gerhard Oexle, Die funktionelle Dreiteilung der Gesellschaft bei Adalbero von Laon. Deutungsschemata der sozialen Wirklichkeit im frühen Mittelalter. In: Frühmittelalterliche Studien 12 (1978) 1-54.

Ders., Memoria und Memorialüberlieferung im früheren Mittelalter. In: Otto Gerhard Oexle u.a. (Hgg.), Die Wirklichkeit und das Wissen. Mittelalterforschung, historische Kulturwissenschaft,

Geschichte und Theorie der historischen Erkenntnis (Göttingen 2011) 156-186.

Johann OFFENBERGER, Archäologische Untersuchungen im Bereich der ehemaligen Pfarrkirche zum Hl. Quirinus von Linz-Kleinmünchen. In: Historisches Jahrbuch der Stadt Linz (Linz 1984) 215-268.

DERS., Archäologische Untersuchungen im ehemaligen Benediktinerkloster St. Michael in Mondsee. In: Jahrbuch des Oö. Musealvereines Gesellschaft für Landeskunde Band 138 (Linz 1993) 40-130.

DERS., Archäologische Untersuchungen im ehemaligen Benediktinerkloster St. Michael in Mondsee. In: Jahrbuch des Oberösterreichischen Musealvereines Gesellschaft für Landeskunde 138 (Linz 1993) 40-130.

DERS., KG Kleinmariazell. In: Fundberichte aus Österreich 34 (Wien 1996) 17-18.

DERS. u. Angelika GEISCHLÄGER, Erste Ergebnisse der archäologischen Untersuchungen in der Stiftskirche des ehemaligen Klosters Kleinmariazell. Bodenbeläge und Putzausstattung. In: Zur Restaurierung II (=Denkmalpflege in Niederösterreich 16, 1995) 36-39.

DIES., Kloster Kleinmariazell in Österreich. Erste Ergebnisse archäologischer Untersuchungen Februar 1995 - März 1996. In: Thomas AIGNER (Hg.), Zum Millennium. Bausteine zur Geschichte der Gemeinde Altenmarkt an der Triesting und ihrer Ortsteile (Altenmarkt 1996) 17-18.

Augustin Ferdinand ORTMANN, Summarischer Inhalt und practische Anwendung der Wienerisch-Fürst-Erzbischöflichen Consistorial-Verordnungen, von dem Jahre 1721 bis 1820 (Wien 1821).

Oswald Josef OSWALD, St. Altmanns Leben und Wirken nach der Göttweiger Überlieferung der „Vita Altmanni". In: Der Heilige Altmann, Bischof von Passau, Sein Leben und sein Werk. Festschrift zur 900-Jahr-Feier 1965 (Göttweig 1965) 142-166.

Knud OTTOSEN, L'antiphonaire latin au Moyen-Age. Réorganisation des séries de répons de l'Avent classés par R.-J. Hesbert. In: Rerum ecclesiasticarum documenta, extra seriem (Rom 1986).

Walter PASS, Die Fragmente mittelalterlicher Choralhandschriften im Vorarlberger Landesarchiv. In: Vierteljahresschrift für Geschichte und Gegenwart Vorarlbergs 37/4 (Montfort 1985) 291-302.

Wolfgang PAYRICH, Herzogenburg. In: Floridus RÖHRIG (Hg.), Die bestehenden Stifte der Augustiner-Chorherren in Österreich, Südtirol und Polen (Klosterneuburg - Wien 1997) 29-98.

Wolfgang PETKE, Erzbischof Heinrich I. von Mainz (1142-1153), seine Grablege in Einbeck und die politischen Mächte im Leine-Wesergebiet im 12. Jahrhundert. In: Einbecker Jahrbuch 43 (1994) 29-54.

Francesco PETRARCA, Epistulae metricae. Briefe in Versen, hg., übers. und erl. von Otto und Eva SCHÖNBERGER (Würzburg 2004).

Silvia PETRIN, Kleinmariazell. In: Ulrich FAUST u. Waltraud KRASSNIG (Hgg.), Die benediktinischen Mönchs- und Nonnenklöster in Österreich und Südtirol (=Germania Benedictina III/2, St. Ottilien 2001) 134-162.

Johann B. PETROSSY, Die Ruine Arberg bei Kaumberg in Niederösterreich nebst historisch-topografischer Darstellung jener Märkte und Ortschaften, über welche die einstigen Besitzer dieser Burg ihre Vogtei-Rechte ausübten (Wien 1875).

Gaston Graf von PETTENEGG, Die Urkunden des Deutsch-Ordens-Centralarchives zu Wien I (1770-1809) (Prag-Leipzig 1887).

Gerhard Pferschy, Ottokar II. Přemysl, Ungarn und die Steiermark. In: JbLKNÖ NF 44/45 (1978/79) 73-91.

Mathias Piana, Knotensäulen: ein Beispiel für die Rezeption eines lombardischen Architekturmotivs im deutschsprachigen Raum. In: Volker Herzner u. Jürgen Krüger (Hgg.), Transfer. Innovationen in der Zeit der Kreuzzüge. Akten der 4. Landauer Staufertagung 27.-29. Juni 2003 (=Veröffentlichungen der Pfälzischen Gesellschaft zur Förderung der Wissenschaften 101, Speyer 2006) 51-66.

Othmar Pickl, Die Herrschaften Klamm und Reichenau. Ein Beitrag zur Besitzgeschichte des Semminggebietes. In: Fritz Posch (Hg.), Siedlung, Wirtschaft und Kultur im Ostalpenraum. Festschrift Fritz Popelka. (=Veröffentlichungen des Steiermärkischen Landesarchives 2, Graz 1960) 253-272.

Susanne Claudine Pils, Leoben. Kommentar zur Siedlungsgeschichte. In: Österreichischer Städteatlas, Lieferung 9 (Wien - Stockerau 2006) ohne Seiten, vgl. http://mapire.eu/oesterreichischer-staedteatlas/leoben/.

Otto Piper, Österreichische Burgen I (Wien 1902).

Martina Pippal, *Mittelalterliche Buchmalerei in Göttweig bis zum Internationalen Stil*. 900 Jahre Stift Göttweig. Ausstellungskatalog (Stift Göttweig 1983) 542-569.

Benedikt Pitschmann, Kremsmünster. In: Ulrich Faust u. Waltraud Krassnig (Hgg.), Die benediktinischen Mönchs- und Nonnenklöster in Österreich und Südtirol (=Germania Benedictina III/2, St. Ottilien 2001) 163-252.

Hans Plach u. Karl Kubes, Zur Filialkirche von Kleinzwettl (Zwetlarn). In: JbLKNÖ 46/47 (Wien 1981) 387-399.

Benedikt Plank, St. Lambrecht. In: Ulrich Faust u. Waltraud Krassnig (Hgg.), Die benediktinischen Mönchs- und Nonnenklöster in Österreich und Südtirol (=Germania Benedictina III/2, St. Ottilien 2001) 318-380.

Willibald Maria Plöchl, Das kirchliche Zehentwesen in Niederösterreich. Ein Beitrag zur mittelalterlichen kirchlichen Rechtsgeschichte und zur Geschichte Österreichs. (= Forschungen zur Landeskunde von Niederösterreich 5, Wien 1935).

Arnold Pöschl, Der Neubruchzehent. In: Archiv für katholisches Kirchenrecht 98 (1918) 1-51.

Albertus Poncelet, Miraculorum B. V. Mariae. In: Analecta Bollandiana 21 (Brüssel 1902) 241-360.

Franz Karl Prassl, Der älteste Salzburger Liber Ordinarius. In: Stefan Engels u. Gerhard Walterskirchen (Hgg.), Musica Sacra Mediaevalis. Geistliche Musik Salzburgs im Mittelalter. Salzburg, 6.–9. Juni 1996. Kongressbericht (=Studien und Mitteilungen zur Geschichte des Benediktiner-Ordens und seiner Zweige, Ergänzungsband 40, St. Ottilien 1998) 31-47.

Ders., Der Salzburger Liber Ordinarius (1198) und seine Bearbeitungen als Hinweise auf theologische, liturgische (und musikalische) Veränderungen. In: Rüdiger Nutt-Kofoth u. Bodo Plachta (Hgg.), Editio. Internationales Jahrbuch für Editionswissenschaft 31/1 (2017) 32-58.

Karl Puchner, Patrozinienforschung und Eigenkirchenwesen mit besonderer Berücksichtigung des Bistums Eichstätt (Kallmünz 1932).

Michaela Puzicha, Kommentar zur Benediktusregel (St. Ottilien 2002).

Irene Rabl, Die Lilienfelder Stiftsbibliothek. Geschichte, Buchbestand und Kataloge. In: Pius Maurer u. Irene Rabl u. Harald Schmid (Hgg.),

Campililiensia - Geschichte, Kunst und Kultur des Zisterzienserstiftes Lilienfeld (Lilienfeld 2015) 205-218.

Alexander Rausch u. Elisabeth Th. Hilscher, Art. „Klosterneuburg", in: Oesterreichisches Musiklexikon online: https://www.musiklexikon.ac.at/ml/musik_K/Klosterneuburg.xml (17.4.2020).

Ursula Rautenberg, Medienkonkurrenz und Medienmischung. Zur Gleichzeitigkeit von Handschrift und Druck im ersten Viertel des 16. Jahrhunderts in Köln. In: Gerd Dicke u. Klaus Grubmüller (Hgg.), Die Gleichzeitigkeit von Handschrift und Buchdruck (=Wolfenbütteler Mittelalter-Studien 16, Wiesbaden 2003) 165-202.

Daniel Redlinger, Text, Visualisierung und Erinnerungskultur. Indo-Islamische Bauinschriften als mnemotechnische, sinnstiftende Medien eines kollektiven historischen Denkens. In: Wilfried E. Keil u. a. (Hgg.), Zeichentragende Artefakte im sakralen Raum. Zwischen Präsenz und UnSichtbarkeit (=Materiale Textkulturen. Schriftenreihe des Sonderforschungsbereichs 933, 20, Berlin - Boston 2018) 263-283.

Folker Reichert, Adlige Güter- und Gültenverkäufe an geistliche Kommunitäten. Zu den Beziehungen von Adel und Kirche in der 2. Hälfte des 13. Jahrhunderts. In: JbLKNÖ NF 44/45 (1978/79) 341-379.

Ders., Landesherrschaft, Adel und Vogtei. Zur Vorgeschichte des spätmittelalterlichen Ständestaates im Herzogtum Österreich (=Beihefte zum Archiv für Kulturgeschichte 23, Köln - Wien 1985).

Hermann Reichert, Walther. Schaf im Wolfspelz oder Wolf im Schafspelz. In: Helmut Birkhan u. Ann Cotten (Hgg.), Der achthundertjährige Pelzrock. Walther von der Vogelweide - Wolfger von Erla - Zeiselmauer (=ÖAW Sitzungsberichte 721, Wien 2005) 449-506.

Ders. (Hg.), Das Nibelungenlied. Text und Einführung (Berlin - Boston 2017²).

Gerhard Reichhalter, Lage und Kernzone der Stieferner Burg. Die Burg als Ganzes. Die heutige Bebauung - Indizien und Rückschlüsse. In: Andere Zeiten. Jubiläumsbuch 1100 Jahre Stiefern (Stiefern 2003) 102-139.

Ders., Die Burg von Stiefern in Niederösterreich. Burgenbau und Herrschaftsräume der Herren von Stiefern - Gaaden - Arnstein. In: Beiträge zur Mittelalterarchäologie in Österreich 20 (Wien 2004) 179-189.

Ders., Stiefern. In: Falko Daim u. Karin Kühtreiber u. Thomas Kühtreiber (Hgg.), Burgen Waldviertel-Wachau. Mährisches Thayatal (Wien 2009) **Seiten**

Ders. u. Thomas Kühtreiber, Zwettlberg. In: Falko Daim u. Karin Kühtreiber u. Thomas Kühtreiber (Hgg.), Burgen Waldviertel - Wachau. Mährisches Thayatal (Wien 2009²) 179f **Seiten**

Ders., Kehrbach I/Kehrbach II. In: Falko Daim u. Karin Kühtreiber u. Thomas Kühtreiber (Hgg.), Burgen Waldviertel - Wachau. Mährisches Thayatal (Wien 2009²) 284-286.

Ders. u. Andreas Zajic, Kronsegg. In: Falko Daim u. Karin Kühtreiber u. Thomas Kühtreiber (Hgg.), Burgen Waldviertel-Wachau. Mährisches Thayatal (Wien 2009) 280-282.

Erwin Reidinger, Ostern 1136. Neue Erkenntnisse zur Gründung von (Klein-) Mariazell (=M.CellA. Beiträge zu Geschichte, Kunst und Kultur des ehemaligen Benediktinerstiftes Mariazell 2, St. Pölten 2016).

Kurt Reindel, Grabbeigaben und die Kirche. In: Zeitschrift für Bayerische Landesgeschichte 58 (1995) 141-146.

Gustav Reingrabner, Horn, die Stadt und ihre Mauer (Horn 2011).

Walter Rieck, Das Portal am Klosterbach (Margarethe, die Babenbergerin). Historisches Stück über die Entstehung des Westportales der Stiftskirche von Kleinmariazell (o. O., o. J.).

Brigitte Rigele, Die Maissauer. Landherren im Schatten der Kuenringer (maschingeschriebene Dissertation an der Universität Wien 1990).

Adolph Leopold Ritter von Wolfskron, Der Bischofsstab, dessen liturgisch-symbolische Bedeutung und allmähliche Entwicklung seiner Gestalt. In: Mittheilungen der k.k. Central-Commission zur Erforschung und Erhaltung der Baudenkmale 2/10 (1857) 256-262.

Floridus Röhrig, Die Augustiner-Chorherren in Österreich. In: Floridus Röhrig (Hg.), Die bestehenden Stifte der Augustiner-Chorherren in Österreich, Südtirol und Polen (Klosterneuburg - Wien 1997) 9-13.

Martin Roland, Buchschmuck in Lilienfelder Handschriften. Von der Gründung des Stiftes bis zur Mitte des 14. Jahrhunderts (=Studien und Forschungen aus dem Niederösterreichischen Institut für Landeskunde 22, Wien 1996).

Barbara H. Rosenwein, Rhinoceros Bound. Cluny in the Tenth Century (Philadelphia 1982).

Jens Rüffer, Werkprozess - Wahrnehmung - Interpretation: Studien zur mittelalterlichen Gestaltungspraxis und zur Methodik ihrer Erschließung am Beispiel baugebundener Skulptur (Berlin 2014).

Eduard von Sacken, Archäologischer Wegweiser durch das Viertel ober dem Wiener-Walde. In: Berichte und Mitteilungen des Alterthums-Vereines zu Wien 17, Wien 1877).

Anselm Salzer, Die Sinnbilder und Beiworte Mariens in der deutschen Literatur und lateinischen Hymnenpoesie des Mittelalters. Mit Berücksichtigung der patristischen Literatur. Eine literar-historische Studie. Der XLII. Versammlung deutscher Philologen und Schulmänner gewidmet (Linz 1898).

Holger Peter Sandhofe (Hg.), Nocturnale Romanum: Antiphonale sacrosanctae Romanae ecclesiae pro nocturnis horis (Köln 2002).

Carmen Rob-Santer u. Michaela Schuller-Juckes, Die Inkunabelsammlung des Stiftes Lilienfeld. In: Pius Maurer u. Irene Rabl u. Harald Schmid (Hgg.), Campililiensia - Geschichte, Kunst und Kultur des Zisterzienserstiftes Lilienfeld (Lilienfeld 2015) 219-248.

Karl von Sava, Die mittelalterlichen Siegel der Abteien und Regularstifte im Erzherzogthume Österreich ob und unter der Enns. In: Jahrbuch der k.k. Central-Commission zur Erforschung und Erhaltung der Baudenkmale 3 (Wien 1859) 195-248.

Barbara Schedl, Stein (NÖ.), ehemalige Mionoritenkirche St. Ulrich. In: Günter Brucher (Hg.), Geschichte der bildenden Kunst in Österreich II, Gotik (München - London - New York 2000) 226.

Dies., Der Plan von St. Gallen. Ein Modell europäischer Klosterkultur (Wien - Köln - Weimar 2014).

Patrick Schicht, Die Festung Hohensalzburg. Neue Erkenntnisse zur Baugeschichte durch die archäologische Bauforschung. In: Archäologie mittelalterlicher Burgen. Mitteilungen der Deutschen Gesellschaft für Archäologie des Mittelalters und der Neuzeit 20 (Paderborn 2008) 227-234.

Ders., Hainburg. Onlinezugriff EBIDAT- die Burgendatenbank, https://www.ebidat.de/cgi-bin/ebidat.pl?id=1513.

Erwin Schilder, 850 Jahre Berndorf in Wort und Bild (Berndorf 1983).

Thomas Schilp, Norm und Wirklichkeit religiöser Frauengemeinschaften im Frühmittelalter. Die Institutio sanctimonialium Aquisgranensis des Jahres 816 und die Problematik der Verfassung von Frauenkommunitäten (=Veröffentlichungen des Max-Planck-Instituts für Geschichte 137 bzw. Studien zur Germania Sacra 20, Göttingen 1998).

Conrad Schimek, Verzeichnis der Handschriften des Stiftes Lilienfeld. In: Die Handschriften Verzeichnisse der Cistercienser-Stifte 1 (=Xenia Bernardina II/1, Wien 1891) 481-561.

Franz Josef Schmale (Hg.), Quellen zum Investiturstreit 1. Ausgewählte Briefe Papst Gregors VII. (Darmstadt 1978).

Monika Schmelzer, Der mittelalterliche Lettner im deutschen Sprachraum. Typologie und Funktion (=Studien zur internationalen Architektur- und Kunstgeschichte 33, Petersberg bei Fulda 2004).

Adolf Schmidl, Wien's Umgebungen auf zwanzig Stunden im Umkreise. Nach eigenen Wanderungen geschildert (Wien 1835).

Gerhard Schmidt, Die Buchmalerei. In: Die Gotik in Niederösterreich. Kunst, Kultur und Geschichte eines Landes im Spätmittelalter, hgg. von Fritz Dworschak und Harry Kühnel (Wien 1963) 93–114.

Kurt Schmutzer, Geschenk und Geschäft. Studien zur adeligen Schenkungspraxis im hohen Mittelalter (Ungedruckte Diplomarbeit an der Universität Wien 1994).

Christiane Schnack, Die mittelalterlichen Schuhe aus Schleswig. Ausgrabungen Schild 1971-1975. (=Ausgrabungen in Schleswig. Berichte und Studien 10, Neumünster 1992).

Dies., Mittelalterliche Lederfunde aus Konstanz (Grabung Fischmarkt) (=Materialhefte zur Archäologie in Baden-Württemberg 26, Stuttgart 1994).

Karl Schober, Die Besitzer der Araburg. In: Blätter des Vereins für Landeskunde von Niederösterreich NF 15 (1881) 451-460.

Helmut Schöbitz, Die Untertanen des Klosters Klein-Mariazell in Niederösterreich (Dissertation an der Universität Wien 2017).

Doris Schön u. Martin Krenn u. Johannes M. Tuzar, Archäologische Untersuchungen. Geschichte ans Licht gebracht. In: Albert Groiss und Werner Telesko (Hgg.), Benediktinerstift Altenburg: mittelalterliches Kloster und barocker Kosmos (Wien 2008) 34-51.

Barbara Scholkmann, Normbildung und Normveränderung im Grabbau des Mittelalters. Die Bestattungen in Kirchen. In: Doris Ruhe u. Karl-Heinz Spiess (Hgg.), Prozesse der Normbildung und Normveränderung im mittelalterlichen Europa, Stuttgart 2000) 93-117.

Dies., Die Kirche als Bestattungsplatz. Zur Interpretation von Bestattungen im Kirchenraum. In: Jörg Jarnut u. Matthias Wemhoff (Hgg.) Erinnerungskultur im Bestattungsritual (=Archäologisch-Historisches Forum, MittelalterStudien des Instituts zur interdisziplinären Erforschung des Mittelalters und seines Nachwirkens 3, Paderborn-München 2003) 189-218.

Hubert Schopf, Beiträge zur Besitz- und Herrschaftsgeschichte des mittleren und unteren Kamptales

(=Staatsprüfungsarbeit am Institut für Österreichische Geschichtsforschung, Wien 1989).

Georg Schreiber, Kurie und Kloster im 12. Jahrhundert. Studien zur Privilegierung, Verfassung und besonders zum Eigenkirchenwesen der vorfranziskanischen Orden vornehmlich auf Grund der Papsturkunden von Paschalis II. bis auf Lucius III. (1099-1181) I-II. In: Ulrich Stutz (Hg.), Kirchenrechtliche Abhandlungen 65-66, Stuttgart 1910).

Klaus Schreiner, Mönchsein in der Adelsgesellschaft des hohen und späten Mittelalters. Klösterliche Gemeinschaftsbildung zwischen spiritueller Selbstbehauptung und sozialer Anpassung. In: Historische Zeitschrift 248 (1989) 557-620.

Ders., Hirsau. St. Peter und Paul 1091-1991, I: Zur Archäologie und Kunstgeschichte (=Forschungen und Berichte der Archäologie des Mittelalters in Baden-Württemberg 10/1, Stuttgart 1991).

Ders., Hirsau und die Hirsauer Reform. Lebens- und Verfassungsformen einer Reformbewegung. In: Ulrich Faust u. Franz Quarthal (Hgg.), Die Reformverbände und Kongregationen der Benediktiner im deutschen Sprachraum (=Germania Benedictina I, St. Ottilien 1999) 89-124.

Alois Schröer, *Patron, Patronin, Patrozinium*. In: Lexikon für Theologie und Kirche 7 (Freiburg 1998) 1478f.

August Schuchert, Kirchengeschichte. Von den Anfängen der Kirche bis zur Gegenwart (Wien - St. Pölten 1958).

Elisabeth Schuster (Hg.), Die Etymologie der niederösterreichischen Ortsnamen I-III (=Historisches Ortsnamenbuch von Niederösterreich, Reihe B, Wien 1989-1994).

Hermann Schwammenhöfer, Archäologische Denkmale. I: Viertel unter dem Wienerwald (Wien o. J.) Nr. 50, 61.

Mario Schwarz, Studien zur Klosterbaukunst in Österreich unter den letzten Babenbergern (Dissertation an der Universität Wien 1981).

Mario Schwarz, Die Baukunst des 13. Jahrhunderts in Österreich (Wien - Köln - Weimar 2013).

Mario Schwarz, Kleinmariazell. In: Hermann Fillitz (Hg.), Geschichte der bildenden Kunst in Österreich I: Früh- und Hochmittelalter (München - New York 1998), Kat. Nr. 94, 333-335.

Ders. Ardagger. In: Hermann Fillitz (Hg.), Geschichte der bildenden Kunst in Österreich I: Früh- und Hochmittelalter (München - New York 1998), Kat. Nr. 65 294-295.

Ders., St. Paul im Lavanttal. In: Hermann Fillitz (Hg.), Geschichte der bildenden Kunst in Österreich I: Früh- und Hochmittelalter (München - New York 1998), Kat. Nr. 44, 252-354.

Ders., Heiligenkreuz (NÖ.), Zisterzienserabtei. In: Hermann FILLITZ (Hg.), Geschichte der Bildenden Kunst in Österreich. Band I, Früh- und Hochmittelalter (München-New York 1998), Kat.Nr. 47, 256-288.

Ders. Oberranna (NÖ). In: Hermann FILLITZ (Hg.), Geschichte der Bildenden Kunst in Österreich. Band I, Früh- und Hochmittelalter (München-New York 1998) Kat. Nr. 55, 267-268.

Ders., Mariazell. In: Hermann FILLITZ (Hg.), Geschichte der bildenden Kunst in Österreich I: Früh- und Hochmittelalter (München - New York 1998), Kat. Nr. 94, 333-335.

Franz Xaver Schweickhardt von Sickingen, Darstellung es Erzherzogthums Oesterreich unter der Ens. VUWW I und III (Wien 1831-1832).

Gregor SCHWEIGHOFER, Die Geschichte des Stiftes Altenburg. In: Hanna EGGER u.a. (Hgg.), Stift Altenburg und seine Kunstschätze (St. Pölten - Wien 1981) 6-35.

Gerhard SEEBACH, Stift Heiligenkreuz. Bauhistorische Untersuchungen zur Entstehungsgeschichte des mittelalterlichen Kreuzganges (Wien 1993 - unpublizierter Untersuchungsbericht im Bundesdenkmalamt).

Peter SEILER, Richterlicher oder kriegerischer Furor? Untersuchungen zur Bestimmung der primären Bedeutung des Braunschweiger Burglöwen. In: Johannes FRIED u. Otto Gerhard OEXLE (Hgg.), Heinrich der Löwe. Herrschaft und Repräsentation (=Vorträge und Forschungen 57, Stuttgart 2003) 135-197.

Sven SEILER u. Marianne GECHTER, Das Grab des Bischofs Rudolf von Schleswig in St. Kunibert zu Köln. In: Ein Land macht Geschichte. Archäologie in Nordrhein-Westfalen (=Schriften zur Bodendenkmalpflege in Nordrhein-Westfalen 3, 1995) 300-303.

Wilfried SETZLER, Zwiefalten. In: Germania Benedictina V (1975) 702ff.

Die Inschriften der Stadt Freising. Ges. und bearb. von Ingo Seufert auf der Grundlage von Vorarbeiten von Sabine Ryue unter redaktioneller Mitarbeit von Ramona Epp und Christine Steininger. Mit Beiträgen von Sigmund Benker, Franz-Albrecht Bornschlegel und Ramona Epp (Die Deutschen Inschriften 69, Münchener Reihe 12, Wiesbaden 2010).

Nadezda SHEVCHENKO, Eine historische Anthropologie des Buches, Bücher in der preußischen Herzogsfamilie zur Zeit der Reformation. (=Veröffentlichungen des Max-Planck-Instituts für Geschichte 234, Göttingen 2007).

Friedrich SIMADER, Illuminierte Handschriften aus Österreich (ca. 780 - ca. 1250). Vgl. https://homepage.univie.ac.at/Martina.Pippal/hssdata.htm.

Monica SINDERHAUF, Die Reform von St. Blasien. In: Ulrich FAUST u. Franz QUARTHAL (Hgg.) Die Reformverbände und Kongregationen der Benediktiner im deutschen Sprachraum (=Germania Benedictina I, St. Ottilien 1999) 125-140.

Luca SIRACUSANO, Die „Madonna der Ertrunkenen" von Trient und das Salzburger Marien-Tympanon. Ein Campioneser Bildhauer auf Reisen? In: Peter HUSTY u. Peter LAUB (Hgg.), Ars Sacra. Kunstschätze des Mittelalters aus dem Salzburg Museum (=Jahresschrift des Salzburg-Museum 53, Salzburg 2011) 187-198.

Kurt SMOLAK, Nulli non sua forma placet (Ovid, ars 1, 614 = Albert von Stade, Troilus 1, 360). Formale Künsteleien in literarischen und nicht literarischen Epigrammen des lateinischen Mittelalters. In: Wolfram HÖRANDNER u. Andreas RHOBY (Hgg.), Die kulturhistorische Bedeutung byzantinischer Epigramme. Akten des internationalen Workshops, Wien, 1.-2. Dezember 2006 (=Denkschriften der Österreichischen Akademie der Wissenschaften, phil.-hist. Kl., 371 = Veröff. zur Byzanzforschung 14, Wien 2008) 113-121.

Kurt SMOLAK u. Elisabeth KLECKER, Austria. In: Francisco DE OLIVEIRA (Hg.), Europatria (Coimbra 2013) 15-59.

Manuela Stephanie SOMMEREGGER, Studien zum ehemaligen Benediktinerkloster Kleinmariazell im Wienerwald (Diplomarbeit an der Universität Wien 2012).

Christoph SONNLECHNER, Die Entwicklung einer reformierten Benediktinerabtei in der ersten Hälfte des 12. Jahrhunderts. Studien zu den Göttweiger

Traditionsbüchern (Diplomarbeit an der Universität Wien 1995).

Ders., Die Entstehung der niederösterreichischen Pfarrsprengel. Eine Kritik des Wolf'schen Filiationssystems. In: Österreich im Mittelalter. Bausteine einer revidierten Gesamtdarstellung. Die Vorträge des 16. Symposions des NÖ Instituts für Landeskunde, Puchberg am Schneeberg 1.-4. Juli 1996 (=Studien und Forschungen aus dem NÖ Institut für Landeskunde 26, St. Pölten 1999) 97-117.

Ders., Landschaft und Tradition. Aspekte einer Umweltgeschichte des Mittelalters. In: Christoph Egger u. Herwig Weigl (Hgg.), Text-Schrift-Codex. Quellenkundliche Arbeiten aus dem Institut für Österreichische Geschichtsforschung. (=MIÖG Ergänzungsband 35, Wien - München 2000) 123-223.

Alessandra Sorbello Staub (Hg.), Das Ganze im Fragment. Handschriftenfragmente aus kirchlichen Bibliotheken, Archiven und Museen (Petersberg 2016).

Georg Stadtmüller u. Bonifaz Pfister, Geschichte der Abtei Niederaltaich 731/741-2012, (München 2012³).

Martin Staehelin, Einführung in die Arbeit an älteren Musikfragmenten. In: Matteo Nanni u. Caroline Schärli u. Florian Effelsberg (Hgg.), ein Kleid aus Noten. Mittelalterliche Basler Choralhandschriften als Bucheinbände (Basel 2014) 13-30.

Rudolf Steffek, Kirche und Pfarrhof von Gaaden (Bez. Mödling), In: UH 20 (1949) 133-137.

Heidrun Stein-Kecks, Quellen zum „capitulum". In: Hans Rudolf Sennhauser (Hg.), Wohn- und Wirtschaftsbauten frühmittelalterlicher Klöster (=Veröffentlichungen des Instituts für Denkmalpflege an der ETH Zürich 17, Zürich 1996) 219-232.

Basilius Steidle, Die Benediktus-Regel. Lateinisch-deutsch (Beuron 1980⁴).

Vesna Stern-Wakounig, Studien zu Arnulf von Kärnten (Diplomarbeit an der Universität Wien 2003).

Gerhard Streich, Burg und Kirche während des deutschen Mittelalters. Untersuchungen zur Sakraltopographie von Pfalzen, Burgen und Herrensitzen I-II (Sigmaringen 1984).

Richard Strobel, Zur Baugeschichte des Salzburger Hofes in Regensburg. In: Mitteilungen der Gesellschaft für Salzburger Landeskunde 122 (1982) 241-251.

Karlmann Tangl, Die Grafen von Pfannberg, 2. Abteilung von 1237 bis 1282. In: AÖG 18 (1857) 115-167.

Michael Tangl, Die Fälschungen Chrysostomus Hanthalers. In: MIÖG 19 (1898) 1-54.

Gerd Tellenbach, Die bischöflich passauischen Eigenklöster und ihre Vogteien (=Historische Studien 173, Berlin 1928).

Christoffer Theis, Präsenz und (Un-)Sichtbarkeit magischer Grenzen. In: Wilfried E. Keil u.a. (Hgg.), Zeichentragende Artefakte im sakralen Raum. Zwischen Präsenz und UnSichtbarkeit (=Materiale Textkulturen. Schriftenreihe des Sonderforschungsbereichs 933, 20, Berlin - Boston 2018) 55-69.

Markus Thome, Kirche und Klosteranlage der Zisterzienserabtei Heiligenkreuz. Die Bauteile des 12. und 13. Jahrhunderts (=Studien zur internationalen Architektur- und Kunstgeschichte 52, Petersberg 2007).

Paul Tobner, Lilienfeld, 1202-1902 (Wien 1902).

Johann Tomaschek, Zur Herkunft des Gründerkonvents von Altenburg. In: UH 76 (2005) 4-24.

Gia Toussaint, Kreuz und Knochen. Reliquien zur Zeit der Kreuzzüge (Berlin 2011).

Cécile Treffort, Paroles inscrites. À la découverte des sources épigraphiques latines du Moyen Âge (VIIe-XII siècle). Paris 2008.

Ferdinand Tremel, Das Zehentwesen in Steiermark und Kärnten von den Anfängen bis ins 15. Jahrhundert. In: Zeitschrift des historischen Vereines für Steiermark 33/1 (1939) 5-51.

Peter G. Tropper, Abt Magnus Klein von Göttweig und seine ‚Privaturkundenlehre'. Ein Beitrag zur Wissenschaftsgeschichte des 18. Jahrhunderts. In: MIÖG 89 (1981) 269-286.

Wilhelm Twerdy, Beiträge zur Geschichte des Wienerwaldes I-II (1998).

Matthias Untermann, Das „Mönchshaus" in der früh- und hochmittelalterlichen Klosteranlage. Beobachtungen zu Lage und Raumaufteilung des Klausur-Ostflügels In: Hans Rudolf Sennhauser (Hg.), Wohn- und Wirtschaftsbauten frühmittelalterlicher Klöster (=Veröffentlichungen des Instituts für Denkmalpflege an der ETH Zürich 17, Zürich 1996), 233-257.

Michael Ursinus, Zur Geschichte des Patronats. Patrocinium, himāya und der ʿuhdecilik. In: Die Welt des Islams, New Series 23/24 (1984) 476-497.

Christine B. Verzar, Text and Image in North Italian Romanesque Sculpture. In: Deborah Kahn (Hg.), The Romanesque Frieze and its Spectator (London 1992) 120-40.

Dies., Text und Bild in der norditalienischen Romanik: Skulpturen, Inschriften, Betrachter. In Herbert Beck u. Kerstin Hengevoss-Dürkop (Hgg.), Studien zur Geschichte der Europäischen Skulptur im 12./13. Jahrhundert (Frankfurt 1994) I 495-504.

Georg Matthäus Vischer, Topographia Archidvcatvs Avstriae Inferioris Modernae (1672, Reprint Graz 1976).

Thomas Vogtherr, Bischofsstäbe und Abtsstäbe im frühen und hohen Mittelalter. In: Ansgar Köb u. Peter Riedel (Hgg.), Kleidung und Repräsentation in Antike und Mittelalter, (=MittelalterStudien 7, Paderborn 2005) 83-90.

Silvia Wälli, Hirsauer Reform. Repertoire in Salzburger Quellen. Antiphonar von St. Peter, ÖNB Ser. nov. 2700. In: Beitrag zur Tagung „Liturgische Musik im Spannungsfeld zwischen Rezeption, Produktion und Tradition in der mittelalterlichen Kirchenprovinz Salzburg", 28.-29.3.2014, Universität Salzburg.

Benedikt Wagner, Seitenstetten. In: Ulrich Faust u. Waltraud Krassnig (Hgg.), Die benediktinischen Mönchs- und Nonnenklöster in Österreich und Südtirol (=Germania Benedictina III/3, St. Ottilien 2002) 522-603.

Hermann Norbert Watzl, Der Heiligenkreuzerhof in der Stadt Baden. Eine historische Skizze. In: Sancta Crux 44 (1983) 73-95.

Hermann Norbert Watzl, „....in loco, qui nunc ad sanctam crucem vocatur...' – Quellen und Abhandlungen zur Geschichte des Stiftes Heiligenkreuz" (Heiligenkreuz, 1987).

Ders., Aus zwei verschollenen Privilegienbüchern der Cisterce Heiligenkreuz von 1246 und 1251. In: Hermann Watzl, „... in loco, qui nunc ad Sanctam Crucem vocatur ...". Quellen und Abhandlungen zur Geschichte des Stiftes Heiligenkreuz, Heiligenkreuz 1987) 3-125.

Ders., Der Plan einer Verlegung der Cisterce Heiligenkreuz vom Wienerwald nach Westungarn in den Jahren 1206 bis 1209. In: Hermann Watzl, „... in loco, qui nunc ad Sanctam Crucem vocatur...". Quellen und Abhandlungen zur Geschichte des Stiftes Heiligenkreuz, Heiligenkreuz 1987) 431-444.

Huberta Weigl, Monastische Kunst und Geschichtsschreibung im 17. und 18. Jahrhundert. Zur Gegenwart der Vergangenheit. In: Markwart Herzog u. Huberta Weigl (Hgg.), Mitteleuropäische Klöster der Barockzeit. Vergegenwärtigung monastischer Vergangenheit in Wort und Bild (=Irseer Schriften. Studien zur Wirtschafts-, Kultur- und Mentalitätsgeschichte Neue Folge 15, Konstanz 2011) 21-67.

Stefan Weinfurter, Salzburger Bistumsreform und Bischofspolitik im 12. Jahrhundert: der Erzbischof Konrad I. von Salzburg (1106-1147) und die Regularkanoniker (=Kölner Historische Abhandlungen 24, Köln 1975).

Stefan Weinfurter, Die kirchliche Ordnung in der Kirchenprovinz Salzburg und im Bistum Augsburg 1046-1215. In: Walter Brandmüller (Hg.), Handbuch der bayerischen Kirchengeschichte 1, St. Ottilien 1998) 271-328.

Stefan Weinfurter, Die Macht der Reformidee. Ihre Wirkkraft in Ritualen, Politik und Moral der spätsalischen Zeit. In: Jörg Rogge (Hg.), Religiöse Ordnungsvorstellungen und Frömmigkeitspraxis im Hoch- und Spätmittelalter (=Studien und Texte zur Geistes- und Sozialgeschichte des Mittelalters 2, Korb am Neckar 2008) 13-39.

Friedrich Wilhelm Weiskern, Topographie von Niederösterreich: in welcher alle Städte, Märkte, Dörfer, Klöster, Schlößer, Herrschaften, Landgüter, Edelsitze, Freyhöfe, namhafte Oerter u.d.g. angezeiget werden, welche in diesem Erzherzogthume wirklich angetroffen werden, oder sich ehemals darinnen befunden haben. I (Wien 1769).

Alfred Weiss, Bisher unbekannte Hausberge und verwandte Anlagen im Viertel unter dem Wienerwald, Niederösterreich. In: Archaeologica Austriaca. Beiträge zur Paläanthropologie, Ur- und Frühgeschichte Österreichs 39 (Wien 1966) 54-80.

Ursula Weitgasser, Die romanischen Anteile der Franziskanerkirche zu Salzburg (Diplomarbeit an der Universität Wien 2012).

Dagmar Weltin, Studien zur Geschichte der Johanniterkommende Mailberg (Diplomarbeit an der Universität Wien 2007).

Maximilian Weltin, Landesherr und Landherren. Zur Herrschaft Ottokars II. Přemysl in Österreich. In: JbLKNÖ NF 44/45 (1978/79) 159-225.

Ders., Die Gedichte des sogenannten "Seifried Helbling" als Quellen für die Ständebildung in Österreich. In: JbLKNÖ NF 50/51 (1984/85) 338-416.

Ders., Probleme der mittelalterlichen Geschichte Niederösterreichs. Unter besonderer Berücksichtigung des Hollabrunner Bezirkes. In: Ernst Bezemek u. Willibald Rosner (Hgg.), Vergangenheit und Gegenwart. Der Bezirk Hollabrunn und seine Gemeinden (Hollabrunn 1993) 47-96.

Ders., König Rudolf und die österreichischen Landherren. In: Egon Boshof u. Franz-Rainer Erkens (Hgg.), Rudolf von Habsburg 1273-1291. Eine Königsherrschaft zwischen Tradition und Wandel (=Passauer historische Forschungen 7, Köln - Weimar - Wien 1993) 103-123.

Ders., Pitten Geschichte. In: Karin u. Thomas Kühtreiber u. Christina Mochty u. Maximilian Weltin (Hgg.), Wehrbauten und Adelssitze Niederösterreichs. Das Viertel unter dem Wienerwald I

(=Sonderreihe der Studien und Forschungen aus dem Niederösterreichischen Institut für Landeskunde, St. Pölten 1998). 181-195.

Ders., Landesfürst und Adel - Österreichs Werden. In: Heinz Dopsch u. Karl Brunner u. Maximilian Weltin, Die Länder und das Reich. Der Ostalpenraum im Hochmittelalter (=Österreichische Geschichte 1122-1278, Wien 1999) 218-261.

Ders., Die Erlaklosterurkunden des Niederösterreichischen Landesarchivs. In: Nöla. Mitteilungen aus dem Niederösterreichischen Landesarchiv 11 (2001) 48-76.

Ders., Von der Höhe der Zeit in die Krise. In: Die Länder und das Reich. Der Ostalpenraum im Hochmittelalter. Österreichische Geschichte 1122-1278 (Wien 2003) 250-255.

Ders., Ascherichsbrvgge - Das Werden einer Stadt an der Grenze. In: Folker Reichert u. Winfried Stelzer (Hgg.), Max Weltin. Das Land und sein Recht. Ausgewählte Beiträge zur Verfassungsgeschichte Österreichs im Mittelalter (=MIÖG Ergänzungsband 49, Wien/München 2006) 338-374.

Ders., Probleme der mittelalterlichen Geschichte Niederösterreichs. Unter besonderer Berücksichtigung des Hollabrunner Bezirkes. In: Folker Reichert u. Winfried Stelzer (Hgg.), Max Weltin. Das Land und sein Recht. Ausgewählte Beiträge zur Verfassungsgeschichte Österreichs im Mittelalter (=MIÖG Ergänzungsband 49, Wien/München 2006) 436-486.

Ders., Wartenstein Geschichte. In: Karin u. Thomas Kühtreiber u. Christina Mochty-Weltin u. Alexandra Zehetmayer (Hgg.), Wehrbauten und Adelssitze Niederösterreichs. Das Viertel unter dem Wienerwald, III (=Sonderreihe der Studien und Forschungen aus dem Niederösterreichischen Institut für Landeskunde 3, St. Pölten 2014) 321-360.

Gregor Westermair, Neugesetzter Maybaum etc. (Krems 1694)

Rupert Wimmer u. Michael Grabner u. Stefan Liebert, Die Särge von Mariazell. Eine dendrochronologisch-holzkundliche Untersuchung im Auftrag des Bundesdenkmalamtes, Abteilung Bodendenkmalpflege (unpublizierter Endbericht Wien 1998).

Eduard Winkelmann (Hg.), Die Chronik Bernolds von St. Blasien (Berlin 1863).

Leo Wirtner, Jubiläums-Heimatbuch der Marktgemeinde Kaumberg (Kaumberg 1980).

Ders. u.a., Festschrift der Marktgemeinde Altenmarkt a. d. Triesting anlässlich der Marktwappen-Wiederverleihung 1983 (Altenmarkt 1983).

Ders., 850-Jahr-Jubiläum der Gründung des Klosters Mariazell. Beschreibung der Zehentschenkung von 1155 (Altenmarkt 1986).

Franz Karl Wissgrill, Schauplatz des landsässigen niederösterreichischen Adels vom Herren- und Ritterstande von dem 11. Jahrhundert an bis auf jetzige Zeiten I (Wien 1794).

Hans Wolf, Erläuterungen zum Historischen Atlas der Österreichischen Alpenländer. 2. Abteilung: Die Kirchen- und Grafschaftskarte. 6. Teil: Niederösterreich (Wien 1955).

Peter Wolfrum, Das Prämonstratenserkloster Speinshart im Mittelalter. Eine Analyse seiner Bibliothek unter vergleichender Berücksichtigung der oberpfälzischen Klosterlandschaft. (=Bayreuther Arbeiten zur Landesgeschichte und Heimatkunde 5, Bayreuth 1991).

Karl August Alfred Freiherr von Wolzogen und Neuhaus, Geschichte des Reichsfreiherrlich von Wolzogen`schen Geschlechts I (Leipzig 1859).

Herbert Wilhelm Wurster, Patrozinium. In: Gerhard Krause u. Gerhard Müller (Hgg.), Theologische Realenzylopädie 26 (1998) 114-118.

Franz Zagiba, Probleme, Aufgaben und Organisation der österreichischen Choralforschung. In: Bericht: Zweiter internationaler Kongress für katholische Kirchenmusik Wien, 4.-10. Oktober 1954, zu Ehren des Heiligen Papstes Pius X. (Wien 1955) 149-151.

Josef von Zahn, Geschichte von Hernstein in Niederösterreich und den damit vereinigten Gütern Starhemberg und Emmerberg (=Moriz Alois Becker (Hg.), Hernstein in Niederösterreich, sein Gutsgebiet und das Land im weiteren Umkreis II/2 (Wien 1889).

Friederike Zaisberger, Der Salzburger Hof in Regensburg. In: Mitteilungen der Gesellschaft für Salzburger Landeskunde 122 (1982) 125-240.

Andreas Zajic, Inschriften. In: Josef Pauser u. Martin Scheutz u. Thomas Winkelbauer (Hgg.), Die Habsburgermonarchie in der Frühen Neuzeit - eine exemplarische Quellenkunde (MIÖG Ergänzungsband 44, Wien 2004) 1095-1109.

Ders., Von echten Gräbern und fiktiven Inschriften. Die Rolle der Babenbergergrablege für die Selbstvergewisserung des Melker Konvents in Mittelalter und Früher Neuzeit. In: Meta Niederkorn-Bruck (Hg.), Ein Heiliger unterwegs in Europa. Tausend Jahre Koloman-Verehrung in Europa (1014-2014). (Wien - Köln - Weimar 2014) 445-472.

Ders., Quisquilia parrochialia. Splitter zur Geschichte der Pfarren Krems und Pöggstall im Mittelalter. In: NÖLA (in Druckvorbereitung).

Roman Zehetmayer, Urkunde und Adel. Ein Beitrag zur Schriftlichkeit im Südosten des Reichs vom 11. bis zum frühen 14. Jahrhundert (=Veröffentlichungen des Instituts für Österreichische Geschichtsforschung 53, Wien - München 2010).

Ders., Zur Rechtsgeschichte der Klöster in der Babenbergermark. In: Adelheid Krah u. Herbert. Wilhelm Wurster (Hgg.), Die virtuelle Urkundenlandschaft der Diözese Passau. Vorträge der Tagung vom 16./17. September 2010 in Passau (=Veröff. des Instituts für Kulturraumforschung Ostbayerns und der Nachbarregionen der Universität Passau 62, Passau 2011) 227-250.

Ders., Zum Gefolge des Adels in der Babenbergermark. In: MIÖG 120 (2012) 23-49.

Ders., Diplomatische Untersuchungen zum zweiten Band des Niederösterreichischen Urkundenbuchs. In: Nöla. Mitteilungen aus dem Niederösterreichischen Landesarchiv 15 (2012) 59-116.

Ders., Auf dem Weg zur Fürstenkanzlei: Das Beispiel der Herzogtümer Österreich und Steiermark. In: Archiv für Diplomatik 64 (2018) 177-216.

Karin Zeleny, Itali Modi. Akzentrhythmen in der lateinischen Dichtung der augusteischen Zeit (=Wiener Studien Beiheft 32, Wien 2008).

Alfons Zettler, Die frühen Klosterbauten der Reichenau. Ausgrabungen - Schriftquellen - St. Galler Klosterplan (=Archäologie und Geschichte. Freiburger Forschungen zum ersten Jahrtausend in Südwestdeutschland 3, Sigmaringen 1988).

Gerd Zimmermann, Ordensleben und Lebensstandard. Die Cura Corporis in den Ordensvorschriften des abendländischen Hochmittelalters (=Beiträge zur Geschichte des alten Mönchtums und des Benediktinerordens 32, Münster 1973).

ABBILDUNGEN

Admont, Stiftsarchiv: 104

Aigner, Thomas: 125

Baden-Württemberg, Landesdenkmalamt : 45

BDA, Bildarchiv: 84, 118 (Adelheid Schmeller-Kitt)

BDA, Bildarchiv Archäologiezentrum Mauerbach: 33, 38, 48, 49, 51, 52, 53, 54, 55, 56, 58, 59, 61, 62, 64, 66, 68, 69, 70, 71, 72, 74, 75, 76, 77, 79, 94

BDA, Bildarchiv Archäologiezentrum Mauerbach - Johann Offenberger 1995/96: 119, 139, 142, 143, 145, 146, 147, 149, 152, 153, 155, 156, 167

BDA, Bildarchiv Archäologiezentrum Mauerbach, bearbeitet von Iris Winkelbauer: 94

BDA, Planarchiv: 8, 47

Bundesamt für Eich- und Vermessungswesen: 27, 29, 30

Dehio-V. Betzolc, Die kirchl. Baukunst des Abendlandes (Stuttgart 1892-1901), Tafel 51, Nr. 6: 115

Göttweig, Stiftsarchiv: 14

Göttweig, Stiftsbibliothek: 2, 11, 20, 41

Gradt Johann, Archäologische Reiseaufnahmen aus dem VUWWW. In: In: Berichte und Mittheilungen des Alterthusvereins 15 (1865) 117-122: 87

Hafnerberg, Pfarrarchiv: 43

Hanthaler Chrysostomus, Recensus genealogico-diplomaticus etc. II (1820) 444.: 22

Heiligenkreuz, Stiftsarchiv: 1, 106

Kaltenegger, Marina: 119, 120

Klein-Mariazell, Ehem. Volksschule (heute Verein Mariazell im Wienerwald, Sammlungen): 114

Klosterneuburg, Stift: 9, 10, 117

Krawarik, Hans: 26, 27, 30

Kupfer, Erwin: 112

Lilienfeld, Stiftsbibliothek: 32, 35, 37, 81, 82, 83, 168-230

Maurer, Rudolf: 23, 24, 25

Melk, Stiftsbibliothek: 3, 6, 7, 31, 34, 39, 111

München, Bayerisches Hauptstaatsarchiv: 18, 85

NÖLA: KG Wiener Neustadt 39/01: 28

NÖLB: Topographische Sammlung; Darstellung von Clemens Bständig/Georg Scheth, In: Historische und topographische Darstellung von Pottenstein und dessen Umgegend (Niederösterreich südlich der Donau ; 5) - (Historische und topographische Darstellung der Pfarren, Stifte, Klöster, milden Stiftungen und Denkmähler im Erzherzogthume Oesterreich [Kirchliche Topographie], Wien 1826; 1 ; 5) ; [9]: 21

ÖNB, Handschriftensammlung: 4, 5, 80, 107

Österreichische Akademie der Wissenschaften, Institut für Mittelalterforschung, Abt. Editionsunternehmen und Quellenforschung – MIR/Michael Malina.: 127

Rameder, Bernhard: 12

Reichhalter, Gerhard: 15, 16, 109, 231-259

Schedl, Barbara: 44

Schefstoss, Erwin: 40

Seitenstetten, Stiftsarchiv: 108

Sipek, Beate: 86

St. Pölten, Diözesanarchiv: 42

Tarcsay, Gábor/Zorko, Michaela: 46, 50, 57, 60, 63, 65, 67, 73, 78, 88, 90 , 92, 97, 102, 113, 116 , 122, 123, 124, 126, 131, 132, 133, 134, 135, 136, 137, 138, 141, 144, 148, 150, 151, 154, 157, 159, 160, 161, 162, 165, 166

Tarcsay, Gábor/Zorko, Michaela (historische Plangrundlage: BDA, Planarchiv - Adalbert Klaar): 113, 116, 159, 165

Verein ASINOE: 163, 164

Wikimedia Commons/KarlGruber: 110

Wolfgang Sauber: 105

Zajic, Andreas: 128-130

Zwettl, Stiftsarchiv: 13, 140

AUTORINNEN UND AUTOREN

Thomas AIGNER, Dr., MAS, Direktor des Diözesanarchivs St. Pölten, Studium der Geschichte und Archivwissenschaften, zahlreiche Publikationen zur nö. Kirchengeschichte und zu aktuellen Fragen des Archivwesens, Beschäftigung mit der Geschichte von Mariazell in Österreich seit Jugendtagen.
E-mail: t.aigner@mariazell-wienerwald.at

Karl BRUNNER, Univ. Prof. i. R., Dr., war Professor für mittelalterliche Geschichte und Historische Hilfswissenschaften, Direktor des Instituts für Realienkunde des Mittelalters und der frühen Neuzeit in Krems und des Instituts für Österreichische Geschichtsforschung an der Universität Wien, Leitung mehrerer Landesausstellungen in Ober- und Niederösterreich, neben reichem wissenschaftlichem Werk auch populärwissenschaftliche Publikationen, Forschungsschwerpunkt: Kulturgeschichte.
E-mail: karl.brunner@univie.ac.at

Christina EGGELING, Mag. Dr., BA, Kommunikationsbeauftragte am Instituto Cervantes in Wien, Studium der Kunst, Kunstgeschichte und Geschichte in Madrid, Salamanca und Wien, schreibt gerade ihre Masterarbeit zur mittelalterlichen Geschichte Wiens sowie über das Wesen der Heiligen und ihre Reliquien.
E-Mail: christinaannaeggeling@gmail.com

Udo (Eduard) FISCHER, Mag., Dr., Benediktiner des Stiftes Göttweig, Pfarrer von Paudorf-Göttweig. Forschungsschwerpunkt: Geschichte des Stiftes Göttweig.
E-mail: ja.kirchenzeitung@aon.at.

Marina KALTENEGGER, Dr., Studium der Geschichte, seither tätig als freie Bauforscherin mit Schwerpunkt Klöster (archäologische und bauhistorische Untersuchungen u.a. in Heiligenkreuz, Kleinmariazell, Neukloster Wiener Neustadt und Mondsee), sowie Sakral- und Profangebäude vorwiegend in Niederösterreich und Wien. Kuratorische Tätigkeit für Ausstellungen zur Kloster- und Stadtgeschichte (Stift Altenburg, Wien Museum).
E-Mail: marina.kaltenegger@gmx.at

Hans KRAWARIK, Dr., Univ. Doz., Studium der Geschichte und Geographie, zahlreiche Publikationen zur Österreichischen Geschichte, Siedlungs- und Landesgeschichte, Reformations- und Migrationsgeschichte, ausgezeichnet mit der Oberösterreichischen Kulturmedaille.
E-mail: hans.krawarik@gmail.com

Erwin KUPFER, Dr. et Mag. phil., Studium für Geschichte und deutsche Philologie mit abschließender Dissertation über das Königsgut im alten Niederösterreich. Gegenwärtig als Privatgelehrter mit der hochmittelalterlichen Geschichte des Waldviertels befasst. Zahlreiche Publikationen und Vorträge zu Themen der österreichischen und bayrischen Landesgeschichte, zuletzt Monogra-

phie über das Weinviertel im Hohen Mittelalter.
E-mail: erwin.kupfer@aon.at

Rudolf MAURER, Dr.phil., MAS, Studium der klass. Philologie, Anglistik und Romanistik, Lehrtätigkeit am BG Berndorf; Mitglied des Instituts für Öst. Geschichtsforschung, langjähriger Leiter der Städt. Sammlungen Baden (Archiv und Rollettmuseum), zahlreiche Publikationen zur Geschichte Badens mit Schwerpunkt Mittelalter und Frühneuzeit. Rudolf Maurer verstarb plötzlich und unerwartet während der Endredaktion zu diesem Band am 12. Mai 2020. Sein humorvolles Wesen und seine hohe wissenschaftliche Kompetenz werden uns für immer unvergesslich bleiben!

Eugen NOVAK, Diözesanarchiv St. Pölten (Bereich Handschriften, Inkunabeln, Digitalisierung). Studium Musikpädagogik, Musikwissenschaft und Geschichte. Langjährige Tätigkeit im Musik-Produktions- und Verlagswesen. Publikationen zu Musikgeschichte und Handschriften.
E-Mail: e.novak@kirche.at

Gerhard REICHHALTER, Dr. phil., Mitarbeiter der Stadtarchäologie Wien, zahlreiche Publikationen und Untersuchungen zu verschiedenen Objekten in Niederösterreich und Wien.
E-mail: gerhard.reichhalter@stadtarchaeologie.at

Martin ROLAND, Dr., MAS, Institut für Mittelalterforschung der Österreichischen Akademie der Wissenschaften. Studium der Kunstgeschichte an der Universität Wien. Publikationen zu illuminierten Handschriften und Urkunden.
E-mail: martin.roland@oeaw.ac.at

Barbara SCHEDL, Mag., Dr., zPMA, Privatdozentin am Institut für Kunstgeschichte der Universität Wien, Studium der Kunstgeschichte in der Universität Wien. Zahlreiche nationale und internationale Forschungsprojekte und Publikationen zu kulturwissenschaftlichen Themen mit Schwerpunkt Mittelalter.
E-mail: barbara.schedl@univie.ac.at

Gábor TARCSAY, Mag., Fachbüro für Bauforschung, historische Archäologie und Denkmalpflege, Bautechnische Berufsausbildung (Revitalisierung), Studium im Bereich Archäologie und Kulturgüterschutz (lfd.), Durchführung von bauhistorischen Untersuchungen und Bestandserfassungen durch den Einsatz moderner Dokumentationsmethoden.
E-mail: gabor.t@gmx.at

Johann WEISSENSTEINER, Mag. Dr., Studium der Geschichte und Klassischen Philologie, Mitarbeiter im Diözesanarchiv Wien, zuletzt dessen Leiter. Forschungsschwerpunkte: spätantike und mittelalterliche Historiographie, Regional- und Kirchengeschichte von Niederösterreich und Wien.
E-Mail: jo.weissensteiner@aon.at

Iris WINKELBAUER, Mag., Universitätsassistentin (prae-doc) am Institut für Urgeschichte und Historische Archäologie/ Universität Wien sowie selbständige Archäologin und historische Bauforscherin, Schwerpunkte: historische Archäologie (Fokus: Klöster, Schlösser, materieller Kultur, Bauforschung und Baugeschichte),
E-Mail: iris.winkelbauer@gmx.at

Andreas ZAJIC, Mag., Dr., MAS, Privatdozent für Österreichische Geschichte und Historische Hilfswissenschaften an der Universität Wien (Institut für Österreichische Geschichtsforschung), Leiter der Abteilung Editionsunternehmen und Quellenforschung – MIR am Institut für Mittelalterforschung der Österreichischen Akademie der Wissenschaften.
E-Mail: andreas.zajic@oeaw.ac.at

Roman ZEHETMAYER, HR PD Dr., MAS, Archivdirektor und Abteilungsleiter NÖ Landesarchiv und NÖ Landesbibliothek, Studium der Geschichte und Masterstudium am Institut für Österreichische Geschichtsforschung, Editor des Niederösterreichischen Urkundenbuchs.
E-mail: roman.zehetmayer@noel.gv.at

Michaela ZORKO, Mag., Fachbüro für Bauforschung, historische Archäologie und Denkmalpflege, Bautechnische Berufsausbildung, Studium im Bereich Archäologie und Kulturgüterschutz (lfd.), Projekte zur Bau- und Nutzungsgeschichte von mittelalterlichen und neuzeitlichen Bauwerken.
E-mail: MichaelaZorko@gmx.at

MCELLA – WEITERE BÄNDE

Band 1: Zwischen den Zeiten
Der leidende Heiland in der Dornau (Thenneberg)
mit Bildern von Erich Satran (2014)
hg. von Thomas Aigner und Andreas Gamerith
ISBN: 978-3-99024-817-1,
€ 19,90

Band 2: Ostern 1136
Neue Erkenntnisse zur Gründung von (Klein-) Mariazell in Österreich
von Erwin Reidinger (2016)
ISBN: 978-3-99024-818-8,
€ 12,90

Band 3: Die ehemalige Klosterherrschaft Klein-Mariazell
Ein land- und forstwirtschaftliches Gut zwischen Vormärz und Gegenwart
von Stefan Smidt und Thomas Aigner (2018)
ISBN: 978-3-99024-790-7 – 240 Seiten, zahlr. Abbildungen, durchgehend farbig, € 29,90

Band 4: Die schwarzen Mönche und die Stadt Baden
von Rudolf Maurer (2019)
ISBN: 978-3-99024-820-1 – 160 Seiten, zahlr. Abbildungen, durchgehend farbig,
€ 19,90

Übersicht der ... 12./13. Jh.

Hoffen auf die Ewigkeit: Grün

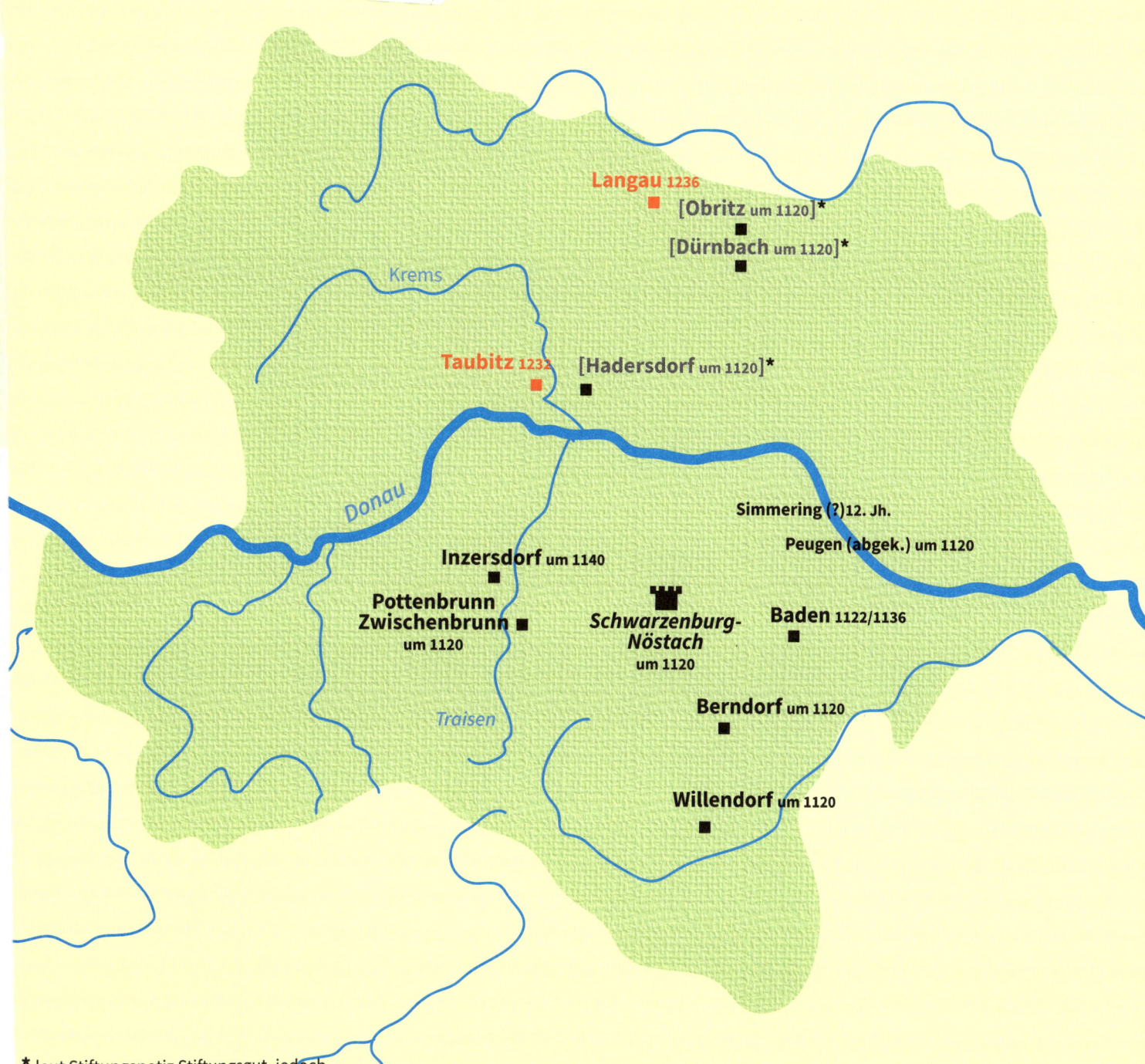

- Langau 1236
- [Obritz um 1120]*
- [Dürnbach um 1120]*
- Krems
- Taubitz 1231
- [Hadersdorf um 1120]*
- Donau
- Simmering (?)12. Jh.
- Peugen (abgek.) um 1120
- Inzersdorf um 1140
- Pottenbrunn Zwischenbrunn um 1120
- Schwarzenburg-Nöstach um 1120
- Baden 1122/1136
- Traisen
- Berndorf um 1120
- Willendorf um 1120

* laut Stiftungsnotiz Stiftungsgut, jedoch nicht in Besitz des Klosters übergegangen

Entwurf: Thomas Aigner, Ausführung: Erwin Schefstoss

Moderschalmeschaite
1155
(Schöpfl)

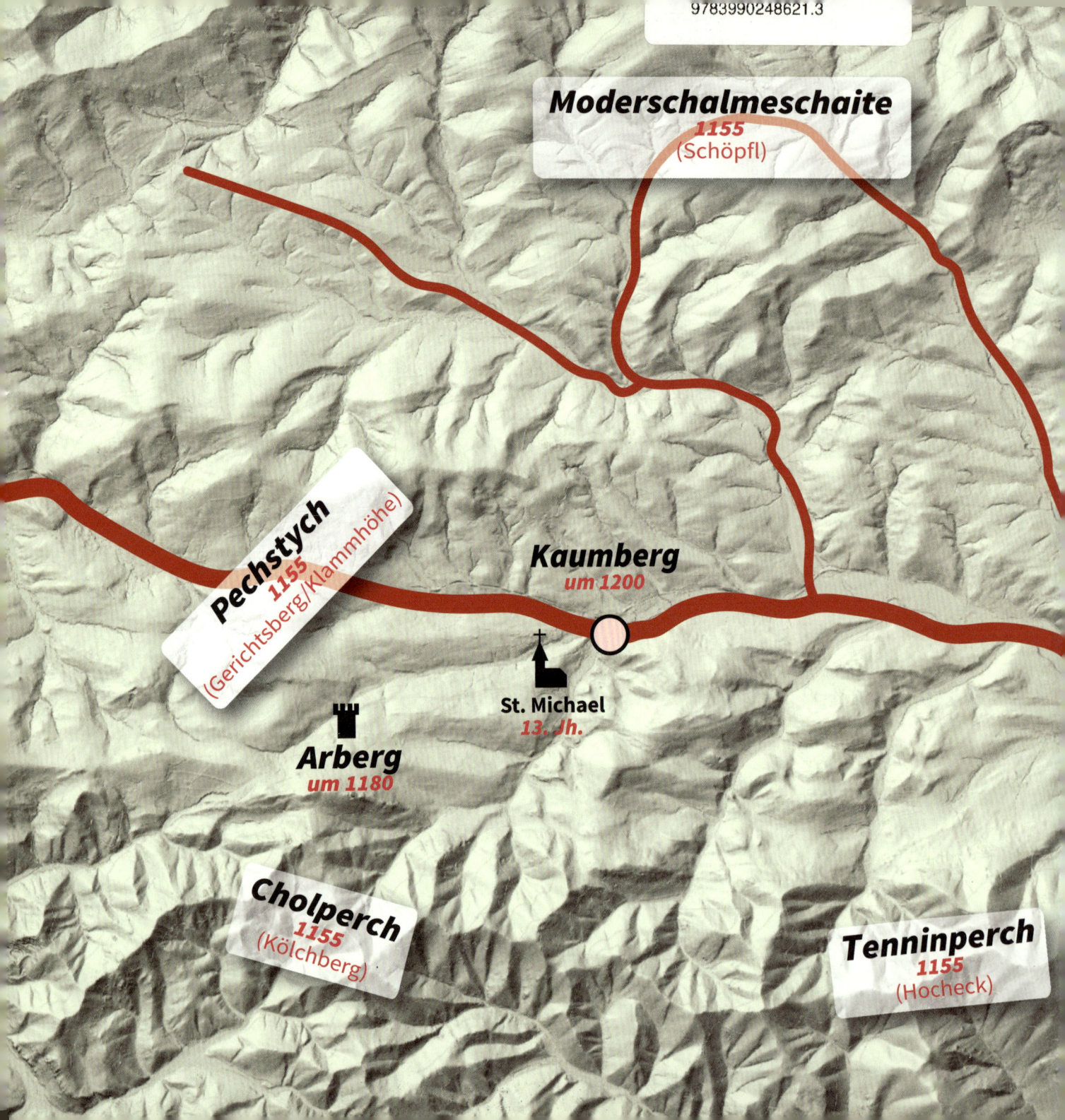

Pechstych
1155
(Gerichtsberg/Klammhöhe)

Kaumberg
um 1200

St. Michael
13. Jh.

Arberg
um 1180

Cholperch
1155
(Kölchberg)

Tenninperch
1155
(Hocheck)